Köllen/Reichert/Schönwald/Wagner

Fallsammlung
Körperschaftsteuer
und Gewerbesteuer

D1672585

Zusätzliche digitale Inhalte für Sie!

Zu diesem Buch stehen Ihnen kostenlos folgende digitale Inhalte zur Verfügung:

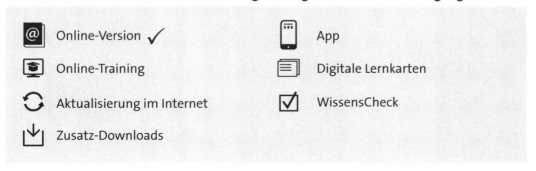

@ Online-Version ✓

🖥 App

🎓 Online-Training

📰 Digitale Lernkarten

🔄 Aktualisierung im Internet

☑ WissensCheck

⤓ Zusatz-Downloads

Schalten Sie sich das Buch inklusive Mehrwert direkt frei.

Scannen Sie den QR-Code **oder** rufen Sie die Seite **www.nwb.de** auf. Geben Sie den Freischaltcode ein und folgen Sie dem Anmeldedialog. Fertig!

Ihr Freischaltcode

CKCS-COUJ-ZRMK-QVHR-HYLO-ZE

www.nwb.de

Steuerfachkurs · Training

Fallsammlung Körperschaftsteuer und Gewerbesteuer

Von
Dipl.-Kaufmann Dipl.-Finanzwirt Josef Köllen
Steuerberaterin Professorin Gudrun Reichert
Dipl.-Finanzwirt (FH) Stefan Schönwald
Dipl.-Finanzwirt (FH) Edmund Wagner

12., überarbeitete und erweiterte Auflage

Bearbeitervermerk

Köllen:
Fälle 1–4, 6–9, 11, 14–21, 25, 32, 58, 59, 64, 66

Reichert:
Fälle 74–93

Schönwald:
Fälle 5, 10, 12, 13, 22–24, 26–31, 33–57, 60–63, 65

Wagner:
Fälle 67–73

ISBN 978-3-482-**67212**-5

12., überarbeitete und erweiterte Auflage 2020

© NWB Verlag GmbH & Co. KG, Herne 1991

www.nwb.de

Satz: PMGi - Die Agentur der Print Media Group GmbH & Co. KG, Hamm

Druck: medienHaus Plump GmbH, Rheinbreitbach

VORWORT

Gegenstand der Körperschaftsteuer ist das Einkommen der juristischen Personen (insbesondere Kapitalgesellschaften), bestimmter Personenvereinigungen und Vermögensmassen. Die Körperschaftsteuer ist eine Subjekt- und Personensteuer, die sich aber von der Einkommensteuer insbesondere hinsichtlich der Tarifgestaltung und der Nichtberücksichtigung der wirtschaftlichen Leistungsfähigkeit des Steuerpflichtigen unterscheidet.

Die Körperschaftsteuer wird im Allgemeinen zu den schwierigeren Steuerarten gerechnet; in Ausbildung, Prüfung und Praxis spielt sie eine wichtige Rolle.

Die Gewerbesteuer erfährt – was die (Ausbildungs-)Literatur anbelangt – im Schatten der anderen Ertragsteuerarten viel zu wenig Aufmerksamkeit, obwohl auch sie prüfungsrelevant ist und kein Gewerbebetrieb an ihr „vorbeikommt".

Die vorliegende 12., vollständig überarbeitete und erweiterte Auflage der Fallsammlung Körperschaftsteuer und Gewerbesteuer versucht, den Einstieg in die Materie vom Fall her zu vermitteln, d. h. der Leser kann sich den Stoff jeweils anhand des Sachverhalts, der dazugehörigen Aufgabe und der anschließenden Lösung erschließen.

Die aktuelle Auflage enthält 73 körperschaftsteuerliche und 20 gewerbesteuerliche, jeweils nach gesetzessystematischen Schwerpunkten gegliederte Fälle mit Lösungen einschließlich komplexer steuerübergreifender Gesamtfälle. Sie wendet sich in erster Linie an angehende Steuerberater und Diplom-Finanzwirte, daneben aber auch an angehende Steuerfachwirte.

Das Buch hat grundsätzlich den Rechtsstand 1. 1. 2020. So wurden bei der Überarbeitung das Körperschaftsteuergesetz – zuletzt geändert durch das Gesetz zur Einführung einer Pflicht zur Mitteilung grenzüberschreitender Steuergestaltungen vom 21. 12. 2019 (BGBl I S. 2875) – und das Gewerbesteuergesetz einschließlich der Änderungen durch das Gesetz zur weiteren steuerlichen Förderung der Elektromobilität und zur Änderung weiterer steuerlicher Vorschriften vom 12. 12. 2019 (BGBl I S. 2451) sowie die aktuelle Rechtsprechung und Verwaltungsmeinung berücksichtigt. Allerdings bilden manche Fälle den Rechtsstand früherer Jahre ab, soweit es inhaltlich notwendig ist.

In einigen Fällen sind anstelle von Jahreszahlen **fiktive** Angaben wie „01", „02" etc. enthalten. Sofern hier nicht explizit anderes gefordert wird, sind diese Fälle nach aktuell geltendem Recht zu lösen.

Verfasser und Verlag wünschen den Lesern viel Erfolg beim Lernen und bei der Prüfung.

Herne, im Juli 2020

Josef Köllen
Gudrun Reichert
Stefan Schönwald
Edmund Wagner

Kein Produkt ist so gut, dass es nicht noch verbessert werden könnte. Ihre Meinung ist uns wichtig! Was gefällt Ihnen gut? Was können wir in Ihren Augen noch verbessern? Bitte verwenden Sie für Ihr Feedback einfach unser Online-Formular auf:

www.nwb.de/go/feedback_lb

Als kleines Dankeschön verlosen wir unter allen Teilnehmern einmal pro Quartal ein Buchgeschenk.

INHALTSVERZEICHNIS

LITERATURHINWEISE

BMF, Amtliches Körperschaftsteuer-Handbuch.

Dötsch/Pung/Möhlenbrock, Die Körperschaftsteuer – Kommentar (Loseblatt), Stuttgart.

Frotscher/Drüen, KStG/GewStG/UmwStG Kommentar (Loseblatt), Freiburg.

Glanegger/Güroff, Gewerbesteuergesetz Kommentar, 9. Auflage, München 2017.

Gosch, Körperschaftsteuergesetz, 3. Auflage, München 2015.

Herrmann/Heuer/Raupach, EStG KStG Kommentar (Loseblatt), Köln.

Huhn/Karthaus/Wenzel, Körperschaftsteuer Handausgabe 2018, Bonn 2019.

Köllen/Reichert/Vogl/Wagner, Lehrbuch Körperschaftsteuer und Gewerbesteuer, 6. Auflage, Herne 2019.

Mössner/Seeger/Oellerich, Körperschaftsteuergesetz Kommentar, 4. Auflage, Herne 2019.

ABKÜRZUNGSVERZEICHNIS

A

a. a. O.	am angegebenen Ort
a. F.	alte Fassung
a. o. Ertrag	außerordentlicher Ertrag
Abs.	Absatz
abzgl.	abzüglich
AEAO	Anwendungserlass zur Abgabenordnung
AfA	Absetzung für Abnutzung
AG	Aktiengesellschaft
AktG	Aktiengesetz
AO	Abgabenordnung
ArGe	Arbeitsgemeinschaft
Art.	Artikel
AStG	Außensteuergesetz
Az.	Aktenzeichen

B

BetrAVG	Betriebsrentengesetz
BewG	Bewertungsgesetz
BfA	Bundesversicherungsanstalt für Angestellte
BFH	Bundesfinanzhof
BgA	Betrieb gewerblicher Art
BGB	Bürgerliches Gesetzbuch
BGBl	Bundesgesetzblatt
BGH	Bundesgerichtshof
BMF	Bundesministerium der Finanzen
BStBl	Bundessteuerblatt
BVerfG	Bundesverfassungsgericht
bzw.	beziehungsweise

D

d. h.	das heißt
DB	Der Betrieb (Zeitschrift)
DBA	Doppelbesteuerungsabkommen

E

e. G.	eingetragene Genossenschaft
e. K.	eingetragene(r) Kaufmann/Kauffrau
e. V.	eingetragener Verein

EBITDA	Earnings before interests, taxes, depreciation and amortization
EDV	elektronische Datenverarbeitung
EFG	Entscheidungen der Finanzgerichte (Zeitschrift)
EStDV	Einkommensteuer-Durchführungsverordnung
EStG	Einkommensteuergesetz
EStH	Hinweise zu den Einkommensteuer-Richtlinien
EStR	Einkommensteuer-Richtlinien
EU	Europäische Union
EuGH	Europäischer Gerichtshof
EWIV	Europäische wirtschaftliche Interessenvereinigung
EWR	Europäischer Wirtschaftsraum
EZ	Erhebungszeitraum

F

f./ff.	folgende(n)
FG	Finanzgericht

G

GbR	Gesellschaft bürgerlichen Rechts
gem.	gemäß
GewSt	Gewerbesteuer
GewStDV	Gewerbesteuer-Durchführungsverordnung
GewStG	Gewerbesteuergesetz
GewStH	Hinweise zu den Gewerbesteuer-Richtlinien
GewStR	Gewerbesteuer-Richtlinien
GG	Grundgesetz
ggf.	gegebenenfalls
GmbH	Gesellschaft mit beschränkter Haftung
GmbHG	Gesetz betreffend die Gesellschaften mit beschränkter Haftung
GrS	Großer Senat
GruBo	Grund und Boden
GuV	Gewinn- und Verlustrechnung

H

H	Hinweis
HGB	Handelsgesetzbuch

I

i. d. F.	in der Fassung
i. d. R.	in der Regel
i. H. d.	in Höhe der
i. H. v.	in Höhe von
i. S. d.	im Sinne des/r

i. S. v.	im Sinne von
i. V. m.	in Verbindung mit
IFRS	International Financial Reporting Standards

J

JStG	Jahressteuergesetz

K

KapErhStG	Steuerliches Kapitalerhöhungsgesetz
KG	Kommanditgesellschaft
KGaA	Kommanditgesellschaft auf Aktien
KSt	Körperschaftsteuer
KStDV	Körperschaftsteuer-Durchführungsverordnung
KStG	Körperschaftsteuergesetz
KStH	Hinweise zu den Körperschaftsteuer-Richtlinien
KStR	Körperschaftsteuer-Richtlinien

L

lt.	laut
Ltd.	Limited
LVA	Landesversicherungsanstalt

M

mtl.	monatlich
MwSt	Mehrwertsteuer

N

n. F.	neue Fassung
Nr.	Nummer

O

o. a.	oben angeführte(r/s)
o. g.	oben genannte(r/s)
ÖPNV	öffentlicher Personennahverkehr
OFD	Oberfinanzdirektion
OHG	Offene Handelsgesellschaft

P

PartG	Partnerschaftsgesellschaft
PartGG	Partnerschaftsgesellschaftsgesetz
PartGmbB	Partnerschaftsgesellschaft mit beschränkter Berufshaftung

R

R	Richtlinie
Rz.	Randziffer

S

s. o.	siehe oben
s. u.	siehe unten/r
SCE	Societas Cooperativa Europaea (Europäische Genossenschaft)
SE	Societas Europaea (Europäische [Aktien-]Gesellschaft)
SEStEG	Gesetz über steuerliche Begleitmaßnahmen zur Einführung der Europäischen Gesellschaft und zur Änderung weiterer steuerrechtlicher Vorschriften
sog.	sogenannte(r/s)
SolZ	Solidaritätszuschlag

T

Tz.	Teilziffer/Textziffer

U

u. a.	unter anderem
UG	Unternehmergesellschaft
US-GAAP	United States Generally Accepted Accounting Principles
UStG	Umsatzsteuergesetz

V

VerpackV	Verpackungsverordnung
Vfg.	Verfügung
vgl.	vergleiche
VVaG	Versicherungsverein auf Gegenseitigkeit
VZ	Veranlagungszeitraum

Z

z. B.	zum Beispiel
z. v. E.	zu versteuerndes Einkommen
zzgl.	zuzüglich

Teil A: Körperschaftsteuer

Kapitel 1: Zuständigkeit (§ 20 AO)

Örtliche Zuständigkeit

Sachverhalt:

Die folgenden Körperschaften des privaten Rechts erzielen jeweils inländische Einkünfte und auch Einkünfte im Ausland.

a) Die A-AG hat ihren Sitz in Aachen und ihre Geschäftsleitung in Augsburg.

   Sie besitzt Konten, Depots und Immobilien in den Beneluxländern und in Deutschland und ist international im Lebensmittelgroßhandel tätig.

b) Die B-GmbH hat ihren Sitz in Berlin und ihre Geschäftsleitung in Brüssel (Belgien).

   Sie besitzt kein Vermögen in Deutschland, sondern ausschließlich in Belgien, Polen und Russland, und betreibt ein Transportunternehmen in allen Ländern Europas.

c) Die C-Limited (nach englischem Recht gegründet) hat ihren Sitz in Coventry (Großbritannien) und ihre Geschäftsleitung in Cochem.

   Sie hat Niederlassungen in Celle und in Chemnitz und berät Kunden in Großbritannien und in Deutschland im Bereich Im- und Export.

d) Die D-A.S. hat ihren Sitz und ihre Geschäftsleitung in Denizli (Türkei).

   Sie besitzt Konten, Depots und Immobilien in Düsseldorf und in sehr geringem Umfang in Dresden. Ansonsten übt sie keine Tätigkeit in Deutschland aus.

e) Die E-AG/SA hat ihren Sitz und ihre Geschäftsleitung in Einsiedeln (Schweiz).

   Sie besitzt kein Vermögen in Deutschland. Einige ihrer Ingenieure sind beratend bei der Konzipierung eines Umspannwerkes in Essen tätig; ein ständiger Vertreter ist in Deutschland bestellt.

Prüfen Sie, welches Finanzamt jeweils örtlich für die Besteuerung nach dem Einkommen zuständig ist.

Köllen/Reichert/Vogl/Wagner, Lehrbuch Körperschaftsteuer und Gewerbesteuer, Kapitel 1.2

LÖSUNG

a) Für die Besteuerung des Einkommens der A-AG durch die Körperschaftsteuer ist gem. § 20 Abs. 1 AO das Finanzamt örtlich zuständig, in dessen Bezirk sich die Geschäftsleitung befindet, also das Finanzamt Augsburg.

Der Ort des Sitzes, des Vermögens oder der Tätigkeit ist unbeachtlich.

b) Da die B-GmbH ihre Geschäftsleitung in Brüssel (Belgien), also nicht im Inland hat, ist § 20 Abs. 1 AO für die Bestimmung der örtlichen Zuständigkeit nicht anwendbar.

In diesem Fall ist die Ersatzzuständigkeit gem. § 20 Abs. 2 AO anzuwenden. Für die Körperschaftsteuer ist das Finanzamt zuständig, in dessen Bezirk die B-GmbH ihren Sitz hat, also das Finanzamt Berlin.

Der Ort des Vermögens oder der Tätigkeit ist unbeachtlich.

c) Gemäß § 20 Abs. 1 AO ist für die Besteuerung des Einkommens der C-Limited durch die Körperschaftsteuer das Finanzamt örtlich zuständig, in dessen Bezirk sich die Geschäftsleitung befindet, also das Finanzamt Cochem.

Der Ort des Sitzes, des Vermögens oder der Tätigkeit ist unbeachtlich.

d) Da die D-A.S. weder ihre Geschäftsleitung noch ihren Sitz im Inland hat, ist § 20 Abs. 1 oder 2 AO für die Bestimmung der örtlichen Zuständigkeit nicht anwendbar.

Es ist die Ersatzzuständigkeit gem. § 20 Abs. 3 AO anzuwenden. Für die Körperschaftsteuer ist das Finanzamt zuständig, in dessen Bezirk sich der wertvollste Teil des Vermögens der D-A.S. befindet, also das Finanzamt Düsseldorf.

Der Ort des Vermögens in sehr geringem Umfang oder der Tätigkeit ist unbeachtlich.

e) Die E-AG/SA hat weder ihre Geschäftsleitung noch ihren Sitz oder Vermögen im Inland. Deshalb ist § 20 Abs. 1 oder 2 oder 3 AO nicht anwendbar.

Ersatzweise richtet sich die Zuständigkeit gem. § 20 Abs. 4 AO. Es ist für die Körperschaftsteuer der E-AG/SA das Finanzamt zuständig, in dessen Bezirk die Tätigkeit im Inland vorwiegend ausgeübt worden ist, also das Finanzamt Essen.

Kapitel 2: Steuerpflicht (§§ 1 und 2 KStG)

I. Schwerpunkt: § 1 KStG

FALL 2

Steuersubjekte

Sachverhalt:

Die folgenden Rechts- und Wirtschaftsgebilde erzielen jeweils im Inland Einkünfte:

a) Accurata GmbH & Co. KG,

b) Better GmbH, deren Alleingesellschafter Better ist,

c) Conrad AG, deren Anteile sich vollständig in der Hand der Familie Conrad befinden,

d) Diamant KGaA,

e) Equipment KG, die als Publikumsgesellschaft eine große Zahl von Kommanditisten als Kapitalanleger aufnimmt,

f) Fischereigenossenschaft Fischland/Darß,

g) Genossenschaftsbank e. G.,

h) Hausratversicherungsverein auf Gegenseitigkeit,

i) IGÄ Privatärztliche Verrechnungsstelle e. V.,

j) Junkersdorfer Club zur Förderung des Jugendsports e. V.,

k) Karo Gewinnsparverein,

l) Liberaldemokratische Partei,

m) Mensa, Kantine betrieben vom Betriebsrat der Firmenbelegschaft,

n) Nero Investmentclub,

o) Ostland Bürgerinitiative zur Förderung der Wirtschaft,

p) Müllentsorgung der privaten Haushalte durch die Gemeinde Pfaffenhausen,

q) Meier´s Meisterdach e. K.,

r) Sanitärgroßhandel Schelle UG (haftungsbeschränkt),

s) Krankengymnasten Kevin Keller und Kurt Kuser PartG,

t) Rechtsanwälte Bert Bertram, Bernd Berger und Partner PartGmbB,

u) ElectronicaHandel SE,

v) Einkaufsgenossenschaft Bäckereibedarf SCE,

w) Verbund zur Kooperation im Bereich Automobilmarktforschung EWIV.

AUFGABE

Es ist jeweils zu prüfen, ob die vorgenannten Rechts- und Wirtschaftsgebilde zu den Steuersubjekten i. S. d. § 1 Abs. 1 KStG gehören.

LITERATURHINWEIS

Köllen/Reichert/Vogl/Wagner, Lehrbuch Körperschaftsteuer und Gewerbesteuer, Kapitel 2.2

LÖSUNG

a) Accurata GmbH & Co. KG

Bei einer GmbH & Co. KG handelt es sich um eine Gesellschaft, deren Komplementär, nämlich die GmbH, zwar eine Kapitalgesellschaft i. S. d. § 1 Abs. 1 Nr. 1 KStG ist, jedoch stellt die KG **insgesamt eine Personengesellschaft** i. S. d. § 161 HGB dar und ist deshalb nicht Steuersubjekt i. S. d. § 1 Abs. 1 KStG. Die Aufzählung der Steuersubjekte im § 1 Abs. 1 KStG ist grundsätzlich abschließend, sie kann nicht im Wege der Auslegung erweitert werden.

Vielmehr wird der Gewinn der KG einheitlich und gesondert gem. § 180 Abs. 1 Satz 1 Nr. 2 Buchst. a AO festgestellt, und die Gewinnanteile werden den einzelnen Gesellschaftern zugerechnet. Die GmbH ist als Steuersubjekt i. S. d. § 1 Abs. 1 Nr. 1 KStG mit ihrem Gewinnanteil körperschaftsteuerpflichtig. Wenn es sich bei den Kommanditisten um natürliche Personen handelt, werden ihre Gewinnanteile gem. § 15 Abs. 1 Satz 1 Nr. 2 EStG einkommensteuerpflichtig.

b) Better GmbH, deren Alleingesellschafter Better ist

Auch wenn eine Einmann-GmbH möglicherweise wirtschaftlich betrachtet einer Personengesellschaft sehr nahe kommt, weil nur eine Person die Gesellschaft beherrscht und die Interessenlage von Gesellschafter und Gesellschaft völlig gleich sein werden, so handelt es sich bei **jeder GmbH** lt. ausdrücklicher Vorschrift von § 1 Abs. 1 Nr. 1 KStG um eine **Kapitalgesellschaft**. Eine Differenzierung, ob die Gesellschaft von einer Person beherrscht wird oder mehrere Gesellschafter ohne beherrschenden Einfluss hat, ist gesetzlich nicht vorgesehen.

Bei der Better GmbH handelt es sich also um ein Steuersubjekt i. S. d. § 1 Abs. 1 Nr. 1 KStG.

c) Conrad AG, deren Anteile sich vollständig in der Hand der Familie Conrad befinden

Die Rechtsform der AG ist in § 1 Abs. 1 Nr. 1 KStG **ausdrücklich** als **Kapitalgesellschaft** aufgeführt ohne Differenzierung, ob sich die Aktien in der Hand einer Familie befinden oder breit gestreut sind.

Bei der Conrad AG handelt es sich also um ein Steuersubjekt i. S. d. § 1 Abs. 1 Nr. 1 KStG.

d) Diamant KGaA

Gemäß § 278 Abs. 2 AktG gelten für eine KGaA die Vorschriften über die AG sinngemäß. Durch § 1 Abs. 1 Nr. 1 KStG wird die KGaA ausdrücklich als **Kapitalgesellschaft** bezeichnet, auch wenn **eine natürliche Person Komplementär** ist.

Die Diamant KGaA ist also Steuersubjekt i. S. d. § 1 Abs. 1 Nr. 1 KStG.

Die Gewinnanteile und Vergütungen des Komplementärs werden bei einer natürlichen Person gem. § 15 Abs. 1 Satz 1 Nr. 3 EStG als Einkünfte aus Gewerbebetrieb von der Einkommensteuer erfasst.

e) Equipment KG, die als Publikumsgesellschaft eine große Zahl von Kommanditisten als Kapitalanleger aufnimmt

Bei einer Publikumsgesellschaft in der Rechtsform der KG handelt es sich nicht um ein Steuersubjekt i. S. d. § 1 Abs. 1 Nr. 1 KStG, da eine **KG keine Kapitalgesellschaft** ist.

Es handelt sich auch nicht um einen nicht rechtsfähigen Verein i. S. d. § 1 Abs. 1 Nr. 4 KStG, da die Aufzählung der Körperschaften, Personenvereinigungen und Vermögensmassen in § 1 Abs. 1 KStG grundsätzlich abschließend ist.

Die Equipment KG ist auch nicht als nichtrechtsfähige Personenvereinigung i. S. d. § 3 Abs. 1 KStG körperschaftsteuerpflichtig, da ihr Einkommen bei den Gesellschaftern gem. § 15 Abs. 1 Satz 1 Nr. 2 EStG zu versteuern ist.

f) Fischereigenossenschaft Fischland/Darß

Genossenschaften sind zwar in § 1 Abs. 1 Nr. 2 KStG als Steuersubjekte aufgeführt, allerdings unterliegen die in § 3 Abs. 2 KStG aufgeführten **Realgemeinden i. d. R.** nicht der Körperschaftsteuer. Der Regelfall liegt vor, wenn die Genossenschaft keinen Gewerbebetrieb unterhält oder verpachtet, der über den Rahmen eines **Nebenbetriebes** hinausgeht.

Im Fall der Fischereigenossenschaft Fischland/Darß sind die Einkünfte unmittelbar bei den Beteiligten zu versteuern.

g) Genossenschaftsbank e. G.

Bei der Genossenschaftsbank e. G. handelt es sich um ein Steuersubjekt i. S. d. § 1 Abs. 1 Nr. 2 KStG.

h) Hausratversicherungsverein auf Gegenseitigkeit

Bei dem Hausratversicherungsverein auf Gegenseitigkeit handelt es sich um ein Steuersubjekt i. S. d. § 1 Abs. 1 Nr. 3 KStG.

Unter bestimmten Voraussetzungen kommt eine persönliche Steuerbefreiung gem. § 5 Abs. 1 Nr. 4 KStG in Betracht.

i) IGÄ Privatärztliche Verrechnungsstelle e. V.

Bei der IGÄ Privatärztliche Verrechnungsstelle e. V. handelt es sich um einen wirtschaftlichen Verein i. S. d. § 22 BGB. Da er den geschäftlichen Interessen der Mitglieder dient, ist seine Tätigkeit gewerblicher Natur.

Es handelt sich demnach um ein Steuersubjekt i. S. d. § 1 Abs. 1 Nr. 4 KStG.

Für den Verein kommt eine Steuerbefreiung gem. § 5 KStG nicht in Betracht.

j) Junkersdorfer Club zur Förderung des Jugendsports e.V.

Der Junkersdorfer Club zur Förderung des Jugendsports e.V. stellt ein Steuersubjekt i. S. d. § 1 Abs. 1 Nr. 4 KStG dar.

Da es sich aber um einen **nichtwirtschaftlichen** Verein i. S. d. § 21 BGB handelt, der lediglich ideelle Zwecke verfolgt und nicht geschäftlichen Zwecken seiner Mitglieder dient, kommt für den Verein eine persönliche Steuerbefreiung gem. § 5 Abs. 1 Nr. 9 KStG in Betracht. Für den Fall, dass der Verein nicht persönlich befreit wird, ist eine sachliche Befreiung für Mitgliederbeiträge gem. § 8 Abs. 5 KStG vorgesehen.

k) Karo Gewinnsparverein

Bei dem Karo Gewinnsparverein, der im Auslosungsverfahren Gewinnprämien an die Mitglieder ausschüttet, handelt es sich um einen **nichtrechtsfähigen Verein** i. S. d. § 54 BGB. Danach gelten für den nichtrechtsfähigen Verein die Vorschriften über die GbR (§§ 705 ff. BGB).

Je nach Lage des Einzelfalles ist es schwierig zu entscheiden, ob § 1 Abs. 1 Nr. 5 KStG angewendet wird. Als Abgrenzungsregel ist § 3 Abs. 1 KStG heranzuziehen. Danach tritt bei einer nichtrechtsfähigen Personenvereinigung eine Besteuerung nach dem KStG nur ein, wenn die Einkünfte nicht bereits unmittelbar bei den Gesellschaftern im Rahmen der Einkommensteuer zu versteuern sind.

Wenn man bei dem Karo Gewinnsparverein vom Regelfall ausgeht, in dem die Einkünfte nicht unmittelbar bei den Sparern zu versteuern sind, handelt es sich um ein Steuersubjekt i. S. d. § 1 Abs. 1 Nr. 5 KStG.

Eine persönliche **Steuerbefreiung** gem. § 5 Abs. 1 Nr. 9 KStG kommt nicht in Betracht, ebenso wenig eine sachliche Befreiung gem. § 8 Abs. 5 KStG.

l) Liberaldemokratische Partei

Da die Liberaldemokratische Partei unterstellterweise (Regelfall) ein nichtrechtsfähiger Verein ist, handelt es sich um ein Steuersubjekt i. S. d. § 1 Abs. 1 Nr. 5 KStG.

Sie kann aber gem. § 5 Abs. 1 Nr. 7 KStG persönlich steuerbefreit werden.

m) Mensa, Kantine betrieben vom Betriebsrat der Firmenbelegschaft

Da der Bestand der Kantine vom Bestand und der Fluktuation der Belegschaft unabhängig ist, handelt es sich um einen nichtrechtsfähigen Verein.

Mensa ist also ein Steuersubjekt i. S. d. § 1 Abs. 1 Nr. 5 KStG (vgl. BFH-Urteil vom 18. 10. 1960 – I 121/59 U, BStBl 1960 III S. 496).

n) Nero Investmentclub

Bei einem **Investmentclub** ist die Abgrenzung, ob es sich um einen nichtrechtsfähigen Verein i. S. d. § 54 BGB oder um eine GbR i. S. d. §§ 705 ff. BGB handelt, nach **Lage des Einzelfalls** vorzunehmen.

Wenn der Zweck des Investmentclubs unabhängig vom jeweiligen Mitgliederbestand ist und er nach innen und nach außen als **einheitliches Ganzes** organisiert ist, so sprechen diese Merkmale für einen nichtrechtsfähigen Verein. Dies wäre der Fall, wenn der Investmentclub beispielsweise von über 100 Personen gebildet wird. Es handelt sich dann um ein Steuersubjekt i. S. d. § 1 Abs. 1 Nr. 5 KStG.

Wenn aber der Investmentclub beispielsweise von nur zehn Personen gebildet wird, dann ist der Zweck abhängig vom Mitgliederbestand, und eine einheitliche formale Organisation ist entbehrlich. In diesem Fall handelt es sich um eine **GbR**, die nicht Steuersubjekt i. S. d. § 1 Abs. 1 KStG sein kann.

o) Ostland Bürgerinitiative zur Förderung der Wirtschaft

Wenn die Bürger Teile aus ihrem Vermögen der Bürgerinitiative endgültig zur Verfügung stellen und die Bürgerinitiative eigene Einkünfte bezieht, handelt es sich um **Zweckvermögen** des privaten Rechts. Die Bürgerinitiative stellt deshalb ein Steuersubjekt i. S. d. § 1 Abs. 1 Nr. 5 KStG dar.

p) Müllentsorgung der privaten Haushalte durch die Gemeinde Pfaffenhausen

Die Müllentsorgung der privaten Haushalte durch die Gemeinde Pfaffenhausen führt nicht zu einem Steuersubjekt i. S. d. § 1 Abs. 1 Nr. 6 KStG, sondern es handelt sich um die **Wahrnehmung hoheitlicher Aufgaben**.

Allerdings ist zu prüfen, ob sich die Stadt wirtschaftlich betätigt. Dies wäre der Fall, wenn sie in einer privatrechtlichen Rechtsform, z. B. i. S. d. § 1 Abs. 1 Nr. 1 KStG, oder im Rahmen eines BgA´s i. S. d. § 1 Abs. 1 Nr. 5 KStG i. V. m. § 4 KStG tätig wird.

q) Meier´s Meisterdach e. K.

Die abgekürzte Bezeichnung e. K. für „eingetragener Kaufmann" bzw. „eingetragene Kauffrau" gibt an, dass ein Einzelunternehmer, also eine natürliche Person, als Kaufmann bzw. Kauffrau im Handelsregister eingetragen ist.

Unabhängig davon, ob die Eintragung bei einem Istkaufmann i. S. d. § 1 HGB deklaratorisch oder bei einem Kannkaufmann i. S. d. §§ 2 oder 3 HGB konstitutiv erfolgt, kann ein e. K. als natürliche Person im Gegensatz zu den Handelsgesellschaften als Formkaufleute i. S. d. § 6 HGB nicht eine Körperschaft, Personenvereinigung oder Vermögensmasse sein.

Es kann sich also bei Meier´s Meisterdach e. K. nicht um ein Steuersubjekt i. S. d. § 1 Abs. 1 KStG handeln.

r) Sanitärgroßhandel Schelle UG (haftungsbeschränkt)

Die UG ist eine Unternehmergesellschaft (haftungsbeschränkt) gem. § 5a Abs. 1 GmbHG. Dabei handelt es sich um eine GmbH mit geringerem Stammkapital als dem in § 5 Abs. 1 GmbHG vorgeschriebenen Mindeststammkapital i. H. v. 25 000 €. Weitere Besonderheiten der UG ergeben sich aus § 5a Abs. 2 ff. GmbHG.

Es handelt sich also um eine besondere Form einer GmbH.

Die Sanitärgroßhandel Schelle UG (haftungsbeschränkt) ist demnach als GmbH ein Steuersubjekt i. S. d. § 1 Abs. 1 Nr. 1 KStG.

s) Krankengymnasten Kevin Keller und Kurt Kuser PartG

Angehörige freier Berufe, z. B. Krankengymnasten, können sich zur selbständigen Ausübung ihrer Berufe gem. § 1 Abs. 1 Satz 1 PartGG (Partnerschaftsgesellschaftsgesetz) zu einer PartG (Partnerschaftsgesellschaft) zusammenschließen. Angehörige dieser PartG können gem. § 1 Abs. 1 Satz 2 PartGG nur natürliche Personen sein.

Gemäß § 7 Abs. 2 PartGG ist § 124 HGB, in dem die Rechtsstellung einer OHG geregelt ist, entsprechend anzuwenden. Das Rechtsverhältnis der Partner untereinander richtet sich gem. § 6 Abs. 3 PartGG nach dem Partnerschaftsvertrag. Soweit er keine Bestimmungen enthält, sind die §§ 110 ff. und §§ 117 ff. HGB, die sich auf eine OHG beziehen, entsprechend anzuwenden.

Da eine PartG entsprechend einer OHG, also einer Personengesellschaft, zu behandeln ist, handelt es sich bei der Krankengymnasten Kevin Keller und Kurt Kuser PartG nicht um ein Steuersubjekt i. S. d. § 1 Abs. 1 KStG.

Angemerkt wird, dass gem. § 8 Abs. 1 und 2 PartGG für die Verbindlichkeiten der PartG (im Gegensatz zur PartGmbB, siehe nachfolgenden Sachverhalt) neben dem Vermögen der Partnerschaft die Partner als Gesamtschuldner haften.

t) Rechtsanwälte Bert Bertram, Bernd Berger und Partner PartGmbB

Im Fall einer PartGmbB (Partnerschaftsgesellschaft mit beschränkter Berufshaftung) haftet für Verbindlichkeiten der Partnerschaft aus Schäden wegen fehlerhafter Berufsausübung den Gläubigern gem. § 8 Abs. 4 PartGG nur das Gesellschaftsvermögen, wenn die Partnerschaft eine zu diesem Zweck durch Gesetz vorgegebene Berufshaftpflichtversicherung unterhält. Dies ist insbesondere der Fall bei Steuerberatern, Wirtschaftsprüfern und Rechtsanwälten.

Eine persönliche Haftung der Partner für Schäden wegen fehlerhafter Berufsausübung ist also ausgeschlossen. Die Haftung für solche Schäden ist (im Gegensatz zu einer PartG ohne den Zusatz „mit beschränkter Berufshaftung", siehe vorhergehenden Sachverhalt) auf das Gesellschaftsvermögen beschränkt.

Die persönliche Haftung für sonstige Verbindlichkeiten, z. B. Gehälter, Mieten etc. bleibt unbeschränkt bestehen.

Eine PartGmbB ist demnach nur eine besondere Form einer PartG.

Die Rechtsanwälte Bert Bertram, Bernd Berger und Partner PartGmbB können also kein Steuersubjekt i. S. d. § 1 Abs. 1 KStG sein.

u) ElectronicaHandel SE

Die SE (Societas Europaea) bezeichnet eine der supranationalen Gesellschaftsformen der EU. Es handelt sich um eine Europäische Gesellschaft im Sinne einer Europäischen AG aufgrund der Verordnung (EG) Nr. 2157/2001 vom 8. 12. 2001, die durch das SEEG (Gesetz zur Einführung der Europäischen Gesellschaft) vom 29. 12. 2004 in innerstaatliches Recht umgesetzt wurde.

Da Europäische Gesellschaften in § 1 Abs. 1 Nr. 1 KStG ausdrücklich unter dem Oberbegriff Kapitalgesellschaften aufgeführt sind, handelt es sich bei der ElectronicaHandel SE um ein Steuersubjekt i. S. d. § 1 Abs. 1 KStG.

v) Einkaufsgenossenschaft Bäckereibedarf SCE

Als SCE (Societas Cooperativa Europaea) wird eine supranationale Genossenschaft der EU aufgrund der Verordnung (EG) Nr. 1435/2003 vom 22. 7. 2003 bezeichnet, die durch das EGSCE (Gesetz zur Einführung der Europäischen Genossenschaft) vom 14. 8. 2006 in innerstaatliches Recht umgesetzt wurde.

In § 1 Abs. 1 Nr. 2 KStG sind Europäische Genossenschaften ausdrücklich aufgeführt, sodass die Einkaufsgenossenschaft Bäckereibedarf SCE zu den Steuersubjekten i. S. d. § 1 Abs. 1 KStG gehört.

w) Verbund zur Kooperation im Bereich Automobilmarktforschung EWIV

Die EWIV (Europäische Wirtschaftliche Interessenvertretung) stellt eine supranationale Gesellschaftsform der EU aufgrund der Verordnung (EG) Nr. 2173/85 vom 25. 7. 1985 dar. Diese wurde durch das EWIVAG (EWIV-Ausführungsgesetz) vom 14. 4. 1988 in innerstaatliches Recht umgesetzt.

Gegenstand der EWIV ist lediglich die Zusammenarbeit von Unternehmen, insbesondere von Klein- und Mittelunternehmen, nicht aber die Ausübung einer eigenen gewerblichen oder sonstigen selbständigen Tätigkeit. Es dürfen keine eigenen Gewinne angestrebt werden. In Deutschland und in Italien hat die EWIV keine eigene Rechtspersönlichkeit, in anderen EU-Ländern hat sie eine eigene Rechtspersönlichkeit.

Die englische Bezeichnung ist EEIG (European Economic Interest Grouping), die französische GEIE (Groupement d'intérêt économique). Entsprechende Bezeichnungen gibt es in anderen Sprachen.

Im EWIVAG (EWIV-Ausführungsgesetz) ist geregelt, dass die Vorschriften der OHG anwendbar sind. Bei der EWIV handelt es sich also um eine Personengesellschaft.

Der Verbund zur Kooperation im Bereich Automobilmarktforschung EWIV kann demnach kein Steuersubjekt i. S. d. § 1 Abs. 1 KStG sein.

FALL 3

Gesellschaften ausländischen Rechts als Steuersubjekte (I)

Sachverhalt:

Die nachfolgenden Gesellschaften ausländischen Rechts erzielen jeweils im Inland Einkünfte:

a) AGENT SOCIÉTÉ EN NOM COLLECTIF (OHG), gegründet mit Sitz und Geschäftsleitung in Frankreich, verlegt ihren Sitz nach Augsburg und lässt sich unter Beachtung der deutschen Gründungsvorschriften in das inländische Handelsregister eintragen.

b) BRILLANT SOCIÉTÉ À RESPONSABILITÉ LIMITÉE (GmbH), gegründet mit Sitz und Geschäftsleitung in Frankreich, verlegt ihren Sitz nach Bochum und lässt sich unter Beachtung der deutschen Gründungsvorschriften in das inländische Handelsregister eintragen.

AUFGABE

Es ist jeweils zu prüfen, ob die vorgenannten Gesellschaften ausländischen Rechts als Steuersubjekte in Betracht kommen.

LITERATURHINWEIS

Köllen/Reichert/Vogl/Wagner, Lehrbuch Körperschaftsteuer und Gewerbesteuer, Kapitel 2.2.1.1.4

LÖSUNG

Gesellschaften ausländischen Rechts, die wie deutsche Kapitalgesellschaften strukturiert sind, können körperschaftsteuerpflichtig sein. Es ist deshalb im Einzelfall zu prüfen, wie die fragliche Gesellschaft ausländischen Rechts strukturiert ist. Zur Abgrenzung der Steuerpflicht ist § 3 Abs. 1 KStG heranzuziehen, der bestimmt, dass nichtrechtsfähige Personenvereinigungen, Anstalten, Stiftungen und andere Zweckvermögen körperschaftsteuerpflichtig sind, wenn ihr Einkommen weder nach diesem Gesetz noch nach dem EStG unmittelbar bei einem anderen Steuerpflichtigen zu versteuern ist.

a) Vor der Verlegung des Sitzes der AGENT SOCIÉTÉ EN NOM COLLECTIF nach Augsburg kommt eine unbeschränkte Steuerpflicht i. S. d. § 1 Abs. 1 KStG nicht in Betracht, da es an der Geschäftsleitung oder dem Sitz im Inland mangelt.

Es ist aber zu prüfen, ob vor der Verlegung des Sitzes eine beschränkte Steuerpflicht i. S. d. § 2 KStG gegeben ist. Abgesehen von der Frage, ob es sich bei den Einkünften im Inland um inländische Einkünfte i. S. d. § 8 Abs. 1 KStG i. V. m. § 49 EStG handeln würde, ist zu klären, ob im Hinblick auf § 3 Abs. 1 KStG das Einkommen bei einem anderen Steuerpflichtigen zu versteuern ist. Eine OHG stellt zwar nach französischem Recht eine juristische Person dar; sie ist aber trotz eigener Rechtspersönlichkeit in Frankreich eher einer Mitunternehmergesellschaft i. S. d. § 15 Abs. 1 Satz 1 Nr. 3 EStG vergleichbar, bei der nach deutschem Recht die Gewinnanteile und Vergütungen im Rahmen der Einkommensteuer bei den jeweiligen Gesellschaftern erfasst werden.

Nach der Sitzverlegung ist zwar das Tatbestandsmerkmal Sitz im Inland i. S. d. § 1 Abs. 1 KStG für eine unbeschränkte Steuerpflicht gegeben, jedoch handelt es sich bei der AGENT SOCIÉTÉ EN NOM COLLECTIF nicht um eine Kapitalgesellschaft i. S. d. § 1 Abs. 1 Nr. 1 KStG. Auch § 1 Abs. 1 Nr. 5 KStG ist nicht anwendbar, da die Gesellschaft durch die Eintragung in das Handelsregister handelsrechtlich rechtsfähig geworden ist.

Die AGENT SOCIÉTÉ EN NOM COLLECTIF kommt also nicht als Steuersubjekt in Betracht.

b) Vor der Verlegung des Sitzes der BRILLANT SOCIÉTÉ À RESPONSABILITÉ LIMITÉE nach Bochum kommt eine unbeschränkte Steuerpflicht i. S. d. § 1 Abs. 1 KStG nicht in Betracht, da es an der Geschäftsleitung oder dem Sitz im Inland mangelt.

Es ist aber zu prüfen, ob vor der Verlegung des Sitzes eine beschränkte Steuerpflicht i. S. d. § 2 KStG gegeben ist. Diese setzt gem. § 3 Abs. 1 KStG voraus, dass das Einkommen der Gesellschaft nicht unmittelbar bei einem anderen Steuerpflichtigen zu versteuern ist. Da es sich bei der SOCIÉTÉ À RESPONSABILITÉ LIMITÉE um eine Gesellschaftsform handelt, die wie eine deutsche Kapitalgesellschaft strukturiert ist, kommt die BRILLANT SOCIÉTÉ À RESPONSABILITÉ LIMITÉE als Steuersubjekt für eine beschränkte Steuerpflicht in Betracht. Es ist dann weiter zu klären, ob sie inländische Einkünfte i. S. d. § 8 Abs. 1 KStG i. V. m. § 49 EStG, z. B. durch eine Betriebsstätte im Inland, erzielt (siehe Fälle zur beschränkten Steuerpflicht).

Nach der Sitzverlegung nach Bochum ist BRILLANT SOCIÉTÉ À RESPONSABILITÉ LIMITÉE durch die Eintragung in das Handelsregister rechtsfähig und eine Kapitalgesellschaft geworden. Sie ist demnach ein Steuersubjekt i. S. d. § 1 Abs. 1 Nr. 1 KStG.

FALL 4

Gesellschaften ausländischen Rechts als Steuersubjekte (II)

Sachverhalt:

Die nachfolgenden Gesellschaften ausländischen Rechts erzielen jeweils im Inland Einkünfte:

a) APPLE PRIVATE COMPANY LIMITED BY SHARES, LTD., mit statutarischem Sitz in London (Großbritannien) und Verwaltungssitz in Lüneburg,

b) BARCO SOCIEDADES REGULARES COLECTIVAS, S.R.C., mit statutarischem Sitz in Barcelona (Spanien) und Verwaltungssitz in Bonn,

c) CARLO SOCIEDAD DE RESPONSABILIDAD LIMITADA, S.R.L., mit statutarischem Sitz in Buenos Aires (Argentinien) und Verwaltungssitz in Aachen.

AUFGABE

Es ist jeweils zu prüfen, ob die vorgenannten Gesellschaften ausländischen Rechts als Steuersubjekte in Betracht kommen.

LITERATURHINWEIS

Köllen/Reichert/Vogl/Wagner, Lehrbuch Körperschaftsteuer und Gewerbesteuer, Kapitel 2.2.1.1.4

LÖSUNG

Gesellschaften ausländischen Rechts, die wie deutsche Kapitalgesellschaften strukturiert sind, können körperschaftsteuerpflichtig sein. In seinem Urteil vom 23. 6. 1992, BStBl 1996 II S. 972, begründet der BFH, dass sich die Körperschaftsteuerpflicht in derartigen Fällen aus § 1 Abs. 1 Nr. 5 KStG i. V. m. § 3 Abs. 1 KStG ergibt.

Danach kommt es bei ausländischen Gesellschaften für die Beurteilung der Rechtsfähigkeit auf das Recht des ausländischen Staates an, wenn die Gesellschaft Sitz und Geschäftsleitung im Ausland hat.

Anders ist es dagegen bei Kapitalgesellschaften mit **statutarischem Sitz** (§ 11 AO) **im Ausland,** die ihren **Verwaltungssitz aber in Deutschland** haben. Bei solchen Gesellschaften knüpft das deutsche internationale Privatrecht bei der Beurteilung der Rechtsfähigkeit nach der Rechtsprechung des BGH und der ganz überwiegenden Meinung im Schrifttum an die Rechtsordnung an, die am tatsächlichen Sitz der Hauptverwaltung gilt (Sitztheorie).

Mangels Eintragung im deutschen Handelsregister ist eine Gesellschaft mit statutarischem Sitz im Ausland und Verwaltungssitz im Inland nicht rechtsfähig, auch wenn sie nach dem Recht des ausländischen Staates rechtsfähig ist. Der Mangel der Rechtsfähigkeit in Deutschland schließt die Körperschaftsteuerpflicht aber nicht von vornherein aus.

Denn gem. § 1 Abs. 1 Nr. 5 KStG sind auch nichtrechtsfähige Vereine, Anstalten, Stiftungen und andere Zweckvermögen des privaten Rechts körperschaftsteuerpflichtig. Gemäß § 3 Abs. 1 KStG sind nichtrechtsfähige Personenvereinigungen, Anstalten, Stiftungen und andere Zweckvermögen körperschaftsteuerpflichtig, wenn ihr Einkommen weder nach diesem Gesetz noch nach dem EStG unmittelbar bei einem anderen Steuerpflichtigen zu versteuern ist.

Dem Bedeutungszusammenhang der beiden Vorschriften ist zu entnehmen, dass auch nichtrechtsfähige Personenvereinigungen und Vermögensmassen körperschaftsteuerpflichtig sein können, wenn ihnen das erzielte Einkommen unmittelbar zuzurechnen ist und sie wie eine Kapitalgesellschaft oder ein Verein strukturiert sind.

Die Grundsätze dieses Urteils sind umstritten und im Einzelfall schwierig anzuwenden.

a) Zur Beurteilung eines Falles wie der der APPLE PRIVATE COMPANY LIMITED BY SHARES in London kann der Erlass des Finanzministeriums Brandenburg vom 1.9.1993 − 35 − S 2850 − 2/93, der im Einvernehmen mit dem BMF und den obersten Finanzbehörden der anderen Länder ergangen ist, herangezogen werden. Er bezieht sich ausdrücklich auf das BFH-Urteil vom 23.6.1992, BStBl 1992 II S. 972, in dem auch für den Bereich des Körperschaftsteuerrechts die im Zivilrecht vorherrschende Sitztheorie bekräftigt wird, aber in dem weiterhin entschieden worden ist, dass ein Mangel der Rechtsfähigkeit im Inland die unbeschränkte Steuerpflicht nicht ausschließt.

Die Körperschaftsteuerpflicht kann sich in derartigen Fällen aus § 1 Abs. 1 Nr. 5 KStG i. V. m. § 3 Abs. 1 KStG ergeben.

Es muss daher im Einzelfall geprüft werden, ob die im Ausland rechtsfähige Körperschaft, Personenvereinigung oder Vermögensmasse, die ihre Geschäftsleitung im Inland hat, dem „Typ" und der tatsächlichen Handhabung nach einem Körperschaftsteuersubjekt i. S. d. § 1 Abs. 1 Nr. 1 bis 5 KStG entspricht und ob das Einkommen bei einem anderen Steuerpflichtigen zu versteuern ist.

Die Rechtsform der PRIVATE COMPANY LIMITED BY SHARES britischen Rechts ist eine Gesellschaft mit eigener Rechtspersönlichkeit und beschränkter Haftung. Sie ist daher der deutschen GmbH vergleichbar.

Da die APPLE PRIVATE COMPANY LIMITED BY SHARES nach außen im eigenen Namen (also nicht im Namen der Gesellschafter) auftritt, werden die Einkünfte der Gesellschaft (nicht den Gesellschaftern) zugerechnet.

Die APPLE PRIVATE COMPANY LIMITED BY SHARES stellt demnach ein Steuersubjekt i. S. d. § 1 Abs. 1 Nr. 5 KStG i. V. m. § 3 Abs. 1 KStG dar.

b) Bei einer SOCIEDADES REGULARES COLECTIVAS, S.R.C., handelt es sich entsprechend dem BMF-Schreiben vom 28.5.1998, BStBl 1998 I S. 557 in Spanien um eine juristische Person, die dort auch als solche besteuert wird. Sie ist jedoch bei Anwendung des deutschen Steuerrechts als Personengesellschaft einzustufen.

Die BARCO SOCIEDADES REGULARES COLECTIVAS, S.R.C. kommen deshalb nicht als Steuersubjekt i. S. d. § 1 Abs. 1 Nr. 5 KStG i. V. m. § 3 Abs. 1 KStG in Betracht.

c) Eine SOCIEDAD DE RESPONSABILIDAD LIMITADA, S.R.L., ist entsprechend dem BMF-Schreiben vom 30.12.1997, das deren Ausschüttungen beurteilt, in Argentinien körperschaftsteuerpflichtig. Sie ist wie eine deutsche Kapitalgesellschaft strukturiert.

Bei der CARLO SOCIEDAD DE RESPONSABILIDAD LIMITADA, S.R.L., handelt es sich also um ein Steuersubjekt i. S. d. § 1 Abs. 1 Nr. 5 KStG i. V. m. § 3 Abs. 1 KStG.

FALL 5

BgA´s von juristischen Personen des öffentlichen Rechts als Steuersubjekte

Sachverhalt:

Die X-Stadt entfaltet folgende wirtschaftliche Aktivitäten:

1. Verpachtung einer Gaststätte mit Inventar an den Gastwirt A (Pachteinnahmen 01: 25 000 €);

2. Abfallentsorgungsbetrieb der privaten Haushalte der X-Stadt (Gebühren 01: 1 200 000 €);

3. Aufstellen von Parkscheinautomaten in der Innenstadt (Einnahmen 01: 170 000 €);

4. Verpachtung eines Grundstücks an ein privates Entsorgungsunternehmen (Pachteinnahmen 01: 150 000 €);

5. Wasserversorgung (Einnahmen 01: 2 500 000 €; steuerliches Ergebnis 01: 100 000 €);

6a. Betrieb eines Freibades (Einnahmen 01: 120 000 €; steuerliches Ergebnis 01: - 150 000 €);

6b. Das Freibad wird an eine Bäder-Betriebs-GmbH verpachtet (Pacht jährlich 10 000 €, gleichzeitig gewährt die X-Stadt der Bäder-Betriebs-GmbH einen festen Zuschuss i. H. v. 50 000 € jährlich zum Unterhalt des Bades);

7. Beteiligung an der B-Energieversorgungs-AG (Beteiligungserträge 01: 200 000 €);

8. Ferner ist die X-Stadt alleinige Anteilseignerin der X-Verkehrs-AG, die Betreiberin des öffentlichen Nahverkehrs in der X-Stadt ist;

9. Verkauf von Mobiliar aus dem Amtszimmer des Bürgermeisters (Verkaufserlös: 1 500 €).

AUFGABE

Mit welchen Tätigkeiten ist die X-Stadt Körperschaftsteuersubjekt?

LITERATURHINWEIS

Köllen/Reichert/Vogl/Wagner, Lehrbuch Körperschaftsteuer und Gewerbesteuer, Kapitel 2.2.1.1, 5.2

LÖSUNG

Juristische Personen des öffentlichen Rechts sind:

▶ die Körperschaften des öffentlichen Rechts,

▶ die öffentlich-rechtlichen Anstalten sowie

▶ die Stiftungen des öffentlichen Rechts.

Bei den Körperschaften des öffentlichen Rechts handelt es sich um rechtsfähige Verwaltungs-einheiten mit verbandsmäßiger Rechtsgestalt. Sie teilen sich in die **Gebietskörperschaften**, die ein bestimmtes Gebiet und dessen Bewohner umfassen (Bund, Länder, Gemeinden, Gemeinde-verbände, Zweckverbände), und die **Personalkörperschaften** mit Mitgliedern gleicher Berufe oder Interessen (z. B. die öffentlich-rechtlichen Religionsgemeinschaften, die Innungen, die Handwerkskammern, die Industrie- und die Handelskammern, die Landwirtschaftskammern, die Rechtsanwaltskammern, die Steuerberaterkammern, die Ärztekammern, die Kreishandwer-kerschaften u. a.). Die Körperschaft des öffentlichen Rechts entsteht durch Gesetz oder staatli-chen Hoheitsakt aufgrund eines Gesetzes und kann Beiträge erheben.

Die **öffentlich-rechtliche Anstalt** hat keine Mitglieder. Es handelt sich um eine Einrichtung, die einem besonderen öffentlichen Zweck zu dienen bestimmt ist (z. B. die Schulen, die Universitä-ten, die Rundfunkanstalten, die Studentenwerke, die Träger der Sozialversicherung wie LVA und BfA, die Sparkassen). Die Anstalten des öffentlichen Rechts können für die Inanspruchnahme von Leistungen Gebühren von den Benutzern erheben.

Die **öffentlich-rechtliche Stiftung** dient einem allgemeinen gemeinnützigen oder kirchlichen Zweck und erlangt durch Staatsakt Rechtsfähigkeit. Die Stiftung des öffentlichen Rechts muss über ein Vermögen verfügen, das bestimmten durch eine Stiftungsordnung festgestellten ge-meinnützigen Zwecken gewidmet ist, und muss staatlich anerkannt sein.

Die **juristischen Personen des öffentlichen** Rechts fallen als solche nicht unter die unbeschränkte Körperschaftsteuerpflicht gem. § 1 KStG. Sie sind aber insoweit unbeschränkt **körperschaftsteu-erpflichtig,** als sie BgA´s unterhalten oder ein solcher Betrieb selbst eine juristische Person des öffentlichen Rechts ist (§ 1 Abs. 1 Nr. 6 KStG).

Die eigentliche Tätigkeit der Körperschaften des öffentlichen Rechts besteht in der Wahrneh-mung hoheitlicher Aufgaben, das sind solche Tätigkeiten die einer öffentlich-rechtlichen Körper-schaft eigentümlich und vorbehalten sind (→ gesetzliche Vorschrift oder Verwaltungsanwei-sung). Die Einnahmen hieraus (Gebühren, Steuern, Beiträge) unterliegen nicht der Besteuerung. Tritt die juristische Person des öffentlichen Rechts in Wettbewerb zu privaten Unternehmen, so ist die Tätigkeit nicht mehr als hoheitlich anzusehen. Gewinne aufgrund einer privatwirtschaft-lichen Betätigung der öffentlich-rechtlichen Körperschaften sind grundsätzlich körperschaft-steuerpflichtig. Zum nicht steuerbaren Bereich der juristischen Person des öffentlichen Rechts gehört auch der Bereich der Vermögensverwaltung (Abgrenzung zum BgA analog den Grundsät-zen in R 15.7 EStR).

Gemäß § 1 Abs. 1 Nr. 6 KStG sind die juristischen Personen des öffentlichen Rechts nur mit ihren BgA´s unbeschränkt körperschaftsteuerpflichtig. Hat die juristische Person des öffentlichen Rechts mehrere BgA´s, so ist sie Subjekt der Körperschaftsteuer wegen jedes einzelnen Betriebs.

Ein BgA einer juristischen Person des öffentlichen Rechts ist jede Einrichtung, die einer nachhal-tigen wirtschaftlichen Tätigkeit zur Erzielung von Einnahmen außerhalb der Land- und Forst-wirtschaft dient und die sich innerhalb der Gesamtbetätigung der juristischen Person des öf-fentlichen Rechts wirtschaftlich heraushebt (§ 4 Abs. 1 KStG). Gewinnerzielungsabsicht und Be-teiligung am allgemeinen wirtschaftlichen Verkehr sind nicht erforderlich.

Einrichtung ist jede **selbständige wirtschaftliche Tätigkeit.** Sie muss sich innerhalb der Gesamt-betätigung der Körperschaft „wirtschaftlich herausheben". Zu den Einrichtungen gehören sowohl mit Wirtschaftsgütern ausgestattete Eigenbetriebe als auch privatwirtschaftliche Betätigungen der öffentlichen Hand, die ohne eigenes Betriebsvermögen Einnahmen erzielen.

Eine Einrichtung kann auch dann anzunehmen sein, wenn andere, nicht organisatorische Merkmale für eine wirtschaftliche Selbständigkeit sprechen. Dies ist z. B. dann der Fall, wenn der Jahresumsatz i. S. d. § 1 Abs. 1 Nr. 1 UStG aus der wirtschaftlichen Tätigkeit beträchtlich ist. Übersteigt er den Betrag i. H. v. 130 000 €, so ist dies ein gewichtiges Merkmal für die Selbständigkeit der ausgeübten Tätigkeit (R 4.1 Abs. 4 Satz 2 KStR).

Eine wirtschaftliche Tätigkeit ist als **nachhaltig** anzusehen, wenn sie während eines bestimmten Zeitraumes mit **Wiederholungsabsicht** ausgeübt wird. Besteht Wiederholungsabsicht von Beginn an, so reicht bereits einmaliges Tätigwerden für die Annahme der Nachhaltigkeit aus.

Die Tätigkeit muss ausgeübt werden in der Absicht, Einnahmen zu erzielen. Dies muss jedoch nicht der Hauptzweck der wirtschaftlichen Betätigung sein. Gewinnerzielungsabsicht ist nicht erforderlich (§ 4 Abs. 1 Satz 2 KStG).

Land- und forstwirtschaftliche Betriebe von juristischen Personen des öffentlichen Rechts gehören nicht zu den BgA´s.

Reine Vermögensverwaltung, z. B. die verzinsliche Anlage von Kapitalvermögen oder die Vermietung und Verpachtung von unbeweglichem Vermögen, begründet keinen BgA.

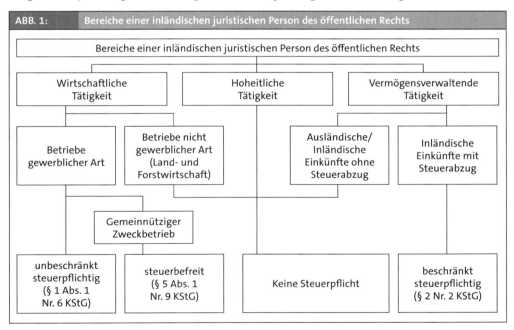

ABB. 1: Bereiche einer inländischen juristischen Person des öffentlichen Rechts

Gemäß § 4 Abs. 1 Satz 1 KStG muss sich die Einrichtung innerhalb der Gesamtbetätigung der juristischen Person wirtschaftlich herausheben. Nach der Rechtsprechung muss es sich um eine Tätigkeit von einigem wirtschaftlichen Gewicht handeln (RFH vom 9. 12. 1932, RStBl 1933 S. 53). Nach Verwaltungsauffassung ist dies der Fall, wenn der Jahresumsatz i. S. d. § 1 Abs. 1 Nr. 1 UStG einen Betrag i. H. v. 35 000 € nachhaltig übersteigt (R 6 Abs. 5 Satz 1 KStR).

Wird ein nachhaltiger Jahresumsatz i. H. v. über 35 000 € im Einzelfall nicht erreicht, ist ein BgA nur bei Vorliegen besonderer Gründe anzunehmen, z. B. wenn die juristische Person des öffentlichen Rechts mit ihrer Tätigkeit zu anderen Unternehmen unmittelbar in Wettbewerb tritt. Die juristische Person des öffentlichen Rechts verfügt daher bei Einnahmen von weniger als 35 000 € faktisch über ein Wahlrecht hinsichtlich der Annahme eines BgA´s. Dies kann insbesondere für die Geltendmachung von Vorsteuerabzugsbeträgen von Bedeutung sein, weil die juristische Person des öffentlichen Rechts gem. § 2 Abs. 3 Satz 1 UStG a. F. nur insoweit Unternehmer ist, als sie im Rahmen eines BgA´s tätig ist. Diese Regelung ist über den 31. 12. 2016 hinaus von Bedeutung, wenn die Optionserklärung gem. § 27 Abs. 22 Satz 3 UStG abgegeben wurde.

Eigen- und Regiebetriebe sind unselbständige Einheiten einer juristischen Person des öffentlichen Rechts, die als BgA ohne eigene Rechtspersönlichkeit geführt werden können. Sie sind nur steuerpflichtig, wenn sie nicht überwiegend der Ausübung öffentlicher Gewalt dienen. Der Eigenbetrieb stellt ein organisatorisch und haushaltsmäßig selbständiges Sondervermögen der Körperschaft des öffentlichen Rechts dar (→ Eigenbetriebssatzung). Der Eigenbetrieb verfügt nicht über eine eigene Rechtspersönlichkeit. Es besteht jedoch eine Verpflichtung, Jahresabschlüsse zu erstellen. Über die Verwendung des Jahresergebnisses beschließt der Gemeinderat. Beim Regiebetrieb handelt es sich um einen rechtlich und wirtschaftlich unselbständigen Betrieb der Gemeinde. Bislang wurden seine Einnahmen und Ausgaben im Haushaltsplan der Kommune ausgewiesen (→ Kameralistische Einnahmen- und Ausgabenrechnung). Nach und nach erfolgt jetzt jedoch eine Umstellung auf eine kaufmännische Buchführung (→ Doppik), die sich an handelsrechtlichen Grundsätzen orientiert.

HINWEIS

In umsatzsteuerlicher Hinsicht waren die juristischen Personen des öffentlichen Rechts bislang nur im Rahmen ihrer BgA und ihrer land- oder forstwirtschaftlichen Betriebe gewerblich oder beruflich tätig (§ 2 Abs. 3 UStG). Im Umkehrschluss bedeutete dies, dass der hoheitliche Bereich (z. B. Abfallbeseitigung, Feuerwehr) und der Bereich der Vermögensverwaltung (z. B. Vermietung des Ratskellers ohne Inventar) nicht der Umsatzsteuer unterlagen. § 2 Abs. 3 UStG ist mit Wirkung vom 1. 1. 2016 weggefallen. Nach dem neuen § 2b UStG gelten juristische Personen des öffentlichen Rechts jetzt nur dann nicht als Unternehmer i. S. d. § 2 UStG, soweit sie Tätigkeiten ausüben, die ihnen im Rahmen der öffentlichen Gewalt obliegen, auch wenn sie im Zusammenhang mit diesen Tätigkeiten Zölle, Gebühren, Beiträge oder sonstige Abgaben erheben. Sofern eine Behandlung als Nichtunternehmer zu größeren Wettbewerbsverzerrungen führen würde, gelten diese auf jeden Fall als Unternehmer. In § 2b Abs. 2 und 3 UStG werden Tatbestände aufgeführt, bei denen insbesondere größere Wettbewerbsverzerrungen nicht vorliegen. Mit den Tätigkeiten gem. § 2b Abs. 4 UStG gilt die juristische Person des öffentlichen Rechts hingegen stets bei Vorliegen der allgemeinen Voraussetzungen als Unternehmer.

Zu 1

Als BgA gilt die Verpachtung eines solchen Betriebs (§ 4 Abs. 4 KStG), d. h. die entgeltliche Überlassung von Einrichtungen, Anlagen oder Rechten, die beim Verpächter einen BgA darstellen würden. Ein Verpachtungs-BgA i. S. d. § 4 Abs. 4 KStG liegt nur vor, wenn die überlassenen Wirtschaftsgüter die wesentlichen Grundlagen des Betriebs ausmachen, mit denen der Pächter sogleich ohne größere Vorkehrungen einen Gewerbebetrieb ausüben kann (BMF-Schreiben vom 12. 11. 2009, BStBl I S. 1303, Rz. 15). Die **Verpachtung** der Gaststätte mit Inventar an den Gastwirt A kann daher **grundsätzlich** einen **BgA** bilden. Da die Einnahmen unter 35 000 € liegen, obliegt es der X-Stadt, ob sie den Verpachtungsbetrieb als BgA behandeln will.

Zu 2 und 3

Betriebe von juristischen Personen des öffentlichen Rechts, die überwiegend der Ausübung der öffentlichen Gewalt dienen, sind **Hoheitsbetriebe** und gehören nicht zu den BgA´s. Kennzeichnend für die Ausübung der öffentlichen Gewalt ist die Erfüllung öffentlich-rechtlicher Aufgaben, die aus der Staatsgewalt abgeleitet sind und staatlichen Zwecken dienen. Eine Ausübung der öffentlichen Gewalt ist insbesondere gegeben, wenn Leistungen erbracht werden, bei denen der Leistungsempfänger aufgrund gesetzlicher oder behördlicher Anordnungen zur Annahme verpflichtet ist.

Der Betrieb von Parkuhren oder von Parkscheinautomaten durch juristische Personen des öffentlichen Rechts ist als Ausübung öffentlicher Gewalt anzusehen, soweit er im Rahmen der Straßenverkehrsordnung durchgeführt wird (R 4.5 Abs. 4 Satz 1 KStR). Eine Gemeinde, die aufgrund der Straßenverkehrsordnung Parkplätze durch Aufstellung von Parkscheinautomaten gegen Parkgebühren überlässt, handelt damit nicht als Unternehmer. Die Überlassung von Parkraum gegen Gebühren erfolgt immer dann zur Regelung des ruhenden Verkehrs im Rahmen der Straßenverkehrsordnung, wenn die zuständige Straßenverkehrsbehörde das gebührenpflichtige Parken durch straßenverkehrsrechtliche Anordnung verfügt und dies durch das Aufstellen entsprechender Beschilderung bekannt gemacht hat. Der Betrieb der Parkscheinautomaten ist daher als Hoheitsbetrieb zu qualifizieren.

HINWEIS

Die Bereitstellung von öffentlichen Parkflächen in Parkhäusern, Tiefgaragen oder auf zusammenhängenden Parkflächen außerhalb öffentlicher Straßen ist dagegen als wirtschaftliche Tätigkeit anzusehen und begründet daher einen BgA.

Die öffentlich-rechtlichen Entsorgungsträger sind sowohl für die Verwertung als auch für die Beseitigung der Abfälle aus privaten Haushalten zuständig. Die Abfallverwertung und -entsorgung ist eine hoheitliche Tätigkeit, soweit es sich um Abfälle aus privaten Haushalten handelt (R 4.5 Abs. 6 Satz 1 KStR). Auch die entgeltliche Abgabe dieser Abfälle oder der aus diesen Abfällen gewonnenen Stoffe oder Energie ist steuerlich dem hoheitlichen Bereich zuzuordnen und als hoheitliches Hilfsgeschäft anzusehen. Das getrennte Einsammeln wiederverwertbarer Abfälle (z. B. in Bio-Tonnen) und die entgeltliche Veräußerung dieser Abfälle oder der aus den Abfällen gewonnenen Stoffe oder Energie durch die entsorgungspflichtige Körperschaft sind steuerlich ebenfalls als hoheitliche Tätigkeit anzusehen. Der Abfallentsorgungsbetrieb der X-Stadt ist daher als hoheitlicher Betrieb zu qualifizieren.

HINWEIS

Bei den industriellen bzw. gewerblichen Abfällen ist zwischen Abfällen zur „Beseitigung" und Abfällen „zur Verwertung" zu unterscheiden. Nach dem Kreislaufwirtschaftsgesetz sind öffentlich-rechtliche Entsorgungsträger verpflichtet, Abfälle zur Beseitigung aus anderen Herkunftsbereichen als privaten Haushalten zu beseitigen. Die juristische Person hat nicht die Möglichkeit, diese ihr zugewiesene Aufgabe der Beseitigung von Abfällen aus anderen Herkunftsbereichen auf private Dritte zu übertragen. Für Abfälle „zur Beseitigung" besteht ein Benutzungszwang, daher handelt es sich um eine hoheitliche Tätigkeit.

Die Verwertung von industriellen bzw. gewerblichen Abfällen ist den juristischen Personen des öffentlichen Rechts nicht gesetzlich zugewiesen. Soweit die öffentlich-rechtlichen Entsorgungsträger freiwillig die Verwertung von industriellen bzw. gewerblichen Abfällen übernehmen, ist daher eine gewerbliche Tätigkeit anzunehmen.

Die Entsorgung von Transport-, Verkaufs- und Umverpackungen nach der VerpackV unterliegt nicht der öffentlichen Abfallentsorgung. Vielmehr sind die Hersteller und Vertreiber zu deren Rücknahme verpflichtet. Die Rücknahme und Wiederverwendung gebrauchter Verpackungen ist damit auf die Privatwirtschaft übergegangen. Die Erfüllung von Aufgaben nach der VerpackV erfolgt damit nicht in Ausübung öffentlicher Gewalt. Soweit sich die Duales System Deutschland (DSD) GmbH zur Erfüllung ihrer Verpflichtungen der Einrichtungen der öffentlichen Hand bedient und Verträge mit den juristischen Personen des öffentlichen Rechts abschließt, wonach diese die Verpackungen abholen, sortieren und der DSD GmbH zur Abholung bereitstellen, sind die juristischen Personen des öffentlichen Rechts wirtschaftlich tätig.

Die Abfallentsorgung ist daher als Hoheitsbetrieb zu qualifizieren, da es sich um eine den juristischen Personen des öffentlichen Rechts eigentümliche und vorbehaltene Tätigkeit handelt (siehe BFH-Urteile vom 23. 10. 1996 – I R 1-2/94, BStBl 1997 II S. 139, sowie vom 8. 1. 1997 – V R 32/97, BStBl 1998 II S. 410). Auch der Betrieb der Parkscheinautomaten ist als Hoheitsbetrieb zu qualifizieren, da dies im Rahmen der Straßenverkehrsordnung geschieht (R 4.5 Abs. 4 KStR).

Zu 4

Die **reine Vermögensverwaltung** (z. B. das Halten einer Beteiligung an einer Kapitalgesellschaft sowie die Vermietung und Verpachtung von Grundvermögen) gehören zum Hoheitsbereich. Die Verpachtung des Grundstücks an das Entsorgungsunternehmen stellt daher keinen BgA dar.

Zu 5 und 6a

Der Wasserversorgungsbetrieb sowie der Betrieb des Freibades stellen jeweils BgA´s dar, da sämtliche Erfordernisse hierzu erfüllt sind. Der BgA „Wasserversorgung" ist gem. § 1 Abs. 1 Nr. 6 KStG unbeschränkt körperschaftsteuerpflichtig. Das steuerliche Ergebnis 01 i. H. v. 100 000 € unterliegt einer körperschaftsteuerlichen Tarifbelastung i. H. v. 15 % (Steuer: 15 000 €).

Die juristische Person des öffentlichen Rechts ist mit jedem einzelnen BgA Steuersubjekt (BFH-Urteil vom 8. 11. 1989 – I R 187/85, BStBl 1990 II S. 242). Damit ist ein **Verlustausgleich zwischen verschiedenen BgA´s** einer juristischen Person des öffentlichen Rechts **ausgeschlossen,** da die Ergebnisse nicht zusammengerechnet werden dürfen. Eine Verrechnung von Gewinnen und

Verlusten verschiedener BgA lässt sich lediglich durch deren Zusammenfassung erreichen, die jedoch nur unter bestimmten Voraussetzungen möglich ist.

Die **Zusammenfassung** mehrerer **gleichartiger BgA´s** ist ausschließlich i. S. d. § 4 Abs. 6 Satz 1 Nr. 1 KStG zulässig (R 4.2 KStR). Gemäß § 4 Abs. 6 KStG kann ein BgA mit einem oder mehreren anderen BgA´s zusammengefasst werden, wenn sie gleichartig sind, zwischen ihnen nach dem Gesamtbild der tatsächlichen Verhältnisse objektiv eine enge wechselseitige technisch-wirtschaftliche Verflechtung von einigem Gewicht besteht oder BgA´s i. S. d. § 4 Abs. 3 KStG (Verkehrs- und Versorgungsbetriebe [sog. Querverbundunternehmen]) vorliegen. Auch Einrichtungen, die mangels Gewicht keinen BgA darstellen, können unter den vorstehend genannten Voraussetzungen zusammengefasst werden. Ein BgA kann nicht mit einem Hoheitsbetrieb zusammengefasst werden (§ 4 Abs. 6 Satz 2 KStG). Für die Frage, ob ein Verpachtungs-BgA mit einem anderen Verpachtungs-BgA oder einem BgA i. S. d. § 4 Abs. 1 KStG zusammengefasst werden kann, ist nicht auf die Verpachtungstätigkeit, sondern auf die Tätigkeit des Pächters abzustellen.

Da eine technisch-wirtschaftliche Verflechtung zwischen dem Freibad und dem BgA „Wasserversorgung" nicht erkennbar ist, scheidet eine Zusammenfassung der beiden Betriebe aus.

Zu 6b

Gemäß § 4 Abs. 4 KStG gilt die Verpachtung eines BgA´s als BgA. Verpachtung eines BgA ist jede entgeltliche Überlassung von Einrichtungen, Anlagen oder Rechten, die beim Verpächter einen BgA darstellen würde. Die unentgeltliche Überlassung eines BgA´s begründet keinen (Verpachtungs-)BgA i. S. d. § 4 Abs. 4 KStG. Gewährt deshalb eine Gemeinde bei der Verpachtung eines BgA (z. B. Schwimmbad) dem Pächter (Betreiber) einen Zuschuss zum Unterhalt der Einrichtung, der höher ist als das vertraglich vereinbarte Pachtgelt, ist eine entgeltliche Verpachtung zu verneinen. Ein (Verpachtungs-)BgA i. S. d. § 4 Abs. 4 KStG liegt in diesen Fällen nicht vor.

Dies gilt jedoch nur dann, wenn zwischen den vereinnahmten Pachtentgelten und den gewährten Zuschüssen eine rechtliche und tatsächliche Verknüpfung besteht. Eine derartige Verknüpfung ist i. d. R. bei Vereinbarung eines festen Zuschusses bzw. bei Vereinbarung eines Fehlbetragszuschusses gegeben. In diesen Fällen ist deshalb ein (Verpachtungs-)BgA nicht gegeben, wenn der Zuschuss höher ist als das Pachtentgelt (siehe hierzu OFD Niedersachsen vom 13. 1. 2011 – S 2706 – 290 – St 241). Derzeit sind zu der Frage, ob in derartigen Fällen eine Saldierung von Pacht und Zuschuss bei der Prüfung der Entgeltlichkeit vorzunehmen ist, mehrere Revisionsverfahren beim BFH anhängig (siehe I R 9/17, Vorinstanz FG Sachsen vom 10. 1. 2017, EFG 2017 S. 1368; I R 58/17, Vorinstanz FG Berlin-Brandenburg vom 13. 7. 2017, EFG 2018 S. 56; X I 35/19 Vorinstanz Niedersächsisches FG vom 16. 10. 2019, 5 K 286/18).

Zu 7

Die X-Stadt ist mit den Dividendenerträgen aus der **Beteiligung** an der B-Energieversorgungs-AG beschränkt körperschaftsteuerpflichtig (§ 2 Nr. 2 KStG). Es ist von der B-AG als ausschüttender Kapitalgesellschaft **Kapitalertragsteuer** einzubehalten; weiterhin fällt Solidaritätszuschlag auf die Kapitalertragsteuer an. Der Kapitalertragsteuersatz beträgt 25 % (§ 43a Abs. 1 Satz 1 Nr. 1 EStG).

Der Steuerabzug ist jedoch nur zu $^3/_5$ vorzunehmen (§ 44a Abs. 8 Satz 1 EStG). Es ergibt sich folgende Berechnung:

200 000 €	× 25 %	=	50 000 €
	× $^3/_5$	=	30 000 €
	zzgl. SolZ		1 650 €

Somit ergibt sich ein Auszahlungsbetrag i. H. v. 168 350 €.

Bei der X-Stadt als juristischer Person des öffentlichen Rechts wären die Beteiligungserträge grundsätzlich auch im Rahmen der beschränkten Körperschaftsteuerpflicht (§ 2 Nr. 2 KStG) gem. § 8b Abs. 1 KStG nicht anzusetzen. Jedoch bestimmt § 43 Abs. 1 Satz 3 EStG, dass auch bei solchen Erträgen, auf die § 8b Abs. 1 KStG anwendbar ist, Kapitalertragsteuer einzubehalten ist. Gemäß § 32 Abs. 1 Nr. 2 KStG n. F. ist die Körperschaftsteuer hiermit abgegolten. Eine Veranlagung findet nicht statt; dementsprechend erfolgt keine Anrechnung. Lediglich die Abstandnahme vom Steuerabzug gem. § 44a Abs. 8 EStG in der vorgenannten Weise ist möglich.

Zu 8

Betätigt sich die juristische Person des öffentlichen Rechts in Form eines Betriebes, der als juristische Person des Privatrechts (z. B. Kapitalgesellschaft) geführt wird, so wird das Unternehmen nach den für diese Rechtsform geltenden Vorschriften besteuert. Die X-Verkehrs-AG ist daher gem. § 1 Abs. 1 Nr. 1 KStG als Kapitalgesellschaft unbeschränkt steuerpflichtig.

Zu 9

Einnahmen aus der Veräußerung von Wirtschaftsgütern aus dem hoheitlichen Bereich einer juristischen Person des öffentlichen Rechts werden, unabhängig, ob diese verbraucht oder nicht verbraucht sind, dem nicht steuerpflichtigen hoheitlichen Bereich zugeordnet (R 4.4 Abs. 2 KStR). Es handelt sich dabei um sog. Hilfsgeschäfte. Der Verkauf des Mobiliars ist daher dem nicht steuerpflichtigen hoheitlichen Bereich der X-Stadt zuzuordnen.

FALL 6

Unbeschränkte Steuerpflicht

Sachverhalt:

Die ImEx GmbH im- und exportiert Rohstoffe europaweit. Sie hat

a) ihre Geschäftsleitung und ihren Sitz in Karlsruhe.

b) ihre Geschäftsleitung in Basel (Schweiz) und ihren Sitz in Karlsruhe.

c) ihre Geschäftsleitung in Karlsruhe und ihren Sitz in Basel (Schweiz).

d) ihre Geschäftsleitung und ihren Sitz in Basel (Schweiz).

AUFGABE

Es ist jeweils zu beurteilen, ob unbeschränkte Körperschaftsteuerpflicht gegeben ist und welche Rechtsfolgen ggf. eintreten.

Köllen/Reichert/Vogl/Wagner, Lehrbuch Körperschaftsteuer und Gewerbesteuer, Kapitel 2.2.1.2

LÖSUNG

Die ImEx GmbH kommt als Steuersubjekt i. S. d. § 1 Abs. 1 Nr. 1 KStG in Betracht.

Zusätzlich zu diesem Tatbestandsmerkmal muss sie zur Erfüllung der unbeschränkten Steuerpflicht ihre Geschäftsleitung oder ihren Sitz im Inland haben.

Gemäß § 1 Abs. 2 KStG erstreckt sich die unbeschränkte Körperschaftsteuerpflicht auf sämtliche Einkünfte. Sämtliche Einkünfte umfassen in- und ausländische Einkünfte, soweit nicht für bestimmte Einkünfte abweichende Regelungen bestehen, z. B. in DBA´s und anderen zwischenstaatlichen Vereinbarungen.

a) Da die ImEx GmbH eine Kapitalgesellschaft i. S. d. § 1 Abs. 1 Nr. 1 KStG ist und ihre Geschäftsleitung im Inland hat, ist sie **unbeschränkt** steuerpflichtig i. S. d. § 1 Abs. 1 KStG.

   Wo sie ihren Sitz hat, ist für die Frage nach der Steuerpflicht nicht mehr von Bedeutung, da sie bereits unbeschränkt steuerpflichtig ist.

   Da § 1 Abs. 1 KStG die Begriffe Geschäftsleitung und Sitz mit „oder" verknüpft, ist die Erfüllung eines der beiden Tatbestandsmerkmale für die unbeschränkte Steuerpflicht bereits hinreichend. Die Reihenfolge der Begriffe Geschäftsleitung und Sitz im Gesetz ist **keine Rangfolge.** Bei dem Fall kann also auch wie folgt begründet werden.

   Da die ImEx GmbH eine Kapitalgesellschaft i. S. d. § 1 Abs. 1 Nr. 1 KStG ist und ihren Sitz im Inland hat, ist sie unbeschränkt steuerpflichtig i. S. d. § 1 Abs. 1 KStG.

   Wo sie ihre Geschäftsleitung hat, ist für die Frage nach der Steuerpflicht nicht mehr von Bedeutung, da sie bereits unbeschränkt steuerpflichtig ist.

b) Da die ImEx GmbH eine Kapitalgesellschaft i. S. d. § 1 Abs. 1 Nr. 1 KStG ist und ihren Sitz im Inland hat, ist sie unbeschränkt steuerpflichtig i. S. d. § 1 Abs. 1 KStG.

c) Da die ImEx GmbH eine Kapitalgesellschaft i. S. d. § 1 Abs. 1 Nr. 1 KStG ist und ihre Geschäftsleitung im Inland hat, ist sie unbeschränkt steuerpflichtig i. S. d. § 1 Abs. 1 KStG.

d) Bei der ImEx GmbH handelt es sich zwar um eine Kapitalgesellschaft i. S. d. § 1 Abs. 1 Nr. 1 KStG. Sie ist aber nicht unbeschränkt steuerpflichtig i. S. d. § 1 Abs. 1 KStG, da sie weder Geschäftsleitung noch Sitz im Inland hat.

   Gegebenenfalls kommt eine beschränkte Steuerpflicht i. S. d. § 2 KStG für inländische Einkünfte in Betracht.

FALL 7

Geschäftsleitung

Sachverhalt:

Die ÉCHAFAUDAGE SOCIÉTÉ À RESPONSABILITÉ LIMITÉE (GmbH) baut und vermietet Baugerüste. Sie hat ihren Sitz in Eupen (Belgien).

a) Die Büroräume des Geschäftsführers und die Büroräume für die Verwaltung und für die Abwicklung der Korrespondenz befinden sich in Aachen.

b) Die Büroräume des Geschäftsführers befinden sich in Aachen. Die Büroräume für die Verwaltung und für die Abwicklung der Korrespondenz befinden sich in Eupen.

c) Der Geschäftsführer hat einen Büroraum in seinem Einfamilienhaus in Aachen. Die Büroräume für die Verwaltung und für die Abwicklung der Korrespondenz befinden sich in Eupen.

d) Dem Geschäftsführer steht ein Bürocontainer an einer Baustelle in Aachen zur Verfügung. Die Büroräume für die Verwaltung und für die Abwicklung der Korrespondenz befinden sich in Eupen.

e) Der Büroraum des Geschäftsführers befindet sich in Eupen. Die Büroräume für die Verwaltung und die Abwicklung der Korrespondenz befinden sich in Aachen.

f) Der Büroraum des kaufmännischen Geschäftsführers befindet sich in Eupen. Dem technischen Betriebsleiter steht ein Bürocontainer an einer Baustelle in Aachen zur Verfügung. Die Büroräume für die Verwaltung und für die Abwicklung der Korrespondenz befinden sich in Aachen.

g) Der Geschäftsführer hat einen Büroraum in Eupen. Er trifft dort die Entscheidungen über bedeutsame Fragen und weist seinen Vertreter, dem ein Bürocontainer an einer Baustelle in Aachen zur Verfügung steht, entsprechend an. Sonstige Fragen entscheidet der Vertreter selbständig. Er handelt bei der Ausführung ebenfalls selbständig.

h) Der Geschäftsführer arbeitet in einem Büroraum in Aachen und trifft dort alle Entscheidungen für die Tagesgeschäfte. Fragen von grundsätzlicher Bedeutung, wie z. B. Geschäftsausweitung oder -verlegung, werden von den Gesellschaftern in Eupen entschieden.

i) Die Gesellschaft hat zwei Geschäftsführer. Der erste Geschäftsführer mit Alleingeschäftsführungsbefugnis und Alleinvertretungsmacht hat einen Büroraum in Eupen. Dem zweiten Geschäftsführer, der die Gesellschaft nur gemeinsam mit dem ersten Geschäftsführer führen und vertreten darf, steht ein Bürocontainer an einer Baustelle in Aachen zur Verfügung.

AUFGABE

Es ist jeweils zu beurteilen, wo sich die Geschäftsleitung befindet und ob unbeschränkte Körperschaftsteuerpflicht gegeben ist.

LITERATURHINWEIS

Köllen/Reichert/Vogl/Wagner, Lehrbuch Körperschaftsteuer und Gewerbesteuer, Kapitel 2.2.1.2

LÖSUNG

Unbeschränkt körperschaftsteuerpflichtig sind gem. § 1 Abs. 1 KStG die dort aufgeführten Steuersubjekte, die ihre Geschäftsleitung oder ihren Sitz im Inland haben.

Bei der ÉCHAFAUDAGE SOCIÉTÉ À RESPONSABILITÉ LIMITÉE handelt es sich um ein Steuersubjekt i. S. d. § 1 Abs. 1 KStG. Da sie ihren Sitz in Eupen (Belgien) hat, muss für die unbeschränkte Steuerpflicht das Tatbestandsmerkmal **Geschäftsleitung im Inland** erfüllt sein.

Gemäß § 10 AO ist Geschäftsleitung der **Mittelpunkt der geschäftlichen Oberleitung.**

Dieser Mittelpunkt ist dort, wo der für die Geschäftsführung maßgebliche Wille gebildet wird, also die im gewöhnlichen Geschäftsverkehr erforderlichen Entscheidungen von einigem Gewicht getroffen werden.

Es kann also nur einen Ort der Geschäftsleitung geben und nicht mehrere Orte.

Im Einzelfall ist nach dem Gesamtbild der tatsächlichen Verhältnisse zu entscheiden.

a) Da sich die Büroräume des Geschäftsführers und auch die Büroräume für die Verwaltung und für die Abwicklung der Korrespondenz in Aachen befinden, hat die ÉCHAFAUDAGE SOCIÉTÉ À RESPONSABILITÉ LIMITÉE ihre **Geschäftsleitung** i. S. d. § 10 AO eindeutig in **Aachen,** also im Inland, sodass sie gem. § 1 Abs. 1 KStG unbeschränkt körperschaftsteuerpflichtig ist.

b) Wenn sich die Büroräume des Geschäftsführers und die Büroräume für die Verwaltung und für die Korrespondenz an unterschiedlichen Orten befinden, ist in diesem Einzelfall zu entscheiden, wo sich der **Mittelpunkt** der **geschäftlichen Oberleitung** befindet.

Da der Geschäftsführer gem. §§ 35 ff. GmbHG die Geschäftsführungsbefugnis und die Vertretungsmacht für die Gesellschaft hat, befindet sich der Mittelpunkt der geschäftlichen Oberleitung in seinen Büroräumen in Aachen.

Wo sich die Büroräume für die Verwaltung und für die Abwicklung der Korrespondenz befinden, ist unbeachtlich.

Die ÉCHAFAUDAGE SOCIÉTÉ À RESPONSABILITÉ LIMITÉE hat demnach ihre Geschäftsleitung i. S. d. § 10 AO in Aachen, also im Inland, sodass sie gem. § 1 Abs. 1 KStG unbeschränkt körperschaftsteuerpflichtig ist.

c) Auch wenn der Geschäftsführer nur über einen Büroraum und nicht über mehrere Büroräume verfügt, ändert sich nichts an der Beurteilung, dass er die Geschäftsführungsbefugnis und die Vertretungsmacht für die Gesellschaft hat und sich damit der **Mittelpunkt der geschäftlichen Oberleitung** in diesem Büroraum in Aachen befindet.

Es spielt keine Rolle, dass der Büroraum in seinem Einfamilienhaus liegt. Auch ein Büro unter der Wohnadresse kann der Ort sein, an dem die zur Vertretung der Gesellschaft befugte Person die ihr obliegende geschäftsführende Tätigkeit entfaltet (BFH-Urteile vom 23. 1. 1991, BStBl 1991 II S. 554, und vom 16. 12. 1998, BStBl 1999 II S. 437).

Die ÉCHAFAUDAGE SOCIÉTÉ À RESPONSABILITÉ LIMITÉE hat demnach ihre Geschäftsleitung i. S. d. § 10 AO in Aachen, also im Inland, sodass sie gem. § 1 Abs. 1 KStG unbeschränkt körperschaftsteuerpflichtig ist.

d) Wenn sich das Büro des Geschäftsführers in einem Container befindet, so übt er seine Geschäftsführungsbefugnis und Vertretungsmacht in diesem Bürocontainer aus. Dort befindet sich also der Mittelpunkt der geschäftlichen Oberleitung (BFH-Urteil vom 16. 12. 1998, BStBl 1999 II S. 437).

Die ÉCHAFAUDAGE SOCIÉTÉ À RESPONSABILITÉ LIMITÉE hat demnach ihre Geschäftsleitung i. S. d. § 10 AO in Aachen, also im Inland, sodass sie gem. § 1 Abs. 1 KStG unbeschränkt körperschaftsteuerpflichtig ist.

e) Der Geschäftsführer hat gem. §§ 35 ff. GmbHG die Geschäftsführungsbefugnis und die Vertretungsmacht für die Gesellschaft. Der Mittelpunkt der geschäftlichen Oberleitung befindet sich also in seinem Büroraum in Eupen.

Dass sich die Büroräume für die Verwaltung und für die Abwicklung der Korrespondenz in Aachen befinden, ist unbeachtlich.

Die ÉCHAFAUDAGE SOCIÉTÉ À RESPONSABILITÉ LIMITÉE hat demnach ihre Geschäftsleitung i. S. d. § 10 AO in Eupen, also nicht im Inland. Sie ist also gem. § 1 Abs. 1 KStG **nicht** unbeschränkt körperschaftsteuerpflichtig.

Für den Fall, dass sie inländische Einkünfte hat, kommt lediglich eine **beschränkte Steuerpflicht** gem. § 2 KStG in Betracht.

f) Der Mittelpunkt der geschäftlichen Oberleitung befindet sich dort, wo der für die Geschäftsführung maßgebliche Wille gebildet wird. Bei einer an mehreren Orten tätigen Geschäftsführung ist der Mittelpunkt der geschäftlichen Oberleitung da, wo sich die nach dem Gesamtbild der Verhältnisse in organisatorischer und wirtschaftlicher Hinsicht bedeutungsvollste Stelle befindet. Dies ist regelmäßig der Ort, an dem die zur Vertretung der Gesellschaft befugte Person die ihr obliegende geschäftsführende Tätigkeit entfaltet. Bei einer GmbH ist dies im Allgemeinen der Ort, wo sich das **Büro** ihres **Geschäftsführers** befindet (BFH-Urteil vom 23. 1. 1991, BStBl 1991 II S. 554 und die dort aufgeführte Rechtsprechung).

Bei einer Aufteilung in kaufmännische und technische Leitung kommt es nicht auf die oberste technische Betriebsleitung, sondern darauf an, wo sich das **kaufmännische Büro** befindet (siehe o. g. BFH-Urteil).

Der Mittelpunkt der geschäftlichen Oberleitung ist demnach der Büroraum des kaufmännischen Geschäftsführers in Eupen.

Dass sich der Bürocontainer des technischen Betriebsleiters und die Büroräume für die Verwaltung und für die Abwicklung der Korrespondenz in Aachen befinden, ist unbeachtlich.

Die ÉCHAFAUDAGE SOCIÉTÉ À RESPONSABILITÉ LIMITÉE hat demnach ihre Geschäftsleitung i. S. d. § 10 AO in Eupen, also nicht im Inland. Sie ist also gem. § 1 Abs. 1 KStG nicht unbeschränkt körperschaftsteuerpflichtig.

Für den Fall, dass sie inländische Einkünfte hat, kommt lediglich eine beschränkte Steuerpflicht gem. § 2 KStG in Betracht.

g) Da die Geschäftsführung sowohl in Eupen als auch durch den Vertreter des Geschäftsführers in Aachen stattfindet, ist zu entscheiden, wo der Mittelpunkt der geschäftlichen Oberleitung ist.

In diesem Fall ist der Mittelpunkt der geschäftlichen Oberleitung dort, wo der für die Geschäftsführung maßgebende Wille gebildet wird. Es kommt also darauf an, an welchem Ort die für die Geschäftsführung nötigen Maßnahmen von einiger Wichtigkeit angeordnet werden. Das ist regelmäßig der Ort, an dem die für die Vertretung befugten Personen die ihnen obliegende laufende Geschäftsführertätigkeit entfalten, d. h. an dem sie die tatsächlichen, organisatorischen und rechtsgeschäftlichen Handlungen vornehmen (BFH-Urteil vom 16. 12. 1998, BStBl 1999 II S. 437).

Der Mittelpunkt der geschäftlichen Oberleitung ist demnach der Büroraum des Geschäftsführers in Eupen.

Dass sich der Bürocontainer des Vertreters des Geschäftsführers in Aachen befindet, ist unbeachtlich.

Die ÉCHAFAUDAGE SOCIÉTÉ À RESPONSABILITÉ LIMITÉE hat demnach ihre Geschäftsleitung i. S. d. § 10 AO in Eupen, also nicht im Inland. Sie ist also gem. § 1 Abs. 1 KStG nicht unbeschränkt körperschaftsteuerpflichtig.

Für den Fall, dass sie inländische Einkünfte hat, kommt lediglich eine beschränkte Steuerpflicht gem. § 2 KStG in Betracht.

h) Wenn der Geschäftsführer die Entscheidungen für die Tagesgeschäfte in Aachen trifft, aber Fragen von grundsätzlicher Bedeutung von den Gesellschaftern in Eupen entschieden werden, ist es schwierig abzugrenzen, wo der Mittelpunkt der geschäftlichen Oberleitung ist. Da er dort ist, wo der **für die Geschäftsführung maßgebende Wille** gebildet wird, kommt es darauf an, an welchem Ort die für die Geschäftsführung nötigen Maßnahmen von einiger Wichtigkeit angeordnet werden. Das ist regelmäßig der Ort, an dem die für die Vertretung befugten Personen die ihnen obliegende laufende Geschäftsführertätigkeit entfalten, d. h. an dem sie die tatsächlichen, organisatorischen und rechtsgeschäftlichen Handlungen vornehmen, die der **gewöhnliche Betrieb** der Gesellschaft mit sich bringt (sog. Tagesgeschäfte; BFH-Urteile vom 26. 5. 1970, BStBl 1970 II S. 759, vom 7. 12. 1994, BStBl 1995 II S. 175, sowie vom 16. 12. 1998, BStBl 1999 II S. 437 und die dort aufgeführte Rechtsprechung).

Der Mittelpunkt der geschäftlichen Oberleitung ist demnach der Büroraum des Geschäftsführers in Aachen.

Dass Entscheidungen von grundsätzlicher Bedeutung in Eupen getroffen werden, ist unbeachtlich.

Die ÉCHAFAUDAGE SOCIÉTÉ À RESPONSABILITÉ LIMITÉE hat demnach ihre Geschäftsleitung i. S. d. § 10 AO in Aachen, also im Inland. Sie ist also gem. § 1 Abs. 1 KStG unbeschränkt körperschaftsteuerpflichtig.

i) Wenn zwei Geschäftsführer an unterschiedlichen Orten tätig sind, ist der Mittelpunkt der geschäftlichen Oberleitung bei dem Geschäftsführer anzunehmen, der **Alleingeschäftsfüh-**

rungsbefugnis und **Alleinvertretungsmacht** hat. Der zweite Geschäftsführer kann ohne Mitwirkung des ersten Geschäftsführers nicht handeln und Entscheidungen treffen.

Der Mittelpunkt der geschäftlichen Oberleitung ist demnach der Büroraum des ersten Geschäftsführers in Eupen.

Die ÉCHAFAUDAGE SOCIÉTÉ À RESPONSABILITÉ LIMITÉE hat demnach ihre Geschäftsleitung i. S. d. § 10 AO in Eupen, also nicht im Inland. Sie ist also gem. § 1 Abs. 1 KStG nicht unbeschränkt körperschaftsteuerpflichtig.

Für den Fall, dass sie inländische Einkünfte hat, kommt lediglich eine beschränkte Steuerpflicht gem. § 2 KStG in Betracht.

FALL 8

Sitz

Sachverhalt:

Die nachfolgenden Körperschaften, Personenvereinigungen und Vermögensmassen haben ihre Geschäftsleitung jeweils im Ausland.

a) In der Satzung der Anagu Lebensmittel AG ist als Sitz Asbach bestimmt. Der Sitz ist gem. § 39 AktG im Handelsregister in Asbach eingetragen.

   In Deutschland ist die AG nur in geringem Umfang wirtschaftlich tätig.

b) Im Gesellschaftsvertrag der Beier Musik GmbH ist als Sitz Bayreuth enthalten. Der Sitz ist gem. § 10 GmbHG im Handelsregister in Bayreuth eingetragen.

   In Deutschland ist die GmbH wirtschaftlich nicht tätig, auch nicht in geringem Umfang.

AUFGABE

Es ist jeweils zu beurteilen, ob unbeschränkte Körperschaftsteuerpflicht gegeben ist.

LITERATURHINWEIS

Köllen/Reichert/Vogl/Wagner, Lehrbuch Körperschaftsteuer und Gewerbesteuer, Kapitel 2.2.1.3

LÖSUNG

Die in § 1 Abs. 1 KStG aufgeführten Steuersubjekte, die ihre Geschäftsleitung **oder** ihren Sitz im Inland haben, sind unbeschränkt körperschaftsteuerpflichtig.

Bei beiden Gesellschaften handelt es sich um Steuersubjekte i. S. d. § 1 Abs. 1 KStG. Da sie ihre Geschäftsleitung jeweils im Ausland haben, muss für die unbeschränkte Steuerpflicht das Tatbestandsmerkmal Sitz erfüllt sein.

Gemäß § 11 AO hat eine Körperschaft, Personenvereinigung oder Vermögensmasse den Sitz an dem Ort, der durch **Gesellschaftsvertrag, Satzung** oder dergleichen bestimmt ist.

Der Sitz ist also im Gegensatz zur Geschäftsleitung eindeutig zu ermitteln.

a) Da gem. § 5 AktG der Sitz einer AG durch die Satzung bestimmt ist, hat die Anagu Lebensmittel AG gem. § 11 AO ihren Sitz in Asbach, also im Inland, sodass sie gem. § 1 Abs. 1 Nr. 1 KStG unbeschränkt körperschaftsteuerpflichtig ist.

Der geringe Umfang ihrer wirtschaftlichen Tätigkeit in Deutschland ist unbeachtlich.

b) Gemäß § 3 GmbHG muss bei einer GmbH der Gesellschaftsvertrag den Sitz enthalten. Also hat die Beier Musik GmbH gem. § 11 AO ihren Sitz in Bayreuth, also im Inland, und ist deshalb gem. § 1 Abs. 1 Nr. 1 KStG unbeschränkt körperschaftsteuerpflichtig.

Es ist nicht von Bedeutung, dass sie in Deutschland wirtschaftlich überhaupt nicht tätig ist.

FALL 9

Umfang der unbeschränkten Steuerpflicht

Sachverhalt:

Die Censor FinanceConsultation GmbH mit Geschäftsleitung in Córdoba (Spanien) und Sitz in Cochem erzielt im In- und Ausland Einkünfte aus Provisionen für Vermittlungen von Immobilien und sonstigen Kapitalanlagen, aus Zinsen, Dividenden und Mieten.

AUFGABE

Prüfen Sie, ob und inwieweit die verschiedenen Einkünfte der deutschen Körperschaftsteuer unterliegen.

LITERATURHINWEIS

Köllen/Reichert/Vogl/Wagner, Lehrbuch Körperschaftsteuer und Gewerbesteuer, Kapitel 2.2.2

LÖSUNG

Die Censor FinanceConsultation GmbH ist ein Steuersubjekt i. S. d. § 1 Abs. 1 Nr. 1 KStG. Da sie ihren Sitz in Cochem, also im Inland, hat, ist sie gem. § 1 Abs. 1 KStG **unbeschränkt** körperschaftsteuerpflichtig. Es ist unbeachtlich, dass sie ihre Geschäftsleitung in Córdoba (Spanien) hat, da als Tatbestandsmerkmal lediglich Geschäftsleitung oder Sitz im Inland, also nicht kumulativ, erfüllt sein muss.

Die unbeschränkte Körperschaftsteuerpflicht erstreckt sich gem. § 1 Abs. 2 KStG auf sämtliche Einkünfte. Da bei einer beschränkten Steuerpflicht gem. § 2 KStG nur die inländischen Einkünfte erfasst werden, kann im Wege des Umkehrschlusses gefolgert werden, dass **sämtliche Einkünfte** i. S. d. § 1 Abs. 2 KStG grundsätzlich alle in- und auch alle ausländischen Einkünfte umfassen.

Es ist nicht entscheidend, ob und wie die Einkünfte im Ausland besteuert werden. Es ist darüber hinaus zu beachten, dass gem. §§ 7 ff. AStG ausländische Einkünfte von so genannten Zwischengesellschaften im Wege der Zugriffsbesteuerung im Inland erfasst werden können.

Die unbeschränkte Steuerpflicht erstreckt sich gem. § 1 Abs. 2 KStG auf sämtliche inländischen und ausländischen Einkünfte, soweit nicht für bestimmte Einkünfte abweichende Regelungen bestehen, z. B. in DBA´s oder anderen zwischenstaatlichen Vereinbarungen.

Die zwischenstaatlichen Vereinbarungen sind sehr zahlreich und mit den jeweiligen Staaten so differenziert geregelt, dass allgemein gültige Aussagen über die Erfassung und Behandlung der Provisionen, Zinsen, Dividenden und Mieten nicht getroffen werden können. Vielmehr muss im Einzelfall für jede Einkunftsart in jedem Staat jeweils geprüft werden, wie entsprechend der jeweiligen zwischenstaatlichen Vereinbarung verfahren werden muss.

Bei den zwischenstaatlichen Vereinbarungen handelt es sich um bilaterale Verträge, die eine Besteuerung von ein und denselben Einkünften in zwei Staaten, also eine doppelte Steuerbelastung, vermeiden oder einschränken sollen. Zu Beginn eines jeden Jahres kann dem BStBl eine Übersicht über den Stand von DBA´s entnommen werden.

Wenn mit einem Staat kein bilateraler Vertrag besteht, kommt ggf. eine **unilaterale nationale** Regelung im deutschen Steuerrecht zur Anwendung.

Grundsätzlich gibt es zwei Methoden zur Entlastung von der Doppelbesteuerung im Inland und im Ausland: die Freistellungsmethode und die Anrechnungsmethode.

Die **Freistellungsmethode** kann nur in einem DBA enthalten sein. Durch sie werden die ausländischen Einkünfte von der deutschen Steuer befreit. Es fällt also nur die ausländische Steuer an.

Die Freistellung von der inländischen Körperschaftsteuer kann beispielsweise auch für Einkünfte aus ausländischen Betriebsstätten vereinbart worden sein. Es ist aber zu beachten, dass für ausländische Beteiligungserträge unabhängig von Regelungen des jeweiligen DBA die Steuerbefreiung gem. § 8b Abs. 1 KStG in Betracht kommen kann.

Die **Anrechnungsmethode,** die in einem DBA oder im nationalen Steuerrecht enthalten sein kann, ermöglicht die Anrechnung der im Ausland gezahlten Steuer auf die deutsche Körperschaftsteuer.

Von diesen grundsätzlichen Methoden gibt es in den einzelnen DBA´s zahlreiche Varianten.

Das KStG sieht im Fall der unbeschränkt Steuerpflichtigen, die mit ausländischen Einkünften in dem Staat, aus dem die Einkünfte stammen, zu einer der deutschen Körperschaftsteuer entsprechenden Steuer herangezogen werden, verschiedene Möglichkeiten zur Behandlung ausländischer Einkünfte vor.

► Gemäß § 26 Abs. 1 und 6 KStG i.V. m. entsprechender Anwendung von § 50 Abs. 6 EStG ist die festgesetzte, gezahlte und keinem Ermäßigungsanspruch mehr unterliegende ausländische Steuer vom Einkommen auf die deutsche Körperschaftsteuer, die auf die Einkünfte aus diesem Staat entfällt, anzurechnen.

► Gemäß § 26 Abs. 6 KStG i.V. m. entsprechender Anwendung von § 34c Abs. 2, 3 und 6 EStG kann die festgesetzte, gezahlte und keinem Ermäßigungsanspruch mehr unterliegende ausländische Steuer vom Einkommen bei der Ermittlung der Summe der Einkünfte abgezogen werden. Einschränkungen dieses Abzugs können den KStR und den EStR entnommen werden.

Wenn Einkünfte aus einem ausländischen Staat, mit dem ein DBA besteht, stammen, so kann eine Steueranrechnung oder ein Abzug bei der Ermittlung der Summe der Einkünfte nur unter Beachtung der Vorschriften des maßgeblichen DBA vorgenommen werden. Weitere Einzelheiten können den KStR entnommen werden.

Die Erfassung und Behandlung der Provisionen, Zinsen, Dividenden und Mieten bei der Censor FinanceConsultation GmbH muss nach den dargestellten Grundsätzen im Einzelfall unter Anwendung der Vorschriften des jeweiligen DBAʹs und/oder gem. § 26 KStG geprüft werden. Dann kann entschieden werden, ob die jeweiligen Einkünfte der deutschen Körperschaftsteuer unterliegen.

II. Schwerpunkt: § 2 KStG

FALL 10

Beginn der unbeschränkten Steuerpflicht bei einer Kapitalgesellschaft

Sachverhalt:

A und B schließen sich am 30. 9. 01 zusammen, um die AB-GmbH zu gründen (notarieller Vorvertrag). Gegenstand des Unternehmens soll der Groß- und Einzelhandel mit medizinischen Tees sein. Die Eröffnung der Geschäftsräume erfolgte am 1. 11. 01. Am 15. 1. 02 wird der eigentliche Gesellschaftsvertrag notariell beurkundet. Am 20. 3. 02 erfolgt die Eintragung in das Handelsregister.

Folgende betriebliche Ergebnisse wurden erzielt:

30. 9. 01 bis 31. 10. 01:	- 6 500 €	(vorbereitende Betriebsausgaben)
1. 11. 01 bis 14. 1. 02:	- 13 000 €	
15. 1. 02 bis 20. 3. 02:	+ 5 500 €	
21. 3. 02 bis 31. 12. 02:	+ 70 000 €	

AUFGABE

Wann beginnt die Körperschaftsteuerpflicht und wie sind die in den genannten Zeiträumen erzielten Ergebnisse steuerlich zu behandeln?

LITERATURHINWEIS

Köllen/Reichert/Vogl/Wagner, Lehrbuch Körperschaftsteuer und Gewerbesteuer, Kapitel 2.2.3

LÖSUNG

Vorbemerkung: Eine Regelung über den Beginn und das Ende der Körperschaftsteuerpflicht enthält das KStG nicht.

Die Steuerpflicht beginnt bei Kapitalgesellschaften nicht erst mit der Erlangung der Rechtsfähigkeit durch die Eintragung in das Handelsregister (H 1.1 „Beginn der Steuerpflicht" KStH). Mit Abschluss des notariellen Gesellschaftsvertrages ist die sog. **Vorgesellschaft** entstanden. Diese ist bereits körperschaftsteuerpflichtig. Dies folgt daraus, dass zivilrechtlich die Vorgesellschaft und die mit der Eintragung ins Handelsregister entstandene Kapitalgesellschaft identisch sind. Von dieser Identität wird auch im Steuerrecht ausgegangen (BFH-Urteile vom 8. 11. 1989 – I R 174/86, BStBl 1990 II S. 91, und vom 14. 10. 1992, BStBl 1993 II S. 352). Für den Beginn der Körperschaftsteuerpflicht müssen jedoch noch weitere Voraussetzungen vorliegen:

► Übertragung von Vermögen auf die Gesellschaft,

► Aufnahme einer Geschäftstätigkeit nach außen,

► keine ernsthaften Hindernisse für die Eintragung ins Handelsregister,

► alsbaldige Eintragung ins Handelsregister.

Eine Vorgesellschaft, die später nicht als Kapitalgesellschaft eingetragen wird, ist nicht körperschaftsteuerpflichtig. Vielmehr liegt hier ein Personenunternehmen vor, das gewerbliche Einkünfte i. S. d. § 15 Abs. 1 Satz 1 Nr. 2 EStG erzielt (BFH-Urteil vom 18. 3. 2010 – IV R 88/06, BStBl 2010 II S. 991).

Dagegen ist die sog. **Vorgründungsgesellschaft** rechtlich nicht identisch mit der später entstehenden juristischen Person. Daher wirkt die Körperschaftsteuerpflicht der Kapitalgesellschaft nicht auf die Vorgründungsgesellschaft zurück (H 1.1 „Vorgründungsgesellschaft" KStH). Von einer Vorgründungsgesellschaft spricht man vor Abschluss des notariellen Vertrags, wenn sich die künftigen Gesellschafter bereits zur Gründung einer Kapitalgesellschaft verpflichtet haben (**Vorvertrag**). Es handelt sich dabei regelmäßig um eine GbR bzw. bei Aufnahme eines Grundhandelsgewerbes ggf. um eine OHG.

Auch steuerlich wird die Vorgründungsgesellschaft als Personengesellschaft behandelt. Die Einkünfte sind bei den Gesellschaftern (Mitunternehmerschaft) gem. § 15 Abs. 1 Satz 1 Nr. 2 EStG zu erfassen; es ist eine einheitliche und gesonderte Gewinnfeststellung durchzuführen. Dies gilt auch, wenn später der Gesellschaftsvertrag abgeschlossen wird und die Eintragung als Kapitalgesellschaft ins Handelsregister erfolgt.

Auf den Sachverhalt angewendet bedeutet dies Folgendes:

Körperschaftsteuerpflicht ist ab dem 15. 1. 02 gegeben, d. h. für die Vorgesellschaft, die seit Abschluss des Gesellschaftsvertrags besteht (steuerliches Ergebnis: 5 500 € + 70 000 € = 75 500 €).

Zwischen dem 30. 9. 01 und dem 15. 1. 02 liegt eine Vorgründungsgesellschaft vor. Diese ist als Personengesellschaft i. S. d. §§ 705 ff. BGB zu behandeln. Da eine gewerbliche Betätigung bereits gegeben ist, liegen Einkünfte i. S. d. § 15 Abs. 1 Satz 1 Nr. 2 EStG (insgesamt - 19 500 €) vor, die den Gesellschaftern der Vorgründungsgesellschaft als Mitunternehmer im Rahmen der einheitlichen und gesonderten Gewinnfeststellung (§§ 179 ff. AO) für die Veranlagungszeiträume 01 und 02 zuzurechnen sind.

Die Phasen der Gründung einer Kapitalgesellschaft sowie ihre steuerliche Behandlung ergeben sich nochmals aus dem folgenden Schaubild:

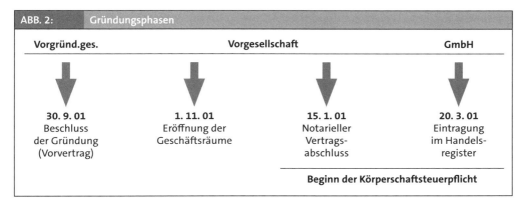

ABB. 2: Gründungsphasen

Vorgründ.ges.	Vorgesellschaft		GmbH
30. 9. 01 Beschluss der Gründung (Vorvertrag)	1. 11. 01 Eröffnung der Geschäftsräume	15. 1. 01 Notarieller Vertrags- abschluss	20. 3. 01 Eintragung im Handels- register

Beginn der Körperschaftsteuerpflicht

FALL 11

Beschränkte Steuerpflicht

Sachverhalte:

a) Die DIVISEUR SOCIÉTÉ À RESPONSABILITÉ LIMITÉE (GmbH) mit Geschäftsleitung und Sitz in Diekirch (Luxemburg) unterhält in Düsseldorf eine Betriebsstätte und erzielt in dieser Betriebsstätte Einkünfte aus dem Handel mit Taschenrechnern.

b) Die ESCAPADE SOCIÉTÉ EN COMMANDITE (KG) mit Geschäftsleitung und Sitz in Echternach (Luxemburg) unterhält in Essen eine Betriebsstätte und erzielt in dieser Betriebsstätte Einkünfte aus der Vermarktung von neuen Geschäftsideen.

c) Die LIBER ANSTALT mit Geschäftsleitung und Sitz in Vaduz (Liechtenstein) hat in Lüneburg einen ständigen Vertreter bestellt und erzielt im Inland, ohne eine Betriebsstätte zu unterhalten, Einkünfte aus dem Handel mit Büchern.

ANMERKUNG: ▸ Bei einer liechtensteinischen Anstalt handelt es sich um eine juristische Person des privaten Rechts i. S. d. § 1 Abs. 1 KStG, vgl. BFH-Urteil vom 27. 7. 1988, BStBl 1989 II S. 101.

d) Die Stadt Wolfsburg ist an der Volkswagen AG in Wolfsburg mit wenigen Aktien beteiligt und bezieht aus dieser Beteiligung Dividenden.

e) Die Stadt Nijmegen (Niederlande) ist an der Volkswagen AG in Wolfsburg mit wenigen Aktien beteiligt und bezieht aus dieser Beteiligung Dividenden.

AUFGABE

Es ist jeweils zu beurteilen, ob beschränkte Steuerpflicht gegeben ist.

Köllen/Reichert/Vogl/Wagner, Lehrbuch Körperschaftsteuer und Gewerbesteuer, Kapitel 2.3

LÖSUNG

Unbeschränkte Steuerpflicht i. S. d. § 1 Abs. 1 KStG liegt in allen Fällen nicht vor.

In den Fällen a), b) und c) mangelt es an dem Tatbestandsmerkmal Geschäftsleitung oder Sitz im Inland, unabhängig davon, ob es sich jeweils um ein Steuersubjekt i. S. d. § 1 Abs. 1 KStG handelt.

In den Fällen d) und e) handelt es sich jeweils nicht um ein Steuersubjekt i. S. d. § 1 Abs. 1 Nr. 6 KStG, da die juristische Person des öffentlichen Rechts durch die Beteiligung jeweils **keinen BgA** betreibt. Die Frage nach Geschäftsleitung oder Sitz stellt sich nicht.

Eine beschränkte Steuerpflicht kann gem. § 2 KStG in Betracht kommen:

Nach Nr. 1 sind Körperschaften, Personenvereinigungen und Vermögensmassen, die weder ihre Geschäftsleitung noch ihren Sitz im Inland haben, mit ihren inländischen Einkünften beschränkt steuerpflichtig.

Nach Nr. 2 sind sonstige Körperschaften, Personenvereinigungen und Vermögensmassen, die nicht unbeschränkt steuerpflichtig sind, mit den inländischen Einkünften beschränkt steuerpflichtig, von denen ein Steuerabzug vorzunehmen ist.

Durch den Zusatz „sonstige" in Nr. 2 ist eine Überschneidung von Nr. 1 und Nr. 2 ausgeschlossen. Vereinfacht ausgedrückt enthält § 2 KStG also zwei Arten der beschränkten Steuerpflicht, nämlich die der **ausländischen Körperschaften** privaten und öffentlichen Rechts mit ihren **inländischen Einkünften** und die der **inländischen Körperschaften des öffentlichen Rechts** mit ihren **kapitalertragsteuerpflichtigen inländischen Einkünften.**

Inländische Einkünfte sind i.V. m. § 8 Abs. 1 KStG in § 49 EStG definiert. Für die beschränkte Körperschaftsteuerpflicht stellen die inländischen Einkünfte gleichzeitig Tatbestandsmerkmal und Umfang dar.

a) Bei der DIVISEUR SOCIÉTÉ À RESPONSABILITÉ LIMITÉE (GmbH) handelt es sich zwar um eine Kapitalgesellschaft i. S. d. § 1 Abs. 1 Nr. 1 KStG. Da sie jedoch weder Geschäftsleitung noch Sitz im Inland hat, ist sie nicht unbeschränkt steuerpflichtig.

Die DIVISEUR SOCIÉTÉ À RESPONSABILITÉ LIMITÉE in Echternach (Luxemburg) ist aber gem. § 2 Nr. 1 KStG beschränkt steuerpflichtig, da sie in Düsseldorf eine Betriebsstätte unterhält und dort aus dem Handel mit Taschenrechnern Einkünfte aus Gewerbebetrieb erzielt. Diese stellen inländische Einkünfte i. S. d. § 49 Abs. 1 Nr. 2 Buchst. a EStG dar.

b) Eine Kapitalgesellschaft i. S. d. § 1 Abs. 1 Nr. 1 KStG ist die ESCAPADE SOCIÉTÉ EN COMMANDITE nicht, sondern als KG den Personengesellschaften zuzuordnen, sodass eine unbeschränkte Steuerpflicht nicht vorliegen kann.

Die Gesellschaft unterhält zwar in Essen eine Betriebsstätte, und es werden dort aus der Vermarktung von neuen Geschäftsideen Einkünfte aus Gewerbebetrieb erzielt. Diese stellen auch inländische Einkünfte i. S. d. § 49 Abs. 1 Nr. 2 Buchst. a EStG dar. Aber aufgrund von § 3 Abs. 1 KStG werden die Gewinnanteile der Gesellschafter gem. § 15 Abs. 1 Satz 1 Nr. 2 EStG i. V. m. § 49 Abs. 1 Nr. 2 Buchst. a EStG unmittelbar bei den Gesellschaftern gem. § 1 Abs. 4 EStG im Rahmen ihrer **beschränkten Einkommensteuerpflicht** erfasst.

Die ESCAPADE SOCIÉTÉ EN COMMANDITE in Echternach (Luxemburg) ist also auch nicht beschränkt körperschaftsteuerpflichtig i. S. d. § 2 KStG.

c) Die LIBER ANSTALT stellt als liechtensteinische Anstalt eine juristische Person des privaten Rechts dar, sodass sie als Steuersubjekt i. S. d. § 1 Abs. 1 KStG in Betracht käme.

Da sie weder Geschäftsleitung noch Sitz im Inland hat, ist sie aber nicht unbeschränkt steuerpflichtig.

Die LIBER ANSTALT in Vaduz (Liechtenstein) ist jedoch gem. § 2 Nr. 1 KStG beschränkt steuerpflichtig, da sie in Lüneburg einen ständigen Vertreter bestellt hat und dort aus dem Handel mit Büchern Einkünfte aus Gewerbebetrieb erzielt. Diese stellen **inländische Einkünfte** i. S. d. § 49 Abs. 1 Nr. 2 Buchst. a EStG dar.

d) Für die Stadt Wolfsburg kommt eine unbeschränkte Steuerpflicht gem. § 1 Abs. 1 Nr. 6 KStG nicht in Betracht, da die Beteiligung keinen BgA darstellt.

Da sie keine ausländische Körperschaft des privaten Rechts ist, ist eine beschränkte Steuerpflicht gem. § 2 Nr. 1 KStG nicht möglich.

Aber die Stadt Wolfsburg ist als Körperschaft des öffentlichen Rechts beschränkt steuerpflichtig gem. § 2 Nr. 2 KStG, da sie nicht unbeschränkt steuerpflichtig ist und inländische Einkünfte i. S. d. § 49 Abs. 1 Nr. 5 Buchst. a EStG erzielt, von denen gem. §§ 43 ff. EStG ein **Kapitalertragsteuerabzug** vorzunehmen ist.

Bei der beschränkten Steuerpflicht gem. § 2 Nr. 2 KStG findet eine Veranlagung der Stadt Wolfsburg zur Körperschaftsteuer nicht statt. Sie ist gem. § 32 Abs. 1 Nr. 2 KStG durch den Steuerabzug abgegolten.

Es ist zu prüfen, ob eine Steuerbefreiung gem. § 8b Abs. 1 Satz 1 KStG und ob eine Erstattung der Kapitalertragsteuer gem. § 44c EStG in Betracht kommen.

e) Die Stadt Nijmegen (Niederlande) ist ebenfalls nicht unbeschränkt steuerpflichtig i. S. d. § 1 Abs. 1 Nr. 6 KStG, da die Beteiligung keinen BgA darstellt.

Aber sie ist als Körperschaft des öffentlichen Rechts, da sie weder ihre Geschäftsleitung noch ihren Sitz im Inland hat, beschränkt steuerpflichtig gem. § 2 Nr. 1 KStG mit ihren inländischen Einkünften i. S. d. § 49 Abs. 1 Nr. 5 Buchst. a EStG.

Es ist zu prüfen, ob eine Steuerbefreiung gem. § 8b Abs. 1 Satz 1 KStG in Betracht kommt.

Beschränkte Steuerpflicht von ausländischen juristischen Personen des privaten Rechts

Sachverhalt:

Die A-SPRL ist eine in Brüssel ansässige Kapitalgesellschaft belgischen Rechts. Gegenstand des Unternehmens ist die Herstellung kosmetischer Produkte. Sitz und Geschäftsleitung befinden sich in Brüssel. In Freiburg (Deutschland) unterhält die Gesellschaft eine ins Handelsregister eingetragene Zweigniederlassung (§ 13 HGB) zur Produktion von Körperpflegemitteln. Im Betriebsvermögen der Zweigniederlassung befinden sich Aktien der inländischen X-AG, auf die jährlich Dividenden i. H. v. 100 000 € entfallen.

1. Die Körperschaftsteuerpflicht ist anhand der deutschen Steuergesetze zu beurteilen; das DBA mit Belgien ist dabei außer Betracht zu lassen.

2. Wie ändert sich die steuerliche Beurteilung, wenn die Aktien der X-AG sich nicht im Betriebsvermögen der inländischen Betriebsstätte befinden, sondern von der A-SPRL direkt gehalten werden?

Köllen/Reichert/Vogl/Wagner, Lehrbuch Körperschaftsteuer und Gewerbesteuer, Kapitel 2.3

Zu 1

Die A-SPRL stellt eine der deutschen GmbH vergleichbare Gesellschaft dar und ist daher ein **Steuersubjekt i. S. d. KStG.** Da sich Sitz und Geschäftsleitung in Belgien befinden, ist die Gesellschaft nicht gem. § 1 Abs. 1 Nr. 1 KStG unbeschränkt körperschaftsteuerpflichtig.

Körperschaften, die weder Sitz noch Geschäftsleitung im Inland haben, sind jedoch mit ihren inländischen Einkünften beschränkt körperschaftsteuerpflichtig (§ 2 Nr. 1 KStG). Inländische Einkünfte i. S. d. § 49 Abs. 1 Nr. 2 Buchst. a EStG liegen u. a. dann vor, wenn im Inland eine Betriebsstätte bzw. ein ständiger Vertreter unterhalten wird.

Gemäß § 12 AO ist eine Betriebsstätte jede feste Geschäftseinrichtung oder Anlage, die der Tätigkeit eines Unternehmens dient. Eine Zweigniederlassung ist insbesondere dann als Betriebsstätte anzusehen, wenn die Niederlassung im Handelsregister eingetragen ist (BFH-Urteil vom 30. 1. 1981 – III R 116/79, BStBl 1981 II S. 560). Die **Zweigniederlassung** in Freiburg stellt daher eine **deutsche Betriebsstätte** gem. § 12 Satz 1 Nr. 2 AO dar. Mit den Einkünften aus dieser Betriebsstätte ist die A-SPRL gem. § 2 Nr. 1 KStG beschränkt körperschaftsteuerpflichtig.

Die Dividenden auf die Aktien der inländischen X-AG stellen grundsätzlich Einnahmen der inländischen Betriebsstätte der A-SPRL dar. Sie sind jedoch gem. § 8b Abs. 1 KStG steuerfrei (pauschaliertes Betriebsausgabenabzugsverbot (5 %) gem. § 8b Abs. 5 KStG). Die einbehaltene Kapitalertragsteuer ist auf die Körperschaftsteuer der inländischen Betriebsstätte anzurechnen.

Zu 2

Befinden sich die Aktien **nicht im Betriebsvermögen der inländischen Betriebsstätte,** so ist die A-SPRL mit den Dividendenerträgen **beschränkt körperschaftsteuerpflichtig** (§ 2 Nr. 1 KStG i. V. m. § 49 Abs. 1 Nr. 5 EStG). Gemäß § 49 Abs. 2 EStG bleiben im Ausland gegebene Besteuerungsmerkmale außer Betracht, soweit bei ihrer Berücksichtigung inländische Einkünfte i. S. d. § 49 Abs. 1 EStG nicht angenommen werden könnten (sog. isolierende Betrachtungsweise, § 49 Abs. 2 EStG).

Die Kapitalgesellschaft belgischen Rechts entspricht der deutschen GmbH. Gemäß § 8 Abs. 2 KStG könnte sie daher nur Einkünfte aus Gewerbebetrieb erzielen. Da jedoch keine Betriebsstätte vorliegt, können die Dividendenerträge nicht als gewerbliche Einkünfte besteuert werden. Durch § 49 Abs. 2 EStG bleibt nun außer Betracht, dass es sich bei der A-SPRL um eine ausländische Kapitalgesellschaft handelt. Daher sind die Dividendenerträge gem. § 49 Abs. 1 Nr. 5 Buchst. a EStG zu besteuern. Bei den Dividendenerträgen handelt es sich um Einkünfte aus Kapitalvermögen, für die gem. § 43 EStG Kapitalertragsteuer zu erheben ist. Die Körperschaftsteuer ist durch den Steuerabzug abgegolten (§ 32 Abs. 1 Nr. 2 KStG). Eine Körperschaftsteuerveranlagung unterbleibt.

FALL 13

Beschränkte Steuerpflicht von ausländischen juristischen Personen des öffentlichen Rechts

Sachverhalt:

Die Stadt Basel besitzt in Basel und Weil am Rhein bebaute Grundstücke und erzielt aus ihrer Vermietung Einnahmen, die auf ein deutsches Konto überwiesen werden. Ferner besitzt die Stadt Basel in Todtnau (Schwarzwald) Wald und erzielt aus der Bewirtschaftung Einnahmen.

AUFGABE

Beurteilen Sie die Körperschaftsteuerpflicht der Stadt Basel; das DBA mit der Schweiz ist außer Betracht zu lassen.

LITERATURHINWEIS

Köllen/Reichert/Vogl/Wagner, Lehrbuch Körperschaftsteuer und Gewerbesteuer, Kapitel 2.3

Eine beschränkte Körperschaftsteuerpflicht gem. § 2 Nr. 2 KStG liegt nicht vor, da von den Vermietungseinkünften sowie von den Einkünften aus Land- und Forstwirtschaft kein Steuerabzug vorzunehmen ist. Allerdings kann eine ausländische juristische Person des öffentlichen Rechts gem. § 2 Nr. 1 KStG beschränkt körperschaftsteuerpflichtig sein, ohne dass ein BgA gegeben ist. § 2 Nr. 1 KStG setzt lediglich voraus, dass inländische Einkünfte i. S. d. § 49 Abs. 1 EStG erzielt werden.

Um inländische Einkünfte aus Vermietung und Verpachtung handelt es sich, wenn das unbewegliche Vermögen **im Inland belegen** ist oder in ein **öffentliches Buch oder Register** eingetragen ist (§ 49 Abs. 1 Nr. 6 EStG). Bei Einkünften aus einer im Inland betriebenen Forstwirtschaft handelt es sich ebenfalls um inländische Einkünfte i. S. d. beschränkten Steuerpflicht (§ 49 Abs. 1 Nr. 1 EStG). Damit unterliegt die Stadt Basel mit den Vermietungseinkünften aus den in Weil am Rhein belegenen Grundstücken sowie mit den Einkünften aus dem in Todtnau belegenen Wald der beschränkten Körperschaftsteuerpflicht. Dass die Mieteinnahmen auf ein deutsches Konto überwiesen werden, ist unerheblich.

Beschränkte Steuerpflicht von inländischen juristischen Personen des öffentlichen Rechts

Sachverhalt:

Die Stadt München ist an den Bayrischen Motorenwerke AG beteiligt und erhält aus dieser Beteiligung nach Einbehaltung der Kapitalertragsteuer und des Solidaritätszuschlags eine Nettodividende i. H. v. 7 890 €.

Es ist zu prüfen, ob die Stadt München mit den Dividenden körperschaftsteuerpflichtig ist.

Köllen/Reichert/Vogl/Wagner, Lehrbuch Körperschaftsteuer und Gewerbesteuer, Kapitel 2.4

Die Stadt München ist nicht unbeschränkt steuerpflichtig, da sie keine Körperschaft, Personenvereinigung oder Vermögensmasse i. S. d. § 1 Abs. 1 Nr. 1 bis 5 KStG darstellt und da es sich bei den Bayrischen Motorenwerke AG, an denen sie nur in unerheblichem Umfang beteiligt ist, nicht um einen BgA i. S. d. § 1 Abs. 1 Nr. 6 KStG handelt.

Es kommt auch keine beschränkte Steuerpflicht i. S. d. § 2 Nr. 1 KStG in Betracht, da die Stadt keine ausländische Körperschaft des privaten Rechts ist.

Sie ist vielmehr eine Körperschaft des öffentlichen Rechts und ist mit den inländischen Einkünften i. S. d. § 49 Abs. 1 Nr. 5 Buchst. a EStG, von denen gem. §§ 43 ff. EStG ein Kapitalertragsteuerabzug vorzunehmen ist, beschränkt steuerpflichtig gem. § 2 Nr. 2 KStG.

Eine Veranlagung zur Körperschaftsteuer findet aber **nicht** statt, da diese gem. § 32 Abs. 1 Nr. 2 KStG durch den **Steuerabzug abgegolten** ist.

FALL 15

Inländische Einkünfte

Sachverhalt:

Eine im internationalen Im- und Export von Rohstoffen tätige Kapitalgesellschaft mit Geschäftsleitung und Sitz im Ausland erzielt in Deutschland verschiedene Arten von Einkünften.

a) Die Kapitalgesellschaft, die in Deutschland keine Betriebsstätte und keinen ständigen Vertreter hat, erzielt Pachteinnahmen aus der Verpachtung eines Grundstückes in Augsburg.

b) Die Kapitalgesellschaft, die in Bonn eine Betriebsstätte hat, erzielt Pachteinnahmen aus der Verpachtung eines Grundstückes in Bad Godesberg, das zu der Betriebsstätte gehört.

c) Die Kapitalgesellschaft, die in Deutschland keine Betriebsstätte und keinen ständigen Vertreter hat, erzielt Zinseinnahmen aus Hypothekenforderungen, die durch Grundbesitz in Cottbus abgesichert sind. Ein Kapitalertragsteuerabzug hat nicht stattgefunden.

d) Die Kapitalgesellschaft, die in Dortmund einen ständigen Vertreter bestellt hat, erzielt Zinseinnahmen aus Hypothekenforderungen, die durch Grundbesitz in Duisburg abgesichert sind und wirtschaftlich zum inländischen Handel mit Rohstoffen gehören. Ein Kapitalertragsteuerabzug hat nicht stattgefunden.

e) Die Kapitalgesellschaft hat im Raum Eisenach nahe der deutsch-luxemburgischen Grenze Ländereien gepachtet und bewirtschaftet diese landwirtschaftlich von ihrem Hofgebäude in Echternach (Luxemburg) aus. In dem Hofgebäude befindet sich das für die Bewirtschaftung notwendige Inventar.

f) Die Kapitalgesellschaft, die in Deutschland keine Betriebsstätte und keinen ständigen Vertreter hat, bezieht Dividenden aus Aktien inländischer AG´s.

g) Die Kapitalgesellschaft verpachtet ohne Aufgabeerklärung gegenüber dem zuständigen Finanzamt einen bisher von ihr betriebenen Gewerbebetrieb in Gera. Der Pächter wird als ständiger Vertreter bestellt.

Alternative: Die Kapitalgesellschaft hat keinen ständigen Vertreter im Inland bestellt.

h) Die Kapitalgesellschaft verpachtet nach Aufgabeerklärung gegenüber dem zuständigen Finanzamt einen bisher von ihr betriebenen Gewerbebetrieb in Hameln.

i) Die Kapitalgesellschaft veräußert innerhalb eines Jahres eine Beteiligung i. H. v. 25 % an einer anderen Kapitalgesellschaft mit Sitz in Ingolstadt. Die Beteiligung gehörte zum Betriebsvermögen der Betriebsstätte der ausländischen Kapitalgesellschaft in Ingelheim.

j) Die Kapitalgesellschaft veräußert innerhalb eines Jahres eine Beteiligung i. H. v. 25 % an einer anderen Kapitalgesellschaft mit Sitz in Jever. Die Beteiligung gehörte nicht zum Betriebsvermögen einer inländischen Betriebsstätte der ausländischen Kapitalgesellschaft, sondern gehörte unmittelbar zum Betriebsvermögen der ausländischen Kapitalgesellschaft.

k) Die Kapitalgesellschaft veräußert nach drei Jahren eine Beteiligung i. H. v. 25 % an einer anderen Kapitalgesellschaft mit Sitz in Kaufbeuren. Die Beteiligung gehörte nicht zum Betriebsvermögen einer inländischen Betriebsstätte der ausländischen Kapitalgesellschaft, sondern gehörte unmittelbar zum Betriebsvermögen der ausländischen Kapitalgesellschaft.

l) Die Kapitalgesellschaft veräußert innerhalb von zehn Jahren ein Grundstück in Ludwigsburg. Das Grundstück gehörte nicht zum Betriebsvermögen einer inländischen Betriebsstätte der ausländischen Kapitalgesellschaft, sondern gehörte unmittelbar zum Betriebsvermögen der ausländischen Kapitalgesellschaft.

AUFGABE

Die verschiedenen Arten der Einkünfte sind unabhängig voneinander zu prüfen. Es ist jeweils zu beurteilen, ob inländische Einkünfte i. S. d. § 2 KStG i. V. m. § 8 Abs. 1 KStG und § 49 EStG vorliegen und damit beschränkte Steuerpflicht gegeben ist.

Außerdem ist ggf. jeweils zu prüfen, wie und in welcher Höhe die inländischen Einkünfte zu ermitteln sind.

Die Berücksichtigung eines etwaigen DBA´s ist bei der Lösung außer Betracht zu lassen.

LITERATURHINWEIS

Köllen/Reichert/Vogl/Wagner, Lehrbuch Körperschaftsteuer und Gewerbesteuer, Kapitel 2.3, 2.4

LÖSUNG

Da es bei der ausländischen Körperschaft an dem Tatbestandsmerkmal Geschäftsleitung oder Sitz im Inland mangelt, kommt eine unbeschränkte Steuerpflicht i. S. d. § 1 Abs. 1 KStG, unabhängig davon, dass es sich um ein Steuersubjekt i. S. d. § 1 Abs. 1 KStG handelt, nicht in Betracht.

Es kann aber im Einzelfall eine beschränkte Steuerpflicht gem. § 2 Nr. 1 KStG gegeben sein, wenn es sich bei den Einkünften um inländische Einkünfte i. S. d. § 2 KStG i. V. m. § 8 Abs. 1 KStG und § 49 EStG handelt.

Im Rahmen der erschöpfenden Aufzählung der in § 49 Abs. 1 EStG aufgeführten Arten der inländischen Einkünfte kann eine gem. § 2 Nr. 1 KStG beschränkt steuerpflichtige Kapitalgesellschaft durch eigene Tätigkeit **nicht** erzielen:

► Einkünfte aus selbständiger Arbeit i. S. d. § 49 Abs. 1 Nr. 3 EStG,

► Einkünfte aus nicht selbständiger Arbeit i. S. d. § 49 Abs. 1 Nr. 4 EStG und

► sonstige Einkünfte aus Abgeordnetenbezügen i. S. d. § 49 Abs. 1 Nr. 8 Buchst. a EStG.

Bei der Zurechnung der Einkünfte zu einer Einkunftsart ist § 49 Abs. 2 EStG zu beachten. Danach bleiben im Ausland gegebene Besteuerungsmerkmale außer Betracht, soweit bei ihrer Berücksichtigung inländische Einkünfte i. S. d. § 49 Abs. 1 EStG nicht angenommen werden könnten.

Diese sog. **isolierende Betrachtungsweise** führt dazu, dass **Subsidiaritätsklauseln,** wie z. B. § 20 Abs. 3 und § 21 Abs. 3 EStG, nach denen ggf. Dividenden und Zinsen bzw. Mieten und Pachten formal nicht den Einkünften aus Kapitalvermögen bzw. den Einkünften aus Vermietung und Verpachtung zugerechnet werden, sondern wirtschaftlich beispielsweise den Einkünften aus Gewerbebetrieb, praktisch **nicht angewendet** werden. Auch § 8 Abs. 2 KStG, nach dem bei buchführungspflichtigen Steuerpflichtigen alle Einkünfte als Einkünfte aus Gewerbebetrieb zu behandeln sind, ist praktisch bedeutungslos.

Ohne die isolierende Betrachtungsweise würde eine Besteuerungslücke eintreten. Es handelt sich also um einen **Auffangtatbestand.**

Bei Einkünften, die dem Kapitalertragsteuerabzug unterliegen, ist die Körperschaftsteuer gem. § 32 Abs. 1 Nr. 2 KStG durch den Steuerabzug abgegolten. Eine Veranlagung zur Körperschaftsteuer findet also nicht statt. Ein Abzug von Betriebsausgaben oder Werbungskosten ist gem. § 8 Abs. 6 KStG nicht zulässig, wenn das Einkommen nur aus Einkünften besteht, von denen lediglich ein Steuerabzug vorzunehmen ist.

§ 32 Abs. 1 Nr. 2 KStG ist aber nicht anzuwenden, wenn die Einkünfte beispielsweise in einem inländischen gewerblichen Betrieb angefallen sind. In diesem Fall finden eine Körperschaftsteuerveranlagung und eine Anrechnung der Kapitalertragsteuer gem. § 31 Abs. 1 KStG i. V. m. § 36 Abs. 2 Nr. 2 EStG statt.

Es ist jeweils zu prüfen, ob eine Steuerbefreiung gem. § 8b Abs. 1 Satz 1 KStG in Betracht kommt.

Die Ermittlung der inländischen Einkünfte hängt von der Art der Einkünfte ab.

Bei inländischen Einkünften i. S. d. § 49 Abs. 1 Nr. 1 und 2 EStG ist der Gewinn bei Buchführungspflicht durch Bestandsvergleich gem. § 4 Abs. 1 bzw. § 5 EStG zu ermitteln. Um die Höhe der inländischen Einkünfte zu ermitteln, kommt lt. Rechtsprechung in erster Linie die sog. direkte Methode, d. h. die gesonderte Ermittlung des inländischen Gewinns, und in zweiter Linie die sog. indirekte Methode, d. h. die Ermittlung des Gewinnanteils am Gesamtgewinn der ausländischen Kapitalgesellschaft in Betracht (vgl. BFH-Urteil vom 28. 6. 1972 – I R 35/70, BStBl 1972 II S. 785 und die dort aufgeführte Rechtsprechung).

Die **direkte Methode** erfordert eine **gesonderte Buchführung.** Problematisch ist die Höhe von Verrechnungspreisen zwischen der ausländischen Kapitalgesellschaft und der Land- und Forstwirtschaft bzw. dem Gewerbebetrieb im Inland. Es muss wie zwischen selbständigen fremden Unternehmen bewertet werden.

Bei Überführung von Wirtschaftsgütern in das Ausland ist eine Bewertung mit dem Teilwert vorzunehmen (vgl. BFH-Urteil vom 16. 7. 1969 – I 166/65, BStBl 1970 II S. 175), sodass ggf. stille Reserven aufgedeckt werden. Bei der Abgrenzung ist stets ein Fremdvergleichspreis anzusetzen (Einzelheiten siehe Schreiben des BMF vom 12. 2. 1990, BStBl 1990 I S. 72).

Geschäftsführungs- und allgemeine Verwaltungskosten sind **anteilig** dem inländischen Teil zuzurechnen, wenn und soweit die Aufwendungen durch eine spezielle Leistung an den inländischen Teil ausgelöst sind oder wenn und soweit die den Aufwendungen zugrunde liegende Leistung im Interesse des Gesamtunternehmens liegt und damit auch dem inländischen Teil zugutekommt (vgl. BFH-Urteil vom 20. 7. 1988 – I R 49/84, BStBl 1989 II S. 140).

Bei der **indirekten Methode** stellt sich die Frage, nach welchem **Verteilungsschlüssel** der Gesamtgewinn auf den ausländischen und auf den inländischen Teil aufzuteilen ist. Ob beispielsweise das Umsatzverhältnis oder das Verhältnis der Arbeitslöhne in Betracht kommen, muss im Einzelfall geprüft werden.

Bei inländischen Einkünften i. S. d. § 49 Abs. 1 Nr. 5 ff. EStG ist der Überschuss der Einnahmen über die Werbungskosten zu ermitteln. Zu beachten ist, dass gem. § 50 Abs. 1 Satz 4 EStG Werbungskostenpauschbeträge oder der Sparer-Freibetrag nicht berücksichtigt werden können.

Bei der Ermittlung der inländischen Einkünfte dürfen gem. § 50 Abs. 1 Satz 1 EStG Betriebsausgaben oder Werbungskosten insoweit abgezogen werden, als sie mit den **inländischen** Einkünften in **wirtschaftlichem Zusammenhang** stehen. Es ist also unerheblich, ob die Aufwendungen im Inland oder im Ausland anfallen. Ebenso wenig kommt es darauf an, ob die Aufwendungen vom inländischen oder vom ausländischen Teil getragen werden (vgl. BFH-Urteil vom 20. 7. 1988 – I R 49/84, BStBl 1989 II S. 140).

Der **Freibetrag** gem. § 24 KStG ist im Fall der beschränkten Steuerpflicht der Kapitalgesellschaft **nicht anwendbar.**

a) Aufgrund des Subsidiaritätsprinzips gem. § 21 Abs. 3 EStG müssten die **Pachteinnahmen** aus der Verpachtung des Grundstücks in Augsburg an sich den **Einkünften aus Gewerbebetrieb** i. S. d. § 15 EStG zugerechnet werden.

   Wenn aber eine **reine Grundstücksverwaltung** vorliegt, ist für die Zurechnung § 49 Abs. 2 EStG zu beachten und damit die sog. isolierende Betrachtungsweise anzuwenden. Das im Ausland gegebene Besteuerungsmerkmal Kapitalgesellschaft bleibt außer Betracht. Die Verpachtung wird bei dieser Betrachtungsweise nur nach inländischen Besteuerungsmerkmalen beurteilt. Die Verpachtung führt demnach zu **Einkünften aus Vermietung und Verpachtung** i. S. d. § 21 Abs. 1 Satz 1 Nr. 1 EStG und damit zu inländischen Einkünften i. S. d. § 8 Abs. 1 KStG i. V. m. § 49 Abs. 1 Nr. 6 EStG.

   Bei der isolierenden Betrachtungsweise bleibt § 8 Abs. 2 KStG, der zu einem anderen Ergebnis geführt hätte, bedeutungslos.

   Aufgrund der inländischen Einkünfte ist die ausländische Kapitalgesellschaft mit diesen inländischen Einkünften gem. § 2 Nr. 1 KStG beschränkt steuerpflichtig.

   Die Höhe der Einkünfte ist als Überschuss der Einnahmen über die Werbungskosten zu ermitteln.

b) Die sog. isolierende Betrachtungsweise führt zwar dazu, dass das im Ausland gegebene Besteuerungsmerkmal Kapitalgesellschaft außer Betracht bleibt; aufgrund der Betriebsstätte in Bonn erzielt die ausländische Kapitalgesellschaft jedoch durch ihren Handel mit Rohstoffen **Einkünfte aus Gewerbebetrieb** i. S. d. § 15 Abs. 1 Satz 1 Nr. 1 EStG und damit inländische Einkünfte i. S. d. § 8 Abs. 1 KStG i. V. m. § 49 Abs. 1 Nr. 2 Buchst. a EStG.

Da das verpachtete Grundstück in Bad Godesberg zu der inländischen Betriebsstätte gehört, werden die Pachteinnahmen entsprechend den **Einkünften aus Gewerbebetrieb** zugerechnet.

Aufgrund der inländischen Einkünfte ist die ausländische Kapitalgesellschaft mit diesen inländischen Einkünften gem. § 2 Nr. 1 KStG beschränkt steuerpflichtig.

Die Höhe der Einkünfte ist bei Buchführungspflicht durch eine Gewinnermittlung gem. § 5 EStG zu bestimmen.

c) Aufgrund des Subsidiaritätsprinzips gem. § 20 Abs. 3 EStG müssten die Zinseinnahmen aus Hypothekenforderungen an sich den Einkünften aus Gewerbebetrieb i. S. d. § 15 EStG zugerechnet werden.

Es ist aber für die Zurechnung § 49 Abs. 2 EStG zu beachten und damit die sog. isolierende Betrachtungsweise anzuwenden. Das im Ausland gegebene Besteuerungsmerkmal Kapitalgesellschaft bleibt außer Betracht. Die Zinsen werden bei dieser Betrachtungsweise nur nach inländischen Besteuerungsmerkmalen beurteilt und führen, da das Kapitalvermögen durch inländischen Grundbesitz abgesichert ist, demnach zu **Einkünften aus Kapitalvermögen** i. S. d. § 20 Abs. 1 Nr. 5 EStG und damit zu inländischen Einkünften i. S. d. § 8 Abs. 1 KStG i. V. m. § 49 Abs. 1 Nr. 5 Buchst. c Doppelbuchst. aa EStG.

Bei der isolierenden Betrachtungsweise bleibt § 8 Abs. 2 KStG, der zu einem anderen Ergebnis geführt hätte, bedeutungslos.

Aufgrund der inländischen Einkünfte ist die ausländische Kapitalgesellschaft mit diesen inländischen Einkünften gem. § 2 Nr. 1 KStG beschränkt steuerpflichtig.

Die Höhe der Einkünfte ist als Überschuss der Einnahmen über die Werbungskosten zu ermitteln. Gemäß § 50 Abs. 1 Satz 4 EStG sind bei den Einkünften aus Kapitalvermögen ein Werbungskosten-Pauschbetrag und ein Sparer-Freibetrag nicht zu berücksichtigen.

d) Die sog. isolierende Betrachtungsweise führt zwar dazu, dass das im Ausland gegebene Besteuerungsmerkmal Kapitalgesellschaft außer Betracht bleibt, aber aufgrund des ständigen Vertreters in Dortmund erzielt die ausländische Kapitalgesellschaft durch ihren Handel mit Rohstoffen Einkünfte aus Gewerbebetrieb i. S. d. § 15 EStG und damit inländische Einkünfte i. S. d. § 8 Abs. 1 KStG i. V. m. § 49 Abs. 1 Nr. 2 Buchst. a EStG.

Da die Hypothekenforderungen wirtschaftlich zu dem inländischen Handel mit Rohstoffen gehören, werden die **Zinseinnahmen** entsprechend den **Einkünften aus Gewerbebetrieb** zugerechnet.

Aufgrund der inländischen Einkünfte ist die ausländische Kapitalgesellschaft mit diesen inländischen Einkünften gem. § 2 Nr. 1 KStG beschränkt steuerpflichtig.

Die Höhe der Einkünfte ist bei Buchführungspflicht durch eine Gewinnermittlung gem. § 5 EStG zu bestimmen.

e) Da die gepachteten Ländereien im Raum Eisenach liegen, wird die Landwirtschaft im Inland betrieben. Die ausländische Kapitalgesellschaft erzielt durch die Landwirtschaft **Einkünfte aus Land- und Forstwirtschaft** i. S. d. § 13 EStG und damit inländische Einkünfte i. S. d. § 8 Abs. 1 KStG i. V. m. § 49 Abs. 1 Nr. 1 EStG.

Aufgrund der inländischen Einkünfte ist die ausländische Kapitalgesellschaft mit diesen inländischen Einkünften gem. § 2 Nr. 1 KStG beschränkt steuerpflichtig.

Die Höhe der Einkünfte ist bei Buchführungspflicht durch eine Gewinnermittlung gem. § 4 Abs. 1 EStG zu bestimmen.

f) Das im Ausland gegebene Besteuerungsmerkmal Kapitalgesellschaft bleibt aufgrund der isolierenden Betrachtungsweise unberücksichtigt. Die Dividendeneinnahmen werden bei dieser Betrachtungsweise nur nach inländischen Besteuerungsmerkmalen beurteilt. Demnach führen die Dividendeneinnahmen zu **Einkünften aus Kapitalvermögen** i. S. d. § 20 Abs. 1 Nr. 1 EStG und damit zu inländischen Einkünften i. S. d. § 8 Abs. 1 KStG i. V. m. § 49 Abs. 1 Nr. 5 Buchst. a EStG.

Aufgrund der inländischen Einkünfte ist die ausländische Kapitalgesellschaft mit diesen inländischen Einkünften gem. § 2 Nr. 1 KStG beschränkt steuerpflichtig.

Die Höhe der Einkünfte ist als Überschuss der Einnahmen über die Werbungskosten zu ermitteln.

Da die Einkünfte dem Kapitalertragsteuerabzug unterliegen, ist die Körperschaftsteuer gem. § 32 Abs. 1 Nr. 2 KStG durch den Steuerabzug abgegolten. Eine Veranlagung zur Körperschaftsteuer findet also nicht statt. Ein **Abzug** von **Betriebsausgaben** oder **Werbungskosten** ist gem. § 8 Abs. 6 KStG **nicht zulässig,** wenn das Einkommen nur aus Einkünften besteht, von denen lediglich ein Steuerabzug vorzunehmen ist.

Es ist zu prüfen, ob ggf. eine Steuerbefreiung gem. § 8b Abs. 1 Satz 1 KStG in Betracht kommt.

g) Das im Ausland gegebene Besteuerungsmerkmal Kapitalgesellschaft bleibt aufgrund der isolierenden Betrachtungsweise unberücksichtigt. Die Pachteinnahmen werden bei dieser Betrachtungsweise nur nach inländischen Besteuerungsmerkmalen beurteilt.

Es ist hierbei zu prüfen, ob die Verpachtung zu einer Betriebsaufgabe i. S. d. § 16 Abs. 3 EStG geführt hat. Von dem Ergebnis hängt ab, ob die Einkünfte aus der Verpachtung als Einkünfte aus Gewerbebetrieb oder als Einkünfte aus Vermietung und Verpachtung zu qualifizieren sind.

Der Verpächter hat ein Wahlrecht, die Betriebsaufgabe zu erklären, wenn die wesentlichen Betriebsgrundlagen im Ganzen verpachtet werden und für ihn oder den Rechtsnachfolger objektiv die Möglichkeit besteht, den Betrieb später fortzuführen.

Da die ausländische Kapitalgesellschaft keine Aufgabeerklärung abgegeben hat, sondern sogar einen ständigen Vertreter im Inland bestellt hat, bezieht sie weiterhin **Einkünfte aus Gewerbebetrieb,** solange sie für ihren Gewerbebetrieb im Inland einen ständigen Vertreter bestellt hat und während dieser Zeit weder eine Betriebsaufgabe erklärt noch den Betrieb veräußert. Ständiger Vertreter im Inland kann auch der Pächter des Gewerbebetriebes sein (vgl. BFH-Urteil vom 12. 4. 1978, BStBl 1978 II S. 494).

Demnach führen die Pachteinnahmen zu Einkünften aus Gewerbebetrieb i. S. d. § 15 Abs. 1 Satz 1 Nr. 1 EStG und damit zu inländischen Einkünften i. S. d. § 8 Abs. 1 KStG i. V. m. § 49 Abs. 1 Nr. 2 Buchst. a EStG.

Einkünfte i. S. d. § 16 Abs. 3 EStG liegen nicht vor.

Aufgrund der inländischen Einkünfte ist die ausländische Kapitalgesellschaft mit diesen inländischen Einkünften gem. § 2 Nr. 1 KStG beschränkt steuerpflichtig.

Die Höhe der Einkünfte ist bei Buchführungspflicht durch eine Gewinnermittlung gem. § 5 EStG zu bestimmen.

Alternative: Bei einer Betriebsverpachtung unterhält der Verpächter bei beschränkter Steuerpflicht grundsätzlich keine inländische Betriebsstätte in dem verpachteten Betriebsvermögen. Dies hat zur Folge, dass die bisherigen Einkünfte aus Gewerbebetrieb ohne Bestellung eines ständigen Vertreters im Inland **umqualifiziert** werden zu Einkünften aus Vermietung und Verpachtung.

Dies wiederum bedingt, dass die im Betrieb vorhandenen **stillen Reserven aufgedeckt** werden und die Betriebsgegenstände in das nicht betriebliche Vermögen überführt werden. Im Ergebnis handelt es sich also um eine **Betriebsaufgabe** i. S. d. § 16 Abs. 3 EStG (vgl. BFH-Urteil vom 12. 4. 1978, BStBl 1978 II S. 494). Es treten also die gleichen Rechtsfolgen wie nach einer Aufgabeerklärung (siehe Fall h)) ein.

h) Das im Ausland gegebene Besteuerungsmerkmal Kapitalgesellschaft bleibt aufgrund der isolierenden Betrachtungsweise unberücksichtigt. Die Pachteinnahmen werden bei dieser Betrachtungsweise nur nach inländischen Besteuerungsmerkmalen beurteilt.

Der Verpächter hat ein Wahlrecht, die Betriebsaufgabe zu erklären, wenn die wesentlichen Betriebsgrundlagen im Ganzen verpachtet werden und für ihn oder den Rechtsnachfolger objektiv die Möglichkeit besteht, den Betrieb später fortzuführen.

Durch die Aufgabeerklärung der Kapitalgesellschaft gegenüber dem zuständigen Finanzamt werden die im Betrieb vorhandenen **stillen Reserven aufgedeckt** und besteuert (sog. Steuerentstrickung). Die Betriebsgegenstände werden aus dem Betriebsvermögen in das nicht betriebliche Vermögen überführt. Im Ergebnis handelt es sich also um eine Betriebsaufgabe i. S. d. § 16 Abs. 3 EStG (vgl. BFH-Urteil vom 12. 4. 1978 – I R 136/77, BStBl 1978 II S. 494).

Der Gewinn aus der Betriebsaufgabe führt zu **Einkünften aus Gewerbebetrieb** i. S. d. § 16 Abs. 3 EStG i. V. m. § 16 Abs. 1 EStG und damit zu inländischen Einkünften i. S. d. § 8 Abs. 1 KStG i. V. m. § 49 Abs. 1 Nr. 2 Buchst. a EStG.

Aufgrund der inländischen Einkünfte ist die ausländische Kapitalgesellschaft mit diesen inländischen Einkünften gem. § 2 Nr. 1 KStG beschränkt steuerpflichtig.

Die Höhe der Einkünfte ist durch eine Gewinnermittlung gem. § 5 EStG im Rahmen des § 16 Abs. 3 EStG zu bestimmen.

Die **Betriebsaufgabe** hat zur Folge, dass die Einkünfte aus den Pachteinnahmen zu **Einkünften aus Vermietung und Verpachtung** i. S. d. § 21 Abs. 1 Satz 1 Nr. 2 EStG umqualifiziert werden. Es handelt sich dann um inländische Einkünfte i. S. d. § 8 Abs. 1 KStG i. V. m. § 49 Abs. 1 Nr. 6 EStG.

Aufgrund der inländischen Einkünfte ist die ausländische Kapitalgesellschaft auch mit diesen inländischen Einkünften gem. § 2 Nr. 1 KStG beschränkt steuerpflichtig.

Die Höhe dieser Einkünfte ist als Überschuss der Einnahmen über die Werbungskosten zu ermitteln.

i) Die sog. isolierende Betrachtungsweise führt zwar dazu, dass das im Ausland gegebene Besteuerungsmerkmal Kapitalgesellschaft außer Betracht bleibt, aber aufgrund der Betriebsstätte in Ingelheim erzielt die ausländische Kapitalgesellschaft durch ihren Handel mit Rohstoffen Einkünfte aus Gewerbebetrieb i. S. d. § 15 Abs. 1 Satz 1 Nr. 1 EStG und damit inländische Einkünfte i. S. d. § 8 Abs. 1 KStG i. V. m. § 49 Abs. 1 Nr. 2 Buchst. a EStG.

Da die Beteiligung an der anderen Kapitalgesellschaft in Ingolstadt zu der inländischen Betriebsstätte in Ingelheim gehört, wird der **Veräußerungsgewinn** entsprechend den **Einkünften aus Gewerbebetrieb** zugerechnet.

Aufgrund der inländischen Einkünfte i. S. d. § 49 Abs. 1 Nr. 2 Buchst. a EStG ist die ausländische Kapitalgesellschaft mit diesen inländischen Einkünften gem. § 2 Nr. 1 KStG beschränkt steuerpflichtig.

Die Höhe der Einkünfte ist bei Buchführungspflicht durch eine Gewinnermittlung gem. § 5 EStG zu bestimmen. Es ist zu prüfen, ob ggf. eine Steuerbefreiung gem. § 8b Abs. 2 KStG in Betracht kommt.

j) Das im Ausland gegebene Besteuerungsmerkmal Kapitalgesellschaft bleibt aufgrund der isolierenden Betrachtungsweise unberücksichtigt. Die Veräußerung der Beteiligung an der anderen Kapitalgesellschaft in Jever wird bei dieser Betrachtungsweise nur nach inländischen Besteuerungsmerkmalen beurteilt.

Da der Veräußerungsgewinn sowohl den Tatbestand gem. § 17 Abs. 1 EStG als auch den gem. § 22 Nr. 2 EStG i. V. m. § 23 Abs. 1 Satz 1 Nr. 2 EStG erfüllt, ist § 23 Abs. 2 Satz 2 EStG zu beachten, der bestimmt, dass § 17 EStG nicht anzuwenden ist.

Demnach führt der Veräußerungsgewinn zu **sonstigen Einkünften** i. S. d. § 22 Nr. 2 EStG i. V. m. § 23 Abs. 1 Satz 1 Nr. 2 EStG und damit zu inländischen Einkünften i. S. d. § 8 Abs. 1 KStG i. V. m. § 49 Abs. 1 Nr. 8 EStG.

Aufgrund der inländischen Einkünfte ist die ausländische Kapitalgesellschaft mit diesen inländischen Einkünften gem. § 2 Nr. 1 KStG beschränkt steuerpflichtig.

Die Höhe der Einkünfte ist als Überschuss der Einnahmen über die Werbungskosten zu ermitteln. Es ist zu prüfen, ob ggf. eine Steuerbefreiung gem. § 8b Abs. 2 KStG in Betracht kommt.

k) Das im Ausland gegebene Besteuerungsmerkmal Kapitalgesellschaft bleibt aufgrund der isolierenden Betrachtungsweise unberücksichtigt. Die Veräußerung der Beteiligung an der anderen Kapitalgesellschaft in Kaufbeuren wird bei dieser Betrachtungsweise nur nach inländischen Besteuerungsmerkmalen beurteilt.

Der Veräußerungsgewinn erfüllt den Tatbestand gem. § 22 Nr. 2 EStG i. V. m. § 23 Abs. 1 Satz 1 Nr. 2 EStG nicht, da die **Frist von einem Jahr** überschritten ist.

Aber die Tatbestandsmerkmale gem. § 17 Abs. 1 EStG sind erfüllt. Demnach führt der Veräußerungsgewinn zu Einkünften i. S. d. § 17 Abs. 1 EStG und damit zu inländischen Einkünften i. S. d. § 8 Abs. 1 KStG i. V. m. § 49 Abs. 1 Nr. 2 Buchst. e EStG.

Aufgrund der inländischen Einkünfte ist die ausländische Kapitalgesellschaft mit diesen inländischen Einkünften gem. § 2 Nr. 1 KStG beschränkt steuerpflichtig.

Die Höhe der Einkünfte ist durch eine Gewinnermittlung gem. § 5 EStG im Rahmen des § 17 EStG zu bestimmen. Es ist zu prüfen, ob ggf. eine Steuerbefreiung gem. § 8b Abs. 2 KStG in Betracht kommt.

l) Das im Ausland gegebene Besteuerungsmerkmal Kapitalgesellschaft bleibt aufgrund der isolierenden Betrachtungsweise unberücksichtigt. Die Veräußerung des Grundstückes in Ludwigsburg wird bei dieser Betrachtungsweise nur nach inländischen Besteuerungsmerkmalen beurteilt.

Die Veräußerung führt zu sonstigen Einkünften i. S. d. § 22 Nr. 2 EStG i.V. m. § 23 Abs. 1 Satz 1 Nr. 1 EStG und damit zu inländischen Einkünften i. S. d. § 8 Abs. 1 KStG i.V. m. § 49 Abs. 1 Nr. 8 EStG.

Aufgrund der inländischen Einkünfte ist die ausländische Kapitalgesellschaft mit diesen inländischen Einkünften gem. § 2 Nr. 1 KStG beschränkt steuerpflichtig.

Die Höhe der Einkünfte ist als Überschuss der Einnahmen über die Werbungskosten zu ermitteln.

FALL 16

Betriebsstätte im Inland

Sachverhalt:

Eine Kapitalgesellschaft ausländischen Rechts mit Geschäftsleitung und Sitz im Ausland tätigt im Inland Geschäfte. Ein ständiger Vertreter ist im Inland nicht bestellt.

a) Die im internationalen Im- und Export von Rohstoffen tätige ausländische Kapitalgesellschaft verkauft in Deutschland Rohstoffe und liefert die Rohstoffe unmittelbar vom Ausland mit eigenen Fahrzeugen an die inländischen Kunden aus. Die Rechnungen werden im Ausland erstellt. Die Kunden überweisen die Rechnungsbeträge auf ein inländisches Konto der ausländischen Kapitalgesellschaft.

b) Die im internationalen Im- und Export von Rohstoffen tätige ausländische Kapitalgesellschaft verkauft in Deutschland Rohstoffe und liefert die Rohstoffe von ihrem Zwischenlager in Böblingen mit eigenen Fahrzeugen an die inländischen Kunden aus. Die Rechnungen werden im Ausland erstellt. Die Kunden überweisen die Rechnungsbeträge auf ein ausländisches Konto der ausländischen Kapitalgesellschaft.

c) Die im Baugeschäft tätige ausländische Kapitalgesellschaft betreibt in Coburg eine Baustelle über einen Zeitraum von acht Monaten.

   Alternative: Die ausländische Kapitalgesellschaft betreibt die Baustelle über einen Zeitraum von vier Monaten.

d) Die im Hotelmanagement tätige ausländische Kapitalgesellschaft stellt einem von ihr angestellten und bezahlten Manager mit Leitungstätigkeit einen Arbeitsraum in dem von ihm zu leitenden Hotel in Düren zur Verfügung. Das Hotel wird von einem Steuerinländer betrieben.

e) Die im internationalen Im- und Export von Rohstoffen tätige ausländische Kapitalgesellschaft ist an einem Handelsunternehmen, das in der Rechtsform einer Personengesellschaft betrieben wird und auch die Rohstoffe der ausländischen Kapitalgesellschaft in Deutschland vermarktet, in Eschweiler beteiligt.

f) Die im internationalen Im- und Export von Rohstoffen tätige ausländische Kapitalgesellschaft hat eine Zweigniederlassung mit Sitz in Fürstenfeldbruck, die in der Rechtsform einer GmbH betrieben wird.

g) Die im Gemüsehandel tätige ausländische Kapitalgesellschaft kauft auf dem niederländischen Großmarkt Gemüse ein und verkauft sie ausschließlich auf verschiedenen Wochenmärkten im Raum Aachen.

AUFGABE

Die verschiedenen Sachverhalte sind unabhängig voneinander zu prüfen. Es ist jeweils zu beurteilen, ob im Inland eine Betriebsstätte i. S. d. § 49 Abs. 1 Nr. 2 Buchst. a EStG unterhalten wird, die zu Einkünften aus Gewerbebetrieb führt, und damit beschränkte Steuerpflicht gem. § 2 KStG i. V. m. § 8 Abs. 1 KStG und § 49 EStG gegeben ist.

Die Berücksichtigung eines etwaigen DBA´s ist bei der Lösung außer Betracht zu lassen.

LITERATURHINWEIS

Köllen/Reichert/Vogl/Wagner, Lehrbuch Körperschaftsteuer und Gewerbesteuer, Kapitel 2.3.1

LÖSUNG

Da es bei der ausländischen Körperschaft an dem Tatbestandsmerkmal Geschäftsleitung oder Sitz im Inland mangelt, kommt eine unbeschränkte Steuerpflicht i. S. d. § 1 Abs. 1 KStG, unabhängig davon, dass es sich bei ihr um ein Steuersubjekt i. S. d. § 1 Abs. 1 KStG handelt, nicht in Betracht.

Es kann aber im Einzelfall eine **beschränkte Steuerpflicht** gem. § 2 Nr. 1 KStG gegeben sein, wenn es sich bei den Einkünften um **inländische Einkünfte aus Gewerbebetrieb** i. S. d. § 2 KStG i. V. m. § 8 Abs. 1 KStG und § 49 Abs. 1 Nr. 2 Buchst. a EStG handelt. Dabei ist zu prüfen, ob eine Betriebsstätte im Inland unterhalten wird.

Eine **Betriebsstätte** ist gem. § 12 Satz 1 AO jede feste Geschäftseinrichtung oder Anlage, die **der Tätigkeit eines Unternehmens** dient.

Insbesondere handelt es sich nach Satz 2 um Betriebsstätten im Fall der Zweigniederlassung, Geschäftsstelle usw. Im Einzelfall kann die Beurteilung schwierig sein.

Wenn ein DBA besteht, muss darauf geachtet werden, ob der Begriff der Betriebsstätte in dem Abkommen anders gefasst, z. B. eingeschränkt, ist.

Für den Fall, dass keine Betriebsstätte vorliegt, handelt es sich nicht um inländische Einkünfte aus Gewerbebetrieb i. S. d. § 49 Abs. 1 Nr. 2 Buchst. a EStG, da es auch an einem ständigen Vertreter im Inland mangelt.

Anhaltspunkte für eine andere inländische Einkunftsart sind nicht gegeben, sodass im Fall des **Verneinens einer Betriebsstätte** im Inland eine **beschränkte Steuerpflicht** gem. § 2 KStG nicht vorliegen kann.

a) Da der Tatbestand einer festen Geschäftseinrichtung oder Anlage im Inland nicht erfüllt ist, hat die ausländische Kapitalgesellschaft keine inländischen Einkünfte aus Gewerbebetrieb i. S. d. § 49 Abs. 1 Nr. 2 Buchst. a EStG, sodass sie nicht beschränkt steuerpflichtig i. S. d. § 2 KStG ist.

Der Zahlungseingang auf dem inländischen Konto ist für die Lösung nicht relevant.

b) Das **Zwischenlager** in Böblingen stellt gem. § 12 Satz 2 Nr. 5 AO eine **Betriebsstätte** dar. Mit der Betriebsstätte im Inland erzielt die ausländische Kapitalgesellschaft durch ihren Handel mit den Rohstoffen **Einkünfte aus Gewerbebetrieb** i. S. d. § 15 Abs. 1 Satz 1 Nr. 1 EStG und damit inländische Einkünfte i. S. d. § 8 Abs. 1 KStG i. V. m. § 49 Abs. 1 Nr. 2 Buchst. a EStG.

Die Rechnungserstellung im Ausland und die Tatsache, dass die Kunden die Rechnungsbeträge auf ein ausländisches Konto der ausländischen Kapitalgesellschaft überweisen, ist für die Lösung unbeachtlich.

Aufgrund der inländischen Einkünfte ist die ausländische Kapitalgesellschaft mit diesen inländischen Einkünften gem. § 2 Nr. 1 KStG beschränkt steuerpflichtig.

c) Ob es sich bei der Baustelle der ausländischen Kapitalgesellschaft um eine Betriebsstätte i. S. d. § 12 Satz 2 Nr. 8 Buchst. a AO handelt, hängt von deren **zeitlichem Umfang** ab. Da die Bauausführung **länger als sechs Monate** dauert, stellt die Baustelle in Coburg eine **Betriebsstätte** dar.

Mit der Betriebsstätte im Inland erzielt die ausländische Kapitalgesellschaft durch ihren Handel mit den Rohstoffen Einkünfte aus Gewerbebetrieb i. S. d. § 15 Abs. 1 Satz 1 Nr. 1 EStG und damit inländische Einkünfte i. S. d. § 8 Abs. 1 KStG i. V. m. § 49 Abs. 1 Nr. 2 Buchst. a EStG.

Aufgrund der inländischen Einkünfte ist die ausländische Kapitalgesellschaft mit diesen inländischen Einkünften gem. § 2 Nr. 1 KStG beschränkt steuerpflichtig.

Alternative: Wenn die Bauausführung **weniger als sechs Monate** dauert, stellt die Baustelle in Coburg **keine Betriebsstätte** i. S. d. § 12 Satz 2 Nr. 8 Buchst. a AO dar. Die ausländische Kapitalgesellschaft erzielt in diesem Fall keine inländischen Einkünfte aus Gewerbebetrieb i. S. d. § 49 Abs. 1 Nr. 2 Buchst. a EStG, sodass sie nicht beschränkt steuerpflichtig i. S. d. § 2 KStG ist.

d) Da der Manager seine Leitungstätigkeit für Rechnung der im Hotelmanagement tätigen ausländischen Kapitalgesellschaft und damit primär in deren Interesse ausübt, muss die Kapitalgesellschaft sich sowohl seine Leitungstätigkeit als auch dessen Nutzung des von ihr zur Verfügung gestellten Arbeitsraums zurechnen lassen. Der **Arbeitsraum** ist eine **feste Geschäftseinrichtung,** die der Managementtätigkeit der ausländischen Kapitalgesellschaft dient.

Bei dem Arbeitsraum in Düren handelt es sich also um eine **Betriebsstätte** der ausländischen Kapitalgesellschaft i. S. d. § 12 AO (vgl. BFH-Urteil vom 3. 2. 1993 – I R 80-81/91, BStBl 1993 II S. 462). Mit der Betriebsstätte erzielt die ausländische Kapitalgesellschaft durch ihre Tätigkeit im Hotelmanagement Einkünfte aus Gewerbebetrieb i. S. d. § 15 Abs. 1 Satz 1 Nr. 1 EStG und damit inländische Einkünfte i. S. d. § 8 Abs. 1 KStG i. V. m. § 49 Abs. 1 Nr. 2 Buchst. a EStG.

Aufgrund der inländischen Einkünfte ist die ausländische Kapitalgesellschaft mit diesen inländischen Einkünften gem. § 2 Nr. 1 KStG beschränkt steuerpflichtig.

e) Die Betriebsstätte des Handelsunternehmens in Eschweiler stellt zugleich die **Betriebsstätte** der ausländischen Kapitalgesellschaft i. S. d. § 12 AO dar. Mit der Betriebsstätte im Inland erzielt die ausländische Kapitalgesellschaft Einkünfte aus Gewerbebetrieb i. S. d. § 15 Abs. 1 Satz 1 Nr. 1 EStG und damit inländische Einkünfte i. S. d. § 8 Abs. 1 KStG i. V. m. § 49 Abs. 1 Nr. 2 Buchst. a EStG.

Aufgrund der inländischen Einkünfte ist die ausländische Kapitalgesellschaft mit diesen inländischen Einkünften gem. § 2 Nr. 1 KStG beschränkt steuerpflichtig.

f) Bei der Zweigniederlassung in Fürstenfeldbruck in der Rechtsform einer GmbH handelt es sich nicht um eine Betriebsstätte der ausländischen Kapitalgesellschaft i. S. d. § 12 AO, sondern vielmehr um ein **eigenständiges Steuersubjekt** i. S. d. § 1 Abs. 1 Nr. 1 KStG. Da die GmbH ihren Sitz im Inland hat, ist sie gem. § 1 Abs. 1 KStG **unbeschränkt** steuerpflichtig.

Die ausländische Kapitalgesellschaft erzielt also keine inländischen Einkünfte aus Gewerbebetrieb i. S. d. § 49 Abs. 1 Nr. 2 Buchst. a EStG, sodass sie im Zusammenhang mit dieser Vorschrift nicht beschränkt steuerpflichtig i. S. d. § 2 KStG ist.

Ob die ausländische Kapitalgesellschaft durch inländische **Einkünfte aus Kapitalvermögen** beschränkt steuerpflichtig ist, ist eine andere Frage.

g) Wenn der Verkauf durch fahrbare Verkaufsstätten mit wechselnden Standplätzen auf verschiedenen Wochenmärkten erfolgt, stellt sich die Frage, ob eine Betriebsstätte bzw. mehrere Betriebsstätten i. S. d. § 12 Satz 1 AO vorliegt bzw. vorliegen. Nach AEAO zu § 12 Nr. 2 zählen auch **bewegliche Geschäftseinrichtungen** mit vorübergehend festem Standort zu den **Betriebsstätten.**

Mit den Betriebsstätten im Raum Aachen erzielt die ausländische Kapitalgesellschaft durch ihren Gemüsehandel Einkünfte aus Gewerbebetrieb i. S. d. § 15 Abs. 1 Satz 1 Nr. 1 EStG und damit inländische Einkünfte i. S. d. § 8 Abs. 1 KStG i. V. m. § 49 Abs. 1 Nr. 2 Buchst. a EStG.

Aufgrund der inländischen Einkünfte ist die ausländische Kapitalgesellschaft mit diesen inländischen Einkünften gem. § 2 Nr. 1 KStG beschränkt steuerpflichtig.

Bedeutsam ist auch die Frage, wo sich die Geschäftsleitung für den Verkauf befindet, da gem. § 12 Satz 2 Nr. 1 AO auch der Ort der Geschäftsleitung als Betriebsstätte anzusehen ist. Bei einer Tätigkeit, die auf ständig wechselnden Wochenmärkten ausgeübt wird, befindet sich der Ort der Geschäftsleitung häufig nicht auf den Wochenmärkten. Es liegt die Annahme nahe, dass sich der Ort der Geschäftsleitung am Sitz der ausländischen Kapitalgesellschaft befindet.

In diesem Fall hat die ausländische Kapitalgesellschaft auch eine Betriebsstätte i. S. d. § 12 Satz 2 Nr. 1 AO an ihrem Sitz im Ausland. Das hat zur Folge, dass der insgesamt erzielte **Gewinn** zwischen den inländischen Betriebsstätten und der ausländischen Betriebsstätte nach einem geeigneten Maßstab **aufzuteilen** ist.

Ständiger Vertreter im Inland

Sachverhalt:

Eine im internationalen Im- und Export von Rohstoffen tätige Kapitalgesellschaft mit Geschäftsleitung und Sitz im Ausland erzielt mit dem Handel von Rohstoffen in Deutschland Gewinne, ohne eine Betriebsstätte im Inland zu unterhalten. Zur Besorgung der Geschäfte bestellt sie Rainer Reiners, der ihre sachlichen Weisungen befolgen muss, und stellt ihm zur Abwicklung geeignete Räume in Rostock zur Verfügung.

a) Um Verträge abzuschließen oder zu vermitteln oder um Aufträge einzuholen, erhält Rainer Reiners für den Einzelfall Einzelvertretungsvollmacht. Er nimmt keine Auslieferungen vom Rohstoffbestand in Rostock vor.

b) Um Verträge abzuschließen oder zu vermitteln oder um Aufträge einzuholen, erhält Rainer Reiners allgemeine Vertretungsvollmacht.

c) Rainer Reiners erhält keine allgemeine Vertretungsvollmacht für Vertragsabschlüsse, sondern er erhält den Auftrag, den Rohstoffbestand in Rostock zu unterhalten und davon Auslieferungen vorzunehmen.

d) Rainer Reiners besorgt die Geschäfte der ausländischen Kapitalgesellschaft im Rahmen seines eigenen Gewerbebetriebs.

Die verschiedenen Sachverhalte sind unabhängig voneinander zu prüfen. Beurteilen Sie jeweils, ob im Inland ein ständiger Vertreter i. S. d. § 49 Abs. 1 Nr. 2 Buchst. a EStG bestellt ist, der zu Einkünften aus Gewerbebetrieb führt, und damit beschränkte Steuerpflicht gem. § 2 KStG i. V. m. § 8 Abs. 1 KStG und § 49 EStG gegeben ist.

Die Berücksichtigung eines etwaigen DBA´s ist bei der Lösung außer Betracht zu lassen.

Köllen/Reichert/Vogl/Wagner, Lehrbuch Körperschaftsteuer und Gewerbesteuer, Kapitel 2.3.1

Da es bei der ausländischen Körperschaft an dem Tatbestandsmerkmal Geschäftsleitung oder Sitz im Inland mangelt, kommt eine unbeschränkte Steuerpflicht i. S. d. § 1 Abs. 1 KStG, unabhängig davon, dass es sich um ein Steuersubjekt i. S. d. § 1 Abs. 1 KStG handelt, nicht in Betracht.

Es kann aber im Einzelfall eine beschränkte Steuerpflicht gem. § 2 Nr. 1 KStG gegeben sein, wenn es sich bei den Einkünften um inländische Einkünfte aus Gewerbebetrieb i. S. d. § 2 KStG i.V. m. § 8 Abs. 1 KStG und § 49 Abs. 1 Nr. 2 Buchst. a EStG handelt.

Einkünfte aus Gewerbebetrieb unterliegen gem. § 49 Abs. 1 Nr. 2 Buchst. a EStG auch dann der beschränkten Steuerpflicht, wenn im Inland keine Betriebsstätte unterhalten wird, sondern nur ein ständiger Vertreter für den Gewerbebetrieb im Inland bestellt ist. Es ist also zu prüfen, ob ein ständiger Vertreter im Inland bestellt ist.

Ständiger Vertreter ist gem. § 13 Satz 1 AO eine Person, die nachhaltig die Geschäfte eines Unternehmens besorgt und dabei dessen Sachweisungen unterliegt.

Anhaltspunkte für eine andere inländische Einkunftsart sind nicht gegeben, sodass im Fall des Verneinens eines ständigen Vertreters im Inland eine beschränkte Steuerpflicht gem. § 2 KStG nicht vorliegen kann.

a) Da Rainer Reiners nur **Einzelvertretungsvollmacht** hat und auch keine Auslieferungen vom Rohstoffbestand vornimmt, besorgt er die Geschäfte der ausländischen Kapitalgesellschaft nicht nachhaltig i. S. d. § 13 Satz 1 AO und ist deshalb **kein** ständiger Vertreter.

   Die ausländische Kapitalgesellschaft hat also keine inländischen Einkünfte aus Gewerbebetrieb i. S. d. § 49 Abs. 1 Nr. 2 Buchst. a EStG, sodass sie nicht beschränkt steuerpflichtig i. S. d. § 2 KStG ist.

b) Da Rainer Reiners **allgemeine Vertretungsvollmacht** hat, ist er **ständiger Vertreter** gem. § 13 Satz 2 Nr. 1 AO. Mit dem ständigen Vertreter in Rostock erzielt die ausländische Kapitalgesellschaft durch ihren Handel mit den Rohstoffen Einkünfte aus Gewerbebetrieb i. S. d. § 15 Abs. 1 Satz 1 Nr. 1 EStG und damit inländische Einkünfte i. S. d. § 8 Abs. 1 KStG i.V. m. § 49 Abs. 1 Nr. 2 Buchst. a EStG.

   Aufgrund der inländischen Einkünfte ist die ausländische Kapitalgesellschaft mit diesen inländischen Einkünften gem. § 2 Nr. 1 KStG beschränkt steuerpflichtig.

c) Auch wenn Rainer Reiners keine allgemeine Vertretungsvollmacht hat, ist er ständiger Vertreter gem. § 13 Satz 2 Nr. 2 AO.

   Es treten die gleichen Rechtsfolgen wie in Fall b) ein.

d) Rainer Reiners, der von der ausländischen Kapitalgesellschaft nachhaltig betraut ist, im Inland an deren Stelle in deren Betrieb fallende Tätigkeiten vorzunehmen, ist ein ständiger Vertreter i. S. d. § 13 Satz 1 AO. Das gilt auch dann, wenn er die Tätigkeit im Rahmen seines Gewerbebetriebes ausübt (vgl. BFH-Urteil vom 28. 6. 1972 – I R 35/70, BStBl 1972 II S. 785).

   Es treten die gleichen Rechtsfolgen wie in Fall b) ein.

Kapitel 3: Steuerbefreiungen (§§ 5, 6 und 13 KStG)

FALL 18

Steuerbefreiungen

Sachverhalt:

Bei den folgenden Körperschaften, Personenvereinigungen und Vermögensmassen handelt es sich um Steuersubjekte i. S. d. § 1 KStG:

a) Die rechtsfähige Unterstützungskasse Auxilium gewährt Arbeitnehmern, früheren Arbeitnehmern und deren Angehörigen Leistungen als Sterbegeld, Witwengeld und Waisengeld. Die Leistungsempfänger haben keinen Rechtsanspruch auf diese Leistungen.

b) Die rechtsfähige Zusatzversorgungseinrichtung Bajuwaria gewährt Arbeitnehmern im öffentlichen Dienst in Bayern, früheren Arbeitnehmern und deren Angehörigen Leistungen als Pension, Witwengeld und Waisengeld. Die Leistungsempfänger haben einen Rechtsanspruch auf diese Leistungen.

c) Bauernverein Celle.

d) Grundbesitzerverein Daun.

e) Lohnsteuerhilfeverein Eifel.

f) Marketing-Club Frankenthal.

g) Golf-Club Green mit einer Aufnahmegebühr je Mitglied i. H. v. 2 000 € und mit einem Mitgliedsbeitrag i. H. v. 1 500 € je Mitglied und Jahr.

h) Beschäftigungsgesellschaft Hof.

i) Schulmensaverein Inzell.

j) Abmahnverein zur Förderung der Interessen der Einzelhändler Jülich.

k) Vermietungsgenossenschaft Koblenz.

l) Winzergenossenschaft Landau.

AUFGABE

Beurteilen Sie, ob für das jeweilige Steuersubjekt eine Steuerbefreiung in Betracht kommt und ob die Steuerbefreiung ganz oder teilweise ausgeschlossen sein kann.

LITERATURHINWEIS

Köllen/Reichert/Vogl/Wagner, Lehrbuch Körperschaftsteuer und Gewerbesteuer, Kapitel 3

Im § 5 Abs. 1 KStG ist ein langer Katalog von Befreiungsvorschriften enthalten.

Im Fall einer persönlichen Steuerbefreiung, z. B. im Fall von § 5 Abs. 1 Nr. 1 KStG, sind sämtliche Einkünfte mit Ausnahme der Bestimmungen in § 5 Abs. 2 KStG, von der Besteuerung freigestellt.

In den Fällen der Befreiungsvorschriften aufgrund persönlicher und sachlicher Merkmale oder aufgrund ausschließlich sachlicher Merkmale ist zu prüfen, ob nur Einkünfte aus begünstigten Tätigkeiten oder daneben auch solche aus nicht begünstigten Tätigkeiten erzielt werden. Der letzte Fall führt zu einer partiellen Steuerpflicht. Diese liegt insbesondere in den Fällen von § 5 Abs. 1 Nr. 5, 7 und 9 KStG vor, soweit ein wirtschaftlicher Geschäftsbetrieb unterhalten wird.

Der Umfang der Steuerbefreiung wird in § 5 Abs. 2 KStG eingeschränkt bzw. ausgeschlossen. Insbesondere gelten die Steuerbefreiungen nicht für inländische Einkünfte, die dem Steuerabzug unterliegen, sodass es in diesem Fall zu einer **partiellen Steuerpflicht** kommt. Sie gelten auch nicht für beschränkt Steuerpflichtige i. S. d. § 2 Nr. 1 KStG.

Beispiele für Körperschaftsteuerbefreiungen außerhalb des KStG sind in den KStR aufgeführt. Weitere steuerliche Vorrechte und Befreiungen aufgrund zwischenstaatlicher Vereinbarungen können dem BMF-Schreiben vom 18. 4. 2001, BStBl 2001 I S. 286, entnommen werden.

a) Gemäß § 5 Abs. 1 Nr. 3 KStG kommt eine Befreiung für die rechtsfähige Unterstützungskasse Auxilium in Betracht, wenn die dort aufgeführten Tatbestandsmerkmale vorliegen.

   Insbesondere ist zu prüfen, ob der Betrieb der Kasse eine soziale Einrichtung i. S. d. § 1 KStDV darstellt und ob die Voraussetzungen gem. § 3 KStDV i. V. m. § 2 KStDV erfüllt werden.

   Ausführliche Einzelheiten über Allgemeines, Leistungsempfänger, Vermögensbindung, Leistungsbegrenzung und Zuwendungen können den KStR entnommen werden.

   Gemäß § 5 Abs. 1 Nr. 3 Buchst. e KStG ist Auxilium nur dann in vollem Umfang steuerbefreit, wenn ihr Vermögen das erhöhte zulässige Kassenvermögen nicht übersteigt. Wird der Höchstbetrag überschritten (sog. Überdotierung) so wird sie nach Maßgabe von § 6 KStG partiell steuerpflichtig.

b) Da die rechtsfähige Zusatzversorgungseinrichtung Bajuwaria die gleichen Aufgaben wie eine von einem Trägerunternehmen der gewerblichen Wirtschaft gegründete Pensionskasse erfüllt, ist es gerechtfertigt, die Zusatzversorgungseinrichtung unter den gleichen Voraussetzungen von der Besteuerung zu befreien wie eine Pensionskasse.

   Für eine **Pensionskasse** kommt eine Steuerbefreiung gem. § 5 Abs. 1 Nr. 3 KStG in Betracht, wenn die dort aufgeführten Tatbestandsmerkmale vorliegen.

   Es ist außerdem zu prüfen, ob die Voraussetzungen der §§ 1 und 2 KStDV erfüllt werden.

   Schwierigkeiten könnten sich jedoch bei der Anwendung von § 5 Abs. 1 Nr. 3 Buchst. d KStG ergeben.

c) Für den Bauernverein Celle kommt eine Steuerbefreiung gem. § 5 Abs. 1 Nr. 5 Satz 1 KStG in Betracht, wenn die dort aufgeführten Tatbestandsmerkmale vorliegen.

Zweifelhaft ist, ob es sich bei einem **Bauernverein** um einen **Berufsverband** ohne öffentlich-rechtlichen Charakter handelt. Ein Bauernverband kann zu den angesprochenen Berufsverbänden gehören.

Gemäß § 5 Abs. 1 Nr. 5 Satz 2 Buchst. a KStG ist die Steuerbefreiung ausgeschlossen, soweit der Bauernverein einen wirtschaftlichen Geschäftsbetrieb i. S. d. § 14 AO unterhält. Insoweit kann es also zu einer partiellen Steuerpflicht kommen.

Die Steuerbefreiung kann auch insgesamt gem. § 5 Abs. 1 Nr. 5 Satz 2 Buchst. b KStG ausgeschlossen sein, wenn der Bauernverein Mittel von mehr als 10 % der Einnahmen für die Unterstützung politischer Parteien verwendet. In diesem Fall beträgt die Körperschaftsteuer gem. § 5 Abs. 1 Nr. 5 Satz 4 KStG 50 % der Zuwendungen.

Verwendet der Bauernverein Mittel bis zu 10 % der Einnahmen für die Unterstützung politischer Parteien, so ist er mit einem Steuersatz i. H. v. 50 % der Zuwendungen partiell steuerpflichtig.

d) Für den Grundbesitzerverein Daun kommt eine Steuerbefreiung gem. § 5 Abs. 1 Nr. 5 Satz 1 KStG in Betracht.

Im Übrigen gelten analog die Ausführungen zu dem Bauernverein in c).

e) Bei dem Lohnsteuerhilfeverein Eifel handelt es sich nicht um einen Berufsverband i. S. d. § 5 Abs. 1 Nr. 5 Satz 1 KStG. Eine Steuerbefreiung nach dieser Vorschrift ist also nicht möglich.

f) Bei dem Marketing-Club Frankenthal ist zu prüfen, ob er als Berufsverband i. S. d. § 5 Abs. 1 Nr. 5 Satz 1 KStG anerkannt werden kann.

Es ist die Bedingung erfüllt, dass Mitglieder eines Berufsverbandes nur Angehörige desselben Berufs oder doch naher verwandter, durch natürliche **Interessengemeinschaft** verknüpfter Berufe sein können. Dass Marketing-Fachleute sowohl selbständig als auch unselbständig tätig sind, hindert ihren Zusammenschluss in einem Berufsverband nicht.

Voraussetzung für die steuerliche Anerkennung des Marketing-Clubs Frankenthal ist, dass er nach seiner Satzung die allgemeinen, aus der beruflichen und unternehmerischen Tätigkeit erwachsenden ideellen und wirtschaftlichen Interessen des Berufsstandes wahrnimmt, wobei seine Tätigkeit der Satzung entsprechen muss.

Für den Marketing-Club Frankenthal kommt also eine Steuerbefreiung gem. § 5 Abs. 1 Nr. 5 Satz 1 KStG in Betracht.

Im Übrigen gelten analog die Ausführungen zu dem Bauernverein in c).

g) Für den Golf-Club Green ist eine Steuerbefreiung gem. § 5 Abs. 1 Nr. 9 Satz 1 KStG zu prüfen.

Tatbestandsmerkmal für die Steuerbefreiung ist, dass er ausschließlich und unmittelbar **gemeinnützigen Zwecken** i. S. d. §§ 51 ff. AO dient.

Zweifelhaft ist, ob ein Verein, dessen Tätigkeit in erster Linie seinen Mitgliedern zugutekommt, die **Allgemeinheit fördert** oder nicht. Er fördert die Allgemeinheit nicht, wenn er den Kreis der Mitglieder durch hohe Aufnahmegebühren oder Mitgliedsbeiträge klein hält.

Es stellt sich also die Frage, ob Aufnahmegebühren i. H. v. 2 000 € und Mitgliedsbeiträge i. H. v. 1 500 € hoch sind. Gemäß BMF-Schreiben vom 20. 10. 1998 (BStBl 1998 I S. 1424) ist eine Förderung der Allgemeinheit i. S. d. § 52 Abs. 1 AO anzunehmen, wenn die Aufnahmegebühren im Durchschnitt 3 000 DM und die Mitgliedsbeiträge im Durchschnitt 2 000 DM nicht übersteigen.

Da bei dem Golf-Club Green diese Beträge deutlich überstiegen werden, fördert er also die Allgemeinheit nicht. Eine Steuerbefreiung gem. § 5 Abs. 1 Nr. 9 Satz 1 KStG ist also nicht möglich.

h) Für die Beschäftigungsgesellschaft Hof kommt eine Steuerbefreiung gem. § 5 Abs. 1 Nr. 9 Satz 1 KStG in Betracht. Ob das Tatbestandsmerkmal der gemeinnützigen Zwecke i. S. d. §§ 51 ff. AO erfüllt ist, ist unter Beachtung von AEAO zu §§ 51 bis 68 AO zu prüfen.

Entsprechend Vfg. OFD Hannover vom 8. 3. 1999 (NWB DokID: ZAAAA-85871) können Beschäftigungsgesellschaften i. d. R. nicht als gemeinnützig behandelt werden. Weil sie Waren herstellen und vertreiben oder Leistungen an Dritte erbringen, üben sie wie andere Unternehmen eine wirtschaftliche Tätigkeit aus. Dies ist kein gemeinnütziger Zweck.

Die Beschäftigungsgesellschaft Hof kann aber dann als gemeinnützig anerkannt werden, wenn das Schwergewicht ihrer Tätigkeit auf der **beruflichen Qualifizierung,** der Umschulung oder der sozialen Betreuung liegt.

Wenn allerdings dabei Waren hergestellt oder vertrieben oder Leistungen gegenüber Dritten erbracht werden, so kann insoweit ein Geschäftsbetrieb i. S. d. § 14 AO vorliegen mit der Folge, dass eine partielle Steuerpflicht gem. § 5 Abs. 1 Nr. 9 Satz 2 KStG eintritt.

Der Verlust der Steuervergünstigung durch den Geschäftsbetrieb tritt aber gem. § 64 Abs. 1 AO nicht ein, soweit der wirtschaftliche Geschäftsbetrieb ein **Zweckbetrieb** ist.

Der Begriff des Zweckbetriebes ergibt sich aus § 65 AO; einzelne Zweckbetriebe sind in §§ 65 bis 68 AO aufgeführt.

Ein steuerbegünstigter Zweck liegt insbesondere vor, wenn die Voraussetzungen gem. § 68 Nr. 3 AO erfüllt sind. Zum Begriff der **Werkstatt für Behinderte** verweist AEAO zu § 68 Nr. 3 auf § 54 des Schwerbehindertengesetzes.

Werkstätten für Behinderte und Einrichtungen für Beschäftigungs- und Arbeitstherapie sind als Zweckbetrieb zu behandeln. Dies ist der Fall, wenn die Beschäftigungsgesellschaft in der Aus- und Weiterbildung gegen Teilnehmergebühren tätig ist und auch, soweit als Ausfluss der beruflichen Qualifizierungs- und Umschulungsmaßnahmen Waren hergestellt und veräußert oder Dienstleistungen gegenüber Dritten gegen Entgelt erbracht werden. Für einen solchen Zweckbetrieb kann die Beschäftigungsgesellschaft Hof also eine Steuerbefreiung in Anspruch nehmen.

Wenn aber die Herstellung und Veräußerung von Waren oder die entgeltlichen Dienstleistungen den Umfang überschreiten, der zur Erfüllung der beruflichen Qualifizierungs- und Umschulungsmaßnahmen notwendig ist, wird ein steuerpflichtiger Geschäftsbetrieb entsprechend § 64 AO begründet.

Es ist also nach den Verhältnissen des Einzelfalles zu entscheiden. Eine eindeutige Lösung, die für alle Beschäftigungsgesellschaften gilt, ist nicht möglich.

i) Bei dem Schulmensaverein Inzell ist die Steuerbefreiung gem. § 5 Abs. 1 Nr. 9 Satz 1 KStG zu prüfen. Wie in den vorigen Fällen stellt sich die Frage nach den **gemeinnützigen oder mildtätigen Zwecken**.

Nach Vfg. OFD Hannover vom 18. 10. 2000 (NWB DokID: UAAAA-79601) ist die Versorgung von Schülern mit Speisen und Getränken, also ein Mahlzeitendienst, als **Zweckbetrieb** i. S. d. § 68 Nr. 1 Buchst. a AO anzusehen. Schüler sind ohne Einzelprüfung als wirtschaftlich hilfsbedürftig i. S. d. § 53 AO zu behandeln.

Der Verlust der Steuervergünstigung gem. § 64 Abs. 1 AO tritt also nicht ein. Der Zweckbetrieb ist demnach steuerfrei.

j) Für einen Abmahnverein ist eine Steuerbefreiung gem. § 5 Abs. 1 Nr. 9 Satz 1 KStG zu prüfen.

Der Abmahnverein zur Förderung der Interessen der Einzelhändler Jülich ist offensichtlich vorrangig im Interesse seiner Mitglieder tätig und handelt daher nicht selbstlos i. S. d. § 55 AO.

Entsprechend Vfg. OFD Rostock vom 10. 5. 2001 (NWB DokID: RAAAA-77470) ist er **nicht gemeinnützig** und wird daher nicht gem. § 5 Abs. 1 Nr. 9 KStG von der Körperschaftsteuer befreit.

Es handelt sich auch nicht um einen Berufsverband i. S. d. § 5 Abs. 1 Nr. 5 KStG.

k) Für die Vermietungsgenossenschaft Koblenz kommt eine Steuerbefreiung gem. § 5 Abs. 1 Nr. 10 Buchst. a KStG in Betracht.

Zur Steuerbefreiung von Vermietungsgenossenschaften wird auf das BMF-Schreiben vom 22. 11. 1991 (BStBl 1991 I S. 1014) verwiesen, das als Voraussetzung insbesondere bestimmt, dass die Genossenschaft ihren Mitgliedern **selbst hergestellte** oder **erworbene Wohnungen** aufgrund eines Mietvertrages zum Gebrauch überlässt und dass der Mieter oder sein Ehegatte Mitglied der Genossenschaft ist.

Die Steuerbefreiung für die Vermietungsgenossenschaft Koblenz ist aber insgesamt gem. § 5 Abs. 1 Nr. 10 Satz 2 KStG ausgeschlossen, wenn die Einnahmen des Unternehmens aus den in Satz 1 nicht bezeichneten Tätigkeiten (= nicht begünstigten Tätigkeiten) 10 % der gesamten Einnahmen übersteigen.

Betragen die Einnahmen aus den nicht begünstigten Tätigkeiten bis zu 10 %, so wird die Vermietungsgenossenschaft Koblenz hinsichtlich der nicht begünstigten Tätigkeiten partiell steuerpflichtig.

l) Für die Winzergenossenschaft Landau ist eine Steuerbefreiung gem. § 5 Abs. 1 Nr. 14 KStG zu prüfen.

Allgemeines über die Steuerbefreiung von Erwerbs- und Wirtschaftsgenossenschaften im Bereich der Land- und Forstwirtschaft kann den KStR entnommen werden. Für eine Winzergenossenschaft setzen die KStR insbesondere voraus, dass die Tätigkeiten Erzeugnisse der Weinbaubetriebe der Genossen betreffen und die Tätigkeiten **keine gewerblichen Formen** annehmen.

Die Steuerbefreiung für die Winzergenossenschaft Landau ist aber insgesamt gem. § 5 Abs. 1 Nr. 14 Satz 2 KStG ausgeschlossen, wenn die Einnahmen des Unternehmens aus den in Satz 1 nicht bezeichneten Tätigkeiten (= nicht begünstigten Tätigkeiten) 10 % der gesamten Einnahmen übersteigen.

Betragen die Einnahmen aus den nicht begünstigten Tätigkeiten bis zu 10 %, so wird die Winzergenossenschaft Landau hinsichtlich der nicht begünstigten Tätigkeiten partiell steuerpflichtig.

Die Abgrenzung der Einnahmen aus nicht begünstigten Tätigkeiten von den Einnahmen aus begünstigten Tätigkeiten kann den KStR entnommen werden.

FALL 19

Partielle Steuerpflicht

Sachverhalte:

a) Die Pensionskasse Emerita in der Rechtsform eines Versicherungsvereins auf Gegenseitigkeit hat ein Einkommen i. H. v. 250 000 €. Das tatsächliche Vermögen als Differenz zwischen den Aktiva i. H. v. 8 580 000 € und den Passiva i. H. v. 4 830 000 € beträgt 3 750 000 €. Es besteht eine Verlustrücklage i. H. v. 1 800 000 €.

b) Die landwirtschaftliche Genossenschaft Agricola erzielt insgesamt Einnahmen i. H. v. 9 000 000 € zzgl. MwSt. Darin sind Einnahmen i. H. v. 600 000 € zzgl. MwSt aus der Veräußerung von Erzeugnissen enthalten, die nicht von den Mitgliedern stammen, sondern fremd hinzugekauft wurden. Durch den Verkauf der fremden Erzeugnisse wurde ein Gewinn i. H. v. 120 000 € erzielt, während für die Erzeugnisse der Mitglieder ein Gewinn i. H. v. 340 000 € erzielt wurde. Der Gesamtgewinn betrug also 460 000 €.

Alternative: Die Einnahmen aus der Veräußerung von fremden Erzeugnissen betragen nicht 600 000 € zzgl. MwSt, sondern 950 000 € zzgl. MwSt.

c) Eine gem. § 5 Abs. 1 KStG steuerbefreite Körperschaft mit Sitz im Inland hat Einnahmen aus Zinsen, die im Inland dem Kapitalertragsteuerabzug unterliegen.

AUFGABE

Ermitteln Sie jeweils die Höhe des steuerpflichtigen Einkommens.

LITERATURHINWEIS

Köllen/Reichert/Vogl/Wagner, Lehrbuch Körperschaftsteuer und Gewerbesteuer, Kapitel 3.4

LÖSUNG

a) Für die **Pensionskasse Emerita VVaG** kommt eine Steuerbefreiung gem. § 5 Abs. 1 Nr. 3 KStG i. V. m. §§ 1 ff. KStDV in Betracht, wenn die dort aufgeführten Tatbestandsmerkmale vorliegen.

Die Steuerbefreiung kann allerdings entsprechend § 6 KStG eingeschränkt sein, wenn eine sog. **Überdotierung** besteht. Es ist also zu prüfen, ob eine Überdotierung vorliegt.

Bei einem tatsächlichen Vermögen i. H. v. 3 750 000 € und einer Verlustrücklage i. H. v. 1 800 000 € beträgt also das übersteigende Vermögen, das die Überdotierung darstellt, 1 950 000 €.

Die Pensionskasse Emerita VVaG ist steuerpflichtig, soweit ihr Einkommen i. H. v. 250 000 € anteilig auf das übersteigende Vermögen entfällt, also:

– 1 950 000 € von 3 750 000 € = 52 %,

– 52 % von 250 000 € = 130 000 €.

Partiell steuerpflichtig sind also 130 000 € von 250 000 €.

b) Für die landwirtschaftliche Genossenschaft Agricola ist eine Steuerbefreiung gem. § 5 Abs. 1 Nr. 14 KStG zu prüfen, wenn die entsprechenden Tatbestandsmerkmale vorliegen.

Es ist aber zweifelhaft, ob die Steuerbefreiung in vollem Umfang gilt. Gemäß § 5 Abs. 1 Nr. 14 Satz 2 KStG ist auf die Grenze i. H. v. 10 % der Einnahmen aus nicht begünstigten Tätigkeiten im Verhältnis zu den gesamten Einnahmen zu achten.

Es ist der Begriff „im Bereich der Land- und Forstwirtschaft" nach denselben Grundsätzen auszulegen, die für die Abgrenzung der Land- und Forstwirtschaft gegenüber dem Gewerbebetrieb gelten.

Die Einnahmen aus der Veräußerung der fremden Erzeugnisse i. H. v. 600 000 € zzgl. MwSt liegen im Verhältnis zu den gesamten Einnahmen i. H. v. 9 000 000 € zzgl. MwSt unter 10 %.

Die landwirtschaftliche Genossenschaft Agricola ist also partiell steuerpflichtig mit dem Gewinn i. H. v. 120 000 € aus der Veräußerung der fremden Erzeugnisse. Der Gewinn aus der Veräußerung der Erzeugnisse der Mitglieder i. H. v. 340 000 € ist steuerfrei.

Alternative: Da die Einnahmen aus der Veräußerung der fremden Erzeugnisse i. H. v. 950 000 € zzgl. MwSt im Verhältnis zu den gesamten Einnahmen i. H. v. 9 000 000 € zzgl. MwSt über 10 % liegen, ist gem. § 5 Abs. 1 Nr. 14 Satz 2 KStG die Steuerbefreiung ausgeschlossen.

Steuerpflichtig ist also der **Gesamtgewinn** i. H. v. 460 000 €.

c) Bei einer i. S. d. § 5 Abs. 1 KStG steuerbefreiten Körperschaft gilt die Steuerbefreiung gem. § 5 Abs. 2 Nr. 1 KStG nicht für inländische Einkünfte, die dem Steuerabzug unterliegen.

Die **Zinsen** sind also **partiell steuerpflichtig.** Die Körperschaftsteuer ist gem. § 32 Abs. 1 Nr. 1 KStG durch den Steuerabzug abgegolten.

Es wäre noch zu prüfen, ob eine Abstandnahme vom Steuerabzug gem. § 44a Abs. 4 EStG oder eine Erstattung der Kapitalertragsteuer gem. §§ 44b ff. EStG oder eine Anrechnung auf die Körperschaftsteuer gem. § 36 Abs. 2 Nr. 2 EStG möglich ist, wenn die Zinsen im Rahmen eines ohnehin schon steuerpflichtigen wirtschaftlichen Geschäftsbetriebes anfallen.

FALL 20

Wirtschaftlicher Geschäftsbetrieb und Zweckbetrieb

Sachverhalte:

a) Der Berufsverband der beratenden Ingenieure BVBI, der keinen öffentlich-rechtlichen Charakter hat, ist über einen Treuhänder zu 75 % an der VV GmbH beteiligt. Die VV GmbH verwaltet Gruppenversicherungsverträge, die der BVBI zur Rückdeckung von Versorgungszusagen der Mitglieder abgeschlossen hat.

Die VV GmbH hat mit dem Rechenzentrum RZ einen Rahmenvertrag abgeschlossen, um den Mitgliedern des BVBI zu ermöglichen, bei RZ im Lohnauftrag zu besonders günstigen Preisen arbeiten lassen zu können.

Der BVBI bietet seinen Mitgliedern diese Dienstleistungen auf dem Gebiet der elektronischen Datenverarbeitung an, und die VV GmbH vermittelt und betreut gegen eine entsprechende Vergütung die Kontaktaufnahme der Mitglieder mit RZ.

b) Die gem. § 5 Abs. 1 Nr. 9 KStG steuerbefreite Körperschaft unterhält entsprechend ihrer Satzung das Krankenhaus St. Maria, das zu anderen staatlichen oder privaten Krankenhäusern nicht in Wettbewerb tritt.

c) Das gemeinnützige Krankenhaus St. Josef betreibt eine Krankenhausapotheke, die auch andere Krankenhäuser in der Umgebung versorgt.

   Alternative: Die Krankenhausapotheke versorgt ausschließlich das gemeinnützige Krankenhaus St. Josef.

d) Der gemeinnützige Wanderverein Eifel-Ahr unterhält eine bewirtschaftete Wanderhütte für Vereinsmitglieder und Vereinsfremde.

e) Das mildtätige Kinderhilfswerk „Kinder in Not" verkauft Wohlfahrtsbriefmarken, die es von der Post zum reinen Frankierwert gekauft hat, zum aufgedruckten Preis, also einschließlich eines Zuschlagswertes, an die Endabnehmer.

f) Die gemeinnützige Körperschaft sammelt Kleider in den privaten Haushalten und veräußert sie einzeln in ihrer Kleiderkammer.

g) Die gemeinnützige Körperschaft gestattet einem Sponsor gegen Entgelt die Nutzung ihres Namens zu Werbezwecken in der Weise, dass der Sponsor selbst zu Werbezwecken oder zur Imagepflege auf seine Leistungen an die Körperschaft hinweist.

   Alternative: Die gemeinnützige Körperschaft wirkt an den Werbemaßnahmen mit.

AUFGABE

Prüfen Sie, ob jeweils ein wirtschaftlicher Geschäftsbetrieb oder ein Zweckbetrieb vorliegt und wie diese zu behandeln sind.

Köllen/Reichert/Vogl/Wagner, Lehrbuch Körperschaftsteuer und Gewerbesteuer, Kapitel 3.2, 3.4.2

Bei den Befreiungsvorschriften gem. § 5 Abs. 1 KStG aufgrund persönlicher und/oder sachlicher Merkmale ist bedeutsam, ob nur Einkünfte aus begünstigten Tätigkeiten oder daneben auch solche aus nicht begünstigten Tätigkeiten erzielt werden. Insbesondere in den Fällen der § 5 Abs. 1 Nr. 5 und 9 KStG ist zu prüfen, ob ein **wirtschaftlicher Geschäftsbetrieb** unterhalten wird. Ist dies der Fall, so kann es insoweit zu einer partiellen Steuerpflicht kommen.

Gemäß § 14 AO ist ein wirtschaftlicher Geschäftsbetrieb eine selbständige, nachhaltige Tätigkeit, durch die Einnahmen oder andere wirtschaftliche Vorteile erzielt werden und die über den Rahmen einer Vermögensverwaltung hinausgeht. Gewinnerzielungsabsicht ist nicht erforderlich.

Die Körperschaft verliert gem. § 64 AO durch einen wirtschaftlichen Geschäftsbetrieb insoweit die im § 5 Abs. 1 KStG vorgesehene Steuerbefreiung und ist steuerpflichtig. Ausführliche Erläuterungen zu steuerpflichtigen wirtschaftlichen Geschäftsbetrieben können AEAO zu § 64 AO entnommen werden.

Nur wenn die Einnahmen einschließlich Umsatzsteuer aus dem wirtschaftlichen Geschäftsbetrieb insgesamt 30 687 € im Jahr nicht übersteigen, unterliegen sie gem. § 64 Abs. 3 AO nicht der Körperschaftsteuer.

Ein wirtschaftlicher Geschäftsbetrieb führt außerdem gem. § 64 Abs. 1 letzter Nebensatz AO nicht zur partiellen Steuerpflicht, soweit der wirtschaftliche Geschäftsbetrieb ein **Zweckbetrieb** ist.

Die Definition für einen Zweckbetrieb im Allgemeinen und im Besonderen, im Fall der Wohlfahrtspflege, bei Krankenhäusern und bei sportlichen Veranstaltungen und darüber hinaus einzelne Zweckbetriebe, ergeben sich aus § 65, §§ 66 bis 67a und § 68 AO. Einzelheiten können AEAO zu §§ 65 und 68 AO entnommen werden.

Ein **Zweckbetrieb** bleibt von der Körperschaftsteuer **befreit.**

Wenn eine Körperschaft **mehrere wirtschaftliche Geschäftsbetriebe** unterhält, die keine Zweckbetriebe sind, so werden diese gem. § 64 Abs. 2 AO als ein wirtschaftlicher Geschäftsbetrieb behandelt. In diesem Fall könnten Gewinne und Verluste verrechnet werden (vgl. Vfg. OFD Frankfurt vom 12. 2. 1998, NWB DokID: OAAAA-82872, und BMF-Schreiben vom 19. 10. 1998, BStBl 1998 I S. 1423).

a) Der Berufsverband der beratenden Ingenieure BVBI ist grundsätzlich gem. § 5 Abs. 1 Nr. 5 Satz 1 KStG als Berufsverband ohne öffentlich-rechtlichen Charakter von der Körperschaftsteuer befreit, wenn die dort aufgeführten Tatbestandsmerkmale vorliegen.

   Es ist aber fraglich, ob durch die Beteiligung an der VV GmbH ein wirtschaftlicher Geschäftsbetrieb i. S. d. § 5 Abs. 1 Nr. 5 Satz 2 Buchst. a KStG i. V. m. § 14 AO gegeben ist.

Die Beteiligung einer steuerbegünstigten Körperschaft an einer Kapitalgesellschaft ist grundsätzlich gem. AEAO zu § 64 Abs. 1 Nr. 3 AO eine Vermögensverwaltung i. S. d. § 14 Satz 3 AO.

Aber die Vermittlung von Dienstleistungen in der dargestellten Art stellt keine Wahrnehmung allgemeiner Belange des Berufsverbandes BVBI dar, sondern durch diese Tätigkeit werden vielmehr überwiegend die **Einzelinteressen der Mitglieder** wahrgenommen.

Die Beteiligung an der VV GmbH ist deshalb als wirtschaftlicher **Geschäftsbetrieb** i. S. d. § 14 AO i. V. m. § 64 AO zu erfassen.

Der BVBI ist insoweit gem. § 5 Abs. 1 Nr. 5 Satz 2 Buchst. a KStG partiell steuerpflichtig.

Es ist bei einem Berufsverband nicht vorstellbar, dass der wirtschaftliche Geschäftsbetrieb als steuerbegünstigter Zweckbetrieb i. S. d. § 64 Abs. 1 AO i. V. m. §§ 65 und 68 AO in Betracht käme. Ein solcher würde nicht zur partiellen Steuerpflicht führen.

b) Die Körperschaft ist grundsätzlich gem. § 5 Abs. 1 Nr. 9 KStG steuerbefreit, wenn die dort aufgeführten Tatbestandsmerkmale vorliegen. Es muss aber geprüft werden, ob durch das Krankenhaus St. Maria ein wirtschaftlicher Geschäftsbetrieb unterhalten wird, wodurch insoweit gem. § 5 Abs. 1 Nr. 9 Satz 2 KStG partielle Steuerpflicht entstehen könnte.

Das Krankenhaus St. Maria übt eine selbständige nachhaltige Tätigkeit aus, durch die Einnahmen erzielt werden und die keine Vermögensverwaltung darstellt. Es liegt also ein wirtschaftlicher Geschäftsbetrieb i. S. d. § 14 AO vor.

Gemäß § 64 Abs. 1 letzter Nebensatz AO tritt die partielle Steuerpflicht aber nicht ein, soweit der wirtschaftliche Geschäftsbetrieb ein Zweckbetrieb ist. St. Maria erfüllt die allgemeinen Voraussetzungen i. S. d. § 65 AO und die speziellen Voraussetzungen für Krankenhäuser (Regelfall) i. S. d. § 67 AO für das Vorliegen eines **Zweckbetriebes.**

Das Krankenhaus St. Maria bleibt als Zweckbetrieb steuerfrei. Eine partielle Steuerpflicht tritt also für die steuerbefreite Körperschaft nicht ein.

c) Das gemeinnützige Krankenhaus St. Josef ist grundsätzlich gem. § 5 Abs. 1 Nr. 9 KStG steuerbefreit, wenn die dort aufgeführten Tatbestandsmerkmale vorliegen. Es muss aber geprüft werden, ob durch die Krankenhausapotheke ein wirtschaftlicher Geschäftsbetrieb unterhalten wird, wodurch insoweit gem. § 5 Abs. 1 Nr. 9 Satz 2 KStG partielle Steuerpflicht entstehen könnte.

Die Krankenhausapotheke ist ein wirtschaftlicher Geschäftsbetrieb i. S. d. § 14 AO, weil alle Merkmale erfüllt sind. Es handelt sich aber **nicht** um einen **Zweckbetrieb** i. S. d. § 64 Abs. 1 letzter Nebensatz AO i. V. m. § 65 AO, da die Krankenhausapotheke zu den gewerblichen Apotheken in größerem Umfang **in Wettbewerb tritt** (vgl. Vfg. OFD Münster vom 1. 10. 1982).

Es tritt also eine partielle Steuerpflicht für den wirtschaftlichen Geschäftsbetrieb durch die Krankenhausapotheke ein.

Alternative: Weil die Krankenhausapotheke nicht in größerem Umfang in Wettbewerb tritt und auch die übrigen Voraussetzungen gem. § 65 AO erfüllen kann, ist ein **Zweckbetrieb** gegeben. Entsprechend § 64 Abs. 1 letzter Nebensatz AO ist der wirtschaftliche Geschäftsbetrieb Krankenhausapotheke als Zweckbetrieb nicht steuerpflichtig.

d) Der gemeinnützige Wanderverein Eifel-Ahr ist grundsätzlich gem. § 5 Abs. 1 Nr. 9 KStG steuerbefreit, wenn die dort aufgeführten Tatbestandsmerkmale vorliegen. Es muss aber geprüft werden, ob durch die bewirtschaftete Wanderhütte ein wirtschaftlicher Geschäftsbetrieb unterhalten wird, wodurch insoweit gem. § 5 Abs. 1 Nr. 9 Satz 2 KStG partielle Steuerpflicht entstehen könnte.

Da der Wanderverein selbständig nachhaltig Speisen und Getränke ein- und in der Wanderhütte verkauft, **beteiligt** er sich am **allgemeinen wirtschaftlichen Verkehr;** dies geschieht in fast gleicher Weise wie die gewerbliche Betätigung eines Gaststättenbetriebes. Die Bewirtschaftung der Wanderhütte stellt also einen wirtschaftlichen Geschäftsbetrieb i. S. d. § 14 AO dar.

Auch wenn in der Wanderhütte Vorträge über Gesundheit durch Wandern oder über die Natur gehalten werden, so erfüllt die Bewirtschaftung der Wanderhütte nicht die Bedingungen für kulturelle oder gesellige Veranstaltungen i. S. d. § 9 GemV. Denn ohne die Bewirtschaftung hätten die Vorträge auch stattfinden können, und die steuerbegünstigten Zwecke des Wandervereins hätten auch erreicht werden können (vgl. BFH-Urteil vom 21. 8. 1985 – I R 3/82, BStBl 1986 II S. 92, über einen Heimatverein).

Da das ortsansässige Gaststättengewerbe von der Bewirtung der Wanderer ausgeschlossen ist, kann es sich nicht um einen Zweckbetrieb i. S. d. § 64 Abs. 1 letzter Nebensatz AO i. V. m. § 65 AO handeln.

Der Wanderverein Eifel-Ahr ist durch die Bewirtschaftung der Wanderhütte insoweit partiell steuerpflichtig (vgl. Vfg. OFD Koblenz vom 2. 12. 1987).

e) Das mildtätige Kinderhilfswerk „Kinder in Not" ist grundsätzlich gem. § 5 Abs. 1 Nr. 9 KStG steuerbefreit, wenn die dort aufgeführten Tatbestandsmerkmale vorliegen. Es muss aber geprüft werden, ob durch den Verkauf der Wohlfahrtsbriefmarken ein wirtschaftlicher Geschäftsbetrieb unterhalten wird, wodurch insoweit gem. § 5 Abs. 1 Nr. 9 Satz 2 KStG partielle Steuerpflicht entstehen könnte.

Die Voraussetzungen für einen wirtschaftlichen Geschäftsbetrieb i. S. d. § 14 AO liegen vor. Es fragt sich aber, ob es sich um einen Zweckbetrieb i. S. d. § 64 Abs. 1 letzter Nebensatz AO i. V. m. §§ 65 und 66 AO handelt.

Der Mehrerlös zwischen An- und Verkaufspreis, also der Zuschlagswert, verbleibt bei dem Kinderhilfswerk. Die Post sieht sie **nicht als Konkurrenten** an. Konkurrierende Gewerbetreibende müssen nicht vor Wettbewerbsverzerrungen geschützt werden. Es handelt sich also um einen **Zweckbetrieb** (vgl. Erlass des Finanzministeriums Brandenburg vom 9. 1. 1992).

Der Verkauf der Wohlfahrtsbriefmarken ist also nicht steuerpflichtig. Eine partielle Steuerpflicht tritt nicht ein.

f) Die gemeinnützige Körperschaft ist grundsätzlich gem. § 5 Abs. 1 Nr. 9 KStG steuerbefreit, wenn die dort aufgeführten Tatbestandsmerkmale vorliegen. Es muss aber geprüft werden, ob durch den Verkauf der Kleider in ihrer Kleiderkammer ein wirtschaftlicher Geschäftsbetrieb unterhalten wird, wodurch insoweit gem. § 5 Abs. 1 Nr. 9 Satz 2 KStG partielle Steuerpflicht entstehen könnte.

Die Voraussetzungen für einen wirtschaftlichen Geschäftsbetrieb i. S. d. § 14 AO liegen vor. Es fragt sich aber, ob es sich um einen Zweckbetrieb i. S. d. § 64 Abs. 1 letzter Nebensatz AO i. V. m. §§ 65 und 66 AO handelt.

Kleidersammlungen sind kein Zweckbetrieb, wenn sie auch der **Mittelbeschaffung** durch Veräußerung der gesammelten Kleidungsstücke dienen; dabei ist es unerheblich, ob die Mittelbeschaffung der Haupt- oder der Nebenzweck der Kleidersammlung ist (vgl. BFH-Urteil vom 26. 2. 1992 – I R 149/90, BStBl 1992 II S. 693). Es entsteht also partielle Steuerpflicht für den wirtschaftlichen Geschäftsbetrieb der Kleidersammlung.

Wenn aber mindestens zwei Drittel der Leistungen der Kleiderkammer hilfsbedürftigen Personen i. S. d. § 66 Abs. 3 AO zugutekommt, kann ein Zweckbetrieb vorliegen, der nicht zur partiellen Steuerpflicht führt (vgl. BMF-Schreiben vom 25. 9. 1995, BStBl 1995 I S. 630).

g) Die gemeinnützige Körperschaft ist grundsätzlich gem. § 5 Abs. 1 Nr. 9 KStG steuerbefreit, wenn die dort aufgeführten Tatbestandsmerkmale vorliegen. Es muss aber geprüft werden, ob durch die entgeltliche Überlassung des Namens an den Sponsor ein wirtschaftlicher Geschäftsbetrieb unterhalten wird, wodurch insoweit gem. § 5 Abs. 1 Nr. 9 Satz 2 KStG partielle Steuerpflicht entstehen könnte.

Gemäß BMF-Schreiben vom 18. 2. 1998 (BStBl 1998 I S. 212) können die im Zusammenhang mit dem Sponsoring erhaltenen Leistungen, wenn der Empfänger eine steuerbegünstigte gemeinnützige Körperschaft ist, steuerfreie Einnahmen im ideellen Bereich, steuerfreie Einnahmen aus der Vermögensverwaltung oder steuerpflichtige Einnahmen eines wirtschaftlichen Geschäftsbetriebes sein. Die steuerliche Behandlung der Leistungen beim Empfänger hängt grundsätzlich nicht davon ab, wie die entsprechenden Aufwendungen beim leistenden Sponsor behandelt werden.

Ein wirtschaftlicher Geschäftsbetrieb liegt nicht vor, wenn die gemeinnützige Körperschaft dem Sponsor nur die **Nutzung** ihres Namens **zu Werbezwecken** gestattet.

Ein wirtschaftlicher Geschäftsbetrieb liegt auch dann nicht vor, wenn die gemeinnützige Körperschaft z. B. auf Plakaten, Veranstaltungshinweisen oder in Ausstellungskatalogen auf die Unterstützung durch den Sponsor **lediglich hinweist**. Dieser Hinweis kann unter Verwendung des Namens, Emblems oder Logos des Sponsors, jedoch ohne besondere Hervorhebung, erfolgen.

Eine partielle Steuerpflicht tritt also in diesem Fall nicht ein.

Alternative: Gemäß BMF-Schreiben vom 18. 2. 1998 (BStBl 1998 I S. 212) liegt ein wirtschaftlicher Geschäftsbetrieb vor, wenn die gemeinnützige Körperschaft an den Werbemaßnahmen **mitwirkt**.

Die entgeltliche Übertragung des Rechts zur Nutzung von Werbeflächen auf der Sportkleidung und auf Sportgeräten ist nach AEAO zu § 67a Nr. 9 AO stets als wirtschaftlicher Geschäftsbetrieb zu behandeln.

Da gem. BMF-Schreiben vom 18. 2. 1998 (BStBl 1998 I S. 212) der wirtschaftliche Geschäftsbetrieb kein Zweckbetrieb sein kann, entsteht für die gemeinnützige Körperschaft durch die Entgelte aus dem Sponsoring partielle Steuerpflicht.

Beginn und Erlöschen einer Steuerbefreiung

Sachverhalte:

a) Das Krankenhaus Sanitas GmbH, das in den Anwendungsbereich der Bundespflegesatzverordnung fällt, ist ein wirtschaftlicher Geschäftsbetrieb einer gem. § 5 Abs. 1 Nr. 9 KStG steuerbefreiten Körperschaft. Es entfallen im Gegensatz zu vorher ab dem 1.1.02 mehr als 40 % der jährlichen Pflegetage auf Patienten, bei denen nur Entgelte für allgemeine Krankenhausleistungen berechnet werden (vgl. § 67 Abs. 1 AO).

b) Ab dem 1.1.04 entfallen bei dem Krankenhaus Sanitas GmbH nicht mehr als 40 % der jährlichen Pflegetage auf Patienten, bei denen nur Entgelte für allgemeine Krankenhausleistungen berechnet werden (vgl. § 67 Abs. 1 AO).

AUFGABE

Prüfen Sie jeweils Beginn bzw. das Erlöschen einer Steuerbefreiung und stellen Sie jeweils die wesentlichen Rechtsfolgen fest.

LITERATURHINWEIS

Köllen/Reichert/Vogl/Wagner, Lehrbuch Körperschaftsteuer und Gewerbesteuer, Kapitel 3.5

LÖSUNG

Beginn und Erlöschen einer Steuerbefreiung mit ihren Rechtsfolgen sind in § 13 KStG geregelt.

a) Das Krankenhaus Sanitas GmbH erfüllte bisher nicht die Voraussetzungen gem. § 67 Abs. 1 AO. Ab dem 1.1.02 werden die Voraussetzungen dieser Vorschrift erfüllt. Sanitas kann als Zweckbetrieb i. S. d. § 64 Abs. 1 letzter Nebensatz AO i. V. m. § 65 und § 67 Abs. 1 AO ab diesem Zeitpunkt in vollem Umfang von der Körperschaftsteuer befreit werden.

Gemäß § 13 Abs. 1 KStG hat sie zum 31.12.01, in dem die Steuerpflicht endet, eine Schlussbilanz entsprechend den Bewertungsvorschriften von § 13 Abs. 3 ff. KStG aufzustellen. Es wird dann die Schlussbesteuerung durchgeführt, die ggf. zur Aufdeckung und Versteuerung der stillen Reserven führt.

b) Ab dem 1.1.04 werden die Voraussetzungen gem. § 67 AO nicht mehr erfüllt. Sanitas ist also ab diesem Zeitpunkt kein Zweckbetrieb i.S.d. § 64 Abs.1 letzter Nebensatz AO i.V.m. § 65 und § 67 Abs.1 AO mehr. Es handelt sich jetzt vielmehr um einen **steuerpflichtigen** wirtschaftlichen Geschäftsbetrieb i.S.d. § 14 AO i.V.m. § 64 AO.

Gemäß § 13 Abs. 2 KStG hat sie zum 1.1.04, in dem die Steuerpflicht beginnt, eine Anfangsbilanz (Regelfall) entsprechend den Bewertungsvorschriften von § 13 Abs. 3 ff. KStG aufzustellen.

Kapitel 4: Einkommen (§§ 7 bis 10 KStG)

I. Schwerpunkt: §§ 7 bis 10 KStG

FALL 22

Ermittlung des z.v. E. (I)

Sachverhalt:

Unternehmensgegenstand der A-GmbH mit Sitz und Geschäftsleitung in Freiburg i. Br. ist die Produktion und der Vertrieb von Elektronikzubehör. A ist Alleingesellschafter der A-GmbH. Das Stammkapital beträgt 250 000 €. Wirtschaftsjahr ist das Kalenderjahr. Die Steuerbilanz zum 31. 12. 01 weist einen Jahresüberschuss 01 i. H.v. 235 767 € aus.

Die Bilanz der A-GmbH zum 31. 12. 01 hat folgendes Aussehen:

Aktiva	Bilanz 31. 12. 01		Passiva
Summe Aktiva	6 500 000 €	Summe Passiva	4 484 733 €
		Stammkapital	250 000 €
		Gewinnrücklagen	1 500 000 €
		Gewinnvortrag	29 500 €
		Jahresüberschuss	235 767 €
	6 500 000 €		6 500 000 €

Die A-GmbH hat in ihrer GuV für 01 folgende Beträge ausgewiesen:

Aufwendungen	GuV 31. 12. 01		Erträge
KSt-Vorauszahlungen	250 000 €	Investitionszulage	2 105 €
SolZ auf KSt-Vorauszahlungen	13 750 €	Beteiligungsertrag	35 000 €
GewSt-Aufwand	87 962 €	Übrige Erträge	2 462 895 €
Aufsichtsratsvergütungen	20 000 €		
Geldbuße	4 000 €		
Spenden	20 000 €		
Kapitalertragsteuer	8 750 €		
SolZ auf Kapitalertragsteuer	481 €		
Übrige Aufwendungen	1 859 290 €		
Jahresüberschuss	235 767 €		
	2 500 000 €		2 500 000 €

Die A-GmbH ist mit 50 % am Stammkapital der inländischen B-GmbH einer Zulieferfirma der A-GmbH beteiligt. Die A-GmbH hat eine Dividende der B-GmbH i. H.v. 35 000 € als Beteiligungsertrag und die anrechenbare Kapitalertragsteuer i. H.v. 8 750 € zzgl. Solidaritätszuschlag i. H.v. 481,25 € als Aufwand verbucht.

Der Alleingesellschafter A hat Anfang 01 von der A-GmbH ein unverzinsliches Darlehen i. H.v. 100 000 € erhalten, das als Forderung in der Bilanz der A-GmbH aktiviert wurde. Der marktübliche Zinssatz beträgt 6 %.

Die A-GmbH hat in 01 ein Grundstück (Buchwert 20 000 €) zu einem Preis i. H. v. 50 000 € an den Gesellschafter veräußert. Der Verkehrswert des Grundstücks beträgt 100 000 €. Die A-GmbH hat den Vorgang wie folgt verbucht:

Bank	50 000 €	an	GruBo	20 000 €
		an	a. o. Ertrag	30 000 €

Die Spenden i. H.v. 20 000 € setzen sich wie folgt zusammen:

Deutsches Rotes Kreuz	8 000 €
Spende an eine politische Partei	2 000 €
Spenden für gemeinnützige Zwecke	10 000 €

Die Summe der Umsätze sowie der Löhne und Gehälter beträgt 7 500 000 €.

AUFGABE

Es ist das z.v. E. der A-GmbH zu ermitteln und die Höhe der Körperschaftsteuer sowie des Solidaritätszuschlags zu errechnen.

LITERATURHINWEIS

Köllen/Reichert/Vogl/Wagner, Lehrbuch Körperschaftsteuer und Gewerbesteuer, Kapitel 4

LÖSUNG

Die A-GmbH ist unbeschränkt steuerpflichtig (§ 1 Abs. 1 Nr. 1 KStG). Da die Gesellschaft nach den Vorschriften des HGB zur Führung von Büchern verpflichtet ist, sind alle Einkünfte als Einkünfte aus Gewerbebetrieb zu behandeln (§ 8 Abs. 2 KStG). Der Gewinn ist nach dem Wirtschaftsjahr zu ermitteln, für das die A-GmbH regelmäßig Abschlüsse macht (§ 7 Abs. 4 KStG).

Bemessungsgrundlage für die Körperschaftsteuer ist das z.v. E. (§ 7 Abs. 1 KStG).

Das z.v. E. wird bei der Körperschaft selbst der Körperschaftsteuer unterworfen.

Der Begriff „zu versteuerndes Einkommen" ist in § 7 Abs. 2 KStG definiert:

	Einkommen i. S. d. § 8 Abs. 1 KStG
-	Freibeträge der §§ 24 und 25 KStG
=	zu versteuerndes Einkommen (z. v. E.)

Da die Freibeträge nicht für Kapitalgesellschaften gelten, entspricht bei diesen das z. v. E. dem Einkommen.

Das Einkommen ist gem. § 8 Abs. 1 KStG nach den Vorschriften des EStG und des KStG zu ermitteln.

Eine **Sonderregelung** trifft § 8 Abs. 2 KStG. Danach sind bei nach dem HGB **buchführungspflichtigen** Körperschaften (insbesondere AG, GmbH) alle erzielten Einkünfte als **Einkünfte aus Gewerbebetrieb** zu behandeln.

Grundlage für die Einkommensermittlung ist beim zugrunde liegenden Sachverhalt der **Jahresüberschuss** (§ 275 HGB = der Gewinn lt. GuV der GmbH) lt. Jahresabschluss i. H. v. **235 767 €**. Dabei ist allerdings zu beachten, dass bei der Kapitalgesellschaft handelsrechtlich sämtliche Zu- und Abflüsse als Aufwendungen bzw. Erträge erfolgswirksam zu buchen sind, da sie aufgrund fehlender Privatsphäre kein Privatvermögen hat, sodass es Entnahmen begrifflich nicht geben kann. Das gilt auch für die Aufwendungen und Erträge, die steuerrechtlich das Einkommen nicht beeinflussen dürfen. Steuerfreie Erträge müssen deshalb im Rahmen der Einkommensermittlung abgezogen und nicht abziehbare Aufwendungen wieder gewinnerhöhend hinzugerechnet werden.

Die Hinzurechnungen und Abrechnungen sind außerhalb der Handels-/Steuerbilanz vorzunehmen.

Es ergibt sich daher folgendes vereinfachte Schema für die Einkommensermittlung:

	Gewinn nach dem Betriebsvermögensvergleich (§ 5 EStG)
+	nicht abziehbare Aufwendungen (z. B. § 3c Abs. 1 EStG, § 4 Abs. 5 EStG, § 10 KStG)
+	nicht abziehbare Zinsen gem. § 4h EStG (Zinsschranke)
+	verdeckte Gewinnausschüttungen (§ 8 Abs. 3 Satz 2 KStG)
-	verdeckte Einlagen (§ 8 Abs. 3 Satz 3 KStG)
+	Gesamtbetrag der Spenden und Beiträge (§ 9 Abs. 1 Nr. 2 KStG)
-	steuerfreie Dividenden (§ 8b Abs. 1 KStG i. V. m. § 8b Abs. 5 KStG)
-	steuerfreie Veräußerungsgewinne (§ 8b Abs. 2 KStG i. V. m. § 8b Abs. 3 Satz 1 KStG)
+	nicht verrechenbare Veräußerungsverluste (§ 8b Abs. 3 Satz 3 KStG)
-	steuerfreie Vermögensmehrungen (z. B. Investitionszulage, § 3 EStG)
+	an die Organgesellschaft geleisteter Betrag (Verlustübernahme)
-	von der Organgesellschaft abgeführter Gewinn
-	steuerfreie ausländische Vermögensmehrungen
=	körperschaftsteuerlicher Gewinn
-	abzugsfähige Spenden und Beiträge (§ 9 Abs. 1 Nr. 2 KStG)

+	nicht zu berücksichtigender Verlust gem. § 8c KStG
+/-	Hinzurechnung bzw. Abzug des dem Organträger zuzurechnenden Einkommens
=	Gesamtbetrag der Einkünfte
-	Verlustabzug (z. B. § 10d EStG)
=	Einkommen/z. v. E.

Im Körperschaftsteuerrecht ist eine Reihe von sachlichen Steuerbefreiungen des EStG sowie nach anderen Gesetzen zu berücksichtigen. In Betracht kommen neben Befreiungstatbeständen gem. § 3 EStG insbesondere

► nach DBA steuerfreie Einnahmen,

► steuerfreie Investitionszulagen.

Da diese Erträge den Jahresüberschuss erhöht haben, sind sie bei der Einkommensermittlung außerhalb der Handelsbilanz/Steuerbilanz wieder abzuziehen.

Die **Investitionszulage** lt. Sachverhalt i. H. v. **2 105 €** ist daher bei der Einkommensermittlung wieder abzuziehen.

Gemäß § 8b KStG wird auf der Ebene der Körperschaft insgesamt auf die Besteuerung von Gewinnausschüttungen anderer Körperschaften sowie von Vermögensmehrungen im Zusammenhang mit Beteiligungen an diesen Körperschaften verzichtet. Damit soll verhindert werden, dass es bei der Durchleitung von Gewinnausschüttungen und Vermögensmehrungen über mehrere Beteiligungsebenen zu einer Mehrfachbelastung mit Körperschaftsteuer kommt.

Die generelle Freistellung von Dividendenerträgen und Veräußerungsgewinnen gilt für sämtliche Beteiligungen an Körperschaften, deren Ausschüttungen oder Auskehrungen bei den Empfängern zu Einnahmen i. S. d. § 20 Abs. 1 Nr. 1, 2, 9 und 10 Buchst. a EStG führen (§ 8b Abs. 1 Satz 1 KStG). Dabei kommt es nicht darauf an, ob es sich um Bezüge von inländischen oder ausländischen Körperschaften handelt. § 8b KStG stellt eine Vorschrift zur Ermittlung des Einkommens dar. Die danach erforderlichen Korrekturen werden außerhalb der Steuerbilanz vorgenommen, sodass die Gewinnermittlung unberührt bleibt. Die Korrektur erfolgt i. H. d. Bruttoeinnahmen.

Die Vorschrift von § 8b KStG ist eine Sonderregelung, die den grundsätzlichen Regelungen des Teileinkünfteverfahrens in § 3 Nr. 40 EStG und § 3c Abs. 2 EStG vorgeht. Der Anwendungsbereich gem. § 8b KStG erstreckt sich auf unbeschränkt steuerpflichtige Körperschaften, die zur Körperschaftsteuer zu veranlagen sind.

Die **Erträge aus der Beteiligung** an der B-GmbH i. H. v. **35 000 €** sind gem. § 8b Abs. 1 KStG steuerfrei. Die Freistellung erfolgt außerhalb der Bilanz, d. h. im Rahmen der Ermittlung des z. v. E. wird der Beteiligungsertrag **gekürzt**.

Da das körperschaftsteuerliche Einkommen Ausgangsgröße für die Gewerbesteuer ist, wirkt sich die Steuerbefreiung gem. § 8b Abs. 1 KStG auch bei der Gewerbesteuer aus. § 8 Nr. 5 GewStG kommt hier nicht zur Anwendung, da die Voraussetzungen für eine Kürzung gem. § 9 Nr. 2a GewStG vorliegen.

Gemäß § 8b Abs. 5 KStG sind generell 5 % der Bezüge (35 000 € × 5 % = 1 750 €) nicht als Betriebsausgaben abzugsfähig, unabhängig davon, ob diese aus einer Beteiligung an einer ausländischen oder inländischen Kapitalgesellschaft stammen. Auf die tatsächlichen Aufwendungen kommt es nicht an. § 3c Abs. 1 EStG ist insoweit nicht anzuwenden. Somit sind also 95 % der Dividende (= 33 250 €) abziehbar.

Nicht abziehbar sind bei Körperschaften:

► Die Körperschaftsteuer (Vorauszahlungen, Nachzahlungen und Zuführungen zur Körperschaftsteuerrückstellung),

► der Solidaritätszuschlag,

► die einbehaltene Kapitalertragsteuer, da diese lediglich als eine Erhebungsform der Körperschaftsteuer im Wege des Steuerabzugs anzusehen ist.

Körperschaftsteuerzahlungen einer Kapitalgesellschaft stellen Aufwendungen dar, die gewinnmindernd zu buchen sind. Bei der Einkommensermittlung ist jedoch § 10 Nr. 2 KStG zu beachten.

Ist die GmbH an einer anderen Kapitalgesellschaft (z. B. GmbH) beteiligt und erhält sie ihrerseits Gewinnausschüttungen, ist zulasten der als Gesellschafterin beteiligten GmbH **Kapitalertragsteuer** einzubehalten (§ 31 Abs. 1 KStG i. V. m. §§ 43 ff. EStG). Die ausschüttende Kapitalgesellschaft muss als Schuldnerin der Kapitalerträge für Rechnung der Anteilseignerin die Kapitalertragsteuer durch Steuerabzug von den Kapitalerträgen einbehalten und an das zuständige Finanzamt abführen.

Die Kapitalertragsteuer ist unabhängig davon zu entrichten, dass beim Anteilseigner aufgrund von § 3 Nr. 40 Satz 1 Buchst. d EStG nur 60 % der Dividende in die Ermittlung des z. v. E. eingeht bzw. bei Körperschaften eine vollständige Freistellung gem. § 8b Abs. 1 KStG erfolgt. **Schuldner der Kapitalertragsteuer** ist die **beteiligte** GmbH als Gläubigerin der Kapitalerträge. Sie erhält den an sie auszuschüttenden Kapitalertrag gekürzt um die Kapitalertragsteuer.

Die Kapitalertragsteuer stellt eine besondere Erhebungsform der von der Anteilseignerin geschuldeten eigenen Körperschaftsteuer dar. Dementsprechend ist diese bei der Einkommensermittlung ebenfalls wieder hinzuzurechnen.

ANMERKUNGEN ZUR KAPITALERTRAGSTEUER: ► Der Steuerabzug ist unabhängig davon vorzunehmen, ob die Kapitalerträge beim Gläubiger zu den betrieblichen Einnahmen (Einkünfte aus Land- und Forstwirtschaft, Gewerbebetrieb, selbständiger Arbeit) gehören oder im Privatvermögen (Einkünfte aus Kapitalvermögen, Vermietung und Verpachtung) anfallen. Wird der Gläubiger der Kapitalerträge mit den Kapitaleinnahmen, von denen der Steuerabzug vorgenommen wurde, nicht zur Einkommen- oder Körperschaftsteuer veranlagt, ist die Einkommensteuer bzw. Körperschaftsteuer durch den Steuerabzug abgegolten. Diese Abgeltung gilt ab Veranlagungszeitraum 2009 grundsätzlich für die Besteuerung der Kapitaleinkünfte (sog. Abgeltungsteuer).

Von der Abgeltungswirkung ausgenommen sind Kapitalerträge, die zu den Einkünften aus Land- und Forstwirtschaft, Gewerbebetrieb, selbständiger Arbeit oder Vermietung und Verpachtung gehören. Hier gilt das sog. **Teileinkünfteverfahren,** nach dem die Dividenden zu 40 % steuerfrei sind. Entsprechend sind gem. § 3c EStG 40 % der in Zusammenhang stehenden Betriebsausgaben nicht abzugsfähig. Das Teileinkünfteverfahren kommt auch für Gewinne aus der Veräußerung von Anteilen an Kapitalgesellschaften zur Anwendung, wenn es sich um **Beteiligungen i. S. d. § 17 EStG** (≥ 1 %) im Privatvermögen handelt. Ferner tritt die Abgeltungswirkung in den Ausnahmefällen von § 32d Abs. 2 EStG nicht ein (§ 43 Abs. 5 EStG).

Dem Kapitalertragsteuerabzug unterliegen die vollen Kapitalerträge. Werbungskosten sind dabei nicht in Abzug zu bringen.

Die Kapitalertragsteuer auf Dividenden beträgt 25 %. In Veräußerungsfällen bemisst sich der Steuerabzug nach dem Unterschiedsbetrag zwischen den Einnahmen aus der Veräußerung nach Abzug der Aufwendungen, die im unmittelbaren sachlichen Zusammenhang mit dem Veräußerungsgeschäft stehen, und den Anschaffungskosten (§ 20 Abs. 4 EStG).

Die Steuerabzugsbeträge (Kapitalertragsteuer und Solidaritätszuschlag zur Kapitalertragsteuer) sind in dem Zeitpunkt abzuführen, in dem die Kapitalerträge dem Gläubiger zufließen (§ 44 Abs. 1 Satz 5 EStG), d. h. die Anmeldung und Abführung an das Finanzamt hat zeitgleich mit dem Zufluss beim Anteilseigner zu erfolgen.

Für den Zufluss einer Gewinnausschüttung beim Anteilseigner ist der durch die Gesellschafterversammlung beschlossene **Tag der Auszahlung** entscheidend (§ 44 Abs. 2 Satz 1 EStG). Wird kein Auszahlungszeitpunkt beschlossen, so gilt als Zeitpunkt des Zuflusses der **Tag nach der Beschlussfassung** (§ 44 Abs. 2 Satz 2 EStG). Dies gilt auch für den beherrschenden Gesellschafter sowie auch dann, wenn der Gewinnausschüttungsbeschluss bestimmt, die Ausschüttung solle nach einem bestimmten Tag erfolgen (BFH-Urteil vom 20. 12. 2006 – I R 13/06, BStBl 2007 II S. 616).

Diese besondere Zuflussfiktion gilt nur für inländische Dividenden und ähnliche Kapitalerträge. Für vergleichbare ausländische Kapitalerträge bleibt es bei der Grundregelung gem. § 44 Abs. 1 Satz 2 EStG. Diese Zeitpunkte sind auch für die Fälligkeit der Kapitalertragsteuer maßgebend.

Die einbehaltenen Steuerabzugsbeträge (Kapitalertragsteuer und Solidaritätszuschlag) sind auf elektronischem Wege anzumelden und an das Finanzamt abzuführen. Auf begründeten Antrag kann von der Pflicht zur elektronischen Übermittlung abgesehen werden.

Gemäß § 36 Abs. 2 Nr. 2 EStG i. V. m. § 8 Abs. 1 KStG wird die Kapitalertragsteuer auf die Körperschaftsteuer der A-GmbH angerechnet.

Zusätzlich zur Kapitalertragsteuer wird ein Solidaritätszuschlag erhoben. Bemessungsgrundlage für den Solidaritätszuschlag ist die zu erhebende Kapitalertragsteuer (§ 3 Abs. 1 Nr. 5 SolZG). Der Zuschlagsatz beträgt 5,5 %.

Hinzuzurechnen sind daher folgende Beträge:

► KSt-Vorauszahlungen	250 000 €
► Solidaritätszuschlag auf KSt-Vorauszahlungen	13 750 €
► anrechenbare Kapitalertragsteuer	8 750 €
► Solidaritätszuschlag auf Kapitalertragsteuer	481 €

Ebenso nicht abzugsfähig ist der **Gewerbesteuer-Aufwand** i. H. v. 87 962 € (§ 8 Abs. 1 KStG i. V. m. § 4 Abs. 5b EStG).

Die **Geldbuße** ist steuerlich **nicht abzugsfähig** (§ 8 Abs. 1 KStG i. V. m. § 4 Abs. 5 Satz 1 Nr. 8 EStG). Insoweit hat eine Hinzurechnung zu erfolgen (+ 4 000 €).

Aufsichtsratsvergütungen stellen zur Hälfte nicht abziehbare Aufwendungen dar. Es handelt sich dabei um Vergütungen jeder Art (Geld, Sachwerte oder andere geldwerte Vorteile) an Mitglieder des Aufsichtsrats, Verwaltungsrats usw. oder andere mit der Überwachung der Geschäftsführung beauftragte Personen. Vergütungen i. S. d. § 10 Nr. 4 KStG sind alle Leistungen, die als Entgelt für die Überwachung gezahlt werden. Hierzu gehören auch Tagegelder, Sitzungsgelder, Reisegelder und sonstige Aufwandsentschädigungen. Die Hälfte der Vergütungen (10 000 €) ist daher bei der Einkommensermittlung der A-GmbH wieder hinzuzurechnen.

Verdeckte Gewinnausschüttungen dürfen das Einkommen nicht mindern (§ 8 Abs. 3 KStG).

Eine verdeckte Gewinnausschüttung ist bei einer Kapitalgesellschaft eine Vermögensminderung oder verhinderte Vermögensmehrung, die durch das Gesellschaftsverhältnis veranlasst ist, sich auf das bilanzielle Ergebnis auswirkt und in keinem Zusammenhang mit einer offenen Ausschüttung steht. Eine **Veranlassung durch das Gesellschaftsverhältnis** ist anzunehmen, wenn die Kapitalgesellschaft ihrem Gesellschafter einen Vermögensvorteil zuwendet, den sie bei Anwendung der Sorgfalt eines ordentlichen und gewissenhaften Geschäftsleiters einem Nichtgesellschafter nicht gewährt hätte. Der Wert der verdeckten Gewinnausschüttung ist nach dem erzielbaren Erlös bzw. der erzielbaren Vergütung bemessen. Unerheblich ist, ob beim Gesellschafter ein tatsächlicher Zufluss oder bei der Kapitalgesellschaft ein Mittelabfluss vorliegt.

Bei beherrschenden Gesellschaftern ist eine Veranlassung durch das Gesellschaftsverhältnis gegeben, wenn es an klaren und von vornherein abgeschlossenen Vereinbarungen fehlt. In diesem Fall liegt grundsätzlich eine verdeckte Gewinnausschüttung vor, unabhängig davon, wie der ordentliche und gewissenhafte Geschäftsleiter gehandelt hätte und ob die Leistungen der Kapitalgesellschaft der Höhe nach angemessen sind. Im Verhältnis zwischen Gesellschaft und beherrschendem Gesellschafter ist eine Veranlassung durch das Gesellschaftsverhältnis i.d.R. auch dann anzunehmen,

► wenn es an einer zivilrechtlich wirksamen, klaren, eindeutigen und im Voraus abgeschlossenen Vereinbarung darüber fehlt, ob und in welcher Höhe ein Entgelt für eine Leistung des Gesellschafters zu zahlen ist, oder

► wenn nicht einer klaren Vereinbarung entsprechend verfahren wird (R 8.5 Abs. 2 KStR).

Es muss daher im Voraus klar und eindeutig bestimmt sein, ob und in welcher Höhe ein Entgelt für eine Leistung des beherrschenden Gesellschafters zu zahlen ist. Hierdurch soll verhindert werden, dass durch rückwirkende Vereinbarungen des beherrschenden Gesellschafters mit der Kapitalgesellschaft der Gewinn der Gesellschaft willkürlich beeinflusst werden kann. Die Berechnungsgrundlagen müssen so bestimmt sein, dass allein durch Rechenvorgänge die Höhe der Vergütung ermittelt werden kann, ohne dass hierbei ein Spielraum verbleibt.

Da A das **Darlehen** i.H.v. 100 000 € **unverzinslich** gewährt wurde, liegt in der Zinsersparnis eine verdeckte Gewinnausschüttung (100 000 € × 6 % = 6 000 €).

Eine verdeckte Gewinnausschüttung ist insoweit anzunehmen, als die Kreditgewährung zwischen der Kapitalgesellschaft und ihrem Gesellschafter zu marktunüblichen Bedingungen erfolgte. In Höhe der Differenz zwischen der angemessenen marktüblichen Vergütung für derartige Darlehensüberlassungen und dem tatsächlich gezahlten Zins liegt dann eine verdeckte Gewinnausschüttung vor.

Auch bei Kaufverträgen zwischen Gesellschaft und Gesellschafter kann es zu verdeckten Gewinnausschüttungen kommen. Ursächlich können z.B. sein:

► Verstoß gegen das Rückwirkungsverbot bei beherrschender Beteiligung,

► Leistungen der Gesellschaft an den Gesellschafter zu einem unangemessen niedrigen Preis,

► Leistungen des Gesellschafters an die Gesellschaft zu einem unangemessen hohen Preis.

Die **Veräußerung des Grundstücks** durch die A-GmbH erfolgte zu einem unangemessen niedrigen Preis. Die Differenz zum marktüblichen Preis stellt eine **verdeckte Gewinnausschüttung** dar (50 000 €).

Der **Spendenabzug** bei einer Kapitalgesellschaft richtet sich nach § 9 Abs. 1 Nr. 2 KStG. Es muss sich stets um eine Ausgabe (Geld- oder Sachleistung) der GmbH handeln. Abzugsfähig sind Zuwendungen (Spenden und Mitgliedsbeiträge) zur Förderung steuerbegünstigter Zwecke i. S. d. §§ 52 bis 54 AO. Es muss sich um freiwillige Aufwendungen ohne Gegenleistung handeln. Zahlungen gem. § 153a StPO an gemeinnützige Einrichtungen, um die Einstellung eines Strafverfahrens zu erreichen, können nicht gem. § 9 Abs. 1 Nr. 2 KStG berücksichtigt werden, weil es zum einen an der Freiwilligkeit fehlt und zum anderen die Zahlungen nicht in der Absicht getätigt werden, steuerbegünstigte Zwecke zu fördern. Keine Spenden sind Zuwendungen von Nutzungen und Leistungen. Abziehbare Zuwendungen gem. § 9 Abs. 1 Nr. 2 KStG sind gegeben, wenn folgende Voraussetzungen erfüllt sind:

▶ Beim Zuwendenden sind die Beträge nicht als Betriebsausgaben oder verdeckte Gewinnausschüttungen zu behandeln.

▶ Die Zuwendungen müssen der Förderung steuerbegünstigter Zwecke i. S. d. §§ 52 bis 54 AO dienen.

▶ Der Empfänger muss gem. § 5 Abs. 1 Nr. 9 KStG steuerbefreit sein oder es muss sich um eine juristische Person des öffentlichen Rechts oder eine öffentliche Dienststelle in einem EU-Staat bzw. in einem Staat des EWR-Raums handeln.

▶ Mitgliedsbeiträge i. S. d. § 9 Abs. 1 Nr. 2 Satz 2 KStG dürfen nicht steuerlich berücksichtigt werden.

Nicht berücksichtigt werden können Mitgliedsbeiträge zur Förderung folgender Zwecke:

▶ Sport,

▶ kulturelle Zwecke, die in erster Linie der Freizeitgestaltung dienen,

▶ Heimatpflege und Heimatkunde,

▶ u. a. Tierzucht, Kleingärtnerei, traditionelles Brauchtum einschließlich des Karnevals, der Fastnacht und des Faschings sowie u. a. des Modellflugs und des Hundesports.

Spenden an politische Parteien sind weder Betriebsausgaben (§ 8 Abs. 1 KStG i. V. m. § 4 Abs. 6 EStG) noch können sie gem. § 9 Abs. 1 Nr. 2 KStG steuerlich berücksichtigt werden.

Der Ausschluss der steuerlichen Abzugsfähigkeit beschränkt sich nur auf Mitgliedsbeiträge, andere Zuwendungen sind steuerlich berücksichtigungsfähig.

Bemessungsgrundlage für den Spendenabzug ist das Einkommen vor Abzug der Spenden und vor Berücksichtigung des Verlustabzugs (§ 9 Abs. 1 Nr. 2 Satz 1 KStG). Sämtliche Spenden werden daher **erst** dem Einkommen **hinzugerechnet.** Dies geschieht zweckmäßigerweise als letzter Schritt bei der Einkommensermittlung, weil die übrigen Hinzurechnungen und Kürzungen ebenfalls bei der Einkommensermittlung zu berücksichtigen sind und sich daher auf den Spendenabzug auswirken.

Spenden können bis zu 20 % des Einkommens vor Abzug der Spenden und eines Verlusts gem. § 10d EStG steuerlich berücksichtigt werden, alternativ gilt eine Begrenzung auf 4 ‰ der Summe der gesamten Umsätze sowie der Löhne und Gehälter des Kalenderjahres. Damit ist auch in Verlustjahren ein Spendenabzug möglich. Abziehbare Zuwendungen, die die Höchstbeträge überschreiten, können in künftigen Veranlagungszeiträumen im Rahmen der Höchstbeträge abgezogen werden. Da die Spenden bei der Ermittlung des Einkommens gem. § 9 Abs. 1 Nr. 2 KStG vor dem Verlustabzug zu berücksichtigen sind, erhöht sich in Verlustjahren der abzugsfähige Verlust.

Die Spende an das DRK dient der Förderung der als besonders förderungswürdig anerkannten gemeinnützigen Zwecke und ist daher bis zur Höhe von 20 % des Einkommens bzw. 4 ‰ der Summe der gesamten Umsätze und der im Kalenderjahr aufgewendeten Löhne und Gehälter abziehbar.

Da die Spenden von der A-GmbH bei Zahlung in voller Höhe als Aufwand erfasst wurden, erfolgt die Hinzurechnung des nicht abziehbaren Teils der Spenden bei der Einkommensermittlung.

Der abzugsfähige Teil der Spenden ist nach folgendem Schema zu ermitteln:

	€	€
Spenden für wissenschaftliche, mildtätige und kulturelle Zwecke	18 000	
20 % des Einkommens vor Abzug der Spenden (höchstens tatsächliche Spenden), d. h. 651 355 € × 20 % = 130 271 €, höchstens 18 000 €	- 18 000	18 000
Abzugsfähig insgesamt		**18 000**

Nach der alternativen Regelung (4 ‰ der Summe der gesamten Umsätze sowie der Löhne und Gehälter des Kalenderjahres = 7 500 000 € × 4 ‰) könnten lediglich 30 000 € steuerlich berücksichtigt werden.

Damit ergibt sich folgende Ermittlung des z.v. E. der A-GmbH:

	Jahresüberschuss lt. GuV	235 767,00 €
-	Dividende B-GmbH (35 000 € steuerfrei gem. § 8b Abs. 1 KStG; 1 750 € pauschal nicht abziehbar gem. § 8b Abs. 5 KStG)	33 250,00 €
-	Investitionszulage	2 105,00 €
+	verdeckte Gewinnausschüttung aus unverzinslicher Darlehensgewährung (100 000 € × 6 %)	6 000,00 €
	sowie aus Grundstücksverkauf	50 000,00 €
+	KSt-Vorauszahlungen	250 000,00 €
+	Solidaritätszuschlag auf KSt-Vorauszahlungen	13 750,00 €
+	anrechenbare Kapitalertragsteuer	8 750,00 €
+	Solidaritätszuschlag auf Kapitalertragsteuer	481,00 €
+	Geldbuße	4 000,00 €
+	Gewerbesteuer-Aufwand	87 962,00 €
+	Hälfte der Aufsichtsratsvergütungen	10 000,00 €
+	Spenden	20 000,00 €
		651 355,00 €
-	abzugsfähige Spenden	18 000,00 €
=	z.v. E.	633 355,00 €

	Körperschaftsteuertarifbelastung (15 %) =	95 003,00 €
-	anrechenbare Kapitalertragsteuer	8 750,00 €
=	verbleibende Körperschaftsteuer	86 253,00 €
	Solidaritätszuschlag (95 003 € × 5,5 %)	5 225,17 €
-	anrechenbarer Solidaritätszuschlag	481,25 €
=	**verbleibender Solidaritätszuschlag**	**4 743,92 €**

FALL 23

Ermittlung des z. v. E. (II)

Sachverhalt:

Die X-GmbH mit Sitz und Geschäftsleitung in Lörrach betreibt die Produktion von Zulieferteilen für die Automobilindustrie. Das Stammkapital beträgt 500 000 €. Gesellschafter der X-GmbH sind X (75 %) und Y (25 %), die die Anteile jeweils in ihrem Privatvermögen halten. Wirtschaftsjahr ist das Kalenderjahr. Die Steuerbilanz zum 31. 12. 01 weist einen Jahresüberschuss i. H. v. 400 000 € aus. Geschäftsführer der X-GmbH ist X. Es ist vereinbart, dass Steuerabzüge auf verdeckte Gewinnausschüttungen zulasten des begünstigten Gesellschafters gehen.

Die X-GmbH hält eine 100 %-Beteiligung an der inländischen Z-GmbH. Die Anteile sind mit den Anschaffungskosten i. H. v. 300 000 € bilanziert. Aufgrund der negativen Geschäftsentwicklung ist eine Teilwertabschreibung von 50 % gerechtfertigt. Die X-GmbH bucht den Vorgang wie folgt:

Teilwertabschreibung   150 000 €   an   Beteiligung Z-GmbH   150 000 €

Darüber hinaus ist die X-GmbH zu 50 % an der A-GmbH beteiligt (Anschaffungskosten = Buchwert: 100 000 €). Zum 1. 7. 01 veräußerte die X-GmbH die Anteile an der A-GmbH an den Gesellschafter X zu einem Kaufpreis i. H. v. 150 000 €. Der gemeine Wert der Anteile im Zeitpunkt der Veräußerung betrug 200 000 €.

X hat der Gesellschaft Anfang des Jahres 01 ein unverzinsliches Darlehen i. H. v. 50 000 € gewährt (marktüblicher Zins: 6 %). Aus Gründen, die im Gesellschaftsverhältnis liegen, verzichtet X im Dezember 01 auf die Rückzahlung des Darlehens.

Im Dezember 01 beschloss die Gesellschafterversammlung der X-GmbH, ihrem Gesellschafter-Geschäftsführer X ein Weihnachtsgeld i. H. v. 3 000 € zu gewähren. Bislang war im Anstellungsvertrag des Geschäftsführers diesbezüglich nichts geregelt. Die gesamte Gehaltsausstattung ist nach wie vor angemessen.

Die X-GmbH hat einen Pkw Ende Dezember 01 zu einem Preis i. H. v. 3 000 € zzgl. Umsatzsteuer i. H. v. 570 € an die Tochter des X abgegeben. Die X-GmbH hatte das Kfz Anfang Januar 00 zu einem Preis i. H. v. 20 000 € zzgl. 3 800 € Umsatzsteuer erworben. Bei Veräußerung an einen Dritten wäre für den Pkw ein Verkaufspreis i. H. v. 10 000 € zzgl. Umsatzsteuer zu erzielen gewesen.

Die X-GmbH hat ihrem beherrschenden Gesellschafter X im Januar 01 eine Pensionszusage auf das 65. Lebensjahr erteilt. Zu diesem Zeitpunkt ist X bereits 60 Jahre alt. Die X-GmbH hat in ihrer Steuerbilanz eine Pensionsrückstellung i. H. v. 25 000 € ausgewiesen.

In den Aufwendungen lt. GuV sind Körperschaftsteuervorauszahlungen i. H. v. 100 000 € zzgl. Solidaritätszuschlag i. H. v. 5 500 € enthalten.

AUFGABE

Es ist das z. v. E. der X-GmbH zu ermitteln. Auswirkungen auf die Gewerbesteuer sollen außer Betracht bleiben.

LITERATURHINWEIS

Köllen/Reichert/Vogl/Wagner, Lehrbuch Körperschaftsteuer und Gewerbesteuer, Kapitel 4

LÖSUNG

Die X-GmbH ist unbeschränkt steuerpflichtig (§ 1 Abs. 1 Nr. 1 KStG). Da die Gesellschaft nach den Vorschriften des HGB zur Führung von Büchern verpflichtet ist, sind alle Einkünfte als Einkünfte aus Gewerbebetrieb zu behandeln (§ 8 Abs. 2 KStG). Der Gewinn ist nach dem Wirtschaftsjahr zu ermitteln, für das die X-GmbH regelmäßig Abschlüsse macht (§ 7 Abs. 4 KStG).

Für die Einkommensermittlung sind die Vorschriften des EStG und des KStG zu beachten. Ausgangsgröße ist der ausgewiesene Jahresüberschuss i. H. v. 400 000 €.

Die verlustbedingte **Teilwertabschreibung der Beteiligung an der Z-GmbH** ist bei einer dauerhaften Wertminderung zwar bilanzsteuerrechtlich zulässig (§ 6 Abs. 1 Nr. 2 Satz 2 EStG), gem. § 8b Abs. 3 Satz 3 KStG scheidet eine Berücksichtigung im Rahmen der Gewinnermittlung aus. Die Gewinnminderung i. H. v. 150 000 € ist daher außerbilanziell wieder hinzuzurechnen.

Da ein **fremder Dritter für die Anteile an der A-GmbH** einen Preis i. H. v. 200 000 € gezahlt hätte, liegt in der verbilligten Veräußerung der Beteiligung eine **verdeckte Gewinnausschüttung.** Es ist eine verhinderte Vermögensmehrung eingetreten, deren Ursache im Gesellschaftsverhältnis begründet liegt. Allerdings fällt der Vorgang ebenfalls unter § 8b Abs. 2 KStG, wobei auch Veräußerungsgewinne gem. § 8b Abs. 3 KStG pauschal i. H. v. 5 % dem Betriebsausgabenabzugsverbot unterliegen (§ 8b Abs. 3 Satz 1 KStG). Es ergibt sich folgende Berechnung:

	Veräußerungspreis	150 000 €
-	Buchwert	- 100 000 €
=	Veräußerungsgewinn lt. Bilanz	50 000 €

	Einkommenserhöhung außerhalb der Steuerbilanz durch die verdeckte Gewinnausschüttung	+50 000 €
-	Steuerbefreiung gem. § 8b Abs. 2 KStG	-100 000 €
+	nicht abziehbare Betriebsausgaben gem. § 8b Abs. 3 Satz 1 KStG (5 % von 100 000 €)	+5 000 €
=	steuerpflichtig	5 000 €

Die verdeckte Gewinnausschüttung hat A als Einkünfte aus Kapitalvermögen (§ 20 Abs. 1 Nr. 1 Satz 2 EStG) zu versteuern (Angabe in der Einkommensteuererklärung und Versteuerung gem. § 32d Abs. 3 EStG i.V. m. § 32d Abs. 1 EStG mit 25 %; alternativ Option zum Teileinkünfteverfahren i. S. d. § 3 Nr. 40 Buchst. d EStG gem. § 32d Abs. 2 Nr. 3 EStG; auch Veranlagungsoption gem. § 32d Abs. 6 EStG möglich [„Günstigerprüfung"]). Gleichzeitig erhöhen sich die Anschaffungskosten des X aufgrund der verdeckten Gewinnausschüttung auf seine Anteile an der A-GmbH entsprechend um 50 000 €.

Die **unangemessen niedrige Verzinsung** des Darlehens stellt keine verdeckte Einlage dar, da es sich lediglich um einen Nutzungsvorteil handelt (BFH-Urteil vom 26. 10. 1987 – GrS 2/86, BStBl 1988 II S. 348).

Der auf dem Gesellschaftsverhältnis beruhende **Verzicht auf die Darlehensforderung** gegenüber der Kapitalgesellschaft führt zu einer Einlage in Höhe des werthaltigen Teils der Forderung (BFH-Urteil vom 9. 6. 1997 – GrS 1/94, BStBl 1998 II S. 307). Da keine Anzeichen auf eine fehlende Werthaltigkeit erkennbar sind, beträgt der Wert der Einlage 50 000 €. In Höhe dieses Betrages ergibt sich eine Einkommensminderung, da die Einlage das Einkommen nicht erhöhen darf (§ 8 Abs. 3 KStG).

Unabhängig von der **Angemessenheit der Gehaltsausstattung** liegt eine verdeckte Gewinnausschüttung auch vor, wenn zwischen der Kapitalgesellschaft und ihrem beherrschenden Gesellschafter keine im Voraus getroffenen, zivilrechtlich wirksamen, klaren und eindeutigen Vereinbarungen vorliegen oder nicht einer entsprechenden Vereinbarung gemäß verfahren wird (Verstoß gegen das sog. Rückwirkungs- und Nachzahlungsverbot). In diesen Fällen ist das gesamte Entgelt als verdeckte Gewinnausschüttung zu qualifizieren.

Kapitalertragsteuer und Solidaritätszuschlag auf die Kapitalertragsteuer sind bei der Bemessung der verdeckten Gewinnausschüttung nicht zusätzlich zu berücksichtigen, da lt. Vereinbarung zwischen der X-GmbH und X Steuerabzüge auf verdeckte Gewinnausschüttungen zulasten des Gesellschafters gehen sollen.

Eine verdeckte Gewinnausschüttung kann auch vorliegen, wenn ein Vermögensvorteil einer nahe stehenden Person des Gesellschafters gewährt wird. Der **verbilligte Verkauf** des Pkw an die Tochter des X stellt eine verdeckte Gewinnausschüttung dar, die dem Gesellschafter X zuzurechnen ist.

Der **Ansatz** der verdeckten Gewinnausschüttung erfolgt mit dem **gemeinen Wert,** der auch die Umsatzsteuer auf Mindestbemessungsgrundlage (§ 10 Abs. 5 Satz 1 Nr. 1 UStG) umfasst. Die Mindestbemessungsgrundlage beträgt 10 000 €, sodass sich ein Umsatzsteuerbetrag i. H. v. 1 900 € ergibt (Mehrbetrag: 1 330 €). Damit ist bei der Ermittlung des z.v. E. die verdeckte Gewinnausschüttung mit 8 330 € hinzuzurechnen. Die verdeckte Gewinnausschüttung stellt gleichzeitig eine Leistung gem. §§ 27, 38 KStG dar.

Für die steuerliche Anerkennung von **Pensionszusagen** an beherrschende Gesellschafter-Geschäftsführer gilt Folgendes:

Es muss eine rechtsverbindliche Zusage vorliegen, d. h. es müssen folgende Kriterien erfüllt sein:

► Zivilrechtlich wirksame Vereinbarung (Zuständigkeit der Gesellschafterversammlung, Beachtung des Selbstkontrahierungsverbots (§ 181 BGB)),

► Voraussetzungen gem. § 6a Abs. 1 Nr. 1 bis 3 EStG (u. a. Schriftform, klare Vereinbarung),

► keine Überversorgung (eine Überversorgung liegt dann vor, wenn bei Versorgungsbezügen in Höhe eines festen Betrages (→ endgehaltsunabhängige Zusage) die Versorgungsanwartschaft zusammen mit der Rentenanwartschaft aus der gesetzlichen Rentenversicherung 75 % der am Bilanzstichtag bezogenen Aktivbezüge übersteigt (§ 6a Abs. 3 Satz 2 Nr. 1 Satz 4 EStG).

Ist die Pensionsrückstellung dem Grunde und der Höhe nach zutreffend bilanziert, ist zu prüfen, ob und inwieweit die Pensionsverpflichtung auf einer verdeckten Gewinnausschüttung beruht. Dabei sind insbesondere die Aspekte „Ernsthaftigkeit", „Erdienbarkeit" und „Angemessenheit" zu untersuchen.

Die Pensionszusage muss ernsthaft vereinbart sein. Die **Ernsthaftigkeit** der Zusage ist gegeben, wenn bei der Bildung der Rückstellung von einem Pensionierungsalter zwischen 65 und 67 Jahren ausgegangen wird. Bei einer vertraglichen Altersgrenze von weniger als 60 Jahren ist davon auszugehen, dass keine ernsthafte Vereinbarung vorliegt (dann in vollem Umfang verdeckte Gewinnausschüttung).

Auch bei Pensionszusagen ist das **Rückwirkungsverbot** zu beachten, d. h. die Zusage darf nur mit Wirkung für die Zukunft gewährt werden. Eine nachträgliche Zusage liegt vor, wenn bei der Berechnung der Bezüge ein früheres Anfangsalter des Gesellschafter-Geschäftsführers zugrunde gelegt wird als im Zeitpunkt der tatsächlichen Zusage, sodass bereits geleistete Dienste berücksichtigt werden. Wird eine Pensionszusage erst im Zeitpunkt der Pensionierung gewährt, so ist darin ein Verstoß gegen das Rückwirkungsverbot zu sehen, sodass weder eine Pensionsrückstellung zu Lasten des Gewinns gebildet werden noch die Pensionszahlungen als Betriebsausgaben abgezogen werden können. Zuführungen zur Rückstellung bzw. Pensionszahlungen sind bei der GmbH vollumfänglich als verdeckte Gewinnausschüttungen zu behandeln. Der Gesellschafter hat lediglich die erhaltenen Beträge als verdeckte Gewinnausschüttung zu versteuern.

Ferner muss die Pensionszusage **erdienbar** sein. Das ist nicht der Fall, wenn der Zeitraum zwischen dem Zeitpunkt der Zusage der Pension und dem vorgesehenen Zeitpunkt des Eintritts in den Ruhestand weniger als zehn Jahre beträgt. Ist der beherrschende oder nicht beherrschende Gesellschafter-Geschäftsführer im Zeitpunkt der Pensionszusage 60 Jahre oder älter, ist die Zuführung zur Pensionsrückstellung stets gesellschaftsrechtlich veranlasst und stellt daher eine verdeckte Gewinnausschüttung dar.

Bei einem nicht beherrschenden Gesellschafter-Geschäftsführer ist die Zusage einer Pension eine verdeckte Gewinnausschüttung,

► wenn der Zeitraum zwischen dem Zeitpunkt der Zusage der Pension und dem vorgesehenen Zeitpunkt des Eintritts in den Ruhestand weniger als zehn Jahre beträgt oder

► wenn dieser Zeitraum zwar mindestens drei Jahre beträgt, der Gesellschafter-Geschäftsführer dem Betrieb aber weniger als 12 Jahre angehört.

Bei einem beherrschenden Gesellschafter-Geschäftsführer ist eine Pensionszusage steuerlich anzuerkennen, wenn

► der Geschäftsführer im Zeitpunkt der Pensionszusage das 60. Lebensjahr noch nicht vollendet hat und

► der Erdienungszeitraum (Dauer der aktiven Tätigkeit ab Erteilung der Zusage) mindestens zehn Jahre beträgt.

Die betriebliche Veranlassung einer Pensionszusage setzt u. a. voraus, dass die Zusage finanzierbar ist. Die **Finanzierbarkeit** der Zusage ist dann zu verneinen, wenn bei einem unmittelbar nach dem Bilanzstichtag eintretenden Versorgungsfall der Barwert der künftigen Pensionsleistungen am Ende des Wirtschaftsjahres auch nach Berücksichtigung einer Rückdeckungsversicherung zu einer Überschuldung in der Bilanz führen würde. Die Pensionszusage an den beherrschenden Gesellschafter-Geschäftsführer ist gesellschaftsrechtlich veranlasst, wenn die Finanzierbarkeit im Zeitpunkt der Zusage nicht erfüllt ist. Zuführungen zu einer solchen Pensionszusage werden insgesamt als verdeckte Gewinnausschüttungen behandelt. Ist die Pensionszusage im Zusagezeitpunkt finanzierbar, ist sie bei Vorliegen der übrigen Voraussetzungen betrieblich veranlasst.

Die Erteilung einer Pensionszusage unmittelbar nach der Anstellung und ohne die unter Fremden übliche Wartezeit ist i. d. R. nicht betrieblich, sondern durch das Gesellschaftsverhältnis veranlasst.

Die zugesagte Versorgung muss sowohl **dem Grunde als auch der Höhe nach angemessen** sein.

Für die steuerliche Anerkennung einer Pensionszusage ist regelmäßig eine Probezeit von zwei bis drei Jahren als ausreichend anzusehen. Ein ordentlicher und gewissenhafter Geschäftsleiter einer neu gegründeten Kapitalgesellschaft wird einem gesellschaftsfremden Geschäftsführer erst dann eine Pension zusagen, wenn er die künftige wirtschaftliche Leistungsfähigkeit der Kapitalgesellschaft zuverlässig abschätzen kann (i. d. R. wenigstens fünf Jahre). Zuführungen zu einer Rückstellung für eine Pensionszusage, die ohne Beachtung der unter Fremden üblichen Probezeit vereinbart worden ist, werden bis zum Ablauf der angemessenen Probezeit als verdeckte Gewinnausschüttung behandelt (§ 8 Abs. 3 Satz 2 KStG). Nach Ablauf der angemessenen Probezeit werden die weiteren Zuführungen aufgrund der ursprünglichen Pensionszusage für die Folgezeit gewinnmindernd berücksichtigt.

In die Prüfung der Angemessenheit der Gesamtbezüge des Gesellschafter-Geschäftsführers ist auch die ihm erteilte Pensionszusage einzubeziehen. Diese ist mit der fiktiven Jahresnettoprämie nach dem Alter des Gesellschafter-Geschäftsführers im Zeitpunkt der Pensionszusage anzusetzen, die er selbst für eine entsprechende Versicherung zu zahlen hätte, abzgl. etwaiger Abschluss- und Verwaltungskosten.

Bei endgehaltsunabhängigen Zusagen dürfen bereits nach bilanzsteuerrechtlichen Grundsätzen die zugesagten Leistungen höchstens 75 % der laufenden Aktivbezüge betragen (→ Prinzip der Überversorgung). Eine außerbilanzielle Korrektur gem. § 8 Abs. 3 Satz 2 KStG ergibt sich in diesen Fällen nicht.

Bei endgehaltsabhängigen Zusagen entwickelt sich der Pensionsanspruch immer parallel zum aktiven Arbeitslohn. Eine Vorwegnahme zukünftiger Einkommensentwicklungen erfolgt daher nicht, sodass das Überversorgungsprinzip in Fällen der endgehaltsabhängigen Zusage nicht anwendbar ist. Allerdings kann sich eine außerbilanzielle Korrektur gem. § 8 Abs. 3 Satz 2 KStG ergeben, wenn die zugesagten Leistungen 75 % der Aktivbezüge des Versorgungsberechtigten übersteigen.

Die Zusage einer Nur-Pension ist durch das Gesellschaftsverhältnis veranlasst.

Eine Pensionszusage darf nicht unmittelbar nach Zusage unverfallbar werden. Unschädlich ist eine ratierlich ansteigende **Unverfallbarkeit**. Bei Zusagen an beherrschende Gesellschafter-Geschäftsführer darf sich die unverfallbare Anwartschaft aufgrund des Nachzahlungsverbots nur auf den Zeitraum zwischen Erteilung der Versorgungszusage und der gesamten tatsächlich erreichbaren Dienstzeit erstrecken.

Da zwischen dem Zeitpunkt der **Zusage der Pension** und dem vorgesehenen Zeitpunkt des Eintritts in den Ruhestand weniger als zehn Jahre liegen, kann die **Pensionsrückstellung** mangels Erdienbarkeit steuerlich nicht anerkannt werden. Der Betrag ist als verdeckte Gewinnausschüttung außerhalb der Bilanz wieder hinzuzurechnen. Nach dem BMF-Schreiben vom 28. 5. 2002 (BStBl 2002 II S. 603) ist für Passivposten, denen eine verdeckte Gewinnausschüttung zugrunde liegt, eine Nebenrechnung zu führen. Dabei werden zwei Teilbeträge gebildet und jährlich fortentwickelt.

Der **Teilbetrag I** umfasst die gesamte Summe der verdeckten Gewinnausschüttungen für den Passivposten, unabhängig davon, welche Beträge bislang außerbilanziell hinzugerechnet wurden. Der **Teilbetrag II** bildet die Summe der verdeckten Gewinnausschüttungen für den Passivposten, die tatsächlich bei der Einkommensermittlung außerbilanziell wieder hinzugerechnet wurde. Da die verdeckte Gewinnausschüttung bereits von Beginn an hinzugerechnet wurde, stimmen Teilbetrag I und Teilbetrag II überein.

Die Teilbeträge sind aufzulösen, soweit der Passivposten (hier: Pensionsrückstellung) gewinnerhöhend aufzulösen ist (z. B. bei Tod des X). Die verdeckte Gewinnausschüttung beläuft sich auf 25 000 €, die Teilbeträge I und II sind jeweils in gleicher Höhe zu bilden.

Die **Körperschaftsteuervorauszahlungen** sowie die Vorauszahlungen auf den Solidaritätszuschlag sind als nicht abziehbare Aufwendungen bei der Einkommensermittlung wieder hinzuzurechnen (§ 10 Nr. 2 KStG).

Damit ergibt sich folgende Ermittlung des z. v. E.:

	Jahresüberschuss lt. GuV	400 000 €
	Hinzurechnung Teilwertabschreibung (§ 8b Abs. 3 KStG)	+ 150 000 €
+	Einkommenserhöhung außerhalb der Steuerbilanz durch die verdeckte Gewinnausschüttung (Veräußerung Beteiligung A-GmbH)	+ 50 000 €
-	Steuerbefreiung § 8b Abs. 2 KStG i. V. m. pauschalem Betriebsausgaben-abzugsverbot gem. § 8b Abs. 3 Satz 1 KStG	- 95 000 €
-	verdeckte Einlage (Darlehensverzicht)	- 50 000 €
+	verdeckte Gewinnausschüttung (Nachzahlung Weihnachtsgeld)	+ 3 000 €
+	verdeckte Gewinnausschüttung (verbilligte Abgabe Kfz an nahe stehende Person)	+ 8 330 €
+	verdeckte Gewinnausschüttung (Pensionsrückstellung)	+ 25 000 €

+	KSt-Vorauszahlungen (nicht abziehbare Aufwendungen)	+ 100 000 €
+	SolZ-Vorauszahlungen (nicht abziehbare Aufwendungen)	+ 5 500 €
=	z.v. E.	**596 830 €**

FALL 24

Ermittlungszeitraum

Sachverhalt:

Die X-GmbH ermittelt ihren Gewinn nach einem vom Kalenderjahr abweichenden Wirtschaftsjahr (1. 10. bis 30. 9.). Sie erzielt folgende Gewinne:

Wirtschaftsjahr 1. 10. 01 bis 30. 9. 02:	80 000 €
Wirtschaftsjahr 1. 10. 02 bis 30. 9. 03:	50 000 €

AUFGABE

Es ist zu beurteilen, welches Ergebnis bei der Körperschaftsteuerveranlagung des Jahres 02 zugrunde zu legen ist.

LITERATURHINWEIS

Köllen/Reichert/Vogl/Wagner, Lehrbuch Körperschaftsteuer und Gewerbesteuer, Kapitel 4.1.3.3

LÖSUNG

Gemäß § 7 Abs. 3 KStG ist die Körperschaftsteuer eine Jahressteuer. Die Grundlagen für ihre Festsetzung sind grundsätzlich für ein Kalenderjahr zu ermitteln.

Bei Körperschaften, die nach Handelsrecht zur Buchführung verpflichtet sind, ist der Gewinn nach dem Wirtschaftsjahr zu ermitteln, für das regelmäßig Abschlüsse gemacht werden; Ermittlungszeitraum ist daher das Wirtschaftsjahr (§ 7 Abs. 4 Satz 1 KStG).

Bei abweichendem Wirtschaftsjahr gilt der Gewinn als in dem Kalenderjahr bezogen, in dem das Wirtschaftsjahr endet (§ 7 Abs. 4 Satz 2 KStG).

Gemäß § 13 Abs. 3 GmbHG i.V. m. §§ 6, 238 HGB ist die X-GmbH verpflichtet, Bücher zu führen und in diesen ihre Handelsgeschäfte und die Lage ihres Vermögens nach den Grundsätzen ordnungsmäßiger Buchführung ersichtlich zu machen. Da die X-GmbH ihren Gewinn nach einem vom Kalenderjahr abweichenden Wirtschaftsjahr (1. 10. bis 30. 9.) ermittelt, gilt der Gewinn i. H. v. 80 000 € als im Kalenderjahr 02 bezogen. Dieser Betrag ist somit der Körperschaftsteuerveranlagung des Jahres 02 zugrunde zu legen. Der Gewinn des Wirtschaftsjahres 1. 10. 02 bis 30. 9. 03 i. H. v. 50 000 € ist bei der Körperschaftsteuerveranlagung 03 zu berücksichtigen.

FALL 25

Verdeckte Gewinnausschüttungen

Sachverhalt:

Im Rahmen der Abschlussarbeiten bei der Teutonia GmbH ist die Behandlung einiger Vorgänge strittig.

a) Liesel Müller, die über 40 % der Anteile an der Teutonia GmbH verfügt und als Vertriebsleiterin angestellt ist, hat im Vorjahr entsprechend ihrem Arbeitsvertrag ein Bruttogehalt i. H. v. 4 000 € mtl. erhalten. Im Januar vereinbart sie mit dem Geschäftsführer, der nicht Gesellschafter ist, eine Gehaltserhöhung i. H. v. mtl. 500 €. Die Höhe des neuen Bruttogehaltes i. H. v. 4 500 €, das sie ab Januar bezieht, ist angemessen.

Im Rahmen der Gehaltsbuchungen wird das neue Bruttogehalt als Aufwand gebucht.

b) Michel Deutsch, der über 25 % der Anteile an der Teutonia GmbH verfügt und als Buchhaltungsleiter angestellt ist, hat im Vorjahr mtl. entsprechend seinem Arbeitsvertrag ein Bruttogehalt in der angemessenen Höhe von 4 000 € erhalten. Im Januar vereinbart er mit dem Geschäftsführer, der nicht Gesellschafter ist, eine Gehaltserhöhung i. H. v. mtl. 1 000 €. Die Höhe des neuen Bruttogehaltes i. H. v. 5 000 €, das er ab Januar bezieht, ist nicht mehr angemessen.

Im Rahmen der Gehaltsbuchungen wird das neue Bruttogehalt als Aufwand gebucht.

c) Im Januar beschließt Michel Deutsch, der über 60 % der Anteile an der Teutonia GmbH verfügt und alleiniger Geschäftsführer ist, allen Arbeitnehmern eine Sondervergütung i. H. v. jeweils 2 500 € für das wirtschaftlich erfreuliche Ergebnis des Vorjahres zu zahlen.

Die Sondervergütungen werden als Aufwand gebucht.

d) Im Januar beschließen Michel Deutsch und Liesel Müller, die jeweils über 50 % der Anteile an der Teutonia GmbH verfügen und gemeinsam Geschäftsführer sind, allen Arbeitnehmern eine Sondervergütung i. H. v. jeweils 2 500 € für das wirtschaftlich erfreuliche Ergebnis des Vorjahres zu zahlen.

Die Sondervergütungen werden als Aufwand gebucht.

e) Liesel Müller, die Gesellschafterin der Teutonia GmbH ist, gewährt der Gesellschaft ein Darlehen i. H. v. 100 000 €, für das sie 8 % Zinsen erhält. An eine Bank hätte die Gesellschaft 6 % Zinsen zahlen müssen.

Als Zinsaufwendungen werden 8 000 € gebucht.

f) Michel Deutsch, der Gesellschafter der Teutonia GmbH ist, erhält von der Gesellschaft ein Darlehen i. H. v. 100 000 €, für das er 4 % Zinsen zahlt. An eine Bank hätte er 6 % Zinsen zahlen müssen.

Als Zinsertrag werden 4 000 € gebucht.

g) Liesel Müller, die Gesellschafterin der Teutonia GmbH ist, hebt 5 000 € für private Zwecke vom Bankkonto der Gesellschaft ab.

Es werden 5 000 € als außerordentlicher Aufwand gebucht.

h) Michel Deutsch, der über 25 % der Anteile an der Teutonia GmbH verfügt und als technischer Leiter der Gesellschaft angestellt ist, erhält nach 18 Jahren Betriebszugehörigkeit von der Geschäftsführung eine Pensionszusage für den Eintritt in den Ruhestand im Alter von 65 Jahren, was in zehn Jahren der Fall sein wird.

Es wird eine Pensionsrückstellung gem. § 6a EStG gebildet.

AUFGABE

Erläutern Sie grundsätzlich, was eine verdeckte Gewinnausschüttung ist, und beurteilen Sie, ob der jeweilige Vorgang eine verdeckte Gewinnausschüttung darstellt und welche Auswirkungen er hat.

LITERATURHINWEIS

Köllen/Reichert/Vogl/Wagner, Lehrbuch Körperschaftsteuer und Gewerbesteuer, Kapitel 4.2.3, 8.2.1.2

LÖSUNG

Verdeckte Gewinnausschüttungen mindern gem. § 8 Abs. 3 Satz 2 KStG das Einkommen nicht. Die Rechtsfolgen sind also eindeutig bestimmt. Es mangelt aber an einer gesetzlichen Definition des Begriffs der verdeckten Gewinnausschüttungen.

In der Rechtsprechung ist eine Vielzahl von Einzelfällen entschieden worden, die zu gesicherten Grundsätzen für die Beurteilung des Einzelfalls geführt haben.

Für die Anwendung von § 8 Abs. 3 Satz 2 KStG bestimmen die KStR nach der Wiederholung des Grundsatzes, verdeckte Gewinnausschüttungen mindern das Einkommen nicht, für den Fall, in dem das Einkommen zu niedrig ausgewiesen ist, dass der fehlende Betrag hinzuzurechnen ist.

Eine verdeckte Gewinnausschüttung ist

► eine Vermögensminderung oder verhinderte Vermögensmehrung,

► die durch das Gesellschaftsverhältnis veranlasst ist,

► sich auf die Höhe des Einkommens auswirkt und

► nicht auf einem den gesellschaftsrechtlichen Vorschriften entsprechenden Gewinnverteilungsbeschluss beruht.

Eine **Veranlassung durch das Gesellschaftsverhältnis** liegt dann vor, wenn ein ordentlicher und gewissenhafter Geschäftsleiter die Vermögensminderung oder verhinderte Vermögensmehrung gegenüber einer Person, die nicht Gesellschafter ist, unter sonst gleichen Umständen nicht hingenommen hätte.

Eine verdeckte Gewinnausschüttung liegt nicht vor, wenn die Kapitalgesellschaft bei Anwendung der Sorgfalt eines ordentlichen und gewissenhaften Geschäftsleiters die Vermögensminderung oder verhinderte Vermögensmehrung unter sonst gleichen Umständen auch gegenüber einem Nichtgesellschafter hingenommen hätte. Dies kann der Fall sein, wenn zwischen Gesellschaft und Gesellschafter ein angemessenes Entgelt in anderer Weise vereinbart worden ist.

Die Annahme einer verdeckten Gewinnausschüttung setzt nicht voraus, dass sie zu Einnahmen aus Kapitalvermögen bei anderen Personen führt. Es ist jedoch darauf abzustellen, dass die eintretende Vermögensminderung bzw. verhinderte Vermögensmehrung letztlich zu einem Vorteil führt, der über Mitgliedschaftsrechte oder mitgliedschaftsähnliche Rechte den Einfluss auf die den Vorteil gewährende Körperschaft hat.

Eine verdeckte Gewinnausschüttung setzt voraus, dass der Empfänger der Ausschüttung ein mitgliedschaftliches oder mitgliedschaftsähnliches Verhältnis zur ausschüttenden Körperschaft hat und dass die Ausschüttung durch dieses Verhältnis veranlasst ist.

Die Beurteilung der Frage, ob ein Vorteil vorliegt oder nicht, führt insbesondere im Hinblick auf die Bezüge eines **Gesellschafter-Geschäftsführers** zu der Frage nach deren **Angemessenheit.** Beurteilungskriterien für die Angemessenheit sind nach dem BMF-Schreiben vom 14. 10. 2002 (BStBl 2002 I S. 972)

► Art und Umfang der Tätigkeit,

► die zukünftigen Ertragsaussichten des Unternehmens,

► das Verhältnis des Geschäftsführergehaltes zum Gesamtgewinn und zur verbleibenden Kapitalverzinsung sowie

► Art und Höhe der Vergütung, die gleichartige Betriebe an Geschäftsführer für entsprechende Leistungen gewähren.

Methoden zum Fremdvergleich können der Vfg. OFD Karlsruhe vom 17. 4. 2001 (NWB DokID: IAAAA-85949) entnommen werden.

Wenn man die vorgenannten Grundsätze auf den Einzelfall anwendet, ergeben sich zahlreiche weitere Fragestellungen, insbesondere in den Fällen von fehlenden oder rückwirkenden Vereinbarungen, bei einem beherrschenden Gesellschafter, bei Selbstkontrahierung, bei nahe stehenden Personen und bei Wettbewerb zwischen Gesellschaft und Gesellschafter.

Für die **Anerkennung einer Vereinbarung** zwischen Gesellschaft und beherrschendem Gesellschafter ist Voraussetzung, dass sie zivilrechtlich wirksam ist und dass sie klar und im Voraus getroffen worden ist. Sonst bestünde wegen des fehlenden Interessengegensatzes zwischen der Gesellschaft und dem beherrschenden Gesellschafter die Möglichkeit, den Gewinn der Gesellschaft mehr oder weniger beliebig festzusetzen und ihn zugunsten des Gesellschafters und zuungunsten der Gesellschaft zu beeinflussen.

Ein Gesellschafter ist beherrschend, wenn er den Abschluss des zu beurteilenden Rechtsgeschäftes erzwingen kann.

Im Fall des Verstoßes gegen das **Selbstkontrahierungsverbot** gem. § 181 BGB ist zu entscheiden, ob Vereinbarungen zwischen dem Geschäftsführer und der Gesellschaft beachtlich sind oder nicht. Eine generelle Aussage ist nicht möglich. Es kommt auf die Verhältnisse des jeweiligen Einzelfalles an.

Eine verdeckte Gewinnausschüttung ist auch anzunehmen, wenn die Vorteilsziehung nicht unmittelbar durch den Gesellschafter, sondern durch eine ihm nahe stehende Person erfolgt.

a) Da die Höhe des neuen Bruttogehaltes **angemessen** ist, liegt eine Veranlassung der Gehalts-erhöhung durch das Gesellschaftsverhältnis nicht vor, mithin also auch kein Vorteil für Liesel Müller. Es handelt sich also nicht um eine verdeckte Gewinnausschüttung i. S. d. § 8 Abs. 3 Satz 2 KStG.

Die Buchung bei der GmbH ist richtig.

Das neue Bruttogehalt führt bei Liesel Müller zu Einkünften aus nichtselbständiger Arbeit i. S. d. § 19 EStG.

b) Da die Höhe des neuen Bruttogehaltes **unangemessen** ist, liegt eine Veranlassung der Ge-haltserhöhung durch das Gesellschaftsverhältnis vor, mithin also ein Vorteil für Michel Deutsch. Bei der Gehaltserhöhung handelt es sich also um eine verdeckte Gewinnausschüt-tung i. S. d. § 8 Abs. 3 Satz 2 KStG.

Die Buchung bei der GmbH ist nicht richtig. Der unangemessene Teil i. H. v. 1 000 € ist bei den Gehaltsbuchungen zu stornieren und im **Rahmen der Gewinnverwendung** zu berück-sichtigen.

Das bisherige Bruttogehalt führt bei Michel Deutsch nach wie vor zu Einkünften aus nicht-selbständiger Arbeit i. S. d. § 19 EStG.

Der unangemessene Teil i. H. v. 1 000 € führt gem. § 20 Abs. 1 Nr. 1 Satz 2 EStG zu Einkünften aus Kapitalvermögen.

c) Michel Deutsch ist beherrschender Gesellschafter der Teutonia GmbH. Er verstößt gegen das Rückwirkungsverbot, sodass die Sondervergütung **an ihn** ohne Rücksicht auf ihre Angemes-senheit eine verdeckte Gewinnausschüttung i. S. d. § 8 Abs. 3 Satz 2 KStG darstellt.

Die Buchung der GmbH ist nicht richtig. Die Buchung der Sondervergütung an ihn ist zu stor-nieren und im Rahmen der Gewinnverwendung zu berücksichtigen.

Die Sondervergütung führt gem. § 20 Abs. 1 Nr. 1 Satz 2 EStG zu Einkünften aus Kapitalver-mögen.

d) Michel Deutsch und Liesel Müller sind zwar jeder für sich allein betrachtet nicht beherr-schende Gesellschafter, aber sie haben die gleichen Interessen und insofern gemeinsam ge-handelt. Sie werden wie beherrschende Gesellschafter behandelt und haben deshalb gegen das Rückwirkungsverbot verstoßen, sodass die Sondervergütungen **an sie** ohne Rücksicht auf ihre Angemessenheit eine verdeckte Gewinnausschüttung i. S. d. § 8 Abs. 3 Satz 2 KStG dar-stellen.

Die Rechtsfolgen sind entsprechend wie in c).

e) Dass die Teutonia GmbH für das Darlehen von Liesel Müller **außergewöhnlich hohe Zinsen** zahlt, ist nur durch das Gesellschaftsverhältnis zu erklären. Liesel Müller hat also einen Vor-teil i. H. v. 2 %, bei dem es sich um eine verdeckte Gewinnausschüttung i. S. d. § 8 Abs. 3 Satz 2 KStG handelt.

Die Buchung bei der GmbH ist nicht richtig. Der unangemessene Teil i. H. v. 2 000 € ist bei den Zinsbuchungen zu stornieren und im Rahmen der Gewinnverwendung zu berücksichti-gen.

Die angemessenen Zinsen i. H. v. 6 000 € führen bei Liesel Müller zu Einkünften aus Kapitalvermögen i. S. d. § 20 Abs. 1 Nr. 7 EStG, der unangemessene Teil i. H. v. 2 000 € führt zu Einkünften aus Kapitalvermögen i. S. d. § 20 Abs. 1 Nr. 1 Satz 2 EStG.

f) Dass Michel Deutsch für das Darlehen an die Teutonia GmbH **außergewöhnlich niedrige Zinsen** zahlt, ist nur durch das Gesellschaftsverhältnis zu erklären. Er hat also einen Vorteil i. H. v. 2 %, bei dem es sich um eine verdeckte Gewinnausschüttung i. S. d. § 8 Abs. 3 Satz 2 KStG handelt.

Die Buchung bei der GmbH ist nicht richtig. Die Zinsen sind i. H. v. 2 000 € unangemessen niedrig, sodass das Einkommen der GmbH zu niedrig ausgewiesen ist. Entsprechend BMF-Schreiben vom 28. 5. 2002 (BStBl 2002 I S. 603, Tz. 3) ist der fehlende Betrag hinzurechnen, indem ein Zinsertrag i. H. v. 2 000 € nachgebucht wird.

Bei Michel Deutsch führen die 2 000 € zu Einkünften aus Kapitalvermögen i. S. d. § 20 Abs. 1 Nr. 1 Satz 2 EStG.

g) Die Verbuchung i. H. v. 5 000 € als außerordentlicher Aufwand, obwohl es sich um private Zwecke von Liesel Müller handelt, ist nur durch das Gesellschaftsverhältnis zu erklären. Sie hat einen Vorteil, bei dem es sich um eine verdeckte Gewinnausschüttung i. S. d. § 8 Abs. 3 Satz 2 KStG handelt.

Der außerordentliche Aufwand ist zu stornieren, und die 5 000 € sind im Rahmen der Gewinnverwendung zu berücksichtigen.

Bei Liesel Müller führen die 5 000 € gem. § 20 Abs. 1 Nr. 1 Satz 2 EStG zu Einkünften aus Kapitalvermögen.

h) Für die Beurteilung, ob die Pensionszusage mit Rückstellungsbildung eine verdeckte Gewinnausschüttung darstellt, sind die KStR heranzuziehen. Danach ist die Zusage einer Pension an einen nicht beherrschenden Gesellschafter eine verdeckte Gewinnausschüttung,

- wenn der Zeitraum zwischen dem Zeitpunkt der Zusage der Pension und dem vorgesehenen Zeitpunkt des Eintritts in den Ruhestand **weniger als zehn Jahre** beträgt oder

- wenn dieser Zeitraum zwar mindestens drei Jahre beträgt, der Gesellschafter dem Betrieb aber weniger als zwölf Jahre angehört.

Bei der Pensionszusage an Michel Deutsch sind diese Voraussetzungen für eine verdeckte Gewinnausschüttung nicht erfüllt, aber es bedarf weiterer Überlegungen bei der Beurteilung.

Der BFH stellt für die Beurteilung auf den Zeitraum ab, in dem die Pensionszusage dem Grunde nach durch eine aktive Tätigkeit erdient ist. Als Zeitraum für die **Erdienung** ist i. d. R. von **15 Jahren** auszugehen. Außerdem muss sichergestellt sein, dass im Betrieb eine aktive Tätigkeit von mindestens drei Jahren verbleibt.

Da die genannten Zeiträume überschritten werden und die Altersgrenze von 65 Jahren eingehalten ist, führt die Pensionszusage bei Michel Deutsch **nicht** zu einer verdeckten Gewinnausschüttung.

Die Prüfung der Angemessenheit ist durchzuführen. Wenn die Pensionszusage angemessen ist, handelt es sich abschließend beurteilt nicht um eine verdeckte Gewinnausschüttung i. S. d. § 8 Abs. 3 Satz 2 KStG.

Die Buchung bei der Teutonia GmbH ist also zutreffend.

Für Michel Deutsch ergeben sich im Zeitpunkt der Zusage noch keine steuerlichen Konsequenzen. Die Auszahlungen der Pension nach Erreichen der Altersgrenze führen gem. § 19 EStG zu Einkünften aus nichtselbständiger Arbeit.

FALL 26

Behandlung einer verdeckten Gewinnausschüttung bei der Kapitalgesellschaft

Sachverhalt I: Die A-GmbH hat ihrem beherrschenden Gesellschafter-Geschäftsführer A im Dezember 01 eine Pensionszusage auf das 65. Lebensjahr erteilt. Der ledige A war im Zeitpunkt der Zusage bereits 59 Jahre alt. In den Steuerbilanzen 01 bis 04 wurden folgende Pensionsrückstellungsbeträge ausgewiesen:

Stichtag	Zuführungsbetrag	Rückstellungsbetrag
31. 12. 01	25 000 €	25 000 €
31. 12. 02	25 000 €	50 000 €
31. 12. 03	25 000 €	75 000 €
31. 12. 04	25 000 €	100 000 €

Im Oktober 05 findet bei der A-GmbH eine Betriebsprüfung für die Jahre 02 bis 04 statt. Der Prüfer stellt dabei fest, dass die Pensionszusage an A nicht erdienbar ist und deshalb zu einer verdeckten Gewinnausschüttung führt. Die Veranlagung des Jahres 01 ist bestandskräftig, eine Änderung nach verfahrensrechtlichen Vorschriften ist nicht mehr möglich. Die Steuerbescheide für die Jahre 02 bis 04 ergingen unter dem Vorbehalt der Nachprüfung.

Im Dezember 05 stirbt A.

Sachverhalt II: Die A-GmbH hatte ihrem beherrschenden Gesellschafter-Geschäftsführer A im Dezember 01 eine Pensionszusage erteilt, die mangels Erdienbarkeit nicht anerkannt werden konnte. Die Pension wird ab Januar 04 i. H. v. 6 000 € jährlich an A ausgezahlt (Eintritt des Versorgungsfalls mit Vollendung des 65. Lebensjahres). Die Pensionsrückstellung ist am 31. 12. 03 zutreffend mit 60 000 € passiviert (Zuführung vereinfachungshalber jährlich 20 000 € von 01 bis 03).

Die Pensionsrückstellung zum 31. 12. 04 beträgt 55 000 €.

a) Die verdeckte Gewinnausschüttung wurde von Anfang hinzugerechnet.

b) Die verdeckte Gewinnausschüttung wurde in 01 bis 03 nicht hinzugerechnet.

Die Teilbeträge I und II entwickeln sich wie folgt:

a)

Stichtag	Teilbetrag I	Teilbetrag II
31.12.01	20 000 €	20 000 €
31.12.02	40 000 €	40 000 €
31.12.03	60 000 €	60 000 €

b)

Stichtag	Teilbetrag I	Teilbetrag II
31.12.01	20 000 €	0 €
31.12.02	40 000 €	0 €
31.12.03	60 000 €	0 €

AUFGABE

Wie ist die A-GmbH steuerlich zu behandeln?

LITERATURHINWEIS

Köllen/Reichert/Vogl/Wagner, Lehrbuch Körperschaftsteuer und Gewerbesteuer, Kapitel 4.2.3

LÖSUNG

Gemäß § 8 Abs. 3 KStG dürfen verdeckte Gewinnausschüttungen das Einkommen einer Kapital-gesellschaft nicht mindern. Hat sich durch eine verdeckte Gewinnausschüttung das Einkommen gemindert, hat insoweit eine Korrektur zu erfolgen. Das Einkommen der Gesellschaft ist daher um die eingetretene Vermögensminderung bzw. verhinderte Vermögensmehrung zu erhöhen. Auf den Zufluss beim Gesellschafter kommt es nicht an (BFH-Urteile vom 29.4.1987 – I R 176/83, BStBl 1987 II S. 733, vom 22.2.1989 – I R 44/85, BStBl 1989 II S. 475, und vom 14.3.1989 – I R 8/85, BStBl 1989 II S. 633).

Die Erhöhung des Einkommens ist außerhalb der Bilanz vorzunehmen (BFH-Urteil vom 29.6.1994 – I R 27/95, BStBl 2002 II S. 367). Einzelheiten im Zusammenhang mit der Korrektur einer verdeckten Gewinnausschüttung außerhalb der Steuerbilanz ergeben sich aus dem BMF-Schreiben vom 28.5.2002 (BStBl 2002 I S. 603). Für die steuerliche Behandlung bei der Kapital-gesellschaft gelten folgende Grundsätze:

▶ Soweit eine verdeckte Gewinnausschüttung i. S. d. § 8 Abs. 3 Satz 2 KStG vorliegt, ist sie au-ßerhalb der Steuerbilanz dem Steuerbilanzgewinn im Rahmen der Ermittlung des Einkom-mens der Körperschaft hinzuzurechnen.

▶ Ist die verdeckte Gewinnausschüttung bei der erstmaligen Veranlagung des Wirtschafts-jahrs, in dem es zu der Vermögensminderung bzw. zu der verhinderten Vermögensmehrung gekommen ist, nicht hinzugerechnet worden und kann diese Veranlagung nach den Vor-schriften der AO nicht mehr berichtigt oder geändert werden, so unterbleibt die Hinzurech-nung gem. § 8 Abs. 3 Satz 2 KStG endgültig.

▶ Zu einer Leistung der Kapitalgesellschaft kommt es unabhängig von der bilanziellen bzw. einkommensmäßigen Behandlung der verdeckten Gewinnausschüttung erst im Zeitpunkt des tatsächlichen Abflusses.

▶ Beim Gesellschafter ist die verdeckte Gewinnausschüttung nach den für ihn geltenden steuerlichen Grundsätzen zu erfassen, unabhängig davon, ob sie auf der Ebene der Gesellschaft dem Einkommen hinzugerechnet wurde.

Ist eine Vereinbarung mit dem Gesellschafter, die in der Steuerbilanz zu einer Passivierung geführt hat (Verbindlichkeit oder Rückstellung), ganz oder teilweise als verdeckte Gewinnausschüttung zu beurteilen, hat dies auf die Passivierung der Verpflichtung keinerlei Einfluss. Das Betriebsvermögen ist in der Steuerbilanz zutreffend ausgewiesen; der gebildete Passivposten ist im Hinblick auf die verdeckte Gewinnausschüttung nicht zu korrigieren. Für den betreffenden Passivposten in der Steuerbilanz ist zum Zwecke der weiteren steuerlichen Behandlung der verdeckten Gewinnausschüttung eine Nebenrechnung durchzuführen. Dabei werden zwei Teilbeträge gebildet:

▶ **Teilbetrag I:** Summe der verdeckten Gewinnausschüttungen i. S. d. § 8 Abs. 3 Satz 2 KStG für den betroffenen Passivposten (unabhängig von der tatsächlichen außerbilanziellen Hinzurechnung).

▶ **Teilbetrag II:** Summe der verdeckten Gewinnausschüttungen i. S. d. § 8 Abs. 3 Satz 2 KStG für den betroffenen Passivposten, die tatsächlich bei der Einkommensermittlung dem Steuerbilanzgewinn hinzugerechnet wurde.

Teilbetrag I und Teilbetrag II decken sich dann, wenn die verdeckte Gewinnausschüttung bereits ab dem Erstjahr entdeckt und hinzugerechnet worden ist. Eine Differenz ergibt sich dann, wenn eine Hinzurechnung aus verfahrensrechtlichen Gründen in bestandskräftigen bzw. festsetzungsverjährten Veranlagungszeiträumen nicht mehr möglich ist (z. B. bei einer zu spät festgestellten verdeckten Gewinnausschüttung aus einer Pensionszusage).

Die beiden Teilbeträge sind entsprechend der Entwicklung des Passivpostens in der Steuerbilanz fortzuschreiben. Sie sind aufzulösen, soweit die Verpflichtung in der Steuerbilanz gewinnerhöhend aufzulösen ist. Die Gewinnerhöhung, die sich durch die Auflösung der Verpflichtung in der Steuerbilanz ergibt, ist – soweit sie anteilig auf den durch das Gesellschaftsverhältnis veranlassten Teil der Verpflichtung entfällt – bis zur Höhe des aufzulösenden Teilbetrags II außerhalb der Steuerbilanz vom Steuerbilanzgewinn zur Vermeidung einer doppelten Erfassung abzuziehen.

Auf den Sachverhalt angewendet bedeutet dies Folgendes:

Sachverhalt I: Eine Bilanzberichtigung ist gem. BMF-Schreiben vom 28. 5. 2002 (BStBl 2002 I S. 603) bei einer verdeckten Gewinnausschüttung nicht möglich. Die Gewinnminderung in bestandskräftigen Jahren kann daher nicht nachträglich korrigiert werden. Für die Jahre des Prüfungszeitraums sind die verdeckten Gewinnausschüttungen von jeweils 25 000 € außerhalb der Steuerbilanz wieder hinzuzurechnen. In der Steuerbilanz zum 31. 12. 04 ist die Pensionsrückstellung damit auch nach der Betriebsprüfung weiterhin i. H. v. 100 000 € bilanziert.

Die Teilbeträge I und II entwickeln sich nach der Betriebsprüfung wie folgt:

Stichtag	Teilbetrag I	Teilbetrag II
31.12.01	25 000 €	0 €
31.12.02	50 000 €	25 000 €
31.12.03	75 000 €	50 000 €
31.12.04	100 000 €	75 000 €

Aufgrund des Todes von A im Dezember 05 ist die Pensionsrückstellung in der Bilanz zum 31.12.05 nicht mehr auszuweisen und daher gewinnerhöhend aufzulösen (Ertrag i.H.v. 100 000 €). Die Teilbeträge I und II sind gleichfalls aufzulösen. Außerbilanziell ist ein Abzug bis zur Höhe des aufzulösenden Teilbetrags II vorzunehmen:

	Ertrag aus der Auflösung der Pensionsrückstellung	100 000 €
-	Abzug außerhalb der Bilanz bis zur Höhe des aufzulösenden Teilbetrags II	75 000 €
=	Einkommenserhöhung in 05	25 000 €

Wäre die verdeckte Gewinnausschüttung bereits für 01 hinzugerechnet worden, würde der Teilbetrag II – wie der Teilbetrag I – 100 000 € betragen; im Ergebnis würde sich dann aus der Auflösung der Pensionsrückstellung keine Auswirkung auf das Einkommen ergeben.

Sachverhalt II: In 04 ergibt sich in der Handels- und Steuerbilanz aufgrund der teilweisen Auflösung der Rückstellung eine Gewinnerhöhung um 5 000 € (neuer Rückstellungsbetrag: 55 000 €). Diese ist in voller Höhe im Gesellschaftsverhältnis begründet. Sie ist deshalb außerhalb der Steuerbilanz bis zur Höhe des Teilbetrags II abzuziehen. Die Konsequenzen stellten sich wie folgt dar:

a) Abzug um 5 000 €; Auflösung des Teilbetrags I i.H.v. 5 000 €; Höhe des Teilbetrags I am 31.12.04: 55 000 € (Rückstellungsbetrag); Teilbetrag II: wie Teilbetrag I;

b) Kein Abzug, damit Einkommenserhöhung i.H.v. 6 000 €; keine Fortführung von Teilbetrag II; Höhe des Teilbetrags I: 55 000 €.

Die Pensionszahlungen führen in 04 in voller Höhe (6 000 €) zu laufenden Betriebsausgaben. Diese sind jedoch durch das Gesellschaftsverhältnis veranlasst. Der Betrag i.H.v. 6 000 € ist dem Steuerbilanzgewinn insoweit hinzuzurechnen, als er die Differenz aus dem aufzulösenden Teilbetrag I und dem aufzulösenden Teilbetrag II übersteigt.

a) Aufwand laufender Pensionszahlungen		6 000 €
Aufzulösender Teilbetrag I	5 000 €	
Aufzulösender Teilbetrag II	5 000 €	
Differenz	0 €	0 €
Hinzuzurechnender Betrag		6 000 €

b) Aufwand laufender Pensionszahlungen   6 000 €

Aufzulösender Teilbetrag I	5 000 €	
Aufzulösender Teilbetrag II	0 €	
Differenz	5 000 €	5 000 €
Hinzuzurechnender Betrag		1 000 €

Damit kann bei b) nur die Differenz aus dem Ertrag aus der Auflösung der Rückstellung und dem Aufwand aus den laufenden Pensionszahlungen hinzugerechnet werden.

Einkommensauswirkung in 04:

	a)	b)
Bilanzieller Ertrag aus der Auflösung der Rückstellung	+ 5 000 €	+ 5 000 €
Korrektur außerhalb der Bilanz	– 5 000 €	0 €
Aufwand lt. GuV aus den laufenden Pensionszahlungen	– 6 000 €	– 6 000 €
Korrektur außerhalb der Bilanz	+ 6 000 €	+ 1 000 €
Gesamtauswirkung	0 €	0 €

Bei a) und b) ergibt sich dieselbe Auswirkung auf das Einkommen. Dennoch müssen die Teilbeträge I und II weiterhin geführt werden, da sich Auswirkungen bei einem späteren Wegfall der Pensionsverpflichtung (z. B. bei Tod des Berechtigten oder bei Verzicht auf den Pensionsanspruch) ergeben können.

Beim Anteilseigner ist bei a) und b) jeweils ein Betrag i. H.v. 5 000 € als verdeckte Gewinnausschüttung zu versteuern, der gem. § 3 Nr. 40 EStG zu 40 % steuerfrei ist.

FALL 27

Auswirkungen einer verdeckten Gewinnausschüttung bei der Kapitalgesellschaft und beim Anteilseigner

Sachverhalt:

X ist Alleingesellschafter der X-GmbH (Stammkapital 100 000 €). Wirtschaftsjahr ist das Kalenderjahr. Die X-GmbH hat X im Juli 08 nachträglich eine Jahressonderzahlung für 07 i. H.v. 100 000 € gewährt. Das Eigenkapital lt. Steuerbilanz zum 31. 12. 07 setzt sich wie folgt zusammen:

Stammkapital	100 000 €
Kapitalrücklage	100 000 €
Bilanzgewinn	50 000 €
Eigenkapital	250 000 €

Im Bescheid zum 31. 12. 07 wurde ein steuerliches Einlagekonto (§ 27 Abs. 1 KStG) i. H.v. 100 000 € festgestellt.

In 07 hat die X-GmbH einen Jahresüberschuss i. H.v. 10 000 € erzielt.

Prüfen Sie, wie sich die Sonderzahlung an X bei der X-GmbH und bei X steuerlich auswirkt. Auf eine Gewerbesteuerrückstellung soll hier nicht eingegangen werden.

Köllen/Reichert/Vogl/Wagner, Lehrbuch Körperschaftsteuer und Gewerbesteuer, Kapitel 8.2

Die Gehaltsnachzahlung i. H. v. 100 000 € stellt eine verdeckte Gewinnausschüttung i. S. d. § 8 Abs. 3 Satz 2 KStG dar. Es liegt ein Verstoß gegen das Nachzahlungsverbot vor, da X beherrschender Gesellschafter ist (H 8.5 „III. Klare und eindeutige Vereinbarung" KStH).

Die verdeckte Gewinnausschüttung ist dem Steuerbilanzgewinn außerhalb der Steuerbilanz im Rahmen der Ermittlung des z. v. E. wieder hinzuzurechnen (BMF-Schreiben vom 28. 5. 2002, BStBl 2002 I S. 603, Tz. 3).

Fraglich ist, ob durch die verdeckte Gewinnausschüttung das steuerliche Einlagekonto gem. § 27 Abs. 1 Satz 3 KStG gemindert wird. Dies ist der Fall, wenn die Leistungen in 08 (verdeckte Gewinnausschüttung) den ausschüttbaren Gewinn zum 31. 12. 07 übersteigen.

Es ergibt sich folgende Rechnung:

	Eigenkapital zum 31. 12. 07 gesamt	250 000 €
-	gezeichnetes Kapital	- 100 000 €
-	Bestand des steuerlichen Einlagekontos zum 31. 12. 07	- 100 000 €
=	ausschüttbarer Gewinn	50 000 €
	Leistungen in 08	100 000 €
-	ausschüttbarer Gewinn	- 50 000 €
=	Verwendung aus dem steuerlichen Einlagekonto	50 000 €

Es ergibt sich folgende festzusetzende Körperschaftsteuer für die X-GmbH:

	Jahresüberschuss	10 000 €
+	verdeckte Gewinnausschüttung	+ 100 000 €
=	z. v. E.	**110 000 €**
	Tarifbelastung (15 %)	16 500 €
=	festzusetzende Körperschaftsteuer	**16 500 €**

Beim Anteilseigner X stellt die verdeckte Gewinnausschüttung Einnahmen i. S. d. § 20 Abs. 1 Satz 1 Nr. 1 Satz 2 KStG dar. Sie ist jedoch nur insoweit steuerpflichtig, als nicht Beträge aus dem steuerlichen Einlagekonto als verwendet gelten. Der verbleibende Teil der Ausschüttung unterliegt der Abgeltungsteuer i. H. v. 25 %.

Die Verwendung von Teilbeträgen aus dem steuerlichen Einlagekonto führt bei X zu einer Verminderung der Anschaffungskosten auf die Beteiligung an der X-GmbH.

Einnahmen aus Kapitalvermögen (§ 20 Abs. 1 Nr. 1 Satz 2 EStG)	100 000 €
Verwendung aus dem steuerlichen Einlagekonto	- 50 000 €
Verbleibende Kapitaleinnahmen (§ 20 Abs. 1 Nr. 1 EStG)	**50 000 €**

FALL 28

Verdeckte Gewinnausschüttung und Umsatzsteuer

Sachverhalte:

a) Die A-GmbH liefert Waren an ihren Gesellschafter A ohne Berechnung Gemeiner Wert der Ware = 9 520 €; Einkaufspreis der Ware im Zeitpunkt des Umsatzes = 5 000 € netto.

b) Die A-GmbH liefert Waren an ihren Gesellschafter A und berechnet 20 000 € zzgl. 3 800 € Umsatzsteuer: Gemeiner Wert der Ware: 35 700 €; Einkaufspreis der Ware im Zeitpunkt des Umsatzes: 10 000 € + 19 % Umsatzsteuer.

c) Die A-GmbH liefert Ware an ihren Gesellschafter A und berechnet 5 000 € zzgl. 950 € Umsatzsteuer (Gemeiner Wert der Ware = 35 700 €; Einkaufspreis der Ware im Zeitpunkt des Umsatzes: 10 000 € + 19 % Umsatzsteuer).

d) Wie c), allerdings wird die Ware an das Einzelunternehmen des Gesellschafters A geliefert. Die GmbH-Beteiligung befindet sich im Betriebsvermögen des Einzelunternehmens.

Variante 1: Die Ware ist zum Ende des Wirtschaftsjahres bereits veräußert.

Variante 2: Die Ware ist zum Ende des Wirtschaftsjahres noch nicht veräußert.

AUFGABE

Steuerliche Beurteilung in körperschaftsteuerlicher und umsatzsteuerlicher Hinsicht.

LÖSUNG

Vorbemerkung: Welche Folgen sich bei einer verdeckten Gewinnausschüttung im Hinblick auf die Umsatzsteuer ergeben, wenn die Kapitalgesellschaft Leistungen an ihren Gesellschafter erbringt, hängt davon ab, ob es sich um eine **unentgeltliche** Leistung der Gesellschaft an den Gesellschafter handelt oder ob die Leistung an den Gesellschafter **verbilligt** erfolgte.

Unentgeltliche Lieferungen oder Leistungen unterliegen als **unentgeltliche Wertabgaben** gem. § 3 Abs. 1b bzw. Abs. 9a UStG der Umsatzsteuer. Umsatzsteuerliche Bemessungsgrundlage ist bei der Hingabe von Gegenständen der **Einkaufspreis zzgl. der Nebenkosten** (§ 10 Abs. 4 Satz 1 Nr. 1 UStG) bzw. bei unentgeltlicher Nutzungsüberlassung an den Gesellschafter die bei der Leistung entstandenen Kosten (§ 10 Abs. 4 Satz 1 Nr. 2 UStG). Die Umsatzsteuer gehört nicht zur Bemessungsgrundlage und ist daher herauszurechnen.

Körperschaftsteuerlich ist die verdeckte Gewinnausschüttung mit dem gemeinen Wert des hingegebenen Wirtschaftsguts bzw. bei einer Nutzungsüberlassung mit der erzielbaren Vergütung anzusetzen. Grundsätzlich sieht § 10 Nr. 2 KStG vor, dass die Umsatzsteuer auf verdeckte Gewinnausschüttungen, die gewinnmindernd gebucht wird, dem Einkommen hinzuzurechnen ist (nicht abziehbare Aufwendungen). Da die verdeckte Gewinnausschüttung mit dem erzielbaren Preis (Bruttobetrag einschließlich Umsatzsteuer) zu bewerten und mit diesem Betrag dem Einkommen hinzuzurechnen ist, hat die Umsatzsteuer auf die verdeckte Gewinnausschüttung, weil sie im Wert der verdeckten Gewinnausschüttung enthalten ist, das Einkommen bereits erhöht. Eine weitere Hinzurechnung der Umsatzsteuer gem. § 10 Nr. 2 KStG kommt folglich nicht in Betracht (R 8.6 KStR).

Erbringt die Kapitalgesellschaft Leistungen **verbilligt** an ihren Gesellschafter, so handelt es sich hierbei weiterhin entweder um eine **Lieferung** (§ 3 Abs. 1 UStG) oder um eine **sonstige Leistung** (§ 3 Abs. 1 und 9 UStG). Die Kapitalgesellschaft hat bei diesen Sachverhalten i. d. R. die offen ausgewiesene Umsatzsteuer für Lieferungen/sonstige Leistungen an den Gesellschafter erfolgsneutral gebucht. Bemessungsgrundlage für die Umsatzsteuer ist bei einer zu niedrigen Entgeltsvereinbarung nicht das vereinbarte Entgelt i. S. d. § 10 Abs. 1 UStG, sondern gem. § 10 Abs. 5 Satz 1 Nr. 1 i. V. m. Abs. 4 UStG die **Mindestbemessungsgrundlage**, wenn der Einkaufspreis zzgl. der Nebenkosten zum Zeitpunkt des Umsatzes für die fragliche Leistung das vereinbarte Entgelt übersteigt. In Höhe der Differenz entsteht zusätzlich Umsatzsteuer.

Körperschaftsteuerlich handelt es sich i. H. d. Differenz zwischen der tatsächlich gezahlten und der erzielbaren Vergütung um eine verhinderte Vermögensmehrung, wenn der Gesellschafter für überlassene Wirtschaftsgüter bzw. für Nutzungen und Leistungen ein zu geringes Entgelt (teilentgeltliche Rechtsgeschäfte) zahlt.

a) Umsatzsteuer:	Es handelt sich um eine unentgeltliche Wertabgabe (§ 3 Abs. 1b Satz 1 Nr. 1 UStG) Bemessungsgrundlage § 10 Abs. 4 Satz 1 Nr. 1 UStG = Einkaufspreis im Zeitpunkt des Umsatzes	5 000 €
	19 % Umsatzsteuer =	950 €
Körperschaftsteuer:	Auswirkungen in der Steuerbilanz: Wareneinsatz aufgrund der unentgeltlichen Wertabgabe:	- 5 000 €
	Umsatzsteuer auf die unentgeltliche Wertabgabe (Passivierung als Verbindlichkeit, Aufwand Buchung: Umsatzsteueraufwand an Umsatzsteuerverbindlichkeit)	- 950 €
	Auswirkung auf den Steuerbilanzgewinn	- 5 950 €
	Steuerbilanzgewinn	- 5 950 €
	Einkommenskorrektur außerhalb der Steuerbilanz: Hinzurechnung der verdeckten Gewinnausschüttung mit dem gemeinen Wert inklusive Umsatzsteuer	+ 9 520 €
		+ 3 570 €

Eine nochmalige Hinzurechnung der Umsatzsteuer auf die unentgeltliche Wertabgabe i. H. v. 950 € gem. § 10 Nr. 2 KStG entfällt.

Die hier dargestellte Lösung zur Umsatzsteuer bei verdeckten Gewinnausschüttungen stellt die Auffassung der Finanzverwaltung dar (H 8.6 „Hingabe von Wirtschaftsgütern" KStH 2015).

Nach der Rechtsprechung ist jedoch Voraussetzung für die Annahme einer verdeckten Gewinnausschüttung, dass diese sich auf die Höhe des Unterschiedsbetrages gem. § 4 Abs. 1 Satz 1 EStG i. V. m. § 8 Abs. 1 KStG ausgewirkt hat. Steuerbilanziell ausgewirkt hat sich der Nettobetrag (ohne Umsatzsteuer) i. H. v. 5 000 €. Bei einer Veräußerung an den Gesellschafter wie unter fremden Dritten wäre die Umsatzsteuer erfolgsneutral gewesen. Eine außerbilanzielle Korrektur darf daher wohl nur i. H. v. 8 950 € (8 000 € + 950 € Umsatzsteuer, die als Aufwand verbucht wurde) erfolgen (H 8.6 „Hingabe von Wirtschaftsgütern" KStH 2015).

Auswirkungen in der Steuerbilanz:	Gewinnauswirkung
Wareneinsatz	- 5 000 €
Umsatzsteuer stellt bei der Kapitalgesellschaft Betriebsausgabe dar	- 950 €
Körperschaftsteuer: Einkommenskorrektur außerhalb der Steuerbilanz	+ 8 000 €
	+ 950 €
Einkommensauswirkung	3 000 €

b) Umsatzsteuer: Da die Mindestbemessungsgrundlage unter dem vereinbarten Entgelt liegt, ist § 10 Abs. 5 UStG nicht anzuwenden. Die Umsatzsteuer beträgt wie ausgewiesen 19 % von 20 000 € = 3 800 € und ist in dieser Höhe bereits erfasst. Es erfolgt keine Änderung hinsichtlich der Umsatzsteuer.

Körperschaftsteuer: Auswirkungen in der Steuerbilanz:

Wareneinsatz aufgrund der verbilligten Wertabgabe:	- 10 000 €
Ertrag aus der Veräußerung der Ware:	+ 20 000 €
Keine zusätzliche Umsatzsteuer auf die verbilligte Wertabgabe (Mindestbemessungsgrundlage kommt nicht zur Anwendung)	- 0 €
Auswirkung auf den Steuerbilanzgewinn	+ 10 000 €
Steuerbilanzgewinn	+ 10 000 €
Einkommenskorrektur außerhalb der Steuerbilanz: Hinzurechnung der verdeckten Gewinnausschüttung i. H. v. der Differenz zwischen dem gemeinen Wert (inklusive Umsatzsteuer) und dem tatsächlichen Entgelt zzgl. Umsatzsteuer	
(35 700 € - 23 800 €)	+ 11 900 €
	+ 21 900 €
Hinzurechnungsbetrag der verdeckten Gewinnausschüttung	+ 11 900 €

Von der Kapitalgesellschaft vereinnahmter Betrag	+ 23 800 €
Wert der Ware (inklusive Umsatzsteuer)	35 700 €

Bei einer Veräußerung an den Gesellschafter wie unter fremden Dritten wäre die Umsatzsteuer neutral gewesen. Die verdeckte Gewinnausschüttung ist daher wohl nur mit einem Betrag i. H. v. 10 000 € anzusetzen.

c) Umsatzsteuer: Da der Einkaufspreis das vereinbarte Entgelt übersteigt, ist die Mindestbemessungsgrundlage anzusetzen (§ 10 Abs. 5 Satz 1 Nr. 1 UStG i. V. m. § 10 Abs. 4 Satz 1 Nr. 1 UStG). Die Umsatzsteuer beträgt daher 19 % von 10 000 € = 1 900 € (bisher: 950 €).

Körperschaftsteuer: Auswirkungen in der Steuerbilanz:

Wareneinsatz aufgrund der verbilligten Wertabgabe:	- 10 000 €
Ertrag aus der Veräußerung der Ware:	+ 5 000 €
Zusätzliche Umsatzsteuer, stellt bei der A-GmbH abzugsfähige Betriebsausgabe dar (Passivierung als Verbindlichkeit, Aufwand Buchung: Umsatzsteueraufwand an Umsatzsteuerverbindlichkeit)	- 950 €
Auswirkung auf den Steuerbilanzgewinn	- 5 950 €
Steuerbilanzgewinn	- 5 950 €
Einkommenskorrektur außerhalb der Steuerbilanz: Hinzurechnung der verdeckten Gewinnausschüttung i. H. v. der Differenz zwischen dem gemeinen Wert (inklusive Umsatzsteuer) und dem tatsächlichen Entgelt zzgl. Umsatzsteuer (35 700 € - 5 950 €)	+ 29 750 €
	+ 23 800 €
Hinzurechnungsbetrag der verdeckten Gewinnausschüttung	+ 29 750 €
Von der Kapitalgesellschaft vereinnahmter Betrag	+ 5 950 €
Wert der Ware (inklusive Umsatzsteuer)	35 700 €

Die hier dargestellte Lösung zur Umsatzsteuer bei verdeckten Gewinnausschüttungen stellt die Auffassung der Finanzverwaltung dar (H 8.6 „Hingabe von Wirtschaftsgütern" KStH 2015).

Im Vergleich zu einer Fremdveräußerung beträgt der entgangene Gewinn 25 000 € (30 000 € - 5 000 €). Der Mehrbetrag an Umsatzsteuer aufgrund des Ansatzes der Mindestbemessungsgrundlage beträgt 950 €. Da dieser Umsatzsteuer-Mehrbetrag keine auf die verdeckte Gewinnausschüttung entfallende Umsatzsteuer darstellt, entfällt insoweit eine Hinzurechnung. Da die verhinderte Vermögensmehrung sich lediglich auf 25 000 € beläuft, ist die verdeckte Gewinnausschüttung wohl auf diesen Betrag zu begrenzen (siehe auch *Jäger/Lang/Künze*, Grüne Reihe Bd. 6, Körperschaftsteuer, 19. Aufl. 2016, S. 252 sowie *Dötsch/Alber/Sell/Zenthöfer*, Finanz und Steuern, Bd. 5, Körperschaftsteuer, 18. Aufl. 2017, S. 94 und S. 149 ff.).

Die verdeckte Gewinnausschüttung ist in der Höhe anzusetzen, in der das Vermögen der Kapitalgesellschaft bilanziell gemindert bzw. nicht erhöht wurde. Danach ist das Einkommen so zu ermitteln, wie es sich ohne die verdeckte Gewinnausschüttung ergeben hätte. Es wird also ein hypothetischer Fremdvergleich angestellt, als ob das Geschäft von einem ordentlichen und gewissenhaften Geschäftsführer zu Bedingungen abgewickelt worden wäre, die einem Fremdvergleich standhalten. Bei einer verbilligten Leistung ist das bilanzielle Vermögen hypothetisch in der Höhe anzusetzen, als sei diese zu einem üblichen erzielbaren Preis erbracht worden. Umgekehrt muss bei einem Leistungsbezug zu einem überhöhten Preis vom üblichen Bezugspreis ausgegangen werden. In die Betrachtung ist dabei auch die umsatzsteuerliche Auswirkung einzubeziehen. Daher kann die verdeckte Gewinnausschüttung nicht höher anzusetzen sein, als wenn das Geschäft zu Bedingungen abgewickelt worden wäre, die einem Fremdvergleich standhalten. Wird daher für die Leistung weniger als der übliche Verkaufspreis gezahlt, kann die verdeckte Gewinnausschüttung nur mit dem üblichen Verkaufspreis ohne Umsatzsteueranteil zzgl. tatsächlich anfallender Umsatzsteuer anzusetzen sein. Wird die verdeckte Gewinnausschüttung mit dem gemeinen Wert (erzielbarer Erlös inklusive Umsatzsteueranteil) angesetzt, führt dies zu einem unzutreffenden Ergebnis, weil nur die tatsächlich anfallende Umsatzsteuer das Vermögen mindert. Daher ist auch nur insoweit ein Ausgleich erforderlich. Das Einkommen darf nämlich nicht höher angesetzt werden, als es sich bei einem Fremdgeschäft ergeben hätte.

Bei einem Ansatz der verdeckten Gewinnausschüttung mit dem gemeinen Wert würde durch den hierin enthaltenen Umsatzsteueranteil fiktiv Einkommen generiert, das bei einem Fremdgeschäft nicht entstanden wäre.

d) Umsatzsteuer:	siehe Beispiel 2	
Körperschaftsteuer:	Verdeckte Gewinnausschüttung (wie Beispiel 2) (lt. Auffassung der Finanzverwaltung)	11 900 €
	Auswirkungen im Einzelunternehmen des A:	
	Variante 1: Ware zum Ende des Wirtschaftsjahres bereits veräußert:	
	Beteiligungserträge aufgrund verdeckter Gewinnausschüttung (§ 20 Abs. 1 Nr. 1 Satz 2 und Abs. 8 EStG)	+ 11 900 €
	Erhöhung des Wareneinsatzes (Verdeckte Gewinnausschüttung - zusätzliche Vorsteuer (wenn Rechnungsberichtigung)) (11 900 € - 1 900 € = 10 000 €)	- 10 000 €
	Gewinn (11 900 € - 10 000 €)	+ 1 900 €

Außerbilanzielle Korrektur (Teileinkünfteverfahren): steuerfrei gem. § 3 Nr. 40d Satz 2 EStG (40 % aus 11 900 €)	- 4 760 €
Einkünfte § 15 EStG	- 2 860 €

Variante 2: Ware zum Ende des Wirtschaftsjahres noch nicht veräußert:

Beteiligungserträge aufgrund verdeckter Gewinnausschüttung (§ 20 Abs. 1 Nr. 1 Satz 2 und Abs. 8 EStG)	+ 11 900 €
Erhöhung des Wareneinsatzes (Verdeckte Gewinnausschüttung - zusätzliche Vorsteuer (wenn Rechnungsberichtigung)) (11 900 € - 1 900 € = 10 000 €)	- 10 000 €
Erhöhung des Warenbestandes zum Ende des Wirtschaftsjahres	+ 10 000 €
Gewinn	+ 11 900 €
Außerbilanzielle Korrektur (Teileinkünfteverfahren): steuerfrei gem. § 3 Nr. 40d Satz 2 EStG (40 % von 11 900 €)	- 4 760 €
Einkünfte § 15 EStG	+ 7 140 €
Gewinnauswirkung bei einer Veräußerung der Ware: (dann Verminderung des Warenbestandes bei gleichzeitigem höheren Wareneinsatz)	- 10 000 €

FALL 29

Steuerbelastung bei einer verdeckten Gewinnausschüttung aufgrund Rückwirkungs- und Nachzahlungsverbot bei beherrschender Beteiligung

Sachverhalt:

Im Rahmen einer Betriebsprüfung wird festgestellt, dass die X-GmbH ihrem Alleingesellschafter X am 1. 11. 01 nachträglich das Gehalt um 1 000 € mtl. erhöht hat. Die Gehaltserhöhung ist der Höhe nach angemessen.

AUFGABEN

Wie ist der Sachverhalt bei der X-GmbH und bei X steuerlich zu behandeln? Der Gewerbesteuer-Hebesatz beträgt 400 %, die Einkommensteuerbelastung (einschl. Nebensteuern) soll 40 % betragen.

Wie ändert sich die steuerliche Behandlung in 02?

LITERATURHINWEIS

Köllen/Reichert/Vogl/Wagner, Lehrbuch Körperschaftsteuer und Gewerbesteuer, Kapitel 4.2.3.6

LÖSUNG

Vorbemerkung: Im Verhältnis zwischen Gesellschaft und beherrschendem Gesellschafter ist eine Veranlassung durch das Gesellschaftsverhältnis i. d. R. auch dann anzunehmen,

► wenn es an einer zivilrechtlich wirksamen, klaren, eindeutigen und im Voraus abgeschlossenen Vereinbarung darüber fehlt, ob und in welcher Höhe ein Entgelt für eine Leistung des Gesellschafters zu zahlen ist, oder

► wenn nicht einer klaren Vereinbarung entsprechend verfahren wird (R 8.5 Abs. 2 KStR).

In diesen Fällen liegt **grundsätzlich eine verdeckte Gewinnausschüttung** vor, unabhängig davon, wie der ordentliche und gewissenhafte Geschäftsleiter gehandelt hätte und ob die Leistungen der Kapitalgesellschaft der Höhe nach angemessen sind.

Verträge mit beherrschenden Gesellschaftern müssen zivilrechtlich wirksam sein, um steuerlich anerkannt zu werden. Eine Wirksamkeitsvoraussetzung ist ein eventuell bestehendes Schriftformerfordernis (BFH-Urteil vom 17. 9. 1992 – I R 89-98/91, BStBl 1993 II S. 141). Rechtsgeschäfte, die der durch Gesetz oder Rechtsgeschäft vorgeschriebenen Form nicht genügen, sind nichtig. Maßgeblich für die Beurteilung der zivilrechtlichen Wirksamkeit ist, ob die Einhaltung der Schriftform Gültigkeitsvoraussetzung für den geänderten Vertrag sein soll (konstitutive Schriftform) oder ob der Inhalt des Vertrags lediglich zu Beweiszwecken schriftlich niedergelegt werden soll (deklaratorische Schriftform).

Änderungen des **Gesellschaftsvertrags** einer GmbH bedürfen gem. § 53 Abs. 2 GmbHG der notariellen Beurkundung. Die Befreiung eines Alleingesellschafters vom Selbstkontrahierungsverbot gem. § 181 BGB bedarf zu ihrer Wirksamkeit einer ausdrücklichen Gestattung im Gesellschaftsvertrag und der Eintragung im Handelsregister. Wird die Befreiung erst nach Abschluss von In-sich-Geschäften in der Satzung geregelt und ins Handelsregister eingetragen, sind diese als nachträglich genehmigt anzusehen. **Miet- und Pachtverträge** bedürfen nicht notwendig der Schriftform, **Grundstückskaufverträge** bedürfen der notariellen Beurkundung. Für Dienstverträge (z. B. mit Geschäftsführern) ist keine Schriftform vorgeschrieben.

Gibt es Beweisanzeichen dafür, dass die Vertragsparteien eine mündlich getroffene Abrede gelten lassen wollen, obwohl sie selbst für alle Vertragsänderungen Schriftform vereinbart hatten, so ist der Vertrag trotzdem wirksam geändert. Solche Beweisanzeichen liegen bei Dauerschuldverhältnissen vor, wenn aus gleichförmigen mtl. Zahlungen und Buchungen erhöhter Gehälter sowie aus der Abführung von Lohnsteuer und Sozialversicherungsbeiträgen auf die Vereinbarung erhöhter Gehälter geschlossen werden kann (BFH-Urteile vom 24. 1. 1990 – I R 157/86, BStBl 1990 II S. 645, und vom 29. 7. 1992 – I R 18/91, BStBl 1993 II S. 139). Ist vertraglich ausdrücklich festgelegt, dass ohne Schriftform vorgenommene Änderungen unwirksam sein sollen, so tritt ein diesbezüglicher Wille klar zu Tage (BFH-Urteil vom 31. 7. 1991 – I S 1/91, BStBl 1991 II S. 933).

Vergütungen einer Kapitalgesellschaft an beherrschende Gesellschafter stellen also – unabhängig von ihrer Angemessenheit – immer verdeckte Gewinnausschüttungen dar, wenn sie auf nicht von vornherein getroffenen klaren und eindeutigen Vereinbarungen beruhen. Es muss daher im Voraus klar und eindeutig bestimmt sein, ob und in welcher Höhe ein Entgelt für eine Leistung des beherrschenden Gesellschafters zu zahlen ist. Dadurch soll verhindert werden, dass durch rückwirkende Vereinbarungen des beherrschenden Gesellschafters mit der Kapitalgesellschaft der Gewinn der Gesellschaft willkürlich beeinflusst werden kann.

Die Berechnungsgrundlagen müssen so bestimmt sein, dass allein durch Rechenvorgänge die Höhe der Vergütung ermittelt werden kann, ohne dass es noch der Ausübung irgendwelcher Ermessensakte seitens der Geschäftsführung oder Gesellschafterversammlung bedarf (BFH-Urteile vom 24. 5. 1989 – I R 90/85, BStBl 1989 II S. 800, und vom 17. 12. 1997 – I R 70/97, BStBl 1998 II S. 545). Auch eine getroffene Vereinbarung über Sondervergütungen muss zumindest erkennen lassen, nach welcher Bemessungsgrundlage (Prozentsätze, Zuschläge, Höchst- und Mindestbeträge) die Vergütung errechnet werden soll. Es muss ausgeschlossen sein, dass bei der Berechnung der Vergütung ein Spielraum verbleibt.

Rückwirkende Vereinbarungen zwischen der Gesellschaft und dem beherrschenden Gesellschafter sind steuerlich nicht zu beachten (BFH-Urteile vom 23. 9. 1970 – I R 116/66, BStBl 1971 II S. 64, vom 3. 4. 1974 – I R 241/71, BStBl 1974 II S. 497, und vom 21. 7. 1976 – I R 223/74, BStBl 1976 II S. 734). Unter das Rückwirkungsverbot fallen z. B. auch rückwirkende Gehaltsbewilligungen und rückwirkende Gehaltserhöhungen ohne im Voraus vereinbarte Anpassungsklausel. Aus einem Forderungsverzicht kann nicht automatisch auf eine fehlende Durchführung eines Vertrags geschlossen werden. Anzuerkennen sind rückwirkende Vereinbarungen, soweit sie sich auf die Zukunft erstrecken und sie angemessen sind.

Das steuerliche **Rückwirkungsverbot** oder Nachzahlungsverbot gilt grundsätzlich nur bei einer **beherrschenden Beteiligung** und hat Vorrang vor der Angemessenheitsprüfung. Dabei ist ohne Bedeutung, ob die Nachzahlung im Rahmen der Angemessenheit gelegen hätte. Eine beherrschende Stellung eines GmbH-Gesellschafters liegt i. d. R. vor, wenn der Gesellschafter die Mehrheit der Stimmrechte besitzt und deshalb bei Gesellschafterversammlungen entscheidenden Einfluss ausüben kann (BFH-Urteil vom 13. 12. 1989 – I R 99/87, BStBl 1990 II S. 454). Aber auch eine Beteiligung von nicht mehr als 50 % der Anteile kann eine beherrschende Stellung vermitteln, wenn beispielsweise der betreffende Gesellschafter durch **Mehrheitsstimmrechte** eine Stimmenmehrheit hat (BFH-Urteil vom 29. 10. 1974 – I R 83/73, BStBl 1975 II S. 366) oder wenn andere Gesellschafter zum Teil stimmrechtslose Anteile haben. Umgekehrt kann es trotz einer Beteiligung von mehr als 50 % der Anteile an einer Mehrheitsbeteiligung fehlen, wenn hierin stimmrechtslose Anteile enthalten sind.

Auch eine mittelbare Beteiligung kann zu einer beherrschenden Stellung führen.

Eine beherrschende Stellung kann auch vorliegen, wenn mehrere Gesellschafter einer Kapitalgesellschaft mit gleich gerichteten Interessen zusammenwirken, um eine ihren Interessen entsprechende einheitliche Willensbildung herbeizuführen (BFH-Urteil vom 26. 7. 1978 – I R 138/76, BStBl 1978 II S. 659). Die Tatsache, dass die Gesellschafter nahe Angehörige sind, reicht allein nicht aus, um gleich gerichtete Interessen anzunehmen; vielmehr müssen weitere Anhaltspunkte hinzutreten (BVerfG-Urteil vom 12. 3. 1985 – 1 BvR 571/81, 1 BvR 494/82, 1 BvR 47/83, BStBl 1985 II S. 475 und BFH-Urteil vom 1. 2. 1989 – I R 72/85, BStBl 1989 II S. 522).

Das Rückwirkungsverbot gilt auch, wenn Leistungsempfänger eine dem beherrschenden Gesellschafter nahe stehende Person ist (BFH-Urteil vom 1. 10. 1986 – I R 54/83, BStBl 1987 II S. 459).

Steuerliche Behandlung bei der X-GmbH:

Z. v. E. bisher	... €
+ verdeckte Gewinnausschüttung	10 000,00 €
Gewerbesteuer (10 000 € × 400 % × 3,5 %)	1 400,00 €
Körperschaftsteuer	1 500,00 €
Solidaritätszuschlag	82,50 €
steuerliche Mehrbelastung aufgrund der verdeckten Gewinnausschüttung	2 982,50 €
	= 29,825 %

Steuerliche Behandlung bei X:

Erträge aus Beteiligungen, die neben einer Gewinnbeteiligung auch ein Recht auf einen Anteil am Liquidationserlös gewähren, unterliegen der Abgeltungsteuer i. H. v. 25 %. Ein Werbungskosten-Abzug kommt nicht in Betracht. Bemessungsgrundlage ist der Kapitalertrag. Es ist ein Sparer-Pauschbetrag i. H. v. 801 € bzw. 1 602 € bei zusammen veranlagten Ehegatten zu berücksichtigen. Auf die verbleibende Bemessungsgrundlage wird die Abgeltungsteuer i. H. v. 25 % zzgl. Solidaritätszuschlag und ggf. Kirchensteuer erhoben. Schuldner der Kapitalertragsteuer ist gem. § 44 Abs. 1 EStG grundsätzlich der Gläubiger der Kapitalerträge bzw. die auszahlende Stelle (Kreditinstitut oder Finanzdienstleistungsinstitut).

Der Abzug soll regelmäßig bereits durch die Finanzdienstleistungsinstitute erfolgen. Dabei hat die Kapitalertragsteuer auf Einkünfte aus Kapitalvermögen grundsätzlich Abgeltungswirkung (§ 43 Abs. 5 EStG), die mit Abgeltungswirkung besteuerten Kapitalerträge werden daher nicht in die Veranlagung einbezogen (§ 25 Abs. 1 EStG n. F.) und müssen in der Einkommensteuererklärung nicht aufgeführt werden.

Zinsen und Dividenden **im betrieblichen Bereich** unterliegen nicht der Abgeltungsteuer i. H. v. 25 %, d. h. es kommt der normale Tarif zur Anwendung. Dies gilt für Kapitaleinkünfte im Bereich Land- und Forstwirtschaft, selbständiger Arbeit, Gewerbebetrieb oder Vermietung und Verpachtung (§ 20 Abs. 8 EStG). Hier kommt das sog. **Teileinkünfteverfahren** zur Anwendung.

Für Dividenden gilt dann eine Steuerbefreiung i. H. v. 40 %, 60 % unterliegen beim Anteilseigner der Besteuerung mit dem persönlichen Steuersatz. Entsprechend sind 40 % der Betriebsausgaben gem. § 3c EStG nicht abzugsfähig, 60 % stellen abziehbare Betriebsausgaben dar. Die Herabsetzung der Steuerbefreiung auf 40 % der Dividende ist die Folge der Absenkung der Steuersätze bei der Körperschaftsteuer, da die ausgeschütteten Gewinne in geringerem Maße steuerlich vorbelastet sind.

Damit ergibt sich folgende steuerliche Behandlung bei X:

Einkünfte aus nicht selbständiger Arbeit	- 10 000 €
Einkommensteuer-Erstattung (einschl. Nebensteuern) lt. Sachverhalt 40 % (10 000 € × 40 %)	- 4 000 €
Einkünfte aus Kapitalvermögen	10 000 €
Abgeltungsteuer 25 %	2 500 €
	- 1 500 €

FALL 30

Tantieme als verdeckte Gewinnausschüttung bei Dienstverträgen mit Gesellschaftern

Sachverhalt:

Zwischen der A-GmbH und ihrem beherrschenden Gesellschafter-Geschäftsführer A wird eine angemessene Gesamtausstattung i. H. v. 300 000 € vereinbart, die sich wie folgt zusammensetzt:

Festgehalt: 120 000 €

Tantieme: 180 000 €

Der durchschnittlich erzielbare Jahresüberschuss vor Abzug der Tantieme und der ertragsabhängigen Steuern wird mit 1 500 000 € angenommen.

AUFGABEN

1. Erläutern Sie, welche Grundsätze für die steuerliche Anerkennung von Tantiemen gelten.

2. Beurteilen Sie den Sachverhalt unter Berücksichtigung der steuerlichen Grundsätze für die Anerkennung von Tantiemen.

LITERATURHINWEIS

Köllen/Reichert/Vogl/Wagner, Lehrbuch Körperschaftsteuer und Gewerbesteuer, Kapitel 4.2.3.11

LÖSUNG

Zu 1

Gewinntantiemen können steuerlich anzuerkennen sein. Für die steuerliche Anerkennung einer Tantiemevereinbarung ist Voraussetzung, dass diese klar und eindeutig getroffen wurde. Die Höhe der Vergütung muss allein durch Rechenvorgänge ermittelt werden können (BFH-Urteil vom 30. 1. 1985 – I R 37/82, BStBl 1985 II S. 345), ohne dass es noch der Ermessensausübung durch die Geschäftsführung oder die Gesellschafterversammlung bedarf. Fehlt eine klare und eindeutige Vereinbarung, so ist i. d. R. von einer verdeckten Gewinnausschüttung auszugehen. Bei einer **gewinnabhängigen Tantieme** muss insbesondere eindeutig geregelt sein, welcher Gewinn der Bemessung der Tantieme zugrunde gelegt wird.

In folgenden Fällen wurde das Vorliegen einer klaren und eindeutigen Vereinbarung von der Rechtsprechung verneint, weil die **Bemessungsgrundlage** nicht klar und eindeutig bestimmt war:

► Tantieme wird in Abhängigkeit von der wirtschaftlichen Lage der Gesellschaft bezahlt (BFH-Urteil vom 11.12.1991 – I R 49/90, BStBl 1992 II S. 434);

► Existenz von sich widersprechenden Tantiemevereinbarungen (BFH-Urteil vom 24.5.1989 – I R 90/85, BStBl 1989 II S. 800);

► Tantiemeauszahlung als Kannbestimmung (FG Hamburg vom 16.8.1989, EFG 1990 S. 125);

► Vorbehalt der Gesellschafterversammlung, abweichende Regelung zu treffen (BFH-Urteil vom 29.4.1992 – I R 21/90, BStBl 1992 II S. 851);

► Bemessung der Tantieme eines beherrschenden Gesellschafter-Geschäftsführers nach dem „Gewinn gemäß Grundsätzen ordnungsmäßiger Buchführung unter Berücksichtigung aller steuerlich zulässigen Maßnahmen" oder nach dem „Ergebnis der Steuerbilanz" (BFH-Urteil vom 1.7.1992 – I R 78/91, BStBl 1992 II S. 975);

► Vereinbarung einer „angemessenen" Vergütung (BFH-Urteil vom 17.12.1997 – I R 70/97, BStBl 1998 II S. 545);

► Bemessung der Tantieme nach einem Prozentsatz des „vorläufigen Ergebnisses" oder des „vorläufigen Gewinns" (BFH-Urteil vom 1.4.2003 – I R 78, 79/02, BFH/NV 2004 S. 86).

Neben der klaren und eindeutigen Vereinbarung ist die zivilrechtliche Wirksamkeit einer Tantiemevereinbarung zwischen Kapitalgesellschaft und ihrem beherrschenden Gesellschafter-Geschäftsführer Voraussetzung dafür, dass die Tantieme als schuldrechtlicher Anspruch gegenüber der Kapitalgesellschaft begründet wird (BFH-Urteile vom 17.9.1992 – I R 89 – 98/91, BStBl 1993 II S. 141, vom 13.7.1994 – I R 43/94, BFH/NV 1995 S. 548, und vom 2.3.1994, BFH/NV 1994 S. 661).

Nach der Rechtsprechung des BGH (vom 25.3.1991, GmbHR 1991 S. 363) liegt der Abschluss, die Änderung sowie die Beendigung des Dienstvertrages zwischen der GmbH und ihrem beherrschenden Gesellschafter-Geschäftsführer im Zuständigkeitsbereich der Gesellschafterversammlung. Bei Verletzung dieses Zuständigkeitsgrundsatzes ist die zivilrechtliche Wirksamkeit nicht gegeben, sodass eine verdeckte Gewinnausschüttung anzunehmen ist (BMF-Schreiben vom 16.5.1994, BStBl 1994 I S. 868, und vom 21.12.1995, BStBl 1996 I S. 50).

Voraussetzung für die steuerliche Anerkennung einer Tantieme ist u. a. die **Ernsthaftigkeit der Vereinbarung.** Hierzu gehört, dass die Tantieme der von vornherein klaren und eindeutigen Vereinbarung entsprechend ausbezahlt (BFH-Urteil vom 28.10.1987 – I R 110/83, BStBl 1988 II S. 301) bzw. durch Gutschrift auf einem für den Gesellschafter frei verfügbaren Verrechnungskonto in einen Darlehensanspruch umgewandelt wird (BFH-Urteil vom 2.12.1992 – I R 54/91, BStBl 1993 II S. 311).

Wird die Auszahlung der Tantieme über längere Zeit aufgeschoben, so spricht dies u.U. gegen die Ernsthaftigkeit der Vereinbarung. Dabei kommt es auf die Dauer der Fristüberschreitung an (BFH-Urteil vom 28.7.1993 – I B 54/93, BFH/NV 1994 S. 345). Für die Frage, ob eine verzögerte

Auszahlung der Tantieme eine fehlende Ernsthaftigkeit der Vereinbarung nahelegt, sind u.U. noch weitere Kriterien ausschlaggebend, z. B. ob für die zurückgestellten Tantiemebeträge Sozialversicherungsbeiträge und Lohnsteuer einbehalten wurden (BFH-Urteil vom 24.1.1990 – I R 157/86, BStBl 1990 II S. 645) und aus welchen Gründen auf die Auszahlung verzichtet wurde. So kann die wirtschaftliche Situation einer GmbH durchaus Grund dafür sein, dass die vereinbarte Tantieme nicht oder später ausgezahlt wird. Unschädlich ist eine fehlende Auszahlung der Tantieme im Insolvenzverfahren.

Vergütungen an einen Gesellschafter-Geschäftsführer einer Kapitalgesellschaft müssen angemessen sein (BFH-Urteil vom 29.7.1992 – I R 28/92, BStBl 1993 II S. 247). Maßgebend ist, wie ein ordentlicher und gewissenhafter Geschäftsführer gehandelt hätte (H 8.5 „III. Veranlassung durch das Gesellschaftsverhältnis – Allgemeines" KStH). Dies gilt auch für die Gewährung von Tantiemen an den Gesellschafter-Geschäftsführer einer GmbH.

Mit Urteil vom 5.10.1994 (I R 50/94, BStBl 1995 II S. 549) hat der BFH zur Frage der Angemessenheit von Gewinntantiemen einer Kapitalgesellschaft an ihre Gesellschafter-Geschäftsführer Stellung bezogen. Übersteigen Tantiemezusagen an mehrere Gesellschafter-Geschäftsführer insgesamt 50 % des Jahresüberschusses, so spricht nach Auffassung des BFH der Beweis des ersten Anscheins für die Annahme einer verdeckten Gewinnausschüttung. Die Finanzverwaltung hat zur Anwendung des genannten Urteils einige ergänzende Erläuterungen gegeben (BMF-Schreiben vom 5.1.1998, BStBl 1998 I S. 90, ersetzt durch BMF-Schreiben vom 1.2.2002, BStBl 2002 I S. 219). Bemessungsgrundlage für die **50 %-Grenze** ist der handelsrechtliche Jahresüberschuss vor Abzug der Gewinntantieme und der ertragsabhängigen Steuern.

Ein **Verlustvortrag** muss jedenfalls dann in die **Bemessungsgrundlage einbezogen** werden, wenn der tantiemeberechtigte Geschäftsführer für den Verlust verantwortlich oder zumindest mitverantwortlich ist. Ansonsten liegt in Höhe des Differenzbetrags zwischen der tatsächlich zu zahlenden Tantieme und derjenigen, die sich bei Berücksichtigung des Verlustvortrags ergeben hätte, eine verdeckte Gewinnausschüttung vor. Maßgeblich für die Reduzierung der Bemessungsgrundlage der Gewinntantieme ist der Verlustvortrag lt. Handelsbilanz, nicht der steuerliche Verlustvortrag.

Verlustvorträge müssen bei der Tantiemeberechnung regelmäßig vorgetragen und durch zukünftige Jahresüberschüsse ausgeglichen werden. Eine vorhergehende Verrechnung mit einem etwa bestehenden Gewinnvortrag lt. Handelsbilanz darf i.d.R. nicht vorgenommen werden (BFH-Urteil vom 18.9.2007, DB 2008 S. 216).

Bei der Prüfung der Angemessenheit von Gewinntantiemen ist von der Höhe der angemessenen Jahresgesamtbezüge auszugehen, die die Kapitalgesellschaft bei normaler Geschäftslage ihren Geschäftsführern zu zahlen in der Lage und bereit ist. Die Jahresgesamtbezüge müssen dabei wenigstens zu 75 % aus einem festen und dürfen höchstens zu 25 % aus einem erfolgsabhängigen Bestandteil bestehen. Der erfolgsabhängige Teil des Geschäftsführergehalts ist in Beziehung zu dem zu erwartenden durchschnittlichen Jahresgewinn zu setzen. Daraus ergibt sich der angemessene Prozentsatz für die Tantieme. Die Angemessenheit der Gewinntantieme ist im Zeitpunkt des Abschlusses eines Geschäftsführervertrages und danach anlässlich jeder vorgenommenen Gehaltsanpassung, spätestens nach Ablauf von drei Jahren zu überprüfen.

Eine **Nur-Tantieme** ist grundsätzlich nicht anzuerkennen (BFH-Urteil vom 27.3.2001 – I R 27/99, BStBl 2002 II S. 111).

Durch die BFH-Rechtsprechung (u. a. BFH-Urteile vom 27. 2. 2003 – I R 46/01, BStBl 2004 II S. 132, sowie vom 4. 6. 2003 – I R 24/02, BStBl 2004 II S. 136) wurde die 75 %/25 %-Grenze wiederum eingeschränkt. Aus den Urteilen ergeben sich folgende Grundsätze:

► Bei angemessener Gesamtausstattung muss nicht schon deshalb eine verdeckte Gewinnausschüttung vorliegen, weil die Vergütung zu mehr als 25 % aus variablen Anteilen besteht. Vielmehr muss im Einzelfall ermittelt werden, ob ein höherer Tantiemeanteil insgesamt oder teilweise durch das Gesellschaftsverhältnis veranlasst ist. Ein Abweichen von der 75 %/25 %-Grenze kann insbesondere bei Kapitalgesellschaften mit einer stark schwankenden Ertragslage gerechtfertigt sein.

► Eine Gewinntantieme ist insoweit, als sie 50 % des Jahresgewinns übersteigt, i. d. R. eine verdeckte Gewinnausschüttung. Bemessungsgrundlage ist dabei der steuerliche Gewinn vor Abzug der Steuern und der Tantieme.

► Ist im Zeitpunkt des Vertragsabschlusses ein sprunghafter Gewinnanstieg zu erwarten, kann es bei Vereinbarung einer Tantieme geboten sein, diese auf einen bestimmten Höchstbetrag zu begrenzen.

Umsatzabhängige Vergütungen werden von der Rechtsprechung i. d. R. als unüblich angesehen und steuerlich als **verdeckte Gewinnausschüttungen** qualifiziert. Lediglich wenn besondere Gründe vorliegen, kann die Vereinbarung einer Umsatztantieme steuerlich anerkannt werden. Ein solcher Grund kann beispielsweise gegeben sein, wenn eine Gewinntantieme aus der Sicht des Unternehmens weniger Erfolg versprechend wäre. So kann in der Aufbau- oder Umstellungsphase eines Unternehmens eine Umsatztantieme eher zum unternehmerischen Erfolg beitragen als eine Gewinntantieme.

Die Branchen- bzw. Betriebsüblichkeit allein ist für die steuerliche Anerkennung einer Umsatztantieme nicht ausreichend (BFH-Urteil vom 5. 10. 1977 – I R 230/75, BStBl 1978 II S. 234). Eine Gewährung einer Umsatztantieme ist nur an den Gesellschafter-Geschäftsführer zulässig, der allein für den Vertriebsbereich verantwortlich ist. Da eine umsatzabhängige Tantieme mit besonderen Risiken für das Unternehmen verbunden ist, müssen Höchstgrenzen sowie ein Ausschluss in Verlustfällen vereinbart werden.

Bei Verstoß gegen das Rückwirkungsverbot sowie bei fehlender Ernsthaftigkeit bzw. Unüblichkeit der Tantiemevereinbarung ist der gesamte Betrag als verdeckte Gewinnausschüttung zu qualifizieren. Ist dagegen die Tantieme grundsätzlich anzuerkennen, ihre Höhe jedoch unangemessen, so stellt lediglich der unangemessene Betrag eine verdeckte Gewinnausschüttung dar. Nur insoweit findet eine Einkommenserhöhung statt.

Der Gesellschafter muss den entsprechenden Betrag bei Zufluss als Einnahmen aus Kapitalvermögen versteuern. Ist er beherrschender Gesellschafter, ist als **Zuflusszeitpunkt** bereits der **Zeitpunkt der Fälligkeit** anzunehmen (BFH-Urteil vom 14. 2. 1984, BStBl 1984 II S. 480).

Zu 2

Die Tantieme ist grundsätzlich anzuerkennen. Im Zeitpunkt der Vereinbarung ergibt sich folgende Berechnung:

Die angemessene Tantieme beträgt 25 % von 300 000 € = 75 000 €. Es ergibt sich eine verdeckte Gewinnausschüttung i. H. v. 105 000 € (180 000 € abzgl. 75 000 €).

Der sich aus der Aufteilung ergebende absolute Betrag der angemessenen Tantieme ist in eine Beziehung zu dem durchschnittlich erzielbaren Jahresüberschuss vor Abzug der Tantieme und der ertragsabhängigen Steuern i. H.v. 1 500 000 € zu setzen. Aus diesem Vergleich ergibt sich der angemessene Tantiemesatz durch folgende Rechnung:

$100 000 \times 100/1,5$ Mio. = 5 %.

Dieser angemessene Tantiemesatz ist bis zum nächsten Zeitpunkt der Überprüfung der Angemessenheit der gezahlten Tantieme maßgebend.

ANMERKUNG: Hinsichtlich der Angemessenheit der Gesamtbezüge eines Gesellschafter-Geschäftsführers insgesamt ist auf das BMF-Schreiben vom 14. 10. 2002, BStBl 2002 II S. 972, hinzuweisen.

FALL 31

Einlage durch Forderungsverzicht eines Gesellschafters gegenüber seiner Kapitalgesellschaft

Sachverhalt:

A ist am Stammkapital der A-GmbH mit 50 % beteiligt. In der Gründungsphase der GmbH hatte er der GmbH ein Darlehen i. H.v. 500 000 € gewährt, damit diese die anstehenden Investitionen tätigen konnte.

Im Jahr 05 befindet sich die A-GmbH in einer wirtschaftlichen Krise. Daraufhin verzichtet A auf die Rückzahlung des Darlehens in voller Höhe. Andere Gläubiger der A-GmbH haben nicht auf ihre Ansprüche verzichtet.

AUFGABEN

1. Wie ist der Forderungsverzicht steuerlich zu behandeln?

2. Wie ist der Sachverhalt zu beurteilen, wenn A auf eine Mietforderung i. H.v. 60 000 € verzichtet, die er aus der Überlassung von Räumlichkeiten an die A-GmbH hat? Die A-GmbH hätte die Forderung ohne Weiteres begleichen können.

LITERATURHINWEIS

Köllen/Reichert/Vogl/Wagner, Lehrbuch Körperschaftsteuer und Gewerbesteuer, Kapitel 4.2.2.5

LÖSUNG

Steuerliche Auswirkungen bei der A-GmbH

Der Forderungsverzicht führt aus Sicht der A-GmbH zum Erlöschen der Verbindlichkeit (§ 397 Abs. 1 BGB). Es stellt sich die Frage, ob der Verzicht des Gesellschafters A auf seine Forderung eine verdeckte Einlage darstellt und – wenn ja – mit welchem Wert diese Einlage erfolgt. Der Begriff der verdeckten Einlage ist gesetzlich nicht definiert.

Nach der Rechtsprechung des BFH (BFH-Urteil vom 29.5.1968 – I 187/65, BStBl 1968 II S.722) sowie nach Verwaltungsauffassung (R 8.9 Abs.1 KStR) liegt eine verdeckte Einlage vor, wenn der Gesellschafter oder eine ihm nahe stehende Person der Kapitalgesellschaft einen einlagefähigen Vermögensvorteil ohne Gegenleistung zuwendet und diese Zuwendung durch das Gesellschaftsverhältnis veranlasst ist. Es müssen also folgende Tatbestandsmerkmale erfüllt sein:

1. Unmittelbare oder mittelbare Zuwendung an die Kapitalgesellschaft,

2. einlagefähiger Vermögensvorteil,

3. Ursächlichkeit des Gesellschaftsverhältnisses,

4. Vermögensmehrung bei der Kapitalgesellschaft.

Die unentgeltliche Überlassung des Gebrauchs oder der Nutzung eines Wirtschaftsguts ist nicht einlagefähig (BFH-Urteil vom 26.10.1987 – GrS 2/86, BStBl 1988 II S.348).

Der Forderungsverzicht ist im vorliegenden Fall durch das Gesellschaftsverhältnis veranlasst, da ein fremder Gläubiger der GmbH auf die Forderung nicht verzichtet hätte. Der Verzicht stellt daher eine verdeckte Einlage dar. Dies gilt auch, wenn die Forderung angesichts der Vermögensverhältnisse der Gesellschaft nicht als vollwertig angesehen werden kann.

Die Frage, mit welchem Wert die Einlage anzusetzen ist, wurde vom Großen Senat des BFH (Beschluss vom 9.6.1997 – I R 58/97, BStBl 1998 II S.357) dahin gehend entschieden, dass der **tatsächliche Wert der Forderung** maßgebend ist. Zur Begründung führt der BFH aus, dass Einlagen gem. § 6 Abs.1 Nr.5 EStG mit dem Teilwert der zugeführten Wirtschaftsgüter anzusetzen sind. Dies gelte auch für den Fall, dass der Gesellschafter eine gegen die Gesellschaft gerichtete Forderung an die Gesellschaft abtritt oder ihr die entsprechende Schuld erlässt. Beide Vorgänge seien nach Auffassung des BFH in gleicher Weise zu beurteilen, da die abgetretene Forderung durch die Vereinigung mit der Verbindlichkeit untergeht, ebenso wie dies beim Erlass der Schuld geschieht. Der Wert des Vermögenszugangs sei in beiden Fällen mit dem Betrag zu bemessen, den der Betriebsinhaber für den Erwerb der Forderung oder die Herbeiführung des Verzichts hätte aufwenden müssen. Dieser Betrag entspreche dem noch werthaltigen Teil der Forderung.

Übertragen auf den Sachverhalt bedeutet das, dass die verdeckte Einlage durch den Verzicht des Gesellschafters A auf seine Forderung mit dem Teilwert anzusetzen ist, der hier aufgrund der Zahlungsunfähigkeit der GmbH bei 0 € liegen dürfte. Darüber hinaus ergibt sich eine steuerliche Ergebniserhöhung i. H. v. 500 000 €.

Eine steuerliche Ergebniserhöhung ergibt sich somit immer insoweit, als der Teilwert den Nennbetrag der Forderung unterschreitet.

Ein Zugang im steuerlichen Einlagekonto ergibt sich nicht.

Beim Gesellschafter führt der Forderungsverzicht zu einem Zufluss **i. S. d. § 11 EStG** i. H. d. **Teilwerts** seiner Forderung. Der Gesellschafter erlangt zwar keine zusätzlichen Gesellschafterrechte, er erreicht durch den Verzicht aber eine Stärkung seiner Anteile an der Gesellschaft. Da der Teilwert der Forderung mit 0 € anzusetzen ist, liegt beim Gesellschafter A kein Zufluss vor.

Steuerliche Auswirkungen beim Anteilseigner A

Die verdeckte Einlage eines Wirtschaftsguts in das Betriebsvermögen einer Kapitalgesellschaft führt auf der Ebene des Anteilseigners zu **nachträglichen Anschaffungskosten** auf die Beteiligung an der Gesellschaft. Dies gilt auch, wenn der Anteilseigner auf eine Forderung gegenüber der Kapitalgesellschaft verzichtet (BFH-Urteil vom 29.7.1997 – VIII R 57/94, BStBl 1998 II S. 652).

Hinsichtlich der Rechtsfolgen eines Forderungsverzichts auf Ebene des Anteilseigners ist Folgendes anzumerken: Am 1.11.2008 trat das Gesetz zur Modernisierung des GmbH-Rechts und zur Bekämpfung von Missbräuchen (MoMiG vom 23.10.2008, BGBl 2008 I S. 2026) in Kraft. Damit wurden die bisherigen Regelungen i.S.d. §§ 30, 31, 32a und 32b GmbHG zum Eigenkapitalersatzrecht aufgehoben. Gewährte bis dahin ein Gesellschafter seiner Kapitalgesellschaft ein Darlehen zu einem Zeitpunkt, zu dem sie aufgrund ihrer Finanzsituation einer Verstärkung der Eigenkapitalausstattung bedurft hätte, so erlangte das Darlehen gem. §§ 30, 31, 32a und 32b GmbHG eigenkapitalersetzenden Charakter. Gleiches galt für solche Darlehen, die der Gesellschafter seiner Kapitalgesellschaft noch in guten Zeiten gegeben, bei Eintritt der Krise aber trotz Kenntnis über die wirtschaftliche Situation der Gesellschaft nicht abgezogen hatte (sog. „stehen gelassenes" Darlehen). Ebenso wurden sog. „krisenbestimmte" Darlehen und Finanzplandarlehen als eigenkapitalersetzend angesehen. Durch das MoMiG wurden die Bestimmungen über kapitalersetzende Darlehen (§§ 32a, 32b GmbHG) aufgehoben. Stattdessen ist nunmehr die Nachrangigkeit aller Rückzahlungsansprüche aus Gesellschafterdarlehen in der Insolvenzordnung geregelt. Außerdem besteht die Möglichkeit der Anfechtung, wenn Gesellschafterforderungen im letzten Jahr vor dem Insolvenzantrag befriedigt wurden. Auch nach Wegfall der §§ 30, 31, 32a und 32b GmbHG war für die Beurteilung nachträglicher Anschaffungskosten gem. § 17 Abs. 2 EStG weiterhin die gesellschaftsrechtliche Veranlassung maßgebend. Diese war gegeben, wenn im Zeitpunkt der Darlehensgewährung bzw. -weitergewährung die Rückzahlung des Darlehens angesichts der finanziellen Situation der Gesellschaft in dem Maße gefährdet war, dass ein ordentlicher Kaufmann das Risiko einer Kreditgewährung zu denselben Bedingungen wie der Gesellschafter nicht mehr eingegangen wäre (sog. Krise). Gleiches galt auch bei einem der Gesellschaft vor der Krise gewährten Darlehen, wenn der Gesellschafter das Darlehen stehen lässt, obwohl er es hätte abziehen können und es angesichts der veränderten finanziellen Situation der Gesellschaft absehbar war, dass die Rückzahlung gefährdet sein wird (siehe BMF-Schreiben vom 21.10.2010, BStBl 2010 I S. 832). Der Ansatz der nachträglichen Anschaffungskosten beim Anteilseigner hatte bislang **unabhängig** von der **Bewertung der verdeckten Einlage** bei der Kapitalgesellschaft zu erfolgen (BFH-Urteil vom 16.5.2001, I B 143/00, BStBl 2002 II S. 436). Für die Frage des Umfangs der nachträglichen Anschaffungskosten wurden vier Fallgruppen unterschieden:

a) **Hingabe des Darlehens in der Krise**

Im Falle der Hingabe des Darlehens **in der Krise** ist nach Auffassung des BFH für die Höhe der Anschaffungskosten dessen Nennwert maßgeblich.

b) **Stehen gelassene Darlehen**

Im Falle eines **stehen gelassenen Darlehens** ist grundsätzlich der gemeine Wert in dem Zeitpunkt maßgeblich, in dem es der Gesellschafter mit Rücksicht auf das Gesellschaftsverhältnis nicht abzieht; dies kann ein Wert erheblich unter dem Nennwert des Darlehens, im Einzelfall sogar ein Wert i.H.v. 0 € sein.

c) Krisenbestimmte Darlehen

Auf die Prüfung, wann die Krise eingetreten ist und wann der Gesellschafter hiervon Kenntnis erlangt hat, kann nach Auffassung des BFH verzichtet werden, wenn der Gesellschafter schon in einem früheren Zeitpunkt mit bindender Wirkung gegenüber der Gesellschaft oder den Gesellschaftsgläubigern erklärt, dass er das Darlehen auch in der Krise stehen lassen werde (sog. „krisenbestimmtes" Darlehen). Das gilt jedenfalls dann, wenn die Erklärung im Rahmen einer vertraglichen Vereinbarung abgegeben wurde. Denn zu einer solchen Erklärung wäre ein Darlehensgeber, der nicht auch Gesellschafter ist, mit Rücksicht auf das ihm bei Gefährdung des Rückzahlungsanspruchs regelmäßig zustehende außerordentliche Kündigungsrecht im Allgemeinen nicht bereit.

Fällt der Gesellschafter bei Auflösung der Gesellschaft mit einem solchen „krisenbestimmten" Darlehen aus, führt das im Allgemeinen zu nachträglichen Anschaffungskosten auf die Beteiligung in Höhe des Nennwerts des Darlehens. Das beruht nach Auffassung des BFH auf der Erwägung, dass bei den „krisenbestimmten" Darlehen die Bindung bereits mit dem Verzicht auf eine ordentliche und außerordentliche Kündigung im Zeitpunkt der Krise eintritt und deshalb der Verlust des Darlehens auf diesem Verzicht und nicht nur auf den später eintretenden gesetzlichen Rechtsfolgen der Krise beruht. Damit unterscheidet sich diese Fallgruppe wesentlich von der der „stehen gelassenen" Darlehen.

d) Finanzplandarlehen

Auf die Prüfung, wann die Krise der Gesellschaft eingetreten ist und wann die Gesellschafter hiervon Kenntnis erlangt haben, kann nach Auffassung des BFH (außer bei einem auf Krisenfinanzierung hin angelegten Darlehen) auch bei einem Darlehen verzichtet werden, das von vornherein in die Finanzplanung der Gesellschaft in der Weise einbezogen ist, dass die zur Aufnahme der Geschäfte erforderliche Kapitalausstattung der Gesellschaft durch eine Kombination von Eigen- und Fremdfinanzierung erreicht werden soll.

Solche von den Gesellschaftern gewährten „finanzplanmäßigen" Kredite zur Finanzierung des Unternehmenszwecks (sog. Finanzplandarlehen) sind nach Gesellschaftsrecht den Einlagen gleichgestellt. Liegt ein in diesem Sinne krisenunabhängiges Finanzplandarlehen vor, ist es nach Auffassung des BFH nicht nur von vornherein – also mit seiner Hingabe – gesellschaftsrechtlich als Haftkapital gebunden; es ist auch für die einkommensteuerrechtliche Beurteilung davon auszugehen, dass es mit Rücksicht auf das Gesellschaftsverhältnis gewährt wurde. Dementsprechend erhöhen sich im Falle seines Verlustes die Anschaffungskosten der Beteiligung nicht nur in Höhe seines Wertes im Zeitpunkt der Krise, sondern in Höhe seines Wertes im Zeitpunkt der Gründung der Gesellschaft, also seines Nennwertes.

Mit Urteil vom 11.7.2017, IX R 36/15, BStBl 2019 II S. 208 hat der BFH entschieden, dass aufgrund der Aufhebung des Eigenkapitalrechts durch das MoMiG die bisherigen Grundsätze zur Berücksichtigung von nachträglichen Anschaffungskosten aus eigenkapitalersetzenden Finanzierungshilfen nicht mehr anzuwenden sei. Die Finanzverwaltung hat sich mit BMF-Schreiben vom 5.4.2019, BStBl 2019 I S. 257 der Auffassung des BFH angeschlossen. Allerdings gelten die bisherigen Regelungen zur Berücksichtigung von nachträglichen Anschaffungskosten aus eigenkapitalersetzenden Finanzierungshilfen aus Vertrauensschutzgründen bis zum Tag der Veröffentlichung des Urteils, dem 27.9.2017, weiterhin, wenn der Gesellschafter eine eigenkapitalersetzende Finanzierungshilfe bis zum Tag der Veröffentlichung dieses Urteils geleistet hat oder wenn eine Finanzierungshilfe des Gesellschafters bis zu diesem Tag eigenkapitalersetzend geworden ist. In allen übrigen Fällen ist nunmehr § 255 HGB für die Bestimmung der Anschaffungskosten i. S. v. § 17 Abs. 2 EStG maßgeblich. Nachträgliche Anschaffungskosten stellen damit nur noch solche Aufwendungen dar, die nach handels- und bilanzsteuerrechtlichen Grundsätzen zu einer offenen und verdeckten Einlage in das Kapital der Gesellschaft führen. Dazu zählen u. a. Nachschüsse, Einzahlungen in die Kapitalrücklage gem. § 272 Abs. 2 Nr. 4 HGB sowie der Verzicht auf eine noch werthaltige Forderung. Eine Berücksichtigung des Ausfalls von krisenbestimmten bzw. stehen gelassenen Darlehen als nachträgliche Anschaffungskosten i. S. d. § 17 EStG ist danach nicht mehr möglich. Damit ist die Beurteilung hinsichtlich der Bewertung einer verdeckten Einlage bei der Kapitalgesellschaft und der Höhe der nachträglichen Anschaffungskosten beim Gesellschafter einheitlich vorzunehmen.

Durch das JStG 2019 ist der Ausfall von Finanzierungshilfen bei einem Anteilseigner einer Kapitalgesellschaft im Privatvermögen neu geregelt worden. Erstmals wird in § 17 Abs. 2a EStG der Begriff der (nachträglichen) Anschaffungskosten definiert. Dies geschieht einerseits in Anlehnung an § 255 HGB und andererseits in Anlehnung an die frühere Rechtsprechung hierzu. Zu den nachträglichen Anschaffungskosten der Beteiligung gehören gem. § 17 Abs. 2a EStG

► offene oder verdeckte Einlagen,
► Darlehensverluste, soweit die Gewährung des Darlehens oder das Stehenlassen des Darlehens in der Krise der Gesellschaft gesellschaftsrechtlich veranlasst war, und
► Ausfälle von Bürgschaftsregressforderungen und vergleichbaren Forderungen, soweit die Hingabe oder das Stehenlassen der betreffenden Sicherheit gesellschaftsrechtlich veranlasst war.

Voraussetzung für die Berücksichtigung von Darlehensverlusten als nachträgliche Anschaffungskosten ist die gesellschaftsrechtliche Veranlassung. Hierzu definiert § 17 Abs. 2a Satz 4 EStG, dass eine gesellschaftsrechtliche Veranlassung gegeben ist, wenn ein fremder Dritter das Darlehen oder Sicherungsmittel bei sonst gleichen Umständen zurückgefordert oder nicht gewährt hätte.

Eine Berücksichtigung nachträglicher Anschaffungskosten i. S. v. § 17 Abs. 2a EStG erfolgt unabhängig von der Beteiligungshöhe des Gesellschafters. Abweichend von der bisherigen Rechtsprechung können auch Anteilseigner mit einer Beteiligungsquote zwischen 1 % und 10 % nachträgliche Anschaffungskosten gem. § 17 Abs. 2a EStG geltend machen. Darüber hinaus wurde § 20 Abs. 6 EStG dahingehend ergänzt, dass der Forderungsausfall und der Forderungsverzicht zu negativen Einkünften i. S. d. § 20 EStG führen können. Allerdings gibt es eine Verlustverrechnungsbegrenzung.

Zu 1

Nach aktueller Rechtslage (§ 17 Abs. 2a EStG) führt der Verzicht auf seine Forderung bei A zu nachträglichen Anschaffungskosten auf seine Beteiligung i. H. v. 500 000 €. Die Neuregelung gem. § 17 Abs. 2a EStG ist auf Veräußerungen nach dem 31. 7. 2019 anzuwenden, auf formlosen Antrag allerdings schon rückwirkend auf Veräußerungen und gleichgestellte Vorgänge vor dem 31. 7. 2019.

Zu 2

Im Fall des Verzichts auf die Mietforderung liegt eine verdeckte Einlage vor, die mit dem Teilwert anzusetzen ist. Da die A-GmbH in der Lage gewesen wäre, die Verbindlichkeit zu erfüllen, entspricht der Teilwert dem Nennwert. Der Ertrag aus dem Forderungsverzicht ist außerbilanziell durch den Ansatz einer verdeckten Einlage wieder zu korrigieren.

Aufgrund der verdeckten Einlage ergibt sich ein Zugang im steuerlichen Einlagekonto i.H.v. 60 000 €. Beim Anteilseigner A gilt die Forderung mit dem **Forderungsverzicht** als zugeflossen. A erzielt **Einnahmen aus Vermietung und Verpachtung** i.H.v. 60 000 €. Ferner führt der Forderungsverzicht bei A zu **nachträglichen Anschaffungskosten** auf seine Beteiligung. Bei einer späteren Veräußerung im Rahmen des § 17 EStG würde sich dadurch der Veräußerungsgewinn mindern (bzw. der Veräußerungsverlust erhöhen).

ANMERKUNG: Kann die A-GmbH die Mietforderung des A aufgrund mangelnder Liquidität nicht beglei-chen, beträgt der Teilwert der verdeckten Einlage 0 €. Bei der A-GmbH bleibt es daher bei dem Ertrag i.H.v. 60 000 €, da der Forderungsverzicht außerbilanziell nicht zu korrigieren ist. Bei A liegt im Zeit-punkt des Forderungsverzichts kein Zufluss vor, da die Forderung nicht werthaltig war. A erzielt daher keine Einnahmen aus Vermietung und Verpachtung.

FALL 32

Verdeckte Einlagen (I)

Sachverhalt:

Im Rahmen der Abschlussarbeiten bei der Teutonia GmbH ist die Behandlung einiger Vorgänge strittig.

a) Die Gesellschafterin Liesel Müller stellt einen ihr gehörenden Pkw für die betriebliche Nut-zung durch die Teutonia GmbH ohne Entgelt zur Verfügung. Der Vorgang wird buchhalte-risch nicht erfasst.

b) Der Gesellschafter Michel Deutsch gewährt der Gesellschaft ein Darlehen i.H.v. 100 000 € zu einem Zinssatz i.H.v. 4 %. Die banktibliche Verzinsung beträgt 6 %.

   Die Teutonia GmbH bucht 4 000 € als Zinsaufwand.

c) Die Gesellschafterin Liesel Müller gewährt der Gesellschaft ein Darlehen i.H.v. 100 000 € zu einem banktiblichen Zinssatz i.H.v. 6 %. Die Tilgung ist zum Ende der Laufzeit von acht Jah-ren vereinbart.

   Die Teutonia GmbH bucht 6 000 € als Zinsaufwand.

   Weil die GmbH nach einiger Zeit in Liquiditätsschwierigkeiten kommt, verzichtet Liesel Mül-ler form- und endgültig auf die Rückzahlung der 100 000 €.

   Die GmbH bucht: Darlehensverbindlichkeiten an Rücklagen mit jeweils 100 000 €.

   Alternative: Die GmbH bucht: Darlehensverbindlichkeiten an sonstige Erträge mit jeweils 100 000 €.

d) Der Gesellschafter Michel Deutsch gewährt der Gesellschaft ein Darlehen i.H.v. 100 000 € zu einem banktiblichen Zinssatz i.H.v. 6 %.

   Die Teutonia GmbH bucht 6 000 € als Zinsaufwand.

   Weil die GmbH nach einiger Zeit in Liquiditätsschwierigkeiten kommt, verzichtet Michel Deutsch in einem Jahr auf die Zahlung der Zinsen.

Die GmbH bucht: Zinsaufwendungen an sonstige Verbindlichkeiten mit jeweils 6 000 € und: sonstige Verbindlichkeiten an sonstige Erträge mit jeweils 6 000 €.

AUFGABE

Erläutern Sie grundsätzlich, was eine verdeckte Einlage ist, und beurteilen Sie jeweils, ob der Vorgang eine verdeckte Einlage darstellt und welche Auswirkungen er hat.

LITERATURHINWEIS

Köllen/Reichert/Vogl/Wagner, Lehrbuch Körperschaftsteuer und Gewerbesteuer, Kapitel 4.2.2.5

LÖSUNG

Verdeckte Einlagen sind im KStG nicht ausdrücklich aufgeführt. Aber in der Rechtsprechung ist dieser Begriff in einer Reihe von Urteilen enthalten. Es liegt eine verdeckte Einlage vor, wenn ein Gesellschafter oder eine ihm nahe stehende Person der Kapitalgesellschaft einen einlagefähigen Vermögensvorteil zuwendet und diese Zuwendung durch das Gesellschaftsverhältnis veranlasst ist. Die Veranlassung durch das Gesellschaftsverhältnis ist gegeben, wenn ein Nichtgesellschafter bei Anwendung der Sorgfalt eines ordentlichen Kaufmanns den Vermögensvorteil der Gesellschaft nicht eingeräumt hätte.

a) Die Überlassung eines Wirtschaftsgutes zum Gebrauch oder zur Nutzung kann nicht Gegenstand einer Einlage sein.

   Es liegt also keine verdeckte Einlage von Liesel Müller vor.

   In der Buchführung der Teutonia GmbH ist nichts zu ändern.

b) Die zinsverbilligte Darlehensgewährung von Michael Deutsch stellt keine verdeckte Einlage dar.

   In der Buchführung der Teutonia GmbH ist nichts zu ändern.

c) Die Buchung der 6 000 € als Aufwand der Teutonia GmbH ist zutreffend.

   Der **Verzicht** von Liesel Müller auf die Rückzahlung des Darlehens stellt eine verdeckte Einlage dar.

   Da die Buchung der verdeckten Einlage den Gewinn nicht erhöht hat, kommt eine Minderung des körperschaftsteuerlichen Einkommens nicht in Betracht.

   Die Teutonia GmbH hat gem. § 27 KStG die verdeckte Einlage auf einem besonderen Konto (**steuerliches Einlagekonto**) i. H. v. 100 000 € auszuweisen.

   Alternative: Da die Buchung den Gewinn erhöht hat, ist das körperschaftsteuerliche Einkommen um 100 000 € zu mindern.

   Die Teutonia GmbH hat gem. § 27 KStG die verdeckte Einlage auf einem besonderen Konto (steuerliches Einlagekonto) i. H. v. 100 000 € auszuweisen.

d) Der Verzicht von Michel Deutsch auf die Zinsen in einem Jahr stellt eine verdeckte Einlage dar.

Da die letzte Buchung den Gewinn erhöht hat, ist das körperschaftsteuerliche Einkommen um 6 000 € zu mindern.

Die Teutonia GmbH hat gem. § 27 KStG die verdeckte Einlage auf einem besonderen Konto (steuerliches Einlagekonto) i. H.v. 6 000 € auszuweisen.

FALL 33

Verdeckte Einlagen (II)

Sachverhalte:

1. X ist Alleingesellschafter der X-GmbH. Zudem betreibt X ein Einzelunternehmen. Im Betriebsvermögen des Einzelunternehmens befindet sich seit Jahren ein unbebautes Grundstück (Buchwert: 100 000 €), das X am 15.10.07 unentgeltlich auf die X-GmbH überträgt. Die GmbH-Anteile im Nennwert i. H.v. 50 000 € hält X in seinem Privatvermögen. Der Teilwert im Zeitpunkt der Übertragung beläuft sich auf 150 000 €.

2. X überträgt in 03 ein unbebautes Grundstück aus seinem Privatvermögen (Anschaffung in 01 zu einem Kaufpreis i. H.v. 120 000 €) an die X-GmbH. Die Anteile an der X-GmbH befinden sich im Betriebsvermögen des gewerblichen Einzelunternehmens von X. Der Teilwert des Grundstücks im Zeitpunkt der Übertragung beträgt 200 000 €.

3. X ist Alleingesellschafter der X-GmbH. Um die Kapitalausstattung zu verbessern, überträgt er am 15.10.07 unentgeltlich eine Beteiligung i. H.v. 5 % an der Y-AG auf die X-GmbH. Die Beteiligung hat X am 10.3.02 erworben (Anschaffungskosten: 100 000 €). Der Teilwert im Zeitpunkt der Übertragung auf die X-GmbH beläuft sich auf 200 000 €.

4. X veräußert in 03 ein unbebautes Grundstück aus seinem Privatvermögen (Anschaffung in 01 zu einem Kaufpreis i. H.v. 100 000 €) an die X-GmbH (Veräußerungspreis: 200 000 €). X ist Alleingesellschafter der X-GmbH. Der Verkehrswert im Zeitpunkt der Übertragung beträgt 500 000 €.

AUFGABE

Wie sind die einzelnen Sachverhalte steuerlich zu behandeln?

LITERATURHINWEIS

Köllen/Reichert/Vogl/Wagner, Lehrbuch Körperschaftsteuer und Gewerbesteuer, Kapitel 4.2.2.5

LÖSUNG

Vorbemerkung: Verdeckte Einlagen sind – im Gegensatz zu offenen Einlagen gegen Gewährung von Gesellschaftsrechten – einseitige Vorteilszuwendungen des Anteilseigners oder einer ihm nahe stehenden Person an die Kapitalgesellschaft (ohne Gegenleistung), die ihre Ursache im Gesellschaftsverhältnis haben (R 8.9 Abs. 1 KStR). Anders als die offenen Einlagen beruhen sie nicht auf einer gesellschaftsrechtlichen Verpflichtung zur Kapitalaufbringung, sondern werden entweder ohne eine Rechtspflicht oder aufgrund einer schuldrechtlichen Verpflichtung gewährt, die die gesellschaftsrechtliche Ebene, auf der die Vorteilsgewährung tatsächlich beruht, verdeckt (z. B. Kauf, Pacht oder Mietverträge). Merkmale einer verdeckten Einlage sind:

► Erbringung durch Gesellschafter oder ihm nahe stehende Person,

► Zuwendung eines einlagefähigen Vermögensvorteils,

► ohne Gegenleistung,

► Ursache der Zuwendung im Gesellschaftsverhältnis.

„Einlagefähiger Vermögensvorteil" muss ein bilanzierungsfähiges Wirtschaftsgut sein, d. h. das Vermögen einer Kapitalgesellschaft muss sich durch Ansatz bzw. Erhöhung eines Aktivpostens oder durch Wegfall bzw. Verminderung eines Passivpostens erhöhen (BFH-Urteil vom 24. 5. 1984 – I R 166/78, BStBl 1984 II S. 747).

Das Gesellschaftsverhältnis ist ursächlich für die Zuwendung, wenn ein Nichtgesellschafter bei Anwendung der Sorgfalt eines ordentlichen Kaufmanns den Vermögensvorteil der Gesellschaft nicht eingeräumt hätte (BFH-Urteile vom 28. 2. 1956 – I 92/54 U, BStBl 1956 III S. 154, vom 19. 2. 1970 – I R 24/67, BStBl 1970 II S. 442, vom 26. 11. 1980 – I R 52/77, BStBl 1981 II S. 181, vom 9. 3. 1983 – I R 182/78, BStBl 1983 II S. 744, vom 11. 4. 1984 – I R 175/79, BStBl 1984 II S. 535, vom 14. 11. 1984 – I R 50/80, BStBl 1985 II S. 227, vom 24. 3. 1987 – I R 202/83, BStBl 1987 II S. 705, und vom 26. 10. 1987 – GrS 2/86, BStBl 1988 II S. 348; siehe auch H 40 „Gesellschaftsrechtliche Veranlassung" KStH).

Nicht verdeckt eingelegt werden können die Überlassung des Gebrauchs oder der Nutzung eines Wirtschaftsguts (BFH-Urteil vom 26. 10. 1987 – GrS 2/86, BStBl 1988 II S. 348) sowie unentgeltliche Dienstleistungen eines Gesellschafters an die Kapitalgesellschaft (BFH-Urteil vom 14. 3. 1989 – I R 8/85, BStBl 1989 II S. 633).

Soweit aktivierungsfähige Einlagen vorliegen, ist die Einlage gem. § 6 Abs. 1 Nr. 5 EStG i. V. m. § 6 Abs. 6 Satz 2 EStG mit dem Teilwert anzusetzen. Lediglich in Fällen, in denen das Wirtschaftsgut innerhalb der letzten drei Jahre vor der Einlage angeschafft oder hergestellt worden ist, sind die eingelegten Wirtschaftsgüter höchstens mit den Anschaffungs- oder Herstellungskosten, ggf. vermindert um die Absetzungen für Abnutzungen, anzusetzen (§ 6 Abs. 1 Nr. 5 Buchst. a EStG i. V. m. § 6 Abs. 6 Satz 3 EStG).

§ 6 Abs. 1 Nr. 5 Buchst. a EStG (Ansatz der fortgeführten Anschaffungskosten, wenn das Wirtschaftsgut innerhalb der letzten drei Jahre vor der Einlage angeschafft oder hergestellt worden ist) gilt jedoch nicht, wenn es sich um eine verdeckte Einlage in eine Kapitalgesellschaft gem. § 23 Abs. 1 Satz 1 EStG handelt, die als Veräußerung gilt und folglich im Einlagezeitpunkt ebenfalls zu einer Besteuerung der stillen Reserven führt (R 8.9 Abs. 4 Satz 3 KStR).

In den Fällen, in denen ein Anteil an einer Kapitalgesellschaft i. S. d. § 17 Abs. 1 Satz 1 EStG verdeckt eingelegt wird, findet § 6 Abs. 1 Nr. 5 Buchst. b EStG keine Anwendung, weil die verdeckte **Einlage von Anteilen an einer Kapitalgesellschaft** i. S. d. § 17 Abs. 1 Satz 1 EStG in eine Kapitalgesellschaft gem. § 17 Abs. 1 Satz 2 EStG beim Einlegenden einer **Veräußerung** gleichgestellt wird und es somit bei ihm zum Einlagezeitpunkt zu einer Besteuerung der stillen Reserven kommt (R 8.9 Abs. 4 Satz 2 KStR).

Die verdeckte Einlage darf das z. v. E. nicht erhöhen. Soweit verdeckte Einlagen den Steuerbilanzgewinn erhöht haben, sind sie außerbilanziell bei der Ermittlung des z. v. E. abzuziehen (R 8.9 Abs. 2 KStR). In Höhe der verdeckten Einlage ergibt sich beim Einlagekonto ein Zugang (§ 27 KStG).

Befinden sich die Anteile des Gesellschafters sowie das eingelegte Wirtschaftsgut im Privatvermögen des Anteilseigners, sind folgende steuerliche Konsequenzen möglich:

► Durch die verdeckte Einlage ergeben sich beim Gesellschafter Einkünfte aus privaten Veräußerungsgeschäften gem. § 23 Abs. 1 Satz 5 Nr. 2 EStG.

► Die verdeckte Einlage kann zu Einkünften gem. § 17 EStG führen (§ 17 Abs. 1 Satz 2 EStG).

► Es ergeben sich Einkünfte aus Kapitalvermögen i. S. d. § 20 Abs. 2 Nr. 1 EStG.

► Die verdeckte Einlage hat keine unmittelbaren ertragsteuerlichen Auswirkungen auf das Einkommen des Gesellschafters.

Bei der verdeckten Einlage handelt es sich um einen Vorgang auf der Vermögensebene, ein Abzug als Werbungskosten bei den Einkünften aus Kapitalvermögen ist nicht möglich.

Befinden sich sowohl die Anteile an der Kapitalgesellschaft als auch das verdeckt eingelegt Wirtschaftsgut im Betriebsvermögen des Gesellschafters, erhöhen sich gem. § 6 Abs. 6 Satz 2 EStG die Anschaffungskosten der Beteiligung um den Teilwert des verdeckt eingelegten Wirtschaftsguts (Aktivierung auf dem Beteiligungskonto). Hierdurch kommt es zu einer Aufdeckung der stillen Reserven.

Befindet sich das eingelegte Wirtschaftsgut im Privatvermögen des Gesellschafters, die Anteile an der Kapitalgesellschaft jedoch im Betriebsvermögen des Gesellschafters, ist zunächst eine Einlage des Wirtschaftsguts gem. § 6 Abs. 1 Nr. 5 EStG zum Teilwert in das Betriebsvermögen des Gesellschafters anzunehmen. Anschließend wird das Wirtschaftsgut verdeckt in das Vermögen der Kapitalgesellschaft eingelegt (Ansatz gem. § 6 Abs. 6 Satz 2 EStG mit dem Teilwert). Liegen die Voraussetzungen i. S. d. § 23 Abs. 1 Satz 5 Nr. 1 EStG vor, ist dieser Vorgang als Veräußerung gem. § 23 Abs. 1 Satz 1 Nr. 1 EStG zu qualifizieren. Ist das verdeckt eingelegte Wirtschaftsgut innerhalb von drei Jahren nach der Anschaffung oder Herstellung aus dem Privatvermögen in das steuerliche Betriebsvermögen eingelegt worden, aus dem es verdeckt in die Kapitalgesellschaft eingelegt wird, ist hierfür gem. § 6 Abs. 1 Nr. 5 Buchst. a EStG der Teilwert, maximal aber die fortgeführten Anschaffungs- bzw. Herstellungskosten anzusetzen. Anschließend erfolgt die verdeckte Einlage ebenfalls zum Teilwert, maximal mit den fortgeführten Anschaffungs- bzw. Herstellungskosten (§ 6 Abs. 6 Satz 3 EStG), die Anschaffungskosten der Beteiligung an der Kapitalgesellschaft erhöhen sich entsprechend.

Handelt es sich bei dem Gesellschafter, der die verdeckte Einlage tätigt, selbst um eine Kapitalgesellschaft, kommt es bei dieser zur Aufdeckung der in dem eingelegten Wirtschaftsgut befindlichen stillen Reserven. Die Anschaffungskosten der Anteile an der Gesellschaft, in die das

Wirtschaftsgut eingelegt wird, erhöhen sich um den Teilwert des eingelegten Wirtschaftsguts (§ 6 Abs. 6 Satz 2 EStG). Befindet sich die Beteiligung an einer Kapitalgesellschaft im Betriebsvermögen, erhöht die Einlage den Wert der Beteiligung und ist als zusätzliche Anschaffungskosten auf dem Beteiligungskonto zu aktivieren.

Handelt es sich bei dem verdeckt eingelegten Wirtschaftsgut um die Beteiligung an einer Kapitalgesellschaft, bleibt der Gewinn gem. § 8b Abs. 2 Satz 6 KStG i.V.m. § 8b Abs. 3 KStG zu 95 % außer Ansatz.

Zu 1

Die Einlage des Grundstücks hat zum Teilwert zu erfolgen. Im Einzelunternehmen hat X wie folgt zu buchen:

Privatentnahme	150 000 €	an	GruBo	100 000 €
		an	a. o. Ertrag	50 000 €

Bei der X-GmbH ist wie folgt zu buchen:

GruBo	150 000 €	an	a. o. Ertrag	150 000 €

Im Einzelunternehmen ist daher ein Ertrag i. H. v. 50 000 € zu versteuern. Die verdeckte Einlage erhöht die Anschaffungskosten auf die GmbH-Anteile. Diese betragen nunmehr 200 000 € (50 000 € + 150 000 €). Bei einer etwaigen späteren Veräußerung der GmbH-Beteiligung wären die neuen Anschaffungskosten i. H. v. 200 000 € zugrunde zu legen, sodass sich ein entsprechend geringerer Veräußerungsgewinn ergeben würde. Damit würde die Versteuerung im Einzelunternehmen wieder ausgeglichen.

Zu 2

Bei dem Übertragungsvorgang handelt es sich um eine verdeckte Einlage. Das Grundstück wird zunächst in das gewerbliche Einzelunternehmen des X eingelegt. Grundsätzlich ist die verdeckte Einlage in das Einzelunternehmen mit dem Teilwert, maximal aber gem. § 6 Abs. 1 Nr. 5 Buchst. a EStG mit den Anschaffungskosten (120 000 €) anzusetzen, da das Grundstück innerhalb von drei Jahren vor der Einlage angeschafft worden ist. Durch die verdeckte Einlage erhöhen sich die Anschaffungskosten der Anteile an der Kapitalgesellschaft gem. § 6 Abs. 6 Satz 2 und 3 EStG um 120 000 €. Im Einzelunternehmen ergibt sich dadurch kein Gewinn.

Die Einlage des unbebauten Grundstücks in die X-GmbH stellt für X einen Veräußerungsvorgang i. S. d. § 23 Abs. 1 Satz 5 Nr. 1 EStG dar. Ein Gewinn aus diesem privaten Veräußerungsgeschäft ergibt sich für X nicht, da die Einlage in das Betriebsvermögen mit den ursprünglichen Anschaffungskosten i. H. v. 120 000 € erfolgt. § 23 Abs. 1 Satz 5 Nr. 2 EStG ist nicht anwendbar, da das Grundstück zunächst in das Betriebsvermögen des Einzelunternehmens eingelegt wird. Die verdeckte Einlage in die X-GmbH ist gem. § 6 Abs. 1 Nr. 5a EStG ebenso nur mit 120 000 € anzusetzen. R 8.9 Abs. 4 Satz 4 KStR ist hier nicht anwendbar, weil die verdeckte Einlage nicht gem. § 23 Abs. 1 Satz 5 Nr. 2 EStG i.V.m. § 23 Abs. 2 Satz 2 EStG zu einer Besteuerung der stillen Reserven führt.

Zu 3

Bei den Wertpapieren handelt es sich um Anteile i. S. d. § 17 Abs. 1 EStG. Durch die Übertragung am 15. 10. 07 erzielt X einen Veräußerungsgewinn i. S. d. § 17 Abs. 2 EStG i. H. v. 100 000 € der zu 60 % der Einkommensteuer unterliegt (§ 3 Nr. 40 Buchst. c EStG).

Die X-GmbH bucht wie folgt:

Beteiligung Y-AG   200 000 €   an   a. o. Ertrag   200 000 €

Der a. o. Ertrag ist außerbilanziell wieder zu korrigieren, da sich die verdeckte Einlage bei der Einkommensermittlung nicht auswirken darf.

Zu 4

Es liegt eine verdeckte Einlage des X in die X-GmbH i. H. v. 300 000 € vor, da der Verkehrswert des Grundstücks im Zeitpunkt der Übertragung 500 000 € beträgt. X hat gem. § 23 Abs. 1 Satz 1 Nr. 1 EStG i. V. m. § 23 Abs. 1 Satz 5 Nr. 2 EStG einen Veräußerungsgewinn i. H. v. 400 000 € (500 000 € - 100 000 €) zu versteuern.

Bei der X-GmbH erfolgt die Einlage mit dem Teilwert = gemeinen Wert i. H. v. 500 000 €. § 6 Abs. 1 Nr. 5 Buchst. a EStG ist nicht anzuwenden, obwohl die Veräußerung innerhalb von drei Jahren seit der Anschaffung erfolgt ist, da es sich um eine verdeckte Einlage in eine Kapitalgesellschaft gem. § 23 Abs. 1 Satz 1 EStG handelt, die als Veräußerung gilt und folglich im Einlagezeitpunkt ebenfalls zu einer Besteuerung der stillen Reserven führt (R 8.9 Abs. 4 Satz 3 KStR).

FALL 34

Verdeckte Gewinnausschüttung und verdeckte Einlage bei Schwestergesellschaften

Sachverhalt:

Die M-GmbH ist jeweils zu 100 % an der T 1-GmbH und an der T 2-GmbH beteiligt. Ergebnisabführungsverträge zwischen der M-GmbH und der T 1-GmbH bzw. der T 2-GmbH wurden nicht geschlossen. In 01 hat die T 1-GmbH an die T 2-GmbH Leistungen im Wert von 1 000 000 € erbracht. Abgerechnet wurden jedoch lediglich 700 000 €. Das z. v. E. der T 1-GmbH und der T 2-GmbH betrug bislang jeweils 100 000 €, das der M-GmbH 1 000 000 €.

Variante: Sachverhalt wie vorher; allerdings hat die T 1-GmbH statt der verbilligten Leistung der T 2-GmbH ein zinsloses Darlehen i. H. v. 5 000 000 € (angemessene Verzinsung: 6 %) gewährt.

AUFGABE

Wie ist der Vorgang bei der T 1-GmbH, T 2-GmbH sowie bei der M-GmbH körperschaftsteuerlich zu behandeln (umsatzsteuerliche und gewerbesteuerliche Auswirkungen sollen außer Betracht bleiben)?

LITERATURHINWEIS

Köllen/Reichert/Vogl/Wagner, Lehrbuch Körperschaftsteuer und Gewerbesteuer, Kapitel 4.2.2.3, 4.3.3.3

LÖSUNG

Die T 1-GmbH und die T 2-GmbH sind sog. **Schwestergesellschaften.** Es handelt sich um **verbundene Unternehmen,** die aufgrund gesellschaftsrechtlicher Beziehungen **nahe stehende Personen** sind. Auch im Verhältnis zur M-GmbH sind die T 1-GmbH und die T 2-GmbH nahe stehende Personen.

Der verbilligte Leistungsbezug der T 2-GmbH liegt in dem Gesellschaftsverhältnis zwischen der M-GmbH und der T 1-GmbH begründet. Die T 1-GmbH hätte einem fremden Dritten diesen wirtschaftlichen Vorteil nicht eingeräumt. Somit liegt eine verdeckte Gewinnausschüttung der T 1-GmbH an die M-GmbH vor, die das z.v. E. nicht mindern darf und daher außerbilanziell wieder hinzuzurechnen ist.

Für die Bemessung der verdeckten Gewinnausschüttung wird fingiert, dass die T 2-GmbH ein Entgelt i. H.v. 1 000 000 € geleistet hat. Davon hat die T 1-GmbH fiktiv 300 000 € an die M-GmbH gezahlt, die diesen Betrag dann als verdeckte Einlage an die T 2-GmbH weitergeleitet hat. Somit ergeben sich folgende körperschaftsteuerlichen Konsequenzen:

T 1-GmbH

Das z.v. E. erhöht sich um die verdeckte Gewinnausschüttung i. H.v. 300 000 € auf 400 000 €. Die Körperschaftsteuer beträgt 60 000 € (400 000 € × 15 %).

M-GmbH

Die verdeckte Gewinnausschüttung ist bei der M-GmbH steuerfrei gem. § 8b Abs. 1 KStG. Jedoch gelten 5 % der verdeckten Gewinnausschüttung als nicht abziehbare Ausgaben (300 000 € × 5 % = 15 000 €). Der Betrag i. H.v. 15 000 € ist bei der Einkommensermittlung hinzuzurechnen, sodass sich das z.v. E. auf 1 015 000 € beläuft. Die Körperschaftsteuer beträgt damit 152 250 € (1 015 000 € × 15 %).

T 2-GmbH

Aufgrund der Fiktion, dass die T 2-GmbH ein zusätzliches Entgelt i. H.v. 300 000 € geleistet hat, erhöht sich bei der T 2-GmbH der Aufwand um 300 000 €. Entsprechend ergibt sich ein geringeres z.v. E. (- 200 000 €). Der Verlust kann gem. § 8 Abs. 1 KStG i.V. m. § 10d EStG zurück- bzw. vorgetragen werden. Die verdeckte Einlage ist als Zugang auf dem steuerlichen Einlagekonto (+ 300 000 €) zu erfassen.

Zur Varianten

Auch in diesem Fall liegt i. H.v. (5 000 000 € × 6 % =) 300 000 € eine verdeckte Gewinnausschüttung der T 1-GmbH an die M-GmbH vor. Allerdings ist keine verdeckte Einlage anzunehmen, da Gegenstand einer verdeckten Einlage immer ein Wirtschaftsgut sein muss. Die zinslose Gewährung des Darlehens stellt jedoch einen bloßen Nutzungsvorteil dar (BFH-Urteil vom 26. 10. 1987

– GrS 2/86, BStBl 1988 II S. 348). Somit ergeben sich folgende körperschaftsteuerlichen Konsequenzen:

T 1-GmbH

Lösung wie ursprünglicher Fall.

M-GmbH

Die verdeckte Gewinnausschüttung ist bei der M-GmbH steuerfrei gem. § 8b Abs. 1 KStG. 5 % der verdeckten Gewinnausschüttung gelten als nicht abziehbare Ausgaben (300 000 € × 5 % = 15 000 €). Der Betrag i. H. v. 15 000 € ist bei der Einkommensermittlung hinzuzurechnen. Dem Beteiligungsertrag steht jedoch der Zinsaufwand für das fiktive mit 6 % verzinsliche Darlehen von der T 1-GmbH gegenüber. Das z. v. E. ermittelt sich wie folgt:

Verdeckte Gewinnausschüttung	300 000 €
steuerfreier Beteiligungsertrag (§ 8b Abs. 1 KStG)	- 300 000 €
nicht abziehbare Aufwendungen (§ 8b Abs. 5 KStG)	+ 15 000 €
Zinsaufwand	- 300 000 €
	- 285 000 €

Die Körperschaftsteuer beträgt damit 0 €.

T 2-GmbH

Bei der T 2-GmbH ergeben sich keine steuerlichen Konsequenzen, da eine verdeckte Einlage nicht gegeben ist.

FALL 35

Verzicht auf den future service einer Pensionsanwartschaft

Sachverhalt I: Gesellschafter X verzichtet anlässlich der Veräußerung seiner GmbH-Anteile auf eine ihm zustehende Pensionszusage (Höhe der Rückstellung: 150 000 €; Teilwert der Anwartschaft: 180 000 €; Anschaffungskosten der Anteile: 50 000 €).

Sachverhalt II: X ist beherrschender Gesellschafter-Geschäftsführer der X-GmbH. In 01 gewährt die X-GmbH X eine Pensionszusage. Die Pensionszusage ist angemessen. Zum Ende des Jahres 2014 befindet sich die X-GmbH in einer finanziell angespannten Situation. Aus diesem Grund erklärt sich X am 1. 1. 2015 damit einverstanden, dass die Versorgungsanwartschaft auf 2 000 €/mtl. herabgesetzt werden soll.

Übersicht über die Daten:

► Beherrschender Gesellschafter-Geschäftsführer X der X-GmbH, geb. 1. 1. 1964;

► Diensteintritt in die GmbH am 1. 1. 1990;

► Zusage am 1. 1. 2000 einer Alters- und Invalidenrente über 4 000 €/mtl.;

► Pensionseintritt mit Vollendung des 66. Lebensjahres;

► Herabsetzung der Versorgungsanwartschaft am 1. 1. 2015 auf 2 000 €/mtl.

AUFGABE

Wie ist der Verzicht jeweils steuerlich zu beurteilen?

LÖSUNG

Vorbemerkung zu Sachverhalt I: Der Verzicht auf eine Pensionszusage ist regelmäßig durch das Gesellschaftsverhältnis veranlasst, weil ein Nichtgesellschafter der Gesellschaft der Gesellschaft diesen Vermögensvorteil (entschädigungsloser Wegfall einer Pensionsverpflichtung) nicht eingeräumt hätte. Eine betriebliche Veranlassung des Verzichts auf die Pensionszusage ist nach allgemeinen Grundsätzen nur anzunehmen, wenn auch ein Fremdgeschäftsführer auf die Pensionszusage verzichten würde bzw. wenn auch Hauptgläubiger auf ihre Forderungen verzichten.

Verzichtet ein Gesellschafter-Geschäftsführer einer Kapitalgesellschaft auf eine Pensionszusage, hat die Kapitalgesellschaft die gem. § 6a EStG gebildete Pensionsrückstellung in ihrer Steuerbilanz erfolgswirksam aufzulösen. Der teilweise Verzicht auf die Pensionszusage führt dazu, dass die Pensionsrückstellung in der Steuerbilanz mit dem verminderten Teilwert auszuweisen ist, als wäre von Anfang an nur eine Pension mit dem reduzierten Betrag zugesagt worden. Durch die Änderung der Pensionszusage ist der Barwert der Anwartschaft aus der geänderten Pensionszusage geringer als der Barwert des bis zum Änderungszeitpunkt erdienten Teils aus der bisherigen Pensionszusage. In Höhe des werthaltigen Teils der Differenz der Barwerte fließt dem Gesellschafter ein Vermögenswert als Tätigkeitsvergütung zu (steuerpflichtige Lohneinkünfte i. S. d. § 19 EStG, § 34 Abs. 1 EStG). In gleicher Höhe wird der Kapitalgesellschaft ein Vermögensvorteil zugewendet, der Gegenstand einer verdeckten Einlage ist. Entsprechend ergibt sich ein Zugang beim steuerlichen Einlagekonto. Beim Gesellschafter ergeben sich nachträgliche Anschaffungskosten auf die Beteiligung der Kapitalgesellschaft. Der Auflösungsbetrag der Pensionsrückstellung ist für die Bewertung der verdeckten Einlage nicht maßgeblich.

Sowohl hinsichtlich der Bewertung der verdeckten Einlage als auch hinsichtlich des Zuflusses beim Gesellschafter ist auf den Teilwert der Pensionszusage abzustellen (H 8.9 „Verzicht auf Pensionsanwartschaftsrechte" KStH). Der Teilwert ist unter Beachtung der allgemeinen Teilwertermittlungsgrundsätze nach den Wiederbeschaffungskosten zu ermitteln. Hierbei kommt es darauf an, welchen Betrag der Gesellschafter zum Zeitpunkt des Verzichts hätte aufwenden müssen, um eine gleich hohe Pensionsanwartschaft gegen einen vergleichbaren Schuldner zu erwerben.

Zu Sachverhalt I

Der Verzicht führt bei der GmbH zu einem sonstigen betrieblichen Ertrag i. H. v. 150 000 €.

In Höhe der verdeckten Einlage ist – außerhalb der Bilanz – der Jahresüberschuss um 180 000 € zu kürzen. Um diesen Betrag ist ferner das Einlagekonto (§ 27 KStG) zu erhöhen. A hat nachträgliche Anschaffungskosten auf die Beteiligung i. H. v. 180 000 €, in dieser Höhe liegen bei ihm außerdem tarifbegünstigte Lohneinkünfte (§§ 19, 34 EStG) vor. Dem (um 150 000 €) höheren Veräußerungserlös stehen bei X Anschaffungskosten von insgesamt (50 000 € + 180 000 € =) 230 000 € gegenüber.

Vorbemerkung zu Sachverhalt II: Beim Verzicht auf den future service wird die Pensionszusage in einen bereits erdienten Teil („past service") und in einen noch zu erdienenden Teil („future service") aufgeteilt; anschließend wird auf den „future service" verzichtet. Es ist wie folgt zu unterscheiden (BMF-Schreiben vom 14. 8. 2012, BStBl 2012 I S. 874):

► Ein Verzicht auf bereits erdiente Versorgungsansprüche führt immer zu einer verdeckten Einlage (in Höhe des bis zum Verzichtszeitpunkt bereits erdienten Anteils des Versorgungsanspruchs).

► Bei einem Verzicht auf künftig zu erdienende Anwartschaften wird keine verdeckte Einlage angenommen.

Bei einem teilweisen Verzicht ist eine verdeckte Einlage insoweit anzunehmen, als der Barwert der bis zu dem Verzichtszeitpunkt bereits erdienten Versorgungsleistungen des Gesellschafter-Geschäftsführers den Barwert der nach dem Teilverzicht noch verbleibenden Versorgungsleistungen übersteigt. Dies gilt unabhängig davon, ob sich die Verzichtsvereinbarung der Bezeichnung nach nur auf künftig noch zu erdienende Anwartschaften (sog. „future service") bezieht oder ob es sich dabei um eine durch das Gesellschaftsverhältnis veranlasste Änderung einer Pensionszusage handelt, die mit einer Reduzierung der bisher zugesagten Versorgungsleistungen verbunden ist. Damit löst auch eine durch das Gesellschaftsverhältnis veranlasste Reduzierung der bisher zugesagten Versorgungsleistungen keine verdeckte Einlage aus.

Es wird nicht beanstandet, wenn als erdienter Teil der Versorgungsleistungen bei einer Leistungszusage an einen beherrschenden Gesellschafter-Geschäftsführer der Teilanspruch aus den bisher zugesagten Versorgungsleistungen angesetzt wird, der dem Verhältnis der ab Erteilung der Pensionszusage bis zum Verzichtszeitpunkt abgeleisteten Dienstzeit (s) einerseits und der ab Erteilung der Pensionszusage bis zu der in der Pensionszusage vorgesehenen festen Altersgrenze (t) andererseits entspricht (zeitanteilig erdienter Anwartschaftsbarwert ab Pensionszusage – s/t). Es ist also zulässig den bereits erdienten Teil der Versorgungsbezüge zeitanteilig zu ermitteln. Bei einem nicht beherrschenden Gesellschafter-Geschäftsführer ist insoweit nicht auf den Zeitpunkt der (erstmaligen) Erteilung einer Pensionszusage, sondern auf den Beginn des Dienstverhältnisses abzustellen (sog. m/n-Anwartschaftsbarwert).

Es ergibt sich folgende Rechnung:

	Bisher erdienter Wert der ursprünglichen Pensionszusage (= m/n-tel Anwartschaftsbarwert)
-	versicherungsmathematischer Barwert der verminderten Pensionszusage
=	Wert der verdeckten Einlage

m	= tatsächliche Dienstzeit ab Erteilung der Pensionszusage
n	= geplante Dienstzeit

Bei einem beherrschenden Gesellschafter-Geschäftsführer ist der erdiente Anteil der Pensionszusage nach dem Verhältnis der Zeit seit der Erteilung der Pensionszusage zu berechnen. Bei einem nicht beherrschenden Gesellschafter-Geschäftsführer kommt es dagegen auf den Zeitpunkt des Diensteintritts an (entsprechend der Regelung im BetrAVG).

Im Fall eines zu hohen Verzichts liegt eine verdeckte Einlage vor, weil dann nicht nur auf den sog. „future service", sondern auch teilweise auf bereits erdiente Anwartschaften verzichtet wird. Weiterhin löst der Teilverzicht in diesem Fall beim Gesellschafter-Geschäftsführer den Zufluss Arbeitslohn aus. Ebenso entstehen nachträgliche Anschaffungskosten auf die Beteiligung an der Kapitalgesellschaft. Für die Bewertung der verdeckten Einlage ist auf den Teilwert der wegfallenden Pensionsanwartschaft des Gesellschafter-Geschäftsführers abzustellen.

Zu Sachverhalt II

Der erdiente Anteil der Versorgungsleistungen ist zum Zeitpunkt der Herabsetzung wie folgt zu ermitteln:

Quotient:
Tatsächlich geleistete Dienstjahre ab Zusageerteilung (da beherrschend)/maximal mögliche Dienstjahre ab Zusageerteilung = $^{15}/_{30}$ = 0,5 erdienter Anteil zum 1.1.2015: 2 000 €/mtl.

Es ergibt sich keine verdeckte Einlage, weil die nach Herabsetzung noch verbleibenden Versorgungsleistungen dem bereits erdienten Anteil entsprechen.

Wäre X nicht beherrschender Gesellschafter-Geschäftsführer, käme es auf den Zeitpunkt des Diensteintritts an, d.h. der Quotient würde dann $^{25}/_{40}$. X könnte daher auf $^{25}/_{40}$ seiner Pensionszusage (= 2 500 €) verzichten.

Hinsichtlich der steuerlichen Folgen bei der Kapitalgesellschaft ergibt sich Folgendes:

Durch den Verzicht auf den „future service" muss die Kapitalgesellschaft bei Erreichen der Altersgrenze durch den Gesellschafter-Geschäftsführer in geringerem Umfang Pensionszahlungen an diesen leisten. Bei der steuerlichen Bewertung einer Pensionsrückstellung ist § 6a Abs. 3 EStG zu beachten. Gemäß § 6a Abs. 3 Satz 2 Nr. 1 Satz 1 EStG gilt als Teilwert einer Pensionsverpflichtung vor Beendigung des Dienstverhältnisses des Pensionsberechtigten der Barwert der künftigen Pensionsleistungen am Schluss des Wirtschaftsjahres abzgl. des sich auf denselben Zeitpunkt ergebenden Barwerts betragsmäßig gleichbleibender Jahresbeträge. In der Folge ergibt sich eine ertragswirksame Auflösung der Pensionsrückstellung, weil die Verteilung der Rückstellung über die gesamte Laufzeit der Pensionsanwartschaft zu erfolgen hat. Die Pensionsrückstellung ist daher neu zu berechnen. In Höhe des Minderungsbetrags ist sie gewinnerhöhend aufzulösen. Anschließend ist die Rückstellung über die verbleibende Tätigkeitsdauer des Gesellschafter-Geschäftsführers wieder gewinnmindernd auf den bisherigen Betrag aufzuholen.

HINWEIS

Der (teilweise) Verzicht auf eine Pensionsanwartschaft geschieht i.d.R. aufgrund einer wirtschaftlichen Notlage der Kapitalgesellschaft. Häufig dürfte daher eine Verrechnung des sich aus der teilweisen Auflösung der Pensionsrückstellung ergebenden Ertrags mit bestehenden Verlustvorträgen möglich sein.

II. Schwerpunkt: § 8a KStG

FALL 36

Zinsschranke

Sachverhalt:

Der Gewinn vor Zinsergebnis und Abschreibungen (EBITDA) der X-AG beträgt 3 Mio. €, Zinsaufwendungen sind i. H. v. 3,6 Mio. € angefallen, die Abschreibungen betragen 400 000 €, sodass sich lt. GuV ein Verlust i. H. v. 1 Mio. € ergibt.

AUFGABE

Wie ist der Sachverhalt steuerlich zu behandeln?

LITERATURHINWEIS

Köllen/Reichert/Vogl/Wagner, Lehrbuch Körperschaftsteuer und Gewerbesteuer, Kapitel 4.3.2

LÖSUNG

Vorbemerkung: § 4h EStG beschränkt den Betriebsausgabenabzug für Schuldzinsen in Abhängigkeit von dem jeweils erzielten Gewinn. Anders als früher bei § 8a KStG a. F. sind von der Abzugsbeschränkung nicht nur die Zinsen auf die Gesellschafterdarlehen betroffen, sondern sämtliche Zinsen auf Fremdkapital. § 4h EStG i. V. m. § 8a KStG n. F. stellt eine Einkommensermittlungsvorschrift dar. Nicht abziehbare Zinsaufwendungen werden daher als nicht abzugsfähige Betriebsausgaben behandelt.

Die Zinsschranke gilt auch für Personenunternehmen. Die einkommensteuerliche Regelung wurde in § 8a KStG n. F. aber auf Körperschaften übertragen und durch Sonderbestimmungen zur Gesellschafter-Fremdfinanzierung verschärft. Diese Sonderbestimmungen gelten für Personenunternehmen nicht.

Gemäß § 4h EStG sind Zinsaufwendungen eines Betriebs grundsätzlich in folgender Höhe abzugsfähig:

► Zunächst bis zur Höhe der Zinserträge,
► darüber hinaus bis zu 30 % des um die Zinsaufwendungen und die Abschreibungen erhöhten und um die Zinserträge verminderten maßgeblichen Gewinns (steuerliches EBITDA = „Ertrag vor Zinsen, Steuern, Abschreibungen auf Sachanlagen und Abschreibungen auf immaterielle Vermögensgegenstände").

Zinsaufwendungen, die danach nicht abgezogen werden dürfen, sind in die folgenden Wirtschaftsjahre vorzutragen (Zinsvortrag). Für die Prüfung der 30 %-Grenze im Vortragsjahr bleiben diese vorgetragenen Zinsen jedoch unberücksichtigt. Ein Rücktrag ist nicht vorgesehen.

Bei negativem (steuerlichem) EBITDA können überhaupt keine Zinsen abgezogen werden (Zinsvortrag gem. § 4h Abs. 4 EStG). Soweit das verrechenbare EBITDA die um die Zinserträge geminderten Zinsaufwendungen des Betriebs übersteigt, ist es in die folgenden fünf Wirtschaftsjahre vorzutragen (EBITDA-Vortrag); ein EBITDA-Vortrag entsteht nicht in Wirtschaftsjahren, in denen § 4h Abs. 2 EStG die Anwendung von § 4h Abs. 1 Satz 1 EStG ausschließt. Durch den EBITDA-Vortrag kann der Abzug von Zinsaufwendungen in späteren Wirtschaftsjahren erfolgen.

Maßgebliche **Zinsaufwendungen** gem. § 4h Abs. 3 Satz 2 EStG sind alle „Vergütungen für Fremdkapital, die den maßgeblichen Gewinn gemindert haben". Es muss sich um **Vergütungen aus der vorübergehenden** (auch kurzfristigen) **Überlassung von Geld** handeln. Auch variable Vergütungen fallen unter die Zinsschranke.

Maßgeblicher Gewinn (EBITDA) ist der nach dem EStG ermittelte Gewinn (nicht handelsrechtlicher Gewinn; § 4h Abs. 3 Satz 1 EStG) vor Zinsergebnis und Abschreibungen. Es handelt sich hier um den Gewinn nach Hinzurechnung der nicht abziehbaren Betriebsausgaben (auch der GewSt).

Die Korrektur um Abschreibungen betrifft

- ▶ die AfA gem. § 7 EStG,
- ▶ den Aufwand für GWG gem. § 6 Abs. 2 EStG sowie
- ▶ die Abschreibung des neuen Sammelpostens gem. § 6 Abs. 2a EStG für Wirtschaftsgüter mit Anschaffungskosten/Herstellungskosten zwischen 150 € und 1 000 € (AfA auf fünf Jahre).

Vorgetragene Zinsüberschüsse der Vorjahre erhöhen im Vortragsjahr den maßgeblichen Gewinn nicht, da sie diesen im Vortragsjahr auch nicht gemindert haben (§ 4h Abs. 1 Satz 3 EStG).

§ 4h EStG ist auch für Kapitalgesellschaften entsprechend anwendbar (§ 8a Abs. 1 KStG). § 8a KStG enthält ergänzende Regelungen. Für Kapitalgesellschaften wird in § 8a Abs. 1 Satz 2 KStG das maßgebliche Einkommen (statt des maßgeblichen Gewinns) als Bemessungsgrundlage für die Zinsschranke festgelegt:

Maßgebliches Einkommen:

	Einkommen der Körperschaft
+	Zinsergebnis
+	AfA
+	Verlustabzug i. S. v. § 10d EStG (Rück- oder Vortrag)
+	Spendenabzug i. S. v. § 9 Abs. 1 Nr. 2 KStG
=	maßgebliches Einkommen

Bei Körperschaften sind der Bemessungsgrundlage u. a. verdeckte Gewinnausschüttungen hinzuzurechnen (§ 8a Abs. 1 KStG) und Spenden gem. § 9 Abs. 1 Nr. 2 EStG abzuziehen. Steuerfreie Beträge gem. § 8b KStG mindern die Bemessungsgrundlage.

Die Zinsschranke gilt nur, wenn die die Zinserträge übersteigenden Zinsaufwendungen (negativer Zinssaldo) im Wirtschaftsjahr mindestens 3 Mio. € betragen oder der Betrieb zu einem Konzern gehört. Sind Zinsaufwendungen aufgrund der Zinsschranke nicht abzugsfähig, können sie in folgende Jahre vorgetragen werden. Der Zinsvortrag wird gesondert festgestellt (§ 4h Abs. 4 Satz 1 EStG).

Da im vorliegenden Fall die Freigrenze i. H. v. 3 Mio. € überschritten ist, kommt die Zinsschranke zur Anwendung. Es ergibt sich folgende Rechnung:

	Steuerlicher Gewinn vor Zinsergebnis und Abschreibungen	3 000 000 €
-	Zinsaufwendungen	3 600 000 €
-	Abschreibungen	400 000 €
=	steuerlicher Gewinn lt. GuV	- 1 000 000 €

Aufgrund der Zinsschranke i. S. d. § 4h EStG sind die Zinsaufwendungen allerdings nur i. H. v. 30 % des Gewinns vor Zinsergebnis abzugsfähig (= 900 000 €). Damit ergibt sich ein zu versteuernder Gewinn i. H. v. 1 700 000 € (3 000 000 € - 900 000 € - 400 000 €). Die übersteigenden Zinsaufwendungen i. H. v. 2 600 000 € werden gesondert festgestellt und in die Folgejahre vorgetragen.

FALL 37

Ausnahmen von der Zinsschranke

Sachverhalt:

In der Bilanz der X-GmbH werden zum 31. 12. 08 folgende Positionen ausgewiesen:

Aktiva		Bilanz X-GmbH 31. 12. 08	Passiva
Aktiva	75 000 000 €	Stammkapital	1 500 000 €
		Rücklagen	9 000 000 €
		Gewinnvortrag	1 500 000 €
		Jahresüberschuss	3 000 000 €
		Verbindlichkeiten	60 000 000 €
	75 000 000 €		75 000 000 €

Das steuerliche EBITDA für 08 beträgt 5 000 000 €. Die X-GmbH hat Zinserträge i. H. v. 100 000 €. Bei den Verbindlichkeiten handelt es sich um Fremdverbindlichkeiten (Verzinsung mit 6 %). Die X-GmbH gehört zu einem Konzern, dessen Bilanzsumme sich auf 200 000 000 € beläuft. Das Eigenkapital des Konzerns beträgt 39 000 000 €.

Variante: 60 % der Verbindlichkeiten bestehen gegenüber der X-Bank. Der Mehrheitsgesellschafter der Konzern-Holdinggesellschaft hält eine Einlage bei der X-Bank i. H. v. 100 000 000 €.

AUFGABE

Wie ist der Sachverhalt steuerlich zu behandeln?

LITERATURHINWEIS

Köllen/Reichert/Vogl/Wagner, Lehrbuch Körperschaftsteuer und Gewerbesteuer, Kapitel 4.3.2.2

LÖSUNG

Vorbemerkung: Von der Zinsschranke gibt es folgende Ausnahmen:

▶ **Freigrenze i. H. v. 3 Mio. € (§ 4h Abs. 2 Buchst. a EStG)**

Die Zinsschranke gilt nur, wenn die die Zinserträge übersteigenden Zinsaufwendungen (negativer Zinssaldo) im Wirtschaftsjahr mindestens 3 Mio. € betragen.

Nur Zinsen, die in einer inländischen Gewinnermittlung als Aufwand verbucht sind, können zum Überschreiten der Freigrenze führen. Die Freigrenze bezieht sich auf den „Betrieb". Bei Kapitalgesellschaften ist dies die Kapitalgesellschaft, da nur diese einen einheitlichen Betrieb haben kann.

▶ **Fehlende Konzernzugehörigkeit (§ 4h Abs. 2 Buchst. b EStG)**

Die Zinsschranke greift auch bei nicht konzerngebundenen Einzelunternehmen und bei Personengesellschaften, an der ausschließlich natürliche Personen beteiligt sind, grundsätzlich nicht. Bei nicht konzerngebundenen Kapitalgesellschaften gilt dies allerdings nur, wenn keine schädliche Gesellschafterfremdfinanzierung vorliegt (§ 8a Abs. 2 KStG).

Gehört eine Kapitalgesellschaft nicht oder nur teilweise zu einem Konzern, so greift die Zinsschranke bei Überschreiten der Freigrenze immer dann, wenn mehr als 10 % des negativen Zinssaldos an einen zu mehr als einem Viertel am Grund- oder Stammkapital unmittelbar oder mittelbar beteiligten Anteilseigner oder einer diesem nahe stehenden Person bzw. an einen rückgriffsberechtigten Dritten fließen. In Organschaftsfällen ist diese Prüfung auf den gesamten Organkreis anzuwenden. Den entsprechenden Nachweis muss die Körperschaft bzw. der Organkreis führen. Wird der Nachweis nicht erbracht, so greift die Zinsschranke.

Es gilt allerdings ein weiterer Konzernbegriff als nach dem HGB. Nicht konzerngebunden sind z. B. Einzelunternehmer, die keine weiteren Beteiligungen halten, und Kapitalgesellschaften, deren Anteile sich in Streubesitz befinden und die ebenfalls keine weiteren Beteiligungen halten.

Ein Konzernunternehmen liegt aber vor, wenn der Betrieb nach den maßgeblichen Rechnungslegungsstandards (IFRS, HGB, US-GAAP) mit anderen Betrieben konsolidiert wird oder auch konsolidiert werden könnte. Außerdem gehört ein Betrieb auch dann zu einem Konzern, wenn seine Finanz- und Geschäftspolitik mit einem oder mehreren anderen Betrieben einheitlich bestimmt werden kann (§ 4h Abs. 3 Satz 5 und 6 EStG). Bei einer Betriebsaufspaltung liegt aber kein Konzern i. S. d. § 4h EStG vor.

Einzelheiten ergeben sich aus dem BMF-Schreiben vom 4. 7. 2008.

▶ **Rückausnahme trotz fehlender Konzernzugehörigkeit (§ 8a Abs. 2 KStG)**

Für Kapitalgesellschaften kommt der unbeschränkte Zinsabzug nach der Konzernklausel aber nur zur Anwendung, wenn keine schädliche Gesellschafter-Fremdfinanzierung vorliegt (Rückausnahme bei fehlender Konzernzugehörigkeit in § 8a Abs. 2 Satz 1 KStG). Ein voller Zinsabzug ist hier nur möglich, wenn die Körperschaft nachweist, dass nicht mehr als 10 % des Schuldzinsenüberhangs als Zinsen an

- wesentlich beteiligte Anteilseigner,

- diesen nahe stehende Personen oder an

- rückgriffsberechtigte Dritte

gewährt werden (§ 8a Abs. 2 KStG). Hierbei handelt es sich um Elemente aus der bisherigen Gesellschafter-Fremdfinanzierung (§ 8a KStG).

▶ **Escape-Klausel (§ 4h Abs. 2 Buchst. c EStG)**

Gehört der betroffene Betrieb, die betroffene Mitunternehmerschaft bzw. die betroffene Kapitalgesellschaft zu einem Konzern, so findet die Zinsschranke auf diese Betriebe grundsätzlich Anwendung. Wird bei einer konzerngebundenen Gesellschaft die Freigrenze überschritten, so kann die Anwendung der Freigrenze durch einen Eigenkapitalvergleich (sog. Escape-Klausel) vermieden werden. Der Eigenkapitalvergleich kommt allerdings nur in Betracht, wenn die Zinsen an

- konzernfremde Gesellschafter,

- nahe stehende Personen oder

- rückgriffsberechtigte Dritte

nicht mehr als 10 % des negativen Zinssaldos betragen. Wird diese 10 %-Grenze nicht überschritten, so erfolgt eine Eigenkapitalprüfung. Liegt die Eigenkapitalquote (Verhältnis des Eigenkapitals zur Bilanzsumme) der finanzierten Gesellschaft nicht mehr als zwei Prozentpunkte unter der Eigenkapitalquote des Konzernabschlusses, so greift die Zinsschranke nicht.

Konzernangehörige Betriebe, deren Zinsaufwendungen die Freigrenze überschreiten, haben die Möglichkeit nachzuweisen, dass die Eigenkapitalquote des Betriebs am Ende des vorangegangenen Abschlussstichtages in nach IFRS oder US-GAAP erstellten Abschlüssen gleich hoch oder höher ist als die des Konzerns (Eigenkapitalvergleich). Auch ein Unterschreiten bis zu 2 % ist unschädlich.

Die Eigenkapitalquote des einzelnen Unternehmens wird mit der Eigenkapitalquote des gesamten Konzerns verglichen. Eigenkapitalquote ist das Verhältnis des Eigenkapitals zur Bilanzsumme. Sie ist für den Konzern nach dem Konzernabschluss, für den jeweiligen Betrieb nach dem Einzelabschluss zu ermitteln (§ 4h Abs. 2 Satz 1 Buchst. c Satz 3 EStG). Wahlrechte müssen im Konzern- und im Einzelabschluss einheitlich ausgeübt werden.

Die Eigenkapitalquote des Betriebs ist gesetzlich wie folgt definiert:

     Eigenkapitalquote = Eigenkapital × 100/Bilanzsumme

     Eigenkapital lt. Einzelabschluss gem. IFRS oder HGB oder US-GAAP

+   Firmenwert, soweit im Konzernabschluss enthalten

+   Sonderposten § 273 HGB zu 50 %

-    Buchwerte der Beteiligungen an anderen Konzerngesellschaften

-    stimmrechtsloses Eigenkapital (außer Vorzugsaktien)

-    Einlagen innerhalb von 6 Monaten vor dem Bilanzstichtag (bis zur Höhe der Entnahmen innerhalb von 6 Monaten nach dem Bilanzstichtag)

=   maßgebliche Eigenkapitalquote

Bilanzsumme lt. Einzelabschluss gem. IFRS oder HGB oder US-GAAP

-   im Konzernabschluss nicht ausgewiesene Kapitalforderungen (bis zur Höhe entsprechender Verbindlichkeiten)

=   maßgebende Bilanzsumme lt. Einzelabschluss

Greift die Escape-Klausel ein, ist der Zinsaufwandsüberschuss trotz Überschreiten der 30 %-Grenze abzugsfähig. Die Prüfung ist jährlich neu vorzunehmen.

► **Rückausnahme von der Escape-Klausel (§ 8a Abs. 3 KStG)**

Bei konzernangehörigen Kapitalgesellschaften, die grundsätzlich unter die Escape-Klausel i. S. d. § 4h Abs. 2 Satz 1 Buchst. c EStG fallen (weil die Eigenkapitalquote des Betriebs nicht niedriger ist als die des Gesamtkonzerns), kommt die Zinsschranke dennoch zur Anwendung, wenn mehr als 10 % der die Zinserträge übersteigenden Zinsaufwendungen an

—   wesentlich beteiligte Anteilseigner,

—   diesen nahe stehende Personen oder an

—   rückgriffsberechtigte Dritte

gewährt werden. Bankdarlehen mit Rückgriffsmöglichkeit auf den Anteilseigner oder eine nahe stehende Person sind auch dann schädlich, wenn keine rechtliche Verknüpfung mit einer Einlage besteht.

Die Einschränkung gilt allerdings nur für Zinsaufwendungen aus Verbindlichkeiten, die

► in einem vollkonsolidierten Konzernabschluss ausgewiesen sind und

► bei Finanzierung durch einen Dritten einen Rückgriff gegen einen nicht zum Konzern gehörenden Gesellschafter oder eine diesem nahe stehende Person auslösen.

Eine Rückgriffsmöglichkeit auf eine konzernangehörige Person ist unschädlich i. S. d. Rückausnahme. Schädlich ist also nur eine Gesellschafter-Fremdfinanzierung von außerhalb des Konzerns.

Eine nach diesen Grundsätzen schädliche Gesellschafter-Fremdfinanzierung bei einer Konzerngesellschaft führt bei allen Konzerngesellschaften zur Anwendung der Zinsschranke.

Für den vorliegenden Fall ergibt sich folgende Lösung:

Die Zinsaufwendungen der X-GmbH betragen 3 600 000 € (60 000 000 € × 6 %), die Zinserträge 100 000 €. Der Zinssaldo beläuft sich somit auf 3 500 000 €. Damit ist die Freigrenze i. H. v. 3 000 000 € überschritten. Da die X-GmbH Teil eines Konzerns ist, findet die Zinsschranke Anwendung. Es greift allerdings die Escape-Klausel.

Berechnung der **Eigenkapitalquote der X-GmbH**:

15 000 000 €/75 000 000 € = 20 %

Berechnung der **Eigenkapitalquote des Konzerns**:

39 000 000 €/200 000 000 € = 19,5 %

Die Eigenkapitalquote der X-GmbH weicht nicht mehr als 2 % von der Eigenkapitalquote des gesamten Konzerns ab. Die Zinsschranke greift daher nicht ein.

Für die Variante ergibt sich folgende Lösung:

Bei den Verbindlichkeiten i. H.v. 36 000 000 € handelt es sich um eine **Gesellschafter-Fremd-finanzierung** (back-to-back-Finanzierung). Die Zinsaufwendungen hierauf (2 160 000 €) übersteigen 10 % des Zinssaldos (3 500 000 €), sodass die Escape-Klausel nicht zur Anwendung kommt. Der Zinssaldo i. H.v. 3 500 000 € ist insoweit vom Abzug ausgeschlossen, als er 30 % des sog. EBITDA (Gewinn vor Zinsen, Steuern und Abschreibungen) übersteigt. Die nicht abzugsfähigen Zinsen berechnen sich wie folgt:

Zinssaldo	3 500 000 €
5 000 000 € × 30 %	- 1 500 000 €
nicht abzugsfähig	2 000 000 €

Der Betrag wird gesondert festgestellt und kann ggf. als Zinsvortrag in den folgenden Jahren abgezogen werden. Zinsaufwendungen i. H.v. bis zu 100 000 € können immer steuerlich berücksichtigt werden.

III. Schwerpunkt: § 8b KStG

FALL 38

Steuerfreie Beteiligungserträge

Sachverhalte:

1. Die X-GmbH hält eine Beteiligung i. H.v. 100 % an der inländischen Y-GmbH, deren Erwerb (Anschaffungskosten: 500 000 €) sie in vollem Umfang über ein Darlehen finanziert hat (Zinsaufwand jährlich: 40 000 €). Die X-GmbH erhält von der Y-GmbH folgende Dividenden:

   − 01: 60 000 €.

   − 02: 30 000 €.

   Die X-GmbH hat den Vorgang wie folgt verbucht:

   01:

Bank	44 175,00 €			
Kapitalertragsteuer	15 000,00 €			
SolZ auf die Kapitalertragsteuer	825,00 € an	Beteiligungserträge		60 000,00 €

   02:

Bank	22 087,50 €			
Kapitalertragsteuer	7 500,00 €			
SolZ auf die Kapitalertragsteuer	412,50 € an	Beteiligungserträge		30 000,00 €

Die X-GmbH tätigt jeweils eine Vollausschüttung ihres Gewinnes an die Gesellschafter X und Y.

2. Die X-GmbH ist zu 40 % an der Y-AG beteiligt. Die X-GmbH hat die Beteiligung mit den Anschaffungskosten i. H. v. 100 000 € in ihrer Bilanz ausgewiesen. In 07 erhält die X-GmbH von der Y-AG eine Dividende i. H. v. 60 000 €, davon 30 000 € aus dem steuerlichen Einlagekonto i. S. d. § 27 KStG. Ende 07 veräußert die X-GmbH die Beteiligung an der Y-AG zu einem Preis i. H. v. 250 000 €.

3. Die X-GmbH ist zu 40 % an der Y-AG beteiligt. Die X-GmbH hat die Beteiligung mit den Anschaffungskosten i. H. v. 100 000 € in ihrer Bilanz ausgewiesen. In 07 erhält die X-GmbH von der Y-AG eine Dividende i. H. v. 180 000 €, davon 120 000 € aus dem steuerlichen Einlagekonto i. S. d. § 27 KStG.

4. Die X-GmbH (Stammkapital: 100 000 €) wird zum 30. 9. 06 aufgelöst. Anteilseigner ist zu 100 % die Y-AG. Zum Ende des Liquidationszeitraums (31. 3. 07) ergibt sich ein Abwicklungsendvermögen i. H. v. 600 000 €. Das steuerliche Einlagekonto weist am 31. 12. 06 einen Bestand i. H. v. 80 000 € aus.

5. Die X-AG erbringt an die Muttergesellschaft Y-AG, die im Bauträgerbereich tätig ist, Bauleistungen. Die Y-AG vergütet der X-AG hierfür 80 000 €. Von einem fremden Dritten hätte die X-AG 160 000 € gefordert. Die Bauleistungen werden alternativ für folgende Zwecke erbracht:

a) Erstellung von zum Verkauf bestimmten Eigentumswohnungen;

b) Erstellung eines Anbaus an das Verwaltungsgebäude;

c) Reparaturleistungen am Verwaltungsgebäude.

6. Die X-GmbH hält eine Beteiligung an der belgischen Y-SPRL (entspricht der deutschen GmbH) i. H. v. 10 %. Die Beteiligung wurde in vollem Umfang mit Eigenkapital finanziert. In 01 erhält die X-GmbH von der Y-SPRL eine Dividende i. H. v. 200 000 €.

7. Die GuV der X-GmbH zum 31. 12. 01 hat auszugsweise folgendes Aussehen:

Aufwendungen	GuV X-GmbH 31. 12. 01		Erträge
Kapitalertragsteuer	16 000 €	Dividendenerträge	115 000 €
Schweizerische Verrechnungssteuer	12 250 €		

Die Dividendenerträge setzen sich wie folgt zusammen:

– Dividende der inländischen Y-GmbH (brutto): 80 000 €.

– Dividende der schweizerischen Z-AG: 35 000 €.

Auf die schweizerische Dividende wurde eine Verrechnungssteuer i. H. v. 12 250 € (= 35 %) einbehalten; 7 000 € (20 % der Bruttodividende) wurden auf Antrag durch die schweizerischen Finanzbehörden erstattet.

8. Die X-GmbH ist zu 8 % an der Y-GmbH beteiligt. Die Y-GmbH schüttet im März 04 eine Dividende i. H. v. 100 000 € an die X-GmbH aus. Es sind 5 000 € Finanzierungskosten entstanden.

9. Die X-GmbH ist seit Jahren zu 8 % an der Y-GmbH beteiligt. Im März 13 erwirbt die X-GmbH weitere 12 % hinzu, sodass sie nunmehr zu insgesamt 20 % an der Y-GmbH beteiligt ist. Im Juli 13 schüttet die Y-GmbH eine Dividende i.H.v. insgesamt 100 000 € an die X-GmbH aus. Die X-GmbH erhält damit eine anteilige Bruttodividende i.H.v. 20 000 €.

AUFGABE

Wie sind die Beteiligungserträge steuerlich zu behandeln?

LITERATURHINWEIS

Köllen/Reichert/Vogl/Wagner, Lehrbuch Körperschaftsteuer und Gewerbesteuer, Kapitel 4.3.3

LÖSUNG

Vorbemerkung: Mit dem § 8b KStG wird auf der Ebene der Körperschaft insgesamt auf die Besteuerung von Gewinnausschüttungen anderer Körperschaften sowie von Vermögensmehrungen im Zusammenhang mit Beteiligungen an diesen Körperschaften verzichtet. Damit soll **verhindert** werden, dass es **bei der Durchleitung von Gewinnausschüttungen** und Vermögensmehrungen über mehrere Beteiligungsebenen im Rahmen des Teileinkünfteverfahrens zu einer **Mehrfachbelastung** mit Körperschaftsteuer kommt. Durch die Beteiligungsertragsbefreiung verbleibt es in Beteiligungsketten bei einer einmaligen Körperschaftsteuerbelastung in Höhe des jeweiligen Körperschaftsteuersatzes, bis der Gewinn die Ebene der Körperschaft verlässt und an eine natürliche Person ausgeschüttet wird.

Die generelle Freistellung von Dividendenerträgen und Veräußerungsgewinnen gilt für sämtliche Beteiligungen an Körperschaften, deren Ausschüttungen oder Auskehrungen bei den Empfängern zu Einnahmen i.S.d. § 20 Abs. 1 Nr. 1, 2, 9 und 10 Buchst. a EStG führen. Dabei kommt es nicht darauf an, ob es sich um Bezüge von inländischen oder ausländischen Körperschaften handelt. Eine Bindung an eine Mindestbeteiligung sowie eine Mindestbehaltefrist bestehen nicht.

§ 8b KStG stellt eine Vorschrift zur Ermittlung des Einkommens dar. Die danach erforderlichen Korrekturen werden außerhalb der Steuerbilanz vorgenommen, sodass die Gewinnermittlung unberührt bleibt. Die Korrektur erfolgt i.H.d. Bruttoeinnahmen. Die Vorschrift gem. § 8b KStG ist eine Sonderregelung, die den grundsätzlichen Regelungen des Teileinkünfteverfahrens (vormals des Halbeinkünfteverfahrens) in § 3 Nr. 40 EStG und § 3c Abs. 2 EStG vorgeht.

Der Anwendungsbereich gem. § 8 Abs. 1 KStG erstreckt sich auf alle unbeschränkt und beschränkt steuerpflichtige Körperschaften, die zur Körperschaftsteuer zu veranlagen sind. Bei von der Körperschaftsteuer befreiten Körperschaften muss die Beteiligung in einem wirtschaftlichen Geschäftsbetrieb gehalten werden. Beschränkt steuerpflichtige (ausländische) Körperschaften sind mit ihren inländischen Einkünften zu veranlagen, für die die Körperschaftsteuer nicht durch den Steuerabzug abgegolten wird. Einzelheiten zur Anwendung von § 8b KStG ergeben sich aus dem BMF-Schreiben vom 28.4.2003 (BStBl 2003 I S. 292).

Steuerfrei gem. § 8b Abs. 1 KStG sind außerdem folgende Bezüge:

► Bezüge aus einer Kapitalherabsetzung bzw. Liquidation i. S. d. § 20 Abs. 1 Nr. 2 EStG.

► Einnahmen aus der Veräußerung von Dividendenscheinen und sonstigen Ansprüchen i. S. d. § 20 Abs. 2 Satz 1 Nr. 2 Buchst. a EStG.

► Einnahmen aus der Abtretung von Dividendenscheinen oder sonstigen Ansprüchen i. S. d. § 20 Abs. 2 Satz 2 EStG.

Mit dem „Gesetz zur Umsetzung des EuGH-Urteils vom 20. Oktober 2011 in der Rechtssache C-284/09" vom 21. 3. 2013 (BGBl 2013 I S. 561) wurde eine neue Körperschaftsteuerpflicht von **Streubesitzdividenden** in § 8b Abs. 4 KStG n. F. eingeführt. Danach sind empfangene Gewinnausschüttungen von Gesellschaften, an denen eine unmittelbare Beteiligung von unter 10 % besteht (sog. Streubesitzdividenden), in vollem Umfang körperschaftsteuerpflichtig. Diese gesetzliche Neuregelung ist erstmals auf Gewinnausschüttungen anzuwenden, die nach dem 28. 2. 2013 zufließen (§ 37 Abs. 7a KStG).

Bei der Ermittlung der Beteiligungshöhe sind **nur unmittelbare Beteiligungen** zu berücksichtigen. Allerdings gelten über eine Mitunternehmerschaft gehaltene Anteile ausdrücklich anteilig als unmittelbare Beteiligung des Mitunternehmers (§ 8b Abs. 4 Satz 4 und 5 KStG n. F.). Die Beteiligungshöhe wird auch innerhalb einer körperschaftsteuerlichen Organschaft für jede Gesellschaft getrennt betrachtet. Hierfür wurde eine entsprechende Regelung in § 15 Satz 1 Nr. 2 KStG n. F. eingeführt.

Da Gewinne aus der Veräußerung von Streubesitzanteilen weiterhin steuerfrei sind, können Anteile unmittelbar vor dem Stichtag der Dividendenauszahlung zusammen mit der Dividendenberechtigung gem. § 8b Abs. 2 KStG steuerfrei veräußert werden.

Zu 1

Die von der Y-GmbH an die X-GmbH ausgeschütteten **Dividenden** sind bei dieser gem. § 8b Abs. 1 KStG **steuerfrei**. Gemäß § 8b Abs. 5 KStG sind 5 % der Bezüge nicht als Betriebsausgaben abzugsfähig (pauschales Betriebsausgabenabzugsverbot). § 3c Abs. 1 EStG ist insoweit nicht anzuwenden.

Letztendlich werden also 95 % der Bezüge angesetzt. Folglich sind in 01 5 % von 60 000 € = 3 000 € und in 02 5 % von 30 000 € = 1 500 € nicht abziehbar. Die übrigen Aufwendungen i. H. v. (40 000 € - 3 000 € =) **37 000 € (01)** und (40 000 € - 1 500 € =) **38 500 € (02)** können als Betriebsausgaben **abgezogen** werden.

Die Beteiligungserträge von X und Y unterliegen der **Abgeltungsteuer** i. H. v. 25 %. Das Halbeinkünfteverfahren für im Privatvermögen gehaltene Anteile an Kapitalgesellschaften gilt nicht mehr. Ein Werbungskosten-Abzug kommt nicht mehr in Betracht. Bemessungsgrundlage für die Abgeltungsteuer ist der Kapitalertrag, wobei ist ein Sparer-Pauschbetrag i. H. v. 801 € (1 602 € bei Zusammenveranlagung) zu berücksichtigen ist. Auf die verbleibende Bemessungsgrundlage wird die Abgeltungsteuer i. H. v. 25 % zzgl. Solidaritätszuschlag und ggf. Kirchensteuer erhoben. Schuldner der Kapitalertragsteuer ist gem. § 44 Abs. 1 EStG grundsätzlich der Gläubiger der Kapitalerträge.

Die **mit Abgeltungswirkung besteuerten** Kapitalerträge werden daher **nicht in die Veranlagung einbezogen** (§ 25 Abs. 1 EStG) und müssen in der Einkommensteuererklärung nicht aufgeführt werden.

Wird die Beteiligung im betrieblichen Vermögen gehalten, so unterliegen Zinsen und Dividenden nicht der Abgeltungsteuer i.H.v. 25 %, d.h. es kommt der normale Tarif zur Anwendung. Dies gilt für Kapitaleinkünfte im Bereich Land- und Forstwirtschaft, selbständiger Arbeit, Gewerbebetrieb oder Vermietung und Verpachtung (§ 20 Abs. 8 EStG). Hier kommt das sog. **Teileinkünfteverfahren** zur Anwendung. Für Dividenden gilt dann eine Steuerbefreiung i.H.v. 40 %, 60 % unterliegen beim Anteilseigner der Besteuerung mit dem persönlichen Steuersatz. Entsprechend sind 40 % der Betriebsausgaben gem. § 3c EStG nicht abzugsfähig, 60 % stellen abziehbare Betriebsausgaben dar.

Zu 2

Gemäß § 20 Abs. 1 Nr. 1 Satz 3 EStG i.V. m. § 8 Abs. 1 KStG gehören Ausschüttungen einer Körperschaft nicht zu den Einnahmen, soweit sie aus dem steuerlichen Einlagekonto i. S. d. § 27 KStG stammen. Die X-GmbH hat daher folgenden Beteiligungsertrag in der GuV zu verbuchen:

Dividende	60 000 €
davon aus dem steuerlichen Einlagekonto	- 30 000 €
zu erfassender Beteiligungsertrag	30 000 €

Gemäß § 8b Abs. 1 KStG bleibt dieser Beteiligungsertrag steuerfrei und ist außerbilanziell wieder zu korrigieren. Allerdings gelten von den Bezügen, die bei der Ermittlung des Einkommens außer Ansatz bleiben, 5 % als Ausgaben, die nicht als Betriebsausgaben abgezogen werden dürfen (§ 8b Abs. 5 Satz 1 KStG). Daher muss die X-GmbH außerbilanziell wieder eine Hinzurechnung i.H.v. 1 500 € (30 000 € × 5 %) vornehmen.

Der **Ausschüttungsbetrag**, der **aus** dem **steuerlichen Einlagekonto** stammt, **vermindert den Buchwert** der Beteiligung an der Y-AG. Dieser beträgt daher noch 70 000 € (100 000 € - 30 000 €).

Die Veräußerung der Beteiligung an der Y-AG ist steuerlich wie folgt zu behandeln:

Veräußerungserlös	250 000 €
Buchwert	- 70 000 €
Veräußerungsgewinn (innerhalb der Bilanz)	180 000 €

Bei der Ermittlung des z.v. E. der X-GmbH bleibt dieser Veräußerungsgewinn gem. § 8b Abs. 2 KStG außer Ansatz. Entsprechend ist eine außerbilanzielle Abrechnung i.H.v. 180 000 € vorzunehmen. Gemäß § 8b Abs. 3 Satz 1 KStG gelten allerdings von dem Veräußerungsgewinn 5 % als Ausgaben, die nicht als Betriebsausgaben abgezogen werden dürfen. Demzufolge ist außerbilanziell ein Betrag i.H.v. 9 000 € wieder hinzuzurechnen.

Zu 3

Gemäß § 20 Abs. 1 Nr. 1 Satz 3 EStG i.V. m. § 8 Abs. 1 KStG gehören Ausschüttungen einer Körperschaft nicht zu den Einnahmen, soweit sie aus dem steuerlichen Einlagekonto i. S. d. § 27 KStG stammen. Die X-GmbH hat daher folgenden Beteiligungsertrag in der GuV zu verbuchen:

Dividende	180 000 €
davon aus dem steuerlichen Einlagekonto	- 120 000 €
zu erfassender Beteiligungsertrag	60 000 €

Gemäß § 8b Abs. 1 KStG bleibt dieser Beteiligungsertrag steuerfrei und ist außerbilanziell wieder zu korrigieren. Allerdings gelten von den Bezügen, die bei der Ermittlung des Einkommens außer Ansatz bleiben, 5 % als Ausgaben, die nicht als Betriebsausgaben abgezogen werden dürfen (§ 8b Abs. 5 Satz 1 KStG). Daher muss die X-GmbH außerbilanziell wieder eine Hinzurechnung i. H. v. 3 000 € (60 000 € × 5 %) vornehmen.

Der Ausschüttungsbetrag, der aus dem steuerlichen Einlagekonto stammt, vermindert den Buchwert der Beteiligung an der Y-AG auf 0 €. Soweit der Ausschüttungsbetrag aus dem steuerlichen Einlagekonto (120 000 €) den Buchwert der Beteiligung an der Y-AG (100 000 €) übersteigt, liegt ein **Beteiligungsertrag** vor, der innerhalb der Bilanz zu erfassen ist (20 000 €). Allerdings unterliegt eine **Einlagenrückgewähr** der Steuerbefreiung gem. § 8b Abs. 2 KStG, soweit sie den Buchwert übersteigt. Daher ist außerbilanziell eine Abrechnung i. H. v. 20 000 € vorzunehmen. Gemäß § 8b Abs. 3 Satz 1 KStG gelten davon allerdings 5 % als Ausgaben, die nicht als Betriebsausgaben abgezogen werden dürfen. Demzufolge ist außerbilanziell ein Betrag i. H. v. 1 000 € wieder hinzuzurechnen.

Zu 4

Gemäß § 8b Abs. 1 KStG sind auch Bezüge steuerfrei, **die nach der Auflösung einer Kapitalgesellschaft** anfallen und nicht in der Rückzahlung von Nennkapital bestehen (§ 20 Abs. 1 Nr. 2 EStG). Soweit Beträge aus dem steuerlichen Einlagekonto zurückgezahlt werden, handelt es sich nicht um Bezüge i. S. d. § 20 Abs. 1 Nr. 2 EStG, sodass § 8b Abs. 1 KStG insoweit nicht gilt. Allerdings kommt für Zahlungen aus dem steuerlichen Einlagekonto § 8b Abs. 2 KStG zur Anwendung.

Das Vermögen, das zur Verteilung zur Verfügung steht, beläuft sich auf 600 000 € und setzt sich aus dem Stammkapital i. H. v. 100 000 € sowie den Rücklagen i. H. v. 500 000 € zusammen. Der ausschüttbare Gewinn berechnet sich wie folgt:

	Eigenkapital	600 000 €
-	Stammkapital	100 000 €
-	steuerliches Einlagekonto	80 000 €
=	ausschüttbarer Gewinn	420 000 €

Die Auskehrung dieses Betrages stellt bei der Y-AG Einnahmen i. S. d. § 20 Abs. 1 Nr. 2 EStG dar, für den die Steuerbefreiung i. S. d. § 8b Abs. 1 KStG zur Anwendung kommt. Auch hier gelten 5 % der Abzüge, die gem. § 8b Abs. 1 KStG außer Ansatz bleiben, als Ausgaben, die nicht als Betriebsausgaben abgezogen werden dürfen.

Zu 5

Hier handelt es sich um eine verdeckte Gewinnausschüttung zwischen Tochtergesellschaft und Muttergesellschaft, da die Muttergesellschaft von der Tochtergesellschaft eine niedrigere Vergütung erhält, als sie unter fremden Dritten vereinbart worden wäre.

Die verdeckte Gewinnausschüttung beläuft sich auf den gewährten Vorteil i. H. v. 80 000 €. Damit hat die Muttergesellschaft (Y-AG) einen Beteiligungsertrag erhalten, der gem. § 8b Abs. 1 KStG außerbilanziell wieder zu korrigieren ist. Als weitere Konsequenz ergibt sich bei der Y-AG Folgendes:

a) Die **Herstellungskosten** der Eigentumswohnungen erhöhen sich um 80 000 €. Ein künftiger **Veräußerungsgewinn verringert** sich daher entsprechend.

b) Der Betrag i. H. v. 80 000 € stellt Herstellungskosten dar, die sich **über die AfA gewinnmindernd** auswirken.

c) Es liegt i. H. v. 80 000 € ein **Erhaltungsaufwand** vor, der sich in vollem Umfang **gewinnmindernd** auswirkt.

Zu 6

Die Dividende bleibt gem. § 8b Abs. 1 KStG bei der Ermittlung des z. v. E. außer Ansatz (außerbilanzielle Korrektur).

Gemäß **§ 8b Abs. 5 KStG gelten auch** bei Bezügen aus **Anteilen an einer ausländischen Kapitalgesellschaft,** die von der Körperschaftsteuer befreit sind, 5 % der Einnahmen als Betriebsausgaben, die mit den Einnahmen in unmittelbarem wirtschaftlichem Zusammenhang stehen. Damit gelten 5 % der steuerfreien Bruttoeinnahmen als nicht abziehbare Ausgaben, die außerbilanziell wieder zu korrigieren sind. Unerheblich ist, in welcher Höhe tatsächlich Aufwendungen entstanden sind, die mit den Einnahmen in wirtschaftlichem Zusammenhang stehen. Letztlich werden auch hier 95 % der Dividende steuerlich nicht angesetzt.

Damit gelten 5 % der Dividende (= 10 000 €) als Betriebsausgaben, die mit den steuerfreien Einnahmen in unmittelbarem wirtschaftlichem Zusammenhang stehen und daher nicht abziehbar sind. Daher ist ein Betrag i. H. v. 10 000 € bei der Ermittlung des z. v. E. wieder hinzuzurechnen. Dabei ist unerheblich, dass tatsächlich keine entsprechenden Aufwendungen entstanden sind. Es handelt sich um eine **gesetzliche Fiktion.**

▬▬▬ **ANMERKUNG:** ▶ Da die Vorschrift von § 8b Abs. 5 KStG für „Bezüge" gilt, sind auch sonstige Bezüge gem. § 20 Abs. 1 Nr. 1 EStG sowie verdeckte Gewinnausschüttungen von der Einschränkung betroffen.

Eine **Anrechnung ausländischer Quellensteuer entfällt,** da aufgrund der Steuerfreistellung gem. § 8b Abs. 1 KStG keine inländische Körperschaftsteuer auf diese Einkünfte entfällt.

Zu 7

Auch Gewinnanteile und vergleichbare Leistungen, die von ausländischen Kapitalgesellschaften bezogen werden, sind gem. § 8b Abs. 1 KStG bei der Einkommensermittlung außer Ansatz zu lassen. Außerdem kommt es **weder** auf eine **Mindestbeteiligung** an **noch** darauf, ob die Beteiligung über einen **Mindestzeitraum** gehalten wurde. Ebenfalls **ohne Bedeutung** ist, welcher **Art die wirtschaftliche Betätigung** der ausschüttenden Kapitalgesellschaft ist. Die Korrektur ist außerbilanziell i. H. d. Bruttoeinnahmen vorzunehmen. **Steuern vom Einkommen** auf die Erträge stellen **nicht abziehbare** Ausgaben gem. § 10 Nr. 2 KStG dar und sind ebenfalls außerhalb der Bilanz zu korrigieren.

Angewendet auf den Sachverhalt ergeben sich daher folgende Korrekturen (außerhalb der Steuerbilanz):

Inländische Dividendenerträge (Y-GmbH)	– 80 000 €
Kapitalertragsteuer	+ 20 000 €
schweizerische Dividendenerträge (Z-AG)	– 35 000 €
endgültige schweizerische Verrechnungssteuer (12 250 € - 7 000 € =)	+ 5 250 €

| nicht abziehbare Ausgabe (§ 8b Abs. 5 KStG) (5 % von 115 000 €) | + 5 750 € |
| Gesamter Korrekturbetrag | - 84 000 € |

Zu 8

Es ergibt sich folgende steuerliche Behandlung:

Dividende	100 000 €
Finanzierungsaufwand	- 5 000 €
Keine außerbilanzielle Korrektur gem. § 8b Abs. 1 KStG	– €
Körperschaftsteuerliches Einkommen	95 000 €

Da die Beteiligung weniger als 10 % des Nennkapitals beträgt, erfolgt keine außerbilanzielle Korrektur gem. § 8b Abs. 1 KStG (§ 8b Abs. 4 KStG n. F.). Ebenso kommt die 5 %-Pauschale gem. § 8b Abs. 5 KStG nicht zur Anwendung.

Zu 9

Die bezogene Dividende ist in einen steuerpflichtigen und in einen steuerfreien Teil aufzuteilen. Bei der zu Beginn des Jahres 13 bestehenden Beteiligung i. H.v. 8 % handelt es sich um Streubesitz. Die darauf entfallende Dividende ist damit steuerpflichtig.

Der Hinzuerwerb i. H.v. 12 % während des Jahres 13 wird auf den 1. 1. 13 zurückbezogen (Beteiligungserwerb von mindestens 10 %). Soweit die Dividende auf diesen Anteil entfällt, findet § 8b Abs. 4 KStG n. F. keine Anwendung (kein Streubesitz), insoweit gilt § 8b Abs. 1 und 5 KStG (außerbilanzielle Korrektur). Damit ergibt sich folgende steuerliche Behandlung:

In der Bilanz erfasste Dividende	20 000 €
Beteiligung i. H.v. 8 %:	
→ gem. § 8b Abs. 4 KStG n. F. Streubesitz, d. h. keine außerbilanzielle Korrektur	– €
Beteiligung i. H.v. 12 %:	
Außerbilanzielle Korrektur: § 8b Abs. 1 KStG	- 12 000 €
§ 8b Abs. 5 KStG	+ 600 €
Körperschaftsteuerliches Einkommen	+ 8 600 €

FALL 39

Steuerpflicht von Streubesitzdividenden (§ 8b Abs. 4 KStG)

Sachverhalt:

Die X-GmbH ist zu 8 % an der Y-GmbH beteiligt. Die Y-GmbH schüttet im Juli 05 eine Dividende i. H.v. 100 000 € an die X-GmbH aus. Es sind 8 000 € Finanzierungskosten entstanden.

Variante 1: Die X-GmbH ist seit Jahren zu 8 % an der Y-GmbH beteiligt. Im März 05 erwirbt die X-GmbH weitere 4 % hinzu, sodass sie nunmehr zu insgesamt 12 % an der Y-GmbH beteiligt ist.

Variante 2: Die X-GmbH ist seit Jahren zu 8 % an der Y-GmbH beteiligt. Im März 05 erwirbt die X-GmbH weitere 12 % hinzu, sodass sie nunmehr zu insgesamt 20 % an der Y-GmbH beteiligt ist.

Variante 3: Zu Beginn des Jahres 05 ist die X-GmbH nicht an der Y-GmbH beteiligt. Im März 05 erwirbt die X-GmbH eine Beteiligung an der Y-GmbH i. H. v. 12 %.

Variante 4: Zu Beginn des Jahres 05 ist die X-GmbH nicht an der Y-GmbH beteiligt. Im März 05 erwirbt die X-GmbH eine Beteiligung an der Y-GmbH i. H. v. 12 %, im Juni 05 eine weitere Beteiligung an der Y-GmbH i. H. v. 8 %, sodass nunmehr eine Beteiligung der X-GmbH an der Y-GmbH i. H. v. 20 % besteht.

Variante 5: Zu Beginn des Jahres 05 ist die X-GmbH nicht an der Y-GmbH beteiligt. Im März 05 erwirbt die X-GmbH eine Beteiligung an der Y-GmbH i. H. v. 8 %, im Juni 05 eine weitere Beteiligung an der Y-GmbH i. H. v. 8 % von einem anderen Veräußerer, sodass nunmehr eine Beteiligung der X-GmbH an der Y-GmbH i. H. v. 16 % besteht.

Variante 6: Zu Beginn des Jahres 05 ist die X-GmbH nicht an der Y-GmbH beteiligt. Im März 05 erwirbt die X-GmbH eine Beteiligung an der Y-GmbH i. H. v. 12 %. Im Oktober 05 veräußert die X-GmbH eine Beteiligung an der Y-GmbH i. H. v. 10 %.

AUFGABE

Steuerliche Behandlung der Dividende?

LÖSUNG

Vorbemerkung: Nach dem Urteil des EuGH vom 20. 10. 2011 – C 284/09, BFH/NV 2011 S. 2219 Nr. 12 darf Deutschland Dividendenausschüttungen von inländischen Kapitalgesellschaften an beschränkt steuerpflichtige Körperschaften aus dem EU-/EWR-Raum keiner höheren Besteuerung unterwerfen als solche, die an eine Gesellschaft mit Sitz im Inland gezahlt werden. Während insbesondere bei Streubesitzdividenden inländische Kapitalgesellschaften eine nahezu vollständige Entlastung von der Kapitalertragsteuer erreichen können, kann eine im Ausland ansässige Kapitalgesellschaft keine solche Entlastung geltend machen, weil die Kapitalertragsteuer hier abgeltende Wirkung hat.

Zur Beseitigung dieses Nachteils wurde § 8b Abs. 4 KStG n. F. eingefügt (Geltung für nach dem 28. 2. 2013 zufließende Beträge, maßgebend ist der Zeitpunkt des Ausschüttungsbeschlusses). Danach gilt die Steuerbefreiung gem. § 8b Abs. 1 Satz 1 KStG für Dividenden und andere Bezüge (z. B. verdeckte Gewinnausschüttungen) nicht, wenn die unmittelbare Beteiligung zu Beginn des Kalenderjahres weniger als 10 % des Nennkapitals beträgt (sog. Streubesitzbeteiligung). Entsprechend kommt auch die 5 %-Pauschale gem. § 8b Abs. 5 KStG nicht zur Anwendung. Der Erwerb einer Beteiligung von mindestens 10 % gilt als zu Beginn des Kalenderjahres erfolgt (§ 8b Abs. 4 Satz 6 KStG n. F.). Der Hinzuerwerb von Anteilen unter 10 % entfaltet keine Rückwirkung, d. h. es ist nicht möglich, kurzfristig vor der Ausschüttung eine Beteiligung von weniger als 10 % durch einen Hinzuerwerb noch über die 10 %-Grenze zu heben. Hinsichtlich der Auslegung der Rückbeziehungsfiktion gem. § 8b Abs. 4 Satz 6 KStG gilt nach bundeseinheitlicher Verwaltungsauffassung (siehe Vfg. der OFD Frankfurt/Main vom 2. 12. 2013, S 2750a A – 19 – St 52) Folgendes:

Die Rückbeziehung eines Erwerbs im laufenden Kalenderjahr auf den Beginn des Kalenderjahres gem. § 8b Abs. 4 Satz 6 KStG gilt ausschließlich für den Erwerb eines Anteilspaketes von mindestens 10 % durch einen einzelnen Erwerbsvorgang. Die Regelung hat keine Auswirkung auf die Behandlung von Anteilen, die zum Beginn des Kalenderjahres bereits bestehen und ist auch nicht anzuwenden, wenn im laufenden Kalenderjahr durch verschiedene Erwerbsvorgänge jeweils Anteile von weniger als 10 % erworben werden, die Erwerbe insgesamt aber die Grenze i. H. v. 10 % erreichen.

Zum Sachverhalt

Die der X-GmbH im Juli 05 zugeflossene Dividende i. H. v. 100 000 € ist in vollem Umfang steuerpflichtig, weil die X-GmbH zu Beginn des Kalenderjahres mit 8 % unmittelbar zu weniger als 10 % an der Y-GmbH beteiligt war. Eine pauschale Hinzurechnung von nicht abziehbaren Betriebsausgaben i. H. v. 5 % der steuerfreien Gewinnausschüttung erfolgt nicht (§ 8b Abs. 4 Satz 7 KStG n. F.). Die Finanzierungskosten i. H. v. 8 000 € können voll als Betriebsausgaben abgezogen werden. Damit ergibt sich folgende steuerliche Behandlung:

Dividende	100 000 €
Finanzierungsaufwand	- 8 000 €
Keine außerbilanzielle Korrektur gem. § 8b Abs. 1 KStG, weil Beteiligung < 10 % (§ 8b Abs. 4 KStG n. F.)	– €
Körperschaftsteuerliches Einkommen	92 000 €

Variante 1: Die der X-GmbH im Juli 05 zugeflossene Dividende i. H. v. 100 000 € ist in vollem Umfang steuerpflichtig, weil die X-GmbH zu Beginn des Kalenderjahres mit 8 % unmittelbar zu weniger als 10 % an der Y-GmbH beteiligt war. Nach dem Hinzuerwerb ist die X-GmbH zwar mit insgesamt 12 % an der Y-GmbH beteiligt, die Rückbeziehungsfiktion i. S. d. § 8b Abs. 4 Satz 6 KStG ist jedoch nicht anwendbar, weil nicht mindestens 10 % hinzuerworben wurden. Eine pauschale Hinzurechnung von nicht abziehbaren Betriebsausgaben i. H. v. 5 % der steuerfreien Gewinnausschüttung erfolgt nicht (§ 8b Abs. 4 Satz 7 KStG n. F.). Die Finanzierungskosten i. H. v. 8 000 € können voll als Betriebsausgaben abgezogen werden.

Variante 2: Zu Beginn des Jahres 05 ist die X-GmbH zu weniger als 10 % an der Y-GmbH beteiligt. Der Hinzuerwerb der Beteiligung i. H. v. 12 % im März 05 gilt als zu Beginn des Kalenderjahres 05 erfolgt (§ 8b Abs. 4 Satz 6 KStG n. F.). Nach dem Anteilserwerb ist die X-GmbH zu insgesamt 20 % an der Y-GmbH beteiligt. Allerdings gilt § 8b Abs. 4 Satz 6 KStG n. F. nur für den hinzuerworbenen Anteil i. H. v. 12 %. Die bezogene Dividende i. H. v. 100 000 € ist daher steuerfrei gem. § 8b Abs. 1 KStG, soweit sie auf den hinzuerworbenen Anteil entfällt (100 000 € × $^{12}/_{20}$ = 60 000 €). Soweit sie auf die am 1. 1. 05 bestehende Beteiligung i. H. v. 8 % entfällt, ist die Ausschüttung steuerpflichtig (40 000 €). Eine pauschale Hinzurechnung von nicht abziehbaren Betriebsausgaben i. H. v. 5 % der steuerfreien Gewinnausschüttung ist dementsprechend für den gem. § 8b Abs. 1 KStG steuerfreien Teil vorzunehmen (60 000 € × 5 % = 3 000 €). Für den gem. § 8b Abs. 4 KStG n. F. steuerpflichtigen Teil der Dividende findet keine Hinzurechnung gem. § 8b Abs. 5 KStG statt (§ 8b Abs. 4 Satz 7 KStG n. F.). Die tatsächlich entstandenen Finanzierungskosten i. H. v. 8 000 € sind in voller Höhe als Betriebsausgaben abzugsfähig.

Variante 3: § 8b Abs. 4 Satz 6 KStG n. F. regelt, dass hinsichtlich der Steuerpflicht von Streubesitzdividenden der Erwerb einer Beteiligung i. H. v. mindestens 10 % als zu Beginn des Kalenderjahres erfolgt. Durch die Rückbeziehung findet § 8b Abs. 4 KStG n. F. auf Erträge aus dieser Beteiligung keine Anwendung. Obwohl die X-GmbH zu Beginn des Jahres 05 nicht an der Y-GmbH beteiligt war, fällt die Ausschüttung i. H. v. 100 000 € in voller Höhe unter die Steuerbefreiung gem. § 8b Abs. 1 KStG (mit Anwendung der 5 %-Pauschale, d. h. 5 000 € = nicht abziehbare Betriebsausgaben), weil die Beteiligung gem. § 8b Abs. 4 Satz 6 KStG) als zum 1. 1. 05 erworben gilt. Die Regelung zu den Streubesitzdividenden gem. § 8b Abs. 4 KStG n. F. ist nicht anzuwenden. Die tatsächlich entstandenen Finanzierungskosten i. H. v. 8 000 € können in voller Höhe als Betriebsausgaben abgezogen werden.

Variante 4: Die Gewinnausschüttung i. H. v. 100 000 € ist zu $^{12}/_{20}$ = 60 000 € steuerfrei und zu $^{8}/_{20}$ = 40 000 € steuerpflichtig. Am Beginn des Jahres 05 ist die X-GmbH noch nicht an der Y-GmbH beteiligt. Gemäß § 8b Abs. 4 Satz 6 KStG n. F. wird der erstmalige Erwerb von Anteilen an der X-GmbH i. H. v. 12 % auf den 1. 1. 05 zurückbezogen, weil es sich um eine Beteiligung i. H. v. mindestens 10 % handelt. Insoweit kommt die Regelung gem. § 8b Abs. 4 KStG n. F. nicht zur Anwendung. Der weitere Erwerb der Beteiligung i. H. v. 8 % liegt unter 10 %, eine Rückbeziehung gem. § 8b Abs. 4 Satz 6 KStG n. F. kommt daher insoweit nicht in Betracht. Damit ist die erhaltene Dividende in einen gem. § 8b Abs. 1 KStG steuerfreien Teil ($^{12}/_{20}$) und einen gem. § 8b Abs. 4 KStG steuerpflichtig zu behandelnden Teil ($^{8}/_{20}$) aufzuteilen. Eine pauschale Hinzurechnung von nicht abziehbaren Betriebsausgaben i. H. v. 5 % der steuerfreien Gewinnausschüttung ist dementsprechend nur für den gem. § 8b Abs. 1 KStG steuerfreien Teil vorzunehmen (60 000 € × 5 % = 3 000 €). Soweit die Dividende auf diesen Anteil entfällt, findet § 8b Abs. 4 KStG n. F. keine Anwendung (kein Streubesitz), insoweit gilt § 8b Abs. 1 und 5 KStG (außerbilanzielle Korrektur). Für den gem. § 8b Abs. 4 KStG n. F. steuerpflichtigen Teil der Dividende findet keine Hinzurechnung gem. § 8b Abs. 5 KStG statt (§ 8b Abs. 4 Satz 7 KStG n. F.). Die tatsächlich entstandenen Finanzierungskosten i. H. v. 8 000 € sind in voller Höhe als Betriebsausgaben abzugsfähig. Damit ergibt sich folgende steuerliche Behandlung:

In der Bilanz erfasste Dividende	100 000 €
Finanzierungsaufwand	– 8 000 €
Beteiligung i. H. v. 8 %:	
Gemäß § 8b Abs. 4 KStG n. F. Streubesitz, d. h. keine außerbilanzielle Korrektur	– €
Beteiligung i. H. v. 12 %:	
Außerbilanzielle Korrektur:	
§ 8b Abs. 1 KStG	– 60 000 €
§ 8b Abs. 5 KStG	+ 3 000 €
Körperschaftsteuerliches Einkommen	+ 35 000 €

Variante 5: Die Gewinnausschüttung i. H. v. 100 000 € ist in vollem Umfang steuerpflichtig. Am Beginn des Jahres 05 ist die X-GmbH noch nicht an der Y-GmbH beteiligt. Gemäß § 8b Abs. 4 Satz 6 KStG n. F. wird der erstmalige Erwerb von Anteilen an der X-GmbH i. H. v. 8 % nicht auf den 1. 1. 05 zurückbezogen, weil es sich um eine Beteiligung unter 10 % handelt (§ 8b Abs. 4

KStG n. F.). Der weitere Erwerb der Beteiligung i. H.v. 8 % liegt ebenfalls unter 10 %, eine Rück-beziehung gem. § 8b Abs. 4 Satz 6 KStG kommt daher ebenfalls nicht in Betracht, weil nicht in einem Erwerbsvorgang mindestens 10 % erworben wurden. Für die steuerpflichtig zu behandelnde Dividende ist keine pauschale Hinzurechnung i. H.v. 5 % der Bezüge vorzunehmen (§ 8b Abs. 4 Satz 7 KStG). Die tatsächlich entstandenen Finanzierungskosten sind in voller Höhe abzugsfähig (8 000 €).

Variante 6: Der Erwerb der Anteile an der X-GmbH i. H.v. 12 % gilt als zu Beginn des Jahres 05 erfolgt (§ 8b Abs. 4 Satz 6 KStG n. F.). Durch die Rückbeziehung ist § 8b Abs. 4 KStG n. F. auf die erhaltene Dividende aus dieser Beteiligung nicht anwendbar, auch wenn die X-GmbH zum Zeitpunkt der Ausschüttung nur noch zu 5 % an der Y-GmbH beteiligt ist; unterjährige Veräußerungen sind nämlich ohne Bedeutung für die maßgebliche Beteiligungshöhe.

Der Erwerber, der im Oktober 05 10 % der Anteile erwirbt, kommt ebenfalls in den Genuss der Regelung gem. § 8b Abs. 4 Satz 6 KStG n. F., er kann die auf ihn entfallende Dividende ebenfalls steuerfrei vereinnahmen.

FALL 40

Steuerfreie Gewinne aus der Veräußerung von Anteilen an Kapitalgesellschaften

Sachverhalte:

1. Die X-AG veräußert Anteile an der inländischen Y-AG zu einem Preis i. H.v. 1 000 000 €. Die Anteile stehen mit 500 000 € zu Buche. Im Zusammenhang mit der Veräußerung entstehen Notarkosten i. H.v. 10 000 €.

2. Wie 1., jedoch beträgt der Veräußerungspreis lediglich 300 000 €.

3. Die X-GmbH ist zu 50 % an der Y-AG beteiligt. Die X-GmbH hat die Beteiligung mit den Anschaffungskosten i. H.v. 100 000 € in ihrer Bilanz ausgewiesen. Mit Vertrag vom 15. 12. 07 hat die X-GmbH die Beteiligung an der Y-AG mit Wirkung zum 15. 1. 08 zu einem Preis i. H.v. 600 000 € veräußert. Im Zusammenhang mit der Veräußerung sind der X-GmbH Kosten i. H.v. 3 000 € entstanden, die noch in 07 beglichen wurden.

4. Die X-GmbH ist zu jeweils 50 % an der Y-AG (Anschaffungskosten: 100 000 €) und an der Z-AG (Anschaffungskosten: 20 000 €) beteiligt. Die X-GmbH hat die Beteiligungen mit den Anschaffungskosten i. H.v. 100 000 € bzw. 20 000 € in ihrer Bilanz ausgewiesen. In 08 veräußerte die X-GmbH sowohl die Beteiligung an der Y-AG (Veräußerungspreis: 500 000 €) als auch die Beteiligung an der Z-AG (Veräußerungspreis: 10 000 €). Im Zusammenhang mit den Veräußerungen sind der X-GmbH Kosten i. H.v. 15 000 € (Y-AG) bzw. 1 000 € (Z-AG) entstanden.

Die X-GmbH hat die Veräußerungsvorgänge wie folgt verbucht:

Bank	510 000 €	an	Beteiligung Y-AG	100 000 €
		an	Beteiligung Z-AG	20 000 €
		an	a. o. Ertrag	390 000 €

| Veräußerungskosten | 16 000 € | an | Bank | 16 000 € |

5. Die schweizerische X-AG unterhält in Deutschland eine inländische Betriebsstätte, in deren Betriebsvermögen eine Beteiligung an der inländischen Y-GmbH mit den Anschaffungskosten i. H. v. 50 000 € zu Buche steht. Die Beteiligung wird in 06 für 100 000 € veräußert.

6. Die X-GmbH, die in ihrem Betriebsvermögen eine Beteiligung i. H. v. 100 % an der Y-GmbH mit 150 000 € ausweist, veräußert diese an den Alleingesellschafter X für 200 000 €. Der Teilwert im Zeitpunkt der Veräußerung beträgt 300 000 €.

7. Die X-GmbH ist zu 100 % an der Y-GmbH beteiligt. In der Bilanz war die Beteiligung mit den Anschaffungskosten i. H. v. 100 000 € ausgewiesen. In 04 hat die X-GmbH aufgrund der schlechten Geschäftsentwicklung bei der Y-GmbH eine Teilwertabschreibung auf die Beteiligung i. H. v. 50 000 € vorgenommen. Da sich die wirtschaftliche Situation bei der Y-GmbH in den folgenden Jahren wieder positiv entwickelte, nahm die X-GmbH in 07 eine Zuschreibung i. H. v. 30 000 € vor. In 08 wurde die Beteiligung für 150 000 € veräußert.

AUFGABE

Beurteilen Sie, ob die Gewinne aus der Veräußerung der Anteile an den jeweiligen Kapitalgesellschaften steuerfrei sind.

LITERATURHINWEIS

Köllen/Reichert/Vogl/Wagner, Lehrbuch Körperschaftsteuer und Gewerbesteuer, Kapitel 4.3.3.4

LÖSUNG

Vorbemerkung: Gewinne aus der Veräußerung von Anteilen an anderen Körperschaften, deren Leistungen beim Empfänger bei der Ermittlung des z. v. E. gem. § 8b Abs. 1 KStG nicht angesetzt werden, bleiben ebenfalls **steuerfrei**. Die Befreiung für Veräußerungsgewinne findet auch auf die Veräußerung von Organbeteiligungen Anwendung. Die Steuerbefreiung gilt daneben auch für

▶ Liquidationsgewinne,

▶ Gewinne aus einer Kapitalherabsetzung,

▶ Gewinne aus einer Zuschreibung gem. § 6 Abs. 1 Satz 1 Nr. 2 Satz 3 EStG,

▶ Gewinne aus verdeckten Einlagen (§ 8b Abs. 2 Satz 6 KStG),

▶ Gewinne aus verdeckten Gewinnausschüttungen[1],

▶ Zahlungen aus dem steuerlichen Einlagekonto i. S. d. § 27 KStG (Einlagenrückgewähr), soweit sie den Buchwert der Beteiligung übersteigen.

---

1 BMF, Schreiben vom 28. 4. 2003, BStBl 2003 I S. 292, Tz. 21.

Begünstigt sind sowohl Anteile an inländischen als auch an ausländischen Gesellschaften. Eine Bindung an eine Mindestbeteiligung sowie eine Mindestbehaltefrist bestehen nicht.

Der **Veräußerungsgewinn** ist „der Betrag, um den der Veräußerungspreis oder der an dessen Stelle tretende Wert nach Abzug der Veräußerungskosten den Wert übersteigt, mit dem der Anteil in der Steuerbilanz auf den Schluss des der Veräußerung vorangegangenen Wirtschaftsjahrs aktiviert ist (Buchwert)". Die Steuerbefreiung von Veräußerungsgewinnen und **vergleichbaren Vermögensmehrungen** gilt sowohl für Anteile an in- und ausländischen Kapitalgesellschaften als auch für beschränkt steuerpflichtige Körperschaften. Damit sind auch Anteile begünstigt, die eine ausländische Körperschaft in einer inländischen Betriebsstätte hält.

Gemäß § 8b Abs. 3 Satz 1 und 2 KStG gelten 5 % des gem. § 8b Abs. 2 KStG steuerfreien Veräußerungsgewinns als Ausgaben, die nicht als Betriebsausgaben abgezogen werden dürfen. § 3c Abs. 1 EStG ist insoweit nicht anzuwenden. Der **Abzug** von Veräußerungskosten erfolgt bereits **bei der Ermittlung des Veräußerungsgewinns.** Veräußerungsverluste und Teilwertabschreibungen auf Beteiligungen sind wie bisher in vollem Umfang nicht abzugsfähig (§ 8b Abs. 3 Satz 3 KStG). Das pauschale Betriebsausgabenabzugsverbot i. H. v. 5 % des steuerfreien Veräußerungsgewinns gilt auch bei der Veräußerung von Auslandsbeteiligungen.

Zu 1

Es ergibt sich ein Veräußerungsgewinn i. H. v. 490 000 €. Dieser ermittelt sich wie folgt:

	Veräußerungspreis	1 000 000 €
-	Veräußerungskosten	- 10 000 €
-	Buchwert	- 500 000 €
=	Veräußerungsgewinn	490 000 €

Pauschal gelten 5 % des gem. § 8b Abs. 2 KStG steuerfreien Veräußerungsgewinns als Ausgaben, die nicht als Betriebsausgaben abgezogen werden dürfen (24 500 €). § 3c Abs. 1 EStG ist insoweit nicht anzuwenden (§ 8b Abs. 3 Satz 1 und 2 KStG). Der Abzug von Veräußerungskosten ist bereits bei der Ermittlung des Veräußerungsgewinns vorzunehmen.

Zu 2

Der sich ergebende Veräußerungsverlust i. H. v. 210 000 € ist gem. § 8b Abs. 3 KStG steuerlich nicht berücksichtigungsfähig. Sämtliche Gewinnminderungen im Zusammenhang mit Anteilen i. S. d. § 8b Abs. 2 KStG sind bei der Gewinnermittlung nicht zu berücksichtigen. Hierunter fallen insbesondere:

▶ Gewinnminderungen durch den Ansatz des niedrigeren Teilwerts der Anteile (Teilwertabschreibung),

▶ Verluste durch Veräußerung der Anteile oder Herabsetzung des Nennkapitals.

Zu 3

Die X-GmbH hat die Veräußerung i. H. v. 3 000 € in der GuV wie folgt zu verbuchen:

Aufwand im Zusammen-hang mit der Veräußerung der Beteiligung an der Y-AG	3 000 €	an	Bank	3 000 €

Damit ist eine Gewinnminderung i. H. v. 3 000 € eingetreten.

Die Veräußerung der Beteiligung an der Y-AG war von der X-GmbH wie folgt zu verbuchen:

Bank	600 000 €	an	Beteiligung Y-AG	100 000 €
		an	Beteiligungsertrag	500 000 €

Der Gewinn hat sich damit um 500 000 € erhöht. Bei der Ermittlung des z. v. E. bleibt gem. § 8b Abs. 2 Satz 1 KStG der Gewinn aus der Veräußerung der Beteiligung an der Y-AG außer Ansatz. Der Veräußerungsgewinn ermittelt sich wie folgt:

	Veräußerungserlös	600 000 €
-	Buchwert	100 000 €
-	Veräußerungskosten	3 000 €
=	Veräußerungsgewinn	497 000 €

Bei der Ermittlung des Veräußerungsgewinns sind die Veräußerungskosten, die in 07 entstanden und beglichen wurden, im Wirtschaftsjahr der Veräußerung (08) zu berücksichtigen. Damit ist bei der Ermittlung des z. v. E. außerbilanziell eine Abrechnung i. H. v. 497 000 € vorzunehmen. Allerdings gelten 5 % des außer Ansatz bleibenden Veräußerungsgewinns als Ausgaben, die nicht als Betriebsausgaben abgezogen werden dürfen (§ 8b Abs. 3 Satz 1 KStG). Daher muss die X-GmbH außerbilanziell wieder eine Hinzurechnung i. H. v. 24 850 € (497 000 € × 5 %) vornehmen.

Zu 4

Die Veräußerungen der Beteiligungen an der Y-AG sowie an der Z-AG sind jeweils getrennt zu betrachten.

Der Gewinn aus der Veräußerung der Beteiligung an der Y-AG ermittelt sich wie folgt:

	Veräußerungserlös	500 000 €
-	Buchwert	100 000 €
-	Veräußerungskosten	15 000 €
=	Veräußerungsgewinn	385 000 €

Der Veräußerungsgewinn i. H. v. 385 000 € ist gem. § 8b Abs. 2 Satz 1 KStG außerbilanziell wieder abzurechnen. Zugleich ist zu beachten, dass pauschal 5 % des Veräußerungsgewinns nicht abzugsfähige Betriebsausgaben darstellen (385 000 € × 5 % = 19 250 €). Somit ist außerbilanziell ein Betrag i. H. v. 19 250 € gem. § 8b Abs. 3 Satz 1 KStG wieder hinzuzurechnen.

Der Verlust aus der Veräußerung der Beteiligung an der Z-AG ermittelt sich wie folgt:

	Veräußerungserlös	10 000 €
-	Buchwert	20 000 €
-	Veräußerungskosten	1 000 €
=	Veräußerungsgewinn	- 11 000 €

Gemäß § 8b Abs. 3 Satz 2 KStG sind Gewinnminderungen, die im Zusammenhang mit einem Anteil i. S. d. § 8b Abs. 2 KStG entstehen, bei der Ermittlung des Einkommens nicht zu berücksichtigen. Der Veräußerungsverlust i.H.v. 11 000 € ist gem. § 8b Abs. 3 Satz 2 KStG außerbilanziell wieder hinzuzurechnen.

Insgesamt sind zur Ermittlung des z.v. E. folgende außerbilanzielle Korrekturen vorzunehmen:

Gewinn aus der Veräußerung der Beteiligung an der Y-AG	- 385 000 €
pauschales Betriebsausgaben-Abzugsverbot gem. § 8b Abs. 3 Satz 1 KStG (5 % des Veräußerungsgewinns)	+ 19 250 €
Hinzurechnung des Verlustes aus der Veräußerung der Beteiligung an der Z-AG	+ 11 000 €

Zu 5

Die Steuerbefreiung von Veräußerungsgewinnen und vergleichbaren Vermögensmehrungen gem. § 8b Abs. 2 KStG findet auch bei beschränkt steuerpflichtigen Körperschaften Anwendung. Damit sind auch Anteile begünstigt, die eine ausländische Körperschaft in einer inländischen Betriebsstätte hält. Der Veräußerungsgewinn i.H.v. 50 000 € ist somit gem. § 8b Abs. 2 KStG steuerfrei.

Zu 6

Der Veräußerungsgewinn i.H.v. 50 000 € ist steuerfrei gem. § 8b Abs. 2 Satz 1 KStG. Ferner ergibt sich jedoch eine **verdeckte Gewinnausschüttung** i.H.v. 100 000 € (§ 8 Abs. 3 KStG), die nach dem Wortlaut von § 8b Abs. 2 KStG **nicht steuerbefreit** ist.

> **ANMERKUNG:** Hätte die X-GmbH die Beteiligung an der Y-GmbH zum Teilwert an X veräußert, wäre der sich dann ergebende Veräußerungsgewinn vollumfänglich steuerfrei gewesen.

Zu 7

Die **Steuerbefreiung** auf die Veräußerung von Anteilen an einer Kapitalgesellschaft sowie von Zuschreibungsgewinnen gem. § 6 Abs. 1 Satz 1 Nr. 2 Satz 3 EStG **gilt insoweit nicht,** als in früheren Jahren auf die Anschaffungskosten der Beteiligung eine **Teilwertabschreibung** vorgenommen wurde und diese Teilwertabschreibung nicht durch eine Wertaufholung wieder rückgängig gemacht worden ist (§ 8b Abs. 2 Satz 4 KStG). Der Gewinn aus der Veräußerung der Beteiligung an der Y-GmbH beträgt 70 000 € (Veräußerungspreis 150 000 € - Buchwert 80 000 €). Dieser Gewinn ist jedoch nur i.H.v. 50 000 € steuerfrei, da in 04 eine Teilwertabschreibung i.H.v. 50 000 € vorgenommen worden war, die allerdings in 07 i.H.v. 30 000 € wieder durch eine Zuschreibung ausgeglichen wurde. Somit ist ein Betrag i.H.v. 20 000 € steuerpflichtig.

FALL 41

Ausnahmen von der Steuerbefreiung gem. § 8b Abs. 2 KStG bzw. rückwirkende Besteuerung gem. § 22 UmwStG

Sachverhalte:

1. Die X-GmbH bringt ihren Betrieb zum 1.1.05 zu Buchwerten (200 000 €) gegen Gewährung von Gesellschaftsrechten in die Y-GmbH (Stammkapital: 200 000 €) ein (§ 20 UmwStG). Der Teilwert des Betriebsvermögens beträgt 600 000 €. Zum 1.1.07 veräußert die X-GmbH ihre Anteile an der Y-GmbH zu einem Preis i.H.v. 1 000 000 €.

2. X hält in seinem Einzelunternehmen eine Beteiligung i. H. v. 100 % an der Y-GmbH. X bringt diese Anteile zum 1.1.04 zu Buchwerten in die Z-GmbH ein. Die Z-GmbH veräußert die Anteile zum 1.1.06 weiter.

3. Die X-GmbH bringt ihren Betrieb zum 1.1.04 zu Buchwerten (200 000 €) gegen Gewährung von Gesellschaftsrechten in die Y-GmbH (Stammkapital: 200 000 €) ein. Der Teilwert des Betriebsvermögens beträgt 600 000 €. Zum 1.1.12 veräußert die X-GmbH ihre Anteile an der Y-GmbH zu einem Preis i. H. v. 1 000 000 €.

4. Die X-AG bringt zum 1.1.04 in die Y-AG Anteile an der Z-AG zu Buchwerten ein. In 06 veräußert die X-AG sämtliche Anteile an der Y-AG.

5. Zum 1.1.05 bringt X sein Einzelunternehmen zu Buchwerten gegen Gewährung von Gesellschaftsrechten in die A-GmbH ein. Zum 1.1.07 bringt X die Beteiligung an der A-GmbH zu Buchwerten in die B-GmbH ein. Zum 1.1.08 veräußert die B-GmbH die Anteile an der A-GmbH.

6. Die X-AG bringt zum 1.1.05 einen Teilbetrieb zu Buchwerten gegen Gewährung von Gesellschaftsrechten in die A-AG ein. Zum 1.1.06 bringt die X-AG die Beteiligung an der A-AG zu Buchwerten in die B-AG ein. Zum 1.1.07 veräußert die X-AG die Anteile an der B-AG.

AUFGABE

Sind die Gewinne aus der Veräußerung der Anteile an den jeweiligen Kapitalgesellschaften steuerfrei?

LITERATURHINWEIS

Köllen/Reichert/Vogl/Wagner, Lehrbuch Körperschaftsteuer und Gewerbesteuer, Kapitel 4.3.3.4

LÖSUNG

Vorbemerkung: Vor Geltung des SEStEG waren in § 8b Abs. 4 KStG a. F. Ausnahmen von der Steuerbefreiung gem. § 8b Abs. 2 KStG geregelt. Durch das SEStEG (vom 7.12.2006, BGBl 2006 I S. 2782) ergaben sich grundlegende Änderungen im Bereich des Umwandlungssteuergesetzes. Insbesondere wurde das System der einbringungsgeborenen Anteile aufgegeben und durch ein Konzept der nachträglichen Besteuerung des zugrunde liegenden Einbringungsvorgangs ersetzt. Unterschieden wird nunmehr zwischen der Einbringung von Betriebsvermögen (Betrieb, Teilbetrieb, Mitunternehmeranteil), die in § 20 UmwStG n. F. geregelt ist, und der Einbringung von Anteilen an einer Kapitalgesellschaft im Wege des Anteilstauschs gem. § 21 UmwStG.

Grundsätzlich erfolgt bei der Einbringung die **Übertragung zum gemeinen Wert.** Unter den Voraussetzungen gem. § 20 Abs. 2 UmwStG n. F. können **auf Antrag** die **Buchwerte** oder **Zwischenwerte** angesetzt werden. Voraussetzung für einen solchen Antrag ist, dass

► sichergestellt ist, dass das übernommene Vermögen später bei der übernehmenden Körperschaft der Besteuerung mit Körperschaftsteuer unterliegt,

► das übernommene Betriebsvermögen kein negatives Kapital ausweist und

► das Besteuerungsrecht der Bundesrepublik Deutschland nicht eingeschränkt wird.

Die Anschaffungskosten der erhaltenen Anteile beim Gesellschafter bestimmen sich nach dem Wert, der bei der aufnehmenden Kapitalgesellschaft angesetzt wurde. Werden die für die Einbringung des Betriebs erhaltenen Anteile innerhalb von **sieben Jahren** nach der Einbringung veräußert, führt dies zu einer nachträglichen Besteuerung des Einbringungsgewinns, zurückbezogen auf den Zeitpunkt der Einbringung. Der dabei entstehende steuerliche Gewinn wird für jedes bereits abgelaufene Jahr um $1/_7$ gemindert. Dieser ermittelt sich wie folgt:

	Gemeiner Wert des eingebrachten Betriebsvermögens im Zeitpunkt der Einbringung
-	Kosten für den Vermögensübergang
-	Wert, mit dem die übernehmende Kapitalgesellschaft das eingebrachte Betriebsvermögen angesetzt hat
=	Einbringungsgewinn I im Zeitpunkt der Einbringung
-	Verringerung um $1/_7$ für jedes seit dem Einbringungszeitpunkt bis zum Zeitpunkt der Veräußerung der Anteile abgelaufene Zeitjahr
=	zu versteuernder Einbringungsgewinn I

Zu beachten ist, dass die Bewertung des Vermögens auf den steuerlichen Übertragungsstichtag zu erfolgen hat. Folglich unterliegen stille Reserven, die bereits im Zeitpunkt der Einbringung vorhanden waren, der Besteuerung (Einbringungsgewinn I), während nach der Einbringung entstandene stille Reserven nach dem Halbeinkünfteverfahren/Teileinkünfteverfahren bzw. § 8b Abs. 2 KStG steuerfrei sind.

§ 21 UmwStG betrifft die Übertragung von Anteilen an einer Kapitalgesellschaft gegen Gewährung eines Anteils an der übernehmenden Gesellschaft (sog. **Anteilstausch**). Für die Bewertung der eingebrachten Anteile gilt Folgendes:

Grundsätzlich ist der **gemeine Wert** anzusetzen (§ 21 Abs. 1 Satz 1 UmwStG). Allerdings ist im Fall des qualifizierten Anteilstauschs **auf Antrag Buchwertfortführung** bzw. der Ansatz eines **Zwischenwerts** möglich. Ein **qualifizierter** Anteilstausch liegt vor, wenn die übernehmende Kapitalgesellschaft nach der Einbringung die Mehrheit der Stimmrechte an der Gesellschaft hält, deren Anteile eingebracht werden (§ 21 Abs. 1 Satz 2 UmwStG). Der Wert, mit dem die übernehmende Gesellschaft die eingebrachten Anteile ansetzt, gilt beim Einbringenden grundsätzlich als Veräußerungspreis und zugleich als Anschaffungskosten des neu gewährten Anteils (steuerliche Wertverknüpfung, § 21 Abs. 2 Satz 1 UmwStG). Beim Ansatz des Buchwerts entsteht daher beim Einbringenden aufgrund der Übertragung kein Gewinn; die neu gewährten Anteile treten an die Stelle der eingebrachten Anteile.

Ist die Einbringung jedoch mit einem **Verlust des deutschen Besteuerungsrechts** an den eingebrachten Anteilen verbunden, ist beim Einbringenden **zwingend der gemeine Wert** der übertragenen Anteile als Veräußerungspreis und als Anschaffungskosten der neu gewährten Anteile anzusetzen (insoweit keine Wertverknüpfung). Liegt der gemeine Wert höher als der Buchwert der Anteile, kommt es beim Einbringenden zu einer Gewinnrealisierung.

Auch bei einem Anteilstausch kann sich eine nachträgliche Besteuerung innerhalb der Sperrfrist ergeben. Zu einer nachträglichen Besteuerung kommt es nicht, wenn Einbringender eine Kapitalgesellschaft ist, die bereits den einzubringenden Anteil gem. § 8b Abs. 2 KStG hätte steuerfrei veräußern können, oder wenn die Sperrfrist von sieben Jahren bereits abgelaufen ist (Zeitpunkt des Vertragsabschlusses maßgebend).

Bei einer Einbringung unter dem gemeinen Wert innerhalb der Frist von sieben Jahren durch eine nicht von § 8b Abs. 2 KStG begünstigte Person ergibt sich beim Einbringenden eine Nachversteuerung, wenn die übernehmende Gesellschaft die von ihr übernommenen Anteile veräußert. Steuerverhaftet sind somit die neu gewährten Anteile.

Der Einbringungsgewinn II ermittelt sich wie folgt (§ 22 Abs. 2 Satz 3 UmwStG):

	Gemeiner Wert der eingebrachten Anteile im Zeitpunkt der Einbringung
-	Kosten für den Vermögensübergang
-	Wert, mit dem der Einbringende die erhaltenen Anteile angesetzt hat
=	Einbringungsgewinn II im Zeitpunkt der Einbringung
-	Verringerung um $1/_7$ für jedes seit dem Einbringungszeitpunkt bis zum Zeitpunkt der Veräußerung der eingebrachten Anteile abgelaufene Zeitjahr
=	zu versteuernder Einbringungsgewinn II (bei natürlicher Person, wenn sich Anteile im Privatvermögen befinden: Gewinn gem. § 17 EStG)

Das Umwandlungssteuerrecht i. d. F. des SEStEG gilt grundsätzlich ab Verkündung des Gesetzes (12. 12. 2006). Maßgebend ist die Anmeldung zur Eintragung ins Handelsregister. Das Umwandlungssteuerrecht i. d. F. des SEStEG ist folglich auf alle Einbringungen, die nach dem 12. 12. 2006 angemeldet worden sind, anzuwenden.

Soweit eine Einbringung bzw. ein Anteilstausch nach bisherigem Recht erfolgte, bleibt die Qualifizierung einbringungsgeborener Anteile erhalten. Dies gilt auch für die Anwendung von § 3 Nr. 40 Satz 3 und 4 EStG a. F. sowie § 8b Abs. 4 KStG a. F.

Zu 1

Rechtslage vor Geltung des SEStEG

Die Steuerbefreiung gem. § 8b Abs. 2 KStG n. F. gilt nicht, wenn es sich bei den veräußerten Anteilen um einbringungsgeborene Anteile i. S. d. § 21 UmwStG a. F. handelt (§ 8b Abs. 4 Satz 1 Nr. 1 KStG a. F.).

Bei den Anteilen an der Y-GmbH handelt es sich um einbringungsgeborene Anteile i. S. d. § 21 UmwStG a. F., deren Anschaffungskosten 200 000 € betragen (§ 20 Abs. 4 Satz 1 Nr. 1 UmwStG a. F.). Gemäß § 8b Abs. 4 Satz 1 Nr. 1 KStG a. F. ist der Veräußerungsgewinn i. H. v. 800 000 € nicht steuerbefreit. Würde sich aus dem Veräußerungsgeschäft ein Verlust ergeben, so wäre dieser aufgrund § 8b Abs. 3 KStG a. F. nicht zu berücksichtigen, obwohl der Veräußerungsgewinn steuerpflichtig ist.

Rechtslage nach dem SEStEG

Grundsätzlich gilt für die Einbringung der Ansatz des gemeinen Werts. Jedoch können auf Antrag auch zukünftig die Buchwerte angesetzt werden. Voraussetzung ist, dass

▶ sichergestellt ist, dass das übernommene Vermögen später bei der übernehmenden Körperschaft der Besteuerung mit Körperschaftsteuer unterliegt,

► das übernommene Betriebsvermögen kein negatives Kapital ausweist und

► das Besteuerungsrecht der Bundesrepublik Deutschland nicht eingeschränkt wird.

Durch die Veräußerung der Anteile kommt es zu einer rückwirkenden Besteuerung der Einbringung gem. § 22 Abs. 1 UmwStG. Zur Ermittlung des Einbringungsgewinns I ist der Gewinn zu berechnen, der sich im Zeitpunkt der Einbringung ergeben hätte, wenn eine Übertragung zum gemeinen Wert erfolgt wäre (Differenz zwischen gemeinem Wert im Zeitpunkt der Einbringung und dem bilanzierten Wert des übertragenen Betriebsvermögens). Maßgebend ist der steuerliche Übertragungsstichtag.

Für jedes seit dem Einbringungszeitpunkt abgelaufene Zeitjahr erfolgt eine Minderung um $1/_7$. Im vorliegenden Fall beträgt die Minderung $2/_7$. Der nunmehr ermittelt steuerpflichtige Einbringungsgewinn I unterliegt bei der X-GmbH der Körperschaftsteuer und Gewerbesteuer. Bei der schädlichen Anteilsveräußerung handelt es sich gem. § 22 Abs. 1 Satz 2 UmwStG um ein rückwirkendes Ereignis i. S. d. § 175 Abs. 1 Satz 1 Nr. 2 AO.

Wäre die Ausgliederung im Zeitpunkt der Einbringung zum gemeinen Wert durchgeführt worden, hätte dies bei der X-GmbH zu einem höheren Ansatz der Beteiligung an der Y-GmbH geführt. Die ursprünglichen Anschaffungskosten der Anteile sind folglich um den steuerlichen Einbringungsgewinn zu erhöhen.

Aufgrund der korrigierten Anschaffungskosten ergibt sich nunmehr wiederum ein geänderter Veräußerungsgewinn für den Verkauf der Anteile an der Y-GmbH. Dieser Veräußerungsgewinn ist gem. § 8b Abs. 2 KStG grundsätzlich steuerfrei, allerdings stellen 5 % nicht abziehbare Betriebsausgaben dar.

Zu 2

Rechtslage vor Geltung des SEStEG

Die Steuerbefreiung kommt ebenfalls nicht zur Anwendung, soweit die Anteile durch eine Körperschaft unmittelbar oder mittelbar über eine Mitunternehmerschaft von einem Einbringenden, bei dem ein Veräußerungsgewinn nicht gem. § 8b Abs. 2 KStG a. F. steuerfrei gewesen wäre, zu einem Wert unter dem Teilwert erworben worden sind (§ 8b Abs. 4 Satz 1 Nr. 2 KStG a. F.).

Da die Veräußerung der Anteile bei X nicht steuerfrei gewesen wäre (zur Hälfte steuerpflichtig) und die Beteiligung von der Z-GmbH zu einem Wert unter dem Teilwert erworben wurde, kann die Z-GmbH die Anteile an der Y-GmbH nicht steuerfrei weiterveräußern.

Rechtslage nach dem SEStEG

Die Einbringung der Beteiligung an der Y-GmbH in die Z-GmbH stellt einen sog. **qualifizierten Anteilstausch** i. S. d. § 21 Abs. 1 Satz 2 UmwStG dar, da X Anteile an einer Kapitalgesellschaft auf die übernehmende Z-GmbH überträgt, die die Mehrheit der Stimmrechte gewähren. X kann daher die Buchwerte fortführen. Die Anteile der Z-GmbH an der Y-GmbH stellen steuerverhaftete Anteile dar, für die die Sperrfrist von sieben Jahren gilt. Die Veräußerung der Anteile an der Y-GmbH innerhalb dieser Frist führt zu einer nachträglichen Besteuerung der Einbringung bei X gem. § 22 Abs. 2 UmwStG, da X als nicht von § 8b KStG begünstigte Person die Anteile unter dem gemeinen Wert in die Z-GmbH eingebracht hat.

Der Unterschiedsbetrag zwischen dem gemeinen Wert im Zeitpunkt der Einbringung und dem Wert, mit dem X die erhaltenen Anteile an der Z-GmbH angesetzt hat, vermindert um $2/_7$, ist als maßgeblicher Einbringungsgewinn II voll zu versteuern. Insofern ist das Halb- bzw. Teileinkünfteverfahren anzuwenden. In Höhe des Einbringungsgewinns II entstehen entsprechend nachträgliche Anschaffungskosten für die Beteiligung an der Z-GmbH.

Rechtslage vor Geltung des SEStEG

Vorbemerkung zu den Tz. 3 bis 6: Von den Ausnahmen der Steuerbefreiung gibt es nun wiederum Ausnahmen, d. h. ein Veräußerungsgewinn ist dennoch steuerfrei, wenn

▶ die Körperschaft die einbringungsgeborenen Anteile nach Ablauf eines Zeitraums von mehr als sieben Jahren seit dem Einbringungsvorgang veräußert (§ 8b Abs. 4 Satz 2 Nr. 1 KStG a. F.),

▶ soweit die Anteile nicht unmittelbar oder mittelbar

▶ auf einer Einbringung i. S. d. § 20 Abs. 1 Satz 1 UmwStG a. F. oder § 23 Abs. 1 bis 3 UmwStG a. F. oder

▶ auf einer Einbringung durch einen Steuerpflichtigen, bei dem ein Veräußerungsgewinn nicht gem. § 8b Abs. 2 KStG a. F. steuerfrei gewesen wäre (natürliche Person oder Personengesellschaft), beruhen; solche Anteile können erst nach der Frist von sieben Jahren steuerfrei veräußert werden; (§ 8b Abs. 4 Satz 2 Nr. 2 KStG a. F.).

Steuerpflichtig sind somit

▶ alle Einbringungen gem. § 20 Abs. 1 Satz 1 UmwStG a. F. und § 23 Abs. 1 bis 3 UmwStG a. F. unabhängig von der Person des Einbringenden (also Einbringungen von Betrieben, Teilbetrieben und Mitunternehmeranteilen) und

▶ alle Einbringungen durch natürliche Personen unabhängig von der Art der Einbringung (also sowohl gem. § 20 Abs. 1 Satz 1 UmwStG a. F. als auch gem. § 20 Abs. 1 Satz 2 UmwStG a. F. und § 23 Abs. 1 bis 4 UmwStG a. F.).

Von der Rückausnahme begünstigt sind folglich nur Einbringungen durch Körperschaften gem. § 20 Abs. 1 Satz 2 UmwStG a. F. und § 23 Abs. 4 UmwStG a. F.

Zu 3

Bei den Anteilen an der Y-GmbH handelt es sich um einbringungsgeborene Anteile i. S. d. § 21 UmwStG a. F., deren Anschaffungskosten 200 000 € betragen (§ 20 Abs. 4 Satz 1 Nr. 1 UmwStG a. F.). Gemäß § 8b Abs. 4 Satz 1 Nr. 1 KStG n. F. wäre der Veräußerungsgewinn i. H. v. 800 000 € nicht steuerbefreit, allerdings erfolgt die Veräußerung nach Ablauf der Frist von sieben Jahren, sodass die Rückausnahme in § 8b Abs. 4 Satz 2 Nr. 1 KStG a. F. greift. Damit ist der Veräußerungsgewinn doch steuerfrei.

Zu 4

Der Veräußerungsgewinn ist steuerfrei. Durch die Einlage der Beteiligung an der Z-AG in die Y-AG werden die Anteile an der Y-AG zu einbringungsgeborenen Anteilen. Allerdings wurden die veräußerten Anteile an der Y-AG von der X-AG aufgrund einer Einbringung i. S. d. § 20 Abs. 1 Satz 2 UmwStG a. F. erworben, sodass die Steuerbefreiung gem. § 8b Abs. 4 Satz 2 Nr. 2 erster Halbsatz KStG a. F. dennoch gegeben ist.

Zu 5

Sowohl die Anteile des X an der A-GmbH als auch die Anteile der B-GmbH an der A-GmbH stellen einbringungsgeborene Anteile dar (**Steuerverstrickung**). Die Anteile an der A-GmbH, die die

B-GmbH veräußert, sind sowohl einbringungsgeborene Anteile (§ 8b Abs. 4 Satz 1 Nr. 1 KStG a. F.) als auch Anteile, die von einem Steuerpflichtigen, bei dem ein Veräußerungsgewinn nicht gem. § 8b Abs. 2 KStG a. F. steuerfrei gewesen wäre, zu einem Wert unter dem Teilwert erworben wurden (§ 8b Abs. 4 Satz 1 Nr. 2 KStG a. F.). Die Anteile sind unmittelbar auf eine Einbringung i. S. d. § 20 Abs. 1 Satz 1 UmwStG a. F. zurückzuführen. Daher ist der Veräußerungsgewinn steuerpflichtig.

Zu 6

Die Anteile der X-AG an der A-AG sowie an der B-AG sind als einbringungsgeborene Anteile steuerverstrickt. Die X-AG veräußert einbringungsgeborene Anteile, die aufgrund einer Einbringung gem. § 20 Abs. 1 Satz 2 UmwStG a. F. erworben worden sind. Allerdings sind die Anteile mittelbar auf eine Einbringung i. S. d. § 20 Abs. 1 Satz 1 UmwStG a. F. zurückzuführen, sodass die Veräußerung gem. § 8b Abs. 4 Satz 2 Nr. 2 erster Halbsatz KStG a. F. steuerpflichtig ist.

Rechtslage nach dem SEStEG

Zu 3

Bei den Anteilen an der Y-GmbH handelt es sich um steuerverhaftete Anteile. Zu einer rückwirkenden Besteuerung der Einbringung gem. § 22 Abs. 1 UmwStG kommt es jedoch nicht, da die Veräußerung nach Ablauf der Sperrfrist von sieben Jahren erfolgt. Der Gewinn der X-GmbH aus der Veräußerung der Anteile an der Y-GmbH ist gem. § 8b Abs. 2 KStG steuerfrei.

Zu 4

Die X-AG hat Anteile an der Z-AG im Rahmen der Einbringung eines Teilbetriebs gem. § 20 Abs. 1 UmwStG auf Antrag zu Buchwerten in die Y-AG gegen Gewährung neuer Anteile an der Y-AG eingebracht. Für die steuerverhafteten Anteile der Y-AG an der Z-AG gilt grundsätzlich die Sperrfrist von sieben Jahren. Die Anteile der Y-AG an der Z-AG führen jedoch nicht zu einer Nachversteuerung, da bereits die X-AG selbst die Anteile an der Z-AG gem. § 8b Abs. 2 KStG steuerfrei hätte veräußern können. Die Voraussetzungen gem. § 22 Abs. 2 UmwStG sind daher nicht erfüllt.

Zu 5

Zu einer rückwirkenden Besteuerung kommt es auch, wenn der Einbringende die erhaltenen Anteile in eine Kapitalgesellschaft zu Buchwerten einbringt (§ 20 Abs. 1 UmwStG) und diese Anteile anschließend veräußert werden (§ 22 Abs. 1 Satz 6 Nr. 4 UmwStG n. F.). Da X die Beteiligung an der A-GmbH aus der Einbringung seines Einzelunternehmens zu Buchwerten in die B-GmbH eingebracht hat und die B-GmbH diese Anteile innerhalb der 7-Jahresfrist veräußert, ist eine rückwirkende Besteuerung durchzuführen.

Zu 6

Zu einer rückwirkenden Besteuerung kommt es auch, wenn der Einbringende die erhaltenen Anteile in eine Kapitalgesellschaft zu Buchwerten einbringt (§ 20 Abs. 1 UmwStG n. F.) und die aus dieser Einbringung erhaltenen Anteile anschließend veräußert werden (§ 22 Abs. 1 Satz 6 Nr. 5 UmwStG n. F.). Da die X-AG die Beteiligung an der A-AG aus der Einbringung eines Teilbetriebs zu Buchwerten in die B-AG eingebracht hat und die X-AG die aus der Einbringung erhaltenen Anteile an der B-AG innerhalb der 7-Jahresfrist veräußert, ist eine rückwirkende Besteuerung durchzuführen.

FALL 42

Verbot der Verlustberücksichtigung im Zusammenhang mit Anteilen i. S. d. § 8b Abs. 2 KStG

Sachverhalte:

1. Die X-GmbH hält eine Beteiligung i. H. v. 100 % an der Y-GmbH (Anschaffungskosten: 1 000 000 €). Aufgrund der schlechten Geschäftsentwicklung bei der Y-GmbH nimmt die X-GmbH eine Teilwertabschreibung i. H. v. 500 000 € vor.

2. Die Y-AG veräußert Anteile an der X-GmbH (Anschaffungskosten = Buchwert: 500 000 €) an ihren Gesellschafter für 200 000 € (Teilwert = Gemeiner Wert der Anteile: 300 000 €).

3. Die M-GmbH ist an der inländischen T-GmbH zu 100 % beteiligt und gewährt der T-GmbH ein Darlehen. Aufgrund der wirtschaftlichen Situation bei der T-GmbH ist mit einer Rückzahlung des Darlehens vorerst nicht zu rechnen. Die M-GmbH nimmt auf das Darlehen eine Teilwertabschreibung vor. Die Beteiligung an der T-GmbH wird nach wie vor mit dem Buchwert bilanziert.

AUFGABE

Wie ist der Sachverhalt steuerlich zu behandeln?

LITERATURHINWEIS

Köllen/Reichert/Vogl/Wagner, Lehrbuch Körperschaftsteuer und Gewerbesteuer, Kapitel 4.3.3.4

LÖSUNG

Vorbemerkung: Gewinnminderungen im Zusammenhang mit Anteilen i. S. d. § 8b Abs. 2 KStG sind bei der Gewinnermittlung nicht zu berücksichtigen. Hierunter fallen insbesondere:

► Gewinnminderungen durch den Ansatz des niedrigeren Teilwerts der Anteile (Teilwertabschreibung),

► Verluste durch Veräußerung der Anteile oder Herabsetzung des Nennkapitals.

Gemäß § 6 Abs. 1 Nr. 2 EStG i. V. m. § 253 Abs. 2 Satz 3 HGB sind Anteile an Kapitalgesellschaften bei **dauerhafter Wertminderung** mit dem **niedrigeren Teilwert** anzusetzen. Besteht die Wertminderung in den nachfolgenden Wirtschaftsjahren nicht mehr, ist gem. § 6 Abs. 1 Nr. 2 Satz 3 i. V. m. Abs. 1 Nr. 1 Satz 4 EStG eine entsprechende Zuschreibung vorzunehmen. Gemäß § 8b Abs. 3 Satz 3 KStG sind Teilwertabschreibungen auf Anteile an Kapitalgesellschaften bei der Ermittlung des Einkommens der Kapitalgesellschaft nicht zu berücksichtigen. Bei späterer Wertaufholung ist die Steuerbefreiung entsprechend nicht ausgeschlossen.

Zu 1

Die Teilwertabschreibung i. H. v. 500 000 € ist außerbilanziell wieder hinzuzurechnen. Wird die Beteiligung veräußert, erhöht sich der Veräußerungsgewinn um die steuerlich nicht berücksichtigte Teilwertabschreibung, da sie den Buchwert der Beteiligung gemindert hat.

Zu 2

Der Veräußerungsgewinn berechnet sich wie folgt:

Veräußerungserlös	200 000 €
Buchwert	- 500 000 €
Veräußerungsgewinn	- 300 000 €

Da der Wert der Anteile über dem Veräußerungserlös lag, ergibt sich eine verdeckte Gewinnausschüttung, die sich wie folgt ermittelt:

Wert der Anteile	300 000 €	
Veräußerungserlös	- 200 000 €	
verdeckte Gewinnausschüttung	100 000 €	100 000 €
Verlust		- 200 000 €
Die Vorschrift gem. § 8b Abs. 3 KStG ist nunmehr auf den verbleibenden Verlust i. H. v. 200 000 € anzuwenden. Somit ist eine Korrektur i. H. v. 200 000 € vorzunehmen, sodass sich ein steuerpflichtiger Veräußerungsgewinn i. H. v. 0 € ergibt.		+ 200 000 €
= steuerpflichtiger Veräußerungsgewinn		0 €

Die verdeckte Gewinnausschüttung i. H. v. 100 000 € unterliegt als Bezug des Gesellschafters der Kapitalertragsteuer bzw. der Abgeltungsteuer.

Zu 3

Außer Ansatz bleiben Gewinnminderungen, wenn sie im Zusammenhang mit einer Darlehensforderung stehen, die von einem Gesellschafter gewährt worden ist, der zu mehr als 25 % unmittelbar oder mittelbar am Grund- oder Stammkapital beteiligt ist oder war. Gleiches gilt für Gewinnminderungen aus der Inanspruchnahme von Sicherheiten des wesentlich beteiligten Anteilseigners. Es besteht jedoch die Möglichkeit des Nachweises, dass auch ein fremder Dritter das Darlehen bei gleichen Umständen gewährt bzw. nicht zurückgefordert hätte.

Unter die Regelung gem. § 8b Abs. 3 Satz 4 ff. KStG fallen

▶ Teilwertabschreibungen auf Forderungen (Darlehen und andere Forderungen, Forderungen aus Nutzungsüberlassungen, z. B. aus Miet- und Pachtforderungen, Lizenzforderungen),

▶ Aufwand aus der Ausbuchung von Forderungen im Verzichtsfall (darunter fällt auch die Abschreibung von bzw. der Verzicht auf die Rückgriffsforderung nach einer Bürgschaftsinanspruchnahme der Muttergesellschaft),

▶ Aufwendungen aus der Inanspruchnahme durch einen Dritten nach vorheriger Sicherheitengestellung.

Die Regelung greift unabhängig davon, ob es sich bei der Darlehensnehmerin um eine inländische oder um eine ausländische Körperschaft handelt.

Unerheblich ist, ob der Aufwand aus einer Teilwertabschreibung oder aus einer Ausbuchung der Darlehensforderung im Zusammenhang mit einem Forderungsverzicht entsteht. Ferner kommt es nicht darauf an, ob es sich um ein kapitalersetzendes Darlehen i. S. d. GmbHG handelt.

Der Abschreibungsaufwand für das Darlehen ist gem. § 8b Abs. 3 KStG daher steuerlich nicht abzugsfähig.

FALL 43

Verdeckte Einlage in Zusammenhang mit der Steuerbefreiung gem. § 8b KStG

Sachverhalt:

Die A-GmbH legt ihre Beteiligung an der B-GmbH (Buchwert: 50 000 €, Teilwert: 200 000 €) in die C-GmbH ein. Die A-GmbH ist an der C-GmbH mit 25 % beteiligt. Der Buchwert der Anteile entspricht den Anschaffungskosten i. H. v. 100 000 €.

AUFGABE

Wie ist der Vorgang steuerlich zu behandeln?

HINWEIS

Handelt es sich bei dem Gesellschafter, der die verdeckte Einlage tätigt, selbst um eine Kapitalgesellschaft, kommt es bei dieser zur Aufdeckung der in dem eingelegten Wirtschaftsgut befindlichen stillen Reserven. Die Anschaffungskosten der Anteile an der Gesellschaft, in die das Wirtschaftsgut eingelegt wird, erhöhen sich um den Teilwert des eingelegten Wirtschaftsguts (§ 6 Abs. 6 Satz 2 EStG). Befindet sich die Beteiligung an einer Kapitalgesellschaft im Betriebsvermögen, erhöht die Einlage den Wert der Beteiligung und ist als zusätzliche Anschaffungskosten auf dem Beteiligungskonto zu aktivieren.

Handelt es sich bei dem verdeckt eingelegten Wirtschaftsgut um die Beteiligung an einer Kapitalgesellschaft, bleibt der Gewinn gem. § 8b Abs. 2 Satz 6 KStG i. V. m. § 8b Abs. 3 KStG zu 95 % außer Ansatz.

LÖSUNG

Es handelt sich um eine verdeckte Einlage. Die Einlage der A-GmbH ist mit dem Teilwert anzusetzen (§ 6 Abs. 6 Satz 2 EStG) und wie folgt zu verbuchen:

Beteiligung C-GmbH	200 000 €	an	Beteiligung B-GmbH	50 000 €
		an	a. o. Ertrag	150 000 €

Eine Bewertung der Anteile mit höchstens den Anschaffungskosten i. H. v. 50 000 € findet nicht statt, § 6 Abs. 1 Nr. 5 Satz 1 Buchst. b EStG ist nicht anzuwenden (siehe R 8.9 Abs. 4 Satz 2 KStR).

Der durch die verdeckte Einlage entstandene Gewinn i.H.v. 150 000 € bleibt gem. § 8b Abs. 2 Satz 6 KStG i.V.m. § 8b Abs. 2 Satz 1 und 2 KStG bei der A-GmbH außer Ansatz und ist außerbilanziell wieder abzurechnen.

Bei der C-GmbH führt die Einlage der Beteiligung an der B-GmbH zu einer Gewinnerhöhung, die außerbilanziell wieder zu korrigieren ist. Gleichzeitig erhöht sich bei der C-GmbH das steuerliche Einlagekonto i.S.d. § 27 KStG um 200 000 €. Gemäß § 8b Abs. 3 Satz 1 KStG dürfen jedoch 5 % des Gewinns nicht als Betriebsausgaben abgezogen werden. Das Einkommen ist daher außerbilanziell wiederum um 7 500 € (150 000 € × 5 %) zu erhöhen.

IV. Schwerpunkt: §§ 7 bis 10 und 38 KStG

FALL 44

Verlustabzug – Mindestbesteuerung

Sachverhalt:

Das z.v.E. der X-GmbH beträgt in

02:   - 1 406 250 €.

03:   562 500 €.

04:   1 968 750 €.

Zum 31.12.01 wurde ein verbleibender Verlustabzug i.H.v. 1 176 000 € gesondert festgestellt. In 05 erwirtschaftete die X-GmbH einen Gesamtbetrag der Einkünfte i.H.v. - 337 500 €.

AUFGABE

Beurteilen Sie, in welcher Höhe ein Verlustrücktrag bzw. -vortrag maximal möglich ist.

LITERATURHINWEIS

Köllen/Reichert/Vogl/Wagner, Lehrbuch Körperschaftsteuer und Gewerbesteuer, Kapitel 4.3.4

LÖSUNG

Gemäß § 8 Abs. 1 KStG i.V.m. § 10d Abs. 2 EStG können Verluste in den Folgejahren bis zu einem Gesamtbetrag der Einkünfte i.H.v. 1 000 000 € voll abgezogen werden. Darüber hinaus ist ein Ausgleich bis zu 60 % des 1 000 000 € übersteigenden Gesamtbetrags der Einkünfte möglich. Über § 8 Abs. 1 KStG gilt die neue Regelung zur Begrenzung des Verlustvortrags auch im Bereich der Körperschaftsteuer. Somit unterliegen in dem jeweiligen Veranlagungszeitraum, in den der Verlust vorgetragen wird, auf jeden Fall 40 % des um 1 000 000 € geminderten Gesamtbetrags der Einkünfte der Besteuerung bei der Kapitalgesellschaft. Der aufgelaufene Verlust geht hierdurch zwar nicht verloren, allerdings wird durch die Regelung der Mindestbesteuerung die Steuerentlastung durch den Verlustvortrag in die Zukunft verlagert und damit zeitlich gestreckt.

HINWEIS

Die gewerbesteuerliche Verlustberücksichtigung ist in § 10a GewStG geregelt. Ein Verlustrücktrag ist bei der Gewerbesteuer nicht vorgesehen. Hinsichtlich des Verlustvortrags entspricht die Mindestbesteuerungsregelung gem. § 10a GewStG der Vorschrift i. S. d. § 10d Abs. 2 EStG. Der maßgebende Gewerbeertrag wird bis zu einem Betrag i. H. v. 1 000 000 € um bisher nicht berücksichtigte Fehlbeträge gekürzt. Der 1 Mio. € übersteigende maßgebende Gewerbeertrag ist darüber hinaus i. H. v. bis zu 60 % um die noch nicht berücksichtigten Fehlbeträge der vorangegangenen EZ zu kürzen.

Veranlagungszeitraum 02

Ermittlung des verbleibenden Verlustabzugs zum 31. 12. 02

Verbleibender Verlustabzug zum 31. 12. 01	1 176 000 €
Verlust 02	+ 1 406 250 €
= verbleibender Verlustabzug zum 31. 12. 02	2 582 250 €

Veranlagungszeitraum 03

Z. v. E. vor Verlustabzug	562 500 €
Verlustabzug	- 562 500 €
= verbleibendes z. v. E. zum 31. 12. 03	0 €

Ermittlung des verbleibenden Verlustabzugs zum 31. 12. 03

Verbleibender Verlustabzug zum 31. 12. 02	2 582 250 €
Verlust 03	- 562 500 €
= verbleibender Verlustabzug zum 31. 12. 03	2 019 750 €

Veranlagungszeitraum 04

Z. v. E. vor Verlustabzug	1 968 750 €
Verlustabzug	
Sockelbetrag	- 1 000 000 €
verbleiben	968 750 €
weiterer Abzug (60 % von 968 750 €)	- 581 250 €
= z. v. E.	387 500 €

Ermittlung des verbleibenden Verlustabzugs zum 31. 12. 04

Verbleibender Verlustabzug zum 31. 12. 03	2 019 750 €
Verlustabzug	- 1 581 250 €
= verbleibender Verlustabzug zum 31. 12. 04	438 500 €

Variante 1: Zunächst Verlustrücktrag aus 05, danach Berücksichtigung des Verlustabzugs

Veranlagungszeitraum 04

Gesamtbetrag der Einkünfte 04	1 968 750 €
Verlustrücktrag aus 05	- 337 500 €
= übersteigender Gesamtbetrag der Einkünfte	1 631 250 €
Verlustabzug	
Sockelbetrag	- 1 000 000 €
verbleiben	631 250 €
weiterer Abzug (60 % von 968 750 € [1 968 750 € - 1 000 000 €])	- 581 250 €
= z. v. E.	50 000 €

Ermittlung des verbleibenden Verlustabzugs zum 31. 12. 04

Verbleibender Verlustabzug zum 31. 12. 03	2 019 750 €
Verlustabzug	- 1 581 250 €
= verbleibender Verlustabzug zum 31. 12. 04	438 500 €

Ermittlung des verbleibenden Verlustabzugs zum 31. 12. 05

Verbleibender Verlustabzug zum 31. 12. 04	438 500 €
Verlust 05	+ 337 500 €
	776 000 €
Verlustrücktrag nach 04	- 337 500 €
= verbleibender Verlustabzug zum 31. 12. 05	438 500 €

Variante 2: Zunächst Berücksichtigung des Verlustabzugs, danach Verlustrücktrag aus 05

Veranlagungszeitraum 04

Gesamtbetrag der Einkünfte 04	1 968 750 €
Verlustabzug	
Sockelbetrag	- 1 000 000 €
verbleiben	968 750 €
weiterer Abzug (60 % von 968 750 € [1 968 750 € - 1 000 000 €])	- 581 250 €
= übersteigender Gesamtbetrag der Einkünfte	387 500 €
Verlustrücktrag aus 05	- 337 500 €
= z. v. E.	50 000 €

Ermittlung des verbleibenden Verlustabzugs zum 31. 12. 04

Verbleibender Verlustabzug zum 31. 12. 03	2 019 750 €
Verlustabzug	- 1 581 250 €
= verbleibender Verlustabzug zum 31. 12. 04	438 500 €

Ermittlung des verbleibenden Verlustabzugs zum 31.12.05

Verbleibender Verlustabzug zum 31.12.04	438 500 €
Verlust 05	+ 337 500 €
	776 000 €
Verlustrücktrag nach 04	- 337 500 €
= verbleibender Verlustabzug zum 31.12.05	438 500 €

FALL 45

Verlustabzugsbeschränkung gem. § 8c KStG

Sachverhalt I: Zum 31.12.06 wurde bei der X-GmbH ein verbleibender Verlustabzug i.H.v. 3 000 000 € festgestellt. Die Beteiligungsverhältnisse stellen sich wie folgt dar:

	Jahr 06	Jahr 07	Jahr 08	Jahr 09	Jahr 10
Gezeichnetes Kapital	1 000 000 €	1 000 000 €	1 000 000 €	1 000 000 €	1 000 000 €
Beteiligungsverhältnisse					
Gesellschafter A	700 000 €	400 000 €	400 000 €	400 000 €	400 000 €
Gesellschafter B	300 000 €	300 000 €	200 000 €	150 000 €	50 000 €
Gesellschafter C	0 €	300 000 €	400 000 €	450 000 €	550 000 €
Übertragene Anteile im Fünfjahreszeitraum		300 000 € (30 %)	400 000 € (40 %)	450 000 € (45 %)	550 000 € (55 %)

Die X-GmbH erzielt in den Jahren 07 bis 10 folgende steuerliche Ergebnisse:

	Jahr 06	Jahr 07	Jahr 08	Jahr 09	Jahr 10
Ergebnis des laufenden Veranlagungszeitraums		- 2 000 000 €	- 600 000 €	3 500 000 €	470 000 €
davon Verlust bis zum Beteiligungserwerb				0	240 000 €

Sachverhalt II: Bei der X-GmbH (Alleingesellschafter X) besteht zum 31.12.07 ein Verlustvortrag i.H.v. 1 000 000 €. Im April 08 überträgt X 20 % seiner Anteile an Y. Die X-GmbH erzielt in 08 einen Verlust i.H.v. 250 000 €.

Im Juli 09 veräußert X 7,5 % der Anteile an der X-GmbH an die Ehefrau des Y. Die X-GmbH erzielt in 09 einen Gewinn i.H.v. 200 000 €. Im Juli 10 veräußert X weitere 12,5 % der Anteile an der X-GmbH von X. Die X-GmbH erzielt in 10 einen Verlust i.H.v. 125 000 €.

Im Juli 11 veräußert X weitere 17,5 % der Anteile an die Ehefrau des Y. In 11 erzielt die X-GmbH einen Gewinn i.H.v. 500 000 €.

Sachverhalt III: Die M-GmbH hält 100 % der Anteile an der T-GmbH, die zu 70 % an der E-GmbH beteiligt ist. Die E-GmbH verfügt über einen Verlustvortrag i. H. v. 10 000 000 €. Die X-GmbH ist mit 10 % an der E-GmbH beteiligt. Die Y-GmbH erwirbt 60 % der Anteile an der M-GmbH und 90 % der Anteile an der X-GmbH.

Sachverhalt IV: A hält 100 % der Anteile an der A-GmbH. B erwirbt zum 31. 12. 01 30 % und zum 31. 12. 02 weitere 30 % der Anteile. Die A-GmbH erzielt in 01 einen Gewinn i. H. v. 50 000 € und in 02 einen Verlust i. H. v. 250 000 €.

AUFGABEN

1. In welcher Weise beschränkt § 8c KStG den Verlustabzug bzw. Verlustausgleich?

2. Wie sind die Sachverhalte I bis IV unter dem Gesichtspunkt der Regelungen von § 8c KStG zu beurteilen?

LITERATURHINWEIS

Köllen/Reichert/Vogl/Wagner, Lehrbuch Körperschaftsteuer und Gewerbesteuer, Kapitel 4.3.4

LÖSUNG

Zu 1

Verfügt eine bestehende vermögenslose Kapitalgesellschaft über Verlustvorträge, so wäre ein Erwerb der Anteile steuerlich deshalb interessant, weil zukünftig erzielte Gesamtbeträge der Einkünfte durch die Verlustvorträge gemindert werden könnten und damit die Steuerbelastung entsprechend verringert werden könnte. § 8c KStG soll solche Steuergestaltungen vermeiden. Das BVerfG hatte mit Beschluss vom 29. 3. 2017 – 2 BvL 6/11, BStBl 2017 II S. 1082, die Regelung gem. § 8c Satz 1 KStG a. F., wonach der Verlustvortrag einer Kapitalgesellschaft anteilig wegfällt, wenn innerhalb von fünf Jahren mehr als 25 % und bis zu 50 % der Anteile übertragen werden, mit dem allgemeinen Gleichheitsgrundsatz (Art. 3 Abs. 1 GG) für unvereinbar erklärt. § 8c Abs. 1 Satz 1 KStG (anteiliger Verlustuntergang bei Anteilserwerben von mehr als 25 % und bis zu 50 %) wurde durch das JStG 2018 mit Rückwirkung für den Veranlagungszeitraum 2008 vollständig aufgehoben. Damit kommt es nicht mehr zu einem anteiligen Verlustuntergang für Anteilserwerbe > 25 % bis 50 %. Gemäß § 8c Abs. 1 Satz 1 KStG n. F. sind Verluste einer Kapitalgesellschaft in vollem Umfang nicht mehr abziehbar, wenn innerhalb eines Zeitraums von fünf Jahren mehr als 50 % der Anteile an einen Erwerber übertragen werden (schädlicher Beteiligungserwerb).

Auch für Fälle des vollständigen Verlustuntergangs bei Anteilserwerben > 50 % (siehe § 8c Abs. 1 Satz 1 KStG n. F.) ist beim BVerfG ein Verfahren anhängig (Az. BVerfG 2 BvL 19/17, Vorinstanz FG Hamburg vom 29. 8. 2017, 2 K 245/17). Ausführungen zu § 8c KStG enthält das BMF-Schreiben vom 28. 11. 2017 (BStBl 2017 I S. 1645), das an die Stelle des bisherigen BMF-Schreibens vom 4. 7. 2008, BStBl 2008 I S. 736, trat.

Der Beschränkung des Verlustabzugs lag bereits bislang folgender Gedanke zugrunde: Voraussetzung für Verlustabzug bei einer Körperschaft ist, dass diese mit der Körperschaft rechtlich und wirtschaftlich identisch ist, die den Verlust erlitten hat. Rechtliche Identität ist gegeben, wenn der Rechtsträger formal gleich bleibt. Da beim Mantelkauf nur die Gesellschafter wechseln, ändert sich rechtlich die Identität der juristischen Person nicht.

Darüber hinaus kommt es für den Verlustabzug gem. § 10d EStG durch eine Körperschaft auf die wirtschaftliche Identität an. Diese ist gem. § 8c KStG nicht mehr gegeben, wenn

► innerhalb eines Zeitraums von fünf Jahren

► mittelbar oder unmittelbar mehr als 50 % des Kapitals der Gesellschaft

► an einen Erwerber, an mehrere Erwerber, die als nahestehende Personen anzusehen sind, oder an eine Gruppe von Erwerbern mit gleichgerichteten Interessen übertragen werden.

Nicht von § 8c KStG betroffen ist der Rücktrag eines steuerlichen Verlustes auf einen früheren Veranlagungszeitraum.

Entsprechende Anwendung findet § 8c KStG auf den gewerbesteuerlichen Verlustvortrag (§ 10a Satz 8 GewStG) sowie auf den Zinsvortrag bei der Zinsschranke (§ 8a Abs. 1 Satz 3 KStG).

§ 8c KStG setzt einen schädlichen Beteiligungserwerb innerhalb eines Zeitraums von fünf Jahren durch Personen eines Erwerberkreises voraus. Der Erwerb von Beteiligungsrechten sowie von Stimmrechten fällt ebenso unter § 8c KStG. Der Erwerb der Beteiligung kann entgeltlich oder unentgeltlich erfolgen, z. B. im Wege der Schenkung.

Ein Erwerb seitens einer natürlichen Person durch Erbfall einschließlich der unentgeltlichen Erbauseinandersetzung und der unentgeltlichen vorweggenommenen Erbfolge zwischen Angehörigen i. S. d. § 15 AO wird gem. § 8c KStG nicht erfasst; dies gilt nicht, wenn der Erwerb in auch nur geringem Umfang entgeltlich erfolgt.

Einem Gesellschafterwechsel im Wege der Übertragung i. H. v. mehr als 50 % der Anteile stehen gleich (siehe BMF-Schreiben vom 28. 11. 2017, a. a. O., Tz. 7 und 9):

► die Kapitalerhöhung bzw. die Erhöhung anderer Beteiligungsrechte, bei der der neu hinzutretende Erwerberkreis nach der Kapitalerhöhung bzw. Erhöhung anderer Beteiligungsrechte zu mehr als 50 % beteiligt ist oder sich eine bestehende Beteiligung um mehr als 50 % erhöht (§ 8c Abs. 1 Satz 3 KStG);

► die Verschmelzung auf die Verlustgesellschaft, wenn durch die Umwandlung ein Beteiligungserwerb durch einen Erwerberkreis stattfindet;

► die Einbringung eines Betriebs, Teilbetriebs oder Mitunternehmeranteils in die Verlustkapitalgesellschaft, wenn durch die Einbringung ein Beteiligungserwerb am übernehmenden Rechtsträger durch einen Erwerberkreis stattfindet.

Ein schädlicher Anteilseignerwechsel i. S. d. § 8c Abs. 1 KStG ist dann gegeben, wenn Anteile innerhalb eines Zeitraums von fünf Jahren an einen bestimmten Erwerberkreis übertragen werden. Hierzu rechnen

► ein einzelner Erwerber,

► ein Erwerber und eine diesem nahestehende Person,

► mehrere Erwerber, wenn diese gleichgerichtete Interessen haben.

Erwerber kann jede natürliche Person, juristische Person oder Mitunternehmerschaft sein.

Zur Begründung des „Nahestehens" reicht jede rechtliche oder tatsächliche Beziehung zu einer anderen Person aus, die bereits vor oder unabhängig von dem Anteilserwerb besteht (H 8.5 „Nahestehende Person – Kreis der nahestehenden Personen" KStH 2015). Beziehungen, die ein Nahestehen begründen, können familienrechtlicher, gesellschaftsrechtlicher, schuldrechtlicher oder auch rein tatsächlicher Art sein.

Gemäß § 8c Abs. 1 Satz 2 KStG gilt eine Gruppe von Erwerbern mit **gleichgerichteten Interessen** als ein Erwerber i. S. d. § 8c Satz 1 KStG. Von einer Erwerbergruppe mit gleichgerichteten Interessen ist regelmäßig auszugehen, wenn eine Abstimmung zwischen den Erwerbern stattgefunden hat, wobei kein Vertrag vorliegen muss. Die gleichgerichteten Interessen müssen sich nicht auf den Erhalt des Verlustvortrags der Körperschaft richten. Gleichgerichtete Interessen liegen z. B. vor, wenn mehrere Erwerber einer Körperschaft zur einheitlichen Willensbildung zusammenwirken und sie auf der Grundlage einer im Erwerbszeitpunkt bestehenden Absprache im Anschluss an den Erwerb einen beherrschenden Einfluss in dieser Gesellschaft ausüben können. Die Möglichkeit des Beherrschens genügt nicht (BFH-Urteil vom 22. 11. 2016, BStBl 2017 II S. 921).

Der Erwerb einer Beteiligung kann unmittelbar oder mittelbar erfolgen. Der Zeitpunkt des Beteiligungserwerbs oder des vergleichbaren Sachverhalts bestimmt sich nach dem Übergang des wirtschaftlichen Eigentums. Bei mittelbaren Erwerben ist die **durchgerechnete Beteiligungsquote** maßgebend.

Die schädliche Übertragung der Anteile muss nicht in einem einzigen Vorgang erfolgen; auch bei mehreren Übertragungen ist die Fünfjahresfrist zu beachten. Zur Ermittlung des schädlichen Beteiligungserwerbs gem. § 8c Satz 1 KStG werden alle Erwerbe durch den Erwerberkreis innerhalb eines Fünfjahreszeitraums zusammengefasst. Ein Fünfjahreszeitraum beginnt mit dem ersten unmittelbaren oder mittelbaren Beteiligungserwerb durch den Erwerberkreis. Ein Verlustvortrag muss zu diesem Zeitpunkt noch nicht vorhanden sein. Wird die 50 %-Grenze durch einen Beteiligungserwerb eines Erwerberkreises überschritten, beginnt – unabhängig davon, ob zu diesem Zeitpunkt ein nicht genutzter Verlust vorhanden ist – mit dem nächsten Beteiligungserwerb ein neuer Fünfjahreszeitraum i. S. d. § 8c Abs. 1 Satz 1 KStG für diesen Erwerberkreis.

Eine Mehrzahl von Erwerben durch einen Erwerberkreis gilt als ein Erwerb, wenn ihnen ein Gesamtplan zugrunde liegt. Ein schädlicher Gesamtplan wird vermutet, wenn die Erwerbe innerhalb eines Jahres erfolgen (widerlegbare Vermutung).

Die Zuführung überwiegend neuen Betriebsvermögens oder die Branchenidentität sind unerheblich. Die Regelung stellt ausschließlich auf den Gesellschafterwechsel als Voraussetzung der Verlustabzugsbeschränkung ab.

Wird innerhalb eines Fünfjahreszeitraums die 50 %-Grenze überschritten, ist der zu diesem Zeitpunkt bestehende Verlustabzug vollständig zu versagen. Die Rechtsfolge tritt in dem Wirtschaftsjahr ein, in dem die 50 %-Grenze überschritten wird. Verluste, die bis zum Zeitpunkt des schädlichen Beteiligungserwerbs entstanden sind, dürfen mit danach entstandenen Gewinnen weder ausgeglichen noch von ihnen abgezogen werden. Sie dürfen auch nicht in vorangegangene Veranlagungszeiträume zurückgetragen werden.

Die mehrfache Übertragung der nämlichen Anteile ist schädlich, soweit sie je Erwerberkreis die Beteiligungsgrenzen i. S. d. § 8c KStG übersteigt.

Nicht erforderlich ist, dass der schädliche Erwerb oder die zu addierenden Einzelerwerbe zu einer Zeit erfolgen, zu der die Körperschaft nicht genutzte Verluste aufweist.

Bei einem unterjährigen schädlichen Beteiligungserwerb unterliegt auch ein bis zu diesem Zeitpunkt erzielter Verlust der Verlustabzugsbeschränkung gem. § 8c KStG. Erfolgt der schädliche Beteiligungserwerb während des laufenden Wirtschaftsjahres, kann ein bis zu diesem Zeitpunkt erzielter Gewinn mit dem bisher noch nicht genutzten Verlust verrechnet werden (BFH-Urteil vom 30. 11. 2011, BStBl 2012 II S. 360). Maßgebend ist dabei der bis zum schädlichen Beteiligungserwerb erwirtschaftete Gesamtbetrag der Einkünfte. Ein unterjähriger Beteiligungserwerb liegt nicht vor, wenn die Übertragung zum Ende des Kalender- oder Wirtschaftsjahres erfolgt.

Der zum Ende des dem schädlichen Beteiligungserwerb vorangegangenen Veranlagungszeitraums gesondert festgestellte verbleibende Verlustvortrag bleibt abweichend von § 8c Abs. 1 Satz 1 KStG abziehbar, soweit bis zum schädlichen Beteiligungserwerb ein positiver Gesamtbetrag der Einkünfte erzielt wurde. Dies gilt auch, wenn im Veranlagungszeitraum, in dem der schädliche Beteiligungserwerb erfolgt, insgesamt ein niedrigerer Gesamtbetrag der Einkünfte als in der Zeit bis zum schädlichen Beteiligungserwerb erzielt wird. Die Regelungen der Mindestgewinnbesteuerung sind für die Ermittlung der Höhe des verbleibenden Verlustvortrags unbeachtlich. Ein danach verbleibender Verlustvortrag kann im Veranlagungszeitraum, in dem der schädliche Beteiligungserwerb erfolgt, unter Beachtung der Mindestgewinnbesteuerung abgezogen und ggf. weiter vorgetragen werden.

Für die Ermittlung, in welcher Höhe Verluste untergehen, ist das Ergebnis des gesamten Wirtschaftsjahres nach wirtschaftlichen Kriterien aufzuteilen. Dies kann durch einen nach den Regeln eines Jahresabschlusses erstellten Zwischenabschluss auf den Stichtag des schädlichen Beteiligungserwerbs und getrennte Einkommensermittlungen für die Zeit vor und nach dem schädlichen Beteiligungserwerb erfolgen. Sofern ein Zwischenabschluss nicht erstellt wird, ist die Aufteilung des Ergebnisses sachlich und wirtschaftlich begründet zu schätzen (z. B. betriebswirtschaftliche Auswertung oder zeitanteilige Aufteilung).

Konzernklausel:

Ein schädlicher Beteiligungserwerb soll nicht anzunehmen sein, wenn an dem übertragenden wie dem übernehmenden Rechtsträger dieselbe Person zu jeweils 100 % unmittelbar oder mittelbar beteiligt ist.

Verschonungsregelung:

Durch das Wachstumsbeschleunigungsgesetz wurde in § 8c KStG eine neue Verschonungsregelung eingeführt, nach der die (ohne die Verschonungsregelung) nicht abziehbaren nicht genutzten Verluste erhalten bleiben, soweit sie die gesamten zum Zeitpunkt des schädlichen Beteiligungserwerbs vorhandenen auf sie entfallenden stillen Reserven nicht übersteigen (§ 8c Abs. 1 Satz 5 KStG). Nicht genutzte Verluste, die die inländischen steuerpflichtigen stillen Reserven übersteigen, gehen verloren. Das Verschonungsvolumen ermittelt sich wie folgt:

Gemeiner Wert der erworbenen Anteile

- steuerliches Eigenkapital der Gesellschaft

= erworbene stille Reserve

Sanierungsklausel:

Durch das „Bürgerentlastungsgesetz Krankenversicherung" (BGBl 2009 I S. 1959) wurde in § 8c KStG mit Rückwirkung zum 1.1.2008 eine ursprünglich für Anteilsübertragungen bis zum 31.12.2009 zeitlich befristete Sanierungsklausel eingefügt, nach der die **Verlustabzugs-beschränkung nicht eintritt,** wenn die **wesentlichen Betriebsstrukturen** einer **sanierungsbedürf-tigen Körperschaft** erhalten bleiben. Die in der Sanierungsphase dringend nötige Liquidität soll-te dadurch erhalten bleiben. Die zeitliche Befristung wurde durch das Wachstumsbeschleuni-gungsgesetz vom 22.12.2009 (BGBl 2009 I S. 3950) aufgehoben.

Nachdem die Europäische Kommission ein förmliches Prüfverfahren eingeleitet hatte, wurde die Anwendung der **Sanierungsklausel** mit BMF-Schreiben vom 30.4.2010 (BStBl 2010 I S. 488) **ausgesetzt.** Mit Beschluss vom 26.2.2011 hat die Europäische Kommission die Sanierungsklau-sel in § 8c Abs. 1a KStG rückwirkend für **mit dem EU-Beihilferecht unvereinbar** erklärt. Die Bun-desregierung hat gegen die Entscheidung der EU-Kommission Klage erhoben. Gemäß § 34 Abs. 6 Satz 1 KStG wird die Sanierungsklausel gem. § 8c Abs. 1a KStG trotz Vorliegen der Voraussetzun-gen bei nach dem 31.12.2007 erfolgten Beteiligungserwerben nicht angewendet. § 34 Abs. 6 Satz 3 KStG sieht eine erneute Anwendung bzw. Weiteranwendung für den Fall vor, dass nach Abschluss anhängiger Gerichtsverfahren die Sanierungsklausel gem. § 8c Abs. 1a KStG keine staatliche Beihilfe darstellt (Aufleben der Regelung auch für zurückliegende Veranlagungszeit-räume).

HINWEIS

Durch das Gesetz zur Weiterentwicklung der steuerlichen Verlustverrechnung bei Körperschaf-ten (vom 20.12.2016, BGBl 2016 I S. 2998) wurde § 8d KStG eingefügt. Damit sollen auf Antrag bislang nicht abgezogene Verluste trotz eines schädlichen Anteilseignerwechsels weiterhin ge-nutzt werden können (sog. fortführungsgebundener Verlustvortrag). Die Neuregelung gilt rück-wirkend ab dem 1.1.2016. Sinn der Regelung ist folgender: Unternehmen, bei denen für ihre Finanzierung ein Wechsel bzw. eine Neuaufnahme erforderlich ist, soll die weitere Nutzung nicht abgezogener Verluste weiterhin ermöglicht werden. Voraussetzung ist, dass der Ge-schäftsbetrieb der Körperschaft nach dem schädlichen Beteiligungserwerb erhalten bleibt und eine anderweitige Nutzung der Verluste ausgeschlossen ist. Der Verlustvortrag zum Ende des Veranlagungszeitraums, in dem der schädliche Anteilserwerb getätigt wurde, wird zum sog. fortführungsgebundenen Verlustvortrag, der gesondert festzustellen ist. Der Antrag gem. § 8d Abs. 1 Satz 1 KStG ist mit der Körperschaftsteuererklärung für das Veranlagungsjahr zu stellen, in das der schädliche Anteilserwerb fällt.

Gemäß dem Grundsatz von § 8d KStG ist § 8c KStG nach einem schädlichen Anteilserwerb unter folgenden Voraussetzungen nicht anzuwenden:

Die Gesellschaft unterhält seit ihrer Gründung oder zumindest seit dem Beginn des dritten Wirtschaftsjahres, das dem Jahr des schädlichen Anteilserwerbs vorausgeht (sog. Beobachtungszeitraum), denselben Geschäftsbetrieb und es hat kein schädliches Ereignis i. S. d. § 8d Abs. 2 KStG stattgefunden. Folgende schädliche Maßnahmen dürfen nicht durchgeführt worden sein:

► Die Kapitalgesellschaft darf ihren Geschäftsbetrieb nicht eingestellt haben.

► Die Kapitalgesellschaft darf ihren Geschäftsbetrieb nicht ruhend gestellt haben (auch keine nur vorübergehende Verpachtung des Gewerbebetriebs).

► Der Geschäftsbetrieb darf nicht einer andersartigen Zweckbestimmung zugeführt werden (→ kein Branchenwechsel).

► Es darf kein zusätzlicher Geschäftsbetrieb aufgenommen worden sein (→ keine Tätigkeit in einer neuen Branche).

► Die Kapitalgesellschaft darf sich nicht an einer Mitunternehmerschaft beteiligt haben.

► Die Kapitalgesellschaft darf nicht die Stellung eines Organträgers i. S. d. § 14 Abs. 1 KStG übernommen haben.

► Auf die Kapitalgesellschaft dürfen keine Wirtschaftsgüter übertragen worden sein, die mit dem Buch- oder einem Zwischenwert angesetzt worden sind, sodass stille Reserven übertragen worden sind (Umwandlung mit einem Ansatz unterhalb des gemeinen Werts, sodass stille Reserven auf die Verlust-Kapitalgesellschaft übergegangen sind).

Zu beachten ist ferner, dass § 8d KStG nicht zur Anwendung kommt, wenn der Geschäftsbetrieb zu irgendeinem Zeitpunkt vor dem 1. 1. 2016 geruht hat oder eingestellt wurde. Außerdem gilt § 8d KStG nicht für Verluste vor Einstellung des Betriebs oder vor einem Ruhen des Geschäftsbetriebs.

Kommt § 8d KStG zur Anwendung, so wird als Rechtsfolge ein fortführungsgebundener Verlustvortrag (§ 8d Abs. 1 Satz 6 KStG) neben dem allgemeinen Verlustvortrag gesondert festgestellt (§ 8d Abs. 1 Satz 7 KStG). Der fortführungsgebundene Verlustvortrag ist vor einem Verlustvortrag i. S. d. § 10d Abs. 4 KStG) zu verwenden.

Wird eine der vorgenannten Maßnahmen i. S. d. § 8d Abs. 2 KStG durchgeführt, geht der Verlustvortrag gem. § 8d KStG unter. Sobald allerdings eine Verrechnung des Verlustvortrags i. S. d. § 8d KStG mit künftigen Gewinnen stattgefunden hat, sind Maßnahmen i. S. d. § 8d Abs. 2 KStG unschädlich, diese entfalten keine Rückwirkung. Hierbei erweist es sich als günstig, dass ein Verlustvortrag i. S. d. § 8d KStG vorrangig (vor dem allgemeinen Verlustvortrag) mit Gewinnen zu verrechnen ist.

Da der fortführungsgebundene Verlustvortrag regelmäßig höher ist als der Verlust, auf den § 8c KStG zur Anwendung kommen könnte, kann ein Antrag gem. § 8d KStG risikobehaftet sein, wenn eine schädliche Maßnahme i. S. d. § 8d Abs. 2 KStG geplant ist und noch ein Verlustvortrag besteht.

Zu 2

Sachverhalt I:

	Jahr 07	Jahr 08	Jahr 09	Jahr 10
Schädlicher Beteiligungs-erwerb	nein	nein	nein	ja
Verbleibender Verlustab-zug zum Ende des voran-gegangenen Veranla-gungszeitraums	3 000 000 €	5 000 000 €	5 600 000 €	3 100 000 €
Ergebnis laufender Veranlagungszeitraum	- 2 000 000 €	- 600 000 €	3 500 000 €	470 000 €
davon bis zum schädli-chen Beteiligungserwerb	0 €	0 €	0 €	240 000 €
möglicher Verlustabzug			2 500 000 €	240 000 €
Verlustabzugsverbot, § 8c Abs. 1 Satz 1 KStG	0 €	0 €	0 €	2 860 000 € (100 %)
Verlustausgleichsverbot, § 8c Abs. 1 Satz 1 KStG		0 €	0 €	0 €
Verbleibender Verlust-abzug zum Ende des Veranlagungszeitraums	5 000 000 €	5 600 000 €	3 100 000 €	0 €

HINWEIS

Der Verlustabzug in 09 berechnet sich wie folgt:

	3 500 000 €
Sockelbetrag	- 1 000 000 €
verbleiben	2 500 000 €
weiterer Abzug (60 % aus 2 500 000 €)	1 500 000 €
Verlustabzug	
Sockelbetrag	1 000 000 €
weiterer Abzug	+ 1 500 000 €
	2 500 000 €

Das z.v.E. 09 ermittelt sich wie folgt:

Gesamtbetrag der Einkünfte	3 500 000 €
Verlustabzug	- 2 500 000 €
Z.v. E.	1 000 000 €

Das z.v. E. 10 berechnet sich wie folgt:

Verbleibender Verlustvortrag 31. 12. 09	3 100 000 €	
Gesamtbetrag der Einkünfte		470 000 €
- Verlustabzug (§ 10d Abs. 2 EStG)	- 240 000 €	240 000 €
verbleiben	2 860 000 €	
- Verlustabzugsverbot (§ 8c Abs. 1 Satz 1 KStG)	2 860 000 €	
verbleibender Verlustabzug 31. 12. 10	0 €	
Z.v. E.		230 000 €

Sachverhalt II: Mit der Veräußerung der Beteiligung i. H.v. 20 % im April 08 an Y beginnt der Fünfjahreszeitraum i. S. d. § 8c Abs. 1 Satz 1 KStG zu laufen. Die Veräußerung dieser Beteiligung bleibt hinsichtlich des Verlustabzugs ohne Konsequenzen. Die Veräußerung i. H.v. 7,5 % der Anteile im Juli 09 ist mit dem ersten Beteiligungserwerb zusammenzurechnen, weil es sich bei der Ehefrau des Y um eine dem Erwerber Y nahe stehende Person handelt. Konsequenzen für den Verlustabzug ergeben sich weiterhin nicht. Da mit der Anteilsübertragung i. H.v. 12,5 % im Juli 10 die 50 %-Grenze nicht überschritten wird, ist dies gem. § 8c Abs. 1 Satz 1 KStG unschädlich, es geht daher dadurch auch weiterhin kein Verlustabzug unter. Die Anteilsübertragung von weiteren 17,5 % führt dazu, dass die 50 %-Grenze innerhalb des Fünfjahreszeitraums überschritten ist (§ 8c Abs. 1 Satz 1 KStG), sodass der bis zu diesem Zeitpunkt bestehende Verlustabzug insgesamt untergeht. Ein bis zu diesem Anteilserwerb im Juli 11 erzielter Gewinn kann noch mit dem am 31. 12. 10 bestehenden Verlustvortrag verrechnet werden (vgl. BFH-Urteil vom 30. 11. 2011, BStBl 2012 II S. 360).

Der Verlustabzug entwickelt sich wie folgt:

	Jahr 08	Jahr 09	Jahr 10	Jahr 11
Verbleibender Verlustabzug zum Ende des vorangegangenen Veranlagungszeitraums	1 000 000 €	1 250 000 €	1 050 000 €	1 175 000 €
schädlicher Beteiligungserwerb	nein	nein	nein	ja
Ergebnis laufender Veranlagungszeitraum	- 250 000 €	200 000 €	- 125 000 €	
Verlustabzugsverbot, § 8c Abs. 1 Satz 1 KStG	0 €	0 €	0 €	925 000 €
Verlustausgleichsverbot, § 8c Abs. 1 Satz 1 KStG			0 €	250 000 €
Verlustabzug		200 000 €		250 000 €
Verbleibender Verlustabzug zum Ende des Veranlagungszeitraums	1 250 000 €	1 050 000 €	1 175 000 €	0 €

HINWEIS

Bei einer unterjährigen Anteilsveräußerung gilt die Verlustabzugsbeschränkung gem. § 8c KStG auch für einen bis zu diesem Zeitpunkt erzielten Verlust. Unter das Verlustabzugsverbot fallen sowohl ein festgestellter Verlustvortrag auf das Ende des Veranlagungszeitraums, der der schädlichen Anteilsübertragung vorausgeht, als auch ein laufender Verlust, der im Veranlagungszeitraum bis zur schädlichen Anteilsübertragung erzielt wurde. Ein bis zum Anteilserwerb erzielter Gewinn kann mit dem am 31.12. des Vorjahres noch bestehenden Verlustvortrag verrechnet werden (vgl. BFH-Urteil vom 30.11.2011, BStBl 2012 II S. 360). Dies gilt jedoch nur, wenn in dem Wirtschaftsjahr, in dem der schädliche Anteilserwerb erfolgt ist, insgesamt ein Gewinn erzielt worden ist. Ist vor dem schädlichen Anteilserwerb ein Gewinn und nach dem schädlichen Anteilserwerb ein Verlust erzielt worden, so ist zunächst eine Saldierung vorzunehmen. Ein danach verbleibender Gewinn kann mit einem noch vorhandenen Verlustvortrag verrechnet werden (Mindestgewinnbesteuerung ist zu beachten). Auf einen danach nicht genutzten Verlustvortrag ist § 8c KStG anzuwenden. Das Ergebnis des Wirtschaftsjahres, in dem der unterjährige Beteiligungserwerb stattgefunden hat, ist nach wirtschaftlichen Grundsätzen aufzuteilen. Dies kann in der Weise geschehen, dass ein Zwischenabschluss auf den Stichtag des schädlichen Anteilserwerbs erstellt und das Einkommen für den Zeitraum vor und nach dem schädlichen Beteiligungserwerb getrennt ermittelt wird.

Sachverhalt III: Der Erwerb einer Beteiligung kann unmittelbar oder mittelbar erfolgen. Der Zeitpunkt des Beteiligungserwerbs oder des vergleichbaren Sachverhalts bestimmt sich nach dem Übergang des wirtschaftlichen Eigentums. Im Falle eines mittelbaren Beteiligungserwerbs ist die auf die Verlustgesellschaft durchgerechnete Beteiligungsquote oder Stimmrechtsquote maßgeblich.

Die Y-GmbH erwirbt durchgerechnet eine mittelbare Beteiligung an der E-GmbH i.H.v. 45 % (75 % x 100 % x 60 %) zzgl. 15 % (15 % x 100 %). Der vorhandene Verlustvortrag bei der E-GmbH geht vollständig unter.

Sachverhalt IV: Es kommt zu einem vollständigen Verlustuntergang zum 31.12.02. Der Anteilserwerb zum 31.12.01 ist ebenfalls zu berücksichtigen, obwohl er in einer Gewinnphase der A-GmbH erfolgte und zum Erwerbszeitpunkt noch keine nicht genutzten Verluste der A-GmbH vorhanden waren.

Wird innerhalb eines Fünfjahreszeitraums die 50 %-Grenze überschritten, ist der zu diesem Zeitpunkt bestehende Verlustabzug vollständig zu versagen. Nicht erforderlich ist, dass der schädliche Erwerb oder die zu addierenden Einzelerwerbe zu einer Zeit erfolgen, zu der die Körperschaft nicht genutzte Verluste aufweist.

FALL 46

Verlustrücktrag

Sachverhalt:

Die GuV der X-GmbH zum 31.12.01 weist u.a. folgende Positionen aus:

01:

Aufwendungen	GuV X-GmbH auf 31.12.01	Erträge
KSt-Vorauszahlung	90 000 €	Beteiligungserträge	50 000 €
SolZ auf KSt-Vorauszahlung	4 950 €	…	…€
Anrechenbare Kapitalertrag-steuer	10 000 €		
SolZ auf anrechenbare Kapital-ertragsteuer	550 €		
Aufsichtsrats-Vergütungen	12 000 €		
Spenden	6 000 €		
…	…€		
Jahresüberschuss	255 500 €		
	…€		…€

Die X-GmbH hat an den Gesellschafter X einen Pkw zu einem Preis i.H.v. 25 000 € veräußert (gemeiner Wert: 40 000 €). Ferner hat die X-GmbH ab 1.1.01 von dem Gesellschafter X Räume angemietet (gezahlte Miete: mtl. 3 000 €). Ein fremder Dritter hätte jedoch maximal einen Mietzins i.H.v. 1 500 € mtl. gezahlt. Die Vermietung wurde ab 1.1.02 wieder beendet.

Die Spenden wurden für wissenschaftliche Zwecke geleistet.

Aus der 100 %-Beteiligung an der Z-GmbH erhält die X-GmbH im Wirtschaftsjahr 02 eine Dividendengutschrift i.H.v. 39 450 €. Es wurde Kapitalertragsteuer i.H.v. 10 000 € sowie ein Solidaritätszuschlag i.H.v. 550 € einbehalten.

In der GuV zum 31.12.02 sind u.a. folgende Positionen enthalten:

02:

Aufwendungen	GuV X-GmbH auf 31.12.02	Erträge
Spenden	3 000 €	KSt-Erstattung aus Verlust-rücktrag	46 250 €
Aufsichtsratsvergütungen	18 000 €	SolZ-Erstattung aus Verlust-rücktrag	2 544 €
…	…€	…	…€
		Jahresfehlbetrag	145 206 €
	…€		…€

Die Spenden wurden für wissenschaftliche Zwecke geleistet. Die Summe der Umsätze sowie der Löhne und Gehälter beträgt 4 500 000 €.

AUFGABE

Ermitteln Sie das z. v. E.! Wie ist der Verlustrücktrag durchzuführen?

LITERATURHINWEIS

Köllen/Reichert/Vogl/Wagner, Lehrbuch Körperschaftsteuer und Gewerbesteuer, Kapitel 4.3.4

LÖSUNG

Gemäß § 8 Abs. 1 KStG i. V. m. § 10d Abs. 2 EStG können Verluste in den Folgejahren bis zu einem Gesamtbetrag der Einkünfte i. H. v. 1 000 000 € voll abgezogen werden. Darüber hinaus ist ein Ausgleich bis zu 60 % des 1 000 000 € übersteigenden Gesamtbetrags der Einkünfte möglich. Über § 8 Abs. 1 KStG gilt die Regelung zur Begrenzung des Verlustvortrags auch im Bereich der Körperschaftsteuer.

Ermittlung des z. v. E. 01

Ausgangspunkt für die Ermittlung des z. v. E. ist der Jahresüberschuss lt. GuV.

Die Körperschaftsteuer sowie der Solidaritätszuschlag sind ebenso wie die Kapitalertragsteuer mit dem darauf entfallenden Solidaritätszuschlag als nicht abziehbare Aufwendungen außerbilanziell wieder hinzuzurechnen.

Die Aufsichtsratsvergütungen sind gem. § 10 Nr. 4 KStG zur Hälfte nicht abziehbar (6 000 €).

Da die Veräußerung des Pkw an den Gesellschafter X zu einem Vorzugspreis erfolgte, ist die Differenz zum gemeinen Wert (15 000 €) bei der Ermittlung des z. v. E. außerhalb der Bilanz wieder hinzuzurechnen.

Die Zahlung einer überhöhten Miete an den Gesellschafter X stellt i. H. v. mtl. 1 500 € ebenfalls eine verdeckte Gewinnausschüttung dar, die das z. v. E. nicht mindern darf und daher wieder hinzuzurechnen ist.

Die Körperschaftsteuer sowie der Solidaritätszuschlag sind ebenso wie die Kapitalertragsteuer mit dem darauf entfallenden Solidaritätszuschlag als nicht abziehbare Aufwendungen außerbilanziell wieder hinzuzurechnen.

Die Spenden sind zur Ermittlung des abzugsfähigen Betrags zunächst wieder hinzuzurechnen. Im Rahmen des § 9 Abs. 1 Nr. 2 KStG sind sie steuerlich berücksichtigungsfähig. Der abzugsfähige Betrag ist dann wieder zu kürzen.

Das z.v. E. berechnet sich daher wie folgt:

	Jahresüberschuss lt. GuV	255 500,00 €
+	verdeckte Gewinnausschüttungen	+ 33 000,00 €
+	KSt-Vorauszahlungen	+ 90 000,00 €
+	SolZ auf KSt-Vorauszahlungen	+ 4 950,00 €
+	anrechenbare Kapitalertragsteuer	+ 10 000,00 €
+	SolZ auf anrechenbare Kapitalertragsteuer	+ 550,00 €
+	Hälfte der Aufsichtsratsvergütungen	+ 6 000,00 €
+	Spenden	+ 6 000,00 €
−	Beteiligungserträge (§ 8b Abs. 1 KStG)	− 50 000,00 €
+	nicht abzugsfähige Betriebsausgaben (§ 8b Abs. 5 KStG)	+ 2 500,00 €
		358 500,00 €
−	abziehbare Spenden	− 6 000,00 €
=	z.v. E.	352 500,00 €
	Tarifbelastung (15 %)	52 875,00 €
	SolZ (5,5 %)	2 908,12 €

Ermittlung des steuerlich abzugsfähigen Verlustes 02:

	Jahresfehlbetrag lt. GuV	− 145 206 €
+	gebuchter KSt-Erstattungsanspruch	− 46 250 €
+	gebuchter SolZ-Erstattungsanspruch	− 2 544 €
+	Hälfte der Aufsichtsratsvergütungen	+ 9 000 €
+	Spenden	+ 3 000 €
		− 182 000 €
−	abziehbare Spenden	− 3 000 €
=	z.v. E.	− 185 000 €

Der ertragswirksam gebuchte Körperschaftsteuer- bzw. Solidaritätszuschlags-Erstattungsanspruch ist gem. § 10 Nr. 2 KStG bei der Einkommensermittlung wieder abzuziehen. Für die Aufsichtsratsvergütungen und Spenden gelten die Erläuterungen zur Einkommensermittlung 01 entsprechend.

Rücktrag des steuerlichen Verlustes 02 i. H. v. 185 000 € auf das Einkommen 01:

	Gesamtbetrag der Einkünfte 01 bisher	352 500,00 €
−	steuerlicher Verlust 02	− 185 000,00 €
=	z.v. E. neu	167 500,00 €
	Tarifbelastung (15 %) neu	25 125,00 €
	Tarifbelastung bisher	− 52 875,00 €
=	KSt-Erstattung	− 27 750,00 €

	SolZ (25 125 € × 5,5 %)	1 381,87 €
-	anrechenbarer SolZ	550,00 €
=	SolZ (neu)	831,87 €
	SolZ (52 875 € × 5,5 %)	2 908,12 €
-	anrechenbarer SolZ	- 550,00 €
=	SolZ (bisher)	2 358,12 €
-	SolZ (neu)	- 831,87 €
=	SolZ-Erstattung	1 526,25 €

Der Anspruch auf Körperschaftsteuererstattung entsteht erst in 02 und ist in der Steuerbilanz zum 31. 12. 02 auszuweisen.

HINWEIS

Gemäß § 233a Abs. 2a AO beginnt der Zinslauf erst 15 Monate nach Ablauf des Kalenderjahres, in dem der Verlust entstanden ist (hier also am 1. 4. 04).

FALL 47

Verlustberücksichtigung gem. § 8c KStG – Unterjähriger Beteiligungserwerb im Zusammenhang mit der Mindestgewinnbesteuerung

Sachverhalt:

Das Wirtschaftsjahr der A-GmbH ist mit dem Kalenderjahr identisch. Zum 1. 7. 02 werden 100 % der Anteile an der A-GmbH übertragen (schädlicher Beteiligungserwerb).

Der Gesamtbetrag der Einkünfte beträgt im Wirtschaftsjahr 4 000 000 €. Davon entfallen auf die Zeit bis zum schädlichen Beteiligungserwerb (1. 7.):

a) - 1 000 000 €,

b) 3 000 000 €,

c) 6 000 000 €.

Der noch nicht genutzte Verlust zum 31. 12. 01 beträgt jeweils 10 000 000 €.

AUFGABE

In welcher Höhe ist eine Verlustverrechnung möglich?

LÖSUNG

Vorbemerkung: Bei einem unterjährigen schädlichen Beteiligungserwerb unterliegt auch ein bis zu diesem Zeitpunkt erzielter Verlust der Verlustabzugsbeschränkung gem. § 8c KStG. Ein bis zum schädlichen Beteiligungserwerb erzielter Gewinn kann mit noch nicht genutzten Verlusten verrechnet werden (BFH-Urteil vom 30. 11. 2011, BStBl 2012 I S. 360). Maßgebend ist dabei der bis zum schädlichen Beteiligungserwerb erwirtschaftete Gesamtbetrag der Einkünfte. Der zum Ende des dem schädlichen Beteiligungserwerb vorangegangenen Veranlagungszeitraums gesondert festgestellte verbleibende Verlustvortrag bleibt abweichend von § 8c Abs. 1 Satz 1 KStG abziehbar, soweit bis zum schädlichen Beteiligungserwerb ein positiver Gesamtbetrag der Einkünfte erzielt wurde. Dies gilt auch, wenn im Veranlagungszeitraum, in dem der schädliche Beteiligungserwerb erfolgt, insgesamt ein niedrigerer Gesamtbetrag der Einkünfte als in der Zeit bis zum schädlichen Beteiligungserwerb erzielt wird. Die Regelungen der Mindestgewinnbesteuerung sind für die Ermittlung der Höhe des verbleibenden Verlustvortrags unbeachtlich. Ein danach verbleibender Verlustvortrag kann im Veranlagungszeitraum, in dem der schädliche Beteiligungserwerb erfolgt, unter Beachtung der Mindestgewinnbesteuerung abgezogen und ggf. weiter vorgetragen werden.

Das Ergebnis des gesamten Wirtschaftsjahres ist nach wirtschaftlichen Kriterien aufzuteilen. Dies kann durch einen nach den Regeln eines Jahresabschlusses erstellten Zwischenabschluss auf den Stichtag des schädlichen Beteiligungserwerb und getrennte Einkommensermittlungen für die Zeit vor und nach dem schädlichen Beteiligungserwerb erfolgen. Sofern ein Zwischenabschluss nicht erstellt wird, ist die Aufteilung des Ergebnisses sachlich und wirtschaftlich begründet zu schätzen (z. B. betriebswirtschaftliche Auswertung oder zeitanteilige Aufteilung).

Zum Sachverhalt

Gemäß § 10d Abs. 2 EStG ist maximal eine Verlustverrechnung i. H. v. 2 800 000 € (1 000 000 € + 60 % des 1 000 000 € übersteigenden Betrags [3 000 000 € × 60 % = 1 800 000 €]) möglich.

Der Höchstbetrag i. H. v. 2 800 000 € ist für die vorzunehmende Verlustverrechnung weder zeitanteilig noch nach dem Verhältnis der vor und nach dem schädlichen Beteiligungserwerb erzielten Einkünfte aufzuteilen, d. h. der Abzugsbetrag kann in vollem Umfang mit Gewinnen vor dem schädlichen Beteiligungserwerb verrechnet werden.

a) Bei einem unterjährigen schädlichen Beteiligungserwerb unterliegt auch ein bis zu diesem Zeitpunkt erzielter Verlust der Verlustabzugsbeschränkung gem. § 8c KStG. Betroffen von der Verlustkürzung ist somit zum einen der Verlustvortrag zum 31. 12. 01 i. H. v. 10 000 000 € sowie zum anderen der laufende zeitanteilige Verlust aus 02 i. H. v. 1 000 000 €. Das Einkommen des Veranlagungszeitraums 02 beträgt damit 5 000 000 €.

b) Abziehbar bleibt ein Teilbetrag i. H. v. 3 000 000 € des zum 31. 12. 01 verbleibenden Verlustvortrags. In Höhe von 7 000 000 € geht der Verlustvortrag gem. § 8c Abs. 1 Satz 1 KStG unter. Der nach Anwendung von § 8c Abs. 1 Satz 1 KStG verbleibende Verlustvortrag i. H. v. 3 000 000 € kann mit dem positiven Gesamtbetrag der Einkünfte des Veranlagungszeitraums 02 verrechnet werden. Die Mindestbesteuerung ist dabei zu beachten. Das Einkommen des Veranlagungszeitraums 02 beträgt damit 1 200 000 € (4 000 000 € - 1 000 000 € - 1 800 000 € [= 60 % x 3 000 000 €]). Zum 31. 12. 02 ist ein verbleibender Verlustvortrag i. H. v. 200 000 € gesondert festzustellen.

c) Abziehbar bleibt ein Teilbetrag i. H.v. 6 000 000 € des zum 31. 12. 01 verbleibenden Verlust-vortrags. In Höhe von 4 000 000 € geht der Verlustvortrag gem. § 8c Abs. 1 Satz 1 KStG unter. Der nach Anwendung von § 8c Abs. 1 Satz 1 KStG verbleibende Verlustvortrag i. H.v. 6 000 000 € kann mit dem positiven Gesamtbetrag der Einkünfte des Veranlagungszeit-raums 02 verrechnet werden. Die Mindestbesteuerung ist dabei zu beachten. Das Einkom-men des Veranlagungszeitraums 02 beträgt damit 1 200 000 € (4 000 000 € - 1 000 000 € - 1 800 000 € [= 60 % x 3 000 000 €]). Zum 31. 12. 02 ist ein verbleibender Verlustvortrag i. H.v. 3 200 000 € gesondert festzustellen.

FALL 48

Verlustrücktrag und Verlustvortrag bei BgA´s

Sachverhalt:

Die juristische Person des öffentlichen Rechts unterhält den BgA „Bad Nord und Süd" und den BgA „ÖPNV". Zum 31. 12. 08 sind beim Bäder-BgA 150 000 € Verlustvortrag und beim Verkehrs-BgA 450 000 € Verlustvortrag festgestellt. In 09 als auch in 10 erzielt der BgA „Bad Nord und Süd" jeweils einen Jahresverlust i. H.v. 15 000 € und der Verkehrsbetrieb in 09 als auch in 10 jeweils einen Jahresverlust i. H.v. 30 000 €. In 10 eröffnet die juristische Person des öffentlichen Rechts zusätzlich das Bad „West", das einen Gewinn i. H.v. 1 500 € erzielt. In 10 betreibt die ju-ristische Person des öffentlichen Rechts auch noch die Stromversorgung mit einem Gewinn i. H.v. 16 500 €. Für den BgA Bad „Nord und Süd" wird zum 31. 12. 09 ein Verlustvortrag i. H.v. 165 000 € festgestellt.

AUFGABE

Wie ist der Sachverhalt steuerlich zu beurteilen?

LÖSUNG

Vorbemerkung: Gemäß § 8 Abs. 8 KStG sollen **Verluste,** die in einem BgA entstanden sind, **nur in diesem Betrieb** genutzt werden dürfen. Die Vorschriften des Verlustabzugs sind auf den je-weiligen BgA anzuwenden. Aus der zulässigen Zusammenfassung von BgA, die nicht gleichartig sind, entsteht ein **neuer BgA,** der **Verlustvorträge,** die im Einzelfall bei den bisherigen BgA vor Zusammenfassung festgestellt worden sind, **nicht übernehmen** kann (§ 8 Abs. 8 Satz 2 KStG). Werden verschiedene BgA´s zusammengefasst, können daher nicht ausgeglichene negative Ein-künfte der einzelnen BgA´s aus der Zeit vor der Zusammenfassung nicht beim zusammenge-fassten BgA abgezogen werden. Diese Verlustvorträge sind erst wieder „nutzbar", wenn die ju-ristische Person des öffentlichen Rechts einen BgA, wie er bis zur Zusammenfassung bestand, künftig wieder unterhält.

Entsprechendes gilt, wenn ein BgA, in dem nicht gleichartige Tätigkeiten zulässigerweise zu-sammengefasst worden sind, getrennt wird. Ein Rücktrag von Verlusten des zusammengefass-ten BgA auf die einzelnen BgA vor Zusammenfassung ist unzulässig. Wird einem BgA, in dem mehrere nicht gleichartige Tätigkeiten zusammengefasst sind (z. B. ÖPNV und Hafenbetrieb) ein weiterer Tätigkeitsbereich (z. B. Wasserversorgung) zugeführt, liegt ein neuer BgA vor, der über keinen Verlustvortrag verfügt. **Veränderungen innerhalb** eines **Tätigkeitsbereichs** (z. B. Erweiterung des Verkehrsbetriebs von Bussen um Straßenbahnen) sind dagegen **unschädlich.**

Ein bei einem BgA vor der Zusammenfassung festgestellter Verlustvortrag kann gem. § 10d EStG vom Gesamtbetrag der Einkünfte abgezogen werden, den dieser BgA nach der Zusammenfassung erzielt.

Werden gleichartige BgA zusammengefasst, führt dies nicht zu einer eingeschränkten Nutzung des Verlustvortrags. Verkehrs- und Versorgungsbetriebe sind keine gleichartigen BgA in diesem Sinne. In diesem Fall sind die Verlustvorträge der einzelnen BgA zusammenzufassen.

Zum Sachverhalt

Durch die Eröffnung des Bad „West" kann die juristische Person des öffentlichen Rechts, da eine gleichartige Tätigkeit vorliegt, den BgA zum BgA „Bad Nord, Süd und West" **erweitern,** dessen Verlustvortrag zum 31. 12. 10 auf 165 000 € + 15 000 € - 1 500 € = 178 500 € festzustellen ist.

Für den BgA „ÖPNV" wird zum 31. 12. 09 ein Verlustvortrag i. H.v. 480 000 € festgestellt. Fasst die juristische Person des öffentlichen Rechts in 10 diesen BgA mit dem neuen BgA „Stromversorgung" zusammen, entsteht ein neuer BgA „ÖPNV-Stromversorgung", der zum 31. 12. 10 einen festzustellenden Verlustvortrag i. H.v. 0 € + 30 000 € - 16 500 € = 13 500 € hat. Der **bisherige Verlustvortrag** i. H.v. 480 000 € aus dem BgA „ÖPNV" wird so lange **eingefroren,** bis die juristische Person des öffentlichen Rechts in der Zukunft die Stromversorgung wieder aufgeben sollte und den ÖPNV „allein" weiter betreibt. In diesem Fall würde der wieder entstandene BgA „ÖPNV" mit einem Verlustvortrag i. H.v. 480 000 € starten und der Verlustvortrag i. H.v. 13 500 € des BgA „ÖPNV-Stromversorgung" festgeschrieben bleiben.

FALL 49

Dauerverluste bei Kapitalgesellschaften von juristischen Personen des öffentlichen Rechts – Spartentrennung

Sachverhalt:

Die X-Stadt ist zu 100 % an der Eigengesellschaft X-GmbH beteiligt. Bei der X-GmbH existieren folgende Geschäftsbereiche mit den nachstehenden Ergebnissen für 01:

Stromversorgung	6 000 000 €
Verkehrsbetrieb	- 2 500 000 €
Parkhaus	- 275 000 €
Theater	- 100 000 €
Museum	- 200 000 €
Freibad	- 200 000 €
Hallenbad	- 225 000 €
Freizeitpark	- 475 000 €

Welches Ergebnis hat die X-GmbH der Besteuerung zu unterwerfen?

Vorbemerkung: Gemäß § 8 Abs. 7 Satz 1 Nr. 1 KStG sind die Rechtsfolgen einer verdeckten Gewinnausschüttung bei BgA´s i. S. d. § 4 KStG nicht bereits deshalb zu ziehen, weil die BgA ein Dauerverlustgeschäft ausüben. Das Gleiche gilt auch bei Kapitalgesellschaften, bei denen die Mehrheit der Stimmrechte unmittelbar oder mittelbar auf eine juristische Person des öffentlichen Rechts entfällt und ausschließlich diese die Verluste aus Dauerverlustgeschäften trägt (§ 8 Abs. 7 Satz 1 Nr. 2 KStG).

Laut BFH vom 22. 8. 2007 – I R 32/06 (BStBl 2007 II S. 961) führt die Übernahme dauerdefizitärer Tätigkeiten durch eine Eigengesellschaft einer juristischen Person des öffentlichen Rechts zu einer verdeckten Gewinnausschüttung an die juristische Person des öffentlichen Rechts. Aufgrund der Einfügung von § 8 Abs. 7 KStG wurde die bisherige Praxis gesetzlich festgeschrieben.

Die **gesamten Verluste** aus den einzelnen Dauerverlustgeschäften, die sich handelsrechtlich vor Verlustübernahme oder einer anderweitigen Verlustkompensation ergeben, müssen **nachweislich** von der **juristischen Person des öffentlichen Rechts als Gesellschafter** getragen werden. Dies gilt auch, wenn sich bei der Gesellschaft selbst handelsrechtlich in der Summe kein Verlust ergibt. Für die Tragung der Verluste ist es nicht notwendig, dass die Verluste jährlich seitens der juristischen Person des öffentlichen Rechts mittels Einlagen ausgeglichen werden. Es reicht aus, dass sie von der juristischen Person des öffentlichen Rechts wirtschaftlich im Ergebnis getragen werden. Maßgebend sind die Verhältnisse des Einzelfalls.

Unterhält die Kapitalgesellschaft neben einem Dauerverlustgeschäft auch eine gewinnbringende Tätigkeit, werden die Ergebnisse regelmäßig gesellschaftsintern verrechnet. Die juristische Person des öffentlichen Rechts als Mitgesellschafterin trägt die Verluste aus der Verlusttätigkeit nur in Höhe des auf sie **entsprechend ihrer Beteiligungsquote** entfallenden Anteils am Ergebnis aus der Gewinntätigkeit. Den gesamten sich aus der Verlusttätigkeit ergebenden Verlust trägt sie nur, wenn sie auch den darüber hinausgehenden Verlust aus der Verlusttätigkeit nach den vorstehend genannten Grundsätzen trägt.

Für die Frage, ob die Sonderregelung i. S. d. § 8 Abs. 7 KStG zur Anwendung kommt, ist zunächst relevant, ob beim BgA bzw. der Eigengesellschaft eine Vermögensminderung bzw. verhinderte Vermögensmehrung vorliegt, die den Tatbestand der verdeckten Gewinnausschüttung i. S. d. § 8 Abs. 3 Satz 2 KStG erfüllt. Die Sonderregelung erfasst nur Vermögensminderungen bzw. verhinderte Vermögensmehrungen, soweit sie auf dem Unterhalten eines Dauerverlustgeschäfts aus den in § 8 Abs. 7 Satz 2 KStG genannten Gründen beruhen. Hierbei handelt es sich um „wirtschaftliche" Dauerverlustgeschäfte und „hoheitliche" Dauerverlustgeschäfte. Für Vermögensminderungen bzw. verhinderte Vermögensmehrungen aus anderen Gründen, gelten die allgemeinen Grundsätze i. S. d. § 8 Abs. 3 Satz 2 KStG.

Ein **Dauerverlustgeschäft** liegt vor, soweit aus verkehrs-, umwelt-, sozial-, kultur-, bildungs- oder gesundheitspolitischen Gründen eine wirtschaftliche Betätigung ohne kostendeckendes Entgelt unterhalten wird und der entstehende Verlust ein Dauerverlust ist. Entsprechendes gilt, wenn die Entgelte nur zu einem ausgeglichenen Ergebnis führen. Ein Dauerverlust liegt vor, wenn aufgrund einer Prognose nach den Verhältnissen des jeweiligen Veranlagungszeitraums nicht mit einem positiven oder ausgeglichenen Ergebnis oder nicht mit einem steuerlichen Totalgewinn zu rechnen ist. Dabei sind Betriebsvermögensmehrungen, die nicht der Besteuerung unterliegen (z. B. Investitionszulagen oder Dividenden, die unter § 8b KStG fallen), gewinnerhöhend und Aufwendungen, die den steuerlichen Gewinn nicht mindern dürfen, gewinnmindernd zu berücksichtigen.

Maßgebend ist ausschließlich das **Ergebnis aus der Geschäftstätigkeit selbst,** d. h. unter Berücksichtigung allein des hierfür notwendigen Betriebsvermögens (BMF-Schreiben vom 12. 11. 2009, BStBl 2009 I S. 1303, Tz. 36). Mögliche Aufgabe- und Veräußerungsgewinne sind bei der Beurteilung als Dauerverlustgeschäft nicht zu berücksichtigen (BMF-Schreiben vom 12. 11. 2009, BStBl 2009 I S. 1303, Tz. 37). Gewinne in einzelnen Veranlagungszeiträumen stehen der Annahme eines Dauerverlustgeschäfts nicht entgegen (BMF-Schreiben vom 12. 11. 2009, BStBl 2009 I S. 1303, Tz. 38).

Bei Eigengesellschaften liegt ein Dauerverlustgeschäft auch vor, wenn das Geschäft Ausfluss einer Tätigkeit ist, die bei juristischen Personen des öffentlichen Rechts zu einem Hoheitsbetrieb gehört. **Hoheitliche Tätigkeiten** führen bei der juristischen Person des öffentlichen Rechts **nicht** zu einem **BgA;** Verluste im Rahmen dieser Tätigkeit, sind für die juristische Person des öffentlichen Rechts steuerlich irrelevant. Derartige Verlustgeschäfte sind allerdings im Rahmen der Einkommensermittlung zu berücksichtigen, wenn sie von einer Kapitalgesellschaft getätigt werden. Handelt es sich bei der Verlusttätigkeit um Dauerverlustgeschäfte, ist bei der Kapitalgesellschaft gem. § 8 Abs. 7 Satz 2 letzter Halbsatz KStG die Rechtsfolge der verdeckten Gewinnausschüttung nicht zu ziehen.

Werden aufgrund der Sonderregelung gem. § 8 Abs. 7 KStG die Rechtsfolgen einer verdeckten Gewinnausschüttung nicht gezogen, ist insoweit auch § 20 Abs. 1 Nr. 10 Buchst. b EStG nicht anzuwenden. Ab dem Zeitpunkt, ab dem ein Dauerverlustgeschäft nicht mehr vorliegt, ist § 8 Abs. 7 KStG nicht mehr anzuwenden, sodass die Rechtsfolgen einer verdeckten Gewinnausschüttung zu ziehen sind. Liegt kein begünstigtes Dauerverlustgeschäft i. S. d. § 8 Abs. 7 Satz 2 KStG vor, gelten die allgemeinen Grundsätze zur verdeckten Gewinnausschüttung i. S. d. § 8 Abs. 3 Satz 2 KStG.

Nach den Grundsätzen des BFH-Urteils vom 22. 8. 2007 – I R 32/06 (BStBl 2007 II S. 961) wird das Dauerverlustgeschäft ohne Verlustausgleich im Interesse des Gesellschafters der Eigengesellschaft unterhalten. In Höhe des Verlustes kommt es zu einer verdeckten Gewinnausschüttung. Für einen BgA und dessen Verhältnis zur Trägerkörperschaft gilt Entsprechendes. Maßgebend für die Bemessung der verdeckten Gewinnausschüttung ist grundsätzlich der steuerliche Verlust aus dem Geschäft. Fallen im Zuge des Geschäfts allerdings Vermögensmehrungen an, die nicht der Besteuerung unterliegen (z. B. vereinnahmte Investitionszulagen oder Dividenden, die unter § 8b KStG fallen), so mindern diese Beträge die Bemessungsgrundlage der verdeckten Gewinnausschüttung.

Erfüllt eine Eigengesellschaft die Voraussetzungen für die Ausnahme vom Ansatz einer verdeckten Gewinnausschüttung bei Dauerverlustgeschäften gem. § 8 Abs. 7 Satz 1 Nr. 2 KStG, so ist eine **Spartentrennung** vorzunehmen, wenn

▶ die Kapitalgesellschaft mehrere Tätigkeiten ausübt, die bei einer juristischen Person des öffentlichen Rechts jeweils zu einem BgA führen würden,

▶ die ggf. aber gem. § 4 Abs. 6 KStG zusammengefasst werden könnten,

▶ neben mindestens einer wirtschaftlichen Tätigkeit auch eine Tätigkeit i. S. d. § 8 Abs. 7 Satz 2 letzter Halbsatz KStG ausübt oder mehrere Tätigkeiten i. S. d. § 8 Abs. 7 Satz 2 letzter Halbsatz KStG ausübt.

Gemäß § 8 Abs. 9 KStG gelten dabei folgende Grundsätze:

1. Tätigkeiten, die als Dauerverlustgeschäfte Ausfluss einer Tätigkeit sind, die bei juristischen Personen des öffentlichen Rechts zu einem Hoheitsbetrieb gehören, sind jeweils gesonderten Sparten zuzuordnen;

2. Tätigkeiten, die gem. § 4 Abs. 6 Satz 1 KStG zusammenfassbar sind oder aus den übrigen, nicht in Nr. 1 bezeichneten Dauerverlustgeschäften stammen, sind jeweils gesonderten Sparten zuzuordnen, wobei zusammenfassbare Tätigkeiten jeweils eine einheitliche Sparte bilden;

alle übrigen Tätigkeiten sind einer einheitlichen Sparte zuzuordnen. Hier sind somit Tätigkeiten erfasst, die nicht aus gem. § 8 Abs. 7 Satz 2 KStG begünstigten Dauerverlustgeschäften stammen oder die mit Gewinnerzielungsabsicht betrieben werden.

Zum Sachverhalt

Die Voraussetzungen gem. § 8 Abs. 7 Satz 1 Nr. 2 KStG sind bei der X-GmbH gegeben. Damit unterliegt die Gesellschaft der Spartentrennung gem. § 8 Abs. 9 KStG.

Die Stromversorgung, der Verkehrsbetrieb und das Parkhaus können gem. § 4 Abs. 6 Satz 1 Nr. 3 KStG i. V. m. § 4 Abs. 3 KStG zusammengefasst werden und gehören daher gem. § 8 Abs. 9 Satz 1 Nr. 2 KStG in eine Sparte.

Bei den Bereichen Theater und Museum handelt es sich um Dauerverlustbetriebe i. S. d. § 8 Abs. 7 Satz 1 Nr. 2 KStG. Diese werden aus **kulturpolitischen Gründen** ohne kostendeckendes Entgelt unterhalten. Da sie daher nicht mit den Betrieben Stromversorgung, Verkehrsbetrieb und Parkhaus zusammengefasst werden können, bilden sie eine eigene Sparte i. S. d. § 8 Abs. 9 Satz 1 Nr. 2 KStG. Gemäß § 8 Abs. 7 Satz 1 Nr. 2 KStG sind die Rechtsfolgen einer verdeckten Gewinnausschüttung nicht zu ziehen.

Bei den Bereichen Freibad und Hallenbad handelt es sich ebenfalls um Dauerverlustbetriebe i. S. d. § 8 Abs. 7 Satz 1 Nr. 2 KStG. Diese werden aus **gesundheitspolitischen Gründen** ohne kostendeckendes Entgelt unterhalten. Das Freibad und das Hallenbad sind aufgrund ihrer Gleichartigkeit zusammenfassbar und bilden eine weitere Sparte i. S. d. § 8 Abs. 9 Satz 1 Nr. 2 KStG. Gemäß § 8 Abs. 7 Satz 1 Nr. 2 KStG sind auch in diesem Fall die Rechtsfolgen einer verdeckten Gewinnausschüttung nicht zu ziehen.

Der Freizeitpark bildet keinen Dauerverlustbetrieb i. S. d. § 8 Abs. 7 Satz 1 Nr. 2 KStG, da er vorwiegend **touristischen Zwecken** dient. Er ist daher in einer einheitlichen Sparte i. S. d. § 8 Abs. 9 Satz 1 Nr. 3 KStG zu erfassen. In Höhe des Verlustes ist nach den allgemeinen Grundsätzen eine verdeckte Gewinnausschüttung an die X-Stadt anzunehmen. § 8 Abs. 7 KStG kommt nicht zur Anwendung, da es sich um keinen Katalog-Dauerverlustbetrieb handelt. In der Sparte 3 soll ferner nicht eine eigene Verlustverrechnungsmöglichkeit eröffnet werden.

Damit ergibt sich abschließend folgendes Bild:

Bereich	Ergebnis	Verdeckte Gewinnausschüttung	verrechenbar	Summe
1. Stromversorgung	6 000 000 €		6 000 000 €	
2. Verkehrsbetrieb	- 2 500 000 €		- 2 500 000 €	
3. Parkhaus	- 275 000 €		- 275 000 €	
Sparte 1				3 225 000 €
4. Theater	- 100 000 €		- 100 000 €	
5. Museum	- 200 000 €		- 200 000 €	
Sparte 2.1				- 300 000 €
6. Freibad	- 200 000 €		- 200 000 €	
7. Hallenbad	- 225 000 €		- 225 000 €	
Sparte 2.2				- 425 000 €
8. Freizeitpark	- 475 000 €	475 000 €	0 €	
Sparte 3				0 €

Damit hat die X-GmbH in 01 einen Betrag i. H. v. 3 225 000 € der Besteuerung zu unterwerfen (Summe Sparte 1 und Sparte 3). Für die Sparten 2.1 und 2.2 sind ferner jeweils getrennt Verlustvorträge i. H. v. 300 000 € bzw. 425 000 € festzustellen.

Hinsichtlich der verdeckten Gewinnausschüttungen i. H. v. 475 000 € erbringt die X-GmbH Leistungen i. S. d. § 27 KStG. Dabei ist im Rahmen der Verwendungsrechnung zu prüfen, ob ggf. ein vorhandenes Einlagekonto verwendet wird.

Bei der X-Stadt stellen die verdeckten Gewinnausschüttungen Einnahmen i. S. d. § 20 Abs. 1 Nr. 1 EStG dar. Wird die Beteiligung im Hoheitsbereich gehalten, gilt die Besteuerung gem. § 32 Abs. 1 Nr. 2 KStG i. V. m. § 2 Nr. 2 KStG mit dem Kapitalertragsteuerabzug i. H. v. 15 % als abgegolten (25 % gem. § 43 Abs. 1 Satz 1 Nr. 1 EStG sowie Abstandnahme i. H. v. $^3/_5$ gem. § 44a Abs. 8 EStG).

FALL 50

Konzernklausel beim Verlustvortrag (§ 8c Abs. 1 Satz 4 KStG)

Sachverhalt I: Gesellschafter der M-GmbH sind X und Y. Die M-GmbH ist an der T-GmbH zu 100 % beteiligt; die T-GmbH hält wiederum 100 % der Anteile an der V-GmbH, die über einen körperschaftsteuerlichen Verlustvortrag i. H. v. 10 000 000 € verfügt.

Die M-GmbH erwirbt die Anteile an der V-GmbH, sodass die T-GmbH und die V-GmbH anschließend Schwestergesellschaften sind.

Sachverhalt II: Die M-GmbH ist an der T-GmbH zu 100 % beteiligt; die T-GmbH hält wiederum 100 % der Anteile an der V-GmbH, die über einen körperschaftsteuerlichen Verlustvortrag i. H. v. 10 000 000 € verfügt. An der M-GmbH sind die Gesellschafter X, Y und Z beteiligt.

Die T-GmbH wird abwärts auf die V-GmbH verschmolzen.

Sachverhalt III: Die M-GmbH ist an der T-GmbH zu 100 % beteiligt; die T-GmbH hält wiederum 100 % der Anteile an der V-GmbH, die über einen körperschaftsteuerlichen Verlustvortrag i. H. v. 10 000 000 € verfügt. An der M-GmbH sind die Gesellschafter X, Y und Z beteiligt.

Die T-GmbH wird aufwärts auf die M-GmbH verschmolzen.

Sachverhalt IV: Die M-GmbH ist an der T-GmbH zu 100 % beteiligt; ebenso ist sie Alleingesellschafterin der V-GmbH, die über einen körperschaftsteuerlichen Verlustvortrag i. H. v. 10 000 000 € verfügt. An der M-GmbH sind die Gesellschafter X, Y und Z beteiligt. Die M-GmbH veräußert ihre 100 %-Beteiligung an der V-GmbH an die T-GmbH. Die V-GmbH ist damit Enkelgesellschaft der M-GmbH.

Sachverhalt V: Die AB-KG ist zu 100 % jeweils an der X-GmbH und an der Y-GmbH beteiligt. Die X-GmbH hält sämtliche Anteile an der V-GmbH, die über einen körperschaftsteuerlichen Verlustvortrag i. H. v. 10 000 000 € verfügt. Die 100 %-Beteiligung an der V-GmbH wird an die Y-GmbH veräußert.

Sachverhalt VI: Die natürliche Person A ist jeweils zu 100 % an der X-GmbH und an der Y-GmbH beteiligt. Die X-GmbH veräußert ihre Anteile i. H. v. 50 % an der Verlustgesellschaft V-GmbH, die über einen körperschaftsteuerlichen Verlustvortrag i. H. v. 10 000 000 € verfügt, an die Y-GmbH. Ferner ist an der Verlustgesellschaft V-GmbH ein fremder Dritter D zu 50 % beteiligt.

AUFGABE

Bleibt der Verlustvortrag erhalten?

LÖSUNG

Ein schädlicher Beteiligungserwerb i. H. v. mehr als 50 % führt grundsätzlich zu einem vollständigen Verlustuntergang. Durch das Wachstumsbeschleunigungsgesetz vom 22. 12. 2009 (BGBl 2010 I S. 2) wurde in § 8c Abs. 1 Satz 4 KStG a. F. eine sog. Konzernklausel eingefügt, nach der bei konzerninternen Umstrukturierungen Verlustvorträge erhalten bleiben. Ein schädlicher Beteiligungserwerb liegt danach nicht vor, wenn an dem übertragenden und dem übernehmenden Rechtsträger dieselbe Person unmittelbar oder mittelbar zu 100 % beteiligt ist. Zweck der Regelung ist die Begünstigung solcher Anteilserwerbe, bei denen die Verluste nicht auf einen Dritten übergehen. Durch das Steueränderungsgesetz 2015 vom 2. 11. 2015 (BStBl 2015 I S. 846) wurde die Konzernklausel rückwirkend wesentlich erweitert. Begünstigt sind nunmehr auch Fälle, in denen die Konzernspitze Erwerber oder Veräußerer ist. Auch wird nunmehr eine Personenhandelsgesellschaft (GmbH & Co. KG, KG, OHG) als Konzernspitze zugelassen; dies allerdings nur dann, wenn sich die Anteile im Gesamthandsvermögen der Gesellschaft befinden. Ein schädlicher Beteiligungserwerb liegt nunmehr nicht vor, wenn

1. an dem übertragenden Rechtsträger der Erwerber zu 100 % mittelbar oder unmittelbar beteiligt ist und der Erwerber eine natürliche oder juristische Person oder eine Personenhandelsgesellschaft (KG oder OHG) ist,

2. an dem übernehmenden Rechtsträger der Veräußerer zu 100 % mittelbar oder unmittelbar beteiligt ist und der Veräußerer eine natürliche oder juristische Person oder eine Personenhandelsgesellschaft (KG oder OHG) ist oder

3. an dem übertragenden und an dem übernehmenden Rechtsträger dieselbe natürliche oder juristische Person oder dieselbe Personenhandelsgesellschaft (KG oder OHG) zu jeweils 100 % mittelbar oder unmittelbar beteiligt ist.

Ausführungen zur Konzernklausel enthält das BMF-Schreiben vom 28.11.2017 (BStBl 2017 I S.1645).

Zu Sachverhalt I

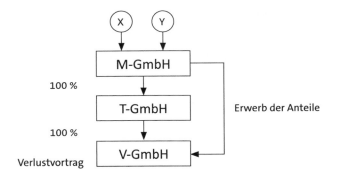

Übertragender Rechtsträger ist die T-GmbH; diese veräußert die Anteile an der M-GmbH (Erwerber). Die M-GmbH als Erwerber ist zu 100 % an der T-GmbH als übertragender Rechtsträger beteiligt. Da die Voraussetzungen i. S. d. § 8c Abs. 1 Satz 4 Nr. 1 KStG erfüllt sind, geht der Verlustvortrag bei der V-GmbH nicht unter. § 8c Abs. 1 Satz 4 Nr. 1 KStG betrifft Fälle, in denen die Muttergesellschaft die Anteile einer nachgeordneten Gesellschaft unmittelbar erwirbt, sodass die Beteiligungskette verkürzt wird.

Zu Sachverhalt II

Übertragender Rechtsträger, der bislang die Anteile an der V-GmbH gehalten hat, ist die T-GmbH. Übernehmender Rechtsträger ist die M-GmbH, diese hält anschließend die Anteile an der V-GmbH.

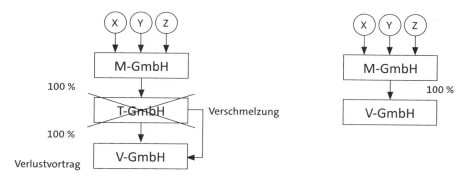

Durch die Verschmelzung gehen die Anteile an der T-GmbH unter. An ihre Stelle treten die Anteile an der V-GmbH. Dadurch verkürzt sich die Beteiligungskette.

Da der Erwerber (M-GmbH) zu 100 % an dem übertragenden Rechtsträger (T-GmbH) beteiligt war, sind die Voraussetzungen der Konzernklausel gem. § 8c Abs. 1 Satz 4 Nr. 1 KStG erfüllt. Der Beteiligungserwerb ist daher unschädlich, die Verluste bleiben erhalten.

Zu Sachverhalt III

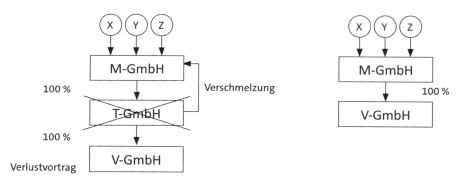

Durch die Verschmelzung gehen die Anteile an der T-GmbH unter. An ihre Stelle treten die Anteile an der V-GmbH. Dadurch verkürzt sich die Beteiligungskette. Da der Erwerber (M-GmbH) zu 100 % an dem übertragenden Rechtsträger (T-GmbH) beteiligt war, sind auch hier die Voraussetzungen der Konzernklausel gem. § 8c Abs. 1 Satz 4 Nr. 1 KStG erfüllt. Der Beteiligungserwerb ist daher unschädlich, die Verluste bleiben erhalten.

> **ANMERKUNG:** Bei einer Aufwärtsverschmelzung der Verlustgesellschaft (V-GmbH) auf eine andere Konzerngesellschaft werden keine Anteile an dieser, sondern deren Wirtschaftsgüter auf die übernehmende Kapitalgesellschaft übertragen. Daher fällt dieser Vorgang nicht unter § 8c KStG. Allerdings kommt es dennoch zu einem Wegfall der Verluste. Die Verluste der V-GmbH (übertragende Kapitalgesellschaft) gehen gem. § 12 Abs. 3 i. V. m. § 4 Abs. 2 Satz 2 UmwStG nicht auf die übernehmende Kapitalgesellschaft über. Da § 8c KStG nicht zur Anwendung kommt, greift auch die Konzernklausel nicht. Allerdings kann die

V-GmbH durch Ansatz des gemeinen Wertes bzw. eines Zwischenwertes (§ 11 Abs. 2 UmwStG) eventuell vorhandene stille Reserven aufdecken und mit ihrem Verlustvortrag gem. § 10d Abs. 2 EStG verrechnen.

Zu Sachverhalt IV

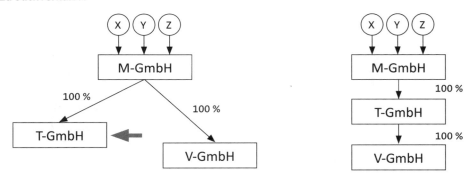

Übernehmender Rechtsträger ist die T-GmbH, die nach der Übertragung 100 % der Anteile an der V-GmbH hält. Die M-GmbH, die die Anteile veräußert hat, ist zu 100 % Anteilseignerin an der T-GmbH, die die Anteile übernommen hat. Es handelt sich damit um eine sog. Verlängerung der Beteiligungskette. Nach der Konzernklausel gem. § 8c Abs. 1 Satz 5 KStG stellen Veräußerungen der Muttergesellschaft an nachgeordnete Gesellschaften, an denen sie unmittelbar oder mittelbar zu 100 % beteiligt ist, keinen schädlichen Beteiligungserwerb dar. Der Verlust bleibt somit erhalten.

Zu Sachverhalt V

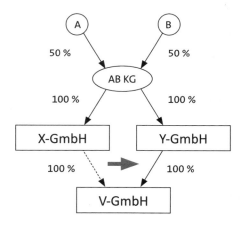

§ 8c Abs. 1 Satz 5 Nr. 3 KStG erfasst weitere Übertragungen, z. B. auf Schwestergesellschaften. Die Anwendung setzt drei Ebenen voraus:

Die erste Ebene (Zurechnungsebene) betrifft die natürliche oder juristische Person oder die Personenhandelsgesellschaft (AB-KG), die unmittelbar oder mittelbar zu 100 % am übertragenden und am übernehmenden Rechtsträger beteiligt ist. Dabei werden unmittelbare und mittelbare Beteiligungen zusammengerechnet.

Die zweite Ebene (Handlungsebene) betrifft den schädlichen Beteiligungserwerb zwischen dem übertragenden (X-GmbH) und dem übernehmenden Rechtsträger (Y-GmbH).

Die dritte Ebene betrifft die Verlustgesellschaft (Ebene der Verlustgesellschaft), deren Anteile erworben wurden und für deren Verluste die Anwendung von § 8c KStG zu prüfen ist.

Nur wenn die Voraussetzungen aller Ebenen erfüllt sind, findet § 8c Abs. 1 Satz 5 Nr. 3 KStG Anwendung. Im vorliegenden Fall bleibt daher der Verlust erhalten.

Zu Sachverhalt VI

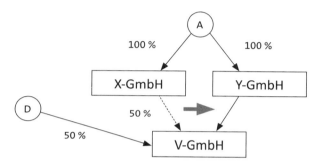

A ist sowohl am übertragenden Rechtsträger (X-GmbH) als auch am übernehmenden Rechtsträger (Y-GmbH) jeweils zu 100 % beteiligt. Es liegt somit kein schädlicher Beteiligungserwerb vor. Für die Anwendung von § 8c Abs. 1 Satz 4 Nr. 3 KStG ist nicht Voraussetzung, dass A zusätzlich auch zu 100 % an der Verlustgesellschaft V-GmbH (mittelbar) beteiligt sein muss. Der Verlust bleibt daher ebenfalls erhalten.

FALL 51

Konzernklausel bei der Einschränkung der Verlustberücksichtigung gem. § 8c KStG

Sachverhalt:

Die X-AG ist zu jeweils 100 % an der Y1-AG und an der Y2-AG beteiligt. Die Y1-AG wiederum ist zu 100 % an der Z-GmbH beteiligt, die einen Verlustvortrag i. H. v. 1 Mio. € ausweist. Die Y1-AG veräußert die Anteile an der Z-GmbH an die Y2-AG.

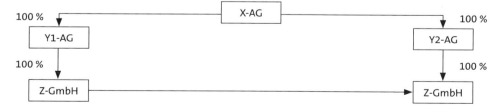

Variante: Sachverhalt wie zuvor, jedoch ist die X-AG an der Y2-AG nur zu 99 % beteiligt, die restlichen 1 % der Anteile hält A. Die Y1-AG wie im vorigen Sachverhalt ebenfalls Alleingesellschafterin der Z-GmbH (Verlustgesellschaft). Die Anteile an der Z-GmbH werden auf die Y2-AG übertragen.

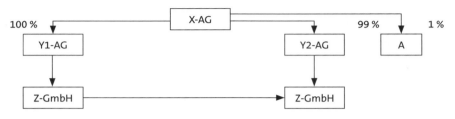

AUFGABE

Geht der Verlustvortrag verloren?

LÖSUNG

Vorbemerkung: Grundsätzlich löst auch eine mittelbare Anteilsübertragung die Rechtsfolgen i. S. d. § 8c KStG aus, d. h. ein Verlustabzug geht verloren, auch wenn die unmittelbaren Beteiligungsquoten unverändert geblieben sind. Selbst ein reines Umhängen von Beteiligungen im Konzern würde damit zu einem Untergang des Verlustabzugs führen.

Gemäß der Konzernklausel in § 8c Abs. 1 Satz 5 KStG liegt ein schädlicher Beteiligungserwerb dann nicht vor, wenn an dem übertragenden und an dem übernehmenden Rechtsträger dieselbe Person zu jeweils 100 % mittelbar oder unmittelbar beteiligt ist. Die Voraussetzungen der Konzernklausel betreffen danach drei Ebenen:

Die erste Ebene (Zurechnungsebene) betrifft die Person, die unmittelbar oder mittelbar zu 100 % am übertragenden und am übernehmenden Rechtsträger beteiligt ist („dieselbe Person").

Die zweite Ebene (Handlungsebene) betrifft den schädlichen Beteiligungserwerb zwischen dem übertragenden und dem übernehmenden Rechtsträger.

Die dritte Ebene betrifft die Verlustgesellschaft (Ebene der Verlustgesellschaft), deren Anteile erworben wurden und für deren Verluste die Anwendung i. S. d. § 8c KStG zu prüfen ist.

Die Voraussetzungen aller Ebenen müssen erfüllt sein, damit die Ausnahmeregelung der Konzernklausel Anwendung findet.

„Dieselbe Person" i. S. d. § 8c Abs. 1 Satz 5 KStG ist jede natürliche oder juristische Person des privaten (z. B. Kapitalgesellschaften) oder des öffentlichen Rechts (z. B. Gebietskörperschaften), die zu 100 % am übertragenden und am übernehmenden Rechtsträger unmittelbar oder mittelbar beteiligt ist. Dabei werden unmittelbare und mittelbare Beteiligungen zusammengerechnet.

Eine Personengesellschaft oder ein anderer Personenzusammenschluss kann nicht „dieselbe Person" i. S. d. § 8c Abs. 1 Satz 5 KStG sein.

Die Voraussetzungen der Konzernklausel sind auch dann erfüllt, wenn dieselbe Person zu 100 % am übertragenden und am übernehmenden Rechtsträger beteiligt ist, sie selbst zur Verlustgesellschaft jedoch keine 100 %ige mittelbare Beteiligung besitzt, sondern zusätzlich ein fremder Dritter an der Verlustgesellschaft beteiligt ist.

„Übertragender Rechtsträger" ist der Rechtsträger, der die Anteile an der Verlustgesellschaft vor der Anteilsübertragung hält. „Übernehmender Rechtsträger" ist der Rechtsträger, der die Anteile nach der Anteilsübertragung hält. Die Begriffe werden in der Konzernklausel normspezifisch verwendet und sind nicht im umwandlungssteuerrechtlichen Sinn zu verstehen.

Die Konzernklausel setzt voraus, dass am übertragenden und am übernehmenden Rechtsträger ein Beteiligungsverhältnis besteht. Diese Voraussetzung ist nicht erfüllt, wenn z. B. eine natürliche Person, eine Stiftung oder eine Gebietskörperschaft selbst übertragender oder übernehmender Rechtsträger ist. Die Konzernklausel findet auch keine Anwendung, wenn mehr als ein Beteiligter am übertragenden oder übernehmenden Rechtsträger vorhanden ist. Das ist z. B. der Fall, wenn übertragender oder übernehmender Rechtsträger eine Kapitalgesellschaft mit mehreren Anteilseignern (z. B. börsennotierte Gesellschaften) oder eine Personengesellschaft ist, an der nur natürliche Personen beteiligt sind.

Ob für einen Anteilserwerb die Voraussetzungen für die Anwendung der Konzernklausel vorliegen, wird regelmäßig geprüft, wenn die schädliche Grenze i. H. v. 25 % bzw. 50 % innerhalb von fünf Jahren erstmals überschritten wird. Führen erst mehrere Erwerbe zu einem Überschreiten der Grenze i. H. v. 25 % bzw. 50 %, sind die Voraussetzungen der Konzernklausel für jeden der Erwerbe getrennt voneinander zu prüfen.

Einzelne Beteiligungserwerbe, die die Voraussetzungen der Konzernklausel erfüllen, sind weder bei der Ermittlung der schädlichen Grenze i. H. v. 25 % bzw. 50 % noch bei der Berechnung des Fünfjahreszeitraums zu berücksichtigen. Einem solchen Beteiligungserwerb folgende und vorangegangene Erwerbe, die die Voraussetzungen der Konzernklausel nicht erfüllen, sind weiterhin in die Ermittlung der schädlichen Grenze und des Fünfjahreszeitraums einzubeziehen.

Zum Sachverhalt

Ohne die Konzernklausel gem. § 8c Abs. 1 Satz 5 KStG würde das Umhängen der Beteiligung an der Z-GmbH zu einem Untergang des Verlustvortrags bei der Z-GmbH führen, obwohl sich lediglich der Beteiligungsweg geändert hat, auf welchem die Anteile an der Z-GmbH unmittelbar der X-AG zuzurechnen sind.

Eine Prüfung der Voraussetzungen der Konzernklausel gem. § 8c Abs. 1 Satz 5 KStG ergibt Folgendes:

► Die X-AG ist am übertragenden Rechtsträger Y1-AG zu 100 % und an dem übernehmenden Rechtsträger Y2-AG ebenfalls zu 100 % beteiligt.

► Übertragender Rechtsträger ist die Y1-AG, übernehmender Rechtsträger ist die Y2-AG.

► Die Anteile an der Z-GmbH als Verlustgesellschaft werden von der Y1-AG auf die Y2-AG übertragen.

Damit sind die Tatbestandsvoraussetzungen i. S. d. § 8c Abs. 1 Satz 5 KStG erfüllt. Der Erwerb der Beteiligung an der Z-GmbH ist zwar gem. § 8c Abs. 1 Satz 2 KStG als schädlich anzusehen, aufgrund der Ausnahme gem. § 8c Abs. 1 Satz 5 KStG geht der Verlust i. H. v. 1 Mio. € jedoch nicht verloren.

Zur Varianten

An dem übertragenden Rechtsträger ist die X-AG als alleiniger Gesellschafter beteiligt, an dem übernehmenden Rechtsträger hingegen sind zwei Gesellschafter beteiligt (X-AG mit 99 % sowie A mit 1 %).

Nach dem Gesetzeswortlaut ist es jedoch erforderlich, dass an dem übertragenden und an dem übernehmenden Rechtsträger dieselbe Person zu jeweils 100 % mittelbar oder unmittelbar beteiligt ist.

Damit gehen die Verluste der Z-GmbH gem. § 8c Abs. 1 Satz 2 KStG vollständig unter. Die Konzernklausel kommt nicht zur Anwendung, da nicht dieselbe Person zu jeweils 100 % am übertragenden und am übernehmenden Rechtsträger (Y2-AG; lt. Sachverhalt nur zu 99 %) beteiligt ist.

ANMERKUNG: Das Erfordernis der 100 %-Beteiligung bezieht sich allein auf die Beteiligung an dem übernehmenden und dem übertragenden Rechtsträger. Es ist hingegen nicht erforderlich, dass auch der übertragende und übernehmende Rechtsträger zu 100 % an der Verlustgesellschaft beteiligt sind. Der übernehmende Rechtsträger muss mehr als 25 % bzw. mehr als 50 % der Anteile an der Verlustgesellschaft erwerben, damit von einem schädlichen Beteiligungserwerb ausgegangen werden kann. Über die Konzernklausel kann dieser Beteiligungserwerb allerdings als unschädlich zu qualifizieren sein.

FALL 52

Verschonungsregelung (§ 8c KStG)

Sachverhalt:

Bei der X-GmbH (Alleingesellschafter X) besteht zum 31.12.01 ein Verlustvortrag i.H.v. 125 000 €. Anfang 02 werden 100 % der Anteile von X auf den neuen Gesellschafter Y übertragen.

a) Der gemeine Wert der Anteile beträgt 5 000 €.

b) Der gemeine Wert des Betriebsvermögens beläuft sich auf - 50 000 €.

In der steuerlichen Gewinnermittlung wird ein Eigenkapital i.H.v. - 50 000 € ausgewiesen.

AUFGABE

Wie hoch ist die festzusetzende deutsche Körperschaftsteuer?

LITERATURHINWEIS

Köllen/Reichert/Vogl/Wagner, Lehrbuch Körperschaftsteuer und Gewerbesteuer, Kapitel 4.3.5

LÖSUNG

Durch das Unternehmensteuerreformgesetz 2008 (vom 14.8.2007, BStBl 2007 I S. 630) wurde § 8 Abs. 4 KStG durch § 8c KStG ersetzt. Der Verlust wird in zwei Stufen beschränkt:

▶ Bei einer Anteils- oder Stimmrechtsübertragung von mehr als 25 % bis zu 50 % innerhalb von fünf Jahren gehen ein vorhandener Verlustvortrag und ein im laufenden Jahr zum Zeitpunkt des Wechsels entstandener Verlust quotal unter. Danach beginnt ein neuer Fünfjahreszeitraum.

▶ Bei einer Übertragung von mehr als 50 % der Anteils- oder Stimmrechte gehen ein Verlustvortrag sowie ein bis zum Wechsel entstehender Verlust vollständig unter. Übertragungen von Anteilen innerhalb des Fünfjahreszeitraums sind in die Betrachtung einzubeziehen.

Nicht von § 8c KStG betroffen ist der Rücktrag eines steuerlichen Verlustes auf einen früheren Veranlagungszeitraum.

Durch das Wachstumsbeschleunigungsgesetz (vom 22.12.2009, BGBl 2009 I S. 3950) wurde in § 8c KStG eine Verschonungsregelung eingeführt, nach der bei Anteilserwerben nach dem 31.12.2009 die (ohne die Verschonungsregelung) nicht abziehbaren nicht genutzten Verluste erhalten bleiben, soweit sie die anteiligen (bei § 8c Abs. 1 Satz 1 KStG) bzw. die gesamten (bei § 8c Abs. 1 Satz 2 KStG) zum Zeitpunkt des schädlichen Beteiligungserwerbs vorhandenen auf sie entfallenden stillen Reserven nicht übersteigen (§ 8c Abs. 1 Satz 6 KStG).

Nicht genutzte Verluste, die die (anteiligen) inländischen steuerpflichtigen stillen Reserven übersteigen, gehen gem. § 8c Abs. 1 Satz 1 bzw. Satz 2 KStG verloren. Das Verschonungsvolumen ist wie folgt zu ermitteln (§ 8c Abs. 1 Satz 7 EStG):

	Gemeiner Wert der erworbenen Anteile	
-	steuerliches Eigenkapital der Gesellschaft	
=	erworbene stille Reserven	

Ist das Eigenkapital der Körperschaft negativ, so ermittelt sich das Verschonungsvolumen in folgender Weise (§ 8c Abs. 1 Satz 8 KStG):

	Gemeiner Wert des Betriebsvermögens der Körperschaft (ggf. anteilig)	
-	in der steuerlichen Gewinnermittlung ausgewiesenes Eigenkapital	
=	erworbene stille Reserven	

Die Regelung von § 8c Abs. 1 Satz 8 KStG wurde durch das JStG 2010 (vom 8.12.2010, BGBl 2010 I S. 1768) eingefügt und gilt erstmals für den Veranlagungszeitraum 2010.

Rechtslage vor Einführung der Verschonungsregelung (bis Veranlagungszeitraum 2009):

Durch die Anteilsübertragung geht der vorhandene Verlustvortrag i.H.v. 125 000 € in vollem Umfang verloren. Zum 31.12.02 besteht daher kein Verlustvortrag mehr.

Rechtslage nach Einführung der Verschonungsregelung (ab Veranlagungszeitraum 2010):

Durch die Verschonungsregelung bleiben Verluste erhalten, soweit sie die stillen Reserven nicht übersteigen. Es ergibt sich folgende Berechnung:

a)	Gemeiner Wert der erworbenen Anteile	5 000 €
-	in der steuerlichen Gewinnermittlung ausgewiesenes Eigenkapital	50 000 €
=	erworbene stille Reserven	55 000 €

	Nicht abziehbarer nicht genutzter Verlust	125 000 €
-	stille Reserven	55 000 €
=	Verlustuntergang	70 000 €
b)	Gemeiner Wert des Betriebsvermögens	- 50 000 €
-	ausgewiesenes Eigenkapital	50 000 €
=		0 €
	Verlustuntergang	125 000 €

FALL 53

Fortführungsgebundener Verlustvortrag (§ 8d KStG)

Sachverhalt I: Die X-GmbH erzielt im Wirtschaftsjahr 05 einen körperschaftsteuerlichen Verlust i. H. v. 100 000 € und im Wirtschaftsjahr 06 i. H. v. 200 000 €. Am 30. 6. 06 wurden 100 % der Anteile an der X-GmbH übertragen.

Sachverhalt II: Die X-GmbH erzielt im Wirtschaftsjahr 05 einen körperschaftsteuerlichen Verlust i. H. v. 50 000 €. Am 1. 7. 06 werden 100 % der Anteile an der X-GmbH übertragen. Im Wirtschaftsjahr 06 erwirtschaftet sie einen körperschaftsteuerlichen Verlust i. H. v. 100 000 €. Davon entfallen auf die Zeit bis zum 1. 7. 06 - 20 000 €, auf die Zeit nach dem 1. 7. 06 - 80 000 €.

Die X-GmbH hat einen Antrag gem. § 8d KStG gestellt.

Sachverhalt III: Die X-GmbH verfügt Ende 05 über einen Verlustvortrag i. H. v. 50 000 €. In den folgenden Jahren erzielt sie folgende Ergebnisse:

06:	- 30 000 €
07:	- 15 000 €
08:	70 000 €
09:	- 15 000 €
10:	25 000 €

Am 1. 7. 06 werden 100 % der Anteile an der X-GmbH übertragen.

Die X-GmbH hat einen Antrag gem. § 8d KStG gestellt.

Sachverhalt IV: Die X-GmbH mit einem Verlustvortrag i. H. v. 600 000 € hat in 01 100 % der Anteile an der Y-GmbH übernommen (schädlicher Beteiligungserwerb). Von dem Verlustvortrag ist ein Betrag i. H. v. 300 000 € von der Stille-Rerserven-Klausel i. S. d. § 8c Abs. 1 Satz 5 KStG erfasst.

Die X-GmbH erwägt, einen Antrag gem. § 8d KStG zu stellen.

Fortführung des Sachverhalts: In 03 tritt ein schädliches Ereignis i. S. d. § 8d KStG ein. Die stillen Reserven i. H. v. 300 000 € sind auch im Jahr 03 vorhanden.

Bleibt der vorhandene Verlust erhalten?

Vorbemerkung: Die Beschränkung des Verlustvortrags gilt bereits nicht für Übertragungen im Konzern (Konzernklausel) sowie ebenfalls nicht, soweit im Zeitpunkt des schädlichen Erwerbs stille Reserven vorhanden sind (Stille-Reserven-Klausel). Diese Ausnahmeregelungen sind auf Unternehmen gerichtet, die Konzernstrukturen aufweisen bzw. über genügend stille Reserven verfügen. Die Regelung gem. § 8d KStG (Fortführungsgebundener Verlustvortrag) zielt nunmehr auf jene Unternehmen, die diese Voraussetzungen nicht erfüllen, deren Finanzierung aber die Aufnahme von neuen Gesellschaftern bzw. den Wechsel von Gesellschaftern erfordert und bei denen andernfalls nicht genutzte Verluste wegfallen würden. Voraussetzung ist, dass

► der Geschäftsbetrieb der Körperschaft nach dem Gesellschafterwechsel erhalten bleibt

► und eine anderweitige Nutzung der Verluste ausgeschlossen ist.

Im Einzelnen ist die Erhaltung des Verlustvortrags gem. § 8d KStG an folgende Bedingungen geknüpft:

► Es muss sich um einen schädlichen Beteiligungserwerb gem. § 8c KStG handeln, bei dem die Konzernklausel gem. § 8c Abs. 1 Satz 4 KStG nicht eingreift.

► Die Körperschaft mit dem Verlust muss einen Antrag stellen.

► Die Körperschaft muss seit Gründung bzw. in den letzten drei Jahren denselben Geschäftsbetrieb unterhalten.

► Im Beobachtungszeitraum darf kein schädliches Ereignis i. S. d. § 8d Abs. 2 KStG eingetreten sein.

§ 8d KStG greift nur ein, wenn ein schädlicher Beteiligungserwerb i. S. d. § 8c KStG vorliegt, also innerhalb von fünf Jahren mehr als 50 % der Anteile an der Verlustkörperschaft erworben wurden. Ist die Konzernklausel anwendbar, liegt kein schädlicher Beteiligungserwerb vor, ein Antrag gem. § 8d KStG kann daher in diesem Fall nicht gestellt werden. Gleiches gilt für Fälle, in denen die Sanierungsklausel greift. Sind stille Reserven des Betriebsvermögens vorhanden sind, kann der Verlust zwar insoweit abgezogen werden, es handelt sich allerdings weiterhin um einen schädlichen Beteiligungserwerb.

Die Anwendung der Regelung gem. § 8d KStG wird nicht automatisch gewährt, sie setzt einen Antrag voraus, der in der Steuererklärung für den Veranlagungszeitraum zu stellen ist, in den der schädliche Beteiligungserwerb fällt. Es handelt sich um eine Ausschlussfrist, ein nachträglicher Antrag ist damit nicht möglich, ebenso nicht die Rücknahme des Antrags. Wird die Steuererklärung in elektronischer Form abgegeben, muss auch der Antrag entsprechend elektronisch gestellt werden.

Die Verlustkörperschaft muss seit ihrer Gründung oder zumindest seit Beginn des dritten Veranlagungszeitraumes vor dem Veranlagungszeitraum des schädlichen Beteiligungserwerbs (sog. Beobachtungszeitraum) ausschließlich denselben Geschäftsbetrieb unterhalten haben, sie darf in diesem Zeitraum auch nicht Organträger oder an einer Mitunternehmerschaft beteiligt sein. Die Einstellung des Geschäftsbetriebs ist ebenso schädlich wie die Aufnahme eines zusätzlichen Geschäftsbetriebs. Verluste aus der Zeit vor einer Einstellung bzw. Ruhendstellung des Geschäftsbetriebs gehen verloren. Der Beobachtungszeitraum umfasst grundsätzlich vier volle Veranlagungszeiträume: den Veranlagungszeitraum des schädlichen Beteiligungserwerbs und die drei vorangegangenen Veranlagungszeiträume. Wurde die Körperschaft erst innerhalb dieses Vierjahreszeitraums gegründet, beginnt der Beobachtungszeitraum erst mit dem Tag der Gründung und verkürzt sich entsprechend. Das Ende des Beobachtungszeitraums bildet der Schluss des Veranlagungszeitraums, in dem der schädliche Beteiligungserwerb stattfindet.

Beobachtungszeitraum			
VZ 01	VZ 02	VZ 03	VZ 04

Gründung der Kapital- gesellschaft

Schädlicher Beteiligungs- erwerb i. S. d. § 8c KStG

Der Begriff des „Geschäftsbetriebs" ist nach wirtschaftlichen, organisatorischen und finanziellen Gesichtspunkten der Tätigkeit der Körperschaft im Beobachtungszeitraum zu qualifizieren. § 8d Abs. 1 Satz 3 KStG definiert diesen wie folgt: *„Ein Geschäftsbetrieb umfasst die von einer einheitlichen Gewinnerzielungsabsicht getragenen, nachhaltigen, sich gegenseitig ergänzenden und fördernden Betätigungen der Körperschaft und bestimmt sich nach qualitativen Merkmalen in einer Gesamtbetrachtung. Qualitative Merkmale sind insbesondere die angebotenen Dienstleistungen oder Produkte, der Kunden- und Lieferantenkreis, die bedienten Märkte und die Qualifikation der Arbeitnehmer."* Der Umfang der Zuführung von neuem Betriebsvermögen, auf die es nach der früheren Mantelkaufregelung i. S. d. § 8 Abs. 4 KStG ankam, ist unerheblich. Die vorstehende gesetzliche Definition trägt zwar erhebliche Unwägbarkeiten in sich, andererseits dürfte in den meisten Fällen eine Fortführung der Verluste zweifelsohne möglich sein, weil die Körperschaft im Beobachtungszeitraum ausschließlich denselben Geschäftsbetrieb unterhält.

Maßgebliche Veränderungen des Geschäftsbetriebs führen zum Untergang des fortführungsgebundenen Verlustvortrags gem. § 8d Abs. 2 KStG. Dies gilt, wenn

Gesetzliche Bestimmung § 8d Satz 2 KStG	Erläuterungen
► der Geschäftsbetrieb eingestellt wird,	schädlich, wenn die verbleibende Tätigkeit im Verhältnis zur bisherigen Tätigkeit nur noch unbedeutend ist; ebenso schädlich: Veräußerung und Einbringung gem. § 20 UmwStG
► der Geschäftsbetrieb ruhend gestellt wird,	auch zeitweises Ruhen schädlich; auch Verpachtung schädlich
► der Geschäftsbetrieb einer anderen Zweckbestimmung zugeführt wird,	Änderung der tatsächlichen wirtschaftlichen Zweckbestimmung entscheidend (Branchenwechsel)

Gesetzliche Bestimmung § 8d Satz 2 KStG	Erläuterungen
▶ die Körperschaft einen zusätzlichen Geschäftsbetrieb aufnimmt,	Abgrenzung zur Veränderung/Erweiterung
▶ die Körperschaft sich an einer Mitunternehmerschaft beteiligt,	schädlich: auch Kleinbeteiligung sowie Ausgliederung eines Teilbetriebs gem. § 24 UmwStG auf eine Tochter-Personengesellschaft unschädlich: Beteiligung an einer Tochter-Kapitalgesellschaft
▶ die Körperschaft die Stellung eines Organträgers i. S. d. § 14 Abs. 1 KStG einnimmt,	unschädlich: Stellung als Organgesellschaft
▶ auf die Körperschaft Wirtschaftsgüter übertragen werden, die sie mit einem geringeren als dem gemeinen Wert (z. B. Buchwert) ansetzt.	Ansatz von Buch- oder Zwischenwerten bei Umwandlungen (Verschmelzung gem. § 11 UmwStG oder Spaltung gem. § 15 UmwStG) bzw. Einbringungen (§ 20 UmwStG)

Bei einem schädlichen Ereignis geht der fortführungsgebundene Verlustvortrag vollständig unter. § 8d Abs. 2 KStG stellt auf den zuletzt festgestellten fortführungsgebundenen Verlustvortrag ab, d. h. es kommt nicht zu einem rückwirkenden Wegfall des in den Vorjahren bereits vorgenommenen Verlustabzugs (kein rückwirkendes Ereignis i. S. d. § 175 Abs. 1 Satz 1 Nr. 2 AO). Es geht lediglich der noch vorhandene restliche Betrag des fortführungsgebundenen Verlustvortrags unter, der in den Vorjahren noch nicht ausgeglichen werden konnte. Eine Rückwirkung tritt lediglich innerhalb des Jahres des schädlichen Beteiligungserwerbs ein. Da lt. § 8d Abs. 2 KStG der zuletzt festgestellte fortführungsgebundene Verlustvortrag untergeht, ist im Jahr des schädlichen Beteiligungserwerbs auch insoweit ein Ausgleich mit Gewinnen dieses Jahres nicht möglich.

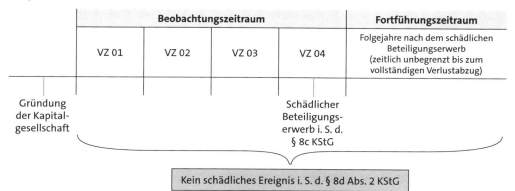

Sind die Voraussetzungen i. S. d. § 8d KStG erfüllt, so ist § 8c KStG nicht anzuwenden, d. h. nicht abziehbare Verluste bleiben ausgleichs- und abzugsfähig.

Fortführungsgebundene Verlustvorträge sind gesondert festzustellen. Für das Feststellungsverfahren ist § 10d Abs. 4 EStG entsprechend anzuwenden (§ 8d Abs. 1 Satz 7 zweiter Halbsatz KStG). Die gesonderte Feststellung des fortführungsgebundenen Verlustvortrags tritt neben die

Verlustfeststellung i. S. d. § 10d Abs. 4 KStG. Die Feststellung ist erstmals auf den Schluss des Jahres des schädlichen Beteiligungserwerbs vorzunehmen. Fallen nach dem schädlichen Beteiligungserwerb i. S. d. § 8c KStG weitere Verluste an, sind diese nicht verstrickten Verluste von dem fortführungsgebundenen Verlustvortrag in der gesonderten Feststellung zu unterscheiden. Diese weiteren (neuen Verluste) können erst wieder wegfallen, wenn es erneut zu einem schädlichen Anteilseignerwechsel gem. § 8c KStG kommt, wobei dann allerdings ebenfalls ein Antrag gem. § 8d KStG gestellt werden kann.

Der zutreffende Abgrenzungszeitpunkt ist nicht das Ende des Veranlagungszeitraums, in den der schädliche Beteiligungserwerb fällt, sondern gem. § 8d Abs. 1 Satz 6 KStG der Zeitpunkt des schädlichen Beteiligungserwerbs i. S. d. § 8c KStG.

Zu Sachverhalt I

Grundsätzlich wäre der Verlust des Wirtschaftsjahres 05 i. H. v. 100 000 € zum 31. 12. 05 gem. § 10d Abs. 4 EStG gesondert festzustellen. Aufgrund der Übertragung i. H. v. 100 % der Anteile an der X-GmbH geht dieser Verlust gem. § 8c Abs. 1 Satz 1 KStG in vollem Umfang unter. Des Weiteren ist der bis zum 30. 6. 06 entstandene Verlust (100 000 €) zu kürzen (BMF-Schreiben vom 28. 11. 2017, BStBl 2017 I S. 1645, Rn. 36). Sind die Voraussetzungen gem. § 8d KStG gegeben und stellt die X-GmbH einen Antrag gem. § 8d KStG kann ein fortführungsgebundener Verlustvortrag i. H. v. 200 000 € zum 31. 12. 06 festgestellt werden. Der Antrag ist gem. § 8d Abs. 1 Satz 5 KStG in der Steuererklärung für die Veranlagung des Veranlagungszeitraums zu stellen, in den der schädliche Beteiligungserwerb fällt (Veranlagungszeitraum 06).

Zu Sachverhalt II

Nach dem Wortlaut von § 8d Abs. 1 Satz 1 KStG ist § 8c KStG in seiner Gesamtheit nicht anzuwenden, wenn ein Antrag gem. § 8d KStG gestellt wird. Damit sind auch Bestimmungen in und zu § 8c KStG, die einen Teil der Verluste weiterhin als abzugsfähig qualifizieren, hinfällig (Stille-Reserven-Klausel sowie Regelungen im BMF-Schreiben vom 28. 11. 2017, BStBl 2017 I S. 1645, Rn. 33 und 34 bei unterjährigem Beteiligungserwerb). Folglich besteht keine Deckungsgleichheit zwischen Verlusten, die gem. § 8c KStG untergegangen wären, und dem fortführungsgebundenen Verlust.

Gemäß § 8d Abs. 1 Satz 6 und 7 KStG ist der Verlustvortrag, der zum Schluss des Veranlagungszeitraums verbleibt, in den der schädliche Beteiligungserwerb fällt, als fortführungsgebundener Verlustvortrag gesondert festzustellen. Dieser Verlustvortrag bestimmt sich gem. § 10d Abs. 2 Satz 1 EStG, § 8c KStG ist dabei außer Acht zu lassen.

Gemäß § 8c KStG gehen sowohl der Verlust 05 i. H. v. 50 000 € als auch der laufende Verlust bis zum 1. 7. 06 i. H. v. 20 000 €, insgesamt also 70 000 €, aufgrund des schädlichen Beteiligungserwerbs unter. Der verbleibende Verlust aus der Zeit nach dem 1. 7. 06 i. H. v. 80 000 € ist als Verlustvortrag gem. § 10d Abs. 4 EStG gesondert festzustellen. Da die X-GmbH einen Antrag gem. § 8d KStG gestellt hat, ist der gesamte Verlust i. H. v. 150 000 € als fortführungsgebundener Verlustvortrag festzustellen (gem. § 8c KStG untergehender Verlust [50 000 € + 20 000 €] zzgl. Verlustanteil nach der schädlichen Anteilsübertragung [80 000 €]).

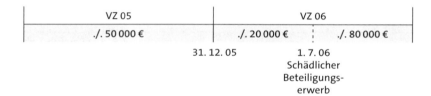

Zu Sachverhalt III

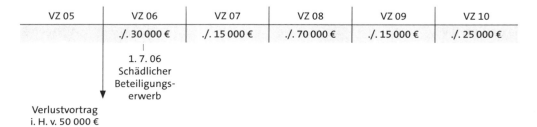

Verlustvortrag
i. H. v. 50 000 €

Gemäß § 8c KStG gehen sowohl der Verlustvortrag i. H.v. 50 000 € als auch der bis zum 1. 7. 06 entstandene Verlust vollständig unter. Da die X-GmbH einen Antrag gem. § 8d KStG gestellt hat, ist der gesamte zum 31. 12. 06 vorhandene Verlustvortrag i. H.v. 80 000 € als fortführungsgebundener Verlustvortrag festzustellen.

Der im Jahr 07 erwirtschaftete Verlust i. H.v. 15 000 € ist als „normaler" Verlustvortrag gem. § 10d Abs. 2 EStG festzustellen. Daneben besteht der fortführungsgebundene Verlustvortrag weiter und ist neben dem „normalen" Verlustvortrag gesondert festzustellen.

Der im Jahr 08 erzielte Gewinn ist zunächst mit dem fortführungsgebundenen Verlustvortrag zu verrechnen, zum 31. 12. 08 beträgt dieser dann 10 000 €. Der „normale" Verlustvortrag beläuft sich weiterhin auf 15 000 €.

Der im Jahr 09 erwirtschaftete Verlust erhöht den „normalen" Verlustvortrag i. S. d. § 10d Abs. 2 KStG, dieser beträgt nunmehr 30 000 €. Daneben besteht der fortführungsgebundene Verlustvortrag i. H.v. 10 000 € weiter fort.

Der Gewinn aus dem Jahr 10 ist zunächst mit dem fortführungsgebundenen Verlustvortrag zu verrechnen, sodass dieser zum 31. 12. 10 sich auf 0 € beläuft. Der „normale" Verlustvortrag vermindert sich um den Restbetrag i. H.v. 15 000 €. Zum 31. 12. 10 ist dieser mit einem Betrag i. H.v. 15 000 € gesondert festzustellen.

Die Verrechnungen sowie die Entwicklung des „normalen" bzw. fortführungsgebundenen Verlustvortrags ergeben sich aus der nachfolgenden Tabelle:

	Jahresergebnis	Verlustvortrag i. S. d. § 10d EStG	Fortführungsgebundener Verlustvortrag
31. 12. 05		50 000 €	
Verlustuntergang i. H. v. des Verlustvortrags (50 000 €) und des Verlusts bis zum 1. 7. 06 (15 000 €)			
Veranlagungszeitraum 06	- 30 000 €		
31. 12. 06			+ 50 000 € + 30 000 € 80 000 €
Veranlagungszeitraum 07	- 15 000 €	+ 15 000 €	
31. 12. 07		15 000 €	80 000 €
Veranlagungszeitraum 08 vorrangig Verrechnung mit fortführungsgebundenem Verlustvortrag	70 000 € - 70 000 € 0 €		 - 70 000 €
31. 12. 08		15 000 €	10 000 €
Veranlagungszeitraum 09	- 15 000 €	+ 15 000 €	
31. 12. 09		30 000 €	10 000 €
Veranlagungszeitraum 10 vorrangig Verrechnung mit fortführungsgebundenem Verlustvortrag weiterer Ausgleich mit „normalem" Verlustvortrag	25 000 € - 10 000 € - 15 000 € 0 €	 - 15 000 €	 - 10 000 €
31. 12. 10		15 000 €	0 €

Zu Sachverhalt IV

Voraussetzung gem. § 8d KStG ist u. a. ein schädlicher Beteiligungserwerb. Dieser liegt auch vor, wenn stille Reserven vorhanden sind, die geeignet sind, den Verlust über die sog. „Stille-Reserven-Klausel" zu erhalten. Stellt ein Unternehmen in diesem Fall einen Antrag gem. § 8d KStG, geht der Verlust in vollem Umfang in den fortführungsgebundenen Verlustvortrag ein, also auch der Teil, für den die vorhandenen stillen Reserven einen Verlustuntergang verhindern würden. Bei Eintritt eines schädlichen Ereignisses i. S. d. § 8d KStG ginge somit der gesamte Verlust unter. Die X-GmbH muss dieses Risiko bei ihren Überlegungen abwägen.

Zur Fortführung des Sachverhalts

Auch beim Eintreten des schädlichen Ereignisses i. S. d. § 8d KStG im Jahr 03 sind die stillen Reserven ebenfalls zu berücksichtigen und können insoweit den Untergang der Verluste gem. § 8d Abs. 2 KStG verhindern. Daher führen die vorhandenen stillen Reserven i. H. v. 300 000 € dazu, dass der fortführungsgebundene Verlustvortrag in dieser Höhe erhalten bleibt und insoweit fortgeführt werden kann.

FALL 54

Spendenabzug bei einer Kapitalgesellschaft

Sachverhalt:

Die A-GmbH hat in 01 ein vorläufiges z. v. E. (vor Abzug der Spenden) i. H. v. 110 000 €, in 02 i. H. v. 90 000 €.

Die A-GmbH hat in 01 Spenden für gemeinnützige Zwecke i. H. v. 35 000 € geleistet. In 02 betragen die begünstigten Spenden 6 000 €.

AUFGABE

In welcher Weise sind die Spenden steuerlich abzugsfähig?

LITERATURHINWEIS

Köllen/Reichert/Vogl/Wagner, Lehrbuch Körperschaftsteuer und Gewerbesteuer, Kapitel 4.4

LÖSUNG

Vorbemerkung: Der Spendenabzug bei einer Kapitalgesellschaft richtet sich nach § 9 Abs. 1 Nr. 2 KStG. Es muss sich stets um eine Ausgabe (Geld- oder Sachleistung) der Kapitalgesellschaft handeln. Keine Spenden sind Zuwendungen von Nutzungen und Leistungen. Die Bewertung von Sachspenden hat gem. § 6 Abs. 1 Nr. 4 EStG zu erfolgen. Wird das Wirtschaftsgut unmittelbar nach seiner Entnahme für steuerbegünstigte Zwecke verwendet, kann die Entnahme mit dem Buchwert angesetzt werden. Die Vorschrift gem. § 9 Abs. 1 Nr. 2 KStG bezieht sich auch im Fall eines abweichenden Wirtschaftsjahres auf die Ausgaben im Wirtschaftsjahr (R 9 Abs. 3 KStR).

Durch das Gesetz zur weiteren Stärkung des bürgerschaftlichen Engagements (vom 10. 10. 2007, BGBl 2007 I S. 2332) wurden die förderungswürdigen Zwecke im Gemeinnützigkeits- und Spendenrecht einheitlich definiert. Zukünftig sind Spenden für **alle gemeinnützigen Zwecke** steuerlich **abzugsfähig.** §§ 48, 49 EStDV sowie die Anlage zu § 48 Abs. 2 EStDV wurden gestrichen.

Spenden werden von der Kapitalgesellschaft bei Zahlung in voller Höhe als Aufwand erfasst. Die Hinzurechnung des nicht abziehbaren Teils der Spenden erfolgt bei der Einkommensermittlung.

Durch das Gesetz zur weiteren Stärkung des bürgerschaftlichen Engagements wurden die Höchstgrenzen für den Steuerabzug vereinheitlicht und von 5 % bzw. 10 % des Gesamtbetrags der Einkünfte auf einheitlich 20 % des Gesamtbetrags der Einkünfte für alle förderungswürdigen Zwecke angehoben. Die Alternativgrenze erhöht sich auf 4 ‰ der Summe der gesamten Umsätze sowie der Löhne und Gehälter des Kalenderjahres.

Abziehbare Zuwendungen, die die Höchstbeträge gem. § 9 Abs. 1 Nr. 2 Satz 1 KStG übersteigen, sind im Rahmen der Höchstbeträge in den folgenden Veranlagungszeiträumen abzuziehen. Der verbleibende Betrag ist gesondert festzustellen (§ 9 Abs. 1 Nr. 2 Satz 4 KStG).

Bemessungsgrundlage für den Spendenabzug ist das Einkommen vor Abzug der Spenden und vor Berücksichtigung des Verlustabzugs (§ 9 Abs. 2 Satz 1 KStG). Sämtliche Spenden werden daher erst dem Einkommen hinzugerechnet. Dies geschieht zweckmäßigerweise als letzter Schritt bei der Einkommensermittlung, weil die übrigen Hinzurechnungen und Kürzungen ebenfalls bei der Einkommensermittlung zu berücksichtigen sind und sich daher auf den Spendenabzug auswirken.

Die Ermittlung der abzugsfähigen Spenden erfolgt nach folgendem Schema:

20 % des Einkommens vor Abzug der Spenden und eines Verlustes gem. § 10d EStG, höchstens tatsächliche Spenden; alternativ: 4 ‰ der Summe der gesamten Umsätze sowie der Löhne und Gehälter des Kalenderjahrs.

Die abzugsfähigen Spenden ermitteln sich bei der A-GmbH wie folgt:

Geleistete Spenden 01	35 000 €
abzugsfähig in 01: 20 % von 110 000 € =	- 22 000 €
Spendenvortrag nach 02	13 000 €
geleistete Spenden in 02	+ 6 000 €
	19 000 €
abzugsfähig in 02: 20 % von 90 000 € =	18 000 €
Spendenvortrag nach 03 ff.	1 000 €

Kapitel 5: Sonderfälle (§§ 11, 14 bis 19 und § 26 KStG)

I. Schwerpunkt: § 11 KStG

FALL 55

Liquidation einer Kapitalgesellschaft

Sachverhalt:

Die am 1. 5. 01 gegründete X-GmbH wird zum 1. 5. 08 durch Beschluss des alleinigen Gesellschafters X, der die Anteile in seinem Privatvermögen hält, aufgelöst. Die Anschaffungskosten für die Anteile betrugen 40 000 €.

Das Wirtschaftsjahr war mit dem Kalenderjahr identisch. Für die Zeit vom 1. 1. 08 bis 30. 4. 08 bildet die X-GmbH ein Rumpfwirtschaftsjahr. Die Bilanz auf den 30. 4. 08 weist folgende Positionen aus:

Aktiva	Bilanz X-GmbH 30. 4. 08		Passiva
verschiedene Aktiva	410 800 €	Stammkapital	40 000 €
		Rücklagen	144 000 €
		Gewinnvortrag	54 800 €
		Jahresüberschuss	36 000 €
		verschiedene Passiva	136 000 €
	410 800 €		410 800 €

Der Bestand des steuerlichen Einlagekontos zum 30. 4. 08 beträgt 0 €.

Die Liquidation ist am 31. 7. 09 mit der Schlussverteilung beendet. Das zur Verfügung stehende Liquidationsschlussvermögen beläuft sich auf 404 000 €.

Als Aufwendungen wurden u. a. 3 200 € gem. § 4 Abs. 5 EStG als nicht abziehbare Aufwendungen sowie Körperschaftsteuervorauszahlungen i. H. v. 40 000 € zzgl. Solidaritätszuschlag i. H. v. 2 200 € verbucht.

Die Gewerbesteuer soll vereinfachungshalber außer Betracht bleiben.

AUFGABE

Welche steuerlichen Folgen ergeben sich aufgrund der Liquidation bei der X-GmbH und bei den Anteilseignern?

LITERATURHINWEIS

Köllen/Reichert/Vogl/Wagner, Lehrbuch Körperschaftsteuer und Gewerbesteuer, Kapitel 6.1

Vorbemerkung: Unter der Liquidation ist die Auflösung einer Kapitalgesellschaft und die anschließende Abwicklung zu verstehen. Die Auflösung wird i.d.R. von der Gesellschafterversammlung beschlossen. Die werbende Tätigkeit der Gesellschaft wird eingestellt, die laufenden Geschäfte werden beendet. Im Rahmen der Abwicklung sind nunmehr die Forderungen der Kapitalgesellschaft einzuziehen, die Gesellschaftsverbindlichkeiten zu erfüllen, das Vermögen der Gesellschaft in Geld umzusetzen und das verbleibende Vermögen an die Gesellschafter zu verteilen. Nach der Auflösung der Kapitalgesellschaft besteht diese weiterhin fort, erst mit der Löschung im Handelsregister ist diese beendet.

Handelsrechtliche Grundlagen

Der Beschluss über die Auflösung einer Kapitalgesellschaft wird von der Haupt-/Gesellschafterversammlung mit Mehrheit i.H.v. 75 % der abgegebenen Stimmen gefasst (§ 262 Abs. 1 Nr. 2 AktG bzw. § 60 Abs. 1 Nr. 2 GmbHG). Die Auflösung einer Kapitalgesellschaft ist zur Eintragung im Handelsregister anzumelden, die Kapitalgesellschaft besteht als Gesellschaft in Liquidation (Zusatz i. L.) weiterhin fort.

Im Anschluss an die Auflösung der Gesellschaft erfolgt die Abwicklung der Geschäfte durch die Liquidatoren. Die Liquidatoren haben für den Beginn der Liquidation eine Eröffnungsbilanz sowie für den Schluss eines jeden Jahres einen Jahresabschluss aufzustellen. Nach Beendigung der Liquidation hat eine Schlussrechnung zu erfolgen. Die Schlussverteilung darf erst erfolgen, wenn die Schulden der Gesellschaft beglichen sind. Zudem ist das sog. „Sperrjahr" einzuhalten, d.h. die Verteilung des Vermögens darf nicht vor Ablauf eines Jahres seit dem Tag vorgenommen werden, an dem die Aufforderung an die Gläubiger der Gesellschaft, sich zu melden, in den öffentlichen Blättern erfolgt ist.

Das Vermögen ist an die Gesellschafter grundsätzlich nach dem Verhältnis ihrer Geschäftsanteile zu verteilen. Danach ist die Liquidation beendet. Der Schluss der Liquidation ist zur Eintragung in das Handelsregister anzumelden, die Gesellschaft wird gelöscht.

Das nachfolgende Schaubild gibt einen Überblick über das Verfahren zur Liquidation einer Kapitalgesellschaft:

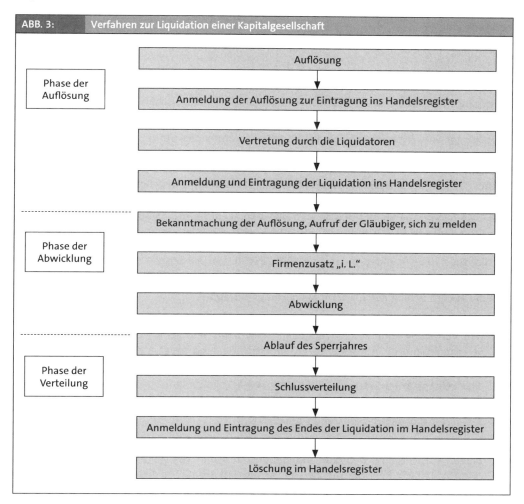

ABB. 3: Verfahren zur Liquidation einer Kapitalgesellschaft

Phase der Auflösung
- Auflösung
- Anmeldung der Auflösung zur Eintragung ins Handelsregister

- Vertretung durch die Liquidatoren
- Anmeldung und Eintragung der Liquidation ins Handelsregister

Phase der Abwicklung
- Bekanntmachung der Auflösung, Aufruf der Gläubiger, sich zu melden
- Firmenzusatz „i. L."
- Abwicklung
- Ablauf des Sperrjahres

Phase der Verteilung
- Schlussverteilung
- Anmeldung und Eintragung des Endes der Liquidation im Handelsregister
- Löschung im Handelsregister

Steuerliche Behandlung bei der Kapitalgesellschaft

Normalerweise wird der Gewinn einer Kapitalgesellschaft gem. § 7 Abs. 4 KStG nach dem Wirtschaftsjahr ermittelt. Bei der Liquidation ist der im Abwicklungszeitraum erzielte Gewinn der Besteuerung zugrunde zu legen (§ 11 Abs. 1 KStG). Der Abwicklungszeitraum beginnt mit der Auflösung der Gesellschaft und endet mit der Schlussverteilung des Gesellschaftsvermögens. Gemäß § 11 Abs. 1 Satz 2 KStG soll der Besteuerungszeitraum drei Jahre nicht übersteigen (Zeitjahre = 36 Monate). Bei Auflösung innerhalb eines Wirtschaftsjahres kann ein Rumpfwirtschaftsjahr gebildet werden, das den Zeitraum vom Schluss des vorangegangenen Wirtschaftsjahres bis zur Auflösung umfasst (Wahlrecht siehe R 11 Abs. 1 Satz 3 KStR). Das Rumpfwirtschaftsjahr ist nicht in den Abwicklungszeitraum einzubeziehen.

Der Liquidationsgewinn ergibt sich durch Gegenüberstellung des Abwicklungs-Endvermögens (§ 11 Abs. 3 KStG) und des Abwicklungs-Anfangsvermögens (§ 11 Abs. 4 KStG). Der Abwicklungs-gewinn enthält insbesondere aufgedeckte stille Reserven sowie die Gewinne aus der Zeit seit der Auflösung.

Abwicklungs-Endvermögen	-	Abwicklungs-Anfangsvermögen =	Liquidationsgewinn
(§ 11 Abs. 3 KStG)		(§ 11 Abs. 4 KStG)	(§ 11 Abs. 2 KStG)

Abwicklungs-Anfangsvermögen ist das Betriebsvermögen, das am Schluss des der Auflösung vo-rangegangenen Wirtschaftsjahres der Veranlagung zur Körperschaftsteuer zugrunde gelegt worden ist. Maßgebend sind die Buchwerte der letzten Steuerbilanz.

Abwicklungs-Endvermögen ist das zur Verteilung kommende Vermögen, vermindert um die steuerfreien Vermögensmehrungen (z. B. offene und verdeckte Einlagen), die im Abwicklungs-zeitraum zugeflossen sind (§ 11 Abs. 3 KStG). Sämtliche stillen Reserven sind aufzudecken und der Besteuerung zu unterwerfen. Zum Abwicklungs-Endvermögen gehören auch Vorschüsse auf das Abwicklungsergebnis (z. B. Liquidationsraten und verdeckte Zuwendungen). Hinzuzurechnen sind auch Körperschaftsteuer und Solidaritätszuschlag, nicht abzugsfähige Spenden sowie gem. § 4 Abs. 5 KStG nicht abzugsfähige Ausgaben. Vom Abwicklungs-Endvermögen abzurechnen sind erstattete Körperschaftsteuer bzw. erstatteter Solidaritätszuschlag, gem. § 9 Abs. 1 Nr. 2 KStG abzugsfähige Spenden sowie gem. § 10d EStG i. V. m. § 8 Abs. 1 KStG abzugsfähige Verlus-te.

Schema zur Ermittlung des z. v. E. im Abwicklungszeitraum:

	Abwicklungs-Endvermögen (§ 11 Abs. 3 KStG)
	(zur Verteilung kommendes Vermögen (Ansatz mit dem gemeinen Wert gem. § 9 BewG), vermindert um im Abwicklungszeitraum zugeflossene abzgl. steuerbefreite Vermögens-mehrungen (offene und verdeckte Einlagen))
-	Abwicklungs-Anfangsvermögen (§ 11 Abs. 4 KStG)
	(Buchwert des Betriebsvermögens am Ende des letzten Wirtschaftsjahres)
=	Abwicklungsgewinn/-verlust (§ 11 Abs. 2 KStG)
+/-	Korrektur nach allgemeinen Vorschriften (§ 11 Abs. 6 KStG)
+	bereits vorgenommene offene Liquidationsraten und verdeckte Vermögensverteilungen (§ 8 Abs. 3 KStG) (bei Übertragung von Sachwerten Ansatz des gemeinen Werts)
+	nicht abziehbare Aufwendungen (§ 4 Abs. 5 KStG, § 10 KStG)
-	Erstattung nicht abziehbarer Steuern
=	Einkünfte aus Gewerbebetrieb
-	Spenden und Beiträge (§ 9 Abs. 1 Nr. 2 KStG)
-	Verlustabzug (§ 10d EStG)
=	Einkommen und z. v. E.

Hinsichtlich der Verwendung des steuerlichen Einlagekontos und der Auswirkungen auf den Sonderausweis gilt Folgendes:

Die **Schlussverteilung** nach Abschluss der Liquidation besteht aus der Rückzahlung des Nennkapitals und der Rückzahlung des übrigen Eigenkapitals, wobei bei der Vermögensverteilung das übrige Eigenkapital als vor dem Nennkapital ausgezahlt gilt.

Soweit die Vermögensverteilung als Nennkapitalrückzahlung zu behandeln ist, wird in Höhe dieses Betrags zunächst der Sonderausweis verringert (§ 28 Abs. 2 Satz 1 KStG). Insoweit gilt die **Rückzahlung des Nennkapitals** als **Gewinnausschüttung,** die bei den Anteilseignern zu kapitalertragsteuerpflichtigen Bezügen i. S. d. § 20 Abs. 1 Nr. 2 EStG führt (§ 28 Abs. 2 Satz 2 KStG).

Soweit die Nennkapitalrückzahlung einen **Sonderausweis übersteigt** bzw. wenn ein Sonderausweis nicht besteht, führt der Rückzahlungsbetrag zu einer betragsmäßig identischen **Erhöhung des steuerlichen Einlagekontos** (§ 28 Abs. 2 Satz 1 zweiter Halbsatz KStG). Gleichzeitig ist ein den Sonderausweis übersteigender Betrag vom positiven Bestand des steuerlichen Einlagekontos abzuziehen (§ 28 Abs. 2 Satz 3 KStG). Soweit der positive Bestand des steuerlichen Einlagekontos für den Abzug nicht ausreicht, gilt die Rückzahlung des Nennkapitals ebenfalls als Gewinnausschüttung, die beim Anteilseigner zu Bezügen i. S. d. § 20 Abs. 1 Nr. 2 EStG führt. Eine **Steuerbescheinigung** (§ 27 Abs. 3 KStG) ist den Anteilseignern insoweit nicht auszustellen.

Steuerliche Behandlung beim Anteilseigner

Der Liquidationserlös ist beim Gesellschafter aufzuteilen in steuerpflichtige Kapitalerträge (§ 20 Abs. 1 Nr. 2 EStG) und Kapitalrückflüsse, die keine Kapitalerträge darstellen. Steuerpflichtig sind alle Bezüge im Rahmen des Liquidationsverfahrens mit Ausnahme der Rückzahlung von Nennkapital aus dem steuerlichen Einlagekonto sowie von Leistungen aus dem steuerlichen Einlagekonto i. S. d. § 27 KStG. Bei der Rückzahlung von Nennkapital sowie bei Leistungen, bei denen das steuerliche Einlagekonto als verwendet gilt, handelt es sich lediglich um Kapitalrückzahlungen. Soweit ein Sonderausweis vermindert wurde, liegen beim Anteilseigner Bezüge i. S. d. § 20 Abs. 1 Nr. 2 EStG vor, die gem. § 3 Nr. 40 Satz 1 Buchst. e EStG zu 40 % steuerbefreit sind. In Höhe des Teils des Nennkapitals, der den Sonderausweis übersteigt, liegt eine Leistung aus dem steuerlichen Einlagekonto vor. Ist kein Sonderausweis vorhanden, ist der gesamte Betrag des eingezahlten Nennkapitals dem steuerlichen Einlagekonto gutzuschreiben (§ 28 Abs. 2 Satz 1 KStG). Die Rückzahlung des Nennkapitals ist vom Bestand des steuerlichen Einlagekontos abzuziehen (§ 28 Abs. 2 Satz 3 KStG). Der Anteilseigner erhält eine Leistung aus dem steuerlichen Einlagekonto. Hinsichtlich der Besteuerung auf der Seite des Anteilseigners ist zu unterscheiden, ob es sich dabei um eine natürliche Person oder um eine Kapitalgesellschaft handelt.

Natürliche Person als Anteilseigner/Beteiligung im Privatvermögen

Der Liquidationserlös ist beim Anteilseigner aufzuteilen in

1. Rückzahlungen von Nennkapital ohne Sonderausweis gem. § 28 Abs. 2 Satz 2 KStG und von Beträgen aus dem steuerlichen Einlagekonto i. S. d. § 27 KStG sowie

2. steuerpflichtige Einnahmen aus Kapitalvermögen.

Auch die Rückzahlung des Nennkapitals gilt als Gewinnausschüttung, die beim Anteilseigner zu Bezügen i. S. d. § 20 Abs. 1 Nr. 2 EStG führt, soweit der Sonderausweis zu mindern ist. Im Rahmen des Teileinkünfteverfahrens unterliegen die Bezüge i. S. d. § 20 Abs. 1 Nr. 2 EStG nur zu 60 % der Besteuerung.

Soweit eine Beteiligung i. S. d. § 17 Abs. 1 EStG (Beteiligung innerhalb der letzten fünf Jahre zu mindestens 1 % unmittelbar oder mittelbar) vorliegt, führt auch die Rückzahlung des Nennkapitals ohne Sonderausweis, die als Leistung aus dem steuerlichen Einlagekonto i. S. d. § 27 KStG gilt, sowie die Rückzahlung der Beträge, für die das Einlagekonto als verwendet gilt, zu Einkünften i. S. d. § 17 Abs. 4 EStG. Auch diese Einnahmen sind zu 40 % (bis 2008: zur Hälfte) steuerbefreit (§ 3 Nr. 40 Buchst. c Satz 2 EStG). Den Einnahmen i. H. v. 60 % sind die Anschaffungskosten i. H. v. 60 % gegenüberzustellen (§ 3c Abs. 2 EStG). Ergibt sich ein Veräußerungsgewinn, ist ein Freibetrag gem. § 17 Abs. 3 EStG zu berücksichtigen. Ein sich ergebender Veräußerungsverlust ist ausgleichsfähig, soweit § 17 Abs. 2 Satz 4 EStG nicht entgegensteht. Die Einkünfte gem. § 17 Abs. 4 EStG sind in dem Zeitraum zu erfassen, in dem die Liquidation abgeschlossen wurde und der Anspruch auf Auszahlung des Liquidationsguthabens entsteht. In der Regel ist dies auch der Zeitraum, in dem das Liquidationsschlussvermögen ausgekehrt wird.

Natürliche Person als Anteilseigner/Beteiligung im Betriebsvermögen

Der gesamte Liquidationserlös ist als Betriebseinnahme zu erfassen. Der Buchwert der Beteiligung ist gegenzurechnen. Die danach verbleibenden Einkünfte unterliegen dem Teileinkünfteverfahren (§ 3 Nr. 40 Satz 1 Buchst. a EStG i. V. m. § 3c Abs. 2 EStG). Bei einer 100 %-Beteiligung an einer Kapitalgesellschaft ist § 16 Abs. 1 Satz 1 Nr. 1 EStG i. V. m. § 17 Abs. 4 Satz 3 EStG zu beachten; der Aufgabegewinn ist steuerbegünstigt. Der Liquidationserlös ist aufzuteilen in Erträge gem. § 20 Abs. 1 Nr. 2 EStG aus der Rückzahlung sonstiger Rücklagen, die jedoch gewerbliche Einkünfte bleiben, und in einen steuerbegünstigten Aufgabegewinn i. S. d. § 16 EStG. Beide Teile des Liquidationserlöses unterliegen dem Teileinkünfteverfahren. Für den Aufgabegewinn i. S. d. § 16 EStG kommt der **Freibetrag** gem. § 16 Abs. 4 EStG in Betracht. Da dieser jedoch nur einmal gewährt wird, dürfte es günstiger sein, diesen erst bei der Veräußerung bzw. Aufgabe des Einzelunternehmens in Anspruch zu nehmen. Die Steuervergünstigung des ermäßigten Steuersatzes wird hier nicht gewährt.

Kapitalgesellschaften als Anteilseigner

Der Liquidationserlös setzt sich zusammen aus der Rückzahlung des Stammkapitals (ohne § 28 Abs. 2 Satz 2 KStG) und des Einlagekontos sowie der Rückzahlung sonstiger Gewinnrücklagen. Übersteigt die Rückzahlung des Stammkapitals und des Einlagekontos den Buchwert der Anteile, ist der entstehende Gewinn steuerfrei gem. § 8b Abs. 2 KStG (Ausnahme: § 8b Abs. 2 Satz 2 KStG). Ein etwaiger Verlust aus der Verrechnung der Rückzahlungen von Stammkapital und Einlagekonto mit dem Buchwert der Anteile ist gem. § 8b Abs. 3 KStG steuerlich nicht abzugsfähig. Für die Rückzahlung sonstiger Rücklagen sowie von Beträgen gem. § 28 Abs. 2 Satz 2 KStG gilt die Steuerbefreiung i. S. d. § 8b Abs. 1 KStG.

Die Besteuerung der in Liquidation befindlichen X-GmbH erfolgt gem. § 11 KStG. Hierbei ist der im Abwicklungszeitraum erzielte Gewinn zugrunde zu legen. Der Abwicklungszeitraum beginnt mit der Auflösung der X-GmbH am 1. 5. 08 und endet mit der Schlussverteilung des Gesellschaftsvermögens am 31. 7. 09. Der Besteuerungszeitraum ist daher kürzer als drei Jahre (§ 11 Abs. 1 Satz 2 KStG).

Da die Auflösung der X-GmbH im Laufe eines Wirtschaftsjahres erfolgt, kann ein **Rumpfwirtschaftsjahr** gebildet werden, das vom Schluss des vorangegangenen Wirtschaftsjahres bis zur Auflösung reicht (R 11 Abs. 1 Satz 3 und 4 KStR). Das Rumpfwirtschaftsjahr umfasst daher den

Zeitraum 1. 1. 08 bis 30. 4. 08. Das steuerliche Ergebnis des Rumpfwirtschaftsjahres wird bei der Besteuerung des Veranlagungszeitraums 08 angesetzt.

Grundlage für die **Liquidationsbesteuerung** ist der **im Abwicklungszeitraum (1. 5. 08 bis 31. 7. 09) erzielte Abwicklungsgewinn,** der sich aus der Differenz von Abwicklungsendvermögen sowie Abwicklungsanfangsvermögen ergibt.

Das für die Besteuerung maßgebliche Abwicklungsendvermögen ermittelt sich wie folgt:

	Abwicklungsendvermögen zum 31. 7. 09	404 000 €
+	nicht abziehbare Aufwendungen (§ 4 Abs. 5 EStG)	3 200 €
+	Körperschaftsteuervorauszahlungen (§ 10 Nr. 2 KStG)	40 000 €
+	SolZ auf Körperschaftsteuer-Vorauszahlungen (§ 10 Nr. 2 KStG)	2 200 €
=	steuerliches Abwicklungs-Endvermögen	449 400 €

Das Abwicklungsanfangsvermögen beläuft sich auf 274 800 € (siehe Eigenkapital lt. Bilanz zum 30. 4. 08: Stammkapital, Rücklagen, Gewinnvortrag und Jahresüberschuss).

Ermittlung des steuerlichen Abwicklungsgewinns:

Steuerliches Abwicklungsendvermögen	449 400 €
steuerliches Abwicklungsanfangsvermögen	- 274 800 €
= z.v. E. im Liquidationszeitraum	**174 600 €**

Die Schlussverteilung nach Abschluss der Liquidation besteht aus der Rückzahlung des Nennkapitals und der Rückzahlung des übrigen Eigenkapitals, wobei bei der Vermögensverteilung das übrige Eigenkapital als vor dem Nennkapital ausgezahlt gilt. Soweit die Vermögensverteilung als Nennkapitalrückzahlung zu behandeln ist, wird in Höhe dieses Betrags zunächst der Sonderausweis verringert (§ 28 Abs. 2 Satz 1 KStG).

Insoweit gilt die **Rückzahlung des Nennkapitals** als **Gewinnausschüttung,** die bei den Anteilseignern zu kapitalertragsteuerpflichtigen Bezügen i. S. d. § 20 Abs. 1 Nr. 2 EStG führt (§ 28 Abs. 2 Satz 2 KStG).

Soweit die Nennkapitalrückzahlung einen Sonderausweis übersteigt bzw. wenn ein Sonderausweis nicht besteht, führt der Rückzahlungsbetrag zu einer **betragsmäßig identischen Erhöhung und Verringerung** des steuerlichen Einlagekontos (§ 28 Abs. 2 Satz 1 zweiter Halbsatz und Satz 3 KStG). Eine Steuerbescheinigung i. S. d. § 27 Abs. 3 KStG ist den Anteilseignern insoweit nicht auszustellen.

Bei der X-GmbH führt die Rückzahlung des Nennkapitals i. H. v. 40 000 € zu einer Erhöhung sowie zugleich zu einer betragsmäßig identischen Verringerung des Einlagekontos.

Für den Liquidationszeitraum ergibt sich folgende festzusetzende Körperschaftsteuer:

	Körperschaftsteuer-Tarifbelastung (z.v. E. 174 600 € × 15 %)	26 190 €
	festzusetzende Körperschaftsteuer für Liquidationszeitraum	26 190 €
-	Körperschaftsteuervorauszahlungen	40 000 €
=	Körperschaftsteuer-Erstattung für Liquidationszeitraum	13 810 €

Für den Solidaritätszuschlag ergibt sich folgende Berechnung:

	Festzusetzender SolZ (26 190 € × 5,5 %)	1 440 €
-	Vorauszahlungen auf den SolZ	2 200 €
=	SolZ-Erstattung	760 €

Das endgültige Liquidationsschlussvermögen, das für die Schlussverteilung zur Verfügung steht, berechnet sich wie folgt:

	Vorläufiges Liquidationsschlussvermögen	404 000 €
+	Körperschaftsteuer-Erstattungsanspruch	13 810 €
+	SolZ-Erstattungsanspruch	760 €
=	endgültiges Liquidationsschlussvermögen	418 750 €

Beim Anteilseigner X ergeben sich folgende Auswirkungen:

Die Schlussverteilung nach Abschluss der Liquidation besteht aus der Rückzahlung des Nennkapitals und der Rückzahlung des übrigen Eigenkapitals.

Bei der X-GmbH ist hinsichtlich der Rückzahlung des Nennkapitals i. H. v. 40 000 € das Einlagekonto zu verringern. Insoweit liegt bei X eine Rückzahlung des Nennkapitals vor, die nicht zu Einnahmen i. S. d. § 20 Abs. 1 Nr. 2 EStG führt und daher auch keine Kapitalertragsteuer auslöst. Einkünfte i. S. d. § 17 Abs. 4 EStG ergeben sich nicht, da der Rückzahlung des Nennkapitals i. H. v. 40 000 € Anschaffungskosten in gleicher Höhe gegenüberstehen.

Bei der Schlussverteilung, die das Nennkapital übersteigt, handelt es sich wiederum um Einkünfte gem. § 20 Abs. 1 Nr. 2 EStG.

Damit ergeben sich beim Anteilseigner X folgende steuerliche Konsequenzen:

Schlussverteilung	418 750 €
Rückzahlung des Nennkapitals – Abzug vom steuerlichen Einlagekonto (keine Einnahmen i. S. d. § 20 Abs. 1 Nr. 1 oder 2 EStG)	40 000 €
Rückzahlung des übrigen Eigenkapitals (Einnahmen i. S. d. § 20 Abs. 1 Nr. 2 EStG)	378 750 €
Einnahmen gem. § 20 Abs. 1 Nr. 2 EStG	378 750 €
Abgeltungsteuer i. H. v. 25 % (§ 43 Abs. 1 Satz 1 Nr. 1 EStG n. F. i. V. m. § 43 Abs. 5 Satz 1 EStG)	94 687 €

Gegebenenfalls kann die Besteuerung beantragt werden (§ 32d Abs. 2 Nr. 3 EStG bzw. § 32d Abs. 6 EStG).

Die Günstigerprüfung gem. § 32d Abs. 4 EStG ist zu beachten.

II. Schwerpunkt: §§ 14 bis 19 KStG

FALL 56

Körperschaftsteuerliche Organschaft

Sachverhalt:

Die A-GmbH ist an der B-GmbH mit 90 % des Stammkapitals beteiligt. Die restlichen 10 % werden von B gehalten, der in 02 eine Ausgleichszahlung i.H.v. 30 000 € erhält. Zwischen der B-GmbH und der A-GmbH wurde ein steuerlich wirksamer Gewinnabführungsvertrag abgeschlossen.

Die B-GmbH hat in ihrer GuV zum 31.12.02 folgende Positionen ausgewiesen:

Ausgleichszahlung	30 000 €
Körperschaftsteueraufwand	10 000 €
Gewinnabführung	155 000 €
Gewinn	0 €

Von den Aufwendungen ist ein Betrag i.H.v. 10 000 € nicht abziehbar. Ferner wurde ein Betrag i.H.v. 20 000 € in eine Gewinnrücklage i.S.d. § 272 Abs. 3 HGB eingestellt.

Das steuerliche Einlagekonto der B-GmbH weist zum 31.12.01 einen Bestand i.H.v. 30 000 € aus.

In den Erlösen 02 ist eine Dividende aus der Beteiligung an der X-AG i.H.v. 15 000 € enthalten.

Die A-GmbH hat in 02 einen Gewinn i.H.v. 500 000 € erzielt. Hierin enthalten sind u.a. folgende Beträge:

Gewinnabführung der B-GmbH	155 000 €
Körperschaftsteuervorauszahlungen	200 000 €
Ertrag aus der Bildung eines aktiven Ausgleichspostens	18 000 €

AUFGABEN

1. Welche Voraussetzungen müssen für das Vorliegen einer körperschaftsteuerlichen Organschaft gegeben sein?

2. Wann gilt ein Gewinnabführungsvertrag als nicht durchgeführt und welche steuerlichen Konsequenzen ergeben sich daraus?

3. Welche steuerlichen Konsequenzen ergeben sich aus der körperschaftsteuerlichen Organschaft?

4. Wie sieht die steuerliche Behandlung bei der B-GmbH und bei A-GmbH aus?

LITERATURHINWEIS

Köllen/Vogl/Reichert/Wagner, Lehrbuch Körperschaftsteuer und Gewerbesteuer, Kapitel 5.3

LÖSUNG

Vorbemerkung: Eine Kapitalgesellschaft ist sowohl zivil- als auch steuerrechtlich **grundsätzlich** als **selbständiges Subjekt** zu behandeln.

Bei Vorliegen einer **körperschaftsteuerlichen Organschaft** dagegen ist eine Kapitalgesellschaft (**Organgesellschaft**) in ein anderes Unternehmen (**Organträger**), bei dem es sich sowohl um eine Kapitalgesellschaft als auch um eine Personengesellschaft oder ein Einzelunternehmen handeln kann, so eingegliedert, dass die Kapitalgesellschaft wirtschaftlich betrachtet dem beherrschenden anderen Unternehmen **untergeordnet** und von diesem abhängig ist.

Die körperschaftsteuerliche Organschaft hat vor allem die Aufgabe, im Konzern die Verlustverrechnung zu ermöglichen. Werden von der Tochtergesellschaft Gewinne erzielt, so können diese durch die steuerliche Freistellung der Dividenden gem. § 8b Abs. 1 KStG ohne Organschaft nicht mit Verlusten der Muttergesellschaft verrechnet werden. Ohne Organschaft sind Aufwendungen im Zusammenhang mit der Beteiligung an einer Kapitalgesellschaft überhaupt nicht oder nur beschränkt abziehbar. So entfällt durch § 8b Abs. 3 KStG die Möglichkeit, Verluste der Tochtergesellschaft durch eine Teilwertabschreibung auf die Beteiligung bei der Muttergesellschaft steuerlich zu nutzen. Ferner gilt gem. § 8b Abs. 5 KStG ein pauschales Betriebsausgaben-Abzugsverbot i. H. v. 5 % der Bezüge. Bei einer Fremdfinanzierung der Organbeteiligung hingegen wirken sich die Betriebsausgaben, die beim Organträger in unmittelbarem Zusammenhang mit der Beteiligung an einer inländischen Tochtergesellschaft stehen, steuerlich aus.

Durch die körperschaftsteuerliche Organschaft besteht somit die Möglichkeit, Verluste auf die Muttergesellschaft zu übertragen und damit steuermindernd nutzbar zu machen. Die Organschaft hat zur Folge, dass dem Organträger das Einkommen der untergeordneten Organgesellschaft zugeordnet wird. Bei dem zuzurechnenden Einkommen kann es sich sowohl um einen Gewinn als auch um einen Verlust handeln. Daher können Verluste der Organgesellschaft mit Gewinnen des Organträgers ausgeglichen werden und umgekehrt. Ein Verlustausgleich zwischen **Schwestergesellschaften** geschieht über die Organschaft durch die **Zusammenrechnung** von Gewinnen und Verlusten **beim Organträger.**

Handelt es sich beim Organträger nicht um eine Kapitalgesellschaft, sondern um ein gewerbliches Einzelunternehmen, so könnten ohne Organschaft Verluste des Organträgers mit Gewinnen der Organgesellschaft aufgrund des Teileinkünfteverfahrens nur eingeschränkt verrechnet werden.

Zu 1

Der **Organträger** muss gem. § 14 Abs. 1 Satz 1 KStG Inhaber eines gewerblichen Unternehmens sein. Als Organträger kommen folgende Unternehmen in Betracht (§ 14 Abs. 1 Satz 1 Nr. 2 KStG):

▶ Unbeschränkt steuerpflichtige natürliche Personen, wenn diese Unternehmer eines gewerblichen Betriebs sind und die Beteiligung an der Organgesellschaft zu dessen Betriebsvermögen gehört. Es ist nicht erforderlich, dass der Organträger bereits zu Beginn des Wirtschaftsjahrs der Organgesellschaft gewerblich tätig ist. Es reicht aus, wenn die gewerbliche Tätigkeit zum Zeitpunkt der Gewinnabführung vorliegt;

▶ ausländische gewerbliche Unternehmen, die im Inland eine im Handelsregister eingetragene Zweigniederlassung unterhalten (Betriebsstätte). Die Beteiligung an der Organgesellschaft muss ununterbrochen einer inländischen Betriebsstätte zuzuordnen sein und die dieser Betriebsstätte zuzurechnenden Einkünfte müssen sowohl nach innerstaatlichem Recht als auch nach dem jeweiligen DBA der inländischen Besteuerung unterliegen (§ 14 Abs. 1 Satz 1 Nr. 2 Satz 7 KStG);

▶ nicht von der Körperschaftsteuer befreite Körperschaften, Personenvereinigungen und Vermögensmassen i. S. d. § 1 Abs. 1 KStG. Dies gilt auch für Kapitalgesellschaften, die nur vermögensverwaltend tätig sind, weil sie aufgrund ihrer Rechtsform als gewerbliches Unternehmen gelten;

▶ Personengesellschaften i. S. d. § 15 Abs. 1 Satz 1 Nr. 2 EStG mit Geschäftsleitung im Inland, wenn sie ein gewerbliches Unternehmen gem. § 15 Abs. 1 Satz 1 Nr. 1 EStG betreiben. Die gewerbliche Tätigkeit i. S. d. § 15 Abs. 1 Satz 1 Nr. 1 EStG muss mehr als nur geringfügig sein. Die Anteile an der Organgesellschaft, die die **Mehrheit der Stimmrechte** an der Organgesellschaft vermitteln, müssen im **Gesamthandsvermögen** der Personengesellschaft gehalten werden. Die restlichen Anteile können sich auch im Sonderbetriebsvermögen der Gesellschafter· befinden. Die finanzielle Eingliederung muss somit im Verhältnis zur Personengesellschaft selbst erfüllt sein. Gehören die Anteile an der Organgesellschaft nicht zum Vermögen der Personengesellschaft, reicht es für die finanzielle Eingliederung der Personengesellschaft nicht aus, dass die Anteile notwendiges Sonderbetriebsvermögen der Gesellschafter der Personengesellschaft sind.

Bei einer Personengesellschaft als Holding muss diese neben dem Halten der Beteiligungen eine ausreichende eigengewerbliche Tätigkeit erbringen. Ausreichend ist, wenn die Personengesellschaft gegenüber der Organgesellschaft (oder mehreren Tochtergesellschaften) fremdüblich und gesondert abgerechnete Dienstleistungen (z. B. Buchführung, EDV-Unterstützung) erbringt.

Ab 2012

▶ Es kommt für die Organträgereigenschaft nicht mehr darauf an, dass eine natürliche Person unbeschränkt steuerpflichtig ist oder dass sich die Geschäftsleitung einer Körperschaft oder Personengesellschaft im Inland befindet.

▶ § 14 Abs. 1 Satz 1 Nr. 2 KStG stellt auf die Zugehörigkeit der Beteiligung (finanzielle Eingliederung) an der Organgesellschaft zu einer **inländischen Betriebsstätte** des Organträgers ab.

▶ Die Beteiligung an der Organgesellschaft muss **während der gesamten Dauer** der Organschaft **ununterbrochen einer inländischen Betriebsstätte** des Organträgers zuzuordnen sein.

Bei nur mittelbarer Beteiligung an der Organgesellschaft muss die Beteiligung an der vermittelnden Gesellschaft einer inländischen Betriebsstätte des Organträgers zuzuordnen sein.

Durch das Gesetz zur Änderung und Vereinfachung der Unternehmensbesteuerung und des steuerlichen Reisekostenrechts vom 25. 2. 2013 (BStBl 2013 I S. 285) ist es auch gem. § 14 Abs. 1 Satz 1 KStG nicht mehr erforderlich, dass die Organgesellschaft sowohl ihren Sitz als auch den Ort der Geschäftsleitung im Inland hat (sog. doppelter Inlandsbezug). Damit kann Organgesellschaft jede Kapitalgesellschaft mit **Geschäftsleitung im Inland und Sitz in einem Mitgliedstaat** der Europäischen Union oder in einem Vertragsstaat des EWR-Abkommens sein.

Auch im EU-/EWR-Ausland gegründete Kapitalgesellschaften mit Geschäftsleitung in Deutschland können damit ihr auf im Inland steuerpflichtigen Einkünften beruhendes Einkommen innerhalb einer ertragsteuerlichen Organschaft einem Organträger i. S. d. § 14 Abs. 1 Satz 1 Nr. 2 KStG oder § 18 KStG zurechnen.

Auch eine Vorgesellschaft kann Organgesellschaft sein. Die Vorgesellschaft kann die später in das Handelsregister eingetragene Kapitalgesellschaft unmittelbar durch **Abschluss eines Gewinnabführungsvertrages** verpflichten, sodass ein nochmaliger Abschluss eines Gewinnabführungsvertrags durch die später eingetragene Kapitalgesellschaft nicht mehr erforderlich ist. Dagegen gehen bei einem mit der Vorgründungsgesellschaft abgeschlossenen Gewinnabführungsvertrag die sich daraus ergebenden Rechte und Pflichten nicht automatisch auf die später gegründete und eingetragene Kapitalgesellschaft über. Sie müssen vielmehr einzeln übertragen und übernommen werden.

Die Organgesellschaft muss keine gewerbliche Tätigkeit ausüben.

Die persönliche Steuerpflicht der Organgesellschaft bleibt von der Organschaft unberührt. Sie erzielt ein eigenes Einkommen, das getrennt von dem des Organträgers zu ermitteln ist. Rechtsgeschäftliche Beziehungen zwischen Organträger und Organgesellschaft sind sowohl zivilrechtlich als auch steuerrechtlich möglich. Allerdings hat die Organgesellschaft ihr eigenes **Einkommen nur in Höhe** ggf. geleisteter **Ausgleichszahlungen** selbst zu versteuern (§ 16 KStG). Das übrige Einkommen ist vom Organträger zu versteuern.

Eine körperschaftsteuerliche Organschaft liegt vor, wenn die folgenden Voraussetzungen erfüllt sind:

► Finanzielle Eingliederung,

► Abschluss eines Gewinnabführungsvertrages des eingegliederten Unternehmens mit dem beherrschenden Unternehmen.

Die **finanzielle Eingliederung** liegt vor, wenn dem Organträger die Mehrheit der Stimmrechte aus den Anteilen an der Organgesellschaft zusteht (§ 14 Abs. 1 Satz 1 Nr. 1 KStG). Durch die Mehrheit der Stimmrechte soll sichergestellt sein, dass der Wille des Organträgers in der Organgesellschaft durchgesetzt werden kann.

Unter „Mehrheit der Stimmrechte" ist die **einfache Stimmenmehrheit** zu verstehen. Die finanzielle Eingliederung ist dann gegeben, wenn dem Organträger mehr als die Hälfte der Stimmrechte zusteht. Schreiben allerdings Satzung oder Gesellschaftsvertrag allgemein für Beschlüsse der Haupt- oder Gesellschafterversammlung eine größere als die einfache Stimmenmehrheit vor, liegt die finanzielle Eingliederung nur vor, wenn der Organträger die **nach Satzung erforderliche Mehrheit** hat.

Eine mittelbare Beteiligung ist nur zu berücksichtigen, wenn die Beteiligung an jeder vermittelnden Gesellschaft die Mehrheit der Stimmrechte gewährt.

Die finanzielle Eingliederung in das Unternehmen des Organträgers muss ununterbrochen vom Beginn des **Wirtschaftsjahres der Organgesellschaft** an, für das erstmals die Organschaft wirken soll, gegeben sein, d. h. diese Eingliederung muss von Beginn des Wirtschaftsjahres an ohne Unterbrechung bis zu dessen Ende bestehen. Das gilt auch im Falle eines Rumpfwirtschaftsjahres.

Zusätzlich zur Voraussetzung der finanziellen Eingliederung muss sich die Organgesellschaft durch einen **Gewinnabführungsvertrag** verpflichten, ihren gesamten Gewinn an den Organträger abzuführen. Ist die Organgesellschaft eine **AG**, so muss sich diese durch einen Gewinnabführungsvertrag i. S. d. § 291 Abs. 1 AktG verpflichten, ihren ganzen Gewinn an den Organträger abzuführen (siehe § 14 Abs. 1 Satz 1 KStG). Für seine steuerliche Anerkennung ist Voraussetzung, dass er zivilrechtlich wirksam abgeschlossen wurde.

Der Gewinnabführungsvertrag muss folgende **formelle Voraussetzungen** erfüllen:

► Der Gewinnabführungsvertrag bedarf der **Schriftform.**

► Die Gesellschafterversammlungen sowohl des Organträgers als auch der Organgesellschaft müssen dem Gewinnabführungsvertrag zustimmen. Hierfür ist eine Mehrheit von mindestens ³/₄ der abgegebenen Stimmen erforderlich. Der **Zustimmungsbeschluss** der Organgesellschaft bedarf der notariellen Beurkundung. Ist Organträger ebenfalls eine AG, muss deren Hauptversammlung ebenfalls mit qualifizierter Mehrheit zustimmen.

► Gemäß § 14 Abs. 1 Satz 2 KStG ist das Einkommen der Organgesellschaft dem Organträger erstmals für das Kalenderjahr zuzurechnen, in dem das Wirtschaftsjahr der Organgesellschaft endet, in dem der Gewinnabführungsvertrag wirksam wird. Damit muss die **Eintragung des Gewinnabführungsvertrages im Handelsregister** bis zum Ende des Wirtschaftsjahres vorgenommen werden, für das die Folgen der Organschaft erstmals eintreten sollen. Erfolgt die Eintragung im Handelsregister nicht rechtzeitig, so sind handelsrechtliche Gewinnabführungen als verdeckte Gewinnausschüttungen zu behandeln, Verlustübernahmen entsprechend als verdeckte Einlagen.

► Erforderlich ist ferner, dass der Gewinnabführungsvertrag für eine Dauer von **mindestens fünf Jahren** abgeschlossen wird (§ 14 Abs. 1 Satz 1 Nr. 3 KStG). Der Fünfjahreszeitraum beginnt mit dem Anfang des Wirtschaftsjahres, für das die Wirksamkeit des Gewinnabführungsvertrages erstmals eintritt. Die fünfjährige Mindestlaufzeit des Gewinnabführungsvertrages bemisst sich nach Zeitjahren und nicht nach Wirtschaftsjahren.

► Besitzt das beherrschende Unternehmen nicht alle Gesellschaftsanteile an der von ihr beherrschten Organgesellschaft, sind für die außenstehenden Gesellschafter angemessene **Ausgleichszahlungen** zu vereinbaren (§ 304 AktG).

Ferner müssen folgende **inhaltlichen Voraussetzungen** gegeben sein:

► Die AG muss sich wirksam verpflichten, ihren **gesamten Gewinn** an ein anderes Unternehmen abzuführen (§ 14 Abs. 1 Satz 1 KStG), d. h. der Jahresabschluss darf keinen Bilanzgewinn mehr ausweisen.

► Die Gewinnabführung darf den in § 301 AktG genannten Betrag (Jahresüberschuss lt. Handelsbilanz vermindert um den Verlustvortrag aus dem Vorjahr sowie um den gem. § 300 AktG in die gesetzliche Rücklage einzustellenden Betrag zzgl. Auflösung während der Geltung des Gewinnabführungsvertrags entstandener Gewinnrücklagen) nicht überschreiten. Aus dieser Vorschrift ergibt sich ein Verbot der Abführung von Erträgen aus der Auflösung vorvertraglicher Rücklagen.

▶ Die AG hat als Organträger Jahresfehlbeträge der Organgesellschaft, die während der Laufzeit des Gewinnabführungsvertrages entstanden sind, auszugleichen, soweit diese nicht schon durch Auflösung von in vertraglicher Zeit gebildeten Rücklagen ausgeglichen wurden (§ 302 AktG).

▶ Nach wirksamer Beendigung des Gewinnabführungsvertrages kann die Organgesellschaft erst nach Ablauf von drei Jahren auf den Anspruch auf Verlustausgleich verzichten (§ 302 Abs. 3 AktG).

Für **andere Kapitalgesellschaften** (insbesondere **GmbH´s**) gilt Folgendes:

Das GmbH-Gesetz enthält keine den §§ 291 ff. AktG vergleichbaren Vorschriften über den Gewinnabführungsvertrag. Jedoch können auch Gesellschaften mit beschränkter Haftung Gewinnabführungsverträge abschließen. Hier ist § 17 KStG zu beachten, der auf die aktienrechtlichen Vorschriften verweist (siehe § 17 Abs. 1 Satz 2 KStG). Folgende Voraussetzungen müssen für die Wirksamkeit eines Gewinnabführungsvertrages gegeben sein:

Formelle Voraussetzungen:

▶ Die Gesellschafterversammlungen des beherrschten und des beherrschenden Unternehmens müssen dem Gewinnabführungsvertrag mit einer Mehrheit i. H. v. mindestens $^3/_4$ der abgegebenen Stimmen (qualifizierte Mehrheit) zustimmen.

▶ Der Zustimmungsbeschluss der Organgesellschaft bedarf der notariellen Beurkundung.

▶ Für die zivilrechtliche Wirksamkeit muss eine Eintragung ins Handelsregister erfolgen.

Inhaltliche Voraussetzungen:

Bei anderen Kapitalgesellschaften als Organgesellschaft (insbesondere GmbH) ergeben sich die inhaltlichen Voraussetzungen für den Gewinnabführungsvertrag aus § 17 KStG.

▶ Die Organgesellschaft muss sich wirksam verpflichten, ihren ganzen Gewinn an ein anderes Unternehmen (Organträger) abzuführen.

▶ Die Gewinnabführung darf den in § 301 AktG genannten Betrag nicht überschreiten (§ 17 Abs. 1 Satz 2 Nr. 1 KStG). Aus dieser Vorschrift ergibt sich ein Verbot der Abführung von Erträgen aus der Auflösung vorvertraglicher Rücklagen. Handelsrechtliche Regelungen sind zwingend zu beachten.

▶ Gemäß § 17 Satz 2 Nr. 2 KStG muss eine Verlustübernahme entsprechend den Vorschriften i. S. d. § 302 AktG in seiner jeweils gültigen Fassung vereinbart werden. Die Verlustübernahme muss ausdrücklich entsprechend den Vorschriften i. S. d. § 302 AktG vereinbart werden. Diese ausdrückliche Vereinbarung ist nach ständiger BFH-Rechtsprechung ungeachtet dessen erforderlich, dass § 302 AktG im GmbH-Konzern auch ohne ausdrückliche Vereinbarung gelten soll.

Nach wirksamer Beendigung des Gewinnabführungsvertrages kann die Organgesellschaft erst nach Ablauf von drei Jahren auf den Anspruch auf Verlustausgleich verzichten (§ 302 Abs. 3 AktG).

Zu 2

Wird ein Gewinnabführungsvertrag in einem Jahr **nicht durchgeführt,** so ist er von Anfang an als steuerlich **unwirksam** anzusehen.

Ist der Gewinnabführungsvertrag zuvor bereits mindestens fünf aufeinander folgende Jahre durchgeführt worden, so ist er nur für dieses Jahr als unwirksam anzusehen. Soll die körperschaftsteuerliche Organschaft ab einem späteren Jahr wieder anerkannt werden, bedarf es einer **erneuten** mindestens **fünfjährigen Laufzeit** und ununterbrochenen Durchführung des Vertrags.

Unter anderem gilt der Gewinnabführungsvertrag in folgenden Fällen als nicht durchgeführt:

► Der Gewinn wird nicht abgeführt bzw. der Verlust wird nicht übernommen.

► Die Organgesellschaft bildet stille Reserven gegen steuerliche Bewertungsvorschriften.

► Ein Gewinnvortrag aus vorvertraglicher Zeit wird abgeführt.

► Vorvertragliche Rücklagen werden an den Organträger abgeführt.

Der Durchführung des Gewinnabführungsvertrags steht es nicht entgegen, wenn die Organgesellschaft ständig Verluste erwirtschaftet.

Wird der Gewinnabführungsvertrag, der noch nicht fünf aufeinander folgende Jahre durchgeführt worden ist, durch Kündigung oder im gegenseitigen Einvernehmen beendet, bleibt der Vertrag für die Jahre, für die er durchgeführt worden ist, steuerrechtlich wirksam, wenn die Beendigung des Organschaftsverhältnisses auf einem wichtigen Grund beruht (§ 14 Abs. 1 Satz 1 Nr. 3 Satz 2 KStG, R 14.5 Abs. 6 KStR). Ein wichtiger Grund kann insbesondere sein:

► Veräußerung oder Einbringung der Organbeteiligung durch den Organträger,

► Verschmelzung, Spaltung oder Liquidation des Organträgers oder der Organgesellschaft.

Stand bereits im Zeitpunkt des Vertragsabschlusses fest, dass der Gewinnabführungsvertrag vor Ablauf der ersten fünf Jahre beendet werden wird, ist ein wichtiger Grund nicht anzunehmen. Gemäß § 14 Abs. 1 Satz 1 Nr. 3 Satz 4 Buchst. b KStG gilt der **Gewinnabführungsvertrag** auch als **durchgeführt,** wenn der abgeführte Gewinn oder ausgeglichene Verlust auf einem Jahresabschluss beruht, der **fehlerhafte Bilanzansätze** enthält,

► sofern der Jahresabschluss wirksam festgestellt ist,

► die Fehlerhaftigkeit bei Erstellung des Jahresabschlusses unter Anwendung der Sorgfalt eines ordentlichen Kaufmanns nicht hätte erkannt werden müssen

► und ein von der Finanzverwaltung beanstandeter Fehler spätestens in dem nächsten nach dem Zeitpunkt der Beanstandung des Fehlers aufzustellenden Jahresabschluss der Organgesellschaft und des Organträgers korrigiert und das Ergebnis entsprechend abgeführt oder ausgeglichen wird, soweit es sich um einen Fehler handelt, der in der Handelsbilanz zu korrigieren ist.

Der **Sorgfaltsmaßstab** gem. § 14 Abs. 1 Satz 1 Nr. 3 Satz 4 Buchst. b KStG gilt bei Vorliegen eines uneingeschränkten Bestätigungsvermerks **zum Jahresabschluss der Organgesellschaft** gem. § 322 Abs. 2 HGB, **zum Konzernabschluss,** in den der Jahresabschluss der Organgesellschaft einbezogen worden ist, oder über **die freiwillige Prüfung** des Jahresabschlusses oder bei der **Bescheinigung** eines Steuerberaters oder Wirtschaftsprüfers **über die Erstellung eines Jahresabschlusses** mit umfassenden Beurteilungen als erfüllt.

Bei **steuerrechtlicher Unwirksamkeit** des Gewinnabführungsvertrages ergeben sich folgende Konsequenzen für die Besteuerung:

▶ Die Organgesellschaft ist nach den allgemeinen steuerrechtlichen Vorschriften mit ihrem Einkommen zur Körperschaftsteuer zu veranlagen (R 14.5 Abs. 8 Satz 2 KStR). In diesem Fall stellt die Gewinnabführung eine verdeckte Gewinnausschüttung an den Organträger dar.

▶ Für die von der Tochtergesellschaft vorgenommenen Gewinnabführungen gilt bei der Muttergesellschaft die Steuerfreistellung gem. § 8b Abs. 1 KStG.

▶ Ein vom Organträger übernommener Verlust der Organgesellschaft ist als Einlage des Organträgers in die Organgesellschaft umzudeuten. Der Organträger hat die Einlage als zusätzliche Anschaffungskosten auf dem Beteiligungskonto zu aktivieren. Die Organgesellschaft kann § 10d EStG geltend machen.

Zu 3

Organgesellschaft und Organträger bleiben auch bei Abschluss eines Gewinnabführungsvertrages **zivilrechtlich** und **steuerrechtlich selbständige Subjekte.** Sowohl Organgesellschaft als auch Organträger haben jeweils einen Jahresabschluss zu erstellen und ihren Gewinn bzw. ihr z.v.E. getrennt zu ermitteln. Das Einkommen der Organgesellschaft ist dem Organträger für das Kalenderjahr (Veranlagungszeitraum) zuzurechnen, in dem die Organgesellschaft das Einkommen bezogen hat.

Die körperschaftsteuerliche Organschaft hat zur Folge, dass das Einkommen der Organgesellschaft dem Organträger zugerechnet wird. Der Organträger hat folglich das Einkommen der Organgesellschaft zu versteuern. Dies hat bei der Organgesellschaft die Konsequenz, dass ihre Bilanz aufgrund der Gewinnabführungsverpflichtung kein Ergebnis ausweist.

Hat die Organgesellschaft ohne Berücksichtigung des Gewinnabführungsvertrags einen **Gewinn** erzielt, so ist die Gewinnabführungsverpflichtung gegenüber dem Organträger zu **passivieren.** Hat die Organgesellschaft ohne Berücksichtigung des Gewinnabführungsvertrags einen **Verlust** erzielt, so ist der Verlustausgleichsanspruch gegenüber dem Organträger zu **aktivieren.**

Das z.v.E. der Organgesellschaft ist nach den einkommensteuerlichen und körperschaftsteuerlichen Vorschriften unter Berücksichtigung von § 15 KStG zu ermitteln. Ist der Organträger eine Körperschaft, so versteuert er das zuzurechnende Einkommen der Organgesellschaft nach dem KStG. Ist der Organträger eine natürliche Person oder Personengesellschaft, deren Gesellschafter ausschließlich natürliche Personen sind, unterliegt das zuzurechnende Einkommen der Einkommensteuer.

Als **zuzurechnendes Einkommen** ist das Einkommen der Organgesellschaft vor Berücksichtigung des an den Organträger abgeführten Gewinns oder vom Organträger zum Ausgleich eines sonst entstehenden Jahresfehlbetrags (§ 302 Abs. 1 AktG) geleisteten Betrags zu verstehen. Bei der Ermittlung des Einkommens des Organträgers bleibt demnach der von der Organgesellschaft an den Organträger abgeführte Gewinn außer Ansatz; ein vom Organträger an die Organgesellschaft zum Ausgleich eines sonst entstehenden Jahresfehlbetrags geleisteter Betrag darf nicht abgezogen werden (R 14.6 Abs. 1 KStR).

Verluste aus vorvertraglicher Zeit dürfen das Einkommen nicht mindern (§ 15 Satz 1 Nr. 1 KStG). Weil während des Bestehens des Organschaftsverhältnisses ein negatives z.v.E. nicht entstehen kann, bezieht sich dieses **Verbot** auf den **Abzug vorvertraglicher Verluste.** Es soll verhindern, dass eine Verlagerung von Verlusten der Organgesellschaft auf den Organträger aus einer Zeit vor Inkrafttreten des Gewinnabführungsvertrages erfolgen kann. Verhindert wird durch diese Vorschrift aber auch der Rücktrag nachvertraglicher Verluste in die beiden letzten Jahre der Organschaft. Der vorvertragliche Verlust ist für die Geltungsdauer des Gewinnabführungsvertrages gem. § 10d Abs. 3 EStG gesondert festzustellen.

Verpflichtet sich der Organträger der Organgesellschaft gegenüber, **vorvertragliche Verluste** zu übernehmen, handelt es sich um einen Vorgang auf gesellschaftsrechtlicher Grundlage und somit um eine **Einlage** in die Organgesellschaft; der Organträger hat zusätzlichen Anschaffungsaufwand für die Anteile an der Organgesellschaft.

Die in der Handelsbilanz aufwandswirksam bzw. ertragswirksam erfasste Gewinnabführungsverpflichtung bzw. der Verlustausgleichsanspruch stellt steuerrechtlich keine Einkommensminderung bzw. Einkommenserhöhung dar. Es handelt sich um gesellschaftsrechtliche Vorgänge. Bei der Einkommensermittlung der Organgesellschaft ist daher die Gewinnabführung bzw. die Verlustübernahme außer Betracht zu lassen (R 14.6 Abs. 1 Satz 2 KStR).

Die Zurechnung des Einkommens ist für den Veranlagungszeitraum vorzunehmen, in dem die Organgesellschaft dieses Einkommen erzielt hat und es ohne die Zurechnungsvorschrift gem. § 14 KStG selbst zu versteuern hätte. Die Zurechnung des Einkommens sowie die handelsrechtliche Abführung des Gewinns und damit dessen Korrektur können somit in verschiedene Zeiträume fallen.

Zwischen Organgesellschaft und Organträger sind **verdeckte Gewinnausschüttungen** möglich. Bei der Ermittlung des Einkommens der Organgesellschaft sind die Vorschriften über die verdeckte Gewinnausschüttung (§ 8 Abs. 3 KStG) entsprechend anzuwenden. Die verdeckte Gewinnausschüttung ist daher dem Einkommen **der Organgesellschaft hinzuzurechnen,** das so erhöhte Einkommen dann wiederum dem Organträger. Dabei stellen verdeckte Gewinnausschüttungen die tatsächliche Durchführung des Gewinnabführungsvertrages nicht in Frage.

Da die verdeckte Gewinnausschüttung i. d. R. den Bilanzgewinn des Organträgers erhöht, ist das eigene Einkommen des Organträgers entsprechend zu kürzen.

Ausgeschüttete Gewinne im Organkreis bleiben steuerfrei, soweit sie auf eine Kapitalgesellschaft entfallen, sie unterliegen dem Teileinkünfteverfahren soweit sie auf eine natürliche Person entfallen (BMF-Schreiben vom 26. 8. 2003, BStBl 2003 I S. 437, Tz. 21).

Bezieht die Organgesellschaft **Dividendenerträge** oder erzielt sie **Gewinne aus der Veräußerung** von Kapitalbeteiligungen, so findet § 8b Abs. 1 bis 6 KStG auf der Ebene der Organgesellschaft keine Anwendung (§ 15 Satz 1 Nr. 2 KStG), d. h. bei der Organgesellschaft handelt es sich um steuerpflichtige Erträge. Die Vorschriften von § 8b KStG und §§ 3 Nr. 40, 3c EStG sind dann bei der Ermittlung des Einkommens des Organträgers anzuwenden. Die **Steuerfreistellung** bzw. die Regelungen des **Teileinkünfteverfahrens** wirken also erst auf der **Ebene des Organträgers,** wenn die Organgesellschaft Dividendenerträge oder Gewinne aus der Veräußerung von Kapitalbeteiligungen erzielt bzw. wenn Gewinnminderungen i. S. d. § 8b Abs. 3 KStG oder mit vorstehenden Bezügen zusammenhängende Ausgaben i. S. d. § 3c EStG bzw. § 8b Abs. 5 KStG bei der Organgesellschaft angefallen sind (sog. Bruttomethode).

Finanziert der Organträger die Beteiligung an der Organgesellschaft fremd, sind die Aufwendungen in voller Höhe abziehbar. Eine Anwendung von § 3c EStG scheidet aus, da die Aufwendungen im Zusammenhang mit Gewinnabführungen und nicht mit gem. § 8b KStG steuerfreien

Einnahmen stehen. Dies gilt nicht, wenn eine Organgesellschaft für ein Geschäftsjahr in vertraglicher Zeit vorvertragliche Rücklagen auflöst und hieraus eine Gewinnausschüttung leistet. Insoweit handelt es sich gem. § 8b Abs. 1 KStG um steuerfreie Beteiligungserträge (BMF-Schreiben vom 26. 8. 2003, BStBl 2003 I S. 437, Tz. 24).

Spenden der Organgesellschaft sind bei der Ermittlung ihres Einkommens im Rahmen ihrer eigenen Spendenhöchstbeträge abzugsfähig (§ 15 KStG). Beim Organträger bleibt entsprechend für die Berechnung des eigenen Spendenhöchstbetrages das zuzurechnende Einkommen der Organgesellschaft außer Ansatz. Die umsatzsteuerliche Organschaft bleibt für die Ermittlung des Spendenhöchstbetrages nach der Summe der Umsätze und der im Kalenderjahr aufgewendeten Löhne und Gehälter unberücksichtigt.

Das beim Organträger z.v. E. der Organgesellschaft ergibt sich aus dem Einkommen der Organgesellschaft vor Berücksichtigung des an den Organträger abgeführten Gewinns bzw. des vom Organträger zum Ausgleich eines sonst entstehenden Jahresfehlbetrags geleisteten Betrags (BMF-Schreiben vom 26. 8. 2003, BStBl 2003 I S. 437, Tz. 22).

Die **Ermittlung des z.v. E. der Organgesellschaft** bzw. des dem Organträger zuzurechnenden Einkommens kann anhand des nachfolgenden Schemas vorgenommen werden:

	Bilanzgewinn	...
+	Gewinnabführungsverpflichtung	...
+	nicht abziehbare Ausgaben	...
-	steuerfreie Erträge	...
+	verdeckte Gewinnausschüttung an Organträger	...
=	Einkommen	...
	davon bei der Organgesellschaft zu versteuern	...
	dem Organträger zuzurechnendes Einkommen	...

Bei einem **Verlustausgleichsanspruch** ergibt sich folgendes Schema:

	Bilanzgewinn	...
-	Verlustausgleichsanspruch	...
+	nicht abziehbare Ausgaben	...
-	steuerfreie Erträge	...
+	verdeckte Gewinnausschüttung an Organträger	...
=	Einkommen	...
	davon bei Organgesellschaft zu versteuern	...
	dem Organträger zuzurechnendes Einkommen	...

Die Höhe des gem. § 14 KStG dem Organträger zuzurechnenden Einkommens der Organgesellschaft sowie damit zusammenhängende Besteuerungsgrundlagen werden ab dem Veranlagungszeitraum 2014 gesondert und einheitlich festgestellt mit Bindungswirkung für die Steuerbescheide der Organgesellschaft und des Organträgers. Einspruchsberechtigt gegen den Bescheid über die gesonderte und einheitliche Feststellung sind sowohl der Organträger als auch die Organgesellschaft (R 14.6 Abs. 6 KStR).

Die Ermittlung des z.v. E. des Organträgers hat nach den einkommen- und körperschaftsteuerlichen Vorschriften zu erfolgen. Hat die Organgesellschaft vor Berücksichtigung des Gewinnabführungsvertrags einen Gewinn erzielt, so hat der Organträger den Gewinnabführungsanspruch zu aktivieren. Hat die Organgesellschaft vor Berücksichtigung des Gewinnabführungsvertrags einen Verlust erzielt, so hat der Organträger eine Verlustausgleichsverpflichtung zu passivieren.

Der **Bilanzgewinn** des Organträgers enthält den **tatsächlich abgeführten Gewinn der Organgesellschaft bzw.** die tatsächliche **Verlustübernahme** seitens des Organträgers. Der Organträger hat jedoch nicht den tatsächlich abgeführten Gewinn bzw. den tatsächlichen Verlust der Organgesellschaft zu versteuern, sondern das z.v. E. der Organgesellschaft zu erfassen. Um eine doppelte steuerliche Berücksichtigung von aktiviertem Gewinnabführungsanspruch und positivem z.v. E. der Organgesellschaft bzw. passivierter Verlustübernahmeverpflichtung und negativem z.v. E. zu vermeiden, ist bei Ermittlung des steuerlichen Einkommens des Organträgers der tatsächlich abgeführte Bilanzgewinn abzusetzen bzw. ein übernommener Verlust der Organgesellschaft hinzuzurechnen.

Aufgrund des Gewinnabführungsvertrages wird das gesamte Einkommen der Organgesellschaft dem Organträger zugerechnet. Sind an der Organgesellschaft auch **außenstehende Gesellschafter** beteiligt, so erhalten diese zum Ausgleich hierfür so genannte **Ausgleichszahlungen**.

Die Verpflichtung zu einem angemessenen Ausgleich für außenstehende Gesellschafter ergibt sich bei einer AG aus § 304 AktG. Bei anderen Kapitalgesellschaften (insbesondere GmbH) müssen die Ausgleichszahlungen ausdrücklich vereinbart werden. Ein Gewinnabführungsvertrag, der keine Ausgleichszahlungen für außenstehende Aktionäre vorsieht, ist nichtig.

Als Ausgleichszahlung ist mindestens die **jährliche Zahlung** des Betrages zuzusichern, der sich an der bisherigen Ertragslage der Gesellschaft und ihren künftigen Ertragsaussichten orientiert (§ 304 Abs. 2 AktG).

Die Ausgleichszahlungen an die außenstehenden Anteilseigner dürfen weder den Gewinn der Organgesellschaft noch den Gewinn des Organträgers mindern (§ 4 Abs. 5 Satz 1 Nr. 9 EStG). Soweit die geleisteten Ausgleichszahlungen aufwandswirksam verbucht worden sind, ist außerhalb der Bilanz eine Hinzurechnung in entsprechender Höhe vorzunehmen.

Zu versteuern sind die Ausgleichszahlungen stets von der Organgesellschaft. Somit bilden sie das eigene Einkommen der Organgesellschaft (§ 16 KStG), das einem Steuersatz i. H. v. 15 % unterliegt. Bemessungsgrundlage für die von der Organgesellschaft zu entrichtende Körperschaftsteuer ist der Betrag der geleisteten Ausgleichszahlung.

Hat die Organgesellschaft selbst die Ausgleichszahlungen geleistet, ist dem Organträger das um $^{20}/_{17}$ (= $^{100}/_{85}$) der Ausgleichszahlungen verminderte Einkommen der Organgesellschaft zuzurechnen. Leistet die Organgesellschaft trotz eines steuerlichen Verlustes die Ausgleichszahlung, erhöht sich ihr dem Organträger zuzurechnendes negatives Einkommen; die Organgesellschaft hat $^{20}/_{17}$ der Ausgleichszahlung zu versteuern (R 16 Abs. 2 Satz 3 Nr. 2 KStR).

Das Einkommen der Organgesellschaft ist dem Organträger zuzurechnen.

Dies gilt auch, wenn der Organträger die Ausgleichszahlungen trotz eines steuerlichen Verlustes geleistet hat (R 16 Abs. 2 Satz 4 KStR).

Aufgrund des Gewinnabführungsvertrages ist die Organgesellschaft verpflichtet, ihren **gesamten Gewinn** an den Organträger abzuführen. Dem Organträger wird das Einkommen der Organgesellschaft **unabhängig von der tatsächlichen Gewinnabführung** zugerechnet. Das nach den steuerrechtlichen Vorschriften ermittelte Einkommen und der nach Handelsrecht abzuführende Gewinn sind jedoch nicht identisch. So ist beispielsweise die handelsrechtliche Gewinnabführung niedriger, wenn die Organgesellschaft Beträge aus dem Jahresüberschuss in eine zulässige Gewinnrücklage (§ 14 Abs. 1 Satz 1 Nr. 4 KStG) einstellt oder in der Handelsbilanz höhere Abschreibungen als in der Steuerbilanz vorgenommen werden (sog. Minderabführung).

Eine **Mehrabführung** kann eintreten, wenn die Organgesellschaft in ihrer Handelsbilanz Aufwendungen für die Ingangsetzung oder Erweiterung des Geschäftsbetriebs aktiviert (§ 269 HGB), die in der Steuerbilanz nicht aktiviert werden dürfen. Abweichungen zwischen dem Handelsbilanzgewinn und dem Steuerbilanzgewinn können sich auch ergeben, wenn eine Betriebsprüfung zu Gewinnabweichungen führt, die in der Handelsbilanz nicht nachvollzogen werden.

Eine **Minderabführung** ist nach Auffassung der Finanzverwaltung (R 14.8 Abs. 1 Satz 3 KStR) durch einen aktiven Ausgleichsposten, eine Mehrabführung durch einen passiven Ausgleichsposten auszugleichen. Damit soll eine zutreffende steuerliche Erfassung sichergestellt werden.

Da gem. § 14 KStG dem Organträger das Einkommen der Organgesellschaft unabhängig von der tatsächlichen Gewinnabführung zugerechnet wird, stimmen Vermögensmehrungen aus dem zuzurechnenden Einkommen und die Erhöhung des verwendbaren Eigenkapitals aus der Gewinnabführung nicht unbedingt überein. Gemäß § 27 Abs. 6 KStG erhöhen daher Minderabführungen das **steuerliche Einlagekonto,** Mehrabführungen mindern das Einlagekonto.

HINWEIS

Gemäß § 14 Abs. 5 KStG werden das dem Organträger zuzurechnende Einkommen der Organgesellschaft und damit zusammenhängende andere Besteuerungsgrundlagen gegenüber dem Organträger und der Organgesellschaft gesondert und einheitlich festgestellt. Die Feststellung beinhaltet auch die grundlegende Feststellung, dass eine steuerlich anzuerkennende Organschaft vorliegt. Dies bedeutet, dass das Finanzamt der Organgesellschaft über das Vorliegen der Organschaft entscheidet. Zuständig für diese Feststellung ist nämlich gem. § 14 Abs. 5 Satz 4 KStG das Finanzamt, das für die Einkommensbesteuerung der Organgesellschaft zuständig ist. Die Feststellungen sind für die Körperschaftsteuerbescheide des Organträgers und der Organgesellschaft bindend, sodass der Feststellungsbescheid für den Körperschaftsteuerbescheid des Organträgers und den Körperschaftsteuerbescheid der Organgesellschaft die Funktion eines Grundlagenbescheids hat. Die gesonderte und einheitliche Feststellung erstreckt sich gem. § 14 Abs. 5 Satz 3 KStG auch auf die von der Organgesellschaft geleisteten Steuern, die auf die Steuer des Organträgers anzurechnen sind (z. B. anzurechnende Kapitalertragsteuer).

Die Regelung gilt erstmals für Feststellungszeiträume, die nach dem 31. 12. 2013 beginnen.

Zu 4

Voraussetzung für die Annahme einer körperschaftsteuerlichen Organschaft ist gem. § 17 KStG i. V. m. § 14 KStG die **finanzielle Eingliederung** der Organgesellschaft (B-GmbH) in das Unternehmen des Organträgers (A-GmbH). Da die A-GmbH mit der 90 %igen Beteiligung an der B-GmbH über die Mehrheit der Stimmrechte verfügt, ist die finanzielle Eingliederung gegeben (§ 17 Abs. 1 Satz 1 KStG i.V. m. § 14 Abs. 1 Satz 1 Nr. 1 KStG).

Zusätzlich zu den genannten Voraussetzungen muss sich die Organgesellschaft (B-GmbH) durch einen Gewinnabführungsvertrag i. S. d. § 291 Abs. 1 AktG verpflichten, ihren gesamten Gewinn an den Organträger (A-GmbH) abzuführen. Als Folge der körperschaftsteuerlichen Organschaft ist das Einkommen der Organgesellschaft (B-GmbH) mit Ausnahme der Ausgleichszahlungen (§ 16 KStG) dem Organträger (A-GmbH) zuzurechnen (§ 17 Abs. 1 Satz 1 KStG i.V. m. § 14 KStG).

Ausgangspunkt für die Ermittlung des Einkommens der B-GmbH ist der handelsrechtliche Gewinn, der noch um die außerbilanziellen Hinzu- und Abrechnungen zu korrigieren ist. Die nicht abziehbaren Aufwendungen dürfen das Einkommen nicht mindern. Sie sind daher dem Handelsbilanzgewinn wieder hinzuzurechnen.

Bei der Ausgleichszahlung an B handelt es sich um **Einkommensverwendung** und stellt eine nicht abziehbare Ausgabe dar (§ 4 Abs. 5 Satz 1 Nr. 9 EStG). Die Organgesellschaft (B-GmbH) hat die Ausgleichszahlungen als eigenes Einkommen zu versteuern. Die den außenstehenden Anteilseignern zufließenden Ausgleichszahlungen entsprechen einem Einkommen i. H. v. 100 abzgl. 15 % Körperschaftsteuer, also 85. Das Einkommen der Organgesellschaft (100) beträgt somit folglich $^{100}/_{85} = {}^{20}/_{17}$ der geleisteten Ausgleichszahlung.

Unerheblich ist, ob die Organgesellschaft oder der Organträger die Ausgleichszahlungen zu leisten hat (§ 16 KStG). Die Ausgleichszahlungen sind wie Gewinnausschüttungen zu behandeln. Die B-GmbH muss die Ausgleichszahlung als Gewinnanteil gem. § 20 Abs. 1 Nr. 1 EStG versteuern.

Die Bildung der freien **Rücklage ist zulässig.** Nach dem Gewinnabführungsvertrag hat die Organgesellschaft zwar ihren gesamten Gewinn an den Organträger abzuführen, sie kann aber aus ihrem Jahresüberschuss Beträge in eine freie Rücklage einstellen, soweit dies bei vernünftiger kaufmännischer Beurteilung begründet ist (§ 14 Abs. 1 Satz 1 Nr. 4 KStG). Die Rücklage kann daher aus dem abzuführenden Gewinn ausgeschieden werden, sie gehört jedoch dennoch zum dem Organträger zuzurechnenden Einkommen.

Die von der X-AG erhaltene Dividende stellt einen steuerpflichtigen Ertrag dar. § 8b Abs. 1 KStG findet erst auf der Ebene des Organträgers (A-GmbH) Anwendung.

Steuerliche Behandlung:

B-GmbH:

Einkommensermittlung der B-GmbH:

	Gewinn	0 €
+	nicht abziehbare Aufwendungen	10 000 €
+	Ausgleichszahlungen (§ 4 Abs. 5 Satz 1 Nr. 9 EStG)	30 000 €
+	Körperschaftsteuer-Aufwand	10 000 €
+	Zuführung der Organgesellschaft zur Rücklage	20 000 €
+	Gewinnabführung	155 000 €
=	Einkommen der B-GmbH	225 000 €

Von diesem Betrag hat die B-GmbH ein Einkommen i. H. v. $^{20}/_{17}$ der Ausgleichszahlung selbst zu versteuern (30 000 € × $^{20}/_{17}$ = 35 294 €). Der verbleibende Betrag i. H. v. 189 706 € stellt das der A-GmbH zuzurechnende Einkommen dar.

Die Einstellung in die Gewinnrücklage erhöht das steuerliche Eigenkapital der B-GmbH. Die Minderabführung aufgrund dieser zulässigerweise gebildeten Rücklage führt zu einem Zugang auf dem steuerlichen Einlagekonto i. H. v. 20 000 €.

A-GmbH:

Ausgangspunkt für die Ermittlung des Einkommens der A-GmbH ist wiederum der Gewinn lt. vorläufiger Steuerbilanz.

Einkommensermittlung der A-GmbH:

	Gewinn	500 000 €
+	Körperschaftsteuervorauszahlungen	200 000 €
-	Ertrag aus der Bildung eines aktiven Ausgleichspostens	18 000 €
-	von der B-GmbH erhaltene Dividende (steuerfrei gem. § 8b Abs. 1 KStG)	15 000 €
+	nicht abzugsfähige Betriebsausgaben (§ 8b Abs. 5 KStG)	750 €
-	von der B-GmbH abgeführter Gewinn	155 000 €
+	der A-GmbH zuzurechnendes Einkommen der B-GmbH	189 706 €
=	z. v. E. der A-GmbH	702 456 €

Das Einkommen der Organgesellschaft (B-GmbH) ist i. H. v. 189 706 € gem. § 17 KStG i. V. m. § 14 KStG als eigenes Einkommen beim Organträger (A-GmbH) zu erfassen. Da nunmehr eine doppelte Erfassung erfolgen würde, wird die Gewinnabführung i. H. v. 155 000 € außerbilanziell wieder abgerechnet.

Die von der B-GmbH gebildete Rücklage ist Bestandteil des zuzurechnenden Organeinkommens. Um sicherzustellen, dass im Falle einer Veräußerung der Organbeteiligung die bei der Organgesellschaft gebildeten Rücklagen nicht noch einmal beim Organträger steuerrechtlich erfasst werden, ist in der Steuerbilanz des Organträgers ein besonderer aktiver **Ausgleichsposten** in Höhe des Teils der versteuerten Rücklagen einkommensneutral zu bilden, **der dem Verhältnis der Beteiligung** des Organträgers am Kapital der Organgesellschaft entspricht. Das heißt, da die A-GmbH zu 90 % an der B-GmbH beteiligt ist, darf der aktive Ausgleichsposten auch nur 90 % der von der Organgesellschaft gebildeten Rücklage betragen (90 % von 20 000 € = 18 000 €). Da dieser Betrag den Steuerbilanzgewinn der A-GmbH erhöht hat, ist er bei der Einkommensermittlung wieder abzuziehen.

III. Schwerpunkt: § 26 KStG

Ausländische Einkünfte

Sachverhalt:

Die A-GmbH hat in 02 ein steuerliches Ergebnis i. H. v. 180 000 € erzielt. Darin enthalten ist das steuerliche Ergebnis einer ausländischen Betriebsstätte i. H. v. 150 000 €. Mit dem Staat, in dem die Betriebsstätte belegen ist, besteht kein DBA. Im Belegenheitsstaat der Betriebsstätte hat die A-GmbH der deutschen Körperschaftsteuer entsprechende Steuern i. H. v. 37 500 € bezahlt.

AUFGABE

Wie hoch ist die festzusetzende deutsche Körperschaftsteuer?

LITERATURHINWEIS

Köllen/Vogl/Reichert/Wagner, Lehrbuch Körperschaftsteuer und Gewerbesteuer, Kapitel 5.4

LÖSUNG

Bei bestehendem DBA ist regelmäßig die Freistellung der Einkünfte aus einer ausländischen Betriebsstätte vorgesehen. Die ausländischen Einkünfte bleiben dann bei der Festsetzung der inländischen Steuer unberücksichtigt. Daher fällt auf die ausländischen Einkünfte **keine inländische Körperschaftsteuer** an, sodass es bei der Belastung mit der ausländischen Steuer verbleibt.

Da ein **DBA** im vorliegenden Fall **nicht existiert,** sieht § 26 Abs. 1 KStG vor, dass die festgesetzte und gezahlte und keinem Ermäßigungsanspruch mehr unterliegende **ausländische Steuer** auf die deutsche Körperschaftsteuer **angerechnet** wird, die auf die Einkünfte aus diesem Staat entfällt. Die Steueranrechnung setzt Folgendes voraus:

► Die Körperschaft muss unbeschränkt steuerpflichtig sein.

► Die ausländische Steuer, die auf die Einkünfte aus diesem Staat entfällt, muss der deutschen Körperschaftsteuer entsprechen.

► Die Anrechnung auf die inländische Körperschaftsteuer darf nur insoweit erfolgen, als sie auf die Einkünfte aus diesem Staat entfällt.

Für die Ermittlung der auf die ausländischen Einkünfte entfallenden inländischen Körperschaftsteuer ergibt sich folgende Berechnung:

Körperschaftsteuer gem. § 23 Abs. 1 KStG: 180 000 € × 15 % =   27 000 €

gezahlte ausländische Steuer   37 500 €

anrechenbar $\dfrac{150\,000\,€ \times 27\,000\,€}{180\,000\,€} = 22\,500\,€$

Tarifbelastung   4 500 €

= festzusetzende inländische Körperschaftsteuer   4 500 €

Damit unterliegen die **Einkünfte** aus der **ausländischen** Betriebsstätte in Deutschland **nicht** der Steuer.

Kapitel 6: Besteuerung (§§ 23, 24, 27 und 30 bis 32 KStG)

FALL 58

Körperschaftsteuer, Solidaritätszuschlag und Kapitalertragsteuer

Sachverhalt:

Die Transania GmbH hat ein z.v.E. i.H.v. 100 000 € erzielt. Die Gesellschafterversammlung beschließt

a) eine Thesaurierung des Gewinns in voller Höhe,

b) eine Gewinnausschüttung in maximaler Höhe,

c) eine Gewinnausschüttung i.H.v. 36 800 €.

AUFGABE

Ermitteln Sie jeweils die Höhe der festzusetzenden Körperschaftsteuer und des Solidaritätszuschlages zur Körperschaftsteuer sowie die Höhe der möglichen Gewinnrücklage.

In den Fällen der Gewinnausschüttung sind jeweils

► die Höhe der vom Ausschüttungsbetrag (= Bardividende) einzubehaltenden Abgeltungsteuer und des Solidaritätszuschlags zur Abgeltungsteuer,

► die Höhe des Auszahlungsbetrags (= Nettodividende) und

► die Höhe der verbleibenden Gewinnrücklage zu ermitteln.

LITERATURHINWEIS

Köllen/Reichert/Vogl/Wagner, Lehrbuch Körperschaftsteuer und Gewerbesteuer, Kapitel 6.1, 6.8

LÖSUNG

Die Körperschaftsteuer bemisst sich gem. § 7 Abs. 1 KStG nach dem z.v.E. Das Schema zur Ermittlung der festzusetzenden Körperschaftsteuer kann den KStR entnommen werden.

Der Steuersatz der Körperschaftsteuer beträgt gem. § 23 Abs. 1 KStG 15 %. Der Solidaritätszuschlag beträgt gem. § 4 SolZG i.V.m. § 3 Abs. 1 Nr. 1 SolZG 5,5 % der Körperschaftsteuer.

Die einzubehaltende Abgeltungsteuer beträgt gem. § 32d Abs. 1 Satz 1 EStG 25 %, und der Solidaritätszuschlag beträgt gem. § 4 SolZG i.V.m. § 3 Abs. 1 Nr. 5 SolZG 5,5 % der Abgeltungsteuer, wobei Bruchteile eines Cent außer Ansatz bleiben.

a)   Z.v. E.   100 000,00 €

-	15 % festzusetzende Körperschaftsteuer	15 000,00 €
-	5,5 % Solidaritätszuschlag zur Körperschaftsteuer	825,00 €
=	mögliche Gewinnrücklage	84 175,00 €

Da nicht ausgeschüttet wird, verbleibt die Gewinnrücklage in voller Höhe.

b)   Z.v. E.   100 000,00 €

-	15 % festzusetzende Körperschaftsteuer	15 000,00 €
-	5,5 % Solidaritätszuschlag zur Körperschaftsteuer	825,00 €
=	mögliche Gewinnrücklage	84 175,00 €

Für eine Gewinnausschüttung in maximaler Höhe stehen 84 175 € zur Verfügung.

	Ausschüttungsbetrag (= Bardividende)	84 175,00 €
-	25 % Abgeltungsteuer	21 043,75 €
-	5,5 % Solidaritätszuschlag zur Abgeltungsteuer	1 157,40 €
=	Auszahlungsbetrag (= Nettodividende)	61 973,85 €

Für die Gewinnrücklage verbleibt kein Betrag.

c)   Z.v. E.   100 000,00 €

-	15 % festzusetzende Körperschaftsteuer	15 000,00 €
-	5,5 % Solidaritätszuschlag zur Körperschaftsteuer	825,00 €
=	mögliche Gewinnrücklage	84 175,00 €
	Ausschüttungsbetrag (= Bardividende)	36 800,00 €
-	25 % Abgeltungsteuer	9 200,00 €
-	5,5 % Solidaritätszuschlag zur Abgeltungsteuer	506,00 €
=	Auszahlungsbetrag (= Nettodividende)	27 094,00 €

Als **Gewinnrücklage** verbleibt nach Abzug des Ausschüttungsbetrages von der möglichen Gewinnrücklage ein Betrag i. H. v. **47 375 €**.

FALL 59

Steuerfreibeträge

Sachverhalt:

Das steuerpflichtige Einkommen vor Abzug eventueller Freibeträge

a) des gemeinnützigen Sportvereins;

b) der GmbH;

c) der Genossenschaft

beträgt 40 000 €.

AUFGABE

Ermitteln Sie die Höhe der tariflichen Körperschaftsteuer.

LITERATURHINWEIS

Köllen/Reichert/Vogl/Wagner, Lehrbuch Körperschaftsteuer und Gewerbesteuer, Kapitel 6.2

LÖSUNG

Der Steuersatz für die tarifliche Körperschaftsteuer beträgt gem. § 23 Abs. 1 KStG 15 %. Er wird auf das z. v. E. angewendet, dessen Ermittlungsschema den KStR entnommen werden kann.

Vom steuerpflichtigen Einkommen kann ggf. ein Freibetrag gem. § 24 KStG oder § 25 KStG abgezogen werden.

a)	Einkommen	40 000 €
-	Freibetrag gem. § 24 Satz 1 KStG	5 000 €
=	z. v. E.	35 000 €
	15 % tarifliche Körperschaftsteuer	5 250 €

b) Gemäß § 24 Satz 2 Nr. 1 KStG kommt ein Freibetrag nicht in Betracht.

	15 % tarifliche Körperschaftsteuer von 40 000 €	6 000 €

c)	Einkommen	40 000 €
-	Freibetrag gem. § 25 Abs. 1 Satz 1 KStG, wenn die Voraussetzungen erfüllt sind	15 000 €
=	z. v. E.	25 000 €
	15 % tarifliche Körperschaftsteuer	3 750 €

Steuerliches Einlagekonto

Sachverhalt:

An der X-GmbH (Gründung im Januar 01, Stammkapital: 100 000 €) sind X mit 70 % und Y mit 30 % beteiligt. Unternehmensgegenstand ist die Herstellung von feinchemischen Produkten. Geschäftsführer ist X.

Bei Gründung der Gesellschaft entrichteten die Gesellschafter ein Aufgeld i. H. v. insgesamt 100 000 € (X: 70 000 €, Y: 30 000 €), das in eine Kapitalrücklage eingestellt wurde.

In 01 erzielte die X-GmbH einen Jahresüberschuss i. H. v. 120 000 €. Im November 01 beschloss die Gesellschafterversammlung eine Vorabausschüttung i. H. v. 60 000 €. Im Juni 02 wurde eine weitere Gewinnausschüttung i. H. v. 60 000 € für das Jahr 01 vorgenommen. Gleichzeitig wurde X eine Gehaltsnachzahlung für 01 i. H. v. 10 000 € gewährt.

In 02 erwirtschaftete die X-GmbH einen Jahresüberschuss i. H. v. 200 000 €. Im April 03 wurde eine Gewinnausschüttung für 02 i. H. v. 100 000 € beschlossen, die auch an die Gesellschafter ausbezahlt wurde. Aufgrund der sich verschlechternden wirtschaftlichen Situation führten X und Y ihren Ausschüttungsbetrag im Oktober 03 wieder der GmbH zu.

Wie wirken sich die Gewinnausschüttungen und die Gehaltsnachzahlung an X steuerlich aus?

Köllen/Reichert/Vogl/Wagner, Lehrbuch Körperschaftsteuer und Gewerbesteuer, Kapitel 6.3

Vorbemerkung: Wird einer Kapitalgesellschaft Eigenkapital zugeführt, so stellt dies einen gesellschaftsrechtlichen Vorgang dar, der auf der Ebene der Kapitalgesellschaft keinen Einfluss auf die Gewinnermittlung hat. Bei dem Anteilseigner hingegen erhöhen sich durch Einlagen die Anschaffungskosten der Beteiligung. Werden diese Einlagen später zurückgezahlt, so handelt es sich nicht um eine Gewinnausschüttung. Entsprechend ist von der Kapitalgesellschaft auch keine Kapitalertragsteuer i. S. d. § 43 Abs. 1 Satz 1 Nr. 1 EStG einzubehalten, weil keine Einkünfte aus Kapitalvermögen vorliegen. Bei dem Anteilseigner mindern sich die Anschaffungskosten der Beteiligung durch die Rückzahlung der Einlagen.

Um sicherzustellen, dass die Rückzahlung von verdeckten Einlagen oder Zuführungen zur Kapitalrücklage nicht zu steuerpflichtigen Beteiligungserträgen führt, müssen nicht in das Nennkapital geleistete Einlagen gesondert erfasst und bei Rückgewähr entsprechend bescheinigt werden. Die Erfassung erfolgt auf einem besonderen Konto, dem „steuerlichen Einlagekonto" (§ 27 KStG), welches außerhalb der Buchführung und des Jahresabschlusses geführt wird.

Anknüpfungspunkt für die Entwicklung des steuerlichen Einlagekontos ist der Bestand an Eigenkapital 04 (In diesem Teilbetrag wurden beim Anrechnungsverfahren in der Gliederung des verwendbaren Eigenkapitals insbesondere die verdeckten Einlagen ausgewiesen). Als Zugänge kommen u. a. in Betracht:

► Einlagen der Anteilseigner,

► Minderabführungen einer Organgesellschaft.

Abgänge sind u. a.

► Leistungen an Anteilseigner aus den Einlagen,

► Mehrabführungen einer Organgesellschaft.

Ein Einlagekonto haben u. a. zu führen:

► Unbeschränkt steuerpflichtige Kapitalgesellschaften,

► unbeschränkt steuerpflichtige sonstige Körperschaften, die Leistungen i. S. d. § 20 Abs. 1 Nr. 1 EStG gewähren können (z. B. Erwerbs- und Wirtschaftsgenossenschaften).

Beschränkt steuerpflichtige Körperschaften haben kein Einlagekonto zu führen.

Bei Leistungen einer Kapitalgesellschaft an ihre Anteilseigner aufgrund des Gesellschaftsverhältnisses ist zu differenzieren, ob es sich dabei um Gewinnausschüttungen handelt, die beim Anteilseigner der Besteuerung unterliegen oder ob Kapitalrückzahlungen vorliegen, die beim Anteilseigner lediglich einen Vorgang auf der Vermögensebene darstellen. Das steuerliche Eigenkapital (lt. Steuerbilanz) setzt sich zusammen aus

► dem gezeichneten Kapital (Nennkapital),

► den nicht in das Nennkapital geleisteten Einlagen (insbesondere verdeckte Einlagen, Ausweis in steuerlichem Einlagekonto gem. § 27 KStG),

► dem übrigen Eigenkapital (insbesondere thesaurierte Gewinne).

Gemäß § 36 Abs. 7 KStG war auf den Schluss des letzten Wirtschaftsjahres, das noch unter das Anrechnungsverfahren fällt (bei Wirtschaftsjahr = Kalenderjahr: 31. 12. 2000), u. a. der Schlussbestand des Teilbetrags gem. § 30 Abs. 2 Nr. 4 KStG a. F. (Eigenkapital 04) gesondert festzustellen. Der festgestellte Schlussbestand wird, soweit er positiv ist, als Anfangsbestand des Einlagekontos erfasst (§ 39 Abs. 1 KStG).

Einlagen erhöhen das steuerliche Einlagekonto bei Zufluss. Es kann sich um offene oder verdeckte Einlagen handeln. Voraussetzung ist, dass sie nicht in das Nennkapital geleistet wurden.

Die Zugänge auf dem steuerlichen Einlagekonto werden nicht bezogen auf den einzelnen Gesellschafter erfasst. Die Rückzahlung von Einlagen kann daher mehreren Gesellschaftern zuzurechnen sein, obwohl die Einlage nur von einem bestimmten Gesellschafter geleistet wurde.

Im Wirtschaftsjahr von der Körperschaft erbrachte Leistungen verringern das Einlagekonto, soweit sie in der Summe den auf den Schluss des letzten Wirtschaftsjahres ermittelten ausschüttbaren Gewinn übersteigen (§ 27 Abs. 1 Satz 3 KStG).

Eine Verringerung des steuerlichen Einlagekontos gem. § 27 Abs. 1 Satz 3 KStG ist grundsätzlich auf den positiven Bestand des Einlagekontos zum Schluss des vorangegangenen Wirtschaftsjahres begrenzt.

Leistungen i. S. d. § 27 Abs. 1 Satz 3 KStG sind alle Auskehrungen, die ihre Ursache im Gesellschaftsverhältnis haben.

Für die Verrechnung mit dem steuerlichen Einlagekonto sind alle Leistungen eines Wirtschaftsjahres zusammenzufassen. Eine sich danach ergebende Verwendung des steuerlichen Einlagekontos ist den einzelnen Leistungen anteilig zuzuordnen (BMF-Schreiben vom 4. 6. 2003, BStBl I S. 366, Tz. 12).

Der ausschüttbare Gewinn gem. § 27 Abs. 1 Satz 4 KStG ist wie folgt zu ermitteln:

	Eigenkapital lt. Steuerbilanz
-	gezeichnetes Kapital
-	(positiver) Bestand des steuerlichen Einlagekontos
=	ausschüttbarer Gewinn (wenn negativ, Ansatz mit 0)

Maßgeblich ist das Eigenkapital lt. Steuerbilanz. Das in der Steuerbilanz ausgewiesene Eigenkapital setzt sich wie folgt zusammen:

► Gezeichnetes Kapital,

► Kapitalrücklagen,

► Gewinnrücklagen,

► Gewinn-/Verlustvortrag,

► Jahresüberschuss/-fehlbetrag.

Rückstellungen und Verbindlichkeiten stellen auch dann Fremdkapital dar, wenn sie auf außerhalb der Steuerbilanz zu korrigierenden verdeckten Gewinnausschüttungen i. S. d. § 8 Abs. 3 Satz 2 KStG beruhen.

§ 27 Abs. 1 Satz 4 KStG enthält keine Verpflichtung zur Aufstellung einer Steuerbilanz. Hat die Körperschaft oder Personenvereinigung eine Steuerbilanz nicht aufgestellt, muss sie für die Berechnung des ausschüttbaren Gewinns das Eigenkapital, ausgehend von der Handelsbilanz, ermitteln, das sich nach den Vorschriften über die steuerliche Gewinnermittlung ergibt (§ 60 Abs. 2 Satz 1 EStDV).

Gezeichnetes Kapital i. S. d. § 27 Abs. 1 Satz 4 KStG ist das Grundkapital einer AG, das Stammkapital einer GmbH oder die Summe der Geschäftsguthaben der Genossen bei Erwerbs- und Wirtschaftsgenossenschaften.

Für die Berechnung des ausschüttbaren Gewinns ist das gezeichnete Kapital aus Vereinfachungsgründen auch dann mit dem Nominalbetrag anzusetzen, wenn es nicht vollständig eingezahlt ist. Das gilt unabhängig davon, ob ausstehende Einlagen ganz oder teilweise eingefordert sind und ob der ausstehende, nicht eingeforderte Teil in der Steuerbilanz offen vom Nennkapital abgesetzt ist.

Maßgeblich für die Ermittlung des ausschüttbaren Gewinns ist der auf den Schluss des vorangegangenen Wirtschaftsjahres gesondert festgestellte Bestand des steuerlichen Einlagekontos. Ist dieser Bestand negativ, ist er bei der Ermittlung des ausschüttbaren Gewinns nicht zu berücksichtigen.

Verdeckte Einlagen des Gesellschafters sind als Zugänge auf dem steuerlichen Einlagekonto zu erfassen. Werden für Leistungen an Gesellschafter Beträge aus dem Einlagekonto verwendet, so vermindert sich das steuerliche Einlagekonto entsprechend. In welchem Umfang Beträge aus dem steuerlichen Einlagekonto als für die Ausschüttung verwendet gelten, regelt § 27 Abs. 1 Satz 3 KStG. Leistungen der Kapitalgesellschaft mindern demnach das steuerliche Eigenkapital nur, soweit die Summe der im Wirtschaftsjahr erbrachten Leistungen den auf den Schluss des vorangegangenen Wirtschaftsjahres ermittelten ausschüttbaren Gewinn übersteigt. Als ausschüttbarer Gewinn gilt das um das gezeichnete Kapital geminderte in der Steuerbilanz ausgewiesene Eigenkapital abzgl. des Bestands des steuerlichen Einlagekontos. Folgende betragsmäßigen Größen sind daher gegenüberzustellen:

Summe der im Wirtschaftsjahr erbrachten Leistungen (Ausschüttungen)		Eigenkapital lt. Steuerbilanz
	–	gezeichnetes Kapital
	–	Bestand des steuerlichen Einlagekontos
	=	ausschüttbarer Gewinn

Damit sind zunächst die angesammelten Gewinnrücklagen zu verwenden, bevor auf das Einlagekonto zurückzugreifen ist.

Eine Verminderung des steuerlichen Einlagekontos gem. § 27 Abs. 1 Satz 4 KStG ist auf den positiven Bestand des Einlagekontos zum Schluss des vorangegangenen Wirtschaftsjahres begrenzt.

Gemäß § 27 Abs. 5 KStG bleibt die der Bescheinigung zugrunde gelegte Verwendung unverändert, wenn für die Leistung die Minderung des steuerlichen Einlagekontos bescheinigt worden ist. Bei einer nachträglichen Änderung des maßgeblichen Bestands des steuerlichen Einlagekontos, z. B. durch eine Betriebsprüfung, kommt es weder zu einer höheren noch zu einer niedrigeren Verwendung des steuerlichen Einlagekontos. Eine Berichtigung oder erstmalige Erteilung einer Steuerbescheinigung ist nicht zulässig. § 27 Abs. 5 KStG regelt detailliert die Fälle der Festschreibung des steuerlichen Einlagekontos.

Der Bestand des steuerlichen Einlagekontos ist am Ende des Wirtschaftsjahres gesondert festzustellen. Der Bescheid über die gesonderte Feststellung zum Ende des Wirtschaftsjahres ist Grundlagenbescheid (§ 171 Abs. 10 AO) für den Feststellungsbescheid zum Ende des folgenden Wirtschaftsjahres (§ 27 Abs. 2 Satz 2 KStG).

Gemäß § 27 Abs. 2 Satz 3 KStG ist für die gesonderte Feststellung des steuerlichen Einlagekontos eine Feststellungserklärung nach amtlich vorgeschriebenem Vordruck abzugeben.

Erbringt eine Kapitalgesellschaft Leistungen, für die Beträge aus dem steuerlichen Einlagekonto als verwendet gelten, so hat sie ihrem Anteilseigner eine Bescheinigung nach amtlich vorgeschriebenem Muster zu erteilen. Diese muss folgende Angaben enthalten:

Wurde für eine Leistung der Kapitalgesellschaft die Minderung des steuerlichen Einlagekontos bescheinigt, so bleibt diese Verwendung unverändert. Dies betrifft beispielsweise den Fall, dass sich aufgrund einer Betriebsprüfung das zu versteuernde Einkommen erhöht, sodass für eine Ausschüttung das steuerliche Einlagekonto nicht oder in geringerem Umfang angetastet werden müsste. Hier verbleibt es bei der bisherigen Verwendung des steuerlichen Einlagekontos. Dies ist vor allem für große Kapitalgesellschaften von Bedeutung, bei denen eine Korrektur ausgestellter Bescheinigungen unmöglich wäre.

Zum Sachverhalt

Die Zahlung eines Aufgelds stellt eine offene Einlage dar. In entsprechender Höhe ergibt sich beim steuerlichen Einlagekonto ein Zugang (100 000 €). Der Bestand des steuerlichen Einlagekontos beläuft sich zum 31. 12. 01 auf 100 000 €.

Da die X-GmbH erst in 01 gegründet wurde, war zum Ende des vorangegangenen Wirtschaftsjahres noch kein steuerliches Einlagekonto vorhanden. Daher kann die Vorabausschüttung auch nicht aus dem steuerlichen Einlagekonto finanziert werden.

Das steuerliche Einlagekonto entwickelt sich in 01 wie folgt:

	Bestand 31. 12. 00		0 €
	Leistungen	60 000 €	
-	ausschüttbarer Gewinn	0 €	
=	verbleiben	60 000 €	
=	Abzug vom steuerlichen Einlagekonto	0 €	- 0 €
	Einlagen 01		+ 100 000 €
=	Bestand 31. 12. 01		100 000 €

Da X beherrschender Gesellschafter ist, handelt es sich bei der Gehaltsnachzahlung in 02 um eine **verdeckte Gewinnausschüttung** (Nachzahlungsverbot siehe R 8.5 Abs. 2 KStR sowie H 8.5 „III. Veranlassung durch das Gesellschaftsverhältnis – Klare und eindeutige Vereinbarung" KStH), die bei der Einkommensermittlung 02 außerbilanziell wieder hinzuzurechnen ist.

In 02 sind somit sowohl die verdeckte Gewinnausschüttung i. H. v. 10 000 € als auch die in 02 für 01 beschlossene offene Gewinnausschüttung i. H. v. 60 000 € abgeflossen. Für die Verrechnung mit dem steuerlichen Einlagekonto sind alle Leistungen eines Wirtschaftsjahres zusammenzufassen. Eine sich danach ergebende Verwendung des steuerlichen Einlagekontos ist den einzelnen Leistungen anteilig zuzuordnen (BMF-Schreiben vom 4. 6. 2003, BStBl 2003 I S. 366, Tz. 12). Für die Frage der Verwendung des steuerlichen Einlagekontos ist der Bestand zum Ende des Vorjahres entscheidend.

Gemäß § 27 Abs. 1 Satz 3 KStG mindern Leistungen das steuerliche Einlagekonto nur, soweit die Summe der im Wirtschaftsjahr erbrachten Leistungen den auf den Schluss des vorangegangenen Wirtschaftsjahres ermittelten ausschüttbaren Gewinn übersteigt. Als ausschüttbarer Gewinn gilt gem. § 27 Abs. 1 Satz 5 KStG das um das gezeichnete Kapital geminderte, in der Steuerbilanz ausgewiesene Eigenkapital abzgl. des Bestandes des steuerlichen Einlagekontos.

Der ausschüttbare Gewinn zum 31. 12. 01 ermittelt sich wie folgt:

	Eigenkapital zum 31. 12. 01 gesamt (Stammkapital 100 000 € + Agio 100 000 € + Jahresüberschuss 01 120 000 € - Vorabausschüttung 60 000 €)	260 000 €
-	gezeichnetes Kapital	- 100 000 €
-	Bestand des steuerlichen Einlagekontos zum 31. 12. 01	- 100 000 €
=	ausschüttbarer Gewinn	60 000 €

Es ergibt sich folgende Berechnung:

	Summe der Gewinnausschüttungen	70 000 €
-	ausschüttbarer Gewinn	- 60 000 €
=	Verwendung aus dem steuerlichen Einlagekonto	10 000 €

Damit wurde jede Ausschüttung zu jeweils $^1/_7$ aus dem steuerlichen Einlagekonto finanziert (offene Gewinnausschüttung i. H. v. 8 571 €, verdeckte Gewinnausschüttung i. H. v. 1 429 €).

Bei den Gesellschaftern X und Y sind folgende Beträge zu versteuern:

	X	Y	Insgesamt
Offene Gewinnausschüttung	42 000 €	18 000 €	60 000 €
Verdeckte Gewinnausschüttung	10 000 €	–	10 000 €
Leistungen insgesamt	52 000 €	18 000 €	70 000 €
Davon aus dem steuerlichen Einlagekonto	7 429 €	2 571 €	10 000 €
Verbleibende Beträge	44 571 €	15 429 €	60 000 €

Das **steuerliche Einlagekonto** entwickelt sich in 02 wie folgt:

	Bestand 31. 12. 01		100 000 €
	Leistungen	70 000 €	
-	ausschüttbarer Gewinn	- 60 000 €	
=	Abzug vom steuerlichen Einlagekonto	10 000 €	- 10 000 €
=	Bestand 31. 12. 02		90 000 €

Die Tatsache, dass die im April 03 beschlossene und abgeflossene Ausschüttung von den Gesellschaftern wieder rückgängig gemacht wurde, verhindert nicht, dass die Konsequenzen sowohl auf der Ebene der Kapitalgesellschaft als auch beim Gesellschafter eintreten. Es ist zu prüfen, in welcher Höhe für die Ausschüttung das steuerliche Einlagekonto verwendet wurde. Gemäß § 27 Abs. 1 Satz 3 KStG mindern Leistungen das steuerliche Einlagekonto nur, soweit die Summe der im Wirtschaftsjahr erbrachten Leistungen den auf den Schluss des vorangegangenen Wirtschaftsjahres ermittelten ausschüttbaren Gewinn übersteigt.

Der ausschüttbare Gewinn zum 31.12.02 ermittelt sich wie folgt:

	Eigenkapital zum 31.12.02 gesamt (260 000 € zum 31.12.01 + Jahresüberschuss 02 200 000 € - offene Gewinnausschüttung 60 000 €)	400 000 €
-	gezeichnetes Kapital	-100 000 €
-	Bestand des steuerlichen Einlagekontos zum 31.12.02	-90 000 €
=	ausschüttbarer Gewinn	210 000 €

Es ergibt sich folgende Berechnung:

	Summe der Gewinnausschüttungen	100 000 €
-	ausschüttbarer Gewinn	-210 000 €
=	Verwendung aus dem steuerlichen Einlagekonto	0 €

Da die Ausschüttung in 03 den ausschüttbaren Gewinn zum Ende des Jahres 02 nicht übersteigt, entfällt eine Verwendung aus dem steuerlichen Einlagekonto.

Die Rückzahlung der Ausschüttung ändert nichts daran, dass die Anteilseigner die Gewinnausschüttung als Einkünfte aus Kapitalvermögen zu versteuern haben. Es handelt sich um eine **verdeckte Einlage** der Gesellschafter, die zu einem Zugang auf dem steuerlichen Einlagekonto i.H.v. 100 000 € führt.

Das steuerliche Einlagekonto entwickelt sich wie folgt:

	Bestand 31.12.02		90 000 €
	Leistungen	100 000 €	
-	ausschüttbarer Gewinn	-210 000 €	
=		-110 000 €	
	Abzug vom steuerlichen Einlagekonto		-0 €
=	Zwischensumme		90 000 €
	Einlagen		+100 000 €
=	Bestand 31.12.03		190 000 €

Grundsätzliche Ausführungen zur Abgeltungsteuer

Erträge aus Beteiligungen, die neben einer Gewinnbeteiligung auch ein Recht auf einen Anteil am Liquidationserlös gewähren, unterliegen der Abgeltungsteuer i.H.v. 25 %. Das Halbeinkünfteverfahren für im Privatvermögen gehaltene Anteile an Kapitalgesellschaften gilt nicht mehr. Ein Werbungskosten-Abzug kommt nicht mehr in Betracht.

Bemessungsgrundlage ist der Kapitalertrag. Ein Sparer-Pauschbetrag ist i.H.v. 801 € bzw. 1 602 € bei zusammen veranlagten Ehegatten zu berücksichtigen. Auf die verbleibende Bemessungsgrundlage wird die Abgeltungsteuer i.H.v. 25 % zzgl. Solidaritätszuschlag und ggf. Kirchensteuer erhoben. Schuldner der Kapitalertragsteuer ist gem. § 44 Abs.1 EStG grundsätzlich der Gläubiger der Kapitalerträge. Dabei hat die **Kapitalertragsteuer** auf Einkünfte aus Kapitalvermögen **grundsätzlich Abgeltungswirkung** (§ 43 Abs.5 EStG). Die mit Abgeltungswirkung besteuerten Kapitalerträge werden **daher nicht in die Veranlagung** einbezogen (§ 25 Abs.1 EStG) und müssen in der Einkommensteuererklärung nicht aufgeführt werden.

Allerdings hat der Steuerpflichtige gem. § 32d Abs. 4 EStG ein Wahlrecht, bestimmte Kapital-erträge, auf die Kapitalertragsteuer erhoben wurde, im Rahmen seiner Steuererklärung zu de-klarieren, um beim Kapitalertragsteuerabzug nicht berücksichtigte Umstände geltend zu ma-chen (z. B. nicht vollständig ausgeschöpfter Sparer-Pauschbetrag bei vergessenem Freistellungs-auftrag, beim Kapitalertragsteuerabzug noch nicht berücksichtigter Verlust, z. B. aus einem von mehreren Depots, noch zu berücksichtigender Verlustvortrag gem. § 20 Abs. 6 EStG). Diese Kapi-talerträge werden nicht im Rahmen der Einkunftsermittlung erfasst, sondern mit einem pau-schalen Steuersatz i. H. v. 25 % belegt (§ 32d Abs. 4 EStG i. V. m. § 32d Abs. 3 Satz 2 EStG).

Gemäß § 32d Abs. 6 EStG kann der Steuerpflichtige statt einer Besteuerung durch die pauschale Abgeltungsteuer eine Besteuerung der Kapitalerträge mit der tariflichen Einkommensteuer wählen, falls der persönliche Steuersatz niedriger als 25 % ist (wenn der Durchschnittsstu-ersatz auf das gesamte z. v. E. bei Verlusten aus anderen Einkunftsarten weniger als 25 % be-trägt). Auch bei Einbeziehung der Einkünfte aus Kapitalvermögen in die Veranlagung ist der **Ab-zug tatsächlicher Werbungskosten ausgeschlossen,** allerdings wird der Sparer-Pauschbetrag be-rücksichtigt. Verluste werden nicht mit Einkünften aus anderen Einkunftsarten verrechnet. Zu-sammen veranlagte Ehegatten können das Veranlagungswahlrecht nur einheitlich ausüben.

Die Vorabausschüttung i. H. v. 60 000 € (ggf. abzgl. Sparer-Pauschbetrag i. H. v. 801 € bzw. 1 602 € bei Zusammenveranlagung) unterliegt der Abgeltungsteuer i. H. v. 25 % (§ 43 Abs. 1 Satz 1 Nr. 1 EStG i. V. m. § 43a Abs. 1 Satz 1 Nr. 1 EStG i. V. m. § 43 Abs. 5 EStG).

Ferner unterliegen die von den Gesellschaftern X und Y in 02 zu versteuernden Beträge (X: 44 571 €; Y: 15 429 €) ebenfalls der Abgeltungsteuer. Bei X und Y sind folgende Beträge zu versteuern:

	X	Y	Insgesamt
Offene Gewinnausschüttung	42 000 €	18 000 €	60 000 €
Verdeckte Gewinnausschüttung	10 000 €	–	10 000 €
Leistungen insgesamt	52 000 €	18 000 €	70 000 €
Davon aus dem steuerlichen Einlagekonto	7 429 €	2 571 €	10 000 €
Verbleibende Beträge	44 571 €	15 429 €	60 000 €
Sparer-Pauschbetrag	- 801 €	- 801 €	
Steuerpflichtig	43 770 €	14 628 €	
Abgeltungsteuer (25 %)	10 942 €	3 657 €	

Die Einkommensteuer auf die von X und Y bezogenen Kapitalerträge ist mit dem Steuerabzug abgegolten. Die Kapitalertragsteuer entsteht in dem Zeitpunkt, in dem die Kapitalerträge den Gläubigern X und Y zufließen. In diesem Zeitpunkt ist der Steuerabzug für Rechnung des X und des Y vorzunehmen.

Die offenen Gewinnausschüttungen in 03 sind ebenfalls im Zeitpunkt des Zuflusses der Kapital-ertragsteuer i. H. v. 25 % (mit Abgeltungswirkung) zu unterwerfen.

	X	Y	Insgesamt
Offene Gewinnausschüttung in 03 für 02	70 000 €	30 000 €	100 000 €
Sparer-Pauschbetrag	801 €	801 €	
Steuerpflichtig	69 199 €	29 199 €	
Abgeltungsteuer (25 %)	17 299 €	7 299 €	

FALL 61

Kapitalerhöhung und Kapitalherabsetzung – Steuerliche Folgen bei der Kapitalgesellschaft und beim Anteilseigner

Sachverhalt Teil I: Die X-GmbH führt in 04 eine Kapitalerhöhung aus Gesellschaftsmitteln über 40 000 € durch. Alleingesellschafter der X-GmbH ist X, der die Anteile im Privatvermögen hält (Anschaffungskosten: 32 000 €). Das Eigenkapital in der Bilanz zum 31.12.03 wird wie folgt ausgewiesen:

Stammkapital	32 000 €
Kapitalrücklage	48 000 €
Gewinnvortrag	8 000 €
Jahresüberschuss 03	12 000 €

Das steuerliche Einlagekonto weist zum 31.12.03 einen Bestand i.H.v. 9 600 € aus. In 04 verzichtet X aus gesellschaftsrechtlichen Gründen auf die Rückzahlung eines voll werthaltigen Darlehens i.H.v. 8 000 €. X hat das Darlehen erfolgswirksam ausgebucht. Die X-GmbH hat in 04 einen Jahresüberschuss i.H.v. 20 000 € erzielt.

In 05 übereignet X der X-GmbH unentgeltlich einen Pkw im Wert von 5 000 €.

Sachverhalt Teil II: Die X-GmbH führt in 06 eine Kapitalherabsetzung i.H.v. 24 000 € mit Rückzahlung des Stammkapitals durch.

AUFGABEN

1. In welcher Weise kann eine Kapitalerhöhung bei einer Kapitalgesellschaft durchgeführt werden?

2. Welche handelsrechtlichen Schritte sind bei der Kapitalerhöhung zu beachten und welche steuerlichen Folgen ergeben sich bei der Kapitalgesellschaft und beim Anteilseigner?

3. Wie ist Teil I des Sachverhalts steuerlich zu beurteilen?

4. In welcher Weise kann eine Kapitalherabsetzung bei einer Kapitalgesellschaft durchgeführt werden?

5. Welche handelsrechtlichen Schritte sind bei der Kapitalherabsetzung zu beachten und welche steuerlichen Folgen ergeben sich bei der Kapitalgesellschaft und beim Anteilseigner?

6. Wie ist Teil II des Sachverhalts steuerlich zu beurteilen?

LITERATURHINWEIS

Köllen/Reichert/Vogl/Wagner, Lehrbuch Körperschaftsteuer und Gewerbesteuer, Kapitel 6.4.2.1, 6.4.2.2

LÖSUNG

Zu 1

Eine **Kapitalerhöhung** liegt vor, wenn die Kapitalgesellschaft aufgrund eines formellen Beschlusses ihr Grund- bzw. Stammkapital erhöht. Die Kapitalerhöhung stellt eine **kapitalverändernde Maßnahme** dar. Bei der Kapitalerhöhung gegen Einlagen wird der Kapitalgesellschaft neues Eigenkapital zugeführt, bei der Kapitalerhöhung gegen Gesellschaftsmittel findet lediglich eine Umschichtung innerhalb des Eigenkapitals statt.

Zu 2

Bei einer **Kapitalerhöhung gegen Einlagen** erhält die Kapitalgesellschaft durch die bisherigen Anteilseigner bzw. durch neu eintretende Gesellschafter zusätzliche finanzielle Mittel.

Handelsrechtlich hat bei der Kapitalerhöhung gegen Einlagen die Änderung des Gesellschaftsvertrags mit einer Mehrheit von drei Vierteln der abgegebenen Stimmen zu erfolgen (notarielle Beurkundung erforderlich). Die Kapitalerhöhung ist im **Handelsregister einzutragen.**

Die Kapitalerhöhung gegen Einlagen geschieht auf gesellschaftsrechtlicher Ebene. Auswirkungen auf das Einkommen ergeben sich nicht. Die zugeführten Barmittel sind auf der Aktivseite der Bilanz auszuweisen, auf der Passivseite ergibt sich das entsprechend erhöhte Stammkapital. Die auf das Stammkapital geleisteten **Einlagen erhöhen das gezeichnete Kapital.**

Beim Gesellschafter erhöhen die Einlagen die Anschaffungskosten der Anteile. Werden die Anteile im Privatvermögen gehalten, so ergibt sich diese Erhöhung der Anschaffungskosten im Anwendungsbereich von § 17 EStG. Bei Anteilen im Betriebsvermögen sind die Einlagen als zusätzliche Anschaffungskosten zu aktivieren.

Bei einer **Kapitalerhöhung aus Gesellschaftsmitteln** erhält die Kapitalgesellschaft kein zusätzliches Kapital. Vielmehr wird in Form von Rücklagen vorhandenes Eigenkapital in Nennkapital umgewandelt.

Handelsrechtlich muss der Beschluss der Gesellschafter über die Kapitalerhöhung aus Gesellschaftsmitteln mit drei Vierteln der abgegebenen Stimmen erfolgen (notarielle Beurkundung erforderlich). Der Beschluss muss auf einen bestimmten Betrag lauten und angeben, dass die Kapitalerhöhung durch Umwandlung von Rücklagen erfolgen soll. Zuvor ist der Jahresabschluss für das letzte vor der Beschlussfassung abgelaufene Wirtschaftsjahr festzustellen; der Stichtag der Bilanz darf höchstens acht Monate vor Anmeldung des Beschlusses zur Eintragung ins Handelsregister liegen.

Die Kapitalerhöhung aus Gesellschaftsmitteln hat auf das Einkommen der Kapitalgesellschaft ebenfalls keine Auswirkung. Es ändert sich lediglich die Zusammensetzung des Eigenkapitals (Umwandlung Rücklagen in Nennkapital).

Soweit Rücklagen in Nennkapital umgewandelt werden, die nicht aus Einlagen der Anteilseigner stammen, sind die Rücklagen in einem Sonderausweis getrennt auszuweisen und gesondert festzustellen (§ 28 Abs. 1 Satz 3 KStG). Wird dieser Teil des Nennkapitals zurückgezahlt, so hat der Anteilseigner Einnahmen aus Kapitalvermögen i. S. d. § 20 Abs. 1 Nr. 2 EStG zu versteuern, für die die Kapitalgesellschaft Kapitalertragsteuer einzubehalten hat (BMF-Schreiben vom 4. 6. 2003, BStBl 2003 I S. 366, Tz. 31).

Bei der Umwandlung von Rücklagen in Nennkapital mindert der Kapitalerhöhungsbetrag vorrangig den positiven Bestand des steuerlichen Einlagekontos, der sich ohne die Kapitalerhöhung für den Schluss dieses Wirtschaftsjahres ergeben würde (§ 28 Abs. 1 Satz 1 und 2 KStG; vgl. BMF-Schreiben vom 4. 6. 2003, a. a. O., Tz. 35). Übersteigt die Kapitalerhöhung aus Gesellschaftsmitteln das steuerliche Einlagekonto bzw. ist **kein positives Einlagekonto** vorhanden, so werden **sonstige Rücklagen,** die aus versteuerten Gewinnen gebildet wurden, **in Nennkapital** umgewandelt. Dieser durch Umwandlung von sonstigen Rücklagen (mit Ausnahme von aus Einlagen der Anteilseigner stammenden Beträgen) Teil des Nennkapitals ist getrennt auszuweisen und gesondert festzustellen. Für den **Sonderausweis** ist jährlich eine gesonderte Feststellung durchzuführen.

Gemäß § 1 KapErhStG gehört der Wert der neuen Anteilsrechte bei den Anteilseignern nicht zu den Einkünften i. S. d. § 2 Abs. 1 EStG, wenn die Kapitalerhöhung nach den Vorschriften des KapErhStG durchgeführt wurde. Eine Ausschüttung und Wiedereinlage wird folglich nicht fingiert. Die Anschaffungskosten der bisherigen Anteile verteilen sich nach dem Verhältnis der Anteile am Nennkapital auf die alten und die neuen Anteile (§ 3 KapErhStG).

Zu 3

Die Kapitalerhöhung aus Gesellschaftsmitteln führt bei der X-GmbH zu einer **Umwandlung von Kapitalrücklagen in Stammkapital.** Das Eigenkapital zum 31. 12. 04 setzt sich wie folgt zusammen:

Stammkapital	72 000 €
Kapitalrücklage	8 000 €
Gewinnvortrag	20 000 €
Jahresüberschuss 04	20 000 €

Gemäß § 28 Abs. 1 KStG gilt der positive Bestand des steuerlichen Einlagekontos als vor den sonstigen Rücklagen umgewandelt. Maßgeblich ist der Bestand des steuerlichen Einlagekontos zum Schluss des Wirtschaftsjahrs der Rücklagenumwandlung (31. 12. 04).

Bei dem **Verzicht** des Gesellschafters X **auf** das voll werthaltige **Darlehen** handelt es sich um eine **verdeckte Einlage** (Wert der Einlage: 8 000 €). In dieser Höhe ergibt sich in 04 ein entsprechender Zugang auf dem steuerlichen Einlagekonto (§ 27 Abs. 1 KStG). Ohne die Kapitalerhöhung würde sich damit ein Schlussbestand des steuerlichen Einlagekontos zum 31. 12. 04 i. H. v. 17 600 € ergeben. Dieser Betrag gilt als in Stammkapital umgewandelt. Der verbleibende Betrag i. H. v. 22 400 € wird aus den sonstigen Rücklagen umgewandelt. Insoweit ist ein Sonderausweis gesondert festzustellen (§ 28 Abs. 1 Satz 3 KStG).

Das steuerliche Einlagekonto entwickelt sich wie folgt:

Bestand 31.12.03	9 600 €
verdeckte Einlage in 04	+ 8 000 €
Verwendung für Kapitalerhöhung	− 17 600 €
= Bestand 31.12.04	0 €

Die unentgeltliche Übereignung des Pkw stellt eine verdeckte Einlage dar (Wert der Einlage: 5 000 €). In entsprechender Höhe ergibt sich ein Zugang auf dem steuerlichen Einlagekonto. Zum 31.12.05 würde das steuerliche Einlagekonto daher einen Bestand i.H.v. 5 000 € ausweisen. Gemäß § 28 Abs. 3 KStG verringern sich sowohl der positive Bestand des steuerlichen Einlagekontos als auch der Sonderausweis um 5 000 €. Es findet also eine **Verrechnung** der Beträge statt. Auch die verdeckte Einlage aus 05, die nach der Kapitalerhöhung getätigt wurde, gilt noch als für die Kapitalerhöhung verwendet.

Das steuerliche Einlagekonto entwickelt sich wie folgt:

Bestand 31.12.04	0 €
verdeckte Einlage in 05	+ 5 000 €
Verwendung für Kapitalerhöhung	− 5 000 €
= Bestand 31.12.05	0 €

Der Sonderausweis entwickelt sich wie folgt:

Bestand 31.12.04	28 000 €
Verminderung um den positiven Bestand des steuerlichen Einlagekontos	− 5 000 €
= Bestand 31.12.05	23 000 €

Beim Anteilseigner X ergeben sich folgende Auswirkungen:

X hält vor der Kapitalerhöhung eine Beteiligung im Nennwert i.H.v. 32 000 €. Die Anschaffungskosten dieser Beteiligung belaufen sich nach der Erhöhung um die nachträglichen Anschaffungskosten i.H.v. 8 000 € aufgrund der verdeckten Einlage auf 40 000 €. Nach der Kapitalerhöhung hält X eine Beteiligung im Nennwert i.H.v. 72 000 €. Die Anschaffungskosten i.H.v. 40 000 € verteilen sich nach der Kapitalerhöhung anteilig auf die alten und die neuen Anteile (§ 3 KapErhStG). Es ergibt sich folgende Berechnung:

$$\frac{40\,000\,€ \times 100}{72\,000\,€} = 55,56\,€$$

Die geänderten Anschaffungskosten für die Beteiligung wirken sich steuerlich erst bei einer zukünftigen Veräußerung von Anteilen oder bei einer Liquidation aus.

Zu 4

Bei einer Kapitalherabsetzung wird das satzungsmäßige Nennkapital gemindert. Gründe dafür können sein:

▶ Von der Gesellschaft nicht mehr benötigtes **Kapital wird** an die Gesellschafter **zurückgezahlt.**

▶ Der Herabsetzungsbetrag wird in die **Kapitalrücklage** (§ 272 Abs. 2 Nr. 4 HGB) eingestellt, damit anschließend mit dieser ein Bilanzverlust oder ein Jahresfehlbetrag ausgeglichen werden kann.

Zu unterscheiden ist zwischen der ordentlichen Kapitalherabsetzung und einer vereinfachten Kapitalherabsetzung.

Bei einer **ordentlichen Kapitalherabsetzung** werden Stammeinlagen an die Gesellschafter zurückgezahlt. Die vereinfachte Kapitalherabsetzung dient dazu, Verluste durch eine Angleichung des Stammkapitals abzudecken. Die Summe des Eigenkapitals ändert sich nicht. Durch Umbuchung vom Stammkapital auf andere Teile des Eigenkapitals ergibt sich lediglich eine geänderte Zusammensetzung. Die **vereinfachte Kapitalherabsetzung** ist nur unter bestimmten Voraussetzungen möglich (siehe § 58a Abs. 2 GmbHG).

Zu 5

Eine ordentliche Kapitalherabsetzung muss handelsrechtlich ebenso wie die Kapitalerhöhung **von den Gesellschaftern** mit drei Vierteln der abgegebenen Stimmen **beschlossen** werden (notarielle **Beurkundung** erforderlich). Der Beschluss muss bekannt gemacht werden. Dabei sind die Gläubiger der Gesellschaft aufzufordern, sich zu melden und die Ansprüche der Gläubiger, die sich bei der Gesellschaft melden und der Herabsetzung nicht zustimmen, zu befriedigen. Die Anmeldung des Herabsetzungsbeschlusses zur Eintragung in das Handelsregister erfolgt nicht vor Ablauf eines Jahres seit dem Tage, an welchem die Aufforderung der Gläubiger in den Gesellschaftsblättern stattgefunden hat.

Auswirkungen auf das Einkommen der Kapitalgesellschaft ergeben sich nicht. In der Bilanz wird das Nennkapital verringert, die frei werdenden Einlagen werden an die Anteilseigner ausgezahlt.

Wird das Nennkapital nach einer früheren Kapitalerhöhung aus Gesellschaftsmitteln herabgesetzt und ist aus diesem Grund ein Sonderausweis gem. § 28 Abs. 1 Satz 3 KStG vorhanden, so wird **zunächst der Sonderausweis gemindert;** ein übersteigender Betrag ist dem steuerlichen Einlagekonto gutzuschreiben, soweit die Einlage in das Nennkapital geleistet ist. Das Einlagekonto ist auch dann zunächst zu erhöhen, wenn der Kapitalherabsetzungsbetrag anschließend an die Anteilseigner ausgekehrt wird. Die Kapitalgesellschaft muss die Verwendung des Sonderausweises in einer Steuerbescheinigung bestätigen.

Ist bei einer ordentlichen Kapitalherabsetzung der **Herabsetzungsbetrag an die Anteilseigner ausgekehrt** worden und hat die Kapitalherabsetzung zu einer Verringerung des Sonderausweises geführt, so gilt der zurückgezahlte Betrag insoweit als **Gewinnausschüttung,** die beim Anteilseigner zu Bezügen i. S. d. § 20 Abs. 1 Nr. 2 EStG führt. Der Rückzahlungsbetrag wird beim Anteilseigner wie eine Ausschüttung besteuert (Abgeltungsteuer bzw. Teileinkünfteverfahren).

Die Rückzahlung des den Sonderausweis übersteigenden Teils des Nennkapitals verringert den positiven Bestand des steuerlichen Einlagekontos. Das steuerliche Einlagekonto kann jedoch nicht negativ werden. Soweit der positive Bestand des steuerlichen Einlagekontos nicht ausreicht, gilt die Rückzahlung des Nennkapitals ebenfalls als Gewinnausschüttung (bei den Anteilseigner Bezügen i. S. d. § 20 Abs. 1 Nr. 2 EStG).

Ist Anteilseigner eine Körperschaft, liegen steuerfreie Einnahmen i. S. d. § 8b Abs. 1 KStG vor. Soweit bei der Kapitalherabsetzung das steuerliche Einlagekonto gemindert wird, liegen beim Anteilseigner keine steuerpflichtigen Einnahmen i. S. d. § 20 EStG vor. Auszahlungen aus dem Einlagekonto i. S. d. § 27 KStG sind beim Anteilseigner, der die Anteile im Privatvermögen hält und zu mindestens 1 % an der ausschüttenden Kapitalgesellschaft beteiligt ist, gem. § 17 Abs. 4 EStG steuerpflichtig, soweit die Ausschüttung aus dem Einlagekonto die Anschaffungskosten der Beteiligung übersteigt. Wird die Beteiligung im Betriebsvermögen gehalten, mindern die Ausschüttungen aus dem Einlagekonto den Buchwert der Beteiligung. Wird der **Buchwert** der Beteiligung **überschritten,** ist der übersteigende Betrag **Gewinn,** der bei natürlichen Personen dem Teileinkünfteverfahren unterliegt und **bei Kapitalgesellschaften** gem. § 8b Abs. 2 KStG **steuerfrei** ist.

Zu 6

Gemäß § 28 Abs. 2 Satz 1 KStG wird bei einer Kapitalherabsetzung zunächst der Sonderausweis zum Schluss des vorangegangenen Wirtschaftsjahres (31. 12. 05) gemindert (- 22 400 €). Der übersteigende Betrag i. H. v. 1 600 € ist dem steuerlichen Einlagekonto gutzuschreiben.

Die Rückzahlung des Stammkapitals gilt, soweit der Sonderausweis zu mindern ist (22 400 €), als Gewinnausschüttung, die bei X zu Bezügen i. S. d. § 20 Abs. 1 Nr. 2 EStG führt (§ 28 Abs. 2 Satz 2 KStG). Der den Sonderausweis übersteigende Betrag (1 600 €) ist vom positiven Bestand des steuerlichen Einlagekontos abzuziehen (§ 28 Abs. 2 Satz 3 KStG). Insoweit verringern sich die Anschaffungskosten der Anteile des X.

Der Sonderausweis entwickelt sich wie folgt:

Bestand 31. 12. 05	23 000 €
Verringerung des Sonderausweises	- 23 000 €
= Bestand 31. 12. 06	0 €

Das steuerliche Einlagekonto entwickelt sich wie folgt:

Bestand 31. 12. 05	0 €
Gutschrift	+ 1 000 €
Abzug des den Sonderausweis übersteigenden Betrages	- 1 000 €
= Bestand 31. 12. 06	0 €

X erzielt Einnahmen i. S. d. § 20 Abs. 1 Nr. 2 EStG i. H. v. 23 000 €, die der Abgeltungssteuer unterliegen (bis 2008 Halbeinkünfteverfahren gem. § 3 Nr. 40 EStG).

Die Anschaffungskosten entwickeln sich wie folgt:

Ursprüngliche Anschaffungskosten	40 000 €
Darlehensverzicht in 04	+ 8 000 €
unentgeltliche Übereignung des Pkw in 05	+ 5 000 €
Verringerung aufgrund der Stammkapitalrückzahlung	- 1 000 €
= maßgebliche Anschaffungskosten ab 06	52 000 €

Einkünfte i. S. d. § 17 Abs. 4 EStG ergeben sich nicht.

Kapitalertragsteuerabzug für Leistungen von BgA´s mit eigener Rechtspersönlichkeit

Sachverhalt:

Die Sparkasse S hat im Veranlagungszeitraum 01 ein z.v.E. i.H.v. 500 000 € erzielt. In 02 leitet die Sparkasse einen Betrag i.H.v. 250 000 € an die Stadt A als Gewährsträger weiter.

Wie ist der Sachverhalt steuerlich zu beurteilen? Der Bestand des steuerlichen Einlagekontos beträgt 0 €.

Vorbemerkung: Die Leistungen müssen von einem nicht von der Körperschaftsteuer befreiten BgA mit eigener Rechtspersönlichkeit stammen (BMF-Schreiben vom 9.1.2015, BStBl 2015 I S. 110, Tz. 5). Eine Teilrechtsfähigkeit, wie z.B. bei **Eigenbetrieben,** ist nicht ausreichend. Von der Vorschrift erfasste Körperschaften sind insbesondere **Zweckverbände** sowie die als öffentlich-rechtliche Anstalten betriebenen **Sparkassen.**

§ 20 Abs. 1 Nr. 10 Buchst. a EStG erstreckt sich auf Leistungen, die mit Gewinnausschüttungen vergleichbar sind (BMF-Schreiben vom 9.1.2015, BStBl 2015 I S. 110, Tz. 8). Auch verdeckte Gewinnausschüttungen sowie Gewinnübertragungen aus steuerfreien Zuflüssen (§ 8b KStG) fallen hierunter. Nicht zu den Einnahmen gehören Leistungen des BgA, für die Beträge aus dem steuerlichen Einlagekonto i.S.d. § 27 KStG als verwendet gelten (§ 20 Abs. 1 Nr. 10 Buchst. a letzter Halbsatz EStG).

Die Kapitalertragsteuer entsteht in dem Zeitpunkt, in dem die Kapitalerträge (Leistungen i.S.d. § 20 Abs. 1 Nr. 10 Buchst. a EStG) dem Gläubiger (Trägerkörperschaft des BgA) zufließen (§ 44 Abs. 1 Satz 2 EStG). Der **Schuldner der Kapitalertragsteuer** ist gem. § 44 Abs. 1 Satz 1 EStG der Gläubiger der Kapitalerträge (Trägerkörperschaft des BgA). Im Zeitpunkt des Zuflusses der Kapitalerträge hat der Schuldner der Kapitalerträge (BgA) den Steuerabzug für Rechnung des Gläubigers der Kapitalerträge (Trägerkörperschaft des BgA) vorzunehmen (§ 44 Abs. 1 Satz 3 EStG). Leistungen, die wirtschaftlich mit Gewinnausschüttungen vergleichbar sind, fließen der Trägerkörperschaft als Gläubiger an dem Tag zu, der im Beschluss bestimmt worden ist. Ist die Ausschüttung nur festgesetzt, ohne dass über den Zeitpunkt der Auszahlung ein Beschluss gefasst worden ist, gilt als Tag des Zufließens der Tag nach der Beschlussfassung (§ 44 Abs. 2 EStG).

Von den Kapitalerträgen ist der Kapitalertragsteuerabzug gem. § 43 Abs. 1 Satz 1 Nr. 7b EStG i.V.m. § 31 KStG vorzunehmen. Die Kapitalertragsteuer beträgt 15 % des Kapitalertrags (§ 43a Abs. 1 Satz 1 Nr. 2 EStG (bis 2008: § 43a Abs. 1 Nr. 5 EStG)).

Ist der Empfänger der Leistungen unbeschränkt körperschaftsteuerpflichtig und fallen die ausschüttungsgleichen Leistungen und verdeckten Gewinnausschüttungen i.S.d. § 20 Abs. 1 Nr. 10

Buchst. a EStG bei ihm in einem inländischen gewerblichen Betrieb an, so werden diese im Rahmen der Körperschaftsteuer-Veranlagung erfasst. Allerdings bleiben diese Leistungen gem. § 8b Abs. 1 Satz 1 KStG bei der Einkommensermittlung außer Ansatz. Die einbehaltene Kapitalertragsteuer i. H. v. 15 % ist im Rahmen der Veranlagung zur Körperschaftsteuer des Empfängers gem. § 36 Abs. 2 Satz 2 Nr. 2 EStG i. V. m. § 31 KStG in vollem Umfang anzurechnen (BMF-Schreiben vom 9. 1. 2015, BStBl 2015 I S. 110, Tz. 11).

Auf Leistungen des BgA, die in der Rückgewähr von Einlagen bestehen, ist keine Kapitalertragsteuer einzubehalten. Um die Einlagen von den übrigen Eigenkapitalanteilen (z. B. Gewinnrücklagen, Gewinnvortrag) des BgA trennen zu können, muss auch der BgA mit eigener Rechtspersönlichkeit das steuerliche Einlagekonto i. S. d. § 27 KStG führen (§ 27 Abs. 7 KStG). Dabei sind Altrücklagen wie Einlagen zu behandeln und als Anfangsbestand des steuerlichen Einlagekontos (§ 27 KStG) zu erfassen. Zu dem Anfangsbestand gehören auch Einlagen aus früheren Zeiträumen. Im Ergebnis sind alle im Zeitpunkt des Systemwechsels vorhandenen Eigenkapitalanteile, die das Nennkapital bzw. eine vergleichbare Kapitalgröße des BgA übersteigen, dem steuerlichen Einlagekonto als Anfangsbestand zuzurechnen (BMF-Schreiben vom 9. 1. 2015, BStBl 2015 I S. 110, Tz. 13).

Zum Sachverhalt

Bei der Sparkasse S handelt es sich um einen BgA mit eigener Rechtspersönlichkeit. Auf das z. v. E. der Sparkasse fällt Körperschaftsteuer i. H. v. 15 % = 75 000 € zzgl. 5,5 % Solidaritätszuschlag an.

Gemäß § 20 Abs. 1 Nr. 10 Buchst. a EStG entsteht für Leistungen eines nicht befreiten BgA´s mit eigener Rechtspersönlichkeit Kapitalertragsteuer i. H. v. 15 % zzgl. 5,5 % Solidaritätszuschlag (§ 43 Abs. 1 Satz 1 Nr. 7b EStG i. V. m. § 43a Abs. 1 Satz 1 Nr. 2 EStG (bis 2008: § 43a Abs. 1 Nr. 5 EStG)). Die Kapitalertragsteuer entsteht im Zeitpunkt des Zuflusses bei der Stadt A (Gläubiger). In diesem Zeitpunkt hat die Sparkasse den Steuerabzug i. H. v. 37 500 € zzgl. 2 062,50 € für Rechnung der Stadt A vorzunehmen (§ 44 Abs. 1 Satz 3 EStG).

FALL 63

Kapitalertragsteuerabzug für Leistungen von BgA´s ohne eigene Rechtspersönlichkeit

Sachverhalt I: Die X-Stadt unterhält einen Wasserversorgungsbetrieb (Eigenbetrieb). Wirtschaftsjahr ist das Kalenderjahr. Die Bilanz zum 31. 12. 01 weist u. a. folgende Positionen aus:

Aktiva	Bilanz zum 31. 12. 01	Passiva
	…	…
	Kapital lt. Satzung	3 500 000 €
	Rücklagen	1 500 000 €
	Verlustvortrag	- 800 000 €
…		…

Im Jahr 02 erzielte der BgA einen Jahresüberschuss i. H. v. 1 000 000 €. Darin enthalten ist eine Vorabausschüttung der O-GmbH i. H. v. 100 000 €. Im Jahresüberschuss sind außerdem

200 000 € Körperschaftsteuer-Aufwand berücksichtigt. Zum 31.12.01 wurde ein steuerlicher Verlustvortrag i. S. d. § 10d EStG i. H.v. 300 000 € festgestellt. Der Bestand des steuerlichen Einlagekontos zum 31.12.01 beträgt 700 000 €.

Am 30.4.03 hat der Gemeinderat u. a. beschlossen, dass der Gewinn 02 des BgA „Wasserversorgung" i. H.v. 400 000 € für bevorstehende Reparaturarbeiten an einem Teil des Rohrleitungsnetzes verwendet werden soll, soweit er nicht zur Deckung der Vorjahresverluste benötigt wird.

Sachverhalt II: Die Gemeinde X führt einen BgA als bilanzierenden Regiebetrieb. Zum 31.12.01 sind folgende Bestände vorhanden:

Steuerliches Einlagekonto	1 200 000 €
Neurücklagen	90 000 €

In 02 erwirtschaftet der BgA einen handelsrechtlichen Jahresüberschuss i. H.v. 183 000 €. Es wurden keine Rücklagen gebildet. Die Mittel verbleiben im BgA, dies wurde erfolgsneutral behandelt.

Abwandlung 1 (Sachverhalt II): In 02 erwirtschaftet der BgA einen handelsrechtlichen Jahresüberschuss i. H.v. 120 000 €. Es wird eine zulässige Rücklage i. H.v. 42 000 € gebildet. Die Mittel werden an die Gemeinde abgeführt.

Abwandlung 2 (Sachverhalt II): In 02 erwirtschaftet der BgA einen handelsrechtlichen Verlust i. H.v. 240 000 €, der von der Trägergemeinde ausgeglichen wird.

Abwandlung 3 (Sachverhalt II): In 02 erwirtschaftet der BgA einen handelsrechtlichen Verlust i. H.v. 165 000 €, der von der Trägergemeinde nicht ausgeglichen wird.

AUFGABEN

Sachverhalt I:

1. Ermitteln Sie das z.v. E.

2. Besteht Kapitalertragsteuerpflicht?

Sachverhalt II:

1. Besteht Kapitalertragsteuerpflicht?

2. Wie entwickeln sich die Neurücklagen und das steuerliche Einlagekonto?

Abwandlung 1 bis 3 von Sachverhalt II: Wie sind 1. und 2. jetzt zu beantworten?

LÖSUNG

Vorbemerkung: Unter die Vorschrift von § 20 Abs. 1 Nr. 10 Buchst. b EStG fallen vor allem die nicht von der Körperschaftsteuer befreiten BgA (einschließlich der Verpachtungs-BgA´s i. S. d. § 4 Abs. 4 KStG), die ihren Gewinn aufgrund einer gesetzlichen Verpflichtung oder freiwillig durch Betriebsvermögensvergleich (§ 4 Abs. 1 EStG und § 5 EStG) ermitteln. Hierzu rechnen auch BgA, die – unabhängig von der Gewinnermittlungsart – Umsätze einschließlich der steuerfreien Umsätze, ausgenommen die Umsätze gem. § 4 Nr. 8 bis 10 UStG, von mehr als 350 000 € im Kalenderjahr oder einen Gewinn von mehr als 30 000 € im Wirtschaftsjahr erzielen (siehe § 141 Abs. 1 AO). Bei BgA, die die genannten Umsatz- bzw. Gewinngrenzen überschreiten, ist § 20 Abs. 1 Nr. 10 Buchst. b EStG auch dann anzuwenden, wenn sie noch keine Aufforderung des Finanzamts, Bücher zu führen, erhalten haben.

Voraussetzung für die Annahme von Einnahmen aus Kapitalvermögen ist zunächst, dass der BgA ohne eigene Rechtspersönlichkeit seinen Gewinn durch Betriebsvermögensvergleich ermittelt. Bei Gewinnermittlung gem. § 4 Abs. 3 EStG greift der Besteuerungtatbestand nicht ein; auch tatsächliche Gewinnabführungen unterliegen in diesem Fall nicht der Steuerpflicht.

Eine Gewinnermittlung durch Betriebsvermögensvergleich gem. § 4 Abs. 1 EStG i. V. m. § 5 Abs. 1 EStG ist vorzunehmen,

▶ soweit eine Buchführungsverpflichtung gem. §§ 140, 141 AO besteht oder

▶ eine freiwillige kaufmännische Buchführung geführt wird.

Gemäß § 140 AO besteht auch eine steuerliche Buchführungspflicht, soweit bereits eine Buchführungspflicht aufgrund anderer Gesetze vorliegt. So schreiben beispielsweise die Eigenbetriebsverordnungen der Länder regelmäßig vor, dass diese Eigenbetriebe eine nach kaufmännischen Gesichtspunkten eingerichtete Buchführung zu führen haben. Daneben kann sich eine Buchführungspflicht auch aufgrund der Kaufmannseigenschaft für die wirtschaftliche Tätigkeit gem. §§ 238, 263 HGB ergeben.

BgA ohne eigene Rechtspersönlichkeit können als **Regiebetriebe** oder als **Eigenbetriebe** einer Körperschaft des öffentlichen Rechts geführt werden. Sowohl Regiebetriebe als auch Eigenbetriebe sind unselbständige Einheiten der Trägerkörperschaft. Der Eigenbetrieb stellt jedoch finanzwirtschaftliches Sondervermögen der Körperschaft des öffentlichen Rechts dar und ist daher nicht Bestandteil der allgemeinen Haushaltsrechnung. Für Eigenbetriebe besteht eine Verpflichtung, Jahresabschlüsse zu erstellen; sie unterliegen der Prüfungspflicht. Über die Verwendung des Jahresergebnisses beschließt der Gemeinderat.

Regiebetriebe hingegen sind Bestandteil des allgemeinen Haushalts, sodass Gewinne oder Verluste eines Regiebetriebes unmittelbar in die Haushaltsrechnung der Körperschaft des öffentlichen Rechts eingehen.

Regiebetriebe unterliegen im Gegensatz zu den Eigenbetrieben nicht der Verpflichtung, Bücher zu führen.

Führt ein Regiebetrieb nicht freiwillig Bücher (sondern Kameralistik), unterliegen die Gewinne dieser Betriebe nur dann der Kapitalertragsteuerpflicht, wenn die Größenmerkmale gem. § 20 Abs. 1 Nr. 10 Buchst. b EStG (Umsatz > 350 000 € oder Gewinn > 30 000 €) überschritten sind.

Besteht eine Verpflichtung zum Betriebsvermögensvergleich nach Handels- oder Steuerrecht und wird diese nicht beachtet, ist der Gewinn nach den Grundsätzen des Betriebsvermögensvergleichs für Zwecke der Körperschaftsteuerveranlagung zu schätzen. Aus dem so ermittelten Gewinn ist der für § 20 Abs. 1 Nr. 10 Buchst. b EStG maßgebende Gewinn abzuleiten. Sind die genannten Buchführungsgrenzen überschritten und wird der Gewinn bisher zulässigerweise für Zwecke der Körperschaftsteuerveranlagung nicht durch den Betriebsvermögensvergleich ermittelt, ist der für § 20 Abs. 1 Nr. 10 Buchst. b EStG maßgebende Gewinn im Wege des Betriebsvermögensvergleichs zu schätzen.

Gegenstand der Besteuerung sind der „Gewinn" und die „verdeckten Gewinnausschüttungen".

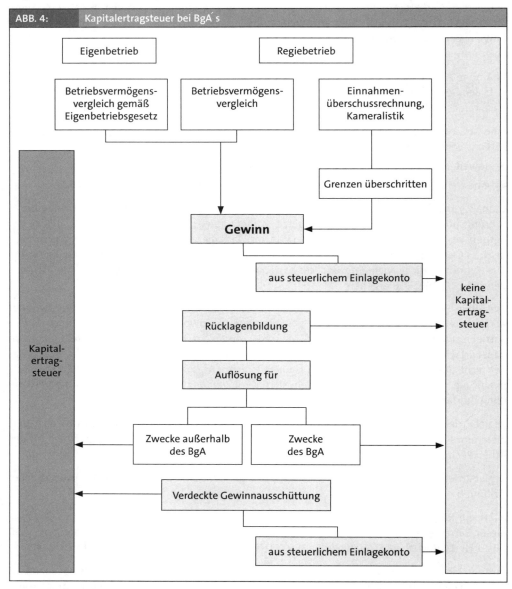

ABB. 4:   Kapitalertragsteuer bei BgA´s

Bei den Steuerpflichtigen, die ihren Gewinn aufgrund einer gesetzlichen Verpflichtung oder freiwillig durch Betriebsvermögensvergleich ermitteln, werden als Kapitalerträge die nicht den Rücklagen zugeführten Gewinne des BgA, die nachfolgende Auflösung der Rücklagen zu Zwecken außerhalb des BgA sowie verdeckte Gewinnausschüttungen der Besteuerung unterworfen.

Bei dem in der Vorschrift genannten Gewinnbegriff handelt es sich um den Gewinn des BgA, den die juristische Person des öffentlichen Rechts für Zwecke außerhalb des BgA verwenden kann (verwendungs- bzw. rücklagefähiger Gewinn). Dieser entspricht dem handelsrechtlichen Jahresüberschuss (§ 275 HGB). Wird nur eine Steuerbilanz aufgestellt, ist auf den Gewinn gem. § 4 Abs. 1 EStG (Unterschiedsbetrag gem. § 4 Abs. 1 Satz 1 EStG) abzustellen. Der so ermittelte Gewinn ist weder um nicht abziehbare Aufwendungen gem. § 4 Abs. 5 EStG bzw. § 10 KStG noch um Beträge, die bei der Einkommensermittlung außer Ansatz bleiben (z. B. § 8b KStG), zu korrigieren. Der Gewinn ist um die Beträge für den Ausgleich von bilanziellen Fehlbeträgen (Verlusten) aus früheren Wirtschaftsjahren zu kürzen. Ein bilanzieller Fehlbetrag liegt vor, wenn der Verlust nicht mit Rücklagen verrechnet werden kann und daher (wenn vorhanden) das Nennkapital bzw. eine damit vergleichbare Größe angreift. Dies ist allerdings nur bei Eigenbetrieben möglich, nicht bei Regiebetrieben. Ein steuerlicher Verlustvortrag (§ 10d EStG) bleibt ohne Auswirkung auf die Bemessungsgrundlage der Kapitalertragsteuer.

BgA mit eigener Rechtspersönlichkeit und Eigenbetriebe sind verpflichtet, einen Jahresabschluss aufzustellen und über die Verwendung des Jahresergebnisses zu beschließen. Die Kapitalertragsteuer entsteht bei diesen BgA aufgrund des Gewinnverwendungsbeschlusses. Bei Regiebetrieben gelten der Gewinn des BgA und die Einkünfte aus Kapitalvermögen wegen der rechtlichen Identität der Trägerkörperschaft und des BgA als zeitgleich zum Schluss des Wirtschaftsjahrs erzielt. Bei Regiebetrieben werden kommunalrechtlich im BgA entstandene Verluste laufend durch die Trägerkörperschaft ausgeglichen, dieser Ausgleich führt zum Ende des Wirtschaftsjahrs des BgA zu Einlagen beim BgA. Maßgeblich ist dabei der handelsrechtliche Fehlbetrag. Bei Eigenbetrieben ist ein Zugang zum steuerlichen Einlagekonto erst im Zeitpunkt und in der Höhe des tatsächlichen Verlustausgleichs anzunehmen (BMF-Schreiben vom 9. 1. 2015, BStBl 2015 I S. 110, Tz. 55).

Der Gewinn unterliegt nicht der Besteuerung gem. § 20 Abs. 1 Nr. 10 Buchst. b EStG, soweit er den Rücklagen des BgA zugeführt wird. Als Zuführung zu den Rücklagen gilt jedes Stehenlassen von Gewinnen als Eigenkapital für Zwecke des BgA, unabhängig davon, ob dies in der Form der Zuführung zu den Gewinnrücklagen, als Gewinnvortrag oder unter einer anderen Position des Eigenkapitals erfolgt. Die Zulässigkeit einer Rücklagenbildung richtet sich nach dem Haushaltsrecht. Eine Rücklagenbildung wurde nicht anerkannt, soweit der Gewinn des BgA haushaltsrechtlich der Trägerkörperschaft zuzurechnen war. Dies war der Fall bei den sog. Regiebetrieben. Für Regiebetriebe ist eine Zuführung zu den Rücklagen nach Haushaltsrecht nicht möglich.

Über die Gewinne eines Regiebetriebs kann die Trägerkörperschaft unmittelbar verfügen. Gleichwohl wird eine **Rücklagenbildung** anerkannt, soweit die Zwecke des BgA ohne die Rücklagenbildung nachhaltig nicht erfüllt werden können (BMF-Schreiben vom 9. 1. 2015, BStBl 2015 I S. 110, Tz. 35). Eine Rücklagenbildung ist möglich, wenn die finanziellen Mittel für bestimmte Investitionen oder Vorhaben angesammelt werden. Bei fehlenden konkreten Zeitvorstellungen muss das Vorhaben glaubhaft sein und die Umsetzung in einem angemessenen Zeitraum (drei Jahre) möglich sein. Ferner ist eine Rücklagenbildung zur Darlehenstilgung möglich. Eine Mittelreservierung liegt auch vor, soweit die Mittel, die aufgrund eines gewinnrealisierenden Vorgangs dem BgA zugeführt worden sind, bereits im laufenden Wirtschaftsjahr z. B. reinvestiert oder zur Tilgung von betrieblichen Verbindlichkeiten verwendet worden sind. Die Rücklagenbildung ist nicht zulässig, um laufende Aufwendungen abzudecken oder um allgemein die Leistungsfähigkeit des BgA zu erhalten.

Werden bei einem BgA, der keine Bücher führt, die in § 20 Abs. 1 Nr. 10 Buchst. b EStG festgelegten Umsatz- bzw. Gewinngrenzen überschritten, besteht Kapitalertragsteuerpflicht auch ohne

Mitteilung des Finanzamts gem. § 141 Abs. 2 AO. Dies gilt auch bei bewilligten Erleichterungen gem. § 148 AO. Der Gewinn ist, wenn die Umsatz- bzw. Gewinngrenzen überschritten wurden, bisher aber zulässigerweise nicht bilanziert wurde, für Zwecke des Kapitalertragsteuerabzugs zu schätzen. Das Gleiche gilt, wenn eine bestehende Buchführungspflicht nicht beachtet wurde.

Werden die Rücklagen nicht für Zwecke des BgA (z. B. zur Verlustabdeckung) eingesetzt, sondern für außerhalb des BgA liegende Zwecke aufgelöst, so löst dies insoweit Kapitalertragsteuer aus. Der aufgelöste Rücklagenbetrag führt zu einem Gewinn i. S. d. § 20 Abs. 1 Nr. 10 Buchst. b Satz 1 EStG.

Eine Gewinnverwendung für Zwecke außerhalb des BgA ist z. B. gegeben, wenn die Gewinne und aufgelösten Rücklagen im hoheitlichen Bereich der Trägerkörperschaft eingesetzt werden. Für Zwecke außerhalb des BgA werden Gewinne und aufgelöste Rücklagen auch dann verwendet, wenn sie einem anderen BgA der gleichen Trägerkörperschaft oder einer Eigengesellschaft zugeführt werden. Dabei ist zunächst von einer Überführung der Gewinne bzw. aufgelösten Rücklagenbeträge des übertragenden BgA in den hoheitlichen Bereich der Trägerkörperschaft auszugehen. Dies hat zur Folge, dass Kapitalertragsteuer anfällt. Anschließend erfolgt eine Zuführung der Trägerkörperschaft (Einlage) an den empfangenden BgA oder die Eigengesellschaft (mit der Folge der Erfassung des Einlagebetrags auf dem steuerlichen Einlagekonto). Der Beschluss der für die Bilanzfeststellung zuständigen Gremien, Rücklagenmittel des Eigenbetriebs für Zwecke außerhalb des BgA zu überführen, löst den Besteuerungstatbestand gem. § 20 Abs. 1 Nr. 10 Buchst. b EStG aus. Die Auflösung der Rücklagen erfolgt nicht rückwirkend, eine Verzinsung findet nicht statt.

Der Anfangsbestand des Einlagekontos leitet sich aus dem bilanziellen Eigenkapital zum 31. 12. 2000 (Zeitpunkt der Einführung der Kapitalertragsteuerpflicht) ab. Nicht einbezogen wird allerdings Kapital, das mit dem Nennkapital vergleichbar ist. Dies sind satzungsmäßig festgeschriebene Kapitalteile, z. B. in der Betriebssatzung eines Eigenbetriebs festgeschriebene Kapitalteile.

Der Ansatz eines negativen Anfangsbestands des steuerlichen Einlagekontos ist ausgeschlossen.

Bei Eigenbetrieben kann allein der Ausschüttungsbeschluss zu einem Abfluss der entsprechenden Leistung beim BgA und damit ggf. zu einer Minderung des steuerlichen Einlagekontos führen. Der Ausschüttungsbeschluss führt zu einer Abführung des Gewinns des Wirtschaftsjahrs bzw. der Auflösung und Abführung zuvor stehengelassener und als Rücklagen anzusehender Gewinne der Vorjahre an die Trägerkörperschaft zu Zwecken außerhalb des BgA. Damit werden BgA, die als Eigenbetriebe geführt werden, im Verhältnis zu ihrer Trägerkörperschaft wie selbständige Kapitalgesellschaften behandelt. Wie bei beherrschenden Gesellschaftern einer Kapitalgesellschaft führt allerdings allein der Ausschüttungsbeschluss zu einem Abfluss der entsprechenden Leistung beim BgA und damit zu einer Minderung des steuerlichen Einlagekontos.

Soweit der Gewinn eines Regiebetriebs nicht zulässigerweise den Rücklagen zugeführt worden ist, gilt er als zum Schluss des Wirtschaftsjahrs an die Trägerkörperschaft abgeführt. Es liegt eine Leistung i. S. d. § 27 Abs. 1 Satz 3 KStG desselben Wirtschaftsjahrs vor. Werden Rücklagen eines Regiebetriebs zu Zwecken außerhalb des BgA aufgelöst, liegt eine Leistung i. S. d. § 27 Abs. 1 Satz 3 KStG im Zeitpunkt der Rücklagenauflösung vor.

Leistungen eines BgA an seine Trägerkörperschaft gem. § 20 Abs. 1 Nr. 10 EStG sind nur insoweit kapitalertragsteuerpflichtig, als keine Einlagerückzahlung vorliegt. Ob eine Einlagerückgewähr gegeben ist, wird auch in diesen Fällen gem. § 27 Abs. 1 KStG abgegrenzt. Daher haben BgA eine Feststellungserklärung abzugeben.

Auch für Leistungen der BgA gilt eine **Verwendungsreihenfolge.** Zunächst gelten die (Neu-)Rücklagen vor den Beträgen aus dem steuerlichen Einlagekonto als verwendet. Die Neurücklagen sind Teil des Eigenkapitals und gehören weder zum Nennkapital noch zum steuerlichen Einlagekonto. Sie entsprechen damit dem „ausschüttbaren Gewinn" bei einer Kapitalgesellschaft.

Schuldrechtliche Vereinbarungen zwischen BgA sind nur anzuerkennen, wenn sie im Voraus klar und eindeutig zu Bedingungen wie unter fremden Dritten geschlossen werden. Der Verkauf von Wirtschaftsgütern durch einen BgA an einen anderen BgA der gleichen Trägerkörperschaft ist in diesen Fällen anzuerkennen. Eine Leistung i. S. v. § 20 Abs. 1 Nr. 10 Buchst. b EStG liegt dann nicht vor.

Ein **Darlehensverhältnis** zwischen Eigenbetrieb und Trägerkörperschaft ist anzuerkennen und stellt keine mit einer Gewinnausschüttung vergleichbare Leistung dar, wenn es zu Konditionen wie unter fremden Dritten geschieht. Jedoch müssen die Rückzahlungsbedingungen eindeutig festgelegt werden, und es muss gewährleistet sein, dass die Rückzahlung des Darlehensbetrags aus dem hoheitlichen Bereich der Trägerkörperschaft auch tatsächlich möglich ist. Werden durch den Eigenbetrieb zinslose Darlehen an den hoheitlichen Bereich der Trägerkörperschaft gewährt, stellt dies eine verdeckte Gewinnausschüttung dar, die Kapitalertragsteuer gem. § 20 Abs. 1 Nr. 10 Buchst. b EStG auslöst.

Verdeckte Gewinnausschüttungen des BgA ohne eigene Rechtspersönlichkeit an die Trägerkörperschaft (juristische Person des öffentlichen Rechts) führen stets zu Kapitalerträgen i. S. d. § 20 Abs. 1 Nr. 10 Buchst. b EStG. Im Verhältnis zwischen verschiedenen BgA der gleichen Trägerkörperschaft können auch verdeckte Gewinnausschüttungen die Besteuerung gem. § 20 Abs. 1 Nr. 10 Buchst. b EStG auslösen.

§ 44 Abs. 6 EStG regelt als Spezialvorschrift den Entstehungszeitpunkt der Kapitalertragsteuer. Grundsätzlich entsteht die Kapitalertragsteuer auf den Gewinn im Zeitpunkt der Bilanzerstellung, spätestens jedoch acht Monate nach Ablauf des Wirtschaftsjahrs (§ 44 Abs. 6 Satz 2 EStG); als Zeitpunkt der Bilanzerstellung ist der Zeitpunkt der Bilanzfeststellung zu verstehen. Dies gilt auch für die verdeckten Gewinnausschüttungen im abgelaufenen Wirtschaftsjahr.

Bei der Auflösung von Rücklagen entsteht die Kapitalertragsteuer am Tage nach der Beschlussfassung über die Verwendung.

Die Kapitalertragsteuer wird i. H. v. 15 % der Kapitalerträge erhoben (§ 43a Abs. 1 Satz 1 Nr. 2 EStG).

Für die Durchführung des Kapitalertragsteuerabzugs gilt die juristische Person des öffentlichen Rechts als Gläubiger und der BgA als Schuldner der Kapitalerträge (§ 44 Abs. 6 Satz 1 EStG).

Sachverhalt I:

Zu 1

Ermittlung des z. v. E. 02:

	Jahresüberschuss 02	1 000 000 €
-	steuerfreie Dividende (§ 8b Abs. 1 KStG i.V. m. § 8b Abs. 5 KStG)	95 000 €
+	nicht abziehbare Aufwendungen (§ 10 Nr. 2 KStG)	200 000 €
-	Verlustvortrag gem. § 10d EStG zum 31. 12. 01	300 000 €
=	z. v. E. 02	805 000 €
	Körperschaftsteuer (15 %)	120 750 €

Die auf die Gewinnausschüttung einbehaltene und bescheinigte Kapitalertragsteuer ist gem. § 36 Abs. 2 Satz 2 Nr. 2 EStG auf die Körperschaftsteuer des BgA anzurechnen.

Zu 2

Soweit der Gewinn 02 nicht im BgA „Wasserversorgung" verbleibt, liegt eine Leistung an die X-Stadt gem. § 20 Abs. 1 Nr. 10 Buchst. b EStG im Zeitpunkt der Bilanzfeststellung vor. Dabei kommt es auf die Bilanzfeststellung und den Gewinnverwendungsbeschluss durch den Gemeinderat an.

Zum 31. 12. 01 bestand kein finanzieller Fehlbetrag. Da der Verlustvortrag lt. Bilanz mit den Rücklagen zu saldieren ist, wird neben dem durch Satzung festgelegten Kapital kein Negativbetrag an sonstigem Eigenkapital ausgewiesen (1 500 000 € - 800 000 €). Es muss ohne Bedeutung sein, ob der BgA in den Vorjahren einen Verlust mit vorhandenen Rücklagen ausgeglichen hat oder Verlust und Rücklagen getrennt ausgewiesen hat. Der Verlustvortrag i. H. v. 800 000 € ist mit den ausgewiesenen Rücklagen i. H. v. 1 500 000 € zu saldieren. Insgesamt ergibt sich somit kein Fehlbetrag.

Berechnung der Leistungen gem. § 20 Abs. 1 Nr. 10 Buchst. b EStG:

	Jahresüberschuss 02	1 000 000 €
-	Einstellung in Rücklagen bzw. Gewinnvortrag	400 000 €
=	Leistungen gem. § 20 Abs. 1 Nr. 10 Buchst. b EStG	600 000 €

Kapitalertragsteuer fällt aber nur insoweit an, als die Leistung nicht den ausschüttbaren Gewinn überschreitet und daher als Einlagerückzahlung zu behandeln ist.

Der ausschüttbare Gewinn (§ 27 Abs. 1 KStG) ermittelt sich wie folgt:

	Kapital 31. 12. 02	5 200 000 €
-	Kapital lt. Satzung des Eigenbetriebs	3 500 000 €
-	Einlagekonto 31. 12. 02	700 000 €
=	ausschüttbarer Gewinn	1 000 000 €

Da die Leistungen im Jahr 03 i. H. v. 600 000 € den ausschüttbaren Gewinn zum 31. 12. 02 nicht übersteigen und daher nicht als Rückzahlung von Einlagen gelten, unterliegen sie in voller Höhe dem Kapitalertragsteuerabzug i. H. v. 15 %. Die Leistung gilt mit Feststellung der Bilanz am

30. 4. 03 als erbracht. Bis spätestens 10. 5. 03 ist die Kapitalertragsteuer i. H. v. 90 000 € zzgl. Solidaritätszuschlag i. H. v. 4 950 € anzumelden und zu entrichten. Dieser Betrag kann nicht angerechnet oder vergütet werden.

Sachverhalt II:

Der handelsrechtliche Jahresüberschuss i. H. v. 183 000 € ist steuerpflichtig gem. § 20 Abs. 1 Nr. 10 Buchst. b EStG. Er gilt zum 31. 12. 02 als dem Haushalt der Trägergemeinde zugeflossen. Kapitalertragsteuerpflicht besteht nur insoweit, als nicht das steuerliche Einlagekonto als verwendet gilt. Die Kapitalertragsteuer i. H. v. 15 % entsteht mit Bilanzerstellung in 03, spätestens jedoch nach Ablauf von acht Monaten nach Ablauf des Wirtschaftsjahres 02. Der Jahresüberschuss gilt zu diesem Zeitpunkt der Trägerkörperschaft als zugeflossen. Die Neurücklagen zum 31. 12. 02 erhöhen sich entsprechend. Da der Gewinn im BgA verbleibt, erhöht sich das steuerliche Einlagekonto um diesen Betrag. Eine Verminderung der Neurücklagen würde sich nur ergeben, wenn die Einlage erfolgswirksam verbucht worden wäre, da dann der handelsrechtliche Gewinn zu hoch ausgewiesen wäre. Die Neurücklagen und das steuerliche Einlagekonto entwickeln sich wie folgt:

Bestand 31. 12. 01		1 200 000 €	90 000 €
Gewinn 02	183 000 €		
abzgl. Mittelreservierung	0 €		
	183 000 €		
als ausgeschüttet geltender Gewinn des laufenden Wirtschaftsjahres	183 000 €		
Abzug Neurücklagen (§ 27 Abs. 1 Satz 3 KStG)	- 90 000 €		- 90 000 €
(Neurücklagen gelten vor dem steuerlichen Einlagekonto als verwendet)			
Abzug beim steuerlichen Einlagekonto	93 000 €	93 000 €	
	0 €	1 107 000 €	0 €
Gewinn des laufenden Wirtschaftsjahres (02)			+ 183 000 €
im laufenden Wirtschaftsjahr (02) geleistete Einlagen		+ 183 000 €	
Endbestände 31. 12. 02		1 290 000 €	183 000 €

Kapitalertragsteuerpflichtige Leistungen:

Als ausgeschüttet geltender Gewinn 02	183 000 €
Verwendung des steuerlichen Einlagekontos	93 000 €
= kapitalertragsteuerpflichtige Leistungen	90 000 €

Abwandlung 1 von Sachverhalt II:

Der handelsrechtliche Jahresüberschuss i. H. v. 120 000 €, vermindert um die zulässige Rücklage i. H. v. 42 000 € gilt als in 02 dem Haushalt der Trägergemeinde zugeflossen. Kapitalertragsteuerpflicht besteht nur insoweit, als nicht das steuerliche Einlagekonto als verwendet gilt. Die Neurücklagen und das steuerliche Einlagekonto entwickeln sich wie folgt:

Bestand 31.12.01	1 200 000 €	90 000 €
Gewinn 02	120 000 €	
abzgl. Mittelreservierung	42 000 €	
	78 000 €	
als ausgeschüttet geltender Gewinn des laufenden Wirtschaftsjahres	78 000 €	
Abzug Neurücklagen (§ 27 Abs. 1 Satz 3 KStG)	- 78 000 €	- 78 000 €
(Neurücklagen gelten vor dem steuerlichen Einlagekonto als verwendet)		
verbleibender Betrag	0 €	
Abzug beim steuerlichen Einlagekonto	0 € 1 200 000 €	12 000 €
Gewinn des laufenden Wirtschaftsjahres (02)		+ 120 000 €
= Endbestände 31.12.02	1 200 000 €	132 000 €

Kapitalertragsteuerpflichtige Leistungen:

Als ausgeschüttet geltender Gewinn 02	78 000 €
Verwendung des steuerlichen Einlagekontos	0 €
Kapitalertragsteuerpflichtige Leistungen	78 000 €

Abwandlung 2 von Sachverhalt II:

Da der BgA über genügend Kapital verfügt, vermindern sich durch den Verlust die Neurücklagen entsprechend. Aufgrund der Einlage der Trägergemeinde erhöht sich das steuerliche Einlagekonto. Die Neurücklagen und das steuerliche Einlagekonto entwickeln sich wie folgt:

Bestand 31.12.01	1 200 000 €	90 000 €
Verlust 02		- 240 000 €
Ausgleich des Verlustes aus dem Haushalt der Trägerkörperschaft	+ 240 000 €	
= Endbestände 31.12.02	1 440 000 €	- 150 000 €

Kapitalertragsteuerpflichtige Leistungen:	0 €

Abwandlung 3 von Sachverhalt II:

Da der BgA über genügend Kapital verfügt, vermindern sich durch den Verlust die Neurücklagen entsprechend. Da keine Einlage der Trägergemeinde erfolgt, ergibt sich beim steuerlichen Einlagekonto kein Zugang. Die Neurücklagen und das steuerliche Einlagekonto entwickeln sich wie folgt:

Bestand 31.12.01	1 200 000 €	90 000 €
Verlust 02		- 165 000 €
= Endbestände 31.12.02	1 440 000 €	- 75 000 €

Kapitalertragsteuerpflichtige Leistungen:	0 €

Besteuerung von Körperschaften mit geringem Einkommen

Sachverhalt:

Das z.v. E. der

a) Little GmbH;

b) der Little GmbH, die Komplementär der Little GmbH & Co. KG ist,

beträgt 500 €.

AUFGABE

Prüfen Sie, ob in diesen Bagatellfällen jeweils Körperschaftsteuer festgesetzt wird.

LITERATURHINWEIS

Köllen/Reichert/Vogl/Wagner, Lehrbuch Körperschaftsteuer und Gewerbesteuer, Kapitel 6.2.3

LÖSUNG

Ein Freibetrag i. S. d. §§ 24, 25 KStG kommt gem. § 24 Abs. 1 Satz 2 KStG nicht in Betracht.

Aber bei einer geringen Bemessungsgrundlage und einem entsprechend geringen Steuerbetrag wird gem. § 156 Abs. 1 AO zur Vereinfachung der Verwaltung eine Steuer nicht festgesetzt, wenn der festzusetzende Betrag je nach Rechtsverordnung bis zu 25 € nicht überschreitet. Bei dem Steuersatz für die tarifliche Körperschaftsteuer i. H. v. 15 % gem. § 23 Abs. 1 KStG und einem z.v. E. i. H. v. 500 € wird der Grenzbetrag überschritten, sodass § 156 Abs. 1 AO nicht angewendet werden kann.

Jedoch könnte von der Steuerfestsetzung gem. § 156 Abs. 2 AO abgesehen werden, wenn die Kosten der Einziehung einschließlich der Festsetzung außer Verhältnis zum Betrag stehen. Dieses Missverhältnis kann insbesondere vorliegen, wenn das Einkommen im Einzelfall offensichtlich 500 € nicht übersteigt (Bagatellregelung).

a) Da das z.v. E. offensichtlich 500 € nicht übersteigt, kann von einer Veranlagung zur Körperschaftsteuer in diesem Fall abgesehen werden.

b) Die Bagatellregelung ist bei der Komplementär-GmbH nicht anwendbar, weil ihr Gewinnanteil jährlich im Rahmen der einheitlichen und gesonderten Feststellung des Gewinns der Personengesellschaft ermittelt wird.

Die Körperschaftsteuer wird also festgesetzt.

Kapitel 7: Auswirkungen auf die Gesellschafterebene (§ 3 Nr. 40 EStG, §§ 3c und 20 EStG)

FALL 65

Besteuerung einer Kapitalgesellschaft und deren Anteilseigner

Sachverhalt:

Die X-GmbH erzielt im Wirtschaftsjahr einen Jahresüberschuss vor Körperschaftsteuer i. H. v. 400 000 €. Der Jahresüberschuss soll in vollem Umfang an die Anteilseigner ausgeschüttet werden.

AUFGABE

Wie sieht die steuerliche Behandlung bei der X-GmbH und den Anteilseignern aus? Aus Vereinfachungsgründen sollen der Solidaritätszuschlag und die Gewerbesteuer außer Betracht bleiben.

LITERATURHINWEIS

Köllen/Reichert/Vogl/Wagner, Lehrbuch Körperschaftsteuer und Gewerbesteuer, Kapitel 7.4

LÖSUNG

Vorbemerkung: Der Körperschaftsteuersatz beträgt ab dem Veranlagungszeitraum 2008 15 %. Die **Gewerbesteuer** einschließlich der darauf entfallenden Nebenleistungen ist gem. § 4 Abs. 5b EStG **nicht** als Betriebsausgabe **abzugsfähig**.

Ist Anteilseigner eine natürliche Person, wird wie folgt unterschieden:

► **Anteile im Privatvermögen**

Für Dividenden und für Veräußerungsgewinne bei Beteiligungen **unter 1 %** gilt die neue Abgeltungsteuer i. H. v. 25 %. Laufende Aufwendungen auf Beteiligungen sind nicht mehr als Werbungskosten abzugsfähig. Veräußerungen i. S. d. § 17 EStG (Beteiligung mindestens 1 %) fallen unter das **Teileinkünfteverfahren.**

► **Anteile im Betriebsvermögen**

Statt des bisherigen Halbeinkünfteverfahrens gilt für Beteiligungen im Betriebsvermögen zukünftig ein Teileinkünfteverfahren mit einer Steuerpflicht i. H. v. 60 %. Unter das Teileinkünfteverfahren fallen sowohl Dividenden als auch Veräußerungsgewinne. Aufwendungen können mit 60 % als Betriebsausgaben abgezogen werden.

Gemäß § 32d Abs. 6 EStG kann der Steuerpflichtige statt einer Besteuerung durch die pauschale Abgeltungsteuer eine Besteuerung der Kapitalerträge mit der tariflichen Einkommensteuer wählen, falls der persönliche Steuersatz niedriger als 25 % ist (wenn der Durchschnittssteuersatz auf das gesamte z.v.E. bei Verlusten aus anderen Einkunftsarten weniger als 25 % beträgt). Auch bei Einbeziehung der Einkünfte aus Kapitalvermögen in die Veranlagung ist der Abzug tatsächlicher **Werbungskosten ausgeschlossen,** allerdings wird der **Sparer-Pauschbetrag** berücksichtigt.

Werden die Anteile von einer Körperschaft gehalten, gelten die bisherigen Regelungen gem. § 8b KStG unverändert weiter, das bedeutet: volle Steuerbefreiung der erhaltenen Dividenden und der Veräußerungsgewinne unter Anwendung der 5 %-Pauschale i. S. d. § 8b Abs. 3 und 5 KStG (Veräußerungsverluste und Teilwertabschreibungen sind nicht abzugsfähig).

Besteuerung der Kapitalgesellschaft

	ab 2008
Körperschaftsteuer	15 %
Solidaritätszuschlag	5,5 %

Besteuerung des Gesellschafters

	Abgeltungsteuer	Teileinkünfteverfahren
Besteuerung Dividende	100 %	60 %
Steuersatz	25 %	Individueller Steuersatz
Abzug Werbungskosten oder Betriebsausgaben	–	60 %

Die Besteuerung der X-GmbH gestaltet sich wie folgt:

	Jahresüberschuss (vor Körperschaftsteuer)	400 000 €
-	Körperschaftsteuer	-60 000 €
=		340 000 €
+	Körperschaftsteuer	+60 000 €
=	z.v. E.	400 000 €

Die Besteuerung der Anteilseigner sieht wie folgt aus:

Dividende (§ 20 Abs. 1 Nr. 1 EStG)	340 000 €
steuerfrei (§ 3 Nr. 40 Buchst. d EStG)	-170 000 €
= steuerpflichtig	170 000 €

Die Anteilseigner sind wie folgt zu besteuern:

Anteile im Privatvermögen:

	Dividende	340 000 €
-	Sparer-Pauschbetrag	801 €
=		339 199 €
-	Abgeltungsteuer (25 %)	- 84 780 €
=	Auszahlungsbetrag (vor Solidaritätszuschlag und Kirchensteuer)	254 400 €

Allerdings können die Anteilseigner gem. § 32d Abs. 6 EStG die tarifliche Besteuerung wählen (Versteuerung der Bardividende i. H. v. 340 000 € gem. § 20 Abs. 1 Nr. 1 EStG; kein Teileinkünfteverfahren).

Anteile im Betriebsvermögen:

Teileinkünfteverfahren, keine Abgeltungsteuer

Beteiligungserträge	340 000 €
steuerfrei 40 % (Gewinnminderung außerhalb der Bilanz)	- 136 000 €
= zu versteuern als Gewinneinkünfte	204 000 €

FALL 66

Ausschüttung

Sachverhalt:

Die unbeschränkt körperschaftsteuerpflichtige Ein-Mann-GmbH hat zutreffenderweise ein z. v. E. i. H. v. 118 800,11 € ermittelt.

AUFGABEN

1. Ermitteln Sie die Höhe der Jahressteuerschuld der Körperschaftsteuer (nicht auf volle € runden) und des Solidaritätszuschlags der Ein-Mann-GmbH sowie die maximal mögliche Ausschüttung an den Einmanngesellschafter (natürliche Person). Es ist anzunehmen, dass die maximale Ausschüttung handelsrechtlich und liquiditätsmäßig möglich ist.

2. Ermitteln Sie außerdem die maximal mögliche Auszahlung an den Einmanngesellschafter.

3. Ermitteln Sie zusätzlich für den Ein-Mann-Gesellschafter die einkommensteuerpflichtige Einnahme.

LITERATURHINWEIS

Köllen/Reichert/Vogl/Wagner, Lehrbuch Körperschaftsteuer und Gewerbesteuer, Kapitel 8.2

LÖSUNG

Zu 1

Das z.v. E. der Ein-Mann-GmbH i. H. v. 118 800,11 € wird gem. § 23 Abs. 1 KStG mit einem Steuersatz i. H. v. 15 % besteuert. Der Solidaritätszuschlag beträgt gem. § 4 SolZG i. V. m. § 3 SolZG 5,5 % von der Körperschaftsteuer. Nach Abzug der Steuern vom z.v. E. ergibt sich die maximal mögliche Ausschüttung, die sog. **Bardividende:**

	Z.v. E.	118 800,11 €
-	15 % Körperschaftsteuer (nicht auf volle € gerundet)	17 820,01 €
-	5,5 % Solidaritätszuschlag	980,10 €
=	maximal mögliche Ausschüttung (= Bardividende)	100 000,00 €

Zu 2

Die Ein-Mann-GmbH ist verpflichtet, von der Bardividende 25 % Abgeltungsteuer gem. § 32d Abs. 1 Satz 1 EStG und 5,5 % Solidaritätszuschlag von der Abgeltungsteuer gem. § 4 SolZG i. V. m. § 3 SolZG einzubehalten und an das zuständige Finanzamt abzuführen. Nach Abzug der Steuern von der Bardividende ergibt sich die maximal mögliche Auszahlung an den Ein-Mann-Gesellschafter, die sog. **Nettodividende:**

	Bardividende	100 000 €
-	25 % Abgeltungsteuer	25 000 €
-	5,5 % Solidaritätszuschlag	1 375 €
=	maximal mögliche Auszahlung (= Nettodividende)	73 625 €

Zu 3

Durch die Einbehaltung der Abgeltungsteuer ist die Einkommensteuer abgegolten. Das z.v. E. des Ein-Mann-Gesellschafters wird deshalb grundsätzlich ohne die Einkünfte aus Kapitalvermögen ermittelt, es sei denn, er stellt gem. § 32d Abs. 4 und 6 EStG einen Antrag, diese Einkünfte in die Ermittlung des z.v. E. einzubeziehen.

Kapitel 8: Komplexe und steuerübergreifende Gesamtfälle

HINWEIS

Die zitierten Gesetzesfundstellen der Fälle 67 bis 73 beziehen sich auf das KStG 2002, zuletzt geändert durch das Gesetz zur steuerlichen Förderung des Mietwohnungsneubaus vom 4. 8. 2019 (BGBl 2019 I S. 1122).

FALL 67

Gesamtfall Körperschaftsteuer (I)

Sachverhalt:

An der Schmidt-GmbH mit Sitz in Dresden sind Anton Müller mit einer Stammeinlage i. H. v. 120 000 € und Bert Meier mit einer Stammeinlage i. H. v. 80 000 € beteiligt. Das Wirtschaftsjahr der Schmidt-GmbH stimmt mit dem Kalenderjahr überein. Die Geschäftsführung hat die folgende vorläufige Handelsbilanz per 31. 12. 2019 erstellt:

Vorläufige Handelsbilanz der Schmidt-GmbH per 31. 12. 2019

Anlagevermögen	1 200 000 €	Gezeichnetes Kapital	200 000 €
Umlaufvermögen	800 000 €	Kapitalrücklage	30 000 €
		Gewinnvortrag	4 000 €
		Jahresüberschuss	211 293 €
		Pensionsrückstellungen	930 000 €
		Übrige Passiva	624 707 €
	2 000 000 €		2 000 000 €

Aus den Unterlagen zum Jahresabschluss per 31. 12. 2019 ergeben sich folgende Sachverhalte:

a) In den sonstigen betrieblichen Aufwendungen der Schmidt-GmbH sind angemessene Aufwendungen für die Bewirtung von Geschäftsfreunden i. H. v. 9 250 € enthalten. Die Vorsteuer i. H. v. 1 480 € wurde als abzugsfähig verbucht. Die maßgebenden Aufzeichnungs- und Nachweispflichten wurden beachtet.

Des Weiteren hat die Schmidt-GmbH Spenden an eine politische Partei i. H. v. 5 000 € und an die katholische Kirchengemeinde i. H. v. 18 000 € getätigt und als sonstige betriebliche Aufwendungen verbucht. Über die Spenden liegen der Schmidt-GmbH ordnungsgemäße Zuwendungsnachweise vor.

b) Die Schmidt-GmbH hat im Jahr 2019 nach DBA steuerfreie ausländische Einkünfte i. H. v. 20 000 € als Umsatzerlöse erfasst.

c) Die Schmidt-GmbH ist an der Krüger-AG mit Sitz in Bochum zu 20 % beteiligt. Die Krüger-AG hat am 3. 5. 2019 für das Wirtschaftsjahr 2018 eine Gewinnausschüttung i. H. v. 28 000 € beschlossen. Die der Schmidt-GmbH zustehende Gewinnausschüttung (abzgl. Kapitalertragsteuer und Solidaritätszuschlag) i. H. v. 4 123 € ging am 5. 5. 2019 auf ihrem Bankkonto ein. Die Schmidt-GmbH buchte diesen Betrag als Ertrag aus Beteiligungen. In den Geschäftspapieren der Schmidt-GmbH befindet sich eine ordnungsgemäße Steuerbescheinigung.

d) Der alleinige Geschäftsführer der Schmidt-GmbH ist seit fast 20 Jahren der Gesellschafter Anton Müller. Aufgrund der Geschäftsführertätigkeit unterliegt Anton Müller nicht der gesetzlichen Sozialversicherungspflicht. Die mtl. Vergütung für die Geschäftsführertätigkeit beträgt 6 000 €. Auf der Gesellschafterversammlung am 1. 12. 2019 wurde der Geschäftsführervertrag geändert und die mtl. Geschäftsführervergütung aufgrund des sich abzeichnenden hervorragenden Jahresergebnisses rückwirkend ab dem 1. 1. 2019 um 700 € erhöht. Auch nach der Erhöhung liegt eine angemessene Geschäftsführervergütung vor. Am 15. 12. 2019 erhielt Anton Müller eine Bruttovergütung i. H. v. insgesamt 6 700 € + 11 × 700 € = 14 400 €.

e) Dem damals 40-jährigen Anton Müller war zudem vor zehn Jahren eine Pensionszusage erteilt worden, wonach er ab Vollendung des 67. Lebensjahres eine Betriebspension i. H. v. 100 % seiner letzten Aktivbezüge erhält. Im Jahresabschluss per 31. 12. 2019 wurde die entsprechende Pensionsrückstellung um 33 200 € auf 258 000 € aufgestockt. Den übrigen leitenden Angestellten, die nicht gleichzeitig Gesellschafter sind, hat die Schmidt-GmbH eine Pensionszusage i. H. v. 75 % der letzten Aktivbezüge erteilt. Das Finanzamt hat diesen Sachverhalt bisher nicht aufgegriffen; die Veranlagungen der Vorjahre sind nach den Vorschriften der AO nicht mehr änderbar.

f) Die Ehefrau des Gesellschafters Bert Meier gewährte der Schmidt-GmbH ab dem 1. 7. 2019 ein Darlehen i. H. v. 100 000 €, das am 30. 6. 2024 in einem Betrag zu tilgen ist. Die Zinsen i. H. v. 10 % p. a. sind jeweils halbjährlich nachschüssig fällig. Die Zinsen für das zweite Halbjahr 2019 wurden von der Schmidt-GmbH pünktlich gezahlt. Bei ihrer Hausbank hätte die Schmidt-GmbH für ein vergleichbares Darlehen einen Zinssatz i. H. v. 3 % zu zahlen.

g) Die Vorauszahlungen für das Jahr 2019 betragen 33 000 € an Körperschaftsteuer und 1 815 € an Solidaritätszuschlag. Die Körperschaftsteuernachzahlung für 2018 wurde verspätet gezahlt, so dass Säumniszuschläge i. H. v. 225 € zu leisten waren. Außerdem hat die Schmidt-GmbH 5 850 € an Erbschaftsteuer gezahlt. Aufgrund eines erfolglosen Einspruchs gegen den Erbschaftsteuerbescheid setzte das Finanzamt Aussetzungszinsen i. H. v. 185 € fest.

Sämtliche Beträge wurden als Aufwendungen in der GuV berücksichtigt.

h) Die Geschäftsführung der Schmidt-GmbH wird von einem Beirat überwacht. Die Mitglieder des Beirats erhielten 2019 Vergütungen i. H. v. 40 000 €.

i) Am 10. 4. 2020 werden aufgrund eines den gesellschaftsrechtlichen Vorschriften entsprechenden Gewinnverwendungsbeschlusses 197 050 € für das Wirtschaftsjahr 2019 als Gewinn ausgeschüttet. Für das Wirtschaftsjahr 2018 wurde im Mai 2019 beschlossen, keine Gewinnausschüttung vorzunehmen.

AUFGABEN

1. Ermitteln Sie das z.v.E. 2019. Berechnen Sie außerdem die Rückstellungen bzw. Erstattungsansprüche an Körperschaftsteuer und Solidaritätszuschlag per 31.12.2019.

2. Führen Sie die zum 31.12.2019 erforderlichen Feststellungen durch.

LITERATURHINWEIS

Köllen/Reichert/Vogl/Wagner, Lehrbuch Körperschaftsteuer und Gewerbesteuer, Kapitel 4.2

LÖSUNG

Zu 1

Z.v.E. und Steuerrückstellungen

Die Schmidt-GmbH ist als Kapitalgesellschaft unbeschränkt körperschaftsteuerpflichtig gem. § 1 Abs. 1 Nr. 1 KStG, da sie ihren Sitz (§ 11 AO) im Inland hat. Die Schmidt-GmbH ist gem. § 13 Abs. 3 GmbHG, §§ 6 Abs. 1 und 238 Abs. 1 HGB zur Buchführung verpflichtet.

Das z.v.E. ist gem. § 7 Abs. 2 KStG das Einkommen i.S.d. § 8 Abs. 1 KStG. Danach bestimmt sich das Einkommen nach den Vorschriften des EStG und des KStG. Bei der GmbH sind gem. § 8 Abs. 2 KStG alle Einkünfte als Einkünfte aus Gewerbebetrieb zu behandeln, da sie gem. § 1 Abs. 1 Nr. 1 bis 3 KStG unbeschränkt steuerpflichtig ist.

Die Ausgangsgröße der Einkommensermittlung ist der Jahresüberschuss –
siehe vorläufige Handelsbilanz: 211 293 €

Berichtigungen des Jahresüberschusses:

e) Pensionszusage

Nach der Rechtsprechung des BFH (Urteil vom 31.3.2004, BStBl 2004 II S. 937) scheidet eine Rückstellungsbildung gem. § 6a EStG aus, soweit die Zusage zu einer Überversorgung führt. Übersteigen am jeweils maßgeblichen Bilanzstichtag die zugesagten Leistungen aus der betrieblichen Altersversorgung 75 % der Aktivbezüge des Versorgungsberechtigten, kann eine Überversorgung vorliegen (BMF-Schreiben vom 3.11.2004, BStBl 2004 I S. 1045).

Die dem Anton Müller erteilte Betriebspension i. H. v. 100 % der letzten Aktivbezüge führt somit i. H. v. 25 %-Punkten zu einer Überversorgung, da auch vergleichbare Angestellte der Schmidt-GmbH nur eine Pension i. H. v. 75 % der letzten Aktivbezüge erhalten:

$$25\% \times 258\,000\,€ = \qquad +64\,500\,€$$

Rechtsfolge der Nichtanerkennung einer Versorgungszusage ist die Auflösung der Rückstellung im Umfang der Überversorgung in der ersten noch offenen Schlussbilanz; R 4.4 Abs. 1 Satz 9 EStR 2012. Die Korrektur erfolgt im Rahmen einer Bilanzberichtigung gem. § 4 Abs. 2 Satz 1 EStG i. V. m. § 8 Abs. 1 Satz 1 KStG.

Berichtigter Jahresüberschuss:
$$275\,793\,€$$

Außerbilanzielle Korrekturen

a) Bewirtungskosten und Spenden

Gemäß § 4 Abs. 5 Satz 1 Nr. 2 EStG unterliegen 30 % der angemessenen Aufwendungen für die Bewirtung von Geschäftsfreunden einem Abzugsverbot:

$$30\% \times 9\,250\,€ = \qquad +2\,775\,€$$

Eine Vorsteuerkorrektur findet gem. § 15 Abs. 1a Satz 2 UStG nicht statt.

Die Spenden sind gem. § 9 Abs. 1 Nr. 2 KStG unter Berücksichtigung der Höchstbeträge bei der Ermittlung des Gesamtbetrags der Einkünfte abzugsfähig. Da die Spenden bereits als Aufwand erfasst wurden, sind sie zunächst bei der Ermittlung der Summe der Einkünfte wieder hinzuzurechnen.

Spende an politische Partei
$$+5\,000\,€$$

Spende an katholische Kirchengemeinde
$$+18\,000\,€$$

b) Steuerfreie ausländische Einkünfte

Die aufgrund des DBA´s steuerfreien ausländischen Einkünfte sind abzuziehen, da sie den Jahresüberschuss erhöht haben:
$$-20\,000\,€$$

c) Dividende der Krüger-AG

Die von der Krüger-AG bezogene Gewinnausschüttung ist gem. § 8b Abs. 1 Satz 1 KStG steuerfrei.
§ 8b Abs. 4 KStG ist nicht anzuwenden, weil die Beteiligung zu Beginn des Wirtschaftsjahres mindestens 10 % beträgt. Somit ist der im Jahresüberschuss als Ertrag erfasste Auszahlungsbetrag bei der Einkommensermittlung abzuziehen: − 4 123 €

Die Gewinnausschüttung setzt sich wie folgt zusammen:

Auszahlungsbetrag	4 123 €
Anrechenbare Kapitalertragsteuer (25 % von 5 600 €)	+ 1 400 €
Anrechenbarer Solidaritätszuschlag (5,5 % von 1 400 €)	+ 77 €
Bruttodividende	5 600 €

Von der Gewinnausschüttung, die gem. § 8b Abs. 1 Satz 1 KStG außer Ansatz bleibt, gelten gem. § 8b Abs. 5 Satz 1 KStG 5 % als Ausgaben, die nicht als Betriebsausgaben abgezogen werden dürfen: 5 % × 5 600 € =   + 280 €

d) Geschäftsführervergütung

Gemäß § 8 Abs. 3 Satz 1 und 2 KStG ist es für die Ermittlung des Einkommens ohne Bedeutung, ob das Einkommen verteilt wird. Dies bedeutet, dass verdeckte Gewinnausschüttungen das Einkommen nicht mindern dürfen. Verdeckte Gewinnausschüttungen sind Vermögensminderungen bzw. verhinderte Vermögensmehrungen, die durch das Gesellschaftsverhältnis veranlasst sind, sich auf die Höhe des Unterschiedsbetrags i. S. d. § 4 Abs. 1 Satz 1 EStG auswirken und nicht im Zusammenhang mit einer offenen Gewinnausschüttung stehen. Eine verdeckte Gewinnausschüttung ist dem Jahresüberschuss wieder hinzuzurechnen.

Eine **verdeckte Gewinnausschüttung** kann auch bereits dann anzunehmen sein, wenn die Kapitalgesellschaft eine Leistung an ihren beherrschenden Gesellschafter erbringt, für die es an einer klaren und im Voraus getroffenen Vereinbarung fehlt (R 8.5 Abs. 2 Satz 1 KStR). Dies ist bei der **rückwirkenden Gehaltserhöhung** zugunsten von Anton Müller für Januar bis November 2019 der Fall: 11 Monate × 700 € =   + 7 700 €

f) Darlehenszinsen

Die **verdeckte Gewinnausschüttung** kann auch darin bestehen, dass die Gesellschaft einer dem Gesellschafter **nahe stehenden Person** einen Vermögensvorteil verschafft (R 8.5 Abs. 1 Satz 3 KStR). Der gesellschaftlich veranlasste Vermögensvorteil besteht in der Zahlung der überhöhten Schuldzinsen an die Ehefrau des Bert Meier. Diese Schuldzinsen haben den Jahresüberschuss der Schmidt-GmbH im Wirtschaftsjahr 2019 gemindert:

$$(10\% - 3\%) \times 100\,000\,€ \times {}^{6}/_{12} = \qquad +3\,500\,€$$

g) Steuerzahlungen

§ 10 KStG enthält Aufwendungen, die im Rahmen der Einkommensermittlung ebenfalls nicht abzugsfähig sind und demzufolge wieder hinzugerechnet werden. Dies sind die Steuern von Einkommen und Ertrag und sonstige Personensteuern gem. § 10 Nr. 2 KStG. Das Abzugsverbot umfasst auch die steuerlichen Nebenleistungen:

KSt-Vorauszahlungen	+33 000 €
SolZ-Vorauszahlungen	+1 815 €
Säumniszuschlag zur Körperschaftsteuer	+225 €
Erbschaftsteuer	+5 850 €
Aussetzungszinsen zur Erbschaftsteuer	+185 €

h) Aufsichtsratsvergütung

Des Weiteren ist gem. § 10 Nr. 4 KStG die Hälfte der Beiratsvergütungen nicht abzugsfähig:

$$50\% \times 40\,000\,€ = \qquad +20\,000\,€$$

i) Offene Gewinnausschüttung

Gemäß § 8 Abs. 3 Satz 1 KStG ist es für die Einkommensermittlung unerheblich, ob das Einkommen verteilt wird. Die offenen Gewinnausschüttungen beeinflussen das Einkommen der GmbH nicht.

Summe der Einkünfte
= Einkommen gem. § 9 Abs. 2 Satz 1 KStG

350 000 €

a) Spendenabzug

Spenden an politische Parteien sind nicht berücksichtigungsfähig. Von der Summe der Einkünfte sind jedoch die bescheinigten Spenden für kirchliche Zwecke abzuziehen. Gemäß § 9 Abs. 1 Nr. 2 KStG i. V. m. § 54 AO beträgt der einkommensabhängige Höchstbetrag 20 % des Einkommens gem. § 9 Abs. 2 Satz 1 KStG.

Begünstigte Spenden an Kirchengemeinde:	18 000 €	
20 % × 350 000 € = 70 000 €		− 18 000 €
Z. v. E.:		332 000 €
Die tarifliche Körperschaftsteuer beträgt gem. § 23 Abs. 1 KStG 15 % des z. v. E.:	15 % × 332 000 € =	49 800 €
Festzusetzende Körperschaftsteuer:		49 800 €
Auf die festzusetzende Körperschaftsteuer ist die Kapitalertragsteuer anzurechnen (§ 36 Abs. 2 Nr. 2 EStG):		− 1 400 €
Verbleibende Körperschaftsteuer:		48 400 €
Zur Berechnung der Körperschaftsteuer-Rückstellung sind die geleisteten Vorauszahlungen zu berücksichtigen (§ 31 Abs. 1 KStG):		− 33 000 €
Körperschaftsteuer-Rückstellung		**15 400 €**
Der Solidaritätszuschlag bemisst sich mit 5,5 % der festgesetzten Körperschaftsteuer (§ 3 Abs. 1 Nr. 1 SolZG, § 4 Satz 1 SolZG):	5,5 % × 49 800 € =	2 739 €
Auf den festzusetzenden Solidaritätszuschlag ist der mit der Kapitalertragsteuer einbehaltene Solidaritätszuschlag anzurechnen:		− 77 €
Verbleibender Solidaritätszuschlag:		2 662 €
Zur Berechnung der SolZ-Rückstellung sind die geleisteten Vorauszahlungen zu berücksichtigen (§ 31 Abs. 1 KStG, § 51a Abs. 1 EStG):		− 1 815 €
SolZ-Rückstellung		**847 €**

Zu 2

Feststellungen zum 31. 12. 2019

Aus dem Sachverhalt sind zum 31. 12. 2019 keine weiteren Feststellungen notwendig.

Gesamtfall Körperschaftsteuer (II)

Sachverhalt:

Die Computec-GmbH mit Sitz und Geschäftsleitung in Köln betreibt seit dem 1.1.1991 einen Groß- und Einzelhandel mit Computern und Softwareprodukten. Gesellschafter der Computec-GmbH sind Anton Hard mit einer Stammeinlage i. H.v. 140 000 € und Bernd Soft mit einer Stammeinlage i. H.v. 60 000 €. Anton Hard ist als alleiniger Geschäftsführer der Computec-GmbH tätig. Das Geschäftsjahr der Computec-GmbH entspricht dem Kalenderjahr. Die vorläufige Handelsbilanz der Computec-GmbH zum 31.12.2019 liegt Ihnen vor.

Aktiva	Bilanz zum 31.12.2019		Passiva
Sachanlagevermögen	280 000 €	Gezeichnetes Kapital	200 000 €
Beteiligung Disket-AG	160 000 €	Kapitalrücklagen	120 000 €
Umlaufvermögen	560 000 €	Gewinnrücklagen	100 000 €
		Bilanzgewinn	210 000 €
		Verbindlichkeiten	280 000 €
		Rückstellungen	90 000 €
	1 000 000 €		1 000 000 €

Die Eigenkapitalposition Bilanzgewinn entwickelt sich wie folgt:

Verlustvortrag	- 36 099 €
Übertrag aus der Gewinnrücklage	+ 67 690 €
Jahresüberschuss	+ 178 409 €
Bilanzgewinn	210 000 €

Bei Auswertung der Buchführungsunterlagen stellen Sie Folgendes fest:

a) Die Computec-GmbH hat im Jahr 2019 für die geplante Anschaffung einer Geschäftseinrichtung in ihrer Zweigstelle in Potsdam einen Investitionszuschuss aus öffentlichen Mitteln i. H.v. 35 000 € erhalten, den sie zunächst als sonstigen betrieblichen Ertrag verbuchte. Die bezuschusste Geschäftseinrichtung wurde im Januar 2020 geliefert und in Betrieb genommen.

b) Die Computec-GmbH ist seit zehn Jahren an der Disket-AG mit Sitz in Aachen zu 40 % beteiligt. Die Anschaffungskosten dieser Beteiligung betrugen 160 000 €.

Die Disket-AG hat am 15.7.2019 für das Wirtschaftsjahr 2018 eine Gewinnausschüttung i. H.v. 90 000 € beschlossen. Bei dieser Leistung wurde gem. der ausgestellten Steuerbescheinigung das steuerliche Einlagekonto der Disket-AG um insgesamt 40 % i. H.v. 30 000 € gemindert. Die der Computec-GmbH zustehende Gewinnausschüttung (abzgl. Kapitalertragsteuer: 6 000 € und Solidaritätszuschlag: 330 €) i. H.v. 29 670 € ging am 25.8.2019 auf ihrem Bankkonto ein. Die Computec-GmbH buchte lediglich den Auszahlungsbetrag als Ertrag aus Beteiligungen.

c) Die Computec-GmbH hat aus den Niederlanden steuerfreie Brutto-Einnahmen i. H.v. 30 000 € bezogen. Nach Abzug und Einbehalt der niederländischen Körperschaftsteuer i. H.v. 6 000 € wurde der verbleibende Betrag als Umsatzerlös verbucht.

d) Anton Hard hat anlässlich seines 50. Geburtstages Verwandte und Geschäftsfreunde in das in der Eifel belegene Gästehaus der Computec-GmbH eingeladen. Die Computec-GmbH sagte vorab zu, die Aufwendungen für die Geburtstagsfeier i. H.v. 14 000 € zu übernehmen. Die erzielbare Vergütung für eine solche Nutzungsüberlassung beträgt 23 000 € inklusive Umsatzsteuer.

Im Übrigen sind 2019 betrieblich bedingte Aufwendungen i. H.v. 86 000 € für die Beherbergung, Bewirtung und Unterhaltung von Geschäftsfreunden in dem Gästehaus angefallen. Die Aufwendungen i. H.v. insgesamt 100 000 € wurden auf einem besonderen Konto verbucht. Die zusätzlich in Rechnung gestellte Vorsteuer i. H.v. 19 000 € wurde als umsatzsteuerlich abziehbar angesehen und entsprechend verbucht.

e) Bei der Gesellschafterversammlung am 31. 12. 2019 erteilte die Computec-GmbH ihrem Geschäftsführer eine rechtsverbindliche, schriftliche und angemessen ausgestattete Pensionszusage. In der Bilanz per 31. 12. 2019 wurde demzufolge eine Pensionsrückstellung i. H.v. 56 000 € ausgewiesen, da die Pensionszusage mit Wirkung vom 1. 1. 2019 in Kraft getreten ist. Der Ausweis der Pensionsrückstellung in der Schlussbilanz zum 31. 12. 2019 und deren Höhe sind nicht zu beanstanden.

f) Bernd Soft vermietet der Computec-GmbH seit 1. 7. 2019 ein 700 qm großes unbebautes Grundstück, das die Computec-GmbH als Kundenparkplatz benutzt. Die bis zum 3. eines jeden Monats fällige Miete i. H.v. 3 500 € wurde von der Computec-GmbH meist pünktlich bezahlt und bei Zahlung als Aufwand verbucht. Die Dezember-Miete 2019 wurde versehentlich erst mit der Januar-Miete 2020 am 2. 1. 2020 an Bernd Soft überwiesen. Weitere Buchungen erfolgten im Jahr 2019 nicht. Die ortsübliche Monatsmiete für vergleichbare Grundstücke beträgt 3 €/qm.

g) Die Computec-GmbH verbuchte 2019 Arbeitslohn i. H.v. 30 000 €, den sie an die geschiedene Ehefrau von Bernd Soft zahlte, obwohl sie keine Arbeitsleistung gegenüber der Computec-GmbH erbringt. Die Gehaltsvereinbarung wurde unmittelbar nach der Trennung der Eheleute abgeschlossen und entspricht der Höhe nach dem Unterhaltsanspruch der Ehefrau gegenüber Bernd Soft.

h) Die Computec-GmbH leistete im Wirtschaftsjahr 2019 u. a. folgende Aufwendungen:

KSt-Vorauszahlungen 2019	50 000 €
SolZ-Vorauszahlungen 2019	2 750 €
KSt-/SolZ-Stundungszinsen	110 €
KSt-/SolZ-Verspätungszuschlag	600 €
Geldstrafe	26 000 €

Die Gesellschafter der Computec-GmbH beschlossen am 20. 9. 2018 eine Vorabausschüttung i. H.v. 90 000 € auf den für 2019 zu erwartenden Jahresüberschuss. Die Auszahlung erfolgte einen Tag später. Aufgrund von Forderungsausfällen im 4. Quartal 2018 ergab sich bei der Bilanzaufstellung für 2018 ein Jahresfehlbetrag. Mit der Feststellung des Jahresabschlusses 2018 im Mai 2019 nahm die Computec-GmbH den Ausschüttungsbeschluss in handelsrechtlich zulässiger Weise zurück. Die Gesellschafter zahlten den Betrag i. H. v. 90 000 € sofort zurück. Die Rückzahlung wurde zutreffend verbucht.

Die Gesellschafterversammlung hatte am 15.4.2020 eine Gewinnausschüttung für 2019 i. H. d. Bilanzgewinns von 210 000 € beschlossen, die gem. dem Gesellschaftsvertrag einen Tag nach Ausschüttungsbeschluss ausgezahlt wurde.

Das Finanzamt hat zum 31.12.2018 einen verbleibenden Verlustabzug i. H. v. 36 099 € gem. § 8 Abs. 1 KStG i.V.m. § 10d EStG gesondert festgestellt. Weitere Feststellungen wurden nicht getroffen.

AUFGABEN

1. Ermitteln Sie das z. v. E. der Computec-GmbH für 2019. Steuerrechtliche Wahlrechte sind so auszuüben, dass sich im Veranlagungszeitraum 2019 ein möglichst niedriges z. v. E. ergibt.

2. Berechnen Sie die Körperschaftsteuer-/Solidaritätszuschlags-Rückstellung bzw. den Körperschaftsteuer-/Solidaritätszuschlags-Erstattungsanspruch zum 31.12.2019.

3. Führen Sie die zum 31.12.2019 erforderlichen Feststellungen durch.

LITERATURHINWEIS

Köllen/Reichert/Vogl/Wagner, Lehrbuch Körperschaftsteuer und Gewerbesteuer, Kapitel 4.2

LÖSUNG

Zu 1

Z. v. E.

Die Computec-GmbH ist als Kapitalgesellschaft unbeschränkt körperschaftsteuerpflichtig gem. § 1 Abs. 1 Nr. 1 KStG, da sie ihren Sitz (§ 11 AO) bzw. Geschäftsleitung (§ 10 AO) im Inland hat. Die Computec-GmbH ist gem. § 13 Abs. 3 GmbHG, §§ 6 Abs. 1 und 238 Abs. 1 HGB zur Buchführung verpflichtet.

Das z. v. E. ist gem. § 7 Abs. 2 KStG das Einkommen i. S. d. § 8 Abs. 1 KStG. Danach bestimmt sich das Einkommen nach den Vorschriften des EStG und des KStG. Bei der GmbH sind gem. § 8 Abs. 2 KStG alle Einkünfte als Einkünfte aus Gewerbebetrieb zu behandeln, da sie gem. § 1 Abs. 1 Nr. 1 bis 3 KStG unbeschränkt steuerpflichtig ist.

Die Ausgangsgröße der Einkommensermittlung ist der Jahresüberschuss. Da die Bilanz unter Berücksichtigung der Verwendung des Jahresergebnisses aufgestellt wurde, ist gem. § 268 Abs. 1 HGB der Bilanzgewinn auszuweisen. Zur Berechnung des Jahresüberschusses aus dem Bilanzgewinn sind der Verlustvortrag hinzuzurechnen und der Entnahmebetrag aus der Gewinnrücklage abzuziehen.

Innerbilanzielle Korrekturen

a) Zuschuss

Der Jahresüberschuss bzw. Bilanzgewinn ist vorab unter Berücksichtigung bilanzsteuerrechtlicher Grundsätze zu korrigieren. Für den im Voraus gewährten Investitionszuschuss kann eine steuerfreie Rücklage gem. R 6.5 Abs. 2 und 4 EStR 2012 gebildet werden, da im Jahr 2019 das niedrigst mögliche z.v. E. zu ermitteln ist. Die Rücklage ist in der Steuerbilanz unabhängig vom Ansatz in der Handelsbilanz zu bilden (§ 5 Abs. 1 Satz 1 EStG). Das Wahlrecht zur Rücklagenbildung in der Steuerbilanz ist auch gegeben, wenn sich das Wahlrecht lediglich aus den Verwaltungsanweisungen — hier EStR 2012 — ergibt; BMF-Schreiben vom 12. 3. 2010 (BStBl 2010 I S. 239), Rz. 12.

d) Gästehaus

Die **Aufwendungen für das Gästehaus** sind gem. § 4 Abs. 5 Satz 1 Nr. 3 EStG nicht abzugsfähig. Die damit im Zusammenhang stehende Vorsteuer i. H. v. 19 000 € ist gem. § 15 Abs. 1a Satz 1 UStG **nicht abziehbar.** Die nichtabziehbare Vorsteuer mindert den Bilanzgewinn/Jahresüberschuss entsprechend.

f) Mietaufwand

Eine sonstige Verbindlichkeit i. H. v. 3 500 € ist anzusetzen für Ausgaben nach dem Abschlussstichtag, soweit sie Aufwand für die Zeit vor diesem Tag darstellen. Demnach ist die **Dezember-Miete** 2019 hinsichtlich des Gesellschaftergrundstücks per 31. 12. 2019 zu **passivieren.**

Jahresüberschuss lt. vorläufiger Bilanz		178 409 €
Bilanzgewinn lt. vorläufiger Bilanz	210 000 €	
Zuschussrücklage	- 35 000 €	- 35 000 €
nicht abziehbare Vorsteuer	- 19 000 €	- 19 000 €
sonstige Verbindlichkeit	- 3 500 €	- 3 500 €
Erhöhung der Umsatzerlöse um die in den niederländischen steuerfreien Einkünften erhaltene Körperschaftsteuer	+ 6 000 €	+ 6 000 €
korrigierter Bilanzgewinn	158 500 €	
Verlustvortrag	+ 36 099 €	
Entnahme aus der Gewinnrücklage	- 67 690 €	
= korrigierter Jahresüberschuss	**126 909 €**	**126 909 €**

b) Ausschüttung Disket-AG

Soweit für die Ausschüttung der Disket-AG Beträge aus dem steuerlichen Einlagekonto i. S. d. § 27 KStG als verwendet gelten, stellt der Bezug keinen Kapitalertrag dar (§ 20 Abs. 1 Nr. 1 Satz 3 EStG) und führt zu einer entsprechenden Minderung des Buchwerts der Beteiligung:

40 % × 30 000 € =	- 12 000 €

Im Übrigen ist die Gewinnausschüttung gem. § 8b Abs. 1 Satz 1 KStG steuerfrei, § 8 Abs. 4 KStG ist nicht anzuwenden, da die Beteiligung zu Beginn des Kalenderjahres mindestens 10 % beträgt.

40 % × (90 000 € - 30 000 €) =		24 000 €
abzgl. Kapitalertragsteuer	25 % × 24 000 € =	-6 000 €
abzgl. Solidaritätszuschlag	5,5 % × 6 000 € =	-330 €
= Auszahlungsbetrag		17 670 €	-17 670 €

Von der Gewinnausschüttung, die gem. § 8b Abs. 1 Satz 1 KStG bei der Ermittlung des Einkommens außer Ansatz bleibt, gelten gem. § 8b Abs. 5 Satz 1 KStG 5 % als Ausgaben, die nicht als Betriebsausgaben abgezogen werden dürfen:

5 % × 24 000 € = +1 200 €

c) Steuerfrei Einnahmen aus den Niederlanden

Die aufgrund des DBA steuerfreien ausländischen Umsatzerlöse sind abzuziehen, da sie den Jahresüberschuss erhöht haben. Sie sind mit 30 000 € im Jahresüberschuss enthalten.

-30 000 €

Verdeckte Gewinnausschüttungen

Gemäß § 8 Abs. 3 Satz 1 und 2 KStG ist es für die Ermittlung des Einkommens ohne Bedeutung, ob das Einkommen verteilt wird. Dies bedeutet, dass verdeckte Gewinnausschüttungen das Einkommen nicht mindern dürfen. Verdeckte Gewinnausschüttungen sind Vermögensminderungen bzw. verhinderte Vermögensmehrungen, die durch das Gesellschaftsverhältnis veranlasst sind, sich auf die Höhe des Unterschiedsbetrags i. S. d. § 4 Abs. 1 Satz 1 EStG auswirken und nicht im Zusammenhang mit einer offenen Gewinnausschüttung stehen (vgl. R 8.5 Abs. 1 Satz 1 KStR 2015). Eine verdeckte Gewinnausschüttung ist der Ausgangsgröße außerbilanziell hinzuzurechnen.

d) Verdeckte Gewinnausschüttung – Geburtstagsfeier Geschäftsführer

Eine **verdeckte Gewinnausschüttung** besteht in der **unentgeltlichen Nutzungsüberlassung des Gästehauses** an den Gesellschafter Hard anlässlich seines 50. Geburtstags, da diese Vermögensminderung ein ordentlicher und gewissenhafter Geschäftsleiter gegenüber einer Person, die nicht Gesellschafter ist, unter sonst gleichen Umständen nicht hingenommen hätte (vgl. H 8.5 „III. Veranlassung durch das Gesellschaftsverhältnis – Allgemeines" KStH 2015). Die verdeckte Gewinnausschüttung ist mit der erzielbaren Vergütung inklusive Umsatzsteuer zu bewerten (vgl. H 8.6 „Nutzungsüberlassungen" KStH 2015): (Abzgl. der „Aufwendungen i. H. v. 14 000 €" schlägt sich dieser Sachverhalt somit mit +9 000 € im z. v. E. nieder.)

+23 000 €

Die damit im Zusammenhang stehende nichtabziehbare Vorsteuer ist bei der Einkommensermittlung nicht zusätzlich gem. § 10 Nr. 2 KStG hinzuzurechnen (vgl. R 8.6 KStR).

e) Verdeckte Gewinnausschüttung – Pensionsrückstellung

Eine gesellschaftsrechtliche Veranlassung kann auch bereits dann anzunehmen sein, wenn die Kapitalgesellschaft eine Leistung an ihren beherrschenden Gesellschafter erbringt, für die es an einer klaren und im Voraus getroffenen Vereinbarung fehlt (vgl. R 8.5 Abs. 2 Satz 1 KStR 2015). Dies ist bei der **rückwirkenden Vereinbarung der Pensionszusage** für das Wirtschaftsjahr 2019 der Fall. Das Rückwirkungsverbot hat Vorrang vor der Prüfung der Angemessenheit. Die Pensionszusage hat bereits durch Bildung der Rückstellung per 31. 12. 2019 den Bilanzgewinn 2019 gemindert und ist daher bei der Einkommensermittlung 2019 außerhalb der Bilanz hinzuzurechnen:

+ 56 000 €

Gemäß BMF-Schreiben vom 28. 5. 2002 (BStBl 2002 I S. 603) ist für den betreffenden Passivposten zum 31. 12. 2019 eine Nebenrechnung durchzuführen. Ein Teilbetrag I ist i. H. d. verdeckten Gewinnausschüttung zu bilden:

(56 000 €)

Ergänzend ist festzuhalten, in welchem Umfang der Teilbetrag I bei der Einkommensermittlung hinzugerechnet worden ist (Teilbetrag II):

(56 000 €)

f) Verdeckte Gewinnausschüttung – überhöhte Mietzahlungen

Eine **verdeckte Gewinnausschüttung** besteht des Weiteren in der Zahlung der **überhöhten Grundstücksmieten** an den Gesellschafter Soft. Die gesellschaftsrechtliche Veranlassung dieser Vermögensminderung ergibt sich aufgrund der Unangemessenheit. Die überhöhten Mieten von Juli bis Dezember haben den Unterschiedsbetrag i. S. d. § 4 Abs. 1 Satz 1 EStG der Computec-GmbH im Jahr 2019 gemindert:

$(3\,500\,€ - 700\,qm \times 3\,€/qm) \times 6\,Monate =$

+ 8 400 €

g) Verdeckte Gewinnausschüttung – Arbeitslohn an Ehefrau Geschäftsführer

Die verdeckte Gewinnausschüttung kann auch darin bestehen, dass die Gesellschaft einer dem Gesellschafter **nahe stehenden Person** einen Vermögensvorteil verschafft (vgl. R 8.5 Abs. 1 Satz 3 KStR 2015). Die Vermögensminderung besteht in der Gehaltszahlung an die geschiedene Ehefrau des Soft, die dafür keine Arbeitsleistung erbringt:

+ 30 000 €

d) Nicht abziehbare Aufwendungen – Gästehaus

Die Ausgangsgröße erhöht sich um die gem. § 4 Abs. 5 bis 7 EStG **nicht abzugsfähigen Betriebsausgaben.** Dies sind die übrigen Aufwendungen für das Gästehaus i. H. v. 86 000 € netto zzgl. 19 000 € nicht abziehbare Vorsteuer. Das Gästehaus ist eine Einrichtung, die der Bewirtung, Beherbergung oder Unterhaltung von Personen dient, die nicht Arbeitnehmer der Computec-GmbH sind und die sich außerhalb des Orts des Betriebs der GmbH befindet:

+ 86 000 €

Die für das Gästehaus als Vorsteuerbeträge gebuchten Aufwendungen i. H. v. 19 % von 86 000 € = 16 340 € sind umsatzsteuerlich nicht abziehbar und abzugsfähig gem. § 15 Abs. 1a UStG; nicht abziehbar gem. § 10 Nr. 2 KStG (siehe nachfolgende Tz.).

h) Nicht abziehbare Ausgaben gem. § 10 KStG

§ 10 KStG enthält weitere Aufwendungen, die im Rahmen der Einkommensermittlung nicht abzugsfähig sind und demzufolge wieder hinzugerechnet
werden. Dies sind gem. § 10 Nr. 2 KStG die Steuern von Einkommen sowie der
Teil der Vorsteuer aus den Aufwendungen für das Gästehaus, die nicht mit der
verdeckten Gewinnausschüttung im Zusammenhang stehen. Das Abzugsverbot umfasst grundsätzlich auch die steuerlichen Nebenleistungen.

KSt-Vorauszahlungen	+50 000 €
SolZ-Vorauszahlungen	+2 750 €
nicht abziehbare Vorsteuer (s. o.)	+16 340 €
KSt-/SolZ-Stundungszinsen	+110 €
KSt-/SolZ-Verspätungszuschlag	+600 €
des Weiteren ist gem. § 10 Nr. 3 KStG die Geldstrafe nicht abzugsfähig	+26 000 €
= Gesamtbetrag der Einkünfte	367 639 €

Der Gesamtbetrag vermindert sich im Wege des Verlustvortrags gem.
§ 8 Abs. 1 KStG; § 10d Abs. 2 EStG um den verbleibenden Verlustabzug zum
31. 12. 2018 i. H. v.

	–36 099 €
= z. v. E.	331 540 €

Zu 2

Steuer-Erstattungsansprüche

Die tarifliche Körperschaftsteuer beträgt gem.
§ 23 Abs. 1 KStG 15 % des z. v. E.   15 % × 331 540 € =   49 731 €

festzusetzende Körperschaftsteuer		49 731 €

Auf die festzusetzende Körperschaftsteuer ist die Kapitalertragsteuer anzurechnen   –6 000 €

= verbleibende Körperschaftsteuer	43 731 €

Zur Berechnung des Körperschaftsteuer-Erstattungsanspruchs sind die geleisteten Vorauszahlungen zu berücksichtigen (§ 31 Abs. 1 KStG)   –50 000 €

= Körperschaftsteuer-Erstattungsanspruch	–6 269 €

Der Solidaritätszuschlag bemisst sich mit 5,5 % der
festgesetzten Körperschaftsteuer (§ 3 Abs. 1 Nr. 1
SolZG, § 4 Satz 1 SolZG)   5,5 % × 49 731 € =   2 735,20 €

Auf den festzusetzenden Solidaritätszuschlag ist der mit der Kapitalertragsteuer einbehaltene Solidaritätszuschlag anzurechnen   –330 €

= verbleibender Solidaritätszuschlag	2 405,20 €

Zur Berechnung der SolZ-Erstattungsanspruchs sind die geleisteten Vorauszahlungen zu berücksichtigen (§ 31 Abs. 1 KStG, § 51a Abs. 1 EStG)   –2 750 €

= SolZ-Erstattungsanspruch	–344,80 €

Zu 3

Feststellung des steuerlichen Einlagekontos und eines eventuell noch bestehenden Verlustvortrages

Steuerliches Einlagekonto

Bestand zum 31. 12. 2018 – keine Angabe im Sachverhalt –	0 €
Durch die Rückzahlung der bereits erfolgten Vorabausschüttung tätigen die Gesellschafter eine Einlage, die als Zugang auf dem steuerlichen Einlagekonto zu berücksichtigen ist	+ 90 000 €
= Bestand zum 31. 12. 2019	90 000 €

Verlustvortrag zum 31. 12. 2019

Verlustvortrag zum 31. 12. 2018	36 099 €
Der Verlustvortrag wurde zur Ermittlung des z. v. E. vollständig verrechnet,	./. 36 099 €
sodass zum 31. 12. 2019 ein Verlustvortrag i. H. v. 0 € festzustellen ist.	0 €

FALL 69

Körperschaftsteuer und Umwandlungssteuerrecht

Sachverhalt:

Die Buch-GmbH mit Sitz in München wurde zum 1. 7. 2015 gegründet. Sie betreibt einen Verlag für juristische Fachbücher. Das Wirtschaftsjahr der GmbH endet zum 30. 6. eines Kalenderjahres.

Die Gründungseinlage der Buch-GmbH i. H. v. 300 000 € übernahm Peter Buch. Er zahlte das Stammkapital bar ein. Die Bareinlage wurde durch ein Darlehen der Hypovereinsbank i. H. v. 324 000 € finanziert. Bei der Darlehensauszahlung am 1. 7. 2015 wurde ein Damnum i. H. v. 24 000 € einbehalten. Das Darlehen ist halbjährlich nachschüssig mit 3 % p. a. zu verzinsen und am 30. 6. 2027 insgesamt zu tilgen. Die Darlehenszinsen wurden von Peter Buch jeweils bei Fälligkeit von seinem privaten Girokonto gezahlt.

Peter Buch hat der Buch-GmbH seit dem 1. 7. 2015 ein selbst errichtetes Betriebsgebäude (Bauantrag: 10. 5. 2014; Fertigstellung: 1. 7. 2015) vermietet, dass für die Druckerei der Buch-GmbH besonders hergerichtet worden war. Die mtl. fällige und angemessene Miete beträgt 6 000 €. Die mtl. Grundstückskosten (ohne AfA) betragen 2 000 € und werden von Peter Buch gezahlt. Die Gebäudeherstellungskosten wurden zutreffend mit 600 000 € ermittelt. Peter Buch hat die höchstmögliche AfA in Anspruch genommen. Die Anschaffungskosten des GruBo haben 2013 100 000 € betragen. Sämtliche Aufwendungen wurden mit Eigenmitteln finanziert. Der Verkehrswert des Grundstücks am 30. 6. 2019 beträgt 750 000 € (GruBo-Anteil: 20 %).

Mit Wirkung vom 1. 1. 2019 veräußerte Peter Buch 40 % seiner Beteiligung an der Buch-GmbH an Josef Meier zu einem Preis i. H. v. 600 000 €. Eine vorzeitige Tilgung des Darlehens bei der Hypovereinsbank ist nicht erfolgt. Der Veräußerungserlös dient der Finanzierung eines Eigenheims. Josef Meier hält seine Beteiligung an der Buch-GmbH im Privatvermögen.

In der Gesellschafterversammlung vom 15.6.2019 fassen die Gesellschafter der Buch-GmbH den Beschluss, die GmbH mit Wirkung vom 30.6.2019 in eine OHG umzuwandeln. Die Anmeldung des Formwechsels zur Eintragung in das Handelsregister erfolgt am 10.8.2019. An der Buch-OHG sind Peter Buch mit 60 % und Josef Meier mit 40 % beteiligt. Die Gewinnverteilung erfolgt nach der Beteiligungsquote. Das Wirtschaftsjahr der Buch-OHG entspricht dem Kalenderjahr. Die Umwandlung wurde am 20.11.2019 in das Handelsregister eingetragen.

Zum 30.6.2019 legt die Buch-GmbH die folgende Übertragungsbilanz vor:

Aktiva	Bilanz der Buch-GmbH zum 30.6.2019		Passiva
Anlagevermögen	1 050 000 €	Gezeichnetes Kapital	300 000 €
Umlaufvermögen	3 950 000 €	Gewinnvortrag	700 000 €
		Jahresüberschuss	100 000 €
		Verbindlichkeiten	2 300 000 €
		Rückstellungen	1 600 000 €
	5 000 000 €		5 000 000 €

Im Anlagevermögen sind stille Reserven i.H.v. 250 000 € enthalten zzgl. eines originären Firmenwerts i.H.v. 220 000 €. Die Restnutzungsdauer des linear abgeschriebenen Anlagevermögens beträgt fünf Jahre. In den Rückstellungen sind zutreffend ermittelte Steuerrückstellungen enthalten. Die Umwandlung soll nach Möglichkeit ohne Aufdeckung der stillen Reserven erfolgen.

Für das Rumpfwirtschaftsjahr vom 1.7. bis 31.12.2019 weist die Buch-OHG einen handelsrechtlich ordnungsgemäßen Jahresüberschuss i.H.v. 60 000 € aus. Dabei wurden die an Peter Buch gezahlten Mieten für das Betriebsgebäude als Aufwand berücksichtigt.

AUFGABEN

1. Ermitteln Sie die Besteuerungsgrundlagen im Veranlagungszeitraum 2019 für Peter Buch sowie für Josef Meier.

2. Ermitteln Sie die festzusetzende Körperschaftsteuer der Buch-GmbH im Veranlagungszeitraum 2019. Bei der Einkommensermittlung ist von nichtabzugsfähigen Ausgaben i.H.v. 50 000 € auszugehen. Solidaritätszuschlag kann aus Vereinfachungsgründen vernachlässigt werden.

Zu 1

Ermittlung der Einkünfte aus Gewerbebetrieb

Einkünfte aus Betriebsaufspaltung (1. 1. bis 30. 6. 2019) für Peter Buch

Durch die Vermietung des Betriebsgebäudes an die Buch-GmbH ist eine Betriebsaufspaltung entstanden, aus der Peter Buch (PB) seit dem 1. 7. 2015 Einkünfte aus Gewerbebetrieb gem. § 15 Abs. 1 Satz 1 Nr. 1 und Abs. 2 EStG erzielt (vgl. H 15.7 Abs. 4 „Allgemeines" EStH).

Das Besitz- und das Betriebsunternehmen sind sachlich und personell verflochten. Die sachliche Verflechtung liegt vor, da PB der GmbH eine (funktional) wesentliche Betriebsgrundlage mietweise überlassen hat (vgl. H 15.7 Abs. 5 „Wesentliche Betriebsgrundlage" EStH). Aufgrund der besonderen Herrichtung des Betriebsgebäudes für die Belange der GmbH handelt es sich um eine wesentliche Betriebsgrundlage. Die personelle Verflechtung ist ebenfalls gegeben, da PB aufgrund seiner mehrheitlichen Beteiligung am Besitz- und Betriebsunternehmen seinen Betätigungswillen durchsetzen kann (vgl. H 15.7 Abs. 6 „Allgemeines" EStH). Dies gilt auch noch im Jahr 2019, da ihm nach der Veräußerung an Josef Meier ein Anteil i. H. v. 60 % verbleibt.

Zum Betriebsvermögen des Besitzunternehmens gehören neben dem überlassenen Betriebsgebäude auch die Anteile an der Buch-GmbH. Die Bewertung der einzelnen Wirtschaftsgüter erfolgt gem. § 6 Abs. 1 Nr. 1 und 2 EStG.

Das Wirtschaftsjahr des Besitzunternehmens entspricht gem. § 4a Abs. 1 Satz 1 Nr. 3 EStG dem Kalenderjahr, da keine Handelsregister-Eintragung besteht. Die gewerbliche Betriebsaufspaltung endet mit der Umwandlung der Buch-GmbH in die Buch-OHG mit Wirkung vom 30. 6. 2019.

Bei der Einkunftsermittlung für das gewerbliche Besitzunternehmen in der Zeit vom 1. 1. bis 30. 6. 2019 (Rumpfwirtschaftsjahr) ist neben den Mieterträgen und den Grundstückskosten auch die Gebäude-AfA anzusetzen. Die Gebäude-AfA ergibt sich gem. § 7 Abs. 4 Satz 1 Nr. 1 EStG, da das Gebäude aufgrund eines Bauantrags nach dem 31. 3. 1985 errichtet wurde, zum Betriebsvermögen gehört und nicht Wohnzwecken dient. Die AfA i. H. v. 3 % ist zunächst nur bis zum 30. 6. 2019 zu berücksichtigen.

Zu den Einkünften gehört auch der Gewinn aus der Veräußerung des 40 %-GmbH-Anteils. Es liegt kein Veräußerungsgewinn i. S. d. § 16 Abs. 1 Satz 1 Nr. 1 Satz 2 EStG vor, da keine 100 %-Beteiligung veräußert wurde. Der Veräußerungspreis ist gem. § 3 Nr. 40 Buchst. a Satz 1 EStG zu 40 % steuerfrei; die entsprechenden Anschaffungskosten der Beteiligung sind gem. § 3c Abs. 2 Satz 1 EStG nur zu 60 % abzugsfähig.

Die mit dem Beteiligungserwerb im Zusammenhang stehenden Finanzierungskosten (Schuldzinsen und Abschreibung des Damnums) sind für das erste Halbjahr 2019 zunächst zu 60 % als Betriebsausgaben zu berücksichtigen, da sie insoweit mit dem verbliebenen Gesellschaftsanteil noch in wirtschaftlichem Zusammenhang stehen. Der Rechnungsabgrenzungsposten (Damnum) ist bei Veräußerung der 40 %-GmbH-Beteiligung gewinnmindernd aufzulösen, soweit er auf die veräußerten Anteile entfällt (vgl. FG Hamburg vom 29. 6. 1988, EFG 1989, 224, NWB

DokID: HAAAA-07014; ähnlich auch BFH – IV R 76/82 (BStBl 1984 II S. 713) bei vorzeitiger Darlehensrückzahlung.

Darüber hinaus ist bei den Finanzierungskosten ebenfalls das Teileinkünfteverfahren gem. § 3c Abs. 2 Satz 1 EStG zu beachten.

Die Einkünfte gem. § 15 Abs. 1 Satz 1 Nr. 1 EStG ermitteln sich demnach wie folgt:

Grundstücksvermietung:

Miete:	6 Monate × 6 000 € =	36 000 €
Grundstückskosten:	6 Monate × 2 000 € =	-12 000 €
Gebäude-AfA:	600 000 € × 3 % × $^6/_{12}$ =	-9 000 €

Veräußerung von 40 %-GmbH-Anteil:

Veräußerungspreis:	600 000 €	
davon steuerfrei, § 3 Nr. 40 Buchst. a Satz 1 EStG	-240 000 €	
davon steuerpflichtig	360 000 €	360 000 €
Anschaffungskosten: 40 % × 300 000 € =	120 000 €	
davon nicht abzugsfähig (§ 3c Abs. 2 Satz 1 EStG) 40 %	-48 000 €	
davon abzugsfähig	72 000 €	-72 000 €

Finanzierungskosten für Beteiligung:

Zinsen: 3 % × 324 000 € × 60 % × $^6/_{12}$ =			2 916 €	
Damnum:	1. 7. 2015:	24 000 €		
	Aufwand 2015:	-1 000 €		
	Aufwand 2016:	-2 000 €		
	Aufwand 2017:	-2 000 €		
	Aufwand 2018:	-2 000 €		
	31. 12. 2018:	17 000 €		
	abzgl. 40 % – veräußerter Anteil –:	-6 800 €	6 800 €	
	Zwischensumme	10 200 €		
	Aufwand 1 bis 6/2019: 1 000 € × 60 % =	-600 €	600 €	
	30. 6. 2019:	9 600 €		
= Summe			10 316 €	
davon nicht abzugsfähig – § 3c Abs. 2 Satz 1 EStG – 40 %			-4 126 €	
davon abzugsfähig – 60 %			-6 190 €	-6 190 €
= Einkünfte gem. § 15 Abs. 1 Satz 1 Nr. 1 EStG				296 810 €

Einkünfte aus Mitunternehmerschaft (1. 7. bis 31. 12. 2019) sowie Einnahmen aus Kapitalvermögen für Peter Buch

Als Mitunternehmer der Buch-OHG erzielt PB Einkünfte aus Gewerbebetrieb gem. § 15 Abs. 1 Satz 1 Nr. 2 EStG. Die Buch-OHG ist im Wege des Rechtsformwechsels aus der Buch-GmbH hervorgegangen. Gemäß § 9 Satz 1 UmwStG finden auf den Formwechsel einer Kapitalgesellschaft in eine Personengesellschaft die §§ 3 bis 8 UmwStG entsprechend Anwendung. Die Kapitalgesellschaft hat für steuerliche Zwecke auf den Zeitpunkt, in dem der Formwechsel wirksam wird, eine **Übertragungsbilanz** und die Personengesellschaft eine **Eröffnungsbilanz** aufzustellen (§ 9 Satz 2 UmwStG).

Gemäß § 3 Abs. 1 Satz 1 UmwStG sind die übergehenden Wirtschaftsgüter, einschließlich nicht entgeltlich erworbener und selbst geschaffener immaterieller Wirtschaftsgüter, in der steuerlichen Schlussbilanz der übertragenden Körperschaft mit dem gemeinen Wert anzusetzen. Auf Antrag können die übergehenden Wirtschaftsgüter einheitlich mit dem Buchwert oder einem höheren Wert, höchstens jedoch mit dem gemeinen Wert gem. § 3 Abs. 2 Satz 1 UmwStG angesetzt werden, soweit sie Betriebsvermögen der übernehmenden Personengesellschaft werden und sichergestellt ist, dass sie später der Besteuerung mit Einkommensteuer oder Körperschaftsteuer unterliegen und das Recht der Bundesrepublik Deutschland hinsichtlich der Besteuerung des Gewinns aus der Veräußerung der übertragenen Wirtschaftsgüter bei den Gesellschaftern der übernehmenden Personengesellschaft nicht ausgeschlossen oder beschränkt wird. Weitere Voraussetzung ist, dass für die übergehenden Wirtschaftsgüter keine Gegenleistung gewährt wird oder in Gesellschaftsrechten besteht.

Da im vorliegenden Fall die Voraussetzungen erfüllt sind, ist die Aufdeckung der stillen Reserven entbehrlich; d. h. bei der übertragenden Körperschaft entsteht **kein Übertragungsgewinn**. Die Buch-OHG hat die auf sie übergegangenen Wirtschaftsgüter gem. § 4 Abs. 1 Satz 1 UmwStG mit dem in der steuerlichen Schlussbilanz der übertragenden Körperschaft enthaltenen Wert zu übernehmen.

Infolge des Vermögensübergangs ergibt sich für die einzelnen Mitunternehmer ein Übernahmegewinn oder Übernahmeverlust in Höhe des Unterschiedsbetrags zwischen dem Wert, mit dem die übergegangenen Wirtschaftsgüter zu übernehmen sind, und dem Wert der Anteile an der übertragenden Körperschaft (§ 4 Abs. 4 Satz 1 UmwStG).

Der Übernahmegewinn oder Übernahmeverlust gehört bei den Mitunternehmern zu den Einkünften gem. § 15 Abs. 1 Satz 1 Nr. 2 EStG. Ein Übernahmegewinn vermindert sich oder eine Übernahmeverlust erhöht sich um die Bezüge, die gem. § 7 UmwStG zu den Einkünften aus Kapitalvermögen i. S. d. § 20 Abs. 1 Nr. 1 EStG gehören (§ 4 Abs. 5 Satz 2 UmwStG).

Gemäß § 7 Satz 1 UmwStG ist dem Anteilseigner der Teil des in der Steuerbilanz ausgewiesenen Eigenkapitals abzgl. des Bestands des steuerlichen Einlagekontos i. S. d. § 27 KStG, der sich nach Anwendung von § 29 Abs. 1 KStG ergibt, in dem Verhältnis der Anteile zum Nennkapital der übertragenden Körperschaft als Einnahmen aus Kapitalvermögen i. S. d. § 20 Abs. 1 Nr. 1 EStG zuzurechnen. Dies gilt gem. § 7 Satz 2 UmwStG unabhängig davon, ob für den Anteilseigner ein Übernahmegewinn oder Übernahmeverlust gem. §§ 4 oder 5 UmwStG ermittelt wird.

Die **Einnahmen aus Kapitalvermögen** i. S. d. § 7 Satz 1 UmwStG ermitteln sich **für PB** wie folgt:

Eigenkapital der Buch-GmbH lt. Steuerbilanz zum 30. 6. 2019 (= Bilanzsumme abzgl. Verbindlichkeiten und Rückstellungen)	1 100 000 €
abzgl. Nennkapital der übertragenen Kapitalgesellschaft	- 300 000 €
offene Rücklagen	800 000 €
davon entfallen auf PB (60 %) als Einnahmen aus Kapitalvermögen i. S. d. § 7 Satz 1 UmwStG	480 000 €
davon steuerfrei – § 3 Nr. 40 Buchst. a Satz 1 EStG	- 192 000 €
= steuerpflichtige Einnahmen aus Kapitalvermögen	288 000 €

Bei der Ermittlung des Übernahmegewinns oder -verlustes bleibt der Wert der übergegangenen Wirtschaftsgüter außer Ansatz, soweit er auf Anteile an der übertragenden Körperschaft entfällt, die am Übertragungsstichtag nicht zum Betriebsvermögen der übernehmenden Personengesellschaft gehören (§ 4 Abs. 4 Satz 3 UmwStG).

Die PB gehörenden Anteile an der übertragenden Körperschaft gehören am Übertragungsstichtag nicht zum Betriebsvermögen der übernehmenden Personengesellschaft. Sie gehören jedoch zu diesem Zeitpunkt zum Betriebsvermögen des Besitzunternehmens im Rahmen der gewerblichen Betriebsaufspaltung. Gemäß § 5 Abs. 3 Satz 1 UmwStG ist zu unterstellen, dass die Anteile am Übertragungsstichtag zum Buchwert, erhöht um Abschreibungen sowie um Abzüge gem. § 6b EStG und ähnliche Abzüge, die in früheren Jahren steuerwirksam vorgenommen worden sind, höchstens mit dem gemeinen Wert in das Betriebsvermögen der Personengesellschaft überführt worden sind, wenn sie zu diesem Zeitpunkt zum Betriebsvermögen des Gesellschafters der übernehmenden Personengesellschaft gehören. Somit ist für PB ein Übernahmegewinn zu ermitteln, der gem. § 4 Abs. 7 Satz 2 UmwStG i. V. m. § 3 Nr. 40 Buchst. a Satz 1 und 2 EStG zu 60 % anzusetzen ist.

Der Übernahmegewinn i. S. d. § 4 Abs. 4 Satz 1 UmwStG ermittelt sich für PB wie folgt:

Buchwert des übergegangenen Betriebsvermögens: 1 100 000 € × 60 % =	660 000 €	
Wert der Anteile an der übertragenden GmbH: 300 000 € × 60 % =	- 180 000 €	
= Übernahmegewinn 1. Stufe	480 000 €	
abzgl. Einnahmen i. S. d. § 7 Satz 1 UmwStG (§ 4 Abs. 5 Satz 2 UmwStG)	- 480 000 €	
= Übernahmegewinn 2. Stufe	0 €	0 €

Daneben ist PB der Gewinnanteil aus der OHG-Beteiligung zuzurechnen:

60 000 € × 60 % =	36 000 €

Zu den Einkünften gehören neben dem Übernahmegewinn und dem Gewinnanteil des Gesamthandsvermögens auch die Vergütungen für die Überlassung des Betriebsgebäudes. Das Grundstück gehört seit dem Rechtsformwechsel am 30. 6. 2019 zum **notwendigen Sonderbetriebsvermögen** des PB. Bei der Überführung des Grundstücks vom Betriebsvermögen des Besitzunternehmens in das Sonderbetriebsvermögen sind die Buchwerte fortzuführen (§ 6 Abs. 5 Satz 2

EStG). Als Sonderbetriebsausgaben ist u. a. die AfA gem. § 7 Abs. 4 Satz 1 Nr. 1 EStG für das Betriebsgebäude zu berücksichtigen.

Zum Sonderbetriebsvermögen gehören des Weiteren 60 % der Darlehensschuld, die im Zusammenhang mit der Finanzierung der GmbH-Beteiligung von PB begründet wurde und die nach dem Rechtsformwechsel in wirtschaftlichem Zusammenhang mit der OHG-Beteiligung steht. Entsprechendes gilt für den verbliebenen Rechnungsabgrenzungsposten (Damnum). Die **Finanzierungskosten** (Schuldzinsen und Abschreibung des Damnums) sind daher für das zweite Halbjahr 2019 als **Sonderbetriebsausgaben** zu berücksichtigen.

Grundstücksvermietung:

Miete:	$6 \times 6\,000\,€ =$	36 000 €
Grundstückskosten:	$6 \times 2\,000\,€ =$	- 12 000 €
Gebäude-AfA:	$600\,000\,€ \times 3\,\% \times {}^{6}/_{12} =$	- 9 000 €

Finanzierungskosten für Beteiligung:

Zinsen: $3\,\% \times 324\,000\,€ \times 60\,\% \times {}^{6}/_{12} =$		- 2 916 €
Damnum:		
Stand 1. 7. 2019	9 600 €	
Aufwand 7 bis 12/2019	- 600 €	- 600 €
Stand 31. 12. 2019	9 000 €	
Einkünfte aus dem Sonderbetriebsvermögen		11 484 €
zzgl. Gewinnanteil OHG		36 000 €
= Einkünfte gem. § 15 Abs. 1 Satz 1 Nr. 2 EStG		47 484 €

Einkünfte aus Mitunternehmerschaft (1. 7. bis 31. 12. 2017) und Einnahmen aus Kapitalvermögen für Josef Meier

Als Mitunternehmer der Buch-OHG erzielt Josef Meier (JM) Einkünfte aus Gewerbebetrieb gem. § 15 Abs. 1 Satz 1 Nr. 2 EStG. Infolge des Vermögensübergangs ergibt sich für die einzelnen Mitunternehmer ein Übernahmegewinn oder Übernahmeverlust (§ 4 Abs. 4 Satz 1 UmwStG). Der anteilige Übernahmegewinn oder Übernahmeverlust gehört bei den betroffenen Mitunternehmern zu den Einkünften gem. § 15 Abs. 1 Satz 1 Nr. 2 EStG.

Die JM gehörenden Anteile an der übertragenden Körperschaft gehörten am Übertragungsstichtag nicht zum Betriebsvermögen der übernehmenden Personengesellschaft. Sie stellen jedoch zu diesem Zeitpunkt eine Beteiligung i. S. d. § 17 EStG dar. Gemäß § 5 Abs. 2 UmwStG ist für die Zwecke der Ermittlung des Übergangsgewinns/-verlustes zu unterstellen, dass die Anteile am Übertragungsstichtag mit den Anschaffungskosten in das Betriebsvermögen der Personengesellschaft eingelegt worden sind.

Die **Einnahmen aus Kapitalvermögen i. S. d. § 7 Satz 1 UmwStG** ermittelt sich für **JM** wie folgt:

Eigenkapital der Buch-GmbH lt. Steuerbilanz zum 30. 6. 2019	1 100 000 €
abzgl. Nennkapital der übertragenen Kapitalgesellschaft	- 300 000 €
offene Rücklagen	800 000 €

davon entfallen auf JM (40 %) als Einnahmen aus Kapitalvermögen i. S. d. § 7 Satz 1 UmwStG	320 000 €	
davon steuerfrei (§ 3 Nr. 40 Satz 1 Buchst. a EStG)	- 128 000 €	
= steuerpflichtige Einnahmen aus Kapitalvermögen	192 000 €	192 000 €

Der Übernahmeverlust i. S. d. § 4 Abs. 4 Satz 1 UmwStG ermittelt sich für JM wie folgt:

Buchwert des übergegangenen Betriebsvermögens

1 100 000 € × 40 % =	440 000 €	
Anschaffungskosten der Anteile an der übertragenden GmbH	- 600 000 €	
= Übernahmeverlust 1. Stufe	- 160 000 €	
abzgl. Einnahmen i. S. d. § 7 Satz 1 UmwStG (§ 4 Abs. 5 Satz 2 UmwStG)	- 320 000 €	
= Übernahmeverlust 2. Stufe	- 480 000 €	- 480 000 €

Der Übernahmeverlust bleibt gem. § 4 Abs. 6 Satz 6 UmwStG außer Ansatz, da die Anteile an der übertragenden Körperschaft innerhalb der letzten fünf Jahre vor dem steuerlichen Übertragungsstichtag entgeltlich erworben wurden.

Daneben ist JM der Gewinnanteil aus der OHG-Beteiligung zuzurechnen:

| 60 000 € × 40 % = | 24 000 € |
| Einkünfte gem. § 15 Abs. 1 Satz 1 Nr. 2 EStG | 24 000 € |

Zu 2

Festzusetzende Körperschaftsteuer

Jahresüberschuss lt. Übertragungsbilanz		100 000 €
Übertragungsgewinn	entfällt	
nicht abzugsfähige Aufwendungen lt. Sachverhalt		+ 50 000 €
= z. v. E.		150 000 €
Die tarifliche Körperschaftsteuer beträgt 15 % des z. v. E. (§ 23 Abs. 1 KStG):	15 % × 150 000 € =	22 500 €
festzusetzende Körperschaftsteuer		22 500 €

FALL 70

Körperschaftsteuer und Besteuerung der Gesellschafter (I)

Sachverhalt:

Die im Röhrenhandel tätige Rohr-GmbH mit Sitz in Bochum wurde im Jahr 2007 gegründet (Stammkapital: 50 000 €). Die Anteile an der Rohr-GmbH halten Rolf Rohr und Stefan Stahl zu jeweils 50 % im Privatvermögen. Rolf Rohr und Stefan Stahl sind seit 2007 Geschäftsführer der

GmbH. Sie beziehen jeweils ein angemessenes Geschäftsführergehalt i. H. v. 60 000 € pro Jahr (inklusive Lohnabzugsbeträge).

Das Geschäftsjahr der Rohr-GmbH entspricht dem Kalenderjahr. Der Jahresabschluss der Rohr-GmbH unterliegt der handelsrechtlichen Prüfungspflicht.

Die Bilanz für das Geschäftsjahr 2018 wurde am 15. 2. 2019 erstellt und nach der Prüfung durch den Wirtschaftsprüfer am 1. 9. 2019 testiert. Der dabei endgültig festgestellte Bilanzgewinn für 2018 betrug 140 000 €. Gewinnrücklagen sind zum 31. 12. 2018 nicht vorhanden.

Auf Beschluss der Gesellschafterversammlung vom 2. 9. 2019 wurde die Kapitalrücklage zum 31. 12. 2018 i. H. v. 40 000 € zugunsten des Bilanzgewinnkontos aufgelöst. Die Kapitalrücklage stammt aus einer Geldeinlage der beiden Gesellschafter aus dem Jahr 2011 i. H. v. jeweils 20 000 €. Anschließend wurde für das Geschäftsjahr 2018 eine Gewinnausschüttung i. H. v. 175 000 € beschlossen und am nächsten Tag ausbezahlt. Der Bilanzgewinn für das Geschäftsjahr 2019 wurde mit 50 000 € ausgewiesen.

Für das Geschäftsjahr 2018 wurde Rolf Rohr letztmalig eine Gewinntantieme ausbezahlt. Die Tantiemevereinbarung, die mit Wirkung vom 31. 12. 2018 einvernehmlich aufgehoben wurde, war bis dahin steuerlich dem Grunde und der Höhe nach anzuerkennen. In der Bilanz per 31. 12. 2018 der Rohr-GmbH ist eine Rückstellung über die Gewinntantieme i. H. v. 15 000 € zutreffend enthalten. Am 1. 9. 2019 wurde die Tantieme an Rolf Rohr ausgezahlt.

Anstelle der Gewinntantieme wurde dem 46-jährigen ledigen Rolf Rohr eine Pensionszusage erteilt. Die schriftliche Pensionsvereinbarung ist zivilrechtlich wirksam zustande gekommen. Die Pension wird mit Erreichen der Altersgrenze von 67 Jahren fällig. Die der Zusage entsprechende fiktive Jahresnettoprämie beträgt 12 000 €. Neben dem laufenden Geschäftsführergehalt der Höhe nach angemessen wäre unstreitig nur eine Versorgungszusage mit einer fiktiven Jahresnettoprämie i. H. v. 9 000 €. Die Rohr-GmbH bildete in ihrer Bilanz zum 31. 12. 2019 aufgrund eines versicherungsmathematischen Gutachtens erstmals eine Pensionsrückstellung zugunsten von Rolf Rohr i. H. v. 25 000 €.

Zugunsten des 50-jährigen, verheirateten Gesellschafters Stefan Stahl bestand bereits seit 1. 1. 2017 eine dem Grunde und der Höhe nach angemessene Pensionszusage. Der Buchwert der Pensionsrückstellung zugunsten von Stefan Stahl betrug per 31. 12. 2018 37 500 €.

Die Geschäftsentwicklung der Rohr-GmbH war im Laufe des Jahres 2019 infolge der konjunkturellen Entwicklung stark rückläufig. Aus diesem Grunde veräußerte Stefan Stahl mit Wirkung zum 31. 12. 2019 seine Beteiligung an Rolf Rohr. Der unter kaufmännischen Gesichtspunkten vereinbarte Veräußerungspreis betrug 80 000 € und wurde mit Gutschrift auf dem Bankkonto am 10. 1. 2020 gezahlt.

Rolf Rohr war nur unter der Bedingung zur Übernahme der GmbH-Beteiligung bereit, dass Stefan Stahl auf seinen Pensionsanspruch gegenüber der Rohr-GmbH verzichtete. Nachdem Stefan Stahl rechtswirksam zum 30. 12. 2019 auf seinen Pensionsanspruch verzichtet hatte, wurde die entsprechende Pensionsrückstellung erfolgswirksam aufgelöst. Am 30. 12. 2019 hatte der Pensionsanspruch unstreitig einen Teilwert i. H. v. 30 000 €.

Im Jahr 2019 leistete die Rohr-GmbH keine Steuervorauszahlungen. Das Finanzamt hatte folgende Feststellung getroffen:

Steuerliches Einlagekonto zum 31. 12. 2018   40 000 €

AUFGABEN

1. Ermittelt Sie das z. v. E. und die festzusetzende Körperschaftsteuer der Rohr-GmbH für den Veranlagungszeitraum 2019. Der Solidaritätszuschlag kann aus Vereinfachungsgründen vernachlässigt werden.

2. Entwickeln Sie den Bestand des steuerlichen Einlagekontos weiter bis zum 31. 12. 2019.

3. Stellen Sie die Einkünfte des Rolf Rohr und des Stefan Stahl im Veranlagungszeitraum 2019 dar. Es sind sämtliche ertragsteuerlichen Auswirkungen auf der Ebene der Gesellschafter zu ermitteln.

LITERATURHINWEIS

Köllen/Reichert/Vogl/Wagner, Lehrbuch Körperschaftsteuer und Gewerbesteuer, Kapitel 2.2, 4.2, 8

LÖSUNG

Zu 1

Z. v. E. und festzusetzende Körperschaftsteuer

Die Rohr-GmbH ist unbeschränkt körperschaftsteuerpflichtig gem. § 1 Abs. 1 Nr. 1 KStG, da sie ihren Sitz (§ 11 AO) im Inland hat. Die Rohr-GmbH ist gem. § 13 Abs. 3 GmbHG, § 6 Abs. 1 HGB und § 238 Abs. 1 HGB zur Buchführung verpflichtet. Das z. v. E. ist gem. § 7 Abs. 2 KStG das Einkommen i. S. d. § 8 Abs. 1 KStG. Bei der GmbH sind gem. § 8 Abs. 2 KStG alle Einkünfte als Einkünfte aus Gewerbebetrieb zu behandeln, da sie gem. § 1 Abs. 1 Nr. 1 bis 3 KStG unbeschränkt steuerpflichtig ist.

Ermittlung des Jahresüberschusses

Die Ausgangsgröße der Einkommensermittlung ist der Jahresüberschuss. Da die Bilanz unter Berücksichtigung der Verwendung des Jahresergebnisses aufgestellt wurde, ist gem. § 268 Abs. 1 HGB der Bilanzgewinn auszuweisen. Zur Berechnung des Jahresüberschusses aus der Veränderung des Bilanzgewinns gegenüber dem Vorjahr sind die Entnahme aus der Kapitalrücklage hinzuzurechnen und die Gewinnausschüttung abzuziehen:

Bilanzgewinn 2018	140 000 €
Entnahme aus Kapitalrücklage	+ 40 000 €
Gewinnausschüttung für 2018	- 175 000 €
Gewinnvortrag	5 000 €

Jahresüberschuss 2019	+ 45 000 €	45 000 €
Bilanzgewinn 2019	50 000 €	

Gewinnausschüttungen

Gemäß § 8 Abs. 3 Satz 1 und 2 KStG ist es für die Ermittlung des Einkommens ohne Bedeutung, ob das Einkommen verteilt wird. Dies bedeutet, dass verdeckte Gewinnausschüttungen das Einkommen nicht mindern dürfen. Verdeckte Gewinnausschüttungen sind Vermögensminderungen bzw. verhinderte Vermögensmehrungen, die durch das Gesellschaftsverhältnis veranlasst sind, sich auf die Höhe des Unterschiedsbetrags i. S. d. § 4 Abs. 1 Satz 1 EStG auswirken und nicht im Zusammenhang mit einer offenen Gewinnausschüttung stehen (R 8.5 Abs. 1 KStR).

Gewinntantieme

Wird eine Gewinntantieme vor Fälligkeit ausbezahlt, so ist der Verzicht auf eine angemessene Verzinsung eine verdeckte Gewinnausschüttung (vgl. H 8.8 „(Zinslose) Vorschüsse auf Tantieme" KStH 2015). Die Gewinntantieme für 2018 an Rolf Rohr wurde mit der endgültigen Feststellung der Bilanz 2018 am 1. 9. 2019 fällig. Eine vorzeitige Auszahlung liegt somit nicht vor.

Pensionszusage

Hinsichtlich der unangemessenen Pensionszusage zugunsten von Rolf Rohr bestimmt sich der Umfang der verdeckten Gewinnausschüttung nach dem Verhältnis der angemessenen zur gesamten fiktiven Jahresnettoprämie. Danach sind $1/4$ der Pensionszusage der Höhe nach unangemessen. Der Betrag der verdeckten Gewinnausschüttung für die Hinzurechnung gem. § 8 Abs. 3 Satz 2 KStG bestimmt sich dagegen nach der eingetretenen **Gewinnminderung durch die Rückstellungsbildung** im Jahr 2019.

Jahresüberschuss 2019 (s. o.)	+ 45 000 €
zzgl. verdeckte Gewinnausschüttung Pensionszusage: 25 000 € × $1/4$ (3 000 €/12 000 €) =	+ 6 250 €
Gemäß dem BMF-Schreiben vom 28. 5. 2002 (BStBl 2002 I S. 603) ist für den betreffenden Passivposten zum 31. 12. 2019 eine Nebenrechnung durchzuführen. Ein Teilbetrag I ist i. H. d. verdeckten Gewinnausschüttung zu bilden:	(6 250 €)
Ergänzend ist festzuhalten, in welchem Umfang der Teilbetrag I bei der Einkommensermittlung hinzugerechnet worden ist (Teilbetrag II):	(6 250 €)
Der Verzicht auf den Pensionsanspruch durch Stefan Stahl stellt eine verdeckte Einlage dar, da der Gesellschafter aus gesellschaftsrechtlichen Gründen einen einlagefähigen Vermögensvorteil zugewendet hat (vgl. R 8.9 Abs. 1 Satz 1 KStR). Verdeckte Einlagen erhöhen gem. § 8 Abs. 3 Satz 3 KStG das Einkommen nicht. War der Anspruch im Zeitpunkt des Verzichts nicht mehr voll werthaltig, beschränkt sich die Einlage betragsmäßig auf den werthaltigen Teil der Pensionsverpflichtung (vgl. H 8.9 „Verzicht auf Pensionsanwartschaftsrechte" KStH 2015):	- 30 000 €

Die in der Bilanz des Jahres 2019 auszubuchende Verpflichtung wirkt sich somit in Höhe des nicht werthaltigen Teils gewinnwirksam aus (37 500 € - 30 000 € = 7 500 €).

= z.v. E.	21 250 €

Tarif:

Die tarifliche Körperschaftsteuer beträgt im Veranlagungszeitraum 2019 gem. § 23 Abs. 1 KStG 15 % des z.v. E.:

15 % × 21 250 € =	3 187 €
Die festzusetzende Körperschaftsteuer beträgt	3 187 €

Zu 2

Fortentwicklung des Einlagekontos

Die Rohr-GmbH hat die nicht in das Nennkapital geleisteten Einlagen am Schluss jedes Wirtschaftsjahres auf dem steuerlichen Einlagekonto auszuweisen und ausgehend vom Bestand am Ende des vorangegangenen Wirtschaftsjahres um die jeweiligen Zu- und Abgänge des Wirtschaftsjahres fortzuschreiben (§ 27 Abs. 1 Satz 1 und 2 KStG). Der Bestand des steuerlichen Einlagekontos wird jeweils gesondert festgestellt (§ 27 Abs. 2 KStG).

Ein Zugang im Jahr 2019 erfolgt aufgrund der verdeckten Einlage (Pensionsverzicht). Leistungen der Kapitalgesellschaft mindern das steuerliche Einlagekonto nur, soweit die Summe der im Wirtschaftsjahr erbrachten Leistungen den auf den Schluss des vorangegangenen Wirtschaftsjahres ermittelten ausschüttbaren Gewinn übersteigt. Als ausschüttbarer Gewinn gilt das um das gezeichnete Kapital geminderte in der Steuerbilanz ausgewiesene Eigenkapital abzgl. des Bestands des steuerlichen Einlagekontos (§ 27 Abs. 1 Satz 3 und 5 KStG).

Im Jahr 2019 hat die Rohr-GmbH folgende Leistungen erbracht:

Offene Gewinnausschüttung für das Wirtschaftsjahr 2018 i. H. v.		175 000 €
Summe der Leistungen		175 000 €
Eigenkapital lt. Steuerbilanz am 31. 12. 2018	230 000 €	
gezeichnetes Eigenkapital zum 31. 12. 2018	- 50 000 €	
steuerliches Einlagekonto zum 31. 12. 2018	- 40 000 €	
ausschüttbarer Gewinn	140 000 €	- 140 000 €
= übersteigender Betrag = Abgang vom steuerlichen Einlagekonto		35 000 €

Steuerliches Einlagekonto

Bestand per 31. 12. 2018	40 000 €
Abgang durch Leistungen in 2019	- 35 000 €
Zugang durch verdeckte Einlage in 2019	+ 30 000 €
= Bestand per 31. 12. 2019	35 000 €

Zu 3

Einkünfte der Gesellschafter

Einkünfte aus Gewerbebetrieb

Stefan Stahl war innerhalb der letzten fünf Jahre zu mindestens 1 % an der Rohr-GmbH beteiligt. Aus diesem Grund gehört der erzielte Veräußerungsgewinn gem. § 17 Abs. 1 Satz 1 EStG zu den **Einkünften aus Gewerbebetrieb.** Der Veräußerungsgewinn ist im Veranlagungszeitraum der Veräußerung zu berücksichtigen; der Zufluss des Veräußerungspreises ist unerheblich.

Der steuerbare Veräußerungsgewinn ist gem. § 17 Abs. 2 Satz 1 EStG der Betrag, um den der Veräußerungspreis die Anschaffungskosten übersteigt. Gemäß § 3 Nr. 40 Buchst. c Satz 1 EStG ist der Veräußerungspreis zu 40 % steuerfrei. Die entsprechenden Anschaffungskosten sind gem. § 3c Abs. 2 Satz 1 EStG nur zu 60 % abzugsfähig.

Zu den **Anschaffungskosten** gehören die **Gründungseinlage** und die **Geldeinlage** aus dem Jahr 2007. Die Anschaffungskosten erhöhen sich auch um **die verdeckte Einlage** (H 17 Abs. 5 „Verdeckte Einlage" EStH). Steuerrechtlich liegen jedoch nur in Höhe des werthaltigen Teils des Pensionsanspruchs nachträgliche Anschaffungskosten vor. Die Leistungen aus dem steuerlichen Einlagekonto verringern hingegen die Anschaffungskosten der Beteiligung (H 6.2 „Ausschüttung aus dem steuerlichen Einlagekonto i. S. d. § 27 KStG" EStH).

Der Veräußerungsgewinn wird gem. § 17 Abs. 3 Satz 1 EStG zur Einkommensteuer nur herangezogen, soweit er den Teil von 9 060 € übersteigt, der dem veräußerten Anteil an der Kapitalgesellschaft entspricht.

Veräußerungspreis		80 000 €	
davon steuerfrei – § 3 Nr. 40 Buchst. c Satz 1 EStG		- 32 000 €	
davon steuerpflichtig		48 000 €	48 000 €
Anschaffungskosten:	Stammeinlage	25 000 €	
	nachträgliche Geldeinlage	+ 20 000 €	
	Einlage durch Pensionsverzicht	+ 30 000 €	
	Einlagenrückgewähr $^{1}/_{2} \times 35\,000\,€ =$ (Berechnung s. o.)	- 17 500 €	
		57 500 €	
	davon nicht abzugsfähig (§ 3c Abs. 2 Satz 1 EStG)	- 23 000 €	
	davon abzugsfähig	34 500 €	- 34 500 €
	= Veräußerungsgewinn		13 500 €

Freibetrag gem. § 17 Abs. 3 EStG:

50 % × 9 060 € =		4 530 €	
	13 500 €		
50 % × 36 100 € =	-18 050 €		
	0 €	-0 €	
		4 530 €	-4 530 €
= Einkünfte (Stahl)			8 970 €

Einkünfte aus nichtselbständiger Tätigkeit

Aus der Tätigkeit als Geschäftsführer der Rohr-GmbH erzielen die Gesellschafter Einnahmen aus nichtselbständiger Arbeit gem. § 19 Abs. 1 Satz 1 Nr. 1 EStG. Dazu gehören auch bei Rolf Rohr die im Veranlagungszeitraum 2019 zugeflossene Gewinntantieme für 2018 sowie bei Stefan Stahl der im Veranlagungszeitraum 2019 infolge des Verzichts zugeflossene Pensionsanspruch. Der Pensionsverzicht führt beim Gesellschafter zum Zufluss des Pensionsanspruchs, da in dem Verzicht eine Verfügung über den Vergütungsanspruch zu sehen ist (H 8.9 „Verzicht auf Pensionsanwartschaftsrechte" KStH 2015). Es kommt allerdings nur insoweit zu einem Zufluss, soweit der Anspruch noch werthaltig ist.

Arbeitslohn aus gegenwärtigem Dienstverhältnis – § 19 Abs. 1 Satz 1 Nr. 1 EStG:

Geschäftsführer-Jahresgehalt 2019	60 000 €	
Gewinntantieme für 2018	+15 000 €	
Summe der Einnahmen	75 000 €	75 000 €
Arbeitnehmer-Pauschbetrag – § 9a Satz 1 Nr. 1 Buchst. a EStG		-1 000 €
= Einkünfte (Rohr)		74 000 €

Arbeitslohn aus gegenwärtigem Dienstverhältnis – § 19 Abs. 1 Satz 1 Nr. 1 EStG:

Geschäftsführer-Jahresgehalt 2019	60 000 €	
Zufluss aufgrund des Verzichts auf den werthaltigen Teil der Pension	+30 000 €	90 000 €
Arbeitnehmer-Pauschbetrag – § 9a Satz 1 Nr. 1 Buchst. a EStG		-1 000 €
= Einkünfte (Stahl)		89 000 €

Einkünfte aus Kapitalvermögen

Aus den Gewinnausschüttungen der Rohr-GmbH erzielen die Gesellschafter Einnahmen aus Kapitalvermögen gem. § 20 Abs. 1 Nr. 1 EStG. Einlagenrückgewährungen gehören gem. § 20 Abs. 1 Nr. 1 Satz 3 EStG nicht zu den Einnahmen.

Die Einnahmen unterliegen gem. § 3 Nr. 40 Buchst. d Satz 1 EStG dem Teileinkünfteverfahren.

Gewinnausschüttung

§ 20 Abs. 1 Nr. 1 EStG

offene Gewinnausschüttung für 2018: $^1/_2 \times 175\,000\,€$ =	87 500 €	
Einlagenrückgewähr: $^1/_2 \times 35\,000\,€$ =	- 17 500 €	
verbleibt	70 000 €	
davon steuerfrei – § 3 Nr. 40 Buchst. d Satz 1 EStG	- 28 000 €	
davon steuerpflichtig	42 000 €	42 000 €
= Einkünfte (Rohr)		42 000 €

Gewinnausschüttung

§ 20 Abs. 1 Nr. 1 EStG

offene Gewinnausschüttung für 2018: $^1/_2 \times 175\,000\,€$ =	87 500 €	
Einlagenrückgewähr: $^1/_2 \times 35\,000\,€$	- 17 500 €	
verbleibt	70 000 €	
davon steuerfrei – § 3 Nr. 40 Buchst. d Satz 1 EStG	28 000 €	
davon steuerpflichtig	42 000 €	42 000 €
= Einkünfte (Stahl)		42 000 €

HINWEIS

Die Einkünfte aus Kapitalvermögen werden der sog. Abgeltungsteuer mit pauschal 25 % unterworfen (§ 32d Abs. 1 EStG). Auf Antrag kann auf die Anwendung der Abgeltungsteuer verzichtet werden (§ 32d Abs. 2 Satz 1 Nr. 3 EStG), wenn eine Beteiligung von mindestens 25 % besteht. Dies ist lt. Sachverhalt der Fall. Die vorgenannte Einkünfteermittlung unterstellt diesen Antrag. Wird der Verzichtsantrag gestellt, gilt dieser auch in den folgenden vier Veranlagungszeiträumen, wenn er nicht widerrufen wird (§ 32d Abs. 2 Satz 4 EStG). Beim Verzichtsantrag ist jedoch der Sparer-Pauschbetrag nicht möglich. Die Einkünfte betragen damit jeweils bei den Gesellschaftern 42 000 €.

FALL 71

Körperschaftsteuer und Besteuerung der Gesellschafter (II)

Sachverhalt:

Die Maschinen-GmbH wurde im Jahr 2005 mit einem Stammkapital i. H. v. 50 000 € gegründet. Gegenstand des Unternehmens ist die Herstellung von Spezialmaschinen für die Spielwarenindustrie. Das Stammkapital der Maschinen-GmbH wurde von Jupp Derwall zu 40 % und von Helmut Schön zu 60 % aufgebracht. Die Beteiligungen gehören bei beiden Gesellschaftern zum Privatvermögen.

Die Maschinen-GmbH versteuert ihre Umsätze nach den allgemeinen Vorschriften des UStG. Umsätze, die zum Ausschluss des Vorsteuerabzugs führen, wurden nicht getätigt. Das Wirtschaftsjahr der Maschinen-GmbH entspricht dem Kalenderjahr.

1. Der Bilanzgewinn im Geschäftsjahr 2019 betrug lt. Handelsbilanz 30 000 €; abweichende Steuerbilanzen wurden nicht erstellt. Der gesamte Bilanzgewinn wird lt. Gesellschafterbeschluss vom 4.3.2020 ausgeschüttet, nachdem zuvor bereits ein Betrag i.H.v. 20 000 € den Gewinnrücklagen zugeführt worden war.

2. Der Bilanzgewinn des Geschäftsjahres 2018 wurde wie folgt verwendet (Beschluss der Gesellschafterversammlung vom 1.6.2019):

Gewinnausschüttung:	24 000 €
Vortrag auf neue Rechnung:	13 100 €

Die Gewinnausschüttung wurde nach Einbehalt der Kapitalertragsteuer und des Solidaritätszuschlags auf die Privatkonten der Gesellschafter überwiesen.

3. Martha Schön, die Ehefrau von Helmut Schön, ist Rechtsanwältin. Die Maschinen-GmbH hat ihren Betrieb im Jahr 2019 aus steuerlichen Gründen von Köln nach Dresden verlagert. Für ihre Bemühungen bei der Beschaffung entsprechender Mieträume und für anwaltschaftliche Tätigkeiten in diesem Zusammenhang erhielt Martha Schön entsprechend vertraglicher Vereinbarungen und ihrer Rechnung vom 6.8.2019 den Betrag i.H.v. 5 000 € + 950 € Umsatzsteuer überwiesen. Dieser Betrag ist in ihren Betriebseinnahmen enthalten. Danach beträgt der Gewinn aus ihrer selbständigen Tätigkeit im Jahr 2019 82 000 €. Nach der gültigen Gebührenordnung hätte sie lediglich einen Betrag i.H.v. 3 000 € + 570 € Umsatzsteuer verlangen dürfen. Die Maschinen-GmbH buchte wie folgt:

Sonstige Aufwendungen	5 000 €		
Vorsteuer	950 €	an Bank	5 950 €

4. Neben dem angemieteten Fabrikgebäude befindet sich ein unbebautes Grundstück, das Helmut Schön im Dezember 2015 (notarieller Vertrag vom 23.12.2015) zum Preis i.H.v. 30 000 € (inklusive Nebenkosten) erworben hatte. Weil die von ihm geplante Nutzung (Bebauung und Vermietung) aus finanziellen Gründen nicht zu realisieren war, übertrug Helmut Schön dieses Grundstück (notarieller Vertrag vom 23.8.2019) zu seinem Einstandspreis an die Maschinen-GmbH, obwohl aufgrund des Aufwärtstrends am Immobilienmarkt nunmehr ein Kaufpreis i.H.v. 45 000 € angemessen wäre. Der vereinbarte Kaufpreis i.H.v. 30 000 € wurde am 1.9.2019 auf dem Privatkonto von Helmut Schön gutgeschrieben.

Den Anschaffungspreis i.H.v. 30 000 € und die zutreffenden Anschaffungsnebenkosten i.H.v. 2 500 € hat die Maschinen-GmbH auf das Konto „unbebaute Grundstücke" gebucht.

5. In der Gesellschafterversammlung vom 1.6.2019 wurde auch beschlossen, das Geschäftsführergehalt von Helmut Schön von bisher mtl. 2 500 € auf 4 500 € anzuheben. Weil die letzte Gehaltsanpassung schon weit zurücklag und auch der vergleichbare fremde Geschäftsführer diese Beträge erhielt, wurde festgelegt, dass Helmut Schön dieses Gehalt bereits ab 1.1.2019 erhält. Die erhöhten Bezüge wurden daher bei Auszahlung im Jahr 2019 in vollem Umfang als Betriebsausgaben gebucht.

Auf der Lohnbescheinigung 2019 ist für Helmut Schön u. a. ein Bruttogehalt i. H. v. 54 000 € bescheinigt.

6. Auf dem Konto Steuern wurden folgende Beträge erfolgswirksam gebucht:

KSt-Vorauszahlungen 2019	20 000 €
SolZ-Vorauszahlungen 2019	1 100 €

7. Mit Vertrag vom 30. 12. 2019 (gleichzeitiger Übergang von Nutzen und Lasten) überträgt Helmut Schön ein Drittel seiner Beteiligung an der Maschinen-GmbH (anteiliges Stammkapital: 10 000 €) auf den Mitgesellschafter Jupp Derwall. Der vertraglich vereinbarte und angemessene Verkaufspreis beträgt 24 000 €. Dieser Betrag wurde Helmut Schön am 3. 1. 2020 auf seinem Privatkonto gutgeschrieben.

AUFGABEN

1. Ermitteln Sie für den Veranlagungszeitraum 2019 das z. v. E. und die festzusetzenden Steuern der Maschinen-GmbH. Berechnen Sie auch die Rückstellungen bzw. Erstattungsansprüche an Körperschaftsteuer und Solidaritätszuschlag per 31. 12. 2019.

2. Beurteilen Sie die einkommensteuerlichen Auswirkungen des Sachverhalts bei den Eheleuten Helmut und Martha Schön im Veranlagungszeitraum 2019. Berechnen Sie dabei auch die Summe der Einkünfte der zusammen veranlagten Ehegatten.

LITERATURHINWEIS

Köllen/Reichert/Vogl/Wagner, Lehrbuch Körperschaftsteuer und Gewerbesteuer, Kapitel 2.2, 4.2, 8

LÖSUNG

Zu 1

Z. v. E. und Steuerrückstellungen

Die Maschinen-GmbH ist unbeschränkt körperschaftsteuerpflichtig gem. § 1 Abs. 1 Nr. 1 KStG, da sie ihre Geschäftsleitung (§ 10 AO) im Inland hat. Die Maschinen-GmbH ist gem. § 13 Abs. 3 GmbHG, § 6 Abs. 1 HGB und § 238 Abs. 1 HGB zur Buchführung verpflichtet. Das z. v. E. ist gem. § 7 Abs. 2 KStG das Einkommen i. S. d. § 8 Abs. 1 KStG. Danach bestimmt sich das Einkommen nach den Vorschriften des EStG und des KStG. Bei der GmbH sind gem. § 8 Abs. 2 KStG alle Einkünfte als Einkünfte aus Gewerbebetrieb zu behandeln, da sie gem. § 1 Abs. 1 Nr. 1 bis 3 KStG unbeschränkt steuerpflichtig ist.

Der Bilanzgewinn 2019 wurde um die Zuführung in die Gewinnrücklage gemindert. Außerdem ist in dem ausgewiesenen Bilanzgewinn der Gewinnvortrag aus 2018 enthalten (vgl. § 268 Abs. 1 HGB). Zur Berechnung des Jahresüberschusses ist daher die Zuführung zur Gewinnrücklage hinzuzurechnen und der Gewinnvortrag abzuziehen:

Bilanzgewinn 2019		30 000 €
Zuführung zur Gewinnrücklage		+ 20 000 €
Gewinnvortrag aus Vorjahr		− 13 100 €
= Jahresüberschuss lt. vorliegender Handelsbilanz 2019		36 900 €

Unbebautes Grundstück

Das unbebaute Grundstück ist mit den steuerlichen Anschaffungskosten einschließlich der Anschaffungsnebenkosten anzusetzen. Die verbilligte Übertragung ist eine **verdeckte Einlage,** da ein einlagefähiger Vermögensvorteil zugewandt wurde, und die Zuwendung ihre Ursache im Gesellschaftsverhältnis hat (vgl. R 8.9 Abs. 1 KStR). Die verdeckte Einlage ist mit dem Teilwert i. H. v. 45 000 € abzgl. dem Anschaffungspreis i. H. v. 30 000 € zu bewerten (vgl. § 6 Abs. 1 Nr. 5 Satz 1 EStG). Die Anschaffungskosten des unbebauten Grundstücks werden insoweit erhöht.

Jahresüberschuss 2019		36 900 €
Anschaffungspreis unbebautes Grundstück	30 000 €	
Anschaffungsnebenkosten	+ 2 500 €	
verdeckte Einlage	+ 15 000 €	
Anschaffungskosten	47 500 €	
Bilanzansatz bisher	− 32 500 €	
Gewinnauswirkung innerhalb der Bilanz	15 000 €	+ 15 000 €
= Ausgangsgröße der Einkommensermittlung		51 900 €

Verdeckte Einlagen erhöhen gem. § 8 Abs. 3 Satz 3 KStG das Einkommen nicht und sind daher bei erfolgswirksamer Verbuchung außerhalb der Bilanz abzuziehen:

− 15 000 €

Anwaltsrechnung

Die von der Maschinen-GmbH gezahlte Anwaltsrechnung wurde zutreffend als Betriebsausgabe gebucht. Die in Rechnung gestellte Umsatzsteuer ist als Vorsteuer voll abziehbar (vgl. § 15 Abs. 1 Satz 1 Nr. 1 UStG). Der überhöhte Teil der Rechnung stellt eine **verdeckte Gewinnausschüttung** dar, weil eine dem Gesellschafter Helmut Schön **nahe stehende** Person einen Vermögensvorteil erhält, den eine fremde Person nicht erhalten würde (vgl. R 8.5 Abs. 1 Satz 1 und 3 KStR).
Der Vorteil, der gem. § 8 Abs. 3 Satz 2 KStG außerbilanziell hinzuzurechnen ist, beträgt nur 2 000 € netto, da i. H. d. Nettobetrags eine aus dem Gesellschaftsverhältnis begründete Vermögensminderung bei der GmbH eingetreten ist.

+ 2 000 €

Geschäftsführergehalt

Das Geschäftsführer-Gehalt ist innerhalb der Bilanz zutreffend als Betriebsausgabe gebucht worden. Das ursprünglich vereinbarte Gehalt von mtl. 2 500 € für die Monate Januar bis Mai 2019 und das angepasste erhöhte Gehalt für die Monate **Juni bis Dezember** 2019 stellen **keine verdeckte Gewinnausschüttung** dar, da es von vornherein vereinbart wurde und nicht unangemessen ist.

Hinsichtlich der Gehaltserhöhungen **Januar bis Mai** 2019 liegt eine **verdeckte Gewinnausschüttung** vor, da Helmut Schön beherrschender Gesellschafter der Maschinen-GmbH ist und die Vereinbarung erst nachträglich erfolgte (vgl. R 8.5 Abs. 2 Satz 1 KStR 2015):

5 Monate × (4 500 € - 2 500 €) =	+ 10 000 €

Die verbilligte Arbeitsleistung Januar – Mai 2019 ist keine verdeckte Einlage (vgl. H 8.9 „Nutzungsvorteile" KStH 2015).

Nichtabziehbare Aufwendungen

Gemäß § 10 Nr. 2 KStG sind die nichtabzugsfähigen Personensteuern dem Einkommen hinzuzurechnen:

KSt-Vorauszahlungen	+ 20 000,00 €
SolZ-Vorauszahlungen	+ 1 100,00 €
z. v. E.	**70 000,00 €**

Die tarifliche Körperschaftsteuer beträgt gem. § 23 Abs. 1 KStG 15 % des z. v. E.:

15 % × 70 000 € =	10 500,00 €

Zur Berechnung des Körperschaftsteuer-Erstattungsanspruchs sind die geleisteten Vorauszahlungen zu berücksichtigen (§ 31 Abs. 1 KStG):

	- 20 000,00 €
KSt-Erstattungsanspruch	- 9 500,00 €

Der Solidaritätszuschlag bemisst sich mit 5,5 % der festgesetzten Körperschaftsteuer (§ 3 Abs. 1 Nr. 1 SolZG; § 4 Satz 1 SolZG):

5,5 % × 10 500 € =	577,50 €

Zur Berechnung des SolZ-Erstattungsanspruchs sind die geleisteten Vorauszahlungen zu berücksichtigen (§ 31 Abs. 1 KStG; § 51a Abs. 1 EStG):

	- 1 100,00 €
= SolZ-Erstattungsanspruch	- 522,50 €

Zu 2

Einkünfte der Eheleute Schön

Einkünfte aus Gewerbebetrieb durch Helmut Schön

Helmut Schön ist innerhalb der letzten fünf Jahre zu mindestens 1 % an der Maschinen-GmbH beteiligt gewesen. Aus diesem Grund gehört der erzielte Veräußerungsgewinn aus der Anteilsveräußerung gem. § 17 Abs. 1 Satz 1 EStG zu den Einkünften aus Gewerbebetrieb. Der Veräußerungsgewinn ist im Veranlagungszeitraum der Veräußerung zu berücksichtigen; der Zufluss des Veräußerungspreises ist unerheblich.

Der steuerbare Veräußerungsgewinn ist gem. § 17 Abs. 2 Satz 1 EStG der Betrag, um den der Veräußerungspreis die Anschaffungskosten übersteigt. Gemäß § 3 Nr. 40 Buchst. c EStG ist der Veräußerungspreis zu 40 % (sog. Teileinkünfteverfahren) steuerfrei. Die entsprechenden Anschaffungskosten sind gem. § 3c Abs. 2 Satz 1 EStG zu 60 % abzugsfähig. Die Anschaffungskosten i. H. d. Gründungseinlage erhöhen sich um die verdeckte Einlage (H 17 Abs. 5 „Verdeckte Einlage" EStH 2018; § 6 Abs. 6 Satz 2 EStG).

Veräußerungspreis für 20 %-Anteil	24 000 €	
davon steuerfrei – § 3 Nr. 40 Buchst. c EStG (40 %)	-9 600 €	
davon steuerpflichtig (60 %)	14 400 €	14 400 €

Anteilige Anschaffungskosten der GmbH-Beteiligung:

Gründungseinlage	30 000 €	
verdeckte Einlage	+15 000 €	
Anschaffungskosten	45 000 €	
auf die veräußerten Anteile entfallen (20 %/60 %)	15 000 €	
davon nicht abzugsfähig – § 3c Abs. 2 Satz 1 EStG (40 %)	-6 000 €	
davon abzugsfähig (60 %)	9 000 €	-9 000 €
= steuerbarer Veräußerungsgewinn		5 400 €

Freibetrag – § 17 Abs. 3 EStG:

20 % × 9 060 € =		1 812 €	
	5 400 €		
20 % × 36 100 € =	-7 220 €		
	0 €	0 €	
		1 812 €	-1 812 €
= Einkünfte			3 588 €

Einkünfte aus nichtselbständiger Arbeit durch Helmut Schön

Aus der Tätigkeit als Geschäftsführer der Maschinen-GmbH erzielt Helmut Schön Einnahmen aus nichtselbständiger Arbeit gem. § 19 Abs. 1 Satz 1 Nr. 1 EStG. Dazu gehören nicht die als verdeckte Gewinnausschüttung zu behandelnden Gehaltsnachzahlungen für den Zeitraum von Januar bis Mai 2019.

Einnahmen	1. bis 5. 2019:	5 × 2 500 € =	12 500 €
	6. bis 12. 2019:	7 × 4 500 € =	31 500 €
			44 000 €
Arbeitnehmer-Pauschbetrag gem. § 9a Satz 1 Nr. 1 Buchst. a EStG			-1 000 €
= Einkünfte			43 000 €

Einkünfte aus Kapitalvermögen durch Helmut Schön

Aus den Gewinnausschüttungen der Maschinen-GmbH erzielt Helmut Schön Einnahmen aus Kapitalvermögen i. S. d. § 20 Abs. 1 Nr. 1 EStG. Zu den Einnahmen gehören auch Bezüge aus verdeckten Gewinnausschüttungen. Die **seiner Ehefrau zugeflossene verdeckte Gewinnausschüttung** ist steuerrechtlich stets **dem Gesellschafter** als Einnahme zuzurechnen, dem die Person, der die Gewinnausschüttung zugeflossen ist, nahe steht (H 8.5 „III. Veranlassung durch das Gesellschaftsverhältnis – Nahe stehende Person – Zurechnung der vGA" KStH 2015).

Es ist zu prüfen, ob die Ausschüttungen bei Helmut Schön nach der sog. „Abgeltungsteuer" zu erfassen sind. Gemäß § 32d Abs. 1 Satz 1 EStG sind Einkünfte aus Kapitalvermögen, die nicht unter § 20 Abs. 8 EStG fallen, pauschal mit 25 % zu besteuern. Somit gehören die Einkünfte in den Bereich der Abgeltungsteuer.

Auf Antrag kann jedoch auf die Anwendung der Abgeltungsteuer verzichtet werden (§ 32d Abs. 2 Satz 1 Nr. 3 EStG), wenn der Anteilseigner Helmut Schön im Veranlagungszeitraum 2019

▶ zu mindestens 25 % an der Kapitalgesellschaft beteiligt ist (liegt vor) oder

▶ zu mindestens 1 % an der Kapitalgesellschaft beteiligt ist und beruflich für sie tätig ist (liegt ebenfalls vor).

a) Verzicht auf die Anwendung der Abgeltungsteuer

Die Gewinnausschüttungen unterliegen gem. § 3 Nr. 40 Satz 1 Buchst. d EStG dem Teileinkünfteverfahren – Besteuerung zu 60 %.

Offene Gewinnausschüttung für 2018:	60 % × 24 000 € =	14 400 €
verdeckte Gewinnausschüttung in 2019:	10 000 € + 2 000 € =	+ 12 000 €
		26 400 €
davon steuerfrei (§ 3 Nr. 40 Satz 1 Buchst. d EStG) 40 %		− 10 560 €
davon steuerpflichtig		15 840 €	15 840 €

abzgl. Werbungskosten, soweit nachgewiesen (lt. Sachverhalt keine Werbungskosten vorhanden). Der Ansatz des Sparer-Pauschbetrags ist nicht zulässig (§ 32d Abs. 2 Nr. 3 Satz 2 EStG).

= Einkünfte	15 840 €

b) Anwendung der Abgeltungsteuer

Maßgebende Einkünfte aus Kapitalvermögen – Berechnung siehe Lösung a)	26 400,00 €
abzgl. Sparer-Pauschbetrag (§ 20 Abs. 9 EStG) (eventuell Verdopplung gem. § 20 Abs. 9 Satz 2 und 3 EStG; lt. Sachverhalt nicht ersichtlich)	− 801,00 €
= Einkünfte aus Kapitalvermögen	25 599,00 €
Steuer hierauf 25 % gem. § 32d Abs. 1 Satz 1 EStG	6 399,00 €

HINWEIS

Bestünde Kirchensteuerpflicht (z. B. römisch-katholische Kirchensteuer in Sachsen), so würde die römisch-katholische Kirchensteuer in Sachsen 9 % der Einkommensteuer betragen.

Kirchensteuer somit 9 % von 6 399 € = 575 €

Die Einkommensteuer ermäßigt sich um 25 % der Kirchensteuer	− 143,75 €
= verbleibende Einkommensteuer/Abgeltungsteuer	6 255,25 €

Die Eheleute können von der Wahlmöglichkeit, die Abgeltungssteuer nicht anzuwenden, auch in den folgenden vier Veranlagungszeiträumen Gebrauch machen; es sei denn, die Wahl wird widerrufen (§ 32d Abs. 2 Satz 4 EStG).

Einkünfte aus privaten Veräußerungsgeschäften durch Helmut Schön

Durch den An- und Verkauf des unbebauten Grundstücks **innerhalb von zehn Jahren** verwirklicht Helmut Schön ein privates **Veräußerungsgeschäft** i. S. d. § 23 Abs. 1 Satz 1 Nr. 1 EStG. Die verdeckte Einlage in die Maschinen-GmbH gilt gem. § 23 Abs. 1 Satz 5 Nr. 2 EStG auch als Veräußerung. Der Gewinn ermittelt sich aus dem Unterschied zwischen dem Veräußerungspreis bzw. gemeinen Wert der verdeckten Einlage und den Anschaffungskosten (§ 23 Abs. 3 Satz 1 und 2 EStG).

Veräußerungserlös	30 000 €	
verdeckte Einlage (gemeiner Wert)	+ 15 000 €	
Veräußerungspreis	45 000 €	45 000 €
Anschaffungskosten		− 30 000 €
= Einkünfte		15 000 €

Die Freigrenze i. H. v. 600 € (§ 23 Abs. 3 Satz 5 EStG) ist überschritten.

Einkünfte aus selbständiger Arbeit durch Martha Schön

Der von Martha Schön als Betriebseinnahme bei der freiberuflichen Tätigkeit als Anwältin erfasste unangemessene Teilbetrag ihres Anwalthonorars i. H. v. 2 000 € (netto) ist bei der Gewinnermittlung zu neutralisieren, da der Vorteil als Einnahme aus Kapitalvermögen beim Ehemann erfasst wurde.

Gewinn bisher	82 000 €
verdeckte Gewinnausschüttung	− 2 000 €
= Einkünfte	80 000 €

Zusammenstellung der Einkünfte

	Ehemann	Ehefrau
§ 17 EStG	3 588 €	
§ 18 EStG		80 000 €
§ 19 EStG	43 000 €	
§ 20 EStG (unter Verzicht auf die Anwendung der Abgeltungsteuerregelung)	15 840 €	
§ 23 EStG	15 000 €	
= Summe der Einkünfte	77 428 €	80 000 €

Körperschaftsteuer und Besteuerung der Gesellschafter (III)

Sachverhalt:

Die Juris-GmbH mit Sitz in Münster betreibt dort eine Steuerberatungskanzlei. Gesellschafter der Juris-GmbH sind zu gleichen Teilen die Geschwister Achim, Bianca und Cäsar Fleischer. Die Stammeinlagen i. H. v. jeweils 50 000 € gehören zum Privatvermögen. Cäsar Fleischer ist seit Jahren als Geschäftsführer der Juris-GmbH bestellt und führt die Geschäfte gegen ein angemessenes Entgelt i. H. v. mtl. 12 500 €.

Die Juris-GmbH weist für das Wirtschaftsjahr 2019 einen Bilanzgewinn i. H. v. 60 000 € aus. Auf Beschluss der Gesellschafterversammlung vom 10. 4. 2020 wurden 35 000 € am 15. 4. 2020 ausgeschüttet und 25 000 € auf neue Rechnung vorgetragen. Bei Aufstellung des Jahresabschlusses 2019 hat der Geschäftsführer bereits 55 000 € den Gewinnrücklagen zugeführt. Der Geschäftsführer ist lt. Gesellschaftsvertrag berechtigt, bis zu 50 % des Jahresergebnisses den Rücklagen zuzuführen.

Am 5. 5. 2019 wurden für das Wirtschaftsjahr 2018 gem. Gesellschafterbeschluss vom Vortag 70 000 € ausgeschüttet. Das in der Steuerbilanz zum 31. 12. 2018 ausgewiesene Eigenkapital beträgt 395 000 €; darin ist ein Gewinnvortrag i. H. v. 5 000 € enthalten.

Mit Wirkung vom 1. 1. 2019 übernahm die Juris-GmbH die Steuerberatungskanzlei ihres Gesellschafters Achim Fleischer. Der in dem Gesamtkaufpreis für den Erwerb der Kanzlei enthaltene Anteil für den Praxiswert wurde am 31. 12. 2019 um 28 000 € auf 72 000 € außerplanmäßig abgeschrieben, da diese Höhe dem tatsächlichen gemeinen Wert des Praxiswerts bei der Übernahme entsprach. Da die Juris-GmbH zutreffenderweise den Praxiswert auf acht Jahre abschreibt, hat sie ferner eine Absetzung für Abnutzung (AfA) i. H. v. 9 000 € als Betriebsausgabe verbucht.

Bianca Fleischer gab der Juris-GmbH am 1. 7. 2017 ein Darlehen i. H. v. 150 000 €. Die Verzinsung beträgt lt. Darlehensvertrag 2 % (angemessen wären 5,5 %); die Zinsen sind jeweils zum Quartalsende fällig und wurden stets pünktlich bezahlt. Am 30. 6. 2019 erklärte Bianca Fleischer, dass sie ab 1. 4. 2019 bis zum Rückzahlungszeitpunkt des Darlehens am 30. 6. 2022 auf die Zinsen verzichtet. Folglich wurde nur ein Betrag i. H. v. 750 € als Zinsaufwand für das 1. Quartal verbucht. Der Darlehensanspruch gehört zum Privatvermögen von Bianca Fleischer.

Bianca Fleischer übereignete der Juris-GmbH im Juli 2019 Büromöbel aus ihrem Möbeleinzelhandelsgeschäft. Die Juris-GmbH zahlte hierfür 5 000 €; der Marktpreis liegt bei 20 000 € (Betragsangaben ohne Umsatzsteuer). Die Juris-GmbH aktivierte die Büromöbel mit 20 000 € und hat für 2019 die lineare AfA vorgenommen (Nutzungsdauer: acht Jahre). Den Differenzbetrag i. H. v. 15 000 € verbuchte sie als a. o. Ertrag.

Ab 1. 1. 2019 erhält Cäsar Fleischer statt des bisher gezahlten Bargehalts eine Pensionszusage. Danach soll der 40-jährige Cäsar Fleischer bei Eintritt der Berufsunfähigkeit oder nach Erreichen des 67. Lebensjahres eine Pension i. H. v. mtl. 9 000 € erhalten. Der Höhe nach ist die Pensionszusage angemessen. Im Zusammenhang mit der erteilten Pensionszusage wurde keine Rückdeckungsversicherung abgeschlossen. Im Wirtschaftsjahr 2019 bildet die Juris-GmbH eine der Höhe nach zutreffende Pensionsrückstellung i. H. v. 78 450 €.

Cäsar Fleischer benötigte im April 2019 dringend Geld. Daraufhin ließ er sich zulasten der Gewinnrücklagen 25 000 € durch die Juris-GmbH auszahlen. Achim und Bianca Fleischer waren damit einverstanden.

Am 1. 7. 2018 erwarb die Juris-GmbH eine Beteiligung i.H.v. 60 % an der Data-GmbH für 50 000 € (Nennwert: 30 000 €). Von dieser Gesellschaft erhielt die Juris-GmbH im Dezember 2018 ein Darlehen i.H.v. 200 000 €, um die hohen Investitionen, insbesondere wegen der Übernahme der Steuerberatungskanzlei von Achim Fleischer, zu finanzieren. Die Zinsen betragen vereinbarungsgemäß 2,5 % und sind jeweils zum 31. 12. zu zahlen. Eine Kreditaufnahme bei einer Bank hätte 6 % gekostet. Die Juris-GmbH verbuchte dementsprechend im Jahr 2019 einen Zinsaufwand i.H.v. 5 000 €. Die Data-GmbH verbuchte im Jahr 2019 einen gleich hohen Zinsertrag. Die Körperschaftsteuerveranlagung der Data-GmbH für den Veranlagungszeitraum 2019 ist bereits durchgeführt und nach den Vorschriften der AO nicht mehr änderbar. Dabei wurde das Darlehensverhältnis zwischen der Juris-GmbH und der Data-GmbH ohne außerbilanzielle Korrekturen berücksichtigt.

Die Juris-GmbH hat für das Wirtschaftsjahr 2019 Körperschaftsteuervorauszahlungen i.H.v. 60 000 € und Solidaritätszuschlag i.H.v. 3 300 € gezahlt.

Das Finanzamt hat zum 31. 12. 2018 ein steuerliches Einlagekonto i.H.v. 50 000 € gesondert festgestellt.

AUFGABEN

1. Ermitteln Sie das z.v. E. und die festzusetzende Körperschaftsteuer der Juris-GmbH für den Veranlagungszeitraum 2019 und berechnen Sie außerdem die Rückstellungen bzw. Erstattungsansprüche an Körperschaftsteuer und Solidaritätszuschlag per 31. 12. 2019.

2. Führen Sie die zum 31. 12. 2019 erforderlichen Feststellungen durch.

3. Beurteilen Sie die einkommensteuerlichen Auswirkungen des vorstehenden Sachverhalts für die Gesellschafter der Juris-GmbH im Veranlagungszeitraum 2019.

LITERATURHINWEIS

Köllen/Reichert/Vogl/Wagner, Lehrbuch Körperschaftsteuer und Gewerbesteuer, Kapitel 2.2, 4.2, 8

LÖSUNG

Zu 1

Z.v. E. und Steuerrückstellungen

Die Juris-GmbH ist als Kapitalgesellschaft unbeschränkt körperschaftsteuerpflichtig, da sie ihren Sitz (§ 11 AO) im Inland hat (§ 1 Abs. 1 Nr. 1 KStG). Die unbeschränkte Körperschaftsteuerpflicht umfasst sämtliche Einkünfte (§ 1 Abs. 2 KStG). Die Körperschaftsteuer bemisst sich nach dem z.v. E., dass nach den Vorschriften des KStG und des EStG zu ermitteln ist (§ 7 Abs. 1 und 2 KStG;

§ 8 Abs. 1 KStG). Als unbeschränkt steuerpflichtige Kapitalgesellschaft erzielt die Juris-GmbH ausschließlich Einkünfte aus Gewerbebetrieb (§ 8 Abs. 2 KStG).

Jahresüberschuss 2019

Ausgangsgröße ist der Bilanzgewinn 2019:	60 000 €
Die bei der Aufstellung des Jahresabschlusses 2019 vorgenommene Zuführung zu den Gewinnrücklagen muss bei der Ermittlung des Jahresüberschusses hinzugerechnet werden, da sie eine Einkommensverwendung darstellt:	+ 55 000 €
Der Gewinnvortrag aus dem Wirtschaftsjahr 2018 ist im Bilanzgewinn 2019 enthalten. Da er bereits 2018 erwirtschaftet worden ist, muss er bei der Ermittlung des Jahresüberschusses 2019 abgezogen werden:	– 5 000 €
Der Jahresüberschuss 2019 beträgt demnach:	110 000 €

Praxiswert

Der über den Verkehrswert hinaus bezahlte Betrag für den Praxiswert stellt eine verdeckte Gewinnausschüttung an Achim Fleischer dar. Sie hat bei der Juris-GmbH zu einer Vermögensminderung geführt, die durch das Gesellschaftsverhältnis veranlasst ist, sich auf die Höhe des Unterschiedsbetrags i. S. d. § 4 Abs. 1 Satz 1 EStG auswirkt und nicht auf einem ordentlichen Gesellschaftsbeschluss beruht. Da die verdeckte Gewinnausschüttung das Einkommen nicht mindern darf, ist sie außerbilanziell wieder hinzuzurechnen (§ 8 Abs. 3 Satz 2 KStG):   + 28 000 €

Zinsverzicht

Der Verzicht auf die bereits entstandenen Zinsen für die Monate April bis Juni 2019 führt zu einer verdeckten Einlage, da Bianca Fleischer der Juris-GmbH einen einlagenfähigen Vermögensvorteil zugewendet hat (Verminderung der Zinsverbindlichkeit), der durch das Gesellschaftsverhältnis begründet ist (vgl. R 8.9 Abs. 1 und 2 KStR). Der verdeckten Einlage steht ein entsprechender Zinsaufwand gegenüber: – 750 €

Die zinsverbilligte bzw. ab 1. 7. 2019 zinslose Darlehensgewährung stellt keine verdeckte Einlage dar (vgl. H 8.9 „Nutzungsvorteile" KStH 2015).

Büromöbel

Die Büromöbel wurden zutreffend aktiviert und abgeschrieben. Bei der Übereignung der Büromöbel unter dem Marktpreis handelt es sich ebenfalls um eine verdeckte Einlage der Gesellschafterin an die Juris-GmbH. Da die verdeckte Einlage gem. § 8 Abs. 3 Satz 3 KStG das Einkommen nicht erhöht, ist sie außerbilanziell abzuziehen: – 15 000 €

Gehaltsumwandlung

Die Umwandlung der laufenden Gehaltsvereinbarung in eine nicht rückgesicherte Pensionszusage stellt eine verdeckte Gewinnausschüttung dar. Die gesellschaftsrechtliche Veranlassung liegt darin begründet, dass die Kapitalgesellschaft mit ihrem Gesellschafter eine an sich für sie günstige Vereinbarung trifft, der ein fremder Dritter nicht zugestimmt hätte (vgl. H 8.7 „Nur-Pension" KStH 2015). Da die Pensionszusage zivilrechtlich wirksam ist, ist die Steuerbilanz zutreffend, aber die verdeckte Gewinnausschüttung außerbilanziell einkommenserhöhend zu erfassen:

+78 450 €

Gemäß dem BMF-Schreiben vom 28. 5. 2002, BStBl 2002 I S. 603, ist für den betreffenden Passivposten zum 31. 12. 2019 eine Nebenrechnung durchzuführen. Ein Teilbetrag I ist i. H. d. verdeckten Gewinnausschüttung zu bilden:

(78 450 €)

Ergänzend ist festzuhalten, in welchem Umfang der Teilbetrag I bei der Einkommensermittlung hinzugerechnet worden ist (Teilbetrag II):

(78 450 €)

Geldauszahlung

Die Auszahlung an Cäsar Fleischer i. H. v. 25 000 € stellt keine verdeckte Gewinnausschüttung dar, da zwar eine Vermögensminderung vorliegt, sich jedoch keine Auswirkung auf den Unterschiedsbetrag i. S. d. § 4 Abs. 1 Satz 1 EStG ergeben hat.

Darlehensvertrag mit Data-GmbH

Der Darlehensvertrag zwischen der Data-GmbH und der Juris-GmbH ist grds. anzuerkennen. Der vereinbarte Zinssatz liegt aber unter dem marktüblichen Zins. Die Ursache dafür liegt im Gesellschaftsverhältnis begründet. Es handelt sich daher um eine verdeckte Gewinnausschüttung der Data-GmbH an ihre Gesellschafterin Juris-GmbH i. H. v. 3,5 % × 200 000 € = 7 000 €. Dieser Beteiligungsertrag ist bei der Juris-GmbH grundsätzlich gem. § 8b Abs. 1 Satz 1 KStG steuerfrei.

Die Steuerbefreiung gilt gem. § 8b Abs. 1 Satz 2 KStG für verdeckte Gewinnausschüttungen, soweit sie das Einkommen der leistenden Körperschaft nicht gemindert haben. Da die verhinderte Vermögensmehrung aus Sicht der Data-GmbH zu keiner außerbilanziellen Korrektur gem. § 8 Abs. 3 Satz 2 KStG geführt hat, kann der Juris-GmbH insoweit keine Steuerbefreiung gewährt werden:

+7 000 €

Ein Korrektursachverhalt gem. § 32a KStG liegt nicht vor.

Nach der Fiktionstheorie sind die ersparten Zinsen i. H. v. 7 000 € neben den bereits berücksichtigten Zinsaufwendungen anzuerkennen:

-7 000 €

Nichtabziehbare Aufwendungen

Bei den Körperschaftsteuer- und Solidaritätszuschlagsvorauszahlungen handelt es sich um nicht abzugsfähige Ausgaben i. S. d. § 10 Nr. 2 KStG:

+63 300 €

Somit ergibt sich ein z. v. E. i. H. v.

264 000 €

Die tarifliche Körperschaftsteuer beträgt gem. § 23 Abs. 1 KStG 15 % des z.v. E.:

15 % × 264 000 € =	39 600 €
= festzusetzende Körperschaftsteuer	39 600 €
Zur Berechnung der Körperschaftsteuer-Rückstellung sind die geleisteten Vorauszahlungen zu berücksichtigen (§ 31 Abs. 1 KStG):	- 60 000 €
KSt-Forderung	- 20 400 €
Der Solidaritätszuschlag bemisst sich mit 5,5 % der festgesetzten Körperschaftsteuer (§ 3 Abs. 1 Nr. 1 SolZG, § 4 Satz 1 SolZG):	2 178 €
abzgl. geleistete Vorauszahlungen (§ 31 Abs. 1 KStG, § 51a Abs. 1 EStG)	- 3 300 €
= SolZ-Erstattungsanspruch	1 122 €

Zu 2

Feststellungen zum 31. 12. 2019

Fortentwicklung des Einlagenkontos zum 31. 12. 2019

Die verdeckten Einlagen im Wirtschaftsjahr 2019 sind auf dem steuerlichen Einlagekonto als Zugänge zu berücksichtigen und gesondert festzustellen (§ 27 Abs. 2 KStG):

Steuerliches Einlagekonto

Bestand per 31. 12. 2018	50 000 €
verdeckte Einlagen Bianca Fleischer (Zinsverzicht 750 € + Kaufpreisminderung Büromöbel 15 000 €)	+ 15 750 €
= Bestand per 31. 12. 2019	65 750 €

Zu 3

Einkommensteuerliche Auswirkungen

Einkünfte aus selbständiger Arbeit bei Achim Fleischer

Bis zur Veräußerung der Steuerberatungskanzlei an die Juris-GmbH erzielte Achim Fleischer als Steuerberater (Katalogberuf) Einkünfte aus freiberuflicher Tätigkeit gem. § 18 Abs. 1 Nr. 1 EStG. Zu diesen Einkünften gehört auch der Gewinn, der aus der Veräußerung des Vermögens erzielt wird, das der selbständigen Arbeit dient (§ 18 Abs. 3 Satz 1 EStG). Die Einstellung der freiberuflichen Tätigkeit zum 1. 1. 2019 ist als eine **Betriebsveräußerung im Ganzen** anzusehen. Die Ermittlung des Veräußerungsgewinns erfolgt i. S. d. § 18 Abs. 3 Satz 2 EStG, § 16 Abs. 2 EStG. Bei den Veräußerungserlösen ist die darin enthaltene **verdeckte Gewinnausschüttung** für den Praxiswert **abzurechnen**, da sie zu den **Einkünften aus Kapitalvermögen** gehört.

Einkünfte aus Kapitalvermögen bei Achim Fleischer

Achim Fleischer erzielt aus der Beteiligung an der Juris-GmbH Einkünfte aus Kapitalvermögen i. S. d. § 20 Abs. 1 Nr. 1 EStG, da er die Beteiligung im Privatvermögen hält. Die Ausschüttungen sind in dem Kalenderjahr zu erfassen, in dem sie dem Anteilseigner zufließen (§ 11 Abs. 1 Satz 1 EStG). Gemäß § 20 Abs. 1 Nr. 1 Satz 2 EStG unterliegen auch verdeckte Gewinnausschüttungen der Einkommensbesteuerung. Daher ist die den Verkehrswert des Praxiswerts übersteigende

Kaufpreiszahlung zu erfassen. Die Gewinnausschüttungen unterliegen gem. § 3 Nr. 40 Buchst. d EStG dem Teileinkünfteverfahren.

Die steuerpflichtigen **Einnahmen** gem. § 20 Abs. 1 Nr. 1 EStG stellen sich wie folgt dar (ohne Abgeltungsteuer):

Offene Gewinnausschüttung für 2018: 70 000 € × $^1/_3$ =	23 333 €
verdeckte Gewinnausschüttung (Praxiswert)	+ 28 000 €
= Summe	51 333 €
davon steuerfrei 40 % − § 3 Nr. 40 Buchst. d Satz 1 EStG	− 20 533 €
davon steuerpflichtig	30 800 €
= Einkünfte aus Kapitalvermögen	30 800 €

Alternative Abgeltungsbesteuerung

Die Einkünfte aus Kapitalvermögen sind grundsätzlich gem. § 32d Abs. 1 EStG mit 25 % pauschal zu versteuern (sog. Abgeltungsteuer). Auf Antrag kann der Gesellschafter hierauf verzichten, wenn er

a) zu mindestens zu 25 % an der Gesellschaft beteiligt ist (hier $^1/_3$) oder

b) zu mindestens zu 1 % an der Gesellschaft beteiligt ist und beruflich für diese tätig ist.

Der Verzicht gilt auch für die vier folgenden Veranlagungszeiträume, wenn er nicht widerrufen wird (§ 32d Abs. 2 Satz 4 EStG).

Maßgebende Einkünfte aus Kapitalvermögen − Berechnung s. o.	51 333 €
abzgl. Sparer-Pauschbetrag, § 20 Abs. 9 EStG	− 801 €
= Einkünfte aus Kapitalvermögen	50 532 €
Steuer hierauf 25 % gem. § 32d Abs. 1 Satz 1 EStG	12 633 €

Einkünfte aus Gewerbebetrieb bei Bianca Fleischer

Bianca Fleischer erzielt aus dem Möbeleinzelhandelsgeschäft Einkünfte aus Gewerbebetrieb gem. § 15 Abs. 1 Satz 1 Nr. 1 und Abs. 2 EStG. Bei der Gewinnermittlung ist der Umsatzerlös für den Verkauf der Büromöbel an die Juris-GmbH um den Betrag der verdeckten Einlage i. H. v. 15 000 € zu erhöhen. Die Gegenbuchung erfolgt über Privatentnahme, denn die verdeckte Einlage erhöht die Anschaffungskosten der im Privatvermögen befindlichen GmbH-Anteile.

Einkünfte aus Kapitalvermögen bei Bianca Fleischer

Bianca Fleischer erzielt aus der Beteiligung an der Juris-GmbH sowie aus dem Darlehen an die Juris-GmbH Einkünfte aus Kapitalvermögen gem. § 20 Abs. 1 Nr. 1 EStG bzw. § 20 Abs. 1 Nr. 7 EStG. Auch die Zinsen für die Monate April bis Juni 2019 sind als zugeflossen anzusehen, da sie erst am 30. 6. 2019 auf die Auszahlung verzichtet und folglich bereits über einen entstandenen Vermögenszuwachs verfügt hat.

Die steuerpflichtigen Einnahmen gem. § 20 Abs. 1 Nr. 1 und 7 EStG stellen sich wie folgt dar:

Offene Gewinnausschüttung für 2018: 70 000 € × $^1/_3$ =	23 333 €	
davon steuerfrei 40 % – § 3 Nr. 40 Buchst. d Satz 1 EStG	- 9 333 €	
davon steuerpflichtig	14 000 €	14 000 €
Zinsen aus Darlehensüberlassung für 1. Quartal	750 €	
verdeckte Einlage 2. Quartal	+ 750 €	
	1 500 €	1 500 €
= Summe der Einnahmen		15 500 €
= Einkünfte aus Kapitalvermögen		15 500 €

Alternative Abgeltungsbesteuerung

Maßgebende Einkünfte aus Kapitalvermögen – Berechnung s. o.		23 333 €
abzgl. Sparer-Pauschbetrag § 20 Abs. 9 EStG		- 801 €
= Einkünfte aus Kapitalvermögen		22 532 €
Steuer hierauf 25 % gem. § 32d Abs. 1 Satz 1 EStG		5 633 €
zzgl. Einnahmen aus Kapitalvermögen gem. § 20 Abs. 1 Nr. 7 EStG		
Zinsen aus Darlehensüberlassung für 1. Quartal	750 €	
verdeckte Einlage 2. Quartal	+ 750 €	
	1 500 €	1 500 €
= Summe der Einnahmen		1 500 €
= Einkünfte aus Kapitalvermögen		1 500 €

Die Einkünfte aus Kapitalvermögen sind grundsätzlich gem. § 32d Abs. 1 EStG mit 25 % pauschal zu versteuern (sog. Abgeltungsteuer). Auf Antrag kann der Gesellschafter hierauf verzichten, wenn er

a) zu mindestens zu 25 % an der Gesellschaft beteiligt ist (hier $^1/_3$) oder

b) zu mindestens zu 1 % an der Gesellschaft beteiligt ist und beruflich für diese tätig ist.

Der Verzicht gilt auch für die vier folgenden Veranlagungszeiträume, wenn er nicht widerrufen wird (§ 32d Abs. 2 Satz 4 EStG).

Die verdeckte Einlage durch Zinsverzicht im 2. Quartal 2015 führt zu weiteren nachträglichen Anschaffungskosten i. H. v. 750 € auf die GmbH-Beteiligung. Hinsichtlich der Zinserträge i. H. v. 1 500 € ist ein Verzicht auf die Abgeltungsbesteuerung nicht möglich; § 32d Abs. 2 Nr. 1 Buchst. a EStG.

Einkünfte aus Kapitalvermögen bei Cäsar Fleischer

Cäsar Fleischer erzielt aus der Beteiligung an der Juris-GmbH Einkünfte aus Kapitalvermögen i. S. d. § 20 Abs. 1 Nr. 1 EStG, da er die Beteiligung im Privatvermögen hält. Die Ausschüttungen sind in dem Kalenderjahr zu erfassen, in dem sie dem Anteilseigner zufließen (§ 11 Abs. 1 Satz 1 EStG). Gemäß § 20 Abs. 1 Nr. 1 Satz 1 EStG unterliegen auch sonstige Bezüge der Einkommensbesteuerung. Daher ist die Geldentnahme aus der Gewinnrücklage zu erfassen. Die verdeckte Gewinnausschüttung in Form der Nur-Pensionszusage ist mangels Zuflusses beim Anteilseigner noch nicht zu erfassen.

Die steuerpflichtigen Einnahmen gem. § 20 Abs. 1 Nr. 1 EStG stellen sich wie folgt dar:

Offene Gewinnausschüttung für 2018: 70 000 € × $^1/_3$ =	23 333 €
Geldentnahme aus der Gewinnrücklage	+ 25 000 €
= Summe	48 333 €
davon steuerfrei (§ 3 Nr. 40 Satz 1 Buchst. d EStG – 40 %)	- 19 333 €
davon steuerpflichtig	29 000 €
= Einkünfte aus Kapitalvermögen	29 000 €

Alternative Abgeltungsbesteuerung

Maßgebende Einkünfte aus Kapitalvermögen – Berechnung s. o.	48 333 €
abzgl. Sparer-Pauschbetrag gem. § 20 Abs. 9 EStG	801 €
= Einkünfte aus Kapitalvermögen	47 532 €
Steuer hierauf 25 % gem. § 32d Abs. 1 Satz 1 EStG	11 883 €

Die Einkünfte aus Kapitalvermögen sind grundsätzlich gem. § 32d Abs. 1 EStG mit 25 % pauschal zu versteuern (sog. Abgeltungsteuer). Auf Antrag kann der Gesellschafter hierauf verzichten, wenn er

a) zu mindestens zu 25 % an der Gesellschaft beteiligt ist (hier $^1/_3$) oder

b) zu mindestens zu 1 % an der Gesellschaft beteiligt ist und beruflich für diese tätig ist (hier ebenfalls gegeben).

Der Verzicht gilt auch für die vier folgenden Veranlagungszeiträume, wenn er nicht widerrufen wird (§ 32d Abs. 2 Satz 4 EStG).

FALL 73

Körperschaftsteuer und Gewerbesteuer

Sachverhalt:

Die Medico-GmbH produziert und vertreibt medizinische Geräte für den Krankenhausbedarf. Das Wirtschaftsjahr der Medico-GmbH, die ihren Sitz in Wuppertal hat, entspricht dem Kalenderjahr.

Gert Gern, Ruth Rastlos und Peter Parker sind Gesellschafter der Medico-GmbH. Gert Gern und Ruth Rastlos (Wohnsitz in Remscheid bzw. Solingen) halten jeweils 30 % der Anteile. Die restlichen 40 % der Anteile hält der in New York ansässige Peter Parker.

Das Eigenkapital der Medico-GmbH per 31. 12. 2018 umfasst:

Gezeichnetes Kapital	100 000 €
Kapitalrücklage	50 000 €
Gewinnrücklage	150 000 €
Gewinnvortrag	10 000 €
Jahresüberschuss	40 000 €

Die vorläufige Schlussbilanz auf den 31.12.2019 weist einen Jahresüberschuss i.H.v. 22 525 € aus. Dazu ergeben sich folgende Feststellungen:

1. Am 1.7.2019 bezog die Medico-GmbH ein neues Geschäftsgebäude (Fertigstellung am 30.6.2019). Das Gebäude wurde mit den Herstellungskosten i.H.v. 500 000 € aktiviert und zutreffend abgeschrieben. Den entsprechenden GruBo hatte Ruth Rastlos der Medico-GmbH am 1.6.2018 durch Erbbauvertrag für die Dauer von 65 Jahren gegen einen Erbbauzins i.H.v. 14 400 € jährlich überlassen. Die Medico-GmbH überweist den Erbbauzins in mtl. Teilbeträgen jeweils zu Beginn jeden Monats auf das Konto der Ruth Rastlos. Ein Erbbauzins i.H.v. 700 € mtl. wäre angemessen. Im Rahmen einer Nachfeststellung zum 1.1.2019 wurde der Medico-GmbH das unbebaute Erbbaurecht mit einem Einheitswert i.H.v. 90 000 € zugerechnet. Im Rahmen einer Art- und Wertfortschreibung zum 1.1.2020 wurde der Einheitswert für das bebaute Erbbaurecht i.H.v. 340 000 € festgestellt (§ 92 BewG).

   Zur Finanzierung der Herstellungskosten des Geschäftsgebäudes gewährte Peter Parker der Medico-GmbH am 1.4.2019 ein Darlehen über 480 000 €. Das Darlehen ist per 31.3.2023 in einem Betrag zu tilgen. Die jährlichen Zinsen betragen 8 % der Darlehenssumme und sind anteilig zum Ende eines jeden Quartals fällig. Die Schuldzinsen wurden 2019 von der Medico-GmbH pünktlich gezahlt und als Aufwand verbucht. Für ein vergleichbares Bankdarlehen hätte die Medico-GmbH 6 % Zinsen zahlen müssen.

2. Die Medico-GmbH zahlte aufgrund eines im November 2018 mit Gert Gern abgeschlossenen Lizenzvertrages bis einschließlich November 2019 Lizenzgebühren i.H.v. 2 000 € mtl. Am 1.12.2019 erwarb die Medico-GmbH von Gert Gern das entsprechende Patent gegen Zahlung i.H.v. 30 000 €. Der Kaufpreis wurde als laufender Betriebsaufwand behandelt. Gert Gern hatte das Patent, das noch eine Laufzeit von vier Jahren hat, im Oktober 2018 aus einer Insolvenzmasse für 25 000 € erworben. Lizenzgebühr und Kaufpreis sind angemessen.

3. Die GuV der Medico-GmbH zum 31.12.2019 weist u.a. folgende Betriebsausgaben aus:

Spende an die SPD	3 600 €
(lt. Zuwendungsbestätigung vom 1.9.2019)	
Spende an einen als gemeinnützig anerkannten Kulturverein	1 500 €
(lt. Zuwendungsbestätigung vom 1.10.2019)	
KSt-Vorauszahlungen	20 000 €
SolZ-Vorauszahlungen	1 100 €

4. Die Medico-GmbH hält 40 % der Anteile der Ferdinand-Sauerbruch-Kliniken-GmbH (Wirtschaftsjahr = Kalenderjahr) in Wuppertal. Am 10.6.2019 ist der Medico-GmbH eine Brutto-Dividende i.H.v. 56 000 € zugeflossen, die die Medico-GmbH als Ertrag in ihrer GuV ausweist. Eine ordnungsgemäße Steuerbescheinigung liegt vor.

   Im Zusammenhang mit dieser Ausschüttung hatte die Medico-GmbH den Bilanzansatz vom 31.12.2018 bezüglich der Ferdinand-Sauerbruch-Klinken-GmbH i.H.v. 50 000 € um eine ausschüttungsbedingte Teilwertabschreibung per 31.12.2019 auf 30 000 € gemindert.

5. Am 31.12.2018 hat die Medico-GmbH von der Ferdinand-Sauerbruch-Kliniken-GmbH ein fünfjähriges Darlehen i.H.v. 100 000 € zu einem angemessenen Zinssatz i.H.v. 7 % erhalten. Mit Schreiben vom 31.12.2019 hat die Ferdinand-Sauerbruch-Kliniken-GmbH für das Jahr

2019 auf die Zinsen verzichtet. Die Medico-GmbH hat in ihrer GuV diesen Vorgang nicht berücksichtigt. Die Körperschaftsteuerveranlagung der Ferdinand-Sauerbruch-Kliniken-GmbH für den Veranlagungszeitraum 2019 ist noch nicht durchgeführt.

6. Die Medico-GmbH hat am 20.12.2019 einen bei ihr bereits voll abgeschriebenen, fünf Jahre alten Pkw (Einkaufswert: 20000 €; gemeiner Wert: 30000 €) für 10000 € zzgl. Umsatzsteuer an die Tochter des Gert Gern verkauft. Die Medico-GmbH verbuchte den Verkaufspreis i.H.v. 11900 € zutreffend als a.o. Ertrag (10000 €) und Umsatzsteuer (1900 €).

    Die Gesellschafterversammlung der Medico-GmbH beschloss am 30.4.2019 eine den gesellschaftsrechtlichen Vorschriften entsprechende Gewinnausschüttung für das Jahr 2018 i.H.v. 180000 €. Im Jahr 2020 erfolgte keine offene Gewinnausschüttung.

7. Das Finanzamt hat für die Medico-GmbH folgende Feststellungen getroffen:

    Steuerliches Einlagekonto zum 31.12.2018   50000 €

1. Ermitteln Sie das z.v.E. der Medico-GmbH für 2019 und die Körperschaftsteuer-/Solidaritätszuschlag-Rückstellung bzw. den Körperschaftsteuer-/Solidaritätszuschlag-Erstattungsanspruch per 31.12.2019.

2. Führen Sie die zum 31.12.2019 erforderlichen Feststellungen durch.

3. Ermitteln Sie den Gewerbesteuer-Messbetrag der Medico-GmbH für den EZ 2019 und berechnen Sie die Gewerbesteuerrückstellung bei einem Gewerbesteuerhebesatz i.H.v. 400%. Gewerbesteuervorauszahlungen wurden im EZ 2019 nicht geleistet.

Köllen/Reichert/Vogl/Wagner, Lehrbuch Körperschaftsteuer und Gewerbesteuer, Kapitel 4.2

Zu 1

Z.v.E. und Steuerrückstellungen

Die Medico-GmbH ist als Kapitalgesellschaft unbeschränkt körperschaftsteuerpflichtig, da sie ihren Sitz (§ 11 AO) im Inland hat (§ 1 Abs. 1 Nr. 1 KStG). Die unbeschränkte Körperschaftsteuerpflicht umfasst sämtliche Einkünfte (§ 1 Abs. 2 KStG). Die Körperschaftsteuer bemisst sich nach dem z.v.E., dass nach den Vorschriften des KStG und des EStG zu ermitteln ist (§ 7 Abs. 1 und 2 KStG, § 8 Abs. 1 KStG). Als unbeschränkt steuerpflichtige Kapitalgesellschaft erzielt die Medico-GmbH ausschließlich Einkünfte aus Gewerbebetrieb (§ 8 Abs. 2 KStG).

Der ausgewiesene Jahresüberschuss i.H.v. 22525 € ist wie folgt zu berichtigen:

Ausgewiesener Jahresüberschuss   22525 €

► **Gebäude auf Erbbaurecht**

Die Aktivierung mit den Herstellungskosten i. H. v. 500 000 € ist korrekt, da die GmbH aufgrund des Nutzungsrechts – Erbbaurecht – wirtschaftliches Eigentum gem. § 39 Abs. 2 Nr. 1 AO an dem Gebäude hat; sie verfügt über das Gebäude über die gesamte Nutzungsdauer. Der eigenbetrieblich genutzte Gebäudeteil – Gebäude auf fremdem GruBo – ist mit den Anschaffungskosten abzgl. AfA zu bilanzieren; die AfA beträgt 3 % von 500 000 € jährlich. Eine tatsächliche Nutzungsdauer gem. § 7 Abs. 4 Satz 2 EStG ist nicht anzusetzen, da die Laufzeit des Erbbaurechts die typisierte Nutzungsdauer (33 $1/_3$ Jahre) übersteigt.

► **Erbbauzins**

Laut Sachverhalt ist ein Erbbauzins i. H. v. 700 € mtl. angemessen. Tatsächlich vereinbart und geleistet wurden 1 200 €. In Höhe des unangemessenen Teils von 500 € mtl. liegt eine verdeckte Gewinnausschüttung gem. § 8 Abs. 3 Satz 2 KStG vor, da durch die überhöhte Zahlung eine Vermögensminderung vorliegt, die aus dem Gesellschaftsverhältnis veranlasst ist; R 8.5 Abs. 1 KStR 2015. Für das Wirtschaftsjahr 2019 ist somit eine verdeckte Gewinnausschüttung in folgender Höhe zu berücksichtigen:

12 Monate × 500 € =	+6 000 €

► **Darlehen**

Die Verzinsung des Darlehens, das der Gesellschafter Peter Parker der Medico-GmbH gewährt hat, ist der Höhe nach unangemessen. Für das Wirtschaftsjahr 2019 ist somit eine weitere verdeckte Gewinnausschüttung in folgender Höhe zu berücksichtigen; (Begründung wie beim Erbbauzins):

(8 % − 6 %) × 480 000 € × $^9/_{12}$ =	+7 200 €

► **Lizenzgebühren**

Die gezahlten Lizenzgebühren sind gem. Sachverhalt angemessen. Es erfolgt somit keine Einkommenskorrektur.

► **Patent**

Der lt. Sachverhalt ebenfalls angemessene Kaufpreis i. H. v. 30 000 € ist als Betriebsausgabe abgesetzt worden. Es handelt sich jedoch um ein entgeltlich erworbenes immaterielles Wirtschaftsgut des Anlagevermögens, das aktivierungspflichtig ist (§ 246 Abs. 1 HGB, § 253 Abs. 1 und 3 HGB; § 5 Abs. 2 EStG; R 5.5 Abs. 2 EStR):

	+30 000 €

Die Bewertung erfolgt mit den Anschaffungskosten (= 30 000 €) abzgl. AfA gem. § 6 Abs. 1 Nr. 1 Satz 1 EStG, § 7 Abs. 1 EStG. Für Dezember 2019 ist das Patent gem. § 7 Abs. 1 Satz 4 EStG zeitanteilig abzuschreiben:

30 000 € × 25 % × $^1/_{12}$ =	−625 €

▶ **Spenden und Vorauszahlungen**

Die Spenden sind unter den Voraussetzungen von § 9 Abs. 1 Nr. 2 KStG als Betriebsausgaben abzugsfähig; um dies zu überprüfen, erfolgt zunächst eine Zurechnung aller geleisteten Spenden bei der Einkommensermittlung:

+ 5 100 €

▶ **Steuern**

Die Körperschaftsteuer und der Solidaritätszuschlag (H 10.1 „Nichtabziehbare Steuern" KStH) sind nicht abzugsfähig und dem Jahresüberschuss wieder hinzuzurechnen (§ 10 Nr. 2 KStG):

+ 21 100 €

▶ **Beteiligung**

Die offene Gewinnausschüttung an die Medico-GmbH für das Wirtschaftsjahr 2018 ist gem. § 8b Abs. 1 Satz 1 KStG steuerfrei; § 8b Abs. 4 KStG ist nicht anzuwenden, da die Beteiligung mindestens 10 % beträgt:

− 56 000 €

Unterstellt − dies wäre zunächst zu prüfen −, dass die Teilwertminderung bilanziell auch gerechtfertigt ist, da es sich um eine dauernde Wertminderung handelt, ist die im Zusammenhang mit der steuerfreien Ausschüttung verbuchte Teilwertabschreibung gem. § 8b Abs. 3 KStG nicht zu berücksichtigen:

+ 20 000 €

Von der Gewinnausschüttung, die gem. § 8b Abs. 1 Satz 1 KStG bei der Ermittlung des Einkommens außer Ansatz bleibt, gelten gem. § 8b Abs. 5 Satz 1 KStG 5 % als Ausgaben, die nicht als Betriebsausgaben abgezogen werden dürfen:

5 % × 56 000 € =

+ 2 800 €

▶ **Zinsvorteil**

Der Zinsvorteil i. H. v. 7 % von 100 000 € = 7 000 € ist eine verdeckte Gewinnausschüttung, d. h. es erfolgt eine Einkommenshinzurechnung bei der Medico-GmbH, jedoch steuerfrei gem. § 8b Abs. 1 Satz 1 KStG:

+ 7 000 €

− 7 000 €

Die Erfassung bei der Muttergesellschaft erfolgt als steuerfreie Vermögensmehrung (§ 8b Abs. 1 Satz 1 KStG). Von der Gewinnausschüttung, die gem. § 8b Abs. 1 Satz 1 KStG bei der Ermittlung des Einkommens außer Ansatz bleibt, gelten gem. § 8b Abs. 5 Satz 1 KStG 5 % als Ausgaben, die nicht als Betriebsausgaben abgezogen werden dürfen:

5 % × 7 000 € =

+ 350 €

Hätte die Medico-GmbH die Zinsen jedoch gezahlt, so wären sie Betriebsausgaben gewesen. Aufgrund der sog. Fiktionstheorie sind die Zinsaufwendungen als betrieblicher Aufwand zu berücksichtigen:

7 % × 100 000 € =

− 7 000 €

► **Autoverkauf**

Die Medico-GmbH hat den Pkw an eine dem Gesellschafter nahe stehende Person zu einem unangemessen niedrigen Preis veräußert. In Höhe der Differenz zwischen dem gemeinen Wert und dem vereinbarten Verkaufspreis entsteht eine verdeckte Gewinnausschüttung (vgl. R 8.6 „Hingabe von Wirtschaftsgütern" KStH 2015):

30 000 € - 11 900 € =   +18 100 €

► **Umsatzsteuer**

Die Medico-GmbH hat den Pkw an eine dem Gesellschafter nahe stehende Person geliefert. Dabei ist gem. § 10 Abs. 5 Satz 1 Nr. 1 UStG i.V. m. § 10 Abs. 4 Satz 1 Nr. 1 UStG die Umsatzsteuer auf die Mindest-Bemessungsgrundlage (Einkaufspreis) zu berechnen. Die entstehende Mehr-Umsatzsteuer ist gewinnwirksam zu berücksichtigen:

19 % × (20 000 € − 10 000 €) =   -1 900 €

Die Umsatzsteuer fällt nicht unter § 10 Nr. 2 KStG, da es ansonsten durch die Bewertung der verdeckten Gewinnausschüttung mit dem gemeinen Wert (s. o.) zu einer Mehrfacherfassung von Umsatzsteuer käme.

Summe der Einkünfte   **67 650 €**

Zur Ermittlung des z.v. E. sind gem. § 9 Abs. 1 Nr. 2 KStG die Spenden von der Summe der Einkünfte abzuziehen. Parteispenden sind jedoch nicht abzugsfähig (§ 4 Abs. 6 EStG).

Die Spende an den Kulturverein ist in vollem Umfang abzugsfähig (§ 52 Abs. 2 Satz 1 Nr. 5 AO). Der einkommensbezogene Spendenhöchstbetrag i. H. v. 20 % von 67 650 € = 13 530 € (§ 9 Abs. 2 KStG) wird nicht überschritten: -1 500 €

Z. v. E. vor GewSt-Rückstellung   **66 150 €**

GewSt-Rückstellung (siehe nachfolgende Berechnung)   -9 044 €

Außerbilanzielle Zurechnung des Gewerbesteueraufwands gem. § 8 Abs. 1 KStG, § 4 Abs. 5b EStG: +9 044 €

Z. v. E. nach GewSt-Rückstellung   **66 150 €**

Die tarifliche Körperschaftsteuer beträgt gem. § 23 Abs. 1 KStG 15 % des z. v. E.:

15 % × 66 150 € = festzusetzende Körperschaftsteuer   9 922 €

Auf die festzusetzende Körperschaftsteuer ist die Kapitalertragsteuer anzurechnen:

25 % von 56 000 € =   -14 000 €

verbleibende Körperschaftsteuer   -4 078 €

Zur Berechnung des Körperschaftsteuer-Erstattungsanspruchs sind die geleisteten Vorauszahlungen zu berücksichtigen (§ 31 Abs. 1 KStG):   -20 000 €

KSt-Erstattungsanspruch   **-24 078 €**

Der Solidaritätszuschlag bemisst sich mit 5,5 % der festgesetzten Körperschaftsteuer (§ 3 Abs. 1 Nr. 1 SolZG, § 4 Satz 1 SolZG):

5,5 % × 9 922 € =	545,71 €

Auf den festzusetzenden Solidaritätszuschlag ist der mit der Kapitalertragsteuer einbehaltene Solidaritätszuschlag anzurechnen:

5,5 % von 14 000 € =	- 770 €
verbleibender Solidaritätszuschlag	- 224,29 €

Zur Berechnung des SolZ-Erstattungsanspruchs sind die geleisteten Vorauszahlungen zu berücksichtigen (§ 31 Abs. 1 KStG, § 51a Abs. 1 EStG):

	- 1 100 €
SolZ-Erstattungsanspruch	**- 1 324,29 €**

Zu 2

Feststellungen zum 31. 12. 2019

Steuerliches Einlagekonto

Die Medico-GmbH hat die nicht in das Nennkapital geleisteten Einlagen am Schluss jedes Wirtschaftsjahres auf dem steuerlichen Einlagekonto auszuweisen und ausgehend vom Bestand am Ende des vorangegangenen Wirtschaftsjahres um die jeweiligen Zu- und Abgänge des Wirtschaftsjahres fortzuschreiben (§ 27 Abs. 1 Satz 1 und 2 KStG). Der Betrag verringert sich jeweils, soweit die Summe der Leistungen, die die Gesellschaft im Wirtschaftsjahr erbracht hat, den ausschüttbaren Gewinn i. S. d. § 27 Abs. 1 Satz 5 KStG zum Schluss des vorangegangenen Wirtschaftsjahres übersteigt (§ 27 Abs. 1 Satz 3 KStG). Der Bestand des steuerlichen Einlagekontos wird jeweils gesondert festgestellt (§ 27 Abs. 2 KStG):

Offene Gewinnausschüttung für das Wirtschaftsjahr 2018 i. H. v.		180 000 €
verdeckte Gewinnausschüttung im Zusammenhang mit den Erbbaurechtszinsen an Ruth Rastlos i. H. v.		6 000 €
verdeckte Gewinnausschüttung im Zusammenhang mit den Darlehenszinsen an Peter Parker i. H. v.		7 200 €
verdeckte Gewinnausschüttung im Zusammenhang mit dem Autoverkauf an die Tochter von Gert Gern i. H. v.		18 100 €
= Summe der Leistungen		211 300 €
Eigenkapital lt. Steuerbilanz am 31. 12. 2018	350 000 €	
gezeichnetes Eigenkapital zum 31. 12. 2018	- 100 000 €	
steuerliches Einlagekonto zum 31. 12. 2018	- 50 000 €	
ausschüttbarer Gewinn i. S. d. § 27 Abs. 1 Satz 5 KStG	200 000 €	- 200 000 €
= übersteigender Betrag		11 300 €
Bestand per 31. 12. 2018		50 000 €
Abgang durch Leistungen in 2019		- 11 300 €
= Bestand per 31. 12. 2019		38 700 €

Zu 3

Gewerbesteuer-Messbetrag und Gewerbesteuerrückstellung

Die Medico-GmbH ist ein Gewerbebetrieb kraft Rechtsform und damit gewerbesteuerpflichtig (§ 2 Abs. 1 und Abs. 2 Satz 1 GewStG). Besteuerungsgrundlage ist gem. § 6 GewStG der Gewerbeertrag:

Ausgangsgröße (§ 7 Satz 1 GewStG) ist das z. v. E.; hier 66 150 €.

Hinzurechnungen (§ 8 GewStG, zuletzt geändert durch das Gesetz zur Vermeidung von Umsatzsteuerausfällen beim Handel mit Waren im Internet und zur Änderung weiterer steuerlicher Vorschriften vom 11. 12. 2018, BGBl 2018 I S. 2338)

Entgelte für Schulden (§ 8 Nr. 1 Buchst. a GewStG)

Zinsen an Peter Parker, soweit keine verdeckte Gewinnausschüttung:

$6\% \times 480\,000\,€ \times {}^9/_{12} =$	+21 600 €
Fiktive Zinsen an die Ferdinand-Sauerbruch-Kliniken-GmbH:	
$7\% \times 100\,000\,€ =$	+7 000 €

Erbbauzins (§ 8 Nr. 1 Buchst. e GewStG)

Der Erbbauzins stellt ein Entgelt für die Überlassung von unbeweglichem Anlagevermögen dar; $^1/_2$ des angemessenen Erbbauzinses sind zuzurechnen:

$700\,€ \times 12 \times {}^1/_2 =$	+4 200 €

Lizenzgebühren (§ 8 Nr. 1 Buchst. f GewStG)

Lizenzgebühren sind zu einem Viertel zuzurechnen:

$2\,000\,€ \times 11\ \text{Monate} \times {}^1/_4 =$	+5 500 €
= Summe der Hinzurechnungen gem. § 8 Nr. 1 GewStG	38 300 €
Freibetrag	100 000 €
Hinzurechnung gem. § 8 Nr. 1 GewStG	0 €

Steuerfreie Gewinnausschüttungen (§ 8 Nr. 5 GewStG)

Die steuerfreien Gewinnausschüttungen der Ferdinand-Sauerbruch-Kliniken-GmbH erfüllen die Voraussetzungen gem. § 9 Nr. 2a Satz 1 GewStG, da die Beteiligung bereits zu Beginn des EZ zu mindestens 15 % bestand. Aus diesem Grunde ergibt sich keine Hinzurechnung.

Spenden (§ 8 Nr. 9 GewStG)

Die Ausgaben i. S. d. § 9 Abs. 1 Nr. 2 KStG sind zunächst hinzuzurechnen:	+1 500 €

Kürzungen (§ 9 GewStG)

Einheitswert Grundbesitz (§ 9 Nr. 1 Satz 1 GewStG)

Das auf dem Erbbaurecht errichtete Betriebsgrundstück gehört ertragsteuerlich zum Betriebsvermögen der Medico-GmbH. Der Kürzung ist der letzte vor Ablauf des EZ festgestellte Einheitswert zugrunde zu legen:

1,2 % von 90 000 € × 140 % (§ 121a BewG) =	-1 512 €

Schachtelprivileg (§ 9 Nr. 2a GewStG)

Die von der Medico-GmbH bezogenen Gewinnausschüttungen erfüllen die Voraussetzungen von § 9 Nr. 2a Satz 1 GewStG (vgl. Ausführungen zu § 8 Nr. 5 GewStG). Eine Kürzung unterbleibt jedoch, da sie aufgrund der Steuerbefreiung gem. § 8b Abs. 1 Satz 1 KStG in der Ausgangsgröße nicht enthalten sind. Gemäß § 9 Nr. 2a Satz 4 GewStG erfolgt auch keine Kürzung der Ausgangsgröße um die nichtabziehbaren Betriebsausgaben i. S. d. § 8b Abs. 5 Satz 1 KStG.

Spendenabzug (§ 9 Nr. 5 GewStG)

Die aus den Mitteln des Gewerbebetriebs geleisteten Ausgaben für steuerbegünstigte Zwecke können analog zu § 9 Abs. 1 Nr. 2 KStG abgezogen werden:	-1 500 €
Gewerbeertrag	**64 638 €**
gerundet (§ 11 Abs. 1 Satz 3 GewStG)	64 600 €
Steuermesszahl (§ 11 Abs. 2 GewStG) 3,5 %	
Steuermessbetrag (§ 11 Abs. 1 Satz 1 und 2 GewStG)	2 261 €

Der Gewerbesteueraufwand bei einem Hebesatz i. H. v. 400 % ermittelt sich wie folgt:

2 261 € × 4 =	**9 044 €**

Der Gewerbesteueraufwand entspricht der Gewerbesteuer-Rückstellung, da im EZ 2019 keine Gewerbesteuervorauszahlungen geleistet worden sind. Gemäß § 4 Abs. 5b EStG i. V. m. § 8 Abs. 1 KStG ist die Gewerbesteuer nicht als Betriebsausgabe abzugsfähig. Dieses Ziel wird dadurch erreicht, dass innerhalb der Bilanz eine Gewerbesteuerrückstellung zu bilden ist und die dadurch veranlasste Minderung des Jahresüberschusses außerbilanziell wieder zu korrigieren ist (R 5.7 Abs. 1 Satz 2 EStR).

Teil B: Gewerbesteuer

Kapitel 1: Grundlagen (§§ 12, 18 und 22 AO, § 4 GewStG)

FALL 74

Örtliche Zuständigkeit

Sachverhalte:

a) Die Fantasy GmbH hat ihren Sitz in Darmstadt und ihre Geschäftsleitung in Michelstadt. Weitere Betriebsstätten der Fantasy GmbH befinden sich in Heidelberg und in Weinheim.

b) Die Service S.A. hat ihren Sitz und ihre Geschäftsleitung in Straßburg. Von ihrer Betriebsstätte in Kehl aus erbringt sie EDV-Dienstleistungen in Baden-Württemberg.

c) Der Sitz der Construction Ltd. befindet sich in Bristol (United Kingdom). Die Construction Ltd. hat ihre Geschäftsleitung in Hirschhorn/Neckar und erbringt von hier aus Bauleistungen in der Rhein-Neckar-Region.

AUFGABE

Wer ist für die Festsetzung und Erhebung der Gewerbesteuer zuständig?

LÖSUNG

a) Gemäß § 4 Abs. 1 GewStG sind die **Gemeinden hebeberechtigt**, in denen sich **Betriebsstätten** der Fantasy GmbH befinden. Dies sind die Gemeinden Michelstadt, Heidelberg und Weinheim. Die Geschäftsleitung in Michelstadt ist gem. § 12 Satz 2 Nr. 1 AO stets als Betriebsstätte anzusehen, auch wenn dort lediglich Verwaltungsfunktionen angesiedelt sind.

Für die **Festsetzung des Gewerbesteuermessbetrags** ist gem. § 22 Abs. 1 Satz 1 AO das **Betriebsfinanzamt** zuständig. Dieses ist gem. § 18 Abs. 1 Nr. 2 AO das Finanzamt Michelstadt, weil sich die Geschäftsleitung der Fantasy GmbH in dessen Bezirk befindet. Aufgrund der weiteren Betriebsstätten in den Gemeinden Heidelberg und Weinheim ist der Gewerbesteuermessbetrag gem. § 28 Abs. 1 Satz 1 GewStG auf die drei betroffenen Gemeinden zu zerlegen, wofür gem. § 22 Abs. 1 Satz 1 AO ebenfalls das Finanzamt Michelstadt zuständig ist.

Das Finanzamt Michelstadt teilt den betroffenen Gemeinden Michelstadt, Heidelberg und Weinheim den Inhalt des **Gewerbesteuermessbescheides** mit (vgl. § 184 Abs. 3 AO), sodass diese die **Gewerbesteuerbescheide** erlassen und die Gewerbesteuer entsprechend erheben können.

b) Die Gemeinde Kehl ist aufgrund der dort gelegenen **Betriebsstätte** gem. § 4 Abs. 1 GewStG **hebeberechtigt**. Für die Festsetzung des **Gewerbesteuermessbetrages** ist gem. § 18 Abs. 1 Nr. 2 AO i. V. m. § 22 Abs. 1 Satz 1 AO das **Betriebsfinanzamt** Kehl zuständig, weil sich die **Ge-**

schäftsleitung der Service S. A. im Ausland befindet und ihre einzige inländische Betriebsstätte im Bezirk dieses Finanzamts unterhalten wird.

c) Die Construction Ltd. erbringt **Bauleistungen** i. S. v. § 48 Abs. 1 Satz 3 EStG und ihr Sitz befindet sich außerhalb des Geltungsbereichs der AO. Somit ist gem. § 22 Abs. 1 Satz 2 AO für die Festsetzung des **Gewerbesteuermessbetrages** das Finanzamt zuständig, das gem. § 21 Abs. 1 AO für die **Umsatzbesteuerung** zuständig ist. Demnach kommt es darauf an, von welchem Finanzamtsbezirk aus das Unternehmen ganz oder überwiegend betrieben wird. Da die Gemeinde Hirschhorn im Bezirk des Finanzamts Michelstadt liegt, ist somit das Finanzamt Michelstadt für die Festsetzung des Gewerbesteuermessbescheides zuständig.

Hebeberechtigt ist die Gemeinde Hirschhorn, weil sich dort die Geschäftsleitung (= Betriebsstätte, s. o. unter a)) befindet. Allerdings ist zu beachten, dass **Bauausführungen**, die **länger als sechs Monate** andauern, in anderen Gemeinden gem. § 12 Satz 2 Nr. 8 AO dort weitere Betriebsstätten begründen können.

Kapitel 2: Der Steuergegenstand (§§ 2, 2a GewStG)

FALL 75

Gewerbesteuerpflicht bei verschiedenen Rechtsformen

Sachverhalte:

a) Dr. August Adler betreibt in Hirschhorn eine Praxis als Augenarzt. In einem besonderen Raum seiner Praxis hat er ein Kontaktlinsenstudio eingerichtet, wo er Kontaktlinsen anpasst und diese sowie das entsprechende Zubehör verkauft.

b) Wie a), aber die Praxis und das Kontaktlinsenstudio werden von der Adler-Auge GbR betrieben.

c) Alleinige Komplementärin der Häusle GmbH & Co. KG ist die Häusle GmbH, die auch die Geschäfte der GmbH & Co. KG führt. Die Häusle GmbH & Co. KG hat ihren Sitz in Biberach und vermietet Eigentumswohnungen im Großraum Stuttgart. Außer der Verwaltung und Vermietung der Wohnungen übt sie keine weitere Tätigkeit aus.

d) Die Knifflig Steuerberatungsgesellschaft mbH mit Sitz in Mosbach betreibt mehrere Steuerbüros in Nordbaden.

e) Die Chic GmbH betreibt in Nordbaden mehrere Friseursalons. Alleinige Gesellschafterin der Chic GmbH ist Frau Susanne Schön. Die GmbH betreibt ihre Salons in Ladenlokalen, die sich im Alleineigentum von Frau Schön befinden, und zahlt hierfür an Frau Schön angemessene Mieten.

f) Richard Rinderbein hat viele Jahre lang in Eberbach eine Fleischerei betrieben. Zum 1.1. verpachtet er aus Altersgründen das Ladenlokal samt Geschäftsausstattung an seinen langjährigen Mitarbeiter Hubert Huhn.

g) Die Stadt Neckarsteinberg lässt von einem Ordnungsbeamten regelmäßig Geschwindigkeitskontrollen im Gemeindegebiet durchführen. Im abgelaufenen Kalenderjahr wurden hierdurch Ordnungsgelder i.H.v. 150 000 € vereinnahmt. Die damit zusammenhängenden Aufwendungen (Gehalt des Beamten, Kosten der Radaranlagen etc.) betrugen 90 000 €. Außerdem betreibt die Stadt ein Wasserkraftwerk, aus dem ein jährlicher Überschuss i.H.v. 50 000 € erwirtschaftet wird, sowie ein Freibad. Das Freibad erwirtschaftet wegen seiner hohen Kosten und der kurzen Badesaison seit vielen Jahren Verluste, wird aber von der Stadt nicht geschlossen, damit Neckarsteinberg weiterhin für Touristen attraktiv bleibt.

h) Der Tennisclub „Hau drauf e.V." betreibt in Neckarsteinberg eine Vereinsgaststätte, die nicht nur von Vereinsmitgliedern, sondern auch von anderen Bürgern genutzt werden kann. Da die Gaststätte nur an den Wochenenden geöffnet ist, wurden im Kalenderjahr Einnahmen i.H.v. lediglich 30 000 € erzielt.

AUFGABE

Prüfen Sie jeweils, ob bzw. inwieweit Gewerbesteuerpflicht gem. § 2 GewStG besteht.

a) § 2 Abs. 1 Satz 2 GewStG verweist für die Frage, ob ein Gewerbebetrieb i. S. d. GewStG vorliegt, auf das **EStG**. Einschlägig ist hier § 15 Abs. 2 EStG. Demnach liegen keine gewerblichen Einkünfte vor, soweit es sich um eine selbständige Arbeit i. S. v. § 18 EStG handelt. Als Augenarzt übt Dr. Adler eine **freiberufliche Tätigkeit** i. S. v. § 18 Abs. 1 Nr. 1 EStG aus und erzielt somit Einkünfte aus selbständiger Arbeit.

Das Kontaktlinsenstudio ist dagegen als **Gewerbebetrieb** i. S. v. § 15 Abs. 2 EStG anzusehen, da hier keine ärztlichen Leistungen erbracht werden, sondern mit Kontaktlinsen **gehandelt** wird. Da die beiden Tätigkeiten **nicht so untrennbar** miteinander verflochten sind, dass sie sich gegenseitig bedingen, hat Dr. Adler somit einen gewerbesteuerpflichtigen Gewerbebetrieb (= Kontaktlinsenstudio) und daneben einen nicht gewerbesteuerpflichtigen Betrieb der selbständigen Arbeit (= ärztliche Tätigkeit). Vgl. hierzu H 15.6 „Gemischte Tätigkeit" EStH (mit weiteren Beispielen).

b) Zur Einordnung der Tätigkeiten s. u. a). Die GbR ist eine „andere Personengesellschaft" (= Mitunternehmerschaft) i. S. v. § 15 Abs. 3 Nr. 1 EStG, die sowohl gewerbliche Einkünfte als auch solche aus selbständiger Arbeit erzielt. Nach der sog. **Abfärbetheorie** gilt damit ihre gesamte Tätigkeit als Gewerbebetrieb, d. h. die gewerblichen Einkünfte „färben" auf die aus selbständiger Arbeit „ab". Der gesamte von der GbR erzielte Gewinn unterliegt somit gem. § 2 Abs. 1 GewStG der Gewerbesteuer.

Etwas anderes könnte nur gelten, wenn die **gewerbliche Tätigkeit** im Vergleich zu der freiberuflichen **ganz geringfügig** wäre. So kommt es lt. dem BFH-Urteil vom 27. 8. 2014 – VIII R 6/12 nicht zur Abfärbung, wenn die schädlichen Nettoumsatzerlöse bis zu 3 % der gesamten Nettoumsätze betragen und außerdem den Betrag i. H. v. 24 500 € im Veranlagungszeitraum nicht übersteigen (vgl. H 15.8 Abs. 5 „Bagatellgrenze" GewStH). Ein anderer Ausweg aus der vollen Gewerblichkeit wäre die Gründung einer **zweiten, personengleichen GbR**, die das Kontaktlinsenstudio betreibt. Die beiden GbR müssten aber organisatorisch und abrechnungstechnisch klar voneinander getrennt werden (vgl. H 15.8 Abs. 5 „Ärztliche Gemeinschaftspraxen" EStH sowie OFD Frankfurt/M. vom 16. 8. 2016 – S 2241 A – 65 – St 213).

c) Die **Vermietung von Wohnungen** stellt keine gewerbliche Tätigkeit dar, sondern führt grundsätzlich zu **Einkünften aus Vermietung und Verpachtung** gem. § 21 EStG. Die GmbH & Co. KG ist somit eine Personengesellschaft, die keine gewerbliche Tätigkeit i. S. v. § 15 Abs. 1 Satz 1 Nr. 1 EStG ausführt und bei der ausschließlich eine Kapitalgesellschaft (= die Häusle GmbH) als persönlich haftende Gesellschafterin auftritt. Nur diese ist zur Geschäftsführung befugt.

Damit sind alle Voraussetzungen i. S. d. § 15 Abs. 3 Nr. 2 EStG für die **gewerbliche Prägung** erfüllt und die Häusle GmbH & Co. KG ist eine gewerblich geprägte Personengesellschaft, deren Einkünfte in vollem Umfang Einkünfte aus Gewerbebetrieb darstellen und gem. § 2 Abs. 1 GewStG auch der Gewerbesteuer unterliegen (allerdings kommt unter den in § 9 Nr. 1 Satz 2 bis 5 GewStG genannten Voraussetzungen die **erweiterte Kürzung für Grundstücksunternehmen** zur Anwendung).

d) Die Tätigkeit der Steuerberater fällt grundsätzlich unter § 18 Abs. 1 Nr. 1 EStG und führt daher zu Einkünften aus selbständiger Arbeit. Dies ist im vorliegenden Fall allerdings irrelevant, da die GmbH ein **Gewerbebetrieb kraft Rechtsform** i. S. v. § 2 Abs. 2 Satz 1 GewStG ist. Gewerbebetriebe kraft Rechtsform unterliegen stets und in vollem Umfang der Gewerbesteuer.

e) Frau Schön vermietet die Ladenlokale an die GmbH und würde daraus „normalerweise" Einkünfte aus Vermietung und Verpachtung erzielen. Allerdings stellen die Räume für die GmbH **wesentliche Betriebsgrundlagen** dar, da die GmbH ihre Geschäftstätigkeit dort ausübt. Somit liegt eine **sachliche Verflechtung** i. S. v. H 15.7 Abs. 4 „Allgemeines" EStH zwischen der GmbH und dem Grundstücksunternehmen vor.

Da Frau Schön alleinige Gesellschafterin der GmbH und Alleineigentümerin der Grundstücke ist und somit beide Unternehmen **beherrschen** kann, liegt auch eine **personelle Verflechtung** vor, sodass alle Voraussetzungen für eine klassische **Betriebsaufspaltung** erfüllt sind. Das Grundstücksunternehmen ist als **Besitzunternehmen** der Betriebsaufspaltung voll gewerbesteuerpflichtig gem. § 2 Abs. 1 GewStG.

f) Die Fleischerei selbst ist ein Gewerbebetrieb i. S. v. § 2 Abs. 1 GewStG. Ab dem 1. 1. betreibt Rinderbein diesen Gewerbebetrieb allerdings nicht mehr selbst, sondern verpachtet ihn im Ganzen. Einkommensteuerlich gilt für Rinderbein das **Verpächterwahlrecht** i. S. v. H 16 Abs. 5 „Verpächterwahlrecht" EStH. Er kann entweder weiterhin Einkünfte aus Gewerbebetrieb erzielen oder gem. § 16 Abs. 3b Satz 1 Nr. 1 EStG die Betriebsaufgabe erklären und ab diesem Zeitpunkt Einkünfte aus Vermietung und Verpachtung gem. § 21 Abs. 1 Satz 1 Nr. 2 EStG erzielen.

Unabhängig von der Ausübung dieses Wahlrechtes **endet** allerdings die **Gewerbesteuerpflicht stets mit der Betriebsverpachtung**, da Gegenstand der Gewerbesteuer nur der aktive, werbend tätige Gewerbebetrieb ist, vgl. R 2.2 Satz 1 und 2 GewStR.

g) Die Stadt Neckarsteinberg ist eine **Körperschaft des öffentlichen Rechts**. Von ihr unterhaltene Betriebe sind gem. § 2 Abs. 1 GewStDV dann gewerbesteuerpflichtig, wenn sie die Voraussetzungen i. S. d. § 4 KStG und außerdem die Kriterien des Gewerbebetriebs i. S. v. § 15 Abs. 2 EStG erfüllen (vgl. auch R 2.1 Abs. 6 GewStR). **Hoheitsbetriebe** können gem. § 2 Abs. 2 GewStDV keine Gewerbetriebe sein.

Das Wasserkraftwerk und das Freibad erfüllen die Voraussetzungen des **Betriebs gewerblicher Art (BgA´s)** i. S. v. § 4 Abs. 1 KStG (vgl. auch Fall 5 in Teil A).

Damit Gewerbesteuerpflicht besteht, müssen als zusätzliche Voraussetzungen die **Beteiligung am allgemeinen wirtschaftlichen Verkehr** und die **Absicht, Gewinn zu erzielen**, vorliegen (vgl. § 15 Abs. 2 EStG). Die Beteiligung am allgemeinen wirtschaftlichen Verkehr liegt sowohl beim Kraftwerk als auch beim Freibad vor, da beide Betriebe ihre Leistungen am Markt anbieten. Da das Kraftwerk Gewinne erzielt, liegt hier auch Gewinnerzielungsabsicht vor. Das Kraftwerk ist somit ein Gewerbebetrieb i. S. v. § 2 Abs. 1 GewStDV.

Mit dem Freibad dagegen verfolgt die Stadt Neckarsteinberg keine Gewinnerzielungsabsicht, da sie es weiter betreibt, obwohl offensichtlich auch in Zukunft keine Gewinne erzielt werden können. Das Freibad ist daher kein Gewerbebetrieb i. S. v. § 2 Abs. 1 GewStDV.

Bei den Geschwindigkeitskontrollen erzielt die Stadt Neckarsteinberg zwar Überschüsse, sodass eine Gewinnerzielungsabsicht möglicherweise unterstellt werden könnte. Allerdings ist diese gar nicht zu prüfen, weil die Geschwindigkeitskontrollen ausschließlich (oder zumindest überwiegend?) durchgeführt werden, damit die Sicherheit der Bürger im Straßenverkehr gewährleistet werden kann. Damit dienen sie der **Ausübung der öffentlichen Gewalt** und es handelt sich um einen **Hoheitsbetrieb**, der gem. § 2 Abs. 2 GewStDV nicht der Gewerbesteuer unterliegt (vgl. auch H 2.1 Abs. 6 „Beteiligung am allgemeinen wirtschaftlichen Verkehr" GewStH).

h) Der Tennisclub ist eine **sonstige juristische Person des privaten Rechts;** die von dieser betriebene Gaststätte ist ein **wirtschaftlicher Geschäftsbetrieb** i. S. v. § 2 Abs. 3 GewStG i. V. m. § 14 AO, da es sich um eine selbständige, nachhaltige Tätigkeit zur Erzielung von Einnahmen handelt. Da aber die Einnahmen nicht die Freigrenze i. H. v. 35 000 € gem. § 64 Abs. 3 AO übersteigen, unterliegt der wirtschaftliche Geschäftsbetrieb nicht der Gewerbesteuer.

FALL 76

Steuerpflicht von Arbeitsgemeinschaften (ArGen)

Sachverhalt:

Die Hochbau GmbH Mosbach gründete mit der Tiefbau GmbH Heilbronn die „ArGe Neckarbrücke". Der alleinige Zweck der ArGe Neckarbrücke ist die Errichtung der neuen Neckarbrücke in Neckarsteinberg. Beide Gesellschaften sind zu je 50 % an der ArGe beteiligt. Im abgelaufenen Jahr hat die ArGe einen Verlust i. H. v. 30 000 € erwirtschaftet.

AUFGABE

Nehmen Sie Stellung zur Gewerbesteuerpflicht der „ArGe Neckarbrücke".

LÖSUNG

Die ArGe wurde zur Erfüllung eines einzigen Werkvertrages gegründet. Obwohl sie zivilrechtlich eine GbR und damit eine Personengesellschaft ist, die auch eine gewerbliche Tätigkeit ausübt, handelt es sich gem. § 2a Satz 1 GewStG nicht um einen eigenständigen Gewerbebetrieb i. S. v. § 2 Abs. 1 GewStG, sondern die **Betriebsstätte der ArGe** gilt gem. § 2a Satz 2 GewStG **anteilig als Betriebsstätte der beteiligten Unternehmen**. Jede Gesellschaft erfasst somit in ihrem Gewerbeertrag den hälftigen Verlust i. H. v. 15 000 €.

FALL 77

Anzahl der Gewerbebetriebe

Sachverhalte:

a) Horst Holz betreibt ein Sägewerk in Neckarsteinach. Außerdem vermittelt er – nicht nur gelegentlich – Versicherungsverträge.

b) Wie a), aber beide Tätigkeiten werden von der Holz OHG ausgeführt.

c) Wie a), aber beide Tätigkeiten werden von der Holz GmbH ausgeführt.

d) Die Stadt Neckartalbach betreibt ein Kraftwerk und ein Wasserwerk. In ihren Stadtwerken hat sie die Strom- und Wasserversorgung zusammengefasst. Außerdem betreibt sie eine kommunale Kläranlage und erhebt entsprechende Abwassergebühren. Aus der Stromversorgung ergibt sich ein Überschuss, während mit der Wasserversorgung und der Kläranlage Verluste erwirtschaftet werden.

e) Der Skiklub „Hoher Odenwald e.V." betreibt eine Vereinsgaststätte und einen Skilift. Beide Einrichtungen stehen der Öffentlichkeit kostenpflichtig zur Verfügung.

AUFGABE

Wie viele Gewerbebetriebe liegen jeweils vor?

LÖSUNG

a) Sowohl das Sägewerk als auch die Versicherungsvermittlung erfüllen die Voraussetzungen des Gewerbebetriebs gem. § 15 Abs. 2 EStG. Als **Einzelgewerbetreibender** kann Holz **mehrere Gewerbebetriebe** haben. Ob es sich um mehrere oder einen einheitlichen Betrieb handelt, hängt vor allem davon ab, ob zwischen den verschiedenen Tätigkeiten wirtschaftliche Zusammenhänge bestehen, d. h. ob sie sich beispielsweise gegenseitig fördern und/oder ergänzen.

Ein weiteres Indiz für einen einheitlichen Gewebebetrieb stellt die räumliche Nähe dar. So bilden mehrere gleichartige Betriebe, die in einer Gemeinde liegen, i. d. R. einen einheitlichen Gewerbebetrieb (vgl. ausführlich in R 2.4 Abs. 1 und 2 GewStR). Beim Sägewerk und der Versicherungsvermittlung liegen verschiedene Tätigkeiten vor, die sich auch nicht gegenseitig ergänzen. Dass sie in derselben Gemeinde ausgeführt werden, ist irrelevant, da die Tätigkeiten nicht gleichartig sind. Somit liegen zwei getrennte Gewerbebetriebe i. S. v. § 2 Abs. 1 GewStG vor.

Dies ist insofern vorteilhaft, weil der **Freibetrag** gem. § 11 Abs. 1 Satz 3 Nr. 1 GewStG zweimal genutzt werden kann. Nachteile entstehen allerdings, wenn einer der Betriebe einen positiven und der andere einen negativen Gewerbeertrag erwirtschaftet, weil zwischen den zwei eigenständigen Gewerbebetrieben gewerbesteuerlich **kein Verlustausgleich** möglich ist.

b) Die Tätigkeit einer **Personengesellschaft** gilt gem. § 15 Abs. 3 Nr. 1 EStG in vollem Umfang als Gewerbebetrieb, wenn die Gesellschaft **auch** eine gewerbliche Tätigkeit ausübt. Daraus lässt sich entnehmen, dass Personengesellschaften auch bei verschiedenen Tätigkeiten jeweils nur **einen einzigen**, einheitlichen Gewerbebetrieb haben können (so auch R 2.4 Abs. 3 Satz 1 GewStR). Die Holz OHG hat somit einen einheitlichen Gewerbebetrieb.

c) Die Tätigkeit der **Gewerbebetriebe kraft Rechtsform** gilt gem. § 2 Abs. 2 Satz 1 GewStG stets und in vollem Umfang als einheitlicher Gewerbebetrieb (siehe auch R 2.4 Abs. 4 GewStR). Somit hat auch die Holz GmbH nur einen Gewerbebetrieb.

d) Das Kraftwerk und auch das Wasserwerk werden von einer Körperschaft des öffentlichen Rechts (der Stadt Neckartalbach) als **BgA´s** (§ 4 Abs. 1 KStG) betrieben. Beide sind **Versorgungsbetriebe** und erfüllen damit die Voraussetzungen i. S. d. § 2 Abs. 1 Satz 2 GewStDV.

Die Kläranlage ist dagegen ein **Entsorgungs**- und damit ein **Hoheitsbetrieb** (vgl. R 4.4 Abs. 1 Satz 2 KStR). Aufgrund ihrer Gleichartigkeit können die beiden Versorgungsbetriebe (Wasserwerk und Kraftwerk) zusammengefasst werden (vgl. Fall 5 in Teil A). Eine Zusammenfassung mit dem Hoheitsbetrieb ist dagegen gem. § 4 Abs. 6 Satz 2 KStG nicht möglich.

e) Der Skiklub ist eine Körperschaft des privaten Rechts. Die Vereinsgaststätte und der Skilift dienen zur Erzielung von Einnahmen und erfüllen auch die übrigen Voraussetzungen i. S. d. § 14 AO, sodass gewerbesteuerpflichtige **wirtschaftliche Geschäftsbetriebe** i. S. v. § 2 Abs. 3 GewStG vorliegen. Diese beiden wirtschaftlichen Geschäftsbetriebe gelten gem. § 8 GewStDV als ein einheitlicher Gewerbebetrieb, sodass die Freigrenze i. S. d. § 64 Abs. 3 AO von jeder Körperschaft für alle ihre wirtschaftlichen Geschäftsbetriebe insgesamt nur einmal genutzt werden kann.

Kapitel 3: Gewerbesteuerpflicht, Steuermessbetrag (§§ 2, 11 GewStG)

Beginn der Gewerbesteuerpflicht

Sachverhalte:

a) Cordula Koch macht sich mit dem Speiselokal „Zum goldenen Hirsch" in Hirschhorn selbständig. Sie mietet das Lokal zum 1.10.01 an und renoviert bis zum Jahresende die Geschäftsräume, wofür erhebliche Aufwendungen entstehen. Außerdem schaltet sie Ende 01 Anzeigen in mehreren Tageszeitungen. Die feierliche Eröffnung des Lokals erfolgt zum 1.1.02.

b) Wie a), aber das Lokal wird von der Koch KG betrieben. Die Eintragung ins Handelsregister erfolgt zum 1.10.01.

c) Wie a), aber das Lokal wird von der Koch GmbH betrieben. Die Eintragung ins Handelsregister erfolgt zum 1.10.01.

d) Einzige Komplementärin der vermögensverwaltenden Immo GmbH & Co. KG ist die Immo GmbH, die auch die Geschäfte der GmbH & Co. KG führt. Die Immo GmbH & Co. KG wird am 1.10.01 ins Handelsregister eingetragen. Sie nimmt ihre vermögensverwaltende Tätigkeit zum 1.1.02 auf. Im letzten Quartal 01 waren erhebliche Aufwendungen angefallen.

Wann beginnt in den o. g. Fällen jeweils die Gewerbesteuerpflicht?

a) Das Speiselokal ist ein Gewerbebetrieb i. S. v. § 2 Abs. 1 GewStG. Der Gewerbebetrieb entsteht allerdings erst **mit Aufnahme der werbenden** – d. h. der aktiven – **Tätigkeit**. Bloße Vorbereitungshandlungen wie die Anmietung und Renovierung der Geschäftsräume begründen die Gewerbesteuerpflicht noch nicht (vgl. R 2.5 Abs. 1 Satz 2 GewStR). Da somit die Gewerbesteuerpflicht erst zum 1.1.02 beginnt, kann Cordula die in 01 entstandenen Aufwendungen gewerbesteuerlich nicht geltend machen.

b) Lösung wie bei a). Die Eintragung ins Handelsregister ist gem. R 2.5 Abs. 1 Satz 3 GewStR irrelevant für den Beginn der Gewerbesteuerpflicht.

c) Die Koch GmbH ist ein **Gewerbebetrieb kraft Rechtsform** gem. § 2 Abs. 2 GewStG. Die Steuerpflicht kraft Rechtsform beginnt **spätestens** dann, wenn die Kapitalgesellschaft juristisch entstanden ist, also mit der **Eintragung ins Handelsregister**, hier am 1.10.01 (vgl. auch R 2.5

Abs. 2 Satz 1 GewStR). Der Anlaufverlust wirkt sich somit bei der GmbH gewerbesteuerlich aus.

ANMERKUNG: Wäre die Handelsregistereintragung erst nach Beginn der werbenden Tätigkeit erfolgt, so hätte die Gewerbesteuerpflicht bereits mit Beginn der werbenden Tätigkeit begonnen. Eine nach außen tätig gewordene **Vorgesellschaft** bildet mit der späteren Kapitalgesellschaft einen **einheitlichen Steuergegenstand** (vgl. H 2.5 Abs. 2 „Beginn der Steuerpflicht kraft Rechtsform – Vorgesellschaft" GewStH).

d) Die Immo GmbH & Co. KG ist eine **gewerblich geprägte Personengesellschaft** i. S. v. § 15 Abs. 3 Nr. 2 EStG, da sie keine gewerbliche Tätigkeit ausübt, nur die GmbH als Komplementärin auftritt und diese auch die Geschäfte führt. Obwohl hier also keine Gewerbesteuerpflicht aufgrund einer gewerblichen Tätigkeit vorliegt, sondern diese rein durch die Rechtsform bedingt ist, entschied der BFH (vgl. in H 2.5 Abs. 1 „Beginn der Gewerbesteuerpflicht einer gewerblich geprägten Personengesellschaft" GewStH), dass die Gewerbesteuerpflicht nicht mit Eintragung ins Handelsregister, sondern erst mit **Aufnahme der vermögensverwaltenden Tätigkeit** – hier also am 1. 1. 02 – beginnt. Der in 01 entstandene Anlaufverlust kann somit gewerbesteuerlich nicht geltend gemacht werden.

FALL 79

Erlöschen der Gewerbesteuerpflicht

Sachverhalte:

a) Z. U. Teuer betrieb seit langem das Möbelhaus „Teuer Wohnen e. K." in Heilbronn. Zum 31. 12. 01 schloss er aus Altersgründen das Geschäft, um sich zur Ruhe zu setzen. Vorher hatte er im Rahmen eines Räumungsverkaufs das Warenlager weitgehend geräumt. Im ersten Halbjahr 02 verkaufte er die restlichen Warenbestände mit Verlust an ein anderes Möbelgeschäft und das Betriebsgebäude an den Immobilienhändler Hai, woraus ein erheblicher Veräußerungsgewinn resultierte. Die Löschung im Handelsregister erfolgte zum 30. 6. 02.

b) Wie a), aber das Möbelhaus wurde von der „Teuer Wohnen KG" betrieben. Alle Gesellschafter der KG sind natürliche Personen. Die Löschung im Handelsregister erfolgte zum 30. 6. 02.

c) Wie a), aber das Möbelhaus wurde von der „Teuer Wohnen GmbH & Co. KG" betrieben. Die Komplementär-GmbH ist zu 5 % am Gewinn und Verlust der KG beteiligt. Die restlichen 95 % des Gewinns/Verlustes entfallen auf die Kommanditisten (= natürliche Personen).

d) Wie a), aber das Möbelhaus wurde von der „Teuer Wohnen GmbH" betrieben. Die Auflösung der Gesellschaft wurde zum 31. 12. 01 beschlossen. Die Verteilung des Schlussvermögens an die Gesellschafter erfolgte zum 31. 12. 02.

e) Das Speiselokal „Boa Vista" in Hirschhorn schließt alljährlich am 27. 12. und öffnet erst zum 1. 4. des Folgejahres wieder, da der Inhaber Herr Fernando Gomes aufgrund der in dieser Zeit schlechten Auslastung der Hirschhorner Gastronomie den Jahreswechsel und die ersten drei Monate des Jahres in seiner portugiesischen Heimat verbringt.

AUFGABE

Wann endet in den o. a. Fällen jeweils die Gewerbesteuerpflicht?

LÖSUNG

a) Bei **Einzelunternehmen** endet die Gewerbesteuerpflicht gem. § 2 Abs. 1 GewStG mit **Einstellung der werbenden Tätigkeit**, hier also mit der Schließung des Ladengeschäftes am 31. 12. 01. Der Gewinn aus der Veräußerung des Anlagevermögens und der Verlust aus dem Verkauf der restlichen Waren außerhalb des Ladengeschäftes unterliegen nicht mehr der Gewerbesteuer (vgl. R 2.6 Abs. 1 Satz 5 GewStR und H 2.6 Abs. 1 „Zeitpunkt der Einstellung des Betriebs" GewStH).

b) Es ergibt sich kein Unterschied zur Lösung von a). Auch bei Personengesellschaften, an denen ausschließlich natürliche Personen als Gesellschafter beteiligt sind, endet die Gewerbesteuerpflicht grundsätzlich mit Beendigung der werbenden Tätigkeit. Dass die Löschung im Handelsregister erst später erfolgte, ist wie bei a) irrelevant. Soweit Gewinne oder Verluste nach Beendigung der werbenden Tätigkeit entstehen, unterliegen sie nicht mehr der Gewerbesteuer.

c) Wenn nicht alle Gesellschafter einer Personengesellschaft natürliche Personen sind, ist § 7 Satz 2 GewStG zu beachten. Soweit der Veräußerungs- oder Aufgabegewinn einer Personengesellschaft auf **juristische Personen** (hier auf die Komplementär-GmbH) oder andere **Personengesellschaften** (bei einer doppel- oder mehrstöckigen Personengesellschaft) entfällt, unterliegt er gem. § 7 Satz 2 Nr. 1 GewStG der Gewerbesteuer. Hier ist die GmbH mit 5 % am Veräußerungsgewinn beteiligt, sodass dieser entsprechend i. H. v. 5 % der Gewerbesteuer unterliegt.

▬▬ **ANMERKUNG:** ▶ In der Praxis ist die Komplementär-GmbH häufig nicht am Vermögen und auch nicht am Gewinn/Verlust der KG beteiligt, sondern erhält nur Vergütungen für die von ihr erbrachten Leistungen. Bei der Veräußerung/Aufgabe des Betriebs einer solchen GmbH & Co. KG kommt § 7 Satz 2 Nr. 1 GewStG nicht zur Anwendung.

d) Die „Teuer Wohnen GmbH" ist ein **Gewerbebetrieb kraft Rechtsform** i. S. v. § 2 Abs. 2 Satz 1 GewStG. Die Steuerpflicht kraft Rechtsform endet erst dann, wenn das **Vermögen an die Gesellschafter verteilt** worden ist (R 2.6 Abs. 2 GewStG). Damit unterliegen bei Gewerbebetrieben kraft Rechtsform letztlich alle stillen Reserven der Gewerbesteuer. Entscheidend ist die Beendigung der Vermögensverteilung; wann die Löschung im Handelsregister erfolgt, ist irrelevant.

e) Hier endet die Gewerbesteuerpflicht nicht, sondern es handelt sich nur um eine **vorübergehende Betriebsunterbrechung** i. S. v. § 2 Abs. 4 GewStG. In R 2.6 Abs. 1 Satz 4 GewStR wird dies als „Ruhen" des Gewerbebetriebs bezeichnet. Da somit während des ganzen Jahres Gewerbesteuerpflicht gem. § 2 Abs. 1 GewStG besteht, mindern auch die Aufwendungen, die während der „Ruhezeit" anfallen – wie z. B. Abschreibungen, Gebühren und andere Fixkosten – die gewerbesteuerliche Bemessungsgrundlage.

FALL 80

Sachliche und persönliche Steuerpflicht; Steuermessbetrag

Sachverhalt:

Schreinermeister Eder betreibt in Eberbach seit Jahren eine Schreinerei. Im März 01 einigt Eder sich mit seinem langjährigen Gesellen Hobel darauf, die Schreinerei ab dem 1.4.01 gemeinsam als KG zu betreiben, an der Eder als geschäftsführender Komplementär und Hobel als Kommanditist beteiligt sind. Mit notariellem Vertrag vom 15.3.01 wird zum 1.4.01 die „Eder KG" gegründet; am 30.4.01 erfolgt die Handelsregistereintragung.

Eder ist zu ³/₄ am Vermögen und Gewinn oder Verlust der KG beteiligt, Hobel zu ¹/₄. Für seine Tätigkeit als Geschäftsführer steht Eder eine mtl. Vergütung i.H.v. 6 000 € zu, die auch im Verlustfall zu zahlen ist. Der von Eder vor Jahren mit Hobel abgeschlossene Arbeitsvertrag wird von der KG fortgeführt. Demnach erhält Hobel in 01 ein mtl. Gehalt i.H.v. 4 200 € (brutto). Zusätzlich werden für ihn mtl. Arbeitgeberbeiträge zur Sozialversicherung i.H.v. 800 € gezahlt.

Für die Zeit vom 1.1. bis zum 31.3.01 ermittelt Eder einen Gewinn i.H.v. 80 000 €; die KG erwirtschaftet vom 1.4.01 bis zum 31.12.01 einen Verlust i.H.v. 20 000 €. Das an Hobel gezahlte Gehalt und die darauf entfallenden Sozialbeiträge wurden gewinnmindernd verbucht, Eders Vergütung dagegen als Privatentnahme.

AUFGABE

Prüfen Sie die sachliche und persönliche Gewerbesteuerpflicht des Einzelunternehmens und der KG. Ermitteln Sie ggf. den Gewerbesteuermessbetrag bzw. die Gewerbesteuermessbeträge. Begründen Sie Ihre Ergebnisse unter Angabe der entsprechenden Rechtsquellen.

LÖSUNG

a) Sachliche Steuerpflicht

Die bis zum 31.3. als Einzelunternehmen betriebene Schreinerei ist ein stehender Gewerbebetrieb i.S.v. § 2 Abs.1 Satz 1 und 2 GewStG i.V.m. § 15 Abs.2 EStG. Zu prüfen ist, ob zum 1.4.01 ein Unternehmerwechsel gem. § 2 Abs.5 GewStG stattgefunden hat (in diesem Fall würde die Steuerpflicht des Eder zum 31.3.01 erlöschen und der Gewerbebetrieb würde zum 1.4.01 als neu durch die KG gegründet gelten).

Gemäß R 2.7 Abs.2 GewStR geht bei der **Aufnahme eines Gesellschafters in ein bisheriges Einzelunternehmen** der Betrieb **nicht** im Ganzen auf einen **anderen Unternehmer** über, wenn der bisherige Einzelunternehmer den Betrieb unverändert fortführt. Da Eder als Komplementär an der KG beteiligt ist, hat somit **kein Unternehmerwechsel** stattgefunden und § 2 Abs.5 GewStG kommt nicht zur Anwendung, sondern die sachliche Gewerbesteuerpflicht besteht fort.

b) Persönliche Steuerpflicht

Steuerschuldner der Gewerbesteuer ist gem. § 5 Abs. 1 Satz 1 GewStG der jeweilige Unternehmer. Bis zum 31. 3. 01 ist dies Eder, da die Schreinerei auf seine Rechnung betrieben wird (§ 5 Abs. 1 Satz 2 GewStG). Ab dem 1. 4. 01 betreibt die KG die Schreinerei. Gemäß § 5 Abs. 1 Satz 3 GewStG ist daher ab diesem Zeitpunkt die KG als Steuerschuldnerin anzusehen. Somit endet die Steuerschuldnerschaft und damit die persönliche Steuerpflicht Eders zum 31. 3. 01; die persönliche Steuerpflicht der KG beginnt am 1. 4. 01. Der **Wechsel der Steuerschuldnerschaft** ist gem. R 5.1 Abs. 1 GewStR bereits bei der Festsetzung des Gewerbesteuermessbetrags zu berücksichtigen.

c) Auswirkungen auf die Gewerbesteuermessbeträge

Wie beim Wechsel der Steuerschuldnerschaft vom Einzelunternehmen auf die Personengesellschaft die Gewerbesteuermessbeträge zu ermitteln sind, ist in R 11.1 Satz 3 ff. GewStR geregelt. Demnach ist der für den Erhebungszeitraum **einheitlich ermittelte Steuermessbetrag** den Steuerschuldnern **anteilig zuzurechnen** und für jeden Steuerschuldner getrennt festzustellen. Hierbei wird jedem Steuerschuldner der Teil des Steuermessbetrages zugerechnet, der auf die Dauer seiner persönlichen Steuerpflicht entfällt. Grundlage hierfür ist der von jedem Steuerschuldner erzielte Gewerbeertrag.

Der Freibetrag i. S. d. § 11 Abs. 1 Satz 3 Nr. 1 GewStG i. H. v. 24 500 € ist betriebsbezogen. Wenn wie hier unterjährig zwar die Steuerschuldnerschaft wechselt, aber kein Unternehmerwechsel i. S. v. § 2 Abs. 5 GewStG stattfindet, wird er für den betreffenden Erhebungszeitraum nur einmal gewährt, da die sachliche Steuerpflicht des Gewerbebetriebs fortbesteht und somit nur ein einziger Steuergegenstand vorliegt. Der Gewerbeertrag wird zunächst für den gesamten Erhebungszeitraum einheitlich ermittelt und um den gesamten Freibetrag vermindert. Der sich daraus ergebende Gewerbesteuermessbetrag ist für jeden der beiden Steuerschuldner nach dem prozentualen Verhältnis des von ihm erzielten Gewerbeertrags zum gesamten Gewerbeertrag zu berücksichtigen und entsprechend getrennt festzusetzen (vgl. BFH-Urteil vom 25. 4. 2018 – IV R 8/16; BStBl 2018 II S. 484). Die von der Finanzverwaltung in R 11.1 Satz 5 ff. GewStR vorgesehene Vorgehensweise, wonach der Freibetrag zeitanteilig auf die Steuerschuldner zu verteilen war, ist somit lt. BFH überholt.

d) Ermittlung des Gewerbesteuermessbetrags

Besteuerungsgrundlage der Gewerbesteuer ist gem. § 6 GewStG der Gewerbeertrag. Dieser ist gem. § 7 Satz 1 GewStG ausgehend von dem nach einkommensteuerlichen Vorschriften ermittelten Gewinn unter Berücksichtigung von Hinzurechnungen (§ 8 GewStG) und Kürzungen (§ 9 GewStG) zu ermitteln.

Der von Eder erzielte Gewinn für die Zeit vom 1. 1. 01 bis 31. 3. 01 beträgt lt. Aufgabenstellung 80 000 €. Anhaltspunkte für Hinzurechnungen oder Kürzungen liegen nicht vor. Der Verlust der KG für die Zeit vom 1. 4. 01 bis 31. 12. 01 beträgt lt. Aufgabenstellung 20 000 €. Ob sich durch den Verlust für den Kommanditisten Hobel ein negatives Kapitalkonto ergibt, ist für die Gewerbesteuer irrelevant, da § 15a EStG für die Ermittlung des Gewinns i. S. v. § 7 GewStG nicht anzuwenden ist (R 7.1 Abs. 3 Satz 1 Nr. 5 GewStR).

Die Vergütungen, die die KG an ihre Gesellschafter für deren Arbeitsleistungen im Dienste der Gesellschaft bezahlt, dürfen gem. § 15 Abs. 1 Satz 1 Nr. 2 EStG den steuerlichen Gewinn nicht vermindern. Diese Regelung gilt über § 7 Satz 1 GewStG auch für die Ermittlung des gewerbesteuerlichen Gewinns (siehe auch H 7.1 Abs. 3 „Ermittlung des Gewerbeertrags bei Mitunternehmerschaften" GewStH).

Die an Eder gezahlte Vergütung wurde als Entnahme erfasst, sodass hierfür keine Korrektur erforderlich ist. Hobel ist seit 1. 4. 01 Kommanditist und damit Mitunternehmer der KG. Das an ihn gezahlte Gehalt sowie die entsprechenden Arbeitgeberbeiträge dürfen somit den Gewinn aus Gewerbebetrieb nicht vermindern. Für die Sozialbeiträge kommt die Steuerfreiheit gem. § 3 Nr. 62 EStG nicht in Betracht, da Hobel aus steuerlicher Sicht ab dem 1. 4. 01 kein Arbeitnehmer, sondern Mitunternehmer ist. Anhaltspunkte für Hinzurechnungen oder Kürzungen liegen nicht vor.

	Ergebnis lt. Aufgabenstellung (80 000 € - 20 000 €)	60 000 €
+	Sondervergütung Hobel (inklusive Sozialbeiträge) 9 × 5 000 €	45 000 €
=	Gewinn = Gewerbeertrag	105 000 €
-	Freibetrag (§ 11 Abs. 1 Satz 3 Nr. 1 GewStG)	24 500 €
=	maßgebender Gewerbeertrag	80 500 €
	Abgerundet auf volle 100 € (§ 11 Abs. 1 Satz 3 GewStG)	80 500 €
	Gewerbesteuermessbetrag (§ 11 Abs. 2 GewStG) 3,5 % von 80 500 €	2 817 €

Aufteilung des Gewerbesteuermessbetrags im Verhältnis der von den beiden Steuerschuldnern erzielten Gewerbeerträge:

	Eder	KG	Summe
Gewerbeertrag	80 000 €	25 000 €	105 000 €
Anteile	80/105	25/105	105/105
Gewerbesteuermessbetrag	2 146 €	671 €	2 817 €

e) **Ermittlung der Gewerbesteuermessbeträge nach der Altregelung in R 11.1 Satz 5 ff. GewStR:**

Eder:

	Gewinn = Gewerbeertrag	*80 000 €*
-	*Freibetrag (§ 11 Abs. 1 Satz 3 Nr. 1 GewStG) 3 × 2 042 €*	*6 126 €*
=	*maßgebender Gewerbeertrag*	*73 874 €*
	Abgerundet auf volle 100 € (§ 11 Abs. 1 Satz 3 GewStG)	*73 800 €*
	Gewerbesteuermessbetrag (§ 11 Abs. 2 GewStG) 3,5 % von 73 800 €	*2 583 €*

KG:

	Ergebnis lt. Aufgabenstellung	- 20 000 €
+	Sondervergütung Hobel (inklusive Sozialbeiträge) 9 × 5 000 €	45 000 €
=	Gewinn = Gewerbeertrag	25 000 €
-	Freibetrag (§ 11 Abs. 1 Satz 3 Nr. 1 GewStG) 9 × 2 042 €	18 378 €
=	maßgebender Gewerbeertrag	6 622 €
	Abgerundet auf volle 100 € (§ 11 Abs. 1 Satz 3 GewStG)	6 600 €
	Gewerbesteuermessbetrag (§ 11 Abs. 2 GewStG) 3,5 % von 6 600 €	231 €

ANMERKUNG: In diesem Beispiel ergibt sich durch die Anwendung der nunmehr überholten Regelung in der Summe kein höherer Gewerbesteuermessbetrag. Falls jedoch auf einen der Steuerschuldner ein sehr geringer oder sogar ein negativer Gewerbeertrag entfällt, würde der auf ihn zeitanteilig entfallende Freibetrag teilweise oder vollständig „verloren gehen", während der Freibetrag sich nach der aktuellen BFH-Rechtsprechung stets auswirkt, soweit in der Summe von beiden Steuerschuldnern insgesamt ein positiver Gewerbeertrag erzielt wird.

Kapitel 4: Gewerbeertrag (§ 7 GewStG); Gewerbesteuerschuld

FALL 81

Ermittlung des Gewerbeertrags bei unterschiedlichen Rechtsformen

Sachverhalte:

a) Die Zander GmbH Hamburg betreibt einen Fischgroßhandel. Für 01 ermittelt sie aus dem Fischhandel gem. § 5 Abs. 1 EStG einen vorläufigen Gewinn i. H. v. 350 000 €.

Folgendes ist hierbei nicht berücksichtigt: Die Zander GmbH ist seit Jahren als Kommanditistin an der Barsch KG beteiligt. Ihr Anteil am Vermögen und am Gewinn der KG beträgt 30 %. Für 01 ermittelt die Barsch KG gem. § 5 Abs. 1 EStG einen laufenden steuerlichen Gewinn i. H. v. 200 000 €. Zum 31.12.01 verkauft die Zander GmbH ihren Kommanditanteil für 250 000 € (Stand des Kapitalkontos zum Verkaufszeitpunkt: 200 000 €). Die entsprechenden Beträge wurden erst in 02 vereinnahmt und sind im o. a. vorläufigen Gewinn nicht berücksichtigt.

b) Wie a), aber der Fischgroßhandel wird vom Einzelunternehmer Zander e. K. betrieben.

c) Luise Lustig e. K. betreibt einen Großhandelsbetrieb für Bürobedarf mit Sitz in Mosbach. Ihren vorläufigen handelsrechtlichen Gewinn für das Geschäftsjahr = Wirtschaftsjahr 01 hat sie i. H. v. 200 000 € ermittelt. Gewinnerhöhend wurde die Dividende der Paperbook GmbH (Heilbronn) i. H. v. 45 000 € erfasst. Die 30 %ige Beteiligung an der Paperbook GmbH befindet sich seit Jahren in Luises Betriebsvermögen. Für den Kredit, mit dem der Kauf der Beteiligung seinerzeit finanziert wurde, fielen in 01 Zinsaufwendungen i. H. v. 15 000 € an, die gewinnmindernd verbucht wurden. Aus der 10 %igen Beteiligung an der Schwarz GmbH (Stuttgart) wurde in 01 eine Dividende i. H. v. 10 000 € (brutto, d. h. inklusive Kapitalertragsteuer) vereinnahmt und gewinnerhöhend verbucht.

AUFGABE

Ermitteln Sie für 01 die Gewerbeerträge der Zander GmbH (bzw. des Einzelunternehmers Zander), der Barsch KG und der Luise Lustig e. K. Auf die sachliche Steuerpflicht ist nicht einzugehen.

LÖSUNG

a) Im Rahmen der gesonderten und einheitlichen Gewinnfeststellung für die Barsch KG wird der Zander GmbH sowohl der laufende Gewinn aus dem Kommanditanteil i. H. v. (30 % von 200 000 € =) 60 000 € als auch der bei der Veräußerung erzielte Gewinn i. H. v. (250 000 € - 200 000 € =) 50 000 € zugerechnet.

	Vorläufiger Gewinn lt. Aufgabenstellung	350 000 €
	Laufender Gewinnanteil KG	60 000 €
	Gewinn aus Veräußerung Kommanditanteil	50 000 €
	Steuerlicher Gewinn der Zander GmbH	460 000 €

Als Kommanditistin ist die GmbH Mitunternehmerin der Barsch KG. Der **laufende Gewinnanteil** ist daher gem. § 9 Nr. 2 Satz 1 GewStG **zu kürzen**.

ANMERKUNG: Durch diese Kürzung soll verhindert werden, dass der von der Barsch KG erzielte Gewerbeertrag zweimal gewerbesteuerlich erfasst wird, einmal bei der KG selbst und außerdem bei den an ihr beteiligten Gesellschaftern.

Gewinne aus der **Veräußerung von Mitunternehmeranteilen** unterliegen grundsätzlich nicht der Gewerbesteuer, da sie nicht aus der laufenden – werbenden – Tätigkeit erwirtschaftet werden. Dies gilt allerdings gem. § 7 Satz 2 Nr. 2 GewStG nur, soweit der Veräußerungsgewinn auf unmittelbar an der Mitunternehmerschaft beteiligte **natürliche Personen** entfällt. Hier entfällt der Veräußerungsgewinn aber auf die GmbH (= juristische Person). Daher ist er gem. § 7 Satz 2 Nr. 2 GewStG steuerpflichtig.

Schuldnerin der Gewerbesteuer ist – im Gegensatz zur Einkommensteuer – gem. § 5 Abs. 1 Satz 3 GewStG die **Personengesellschaft selbst**, hier also die Barsch KG. Daher muss die Barsch KG den Gewinn aus der Veräußerung des Kommanditanteils in ihrem Gewerbeertrag erfassen. Um eine gewerbesteuerliche Doppelerfassung zu vermeiden, wird der Veräußerungsgewinn nicht nochmals bei der Zander GmbH erfasst und wird daher vom oben ermittelten steuerlichen Gewinn abgezogen.

	Steuerlicher Gewinn der Zander GmbH (s. o.)	460 000 €
-	Gewinn aus Veräußerung Kommanditanteil	50 000 €
=	Gewinn gem. § 7 GewStG	410 000 €
-	Kürzung gem. § 9 Nr. 2 GewStG	60 000 €
=	maßgebender Gewerbeertrag der Zander GmbH (kein Freibetrag, da Kapitalgesellschaft)	350 000 €

ANMERKUNG: Nach überwiegender Meinung im Schrifttum fallen nur laufende Gewinne – nicht dagegen Veräußerungsgewinne – unter die Kürzung gem. § 9 Nr. 2 GewStG. Daher ist der Gewinn aus der Veräußerung des Mitunternehmeranteils – wie in der o. a. Lösung gezeigt – bereits bei der Ermittlung des Gewinns aus Gewerbebetrieb i. S. v. § 7 GewStG auszuscheiden. Nach einer Minderheitenmeinung würde dieser Veräußerungsgewinn dagegen erst in der zweiten Stufe der Ermittlung des Gewerbeertrags – also zusammen mit dem laufenden Ergebnis aus der Mitunternehmerschaft – gem. § 9 Nr. 2 GewStG gekürzt, was letztlich zum selben Gewerbeertrag der Zander GmbH führen würde.

	Laufender Gewinn der Barsch KG	200 000 €
+	Gewinn aus Veräußerung Kommanditanteil	50 000 €
=	Gewinn gem. § 7 GewStG = Gewerbeertrag der Barsch KG	250 000 €
-	Freibetrag (§ 11 Abs. 1 Satz 3 Nr. 1 GewStG)	24 500 €
=	maßgebender Gewerbeertrag der Barsch KG	225 500 €

b) Wie bei a) ergibt sich für Zander einkommensteuerlich ein Gewinn i. H. v. 460 000 €. Der Gewinn aus der Veräußerung des Kommanditanteils unterliegt gem. R 7.1 Abs. 3 Satz 3 GewStR nicht der Gewerbesteuer. § 7 Satz 2 Nr. 2 GewStG kommt nicht zur Anwendung, da der Gewinn auf die unmittelbar an der Mitunternehmerschaft beteiligte natürliche Person Zander entfällt. Der laufende Gewinnanteil wird – wie bei a) – gem. § 9 Nr. 2 GewStG gekürzt.

	Steuerlicher Gewinn des Herrn Zander	460 000 €
-	Gewinn aus Veräußerung Kommanditanteil	50 000 €
=	Gewinn gem. § 7 GewStG	410 000 €
-	Kürzung gem. § 9 Nr. 2 GewStG	60 000 €
=	Gewerbeertrag	350 000 €
-	Freibetrag (§ 11 Abs. 1 Satz 3 Nr. 1 GewStG)	24 500 €
=	maßgebender Gewerbeertrag (Herr Zander)	325 500 €

Auch bei der Barsch KG bleibt der Gewinn aus der Veräußerung des Kommanditanteils gewerbesteuerlich außer Ansatz, da er nicht zu ihrer werbenden Tätigkeit gehört und auch nicht unter die Spezialregelung i. S. d. § 7 Satz 2 Nr. 2 GewStG fällt.

	Laufender Gewinn der Barsch KG = Gewinn gem. § 7 GewStG	200 000 €
-	Freibetrag (§ 11 Abs. 1 Satz 3 Nr. 1 GewStG)	24 500 €
=	maßgebender Gewerbeertrag der Barsch KG	175 500 €

c) Die im Betriebsvermögen des Einzelunternehmens vereinnahmten Dividenden sind gem. § 3 Nr. 40 Buchst. d EStG (sog. Teileinkünfteverfahren) zu 40 % steuerbefreit. Gemäß § 3c Abs. 2 EStG sind die in wirtschaftlichem Zusammenhang mit der Dividende angefallenen Zinsaufwendungen zu 40 % nicht als Betriebsausgaben abziehbar. Diese einkommensteuerlichen Regelungen schlagen auch auf den Gewinn aus Gewerbebetrieb gem. § 7 GewStG durch.

Die Paperbook GmbH ist eine inländische nicht steuerbefreite Kapitalgesellschaft, an der Luise zu Beginn des Erhebungszeitraums mit mindestens 15 % beteiligt ist. Somit sind alle Voraussetzungen i. S. d. § 9 Nr. 2a GewStG erfüllt und der noch im Gewinn enthaltene Teil der Dividende (60 % von 45 000 € = 27 000 €) kann unter Saldierung mit den noch im Gewinn enthaltenen, wirtschaftlich zusammenhängenden Zinsaufwendungen (60 % von 15 000 € = 9 000 €) gekürzt werden, vgl. § 9 Nr. 2a Satz 3 GewStG. Die mit der Beteiligung an der Paperbook GmbH zusammenhängenden Zinsaufwendungen wirken sich somit überhaupt nicht auf den Gewerbeertrag aus: 40 % wurden gem. § 3c Abs. 2 EStG bereits bei der Ermittlung des Gewinns eliminiert, die restlichen 60 % vermindern durch die Saldierung mit der Dividende die Kürzung gem. § 9 Nr. 2a GewStG und mindern damit effektiv ebenfalls nicht den Gewerbeertrag. Daher bleibt kein Raum für eine Hinzurechnung der Zinsaufwendungen gem. § 8 Nr. 1 Buchst. a GewStG, was für die saldierten Zinsaufwendungen in § 9 Nr. 2a Satz 3 zweiter Halbsatz GewStG klargestellt wird.

Die Beteiligungsquote an der Schwarz GmbH ist mit 10 % für die Kürzung gem. § 9 Nr. 2a GewStG zu niedrig; da es sich um eine inländische GmbH handelt, kommt § 9 Nr. 7 GewStG ebenfalls nicht zur Anwendung. Da somit weder die Voraussetzungen i. S. d. § 9 Nr. 2a noch die i. S. d. § 9 Nr. 7 GewStG erfüllt sind, muss der bei der Ermittlung des Gewinns aus Gewerbebetrieb außer Ansatz gebliebene Teil der Dividende (40 % von 10 000 € = 4 000 €) gem. § 8 Nr. 5 GewStG wieder hinzugerechnet werden.

	Vorläufiger Gewinn lt. Aufgabenstellung	200 000 €
-	steuerfreie Teile der Dividenden (40 % von 45 000 € + 40 % von 10 000 €)	22 000 €
+	nicht abziehbare Zinsaufwendungen (40 % von 15 000 €)	6 000 €
=	Gewinn aus Gewerbebetrieb (§ 7 GewStG)	184 000 €
+	Hinzurechnung gem. § 8 Nr. 5 GewStG	4 000 €
=	Summe aus Gewinn und Hinzurechnungen	188 000 €
-	Kürzung gem. § 9 Nr. 2a GewStG (27 000 € - 9 000 €)	18 000 €
=	Gewerbeertrag (keine Abrundung, da bereits volle 100 €)	170 000 €
-	Freibetrag gem. § 11 Abs. 1 Satz 3 Nr. 1 GewStG, da natürliche Person	24 500 €
=	maßgebender Gewerbeertrag	145 500 €

FALL 82

Gewerbesteuerrückstellung eines Einzelunternehmens

Sachverhalt:

Der Einzelkaufmann Heinrich Jäger in Lippstadt erzielte im abgelaufenen Geschäftsjahr (= Kalenderjahr) 01 ein vorläufiges Jahresergebnis i. H. v. 60 000 €. In diesem Ergebnis war eine Gewerbesteuervorauszahlung i. H. v. 3 000 € verrechnet. Heinrich Jäger betreibt sein Geschäft in einem eigenen Gebäude, dessen Einheitswert als Betriebsgrundstück mit 50 000 € festgestellt ist.

In 01 verkaufte Heinrich Jäger diverse Forderungen aus Lieferungen und Leistungen an die Factoring GmbH (Münster). Der Nennwert der Forderungen belief sich auf insgesamt 150 000 €; von der Factoring GmbH wurden insgesamt 135 000 € an Heinrich Jäger ausgezahlt. Von dem Abschlag entfallen nachweislich 7 000 € auf die Übernahme des Ausfallrisikos durch die Factoring GmbH.

Im Vorjahr beteiligte sich Heinrich Jägers Onkel Otto mit einer Einlage i. H. v. 50 000 € als typisch stiller Gesellschafter an dessen Handelsgewerbe. Sein Gewinnanteil für das abgelaufene Jahr betrug 4 000 €; Heinrich Jäger hatte diesen Betrag zu Lasten des Aufwandes als Rückstellung in seine Schlussbilanz eingestellt.

AUFGABE

Ermitteln Sie die Gewerbesteuerrückstellung für das abgelaufene Geschäftsjahr. Der Hebesatz der Gemeinde Lippstadt betrage 350 %. Auf die sachliche und persönliche Gewerbesteuerpflicht ist nicht einzugehen.

LÖSUNG

1. Ermittlung des Gewerbeertrags

Die **Gewerbesteuervorauszahlungen** sind gem. § 4 Abs. 5b EStG dem vorläufigen Gewinn hinzuzurechnen.

Bezüglich des von der Factoring GmbH einbehaltenen Abschlags i.H.v. 15 000 € kommt § 8 Nr. 1 Buchst. a GewStG zur Anwendung. Gemäß Satz 2 dieser Vorschrift gelten auch Diskontbeträge aus der Veräußerung von Wechsel- und anderen Geldforderungen als Entgelte für Schulden. Dies wird für das hier vorliegende echte Factoring auch im gleichlautenden Ländererlass vom 2. 7. 2012 (BStBl 2012 I S. 630) in Rz. 17 ausdrücklich klargestellt. Allerdings fällt die Risikoprämie i.H.v. 7 000 € nicht unter die Hinzurechnungsvorschrift, da diese gerade nicht für die Kapitalüberlassung, sondern für die Übernahme des Ausfallrisikos einbehalten wird (so auch Rz. 23 des o. a. Erlasses). Als Entgelt gem. § 8 Nr. 1 Buchst. a GewStG gelten somit nur die restlichen 8 000 €.

Der **Gewinnanteil** des stillen Gesellschafters stellt ein **Entgelt i. S. v. § 8 Nr. 1 Buchst. c GewStG** dar. Für das Betriebsgrundstück erfolgt die Kürzung gem. § 9 Nr. 1 Satz 1 GewStG i.H.v. 1,2 % des gem. § 121a BewG um 40 % erhöhten Einheitswerts. Damit errechnet sich der Gewerbeertrag wie folgt:

	Vorläufiges Jahresergebnis		60 000 €
+	Gewerbesteuervorauszahlungen		+3 000 €
=	Gewinn aus Gewerbebetrieb		63 000 €
+	Entgelte für Schulden (§ 8 Nr. 1 Buchst. a GewStG)	8 000 €	
+	Gewinnanteil des stillen Gesellschafters (§ 8 Nr. 1 Buchst. c GewStG)	4 000 €	
=	Summe der Entgelte gem. § 8 Nr. 1 GewStG	12 000 €	
-	Freibetrag (§ 8 Nr. 1 GewStG) 100 000 €, maximal i. H. d. Hinzurechnungen	-12 000 €	
=	verbleibende Hinzurechnung gem. § 8 Nr. 1 GewStG	0 €	63 000 €
-	Kürzung gem. § 9 Nr. 1 GewStG i.V. m. § 121a BewG: 1,2 % von 70 000 € (140 % vom Einheitswert des Betriebsgrundstücks i. H.v. 50 000 €)		-840 €
=	Gewerbeertrag vor Abrundung		62 160 €
	Abrundung auf volle 100 € gem. § 11 Abs. 1 Satz 3 GewStG		62 100 €
-	Freibetrag gem. § 11 Abs. 1 Satz 3 Nr. 1 GewStG		24 500 €
=	**maßgebender Gewerbeertrag nach Freibetrag**		**37 600 €**

ANMERKUNGEN:

1. Analog zum Factoring führt auch die **Forfaitierung** zu Entgelten i. S. v. § 8 Nr. 1 Buchst. a GewStG. Bei einer Forfaitierung werden **zukünftige** Ansprüche aus einem **Dauerschuldverhältnis** (z. B. zukünftige Mieterträge) abgetreten. Zur Ermittlung der Entgelte bei Forfaitierung siehe die Beispiele in Rz. 23 des gleichlautenden Ländererlasses vom 2. 7. 2012 (BStBl 2012 I S. 630).

2. Unter die Hinzurechnung gem. § 8 Nr. 1 Buchst. c GewStG fällt nur der Gewinnanteil des **typischen** stillen Gesellschafters, da nur dieser den Gewinn mindern darf. Im Gegensatz dazu handelt es sich bei einer **atypischen** stillen Gesellschaft steuerlich um eine **Mitunternehmerschaft**, sodass der Gewinnanteil des atypischen stillen Gesellschafters unter § 15 Abs. 1 Satz 1 Nr. 2 EStG fällt. Da er somit den Gewinn aus Gewerbebetrieb nicht vermindert, sondern Teil dieses Gewinnes ist, bleibt kein Raum für eine Hinzurechnung gem. § 8 Nr. 1 Buchst. c GewStG.

2. Gewerbesteuerrückstellung

	Maßgebender Gewerbeertrag gem. Abschnitt 1	37 600 €
×	Messzahl 3,5 % (§ 11 Abs. 2 GewStG)	
=	Gewerbesteuermessbetrag	1 316 €
×	Hebesatz 350 % → Gewerbesteuerschuld	4 606 €
-	Vorauszahlungen	- 3 000 €
=	Gewerbesteuerrückstellung	1 606 €

FALL 83

Ermittlung der Gewerbesteuerrückstellung/des Erstattungsbetrags eines Einzelunternehmens

Sachverhalte:

1. Hans Wurst betreibt in Neckarsteinach eine Fleischfabrik als Einzelunternehmen. Aus den Buchführungsunterlagen ergibt sich für das abgelaufene Kalenderjahr (= Wirtschaftsjahr) ein vorläufiger handelsrechtlicher Gewinn i. H. v. 495 000 €. Der Hebesatz der Stadt Neckarsteinach betrage 380 %. Im abgelaufenen Jahr leistete Wurst Gewerbesteuervorauszahlungen i. H. v. insgesamt 76 000 €.

2. Kurz vor Weihnachten hat Wurst eine größere Anzahl von Wurstkonserven für mildtätige Zwecke an verschiedene steuerlich anerkannte Organisationen gespendet. Der Buchwert der Konserven betrug 5 000 €, der Teilwert 8 000 €. Wursts Buchhalter, Herr Eilig, hat die Konserven erfolgsneutral ausgebucht.

3. Im Februar erwarb Wurst eine 15 %ige Beteiligung an der in Bremen ansässigen Beef-GmbH, die sich im Im- und Export von Rindfleisch betätigt. Im November erhielt er von der Beef-GmbH eine Dividende i. H. v. 8 000 € (brutto), die Buchhalter Eilig gewinnerhöhend verbuchte.

4. Zu Beginn des abgelaufenen Jahres fing Wurst an, sich auch im Catering-Geschäft zu betätigen. Dafür mietete er mehrmals für längere Zeit von der in Karlsruhe ansässigen Intermobil-GmbH einen Spezial-Lieferwagen an. Die Kosten beliefen sich auf insgesamt 30 000 €.

5. Wurst zahlte im abgelaufenen Jahr für seine Kontokorrentkonten Zinsen i. H. v. insgesamt 48 875 €. Am 1. 3. nahm er für den Kauf einer neuen Kuttermaschine ein Fälligkeitsdarlehen mit fünfjähriger Laufzeit auf. Das Darlehen beläuft sich auf 30 000 € und wurde zu 95 % ausgezahlt. Wurst zahlte für das Darlehen Zinsen i. H. v. 2 000 €. Für die Vermittlung des Darlehens zahlte Wurst an den Kreditvermittler Hai eine Provision i. H. v. 1 000 €; außerdem fielen vor der Auszahlung des Darlehens Bereitstellungszinsen i. H. v. 500 € an.

6. Da Wurst im Sommer einen größeren Sonderposten Fleisch aus Polen kaufte, reichten seine eigenen Lagerkapazitäten nicht aus. Er mietete für mehrere Wochen die Kühlanlage des befreundeten Landwirts Kraut in Ettlingen an und zahlte dafür insgesamt 12 000 € Miete.

7. Vor Jahren hatte Wurst auf Rentenbasis einen Teilbetrieb vom Unternehmer Stroganow erworben. Stroganow hatte seinerzeit seinen eigenen fleischverarbeitenden Betrieb aufgegeben und war nach Russland – in die Heimat seiner Vorfahren – ausgewandert, wohin er sich von Wurst die mtl. Rente i. H. v. 4 000 € überweisen lässt. Der Kapitalwert der Rente betrug zu Jahresbeginn 100 000 €, zu Jahresende 77 500 €.

8. In seinem Betriebsvermögen hält Wurst seit Jahren folgende Beteiligungen:

    – 5 %iger Kommanditanteil an der in Karlsruhe ansässigen Mett-KG; der Gewinnanteil für das abgelaufene Jahr i. H. v. 16 000 € ist im vorläufigen Ergebnis enthalten,

    – 15 %ige Beteiligung an der in Haiti ansässigen, i. S. d. AStG aktiv tätigen Paté-foie S. A.; im abgelaufenen Jahr wurde eine Dividende i. H. v. 30 000 € ausgeschüttet. Aufgrund der Ausschüttung sank der Wert der Beteiligung voraussichtlich dauerhaft und Eilig nahm zu Recht eine Teilwertabschreibung auf die Beteiligung i. H. v. 10 000 € vor. Die Dividende wurde von Herrn Eilig gewinnerhöhend, die Teilwertabschreibung gewinnmindernd verbucht.

9. Wurst betreibt seine Fleischfabrik auf einem Grundstück, das ihm und seiner Frau zu je 50 % gehört. Der Einheitswert des Grundstücks beträgt 100 000 €. Am 1. 7. kaufte Wurst ein weiteres Betriebsgrundstück mit einem Einheitswert i. H. v. 30 000 €. Ein weiteres betrieblich genutztes Grundstück hat Wurst vom Vermieter Speck angemietet. Die jährliche Miete beträgt 36 000 €.

AUFGABE

Ermitteln Sie die Gewerbesteuerrückstellung bzw. den zu erwartenden Erstattungsbetrag und den endgültigen Gewinn für den Gewerbebetrieb von Hans Wurst. Berücksichtigen Sie dabei die Angaben des o. a. Sachverhalts. Erläutern Sie Ihre Berechnungen unter Angabe der rechtlichen Grundlagen. Auf die sachliche und persönliche Gewerbesteuerpflicht ist nicht einzugehen. Umsatzsteuerliche Fragen sind außer Acht zu lassen.

LÖSUNG

1. Die Gewerbesteuer ist nicht abziehbar gem. § 4 Abs. 5b EStG. Die Vorauszahlungen sind daher zum vorläufigen Gewinn zu addieren.

   → Erhöhung Gewinn gem. § 7 GewStG: 76 000 €

2. Die Konserven dürfen gem. § 6 Abs. 1 Nr. 4 Satz 4 EStG zum Buchwert entnommen werden, da sie unmittelbar nach der Entnahme an gem. § 5 Abs. 1 Nr. 9 KStG von der Körperschaftsteuer befreite Körperschaften gespendet wurden. Da die **Spende** aus Mitteln des Gewerbebetriebs geleistet wurde, ist sie gem. § 9 Nr. 5 Satz 1 GewStG **begünstigt**. Über den Verweis in § 9 Nr. 5 Satz 13 GewStG gilt § 10b Abs. 3 Satz 2 EStG auch für die gewerbesteuerliche Kürzungsvorschrift. Daher ist die Spende mit dem Entnahmewert, hier also mit 5 000 € anzusetzen.

   Zusätzlich ist die Höchstbetragsbegrenzung für alle Spenden gem. § 9 Nr. 5 Satz 1 GewStG zu beachten. Da keine anderen Spenden geleistet wurden, sind die 5 000 € voll zu berücksichtigen, denn der Höchstbetrag i. H. v. 20 % des Gewinns aus Gewerbebetrieb, hier (20 % von 559 800 € =) 111 960 € wird nicht überschritten.

   → Kürzung gem. § 9 Nr. 5 GewStG: 5 000 €

3. Die Dividende ist gem. § 3 Nr. 40 Buchst. d EStG zu 40 % von der Einkommensteuer befreit und ist daher auch nur zu 60 % im Gewinn gem. § 7 GewStG enthalten. Im vorläufigen Ergebnis lt. Aufgabenstellung ist sie dagegen richtigerweise in voller Höhe enthalten, d. h. die 40 %ige Steuerfreiheit muss noch außerbilanziell berücksichtigt werden.

   → Minderung Gewinn i. S. v. § 7 GewStG: 3 200 €

   Da die Beteiligung erst im Laufe des Erhebungszeitraums erworben wurde, ist die **Dividende nicht** durch das **Schachtelprivileg** i. S. d. § 9 Nr. 2a GewStG **begünstigt**. Daher muss der gem. § 3 Nr. 40 EStG einkommensteuerfrei bleibende Betrag gem. § 8 Nr. 5 GewStG hinzugerechnet werden.

   → Hinzurechnung gem. § 8 Nr. 5 GewStG: 3 200 €

4. Der Lieferwagen ist ein bewegliches Wirtschaftsgut des Anlagevermögens, das im Eigentum eines anderen steht. Daher ist ein Fünftel des Mietzinses als Entgelt i. S. v. § 8 Nr. 1 Buchst. d GewStG anzusehen.

   → Entgelt gem. § 8 Nr. 1 Buchst. d GewStG: 20 % von 30 000 € =   6 000 €

5. Die **Schuldzinsen** stellen **Entgelte für Schulden** i. S. v. § 8 Nr. 1 Buchst. a GewStG dar. Auf die Dauer der Kapitalüberlassung kommt es nicht an. Zu den Entgelten gehört auch das **Disagio**, soweit es sich im Geschäftsjahr gewinnmindernd ausgewirkt hat.

   Disagio = 5 % von 30 000 € = 1 500 €

   jährliche Auflösung = $^1/_5 \times 1\,500\,€ = 300\,€$

   Gewinnminderung für zehn Monate: $^{10}/_{12}$ von 300 € = 250 €

   (diese Gewinnminderung ist bereits im vorläufigen Ergebnis berücksichtigt)

Bei der Vermittlungsgebühr handelt es sich um Geldbeschaffungskosten. Diese sowie die Bereitstellungszinsen stellen gem. R 8.1 Abs. 1 Satz 9 GewStR keine Entgelte für Schulden dar.

Kontokorrentzinsen	48 875 €
Darlehenszinsen	2 000 €
Disagio	250 €
Entgelte insgesamt	51 125 €
→ Entgelt gem. § 8 Nr. 1 Buchst. a GewStG:	51 125 €

6. Die Kühlanlage ist eine **Betriebsvorrichtung** (vgl. Abschnitt 3.7 des sog. Abgrenzungserlasses vom 5. 6. 2013 – S 3130, BStBl 2013 I S. 734) und damit ein bewegliches Wirtschaftsgut des Anlagevermögens, das Wurst von einem anderen – dem Landwirt Kraut – anmietet. $^1/_5$ der **Miete** ist somit ein **Entgelt** i. S. v. § 8 Nr. 1 Buchst. d GewStG.

→ Entgelt gem. § 8 Nr. 1 Buchst. d GewStG: 20 % von 12 000 € =   2 400 €

7. Die an Stroganow gezahlte **Rente** ist **betrieblich bedingt** und damit eine Rente i. S. v. § 8 Nr. 1 Buchst. b GewStG, allerdings nur in der Höhe, in der sie sich gewinnmindernd ausgewirkt hat:

Gezahlte Beträge: 12 × 4 000 € =	48 000 €
Differenz der Kapitalwerte = „Tilgungsanteil"	- 22 500 €
Ertragsanteile (gewinnmindernd berücksichtigt)	25 500 €
→ Entgelt gem. § 8 Nr. 1 Buchst. b GewStG	25 500 €

8. Der Gewinnanteil aus der Kommanditbeteiligung ist gem. § 9 Nr. 2 GewStG zu kürzen.

→ Kürzung gem. § 9 Nr. 2 GewStG: 16 000 €

Der Gewinnanteil an der Paté-foie S. A. ist gem. § 3 Nr. 40 Buchst. d EStG zu 40 % einkommensteuerfrei und damit bei der Überleitung auf den Gewinn gem. § 7 GewStG zu 40 % abzuziehen.

→ Verminderung Gewinn i. S. v. § 7 GewStG: 12 000 €

Wurst ist seit Beginn des Erhebungszeitraums ununterbrochen zu 15 % an der ausländischen Kapitalgesellschaft Paté-foie S. A. beteiligt. Die Paté-foie S. A. ist **aktiv i. S. d. AStG tätig**. Damit sind die Voraussetzungen i. S. d. § 9 Nr. 7 Satz 1 erster Halbsatz GewStG-2019 erfüllt, der noch im Gewinn enthaltene Teil der **Dividende** ist nach dieser Vorschrift zu **kürzen**, und es erfolgt **keine Hinzurechnung** gem. § 8 Nr. 5 GewStG.

→ Kürzung gem. § 9 Nr. 7 GewStG: 18 000 €

ANMERKUNG: ► Gemäß § 9 Nr. 7 GewStG-2020 muss die Beteiligung nicht mehr **ununterbrochen seit** Beginn des EZ gehalten werden, sondern es genügt, wenn sie **zu Beginn** des EZ gehalten wird (Stichtagsprinzip). Außerdem entfällt die Voraussetzung der aktiven Tätigkeit i. S. d. AStG. Diese Gesetzesänderung wurde für vorhergehende EZ durch die gleich lautenden Ländererlasse vom 25. 1. 2019 (BStBl 2019 I S. 91) bereits vorweggenommen.

Die Teilwertabschreibung wirkt sich gem. § 3 Nr. 40 EStG i. V. m. § 3c Abs. 2 EStG nur zu 60 % auf den Gewinn gem. § 7 GewStG aus.

→ Erhöhung des Gewinns i. S. v. § 7 GewStG: 4 000 €

Da die **Teilwertabschreibung auf einer Gewinnausschüttung** beruht, um die der Gewerbeertrag gem. § 9 Nr. 7 GewStG zu kürzen ist (s. o.), handelt es sich um eine sog. **ausschüttungsbedingte Teilwertabschreibung**. Daher muss gem. § 8 Nr. 10 Buchst. a GewStG der nach Anwendung des **Teileinkünfteverfahrens** noch im Gewinn gem. § 7 GewStG enthaltene Abschreibungsbetrag hinzugerechnet werden.

→ Hinzurechnung gem. § 8 Nr. 10 Buchst. a GewStG: 6 000 €

9. Für Betriebsgrundstücke wird der Gewerbeertrag gem. § 9 Nr. 1 Satz 1 GewStG um 1,2 % des Einheitswerts gekürzt. Gemäß § 121a BewG ist hierfür der Einheitswert um 40 % zu erhöhen. Welche Grundstücke zur Kürzung führen, richtet sich gem. § 20 Abs. 1 GewStDV nach den Vorschriften des EStG. Maßgebend ist der Stand zu Beginn des Kalenderjahrs. Daher ist für das erst **im Juli gekaufte Grundstück keine Kürzung** vorzunehmen. Das Grundstück, das zur Hälfte Frau Wurst gehört, wird gem. § 20 Abs. 2 GewStDV nur mit der zum Betriebsvermögen gehörenden Hälfte für die Kürzung berücksichtigt.

→ Kürzung gem. § 9 Nr. 1 GewStG: $^1\!/_2 \times 1{,}2\,\% \times 140\,\% \times 100\,000\,€ =$ 840 €

Das gemietete Grundstück ist ein unbewegliches Wirtschaftsgut, das im Eigentum eines anderen steht. Daher stellt die **Miete** i. H. v. **50 % ein Entgelt** i. S. v. § 8 Nr. 1 Buchst. e GewStG dar.

→ Entgelt gem. § 8 Nr. 1 Buchst. e GewStG: 50 % von 36 000 € =   18 000 €

10. Berechnung der Gewerbesteuerrückstellung/des Erstattungsbetrags:

	Vorläufiger Gewinn lt. Aufgabenstellung		495 000 €
+	GewSt-Vorauszahlungen		+ 76 000 €
-	steuerfreier Teil der Dividende (Nr. 3)		- 3 200 €
-	steuerfreier Teil der Dividende (Nr. 8)		- 12 000 €
+	nicht zu berücksichtigender Teil der Teilwertabschreibung (Nr. 8)		+ 4 000 €
=	Gewinn gem. § 7 GewStG		559 800 €
+	Hinzurechnungen		
	gem. § 8 Nr. 1 Buchst. a GewStG (Nr. 5)	51 125 €	
	gem. § 8 Nr. 1 Buchst. b GewStG (Nr. 7)	25 500 €	
	gem. § 8 Nr. 1 Buchst. d GewStG (Nr. 4)	6 000 €	
	gem. § 8 Nr. 1 Buchst. d GewStG (Nr. 6)	2 400 €	
	gem. § 8 Nr. 1 Buchst. e GewStG (Nr. 9)	18 000 €	
=	Summe der Entgelte gem. § 8 Nr. 1 GewStG	103 025 €	
-	Freibetrag gem. § 8 Nr. 1 GewStG	100 000 €	
=	verbleiben	3 025 €	
+	Hinzurechnungen		
	gem. § 8 Nr. 1 GewStG: davon $^1\!/_4$		756 €
	gem. § 8 Nr. 5 GewStG (Nr. 3)		3 200 €
	gem. § 8 Nr. 10 Buchst. a GewStG (Nr. 8)		6 000 €
=	Summe aus Gewinn und Hinzurechnungen (= 559 800 € + 9 956 €)		569 756 €

-	Kürzungen	
	gem. § 9 Nr. 1 GewStG (Nr. 9)	- 840 €
	gem. § 9 Nr. 2 GewStG (Nr. 8)	- 16 000 €
	gem. § 9 Nr. 5 GewStG (Nr. 2)	- 5 000 €
	gem. § 9 Nr. 7 GewStG (Nr. 8)	- 18 000 €
=	Gewerbeertrag vor Abrundung etc.	529 916 €
	Abrundung (§ 11 Abs. 1 Satz 3 GewStG)	529 900 €
-	Freibetrag (§ 11 Abs. 1 Satz 3 Nr. 1 GewStG)	- 24 500 €
=	maßgebender Gewerbeertrag	505 400 €
×	Steuermesszahl (§ 11 Abs. 2 GewStG) 3,5 %	
=	Gewerbesteuermessbetrag	17 689 €
×	Hebesatz 380 %	
=	Gewerbesteuerschuld	67 218 €
-	GewSt-Vorauszahlungen	- 76 000 €
=	GewSt-Erstattungsforderung	8 782 €
	Vorläufiger handelsrechtlicher Gewinn	495 000 €
+	GewSt-Erstattungsforderung	+ 8 782 €
=	endgültiger handelsrechtlicher Gewinn	503 782 €

FALL 84

Gewerbesteuerrückstellung/-erstattungsforderung nach Handelsbilanzergebnis einer Personenhandelsgesellschaft

Sachverhalte:

1. Die Schlings-Runter OHG hat ihren Sitz in Heidelberg und betreibt dort mehrere Fast-Food-Lokale. Sämtliche Gesellschafter der OHG sind natürliche Personen. Das Wirtschaftsjahr entspricht dem Kalenderjahr. Der Hebesatz der Stadt Heidelberg betrage 430 %. Der vorläufige Verlust beträgt lt. der Handelsbilanz für das abgelaufene Jahr 54 500 €. Aufgrund des durch mehrere Lebensmittelskandale bedingten Nachfrageeinbruchs war im vorangegangenen Wirtschaftsjahr ein Gewerbeverlust i. H. v. 75 000 € ausgewiesen worden. Die für das Vorjahr erstattete Gewerbesteuer i. H. v. 8 000 € wurde gewinnerhöhend erfasst.

2. Die Gesellschafter Schlings und Runter sind gleichberechtigte Geschäftsführer der OHG. Für ihre Geschäftsführertätigkeit erhielten sie vertragsgemäß jeweils 45 000 €, die von der OHG gewinnmindernd verbucht wurden.

3. Die Schlings-Runter OHG hat ein Girokonto bei der Deutschen Bank Heidelberg. Insgesamt fielen hierfür Schuldzinsen i. H. v. 53 000 € an, die gewinnmindernd verbucht wurden.

4. Im Sommer erkrankten einige Kunden nach dem Verzehr der von der Schlings-Runter OHG nach einem alten Hausrezept des Gesellschafters Schlings hergestellten Mayonnaise. Die OHG musste Schmerzensgelder i. H. v. insgesamt 30 000 € und außerdem ein Bußgeld i. H. v. 2 200 € bezahlen. Beides wurde gewinnmindernd verbucht.

5. Im Betriebsvermögen der Schlings-Runter OHG befinden sich seit Jahren mehrere Geschäftsgrundstücke (Einheitswert insgesamt 400 000 €). Im August verkaufte die OHG eines der Grundstücke (Einheitswert: 40 000 €, in den o. a. 400 000 € enthalten).

6. Die Schlings-Runter OHG pachtete ab 1. 1. von der Schmierig GmbH Mannheim einen in Mannheim gelegenen Teilbetrieb. Die vertragsgemäß gezahlte jährliche Pacht beträgt 200 000 €. Sie wurde gewinnmindernd erfasst und entfällt zu 75 % auf bewegliches Anlagevermögen und zu 25 % auf das mit gepachtete Grundstück.

7. Die OHG hält in ihrem Gesamthandsvermögen seit Jahren eine 20 %ige Beteiligung an der in Karlsruhe ansässigen Snack AG. Der Kauf der Beteiligung war seinerzeit durch ein Darlehen finanziert worden, für das im abgelaufenen Wirtschaftsjahr Zinsen i. H. v. 18 000 € anfielen. Im Sommer erhielt die OHG von der Snack AG eine Dividende i. H. v. 32 000 € (vor Kapitalertragsteuer), die gewinnerhöhend verbucht wurde. Die Kapitalertragsteuer wurde als Privatentnahme, die Zinsen als Aufwand verbucht.

8. Außerdem hält die OHG in ihrem Gesamthandsvermögen einen 5 %igen Kommanditanteil an der in Bruchsal ansässigen Wrap GmbH & Co. KG. Für das abgelaufene Wirtschaftsjahr wurde der OHG hieraus ein Verlustanteil i. H. v. 7 000 € zugewiesen, der im vorläufigen Verlust der OHG enthalten ist.

9. Aus ihrer Betriebsstätte in der Schweiz erzielte die OHG einen Verlust i. H. v. 28 720 €, der das vorläufige Ergebnis gemindert hat.

10. Bis zum Ende des Vorjahres war an der OHG noch der Gesellschafter Kurt Ketchup zu $^1/_3$ beteiligt gewesen. Ketchup hatte sich zum 31. 12. des Vorjahres zur Ruhe gesetzt und seinen Anteil je zur Hälfte auf Schlings und Runter übertragen, die seit diesem Zeitpunkt zu je 50 % (vorher je $^1/_3$) an der OHG beteiligt sind.

AUFGABE

Ermitteln Sie die Gewerbesteuerrückstellung bzw. den -erstattungsbetrag für die Schlings-Runter OHG (Auf Fragen der Steuerpflicht etc. ist nicht einzugehen.). Berücksichtigen Sie dabei die o. a. Sachverhalte und nehmen Sie jeweils unter Angabe der rechtlichen Vorschriften dazu Stellung.

LÖSUNG

1. Der vorläufige Verlust aus Gewerbebetrieb beträgt 54 500 €. Die Gewerbesteuer ist gem. § 4 Abs. 5b EStG nicht als Betriebsausgabe abziehbar. Analog dazu darf die erstattete Gewerbesteuer den Gewinn nicht erhöhen und ist somit vom vorläufigen Ergebnis abzuziehen.

   → Verminderung der Ausgangsgröße i. S. v. § 7 GewStG: 8 000 €

Der Gewerbeverlust aus dem vorhergehenden Erhebungszeitraum wird gem. § 10a Satz 1 GewStG ins abgelaufene Jahr vorgetragen und abgezogen, allerdings nur insoweit, als die **Gesellschafter noch identisch sind**, s. u. Nr. 10.

2. Die OHG-Gesellschafter sind Mitunternehmer i. S. v. § 15 Abs. 1 Satz 1 Nr. 2 EStG. Ihre Geschäftsführergehälter sind **Vergütungen für ihre Arbeitsleistung im Dienste der Gesellschaft** und daher Einkünfte aus Gewerbebetrieb gem. § 15 Abs. 1 Satz 1 Nr. 2 EStG. Sie gehören damit auch zum Gewinn i. S. v. § 7 GewStG und müssen zum vorläufigen Ergebnis addiert werden (siehe auch H 7.1 Abs. 3 „Ermittlung des Gewerbeertrags bei Mitunternehmerschaften" GewStH).

    → Erhöhung der Ausgangsgröße i. S. v. § 7 GewStG: 2 × 45 000 € = 90 000 €

3. Die **Schuldzinsen sind Entgelte** i. S. v. § 8 Nr. 1 Buchst. a GewStG. Auf die Dauer der Kapitalüberlassung kommt es nicht an.

    → Entgelte gem. § 8 Nr. 1 Buchst. a GewStG: 53 000 €

4. Die **Schmerzensgelder sind betrieblich veranlasst** und deshalb gem. § 4 Abs. 4 EStG als Betriebsausgaben abziehbar. Das **Bußgeld** ist ebenfalls betrieblich veranlasst, stellt aber eine gem. § 4 Abs. 5 Satz 1 Nr. 8 EStG **nicht abziehbare** Betriebsausgabe dar. Das steuerliche Ergebnis ist daher außerbilanziell um 2 200 € zu erhöhen.

    → Erhöhung der Ausgangsgröße i. S. v. § 7 GewStG: 2 200 €

5. Für den zum Betriebsvermögen gehörenden Grundbesitz erfolgt die Kürzung gem. § 9 Nr. 1 Satz 1 GewStG i. H. v. 1,2 % des gem. § 121a BewG um 40 % erhöhten Einheitswerts. Maßgebend ist gem. § 20 Abs. 1 Satz 2 GewStDV der Stand zu Beginn des Kalenderjahres, hier also der Einheitswert i. H. v. 400 000 €.

    → Kürzung gem. § 9 Nr. 1 GewStG: 1,2 % × 140 % × 400 000 € = 6 720 €

6. Die Pachtzahlungen für die beweglichen Anlagegüter fallen unter § 8 Nr. 1 Buchst. d GewStG (Ansatz mit $^1/_5$ von 150 000 € = 30 000 €), die für das unbewegliche Anlagevermögen unter § 8 Nr. 1 Buchst. e GewStG (Ansatz mit 50 % von 50 000 € = 25 000 €).

    → Entgelte gem. § 8 Nr. 1 Buchst. d GewStG: 30 000 €

    → Entgelte gem. § 8 Nr. 1 Buchst. e GewStG: 25 000 €

7. Da alle an der OHG beteiligten **Gesellschafter natürliche Personen** sind, ist die Dividende gem. § 3 Nr. 40 Buchst. d EStG **zu 40 % einkommensteuerfrei**. Die damit in wirtschaftlichem Zusammenhang stehenden Schuldzinsen sind gem. § 3c Abs. 2 Satz 1 EStG ebenfalls nur zu 60 % abziehbar. Beides ist bei der Überleitung auf den Gewinn aus Gewerbebetrieb gem. § 7 Satz 4 GewStG zu berücksichtigen.

    → Verminderung der Ausgangsgröße i. S. v. § 7 GewStG: 12 800 €

    → Erhöhung der Ausgangsgröße i. S. v. § 7 GewStG: 7 200 €

Die **Beteiligung** beträgt zu Beginn des Erhebungszeitraums **mindestens 15 %** des Grundkapitals der Snack AG. Die Snack AG ist eine **nicht steuerbefreite inländische Kapitalgesellschaft** und der Gewinnanteil wurde bei der Ermittlung des Gewinns i. S. v. § 7 GewStG angesetzt (s. o.). Damit sind sämtliche Voraussetzungen i. S. d. § 9 Nr. 2a GewStG erfüllt und der noch im Gewinn enthaltene Teil der Dividende wird – gem. § 9 Nr. 2a Satz 3 GewStG saldiert mit den noch im Gewinn enthaltenen Zinsaufwendungen – gekürzt. Es ergibt sich eine Kürzung um 19 200 € - 10 800 € = 8 400 €.

→ Kürzung gem. § 9 Nr. 2a GewStG: 8 400 €

Der Teil der Schuldzinsen, der gem. § 3c Abs. 2 EStG nicht abziehbar ist, hat sich nicht auf den Gewinn aus Gewerbebetrieb ausgewirkt und fällt daher nicht unter § 8 Nr. 1 Buchst. a GewStG. Der noch im Gewinn enthaltene Teil wird bei der Kürzung saldiert und wirkt sich damit effektiv ebenfalls nicht aus. Für diesen Teil der Schuldzinsen stellt § 9 Nr. 2a Satz 3 zweiter Halbsatz GewStG klar, dass keine Hinzurechnung gem. § 8 Nr. 1 GewStG erfolgt.

8. **Anteile am Verlust** von in- oder ausländischen **KG´s** sind gem. § 8 Nr. 8 GewStG unabhängig von der Beteiligungsquote **hinzuzurechnen**.

→ Hinzurechnung gem. § 8 Nr. 8 GewStG: 7 000 €

9. Gemäß § 9 Nr. 3 GewStG ist der auf eine ausländische Betriebsstätte entfallende Gewinn zu kürzen. Über **Verluste aus ausländischen Betriebsstätten** trifft das GewStG zwar keine ausdrückliche Regelung, sie sind jedoch in analoger Anwendung von § 9 Nr. 3 GewStG hinzuzurechnen. Dass sowohl positive wie auch negative Ergebnisse aus ausländischen Betriebsstätten auszuscheiden sind, ergibt sich nämlich bereits aus § 2 Abs. 1 Satz 1 GewStG (zu finalen Verlusten ausländischer EU-Betriebsstätten vgl. jedoch die aktuelle BFH-Rechtsprechung; anhängiges Verfahren: Az. BFH I R 32/18).

→ Erhöhung des Gewinns i. S. v. § 7 GewStG: 28 720 €

10. Hier liegt zwar kein Unternehmerwechsel i. S. v. § 2 Abs. 5 GewStG vor, da die Gesellschafter Schlings und Runter ihre Gesellschafterstellung behalten. Dennoch versagt die Finanzverwaltung – gestützt auf entsprechende BFH-Rechtsprechung – in diesem Fall den Verlustabzug gem. § 10a GewStG in der Höhe, in der („insoweit") der Verlust auf den ausgeschiedenen Gesellschafter Ketchup entfällt (vgl. R 10a.3 Abs. 3 Satz 9 Nr. 1 GewStR). Der **Verlustabzug entfällt** demnach **i. H. v. Ketchups Beteiligung**, also mit $^1/_3$ von 75 000 € = 25 000 €. Abziehbar bleibt der restliche Verlustvortrag i. H. v. 50 000 €.

→ Verlustabzug gem. § 10a GewStG: 50 000 €

11. Ermittlung der Gewerbesteuer-Rückstellung/des Erstattungsbetrags:

	Vorläufiges Ergebnis lt. Aufgabenstellung	- 54 500 €
-	GewSt-Erstattungsbetrag	- 8 000 €
+	Geschäftsführervergütungen (Nr. 2)	+ 90 000 €
+	Bußgeld (Nr. 4)	+ 2 200 €
-	steuerfreier Teil der Dividende (Nr. 7)	- 12 800 €
+	nicht abziehbare Betriebsausgaben (Nr. 7)	+ 7 200 €
+	Verlust der ausländischen Betriebsstätte (Nr. 9)	+ 28 720 €
=	Gewinn i. S. v. § 7 GewStG	52 820 €

+	Hinzurechnungen		
	gem. § 8 Nr. 1 Buchst. a GewStG (Nr. 3)	53 000 €	
	gem. § 8 Nr. 1 Buchst. d GewStG (Nr. 6)	+ 30 000 €	
	gem. § 8 Nr. 1 Buchst. e GewStG (Nr. 6)	+ 25 000 €	
=	Summe der Entgelte gem. § 8 Nr. 1 GewStG	108 000 €	
-	Freibetrag gem. § 8 Nr. 1 GewStG	- 100 000 €	
=	verbleiben	8 000 €	
	davon $\frac{1}{4}$ = Hinzurechnung gem. § 8 Nr. 1 GewStG		2 000 €
+	Hinzurechnung gem. § 8 Nr. 8 GewStG (Nr. 8)		+ 7 000 €
=	Summe aus Gewinn und Hinzurechnungen vor GewSt		61 820 €
-	Kürzungen		
	gem. § 9 Nr. 1 GewStG (Nr. 5)		- 6 720 €
	gem. § 9 Nr. 2a GewStG (Nr. 7)		- 8 400 €
=	verbleiben		46 700 €
-	Verlustabzug gem. § 10a GewStG (Nr. 10), maximal bis auf 0 €		- 46 700 €
=	Gewerbeertrag vor Freibetrag		0 €
-	Freibetrag gem. § 11 Abs. 1 Satz 3 Nr. 1 GewStG: 24 500 €, maximal i. H. d. Gewerbeertrags		
=	Gewerbeertrag		0 €
×	Messzahl 3,5 % → Gewerbesteuermessbetrag		0 €
×	Hebesatz 430 % → Gewerbesteuerschuld		0 €
-	Vorauszahlungen		0 €
=	Gewerbesteuer-Rückstellung/Erstattungsforderung		0 €

Der Abzug des Gewerbeverlusts erfolgt vor dem Abzug des Freibetrags, sodass dieser „verloren geht", R 10a.1 Abs. 3 Satz 2 GewStR. Es wird ein verbleibender Gewerbeverlustvortrag i. H. v. (50 000 € - 46 700 € =) 3 300 € festgestellt.

FALL 85

Gewerbesteuerrückstellung/-erstattungsbetrag einer Kapitalgesellschaft

Sachverhalte:

1. Die Schäufele GmbH hat ihren Sitz in Stuttgart und betreibt dort ein Hoch- und Tiefbauunternehmen. Sämtliche GmbH-Anteile werden von Erich Schäufele, der auch alleiniger Geschäftsführer der GmbH ist, gehalten. Das Wirtschaftsjahr entspricht dem Kalenderjahr. Der Hebesatz der Stadt Stuttgart betrage 480 %. Der vorläufige Handelsbilanz-(= Steuer-

bilanz-)gewinn der Schäufele GmbH beträgt 559 600 €. Gewerbesteuervorauszahlungen i. H.v. insgesamt 70 000 € und Körperschaftsteuervorauszahlungen i. H.v. insgesamt 109 250 € wurden gewinnmindernd verbucht.

2. Im Geschäftsjahr (= Kalenderjahr) lieh sich die Schäufele GmbH mehrmals für längere Zeit einen Bagger von dem österreichischen Bauunternehmer Hammer aus. Hierfür zahlte die GmbH an Hammer insgesamt 12 000 €, die gewinnmindernd verbucht wurden.

3. An der Schäufele GmbH ist seit Jahren Herr Hämmerle, der Schwiegervater von Erich Schäufele, als stiller Gesellschafter beteiligt. Hämmerle, ein pensionierter Lehrer, tritt nicht nach außen hin auf, hat keinerlei Mitspracherecht bezüglich der Geschäftspolitik und ist nicht an den stillen Reserven der GmbH beteiligt. Hämmerles Gewinnanteil i. H.v. 45 000 € wurde von der GmbH gewinnmindernd verbucht.

4. Die Schäufele GmbH ist zu $^1/_3$ an der Schnellbau ArGe beteiligt, die für den Neubau des Stuttgarter Finanzamts gegründet wurde. Das Bauvorhaben wird voraussichtlich eineinhalb Jahre dauern. Die ArGe erzielte im Geschäftsjahr einen Verlust i. H.v. 120 000 €. Bei der Gewinnermittlung der GmbH wurde hierzu nichts berücksichtigt.

5. Seit Jahren ist die Schäufele GmbH zu 20 % an der Sumpf AG Karlsruhe, die in Süddeutschland mehrere Immobilienbüros betreibt, beteiligt. Im Frühjahr schüttete die AG an die GmbH eine Dividende aus. Eine Steuerbescheinigung mit folgenden Angaben liegt der GmbH vor:

Dividende: 28 000 €

Einbehaltene Kapitalertragsteuer: 7 000 €

Auf dem Girokonto der GmbH wurden 21 000 € gutgeschrieben. Die GmbH verbuchte 28 000 € gewinnerhöhend als Beteiligungsertrag und 7 000 € gewinnmindernd als Steueraufwand. Außerdem haben die Zinsen für das Darlehen, mit dem der Kauf der Beteiligung finanziert worden war, i. H.v. 6 500 € den Gewinn gemindert.

6. Zu Ende des Geschäftsjahres verkaufte die GmbH die Beteiligung an der Sumpf AG für 400 000 €. Die Beteiligung war stets mit ihren Anschaffungskosten i. H.v. 355 000 € bilanziert worden. Der Veräußerungsgewinn wurde gewinnerhöhend erfasst.

7. Aus ihrer 10 %igen Kommanditbeteiligung an der in Mannheim ansässigen Schotter KG wurde der Schäufele GmbH ein Gewinnanteil i. H.v. 33 000 € zugewiesen, der im vorläufigen Gewinn enthalten ist.

8. Zum 31. 12. verkaufte die Schäufele GmbH ihren Kommanditanteil an der Schotter KG und erzielte dabei einen Gewinn i. H.v. 60 000 €, der ebenfalls im vorläufigen Gewinn enthalten ist.

9. Im Januar erwarb die Schäufele GmbH eine 25 %ige Beteiligung an der in Mauritius ansässigen Macadamme S. A. Mitte des Jahres erhielt sie von der S. A. eine Dividende i. H.v. 15 000 €, die gewinnerhöhend verbucht wurde. Das DBA mit Mauritius sieht für solche Dividenden eine Steuerbefreiung vor.

10. Die Schäufele GmbH betreibt ihr Unternehmen in gemieteten Immobilien. Hierfür fielen im Geschäftsjahr Mietaufwendungen i. H.v. 120 000 € an. Außerdem wurden Nebenkosten für Heizung, Wasser, Abwasser etc. i. H.v. insgesamt 28 000 € an die verschiedenen Vermieter gezahlt.

Ermitteln Sie die Gewerbesteuerrückstellung bzw. den -erstattungsbetrag für die Schäufele GmbH (Auf Fragen der Steuerpflicht etc. ist nicht einzugehen.). Berücksichtigen Sie dabei den o. a. Sachverhalt und nehmen Sie dazu jeweils unter Angabe der rechtlichen Vorschriften Stellung. Der Solidaritätszuschlag wird außer Acht gelassen.

1. Bei der Ermittlung des Gewerbeertrags der GmbH ist von deren Einkommen auszugehen. Das heißt vom Gewinn lt. Handels- und Steuerbilanz muss auf das vorläufige Einkommen i. S. v. § 8 Abs. 1 Satz 1 KStG übergeleitet werden; dieses stellt die Ausgangsgröße gem. § 7 GewStG dar. Die Gewerbesteuervorauszahlungen sind nicht abziehbare Betriebsausgaben gem. § 4 Abs. 5b EStG, die Körperschaftsteuerzahlungen sind nicht abziehbare Aufwendungen gem. § 10 Nr. 2 KStG. Beide sind daher bereits **bei der Einkommensermittlung zum Gewinn zu addieren**.

   → Erhöhung des Einkommens/Gewinns gem. § 10 Nr. 2 KStG: 109 250 €

   → Erhöhung des Einkommens/Gewinns gem. § 4 Abs. 5b EStG: 70 000 €

2. Der Bagger ist ein bewegliches Wirtschaftsgut des Anlagevermögens, das im Eigentum eines anderen steht und von der GmbH angemietet wird. Die **Mietzinsen** sind daher zu $^1/_5$ gem. § 8 Nr. 1 Buchst. d GewStG zu berücksichtigen ($^1/_5$ von 12 000 € = 2 400 €).

   → **Entgelt** i. S. v. § 8 Nr. 1 Buchst. d GewStG: 2 400 €

3. Da **Hämmerle** weder Mitunternehmerinitiative ergreift noch ein Mitunternehmerrisiko trägt und insbesondere auch nicht an den stillen Reserven beteiligt ist, liegt eine **typische stille Gesellschaft** vor. Hämmerles Gewinnanteil mindert daher nicht nur den handelsrechtlichen Gewinn, sondern auch das steuerliche Einkommen der GmbH. Damit sind die Voraussetzungen gem. § 8 Nr. 1 Buchst. c GewStG erfüllt.

   → **Entgelt** i. S. v. § 8 Nr. 1 Buchst. c GewStG: 45 000 €

4. Die Tätigkeit der **ArGe** gilt gem. § 2a GewStG **nicht als Gewerbebetrieb**, da alleiniger Zweck der ArGe die Erfüllung eines einzigen Werkvertrags ist. Die Betriebsstätte der ArGe gilt damit **anteilig als Betriebsstätte** der GmbH. Der Verlust entfällt zu $^1/_3$ auf die GmbH und wird bei deren Gewerbeertrag berücksichtigt.

   → Minderung des Gewinns i. S. v. § 7 GewStG um $^1/_3$ von 120 000 € =   40 000 €

5. Die Dividende ist gem. § 8b Abs. 1 Satz 1 KStG von der **Körperschaftsteuer befreit** und daher bei der Einkommensermittlung abzuziehen; bei der Beteiligungsquote i. H. v. 20 % kommt die Ausnahmeregelung i. S. d. § 8b Abs. 4 KStG für sog. Streubesitzdividenden nicht zur Anwendung. Die in wirtschaftlichem Zusammenhang mit der Dividende stehenden, nicht abziehbaren **Betriebsausgaben** werden gem. § 8b Abs. 5 Satz 1 KStG i. H. v. 5 % des Ertrags **pauschaliert** (5 % von 28 000 € = 1 400 €). Die tatsächlich angefallenen Zinsaufwendungen sind als

Betriebsausgaben abziehbar, müssen jedoch gem. § 8 Nr. 1 Buchst. a GewStG berücksichtigt werden. Die Kapitalertragsteuer ist als Steuer vom Einkommen gem. § 10 Nr. 2 KStG bei der Einkommensermittlung nicht abziehbar. Per Saldo verändert sich das Einkommen und damit auch der Gewinn i. S. v. § 7 GewStG daher um:

Dividende	- 28 000 €
nicht abziehbare Betriebsausgaben (pauschal 5 %)	+ 1 400 €
Kapitalertragsteuer	+ 7 000 €
= Veränderung Einkommen/Gewinn	- 19 600 €

Die Zinsen sind Entgelte i. S. v. § 8 Nr. 1 Buchst. a GewStG.

→ Verminderung des Einkommens/Gewinns:	19 600 €
→ Entgelt i. S. v. § 8 Nr. 1 Buchst. a GewStG:	6 500 €

Die Sumpf AG ist eine nicht steuerbefreite inländische Kapitalgesellschaft und die GmbH ist an ihr zu Beginn des Erhebungszeitraums zu mindestens 15 % beteiligt. Damit sind die Voraussetzungen i. S. d. § 9 Nr. 2a GewStG erfüllt; es liegt eine sog. **Schachtelbeteiligung** vor. Daher unterbleibt die Hinzurechnung des von der Körperschaftsteuer befreiten Beteiligungsertrags gem. § 8 Nr. 5 GewStG. Die Betriebsausgabenpauschale kann gem. § 9 Nr. 2a Satz 4 GewStG nicht gekürzt werden.

6. Gemäß § 8b Abs. 2 Satz 1 und 2 KStG sind Gewinne aus der Veräußerung von Anteilen an Kapitalgesellschaften von der Körperschaftsteuer befreit. Daher ist der **Veräußerungsgewinn** i. H. v. (400 000 € - 355 000 € =) 45 000 € bei der Ermittlung des Einkommens abzuziehen. Da die Hinzurechnungsvorschrift i. S. d. § 8 Nr. 5 GewStG sich ausdrücklich nur auf Dividenden und ähnliche Beteiligungserträge, nicht dagegen auf Veräußerungsgewinne bezieht, bleibt der Gewinn auch **gewerbesteuerfrei**. Allerdings gelten 5 % des Veräußerungsgewinns gem. § 8b Abs. 3 Satz 1 KStG als nicht abziehbare Betriebsausgaben. Effektiv ist der Gewinn damit zu 95 % körperschaft- und gewerbesteuerfrei.

→ Verminderung des Einkommens/Gewinns (95 % von 45 000 €):	42 750 €

7. Da die GmbH als Mitunternehmerin der Schotter KG anzusehen ist und der Gewinnanteil bei der Gewinnermittlung angesetzt wurde, ist der Gewinnanteil aus der Kommanditbeteiligung gem. § 9 Nr. 2 GewStG zu kürzen.

→ Kürzung gem. § 9 Nr. 2 GewStG:	33 000 €

8. Gemäß § 9 Nr. 2 GewStG werden nach herrschender Meinung nur laufende Gewinne aus Beteiligungen an Personengesellschaften gekürzt, nicht jedoch Gewinne aus der Veräußerung solcher Beteiligungen. Der **Gewinn aus der Veräußerung eines Kommanditanteils** gehört aufgrund der ausdrücklichen Regelung in § 7 Satz 2 Nr. 2 GewStG zum **Gewerbeertrag**, soweit er **nicht auf eine natürliche Person** als unmittelbar beteiligten Mitunternehmer entfällt.

   Hier entfällt der Gewinn aus der Veräußerung des Kommanditanteils an der Schotter KG auf die Schäufele GmbH und unterliegt somit der Gewerbesteuer, allerdings wird er nicht bei der veräußernden Schäufele GmbH, sondern bei der Schotter KG gewerbesteuerlich erfasst, da diese als Personengesellschaft gem. § 5 Abs. 1 Satz 3 GewStG selbst Schuldnerin der Gewerbesteuer ist. Bei der Überleitung auf den Gewinn aus Gewerbebetrieb der Schäufele

GmbH müssen die 60 000 € daher abgezogen werden, damit sie nicht zweimal – bei der KG und der GmbH – der Gewerbesteuer unterliegen (alternative Lösung: kein Abzug bei der Ermittlung des Gewinns, sondern stattdessen Kürzung gem. § 9 Nr. 2 GewStG).

→ Verminderung des Gewinns i. S. v. § 7 GewStG:	60 000 €

9. Das **DBA** hat als völkerrechtlicher Vertrag gem. § 2 AO **Vorrang vor dem deutschen Steuerrecht**. Die Dividende der Macadamme S. A. ist daher bei der Überleitung auf das Einkommen abzuziehen und damit auch im Gewinn gem. § 7 GewStG nicht enthalten. Allerdings gelten gem. § 8b Abs. 5 KStG 5 % der Dividende, also 750 €, als nicht abziehbare Betriebsausgaben (für den DBA-Fall bestätigt durch BFH-Urteil vom 22. 9. 2016 – I R 29/15). Eine Hinzurechnung gem. § 8 Nr. 5 GewStG kommt nicht in Betracht, da die Befreiung aufgrund des DBA und damit gerade nicht aufgrund der in § 8 Nr. 5 GewStG genannten Vorschriften erfolgt. Daher brauchen auch die Voraussetzungen i. S. d. § 9 Nr. 7 oder 8 GewStG nicht geprüft zu werden.

→ Verminderung des Einkommens (15 000 € - 750 € =)	14 250 €

10. Die Miete für die unbeweglichen Wirtschaftsgüter des Anlagevermögens fällt i. H. v. (50 % von 120 000 € =) 60 000 € unter § 8 Nr. 1 Buchst. e GewStG. **Miet- und Pachtzins** i. S. d. Vorschrift ist **nur die Kaltmiete**; die Nebenkosten werden nicht für die Überlassung des Grundstücks gezahlt.

→ Entgelt i. S. v. § 8 Nr. 1 Buchst. e GewStG:	60 000 €

11. Ermittlung der Gewerbesteuer-Rückstellung/des Erstattungsanspruchs:

	Vorläufiger Gewinn lt. Aufgabenstellung		559 600 €
+	KSt-Vorauszahlungen (Nr. 1)		+ 109 250 €
+	GewSt-Vorauszahlungen (Nr. 1)		+ 70 000 €
-	Verlust ArGe (Nr. 4)		- 40 000 €
-	Dividende etc. (Nr. 5)		- 19 600 €
-	Veräußerungsgewinn (Nr. 6)		- 42 750 €
-	Veräußerungsgewinn (Nr. 8)		- 60 000 €
-	lt. DBA steuerfreie Dividende (Nr. 9)		- 14 250 €
=	Gewinn i. S. v. § 7 GewStG		562 250 €
+	Hinzurechnung gem. § 8 Nr. 1 GewStG:		
	Zinsen, § 8 Nr. 1 Buchst. a GewStG (Nr. 5)	6 500 €	
	Gewinnanteil stiller Gesellschafter, § 8 Nr. 1 Buchst. c GewStG (Nr. 3)	+ 45 000 €	
	Miete Bagger, § 8 Nr. 1 Buchst. d GewStG (Nr. 2)	+ 2 400 €	
	Grundstücksmiete, § 8 Nr. 1 Buchst. e GewStG (Nr. 10)	+ 60 000 €	
=	Summe § 8 Nr. 1 GewStG	113 900 €	

-	Freibetrag gem. § 8 Nr. 1 GewStG	- 100 000 €	
=	verbleiben	13 900 €	
	davon ¼ = Hinzurechnung gem. § 8 Nr. 1 GewStG		3 475 €
-	Kürzung gem. § 9 Nr. 2 GewStG (Nr. 7)		- 33 000 €
=	Gewerbeertrag (562 250 € - 29 525 €)		532 725 €
	Abrundung auf volle 100 € gem. § 11 Abs. 1 GewStG; kein Freibetrag, da Kapitalgesellschaft maßgebender Gewerbeertrag		532 700 €
×	Messzahl gem. § 11 Abs. 2 GewStG 3,5 %		
=	Gewerbesteuermessbetrag		18 644 €
×	Hebesatz 480 %		
=	Gewerbesteuerschuld		89 493 €
-	GewSt-Vorauszahlungen		- 70 000 €
=	Gewerbesteuer-Rückstellung		19 493 €

FALL 86

Gewerbesteuerliche Organschaft und Zerlegung des Gewerbesteuermessbetrags

Sachverhalt:

Die Josef Kindler KG in Uslar stellt Kinderwagen sowie Garten- und Balkonmöbel in unterschiedlichen Ausführungen her. Komplementär ist Josef Kindler, Kommanditisten sind seine Frau Anna und der gemeinsame Sohn Oliver. Die KG ist seit drei Jahren Alleingesellschafterin der Korbwarenfabrik August Fehre GmbH in Karlshafen (Stammkapital: 1 Mio. €), die u. a. den Korpus für einen sehr gängigen Kinderwagentyp aus der Produktion der KG herstellt. Geschäftsführer der GmbH ist Josef Kindler. Zwischen der Josef Kindler KG und der August Fehre GmbH besteht eine körperschaftsteuerliche Organschaft.

Nach Übernahme der GmbH-Anteile zum Nennwert hatte die KG der kapitalknappen GmbH ein Fälligkeitsdarlehen i. H. v. 500 000 € zu 7,5 % Zinsen, rückzahlbar nach acht Jahren, gegeben und für ein weiteres Fälligkeitsdarlehen i. H. v. 1 200 000 € zu 7 % bei 98 % Auszahlung (Laufzeit sechs Jahre), das der GmbH von der Volksbank Karlshafen gewährt wurde, Sicherheiten gestellt.

Die GmbH hatte vor vielen Jahren einem Handwerksmeister, der sich zur Ruhe setzen wollte, seinen Betrieb in Beverungen gegen eine Leibrente i. H. v. 40 000 € p. a. abgekauft und diesen als Betriebsstätte im Rahmen ihres Unternehmens fortgeführt. Der Barwert der Leibrente belief sich zu Jahresbeginn auf 200 000 €, zum Jahresende betrug der Rentenbarwert 184 000 €.

Des Weiteren hat die GmbH eine Betriebsstätte in Uslar.

Wegen der erheblichen Inanspruchnahme der KG durch die Übernahme der Anteile und die Reaktivierung der vernachlässigten Märkte der August Fehre GmbH nahm die Josef Kindler KG im Geschäftsjahr die ihr von ihrer Hausbank eingeräumten Kreditlinien teilweise in Anspruch. Im Geschäftsjahr wurden für den Kontokorrentkredit insgesamt Zinsen i. H. v. 19 500 € gezahlt.

Seit vielen Jahren ist die Josef Kindler KG als Kommanditistin an der Einzelhandelsfirma Alfons Müller KG in Göttingen beteiligt, die in ihrem reichhaltigen Sortiment auch Kinderwagen und Gartenmöbel verkauft. Die Gewinnbeteiligung der Josef Kindler KG beträgt hier 20 %.

Die Josef Kindler KG spendete dem Förderverein für die Wirtschaftswissenschaftliche Fakultät der Universität Göttingen einen Betrag i. H. v. 2 500 € und dem als gemeinnützig anerkannten Heimatmuseum in Karlshafen einen Betrag i. H. v. 5 000 €.

Die zuletzt festgestellten Einheitswerte der Betriebsgrundstücke der Josef Kindler KG betragen 250 000 €.

Der vorläufige Gewinn aus Gewerbebetrieb der Josef Kindler KG beläuft sich auf 2,4 Mio. €. Als Gewerbesteueraufwand sind darin die vier Gewerbesteuervorauszahlungen i. H. v. je 80 000 € verrechnet. Im Gewinn enthalten ist der nach der einheitlichen und gesonderten Gewinnfeststellung für die Alfons Müller KG auf die Josef Kindler KG entfallende Gewinnanteil mit 360 000 €. Die Summe der Arbeitslöhne der Josef Kindler KG beträgt 18,5 Mio. €.

Das körperschaftsteuerliche Einkommen der August Fehre GmbH beträgt 280 000 €, die gezahlten Arbeitslöhne belaufen sich auf 6,5 Mio. €, von denen 2,0 Mio. € im erworbenen Betrieb in Beverungen und 1,5 Mio. € in der Betriebsstätte in Uslar gezahlt wurden.

AUFGABE

Zu ermitteln ist die Gewerbesteuerbelastung für die Josef Kindler KG und die August Fehre GmbH bei Hebesätzen i. H. v. 380 % für Uslar und 320 % für Karlshafen und Beverungen.

LÖSUNG

1. Allgemeine Feststellungen

a) Steuergegenstände

Bei der Josef Kindler KG handelt es sich um einen Gewerbebetrieb gem. § 2 Abs. 1 Satz 2 GewStG i. V. m. § 15 Abs. 3 Nr. 1 EStG, denn sie ist eine **Personenhandelsgesellschaft**, die eine gewerbliche Tätigkeit (Herstellung von Kinderwagen, Garten- und Balkonmöbeln) ausübt. Das Gleiche gilt auch für die Alfons Müller KG in Göttingen, die ebenfalls eine gewerbliche Tätigkeit (**Einzelhandel**) ausübt. Die August Fehre GmbH ist **Gewerbebetrieb kraft Rechtsform** i. S. d. § 2 Abs. 2 Satz 1 GewStG. Hier kommt es nicht darauf an, ob die tatsächliche Betätigung eine gewerbliche ist oder nicht. Damit sind alle beteiligten Unternehmen (stehende) Gewerbebetriebe i. S. d. GewStG und unterliegen, da sie nicht gem. § 3 GewStG von der Gewerbesteuer befreit sind, der Gewerbesteuer.

Steuerschuldner ist im Falle der Josef Kindler KG die KG (§ 5 Abs. 1 Satz 3 GewStG), im Fall der August Fehre GmbH die Kapitalgesellschaft, die hier als Unternehmer anzusehen ist (§ 5 Abs. 1 Satz 1 GewStG), es sei denn, sie gilt gem. § 2 Abs. 2 Satz 2 GewStG als Betriebsstätte der Josef Kindler KG, was nachfolgend unter b) untersucht wird.

Hebeberechtigte Gemeinde i. S. d. § 4 GewStG ist für die Josef Kindler KG die Stadt Uslar, im Hinblick auf die August Fehre GmbH sind die Städte Karlshafen (Sitz), Uslar und Beverungen (Betriebsstätten) die hebeberechtigten Gemeinden.

b) Organschaft

Die **Voraussetzungen** der **gewerbesteuerlichen Organschaft** sind **identisch** mit denen der **körperschaftsteuerlichen** Organschaft. Da lt. Aufgabenstellung eine körperschaftsteuerliche Organschaft zwischen der Josef Kindler KG und der August Fehre GmbH besteht, liegt zwischen beiden Unternehmen auch eine gewerbesteuerliche Organschaft i. S. v. § 2 Abs. 2 Satz 2 GewStG vor. Organträgerin ist die Josef Kindler KG; die August Fehre GmbH ist Organgesellschaft und gilt gem. § 2 Abs. 2 Satz 2 GewStG als Betriebsstätte der KG.

Nach R 7.1 Abs. 5 Satz 2 GewStR hat die gewerbesteuerliche Organschaft nicht zur Folge, dass der Gewerbeertrag als Besteuerungsgrundlage für die Gewerbesteuer einheitlich für beide Unternehmen zu ermitteln ist. Vielmehr sind die **Gewerbeerträge** von Organträger und Organgesellschaft **getrennt zu ermitteln**. Der Gewerbeertrag der Organgesellschaft wird dann dem Gewerbeertrag des Organträgers zugerechnet, wobei Doppelerfassungen bei den Hinzurechnungen auszuschließen sind (R 7.1 Abs. 5 Satz 3 GewStR).

Aus diesem dann gemeinsamen Gewerbeertrag wird der gemeinsame Gewerbesteuermessbetrag für den Organkreis errechnet. **Steuerschuldnerin** der gesamten Gewerbesteuer des Organkreises ist die **Josef Kindler KG als Organträgerin**.

2. Gewerbesteuerermittlung

a) Gewerbeertrag der August Fehre GmbH

Der Gewerbeertrag der August Fehre GmbH ist gem. § 7 GewStG aus dem körperschaftsteuerlichen Einkommen, das im Sachverhalt mit 280 000 € angegeben ist, herzuleiten. Dazu kommen Hinzurechnungen für die Entgelte, die die August Fehre GmbH für das Darlehen der Volksbank Karlshafen entrichtet hat (§ 8 Nr. 1 Buchst. a GewStG), und die Zinsanteile der Rentenbeträge, die für den erworbenen Betrieb in Beverungen gezahlt wurden (§ 8 Nr. 1 Buchst. b GewStG). Eine Hinzurechnung der an die Josef Kindler KG gezahlten Darlehenszinsen entfällt, weil der hinzugerechnete Betrag im Organkreis doppelt erfasst würde (R 7.1 Abs. 5 Satz 3 GewStR).

Damit errechnet sich der **Gewerbeertrag der August Fehre GmbH** wie folgt:

Körperschaftsteuerliches Einkommen	280 000 €
Hinzurechnung gem. § 8 Nr. 1 GewStG:	
7 % Zinsen von 1 200 000 € =	84 000 €
2 % Disagio von 1 200 000 € = 24 000 €,	
davon $^1/_6$ auf das Wirtschaftsjahr entfallend =	4 000 €
= Entgelte für Schulden insgesamt (§ 8 Nr. 1 Buchst. a GewStG)	88 000 €

Differenz der Barwerte der Rente (= Tilgungsanteil):

200 000 € - 184 000 € = 16 000 €

im Wirtschaftsjahr geleistete Zahlungen insgesamt 40 000 €

Entgelt = Zinsanteil (40 000 € - 16 000 €)	24 000 €	
= Summe der Entgelte i. S. v. § 8 Nr. 1 GewStG	112 000 €	
- Freibetrag gem. § 8 Nr. 1 GewStG	100 000 €	
= verbleiben	12 000 €	
davon ¼ = Hinzurechnung gem. § 8 Nr. 1 GewStG	3 000 €	3 000 €
= Gewerbeertrag		283 000 €

b) Gewerbeertrag der Josef Kindler KG

Die **Gewerbesteuer mindert** gem. § 4 Abs. 5b EStG **nicht den steuerlichen Gewinn** und damit auch nicht ihre eigene Bemessungsgrundlage.

Dem vorläufigen Gewinn aus Gewerbebetrieb werden daher die geleisteten Gewerbesteuervorauszahlungen (4 × 80 000 € = 320 000 €) hinzugerechnet.

Als **Hinzurechnungen** i. S. d. § 8 GewStG kommen beim Gewerbeertrag der Josef Kindler KG nur die **Zinsen für** den bei der Hausbank aufgenommenen **Kontokorrentkredit** (19 500 €) in Betracht. Diese stellen zwar Entgelte gem. § 8 Nr. 1 Buchst. a GewStG dar, liegen aber unter dem Hinzurechnungsfreibetrag (§ 8 Nr. 1 GewStG) i. H. v. 100 000 €.

Dass die August Fehre GmbH ihren eigenen Hinzurechnungsfreibetrag voll ausschöpft, spielt keine Rolle, da bei der hier vorliegenden Organschaft die Gewerbeerträge jeweils gesondert ermittelt werden und daher der Freibetrag gem. § 8 Nr. 1 GewStG für jedes Mitglied des Organkreises gesondert zu berücksichtigen ist (vgl. Rdn. 45 des Gleich lautenden Erlasses der Obersten Finanzbehörden der Länder vom 2. 7. 2012).

Für die Betriebsgrundstücke wird die Kürzung gem. § 9 Nr. 1 Satz 1 GewStG i. V. m. § 121a BewG i. H. v. 1,2 % des um 40 % erhöhten Einheitswerts vorgenommen. Der Gewinnanteil von der Alfons Müller KG wird gem. § 9 Nr. 2 GewStG gekürzt; die gezahlten Spenden werden gem. § 9 Nr. 5 GewStG gekürzt; der Höchstbetrag ist nicht überschritten.

ANMERKUNG: ▶ Die Spenden haben den Gewinn aus Gewerbebetrieb – anders als es beim körperschaftsteuerlichen Einkommen einer Kapitalgesellschaft der Fall wäre – nicht gemindert, obwohl sie aus Mitteln dieser Gesellschaft gezahlt wurden: Einkommensteuerlich werden sie gem. § 10b EStG – anteilig – als Sonderausgaben bei den Gesellschaftern berücksichtigt.

Ermittlung des Gewerbeertrags für den Organkreis:

	(Vorläufiger) Gewinn der KG aus Gewerbebetrieb lt. Sachverhalt		2 400 000 €
+	Gewerbesteuervorauszahlungen lt. Sachverhalt		320 000 €
=	Gewinn der KG aus Gewerbebetrieb i. S. v. § 7 GewStG		2 720 000 €
+	Hinzurechnung gem. § 8 Nr. 1 GewStG:		
	gezahlte Entgelte für Schulden	19 500 €	
-	Freibetrag gem. § 8 Nr. 1 GewStG: 100 000 €, maximal Entgelte	- 19 500 €	
=	Hinzurechnung gem. § 8 Nr. 1 GewStG	0 €	0 €
=	Summe aus Gewinn und Hinzurechnungen		2 720 000 €

- Kürzungen:

  1,2 % vom (gem. § 121a BewG auf 140 % erhöhten)
  Einheitswert der Betriebsgrundstücke:

1,2 % von 350 000 € =	− 4 200 €
Gewinnanteil von der Alfons Müller KG	− 360 000 €
Spenden	− 7 500 €
= Gewerbeertrag der KG	2 348 300 €
+ Gewerbeertrag der Organgesellschaft (s. o.)	283 000 €
= Gewerbeertrag vor Freibetrag	2 631 300 €
− Freibetrag gem. § 11 Abs. 1 Satz 3 Nr. 1 GewStG	− 24 500 €
= Gewerbeertrag des Organkreises	2 606 800 €

c) Gewerbesteuerschuld

Der Gewerbesteuermessbetrag ergibt sich durch Anwendung der Steuermesszahl i. H. v. 3,5 % gem. § 11 Abs. 2 GewStG auf den Gewerbeertrag des Organkreises:

2 606 800 € × 3,5 % = 91 238 € (= Steuermessbetrag)

Der Gewerbesteuermessbetrag wird auf die drei Gemeinden Uslar, Karlshafen und Beverungen im Zerlegungsverfahren gem. §§ 28 bis 34 GewStG verteilt. Nach diesem Verfahren werden die Gewerbesteuermessbeträge auf die Gemeinden nach dem Verhältnis der Arbeitslöhne aufgeteilt (§ 29 Abs. 1 Nr. 1 GewStG):

Arbeitslöhne in Uslar (eigener Betrieb der Josef Kindler KG)	18 500 000 €
Arbeitslöhne in Uslar (Betriebsstätte der GmbH in Uslar)	1 500 000 €
= Arbeitslöhne in Uslar insgesamt	20 000 000 €
Arbeitslöhne in Karlshafen	3 000 000 €
Arbeitslöhne in Beverungen	2 000 000 €
= Summe der Arbeitslöhne	25 000 000 €

	Uslar	Karlshafen	Beverungen	Summe
Arbeitslöhne	20 000 000 €	3 000 000 €	2 000 000 €	25 000 000 €
Arbeitslöhne in %	80 %	12 %	8 %	100 %
Steuermessbetrag bzw. Zerlegungsanteile	72 990 €	10 949 €	7 299 €	91 238 €
Hebesatz	380 %	320 %	320 %	
Gewerbesteuerschuld	277 362 €	35 036 €	23 356 €	335 754 €
− Vorauszahlungen				320 000 €
= Gewerbesteuerrückstellung				15 754 €

3. Handelsrechtliche Behandlung

a) Ausweis der Gewerbesteuer im handelsrechtlichen Abschluss

Zwar entsteht die Gewerbesteuer nur beim Organträger, hier also bei der Josef Kindler KG. Betriebswirtschaftlich und auch aus handelsrechtlicher Sicht ist sie jedoch den Unternehmen des Organkreises mit angemessenen Beträgen zuzuordnen.

Als **Verteilungsmaßstab** für die Gewerbesteuerumlage kann die tatsächliche Höhe der auf die einzelnen Betriebsstätten entfallenden Gewerbesteuer angesetzt werden. Man würde dann also den Zerlegungsmaßstab (die Arbeitslöhne) als Aufteilungsmaßstab wählen. Das ist, da ein gesetzlicher Maßstab, auch steuerlich problemlos und war z. B. für die Ermittlung des auf eine ausländische Betriebsstätte entfallenden Teils des Gewerbeertrags in Abschnitt 62 Abs. 2 GewStR-1998 ausdrücklich zugelassen.

Betriebswirtschaftlich hingegen kann die Situation durchaus anders zu beurteilen sein. Aus Gründen der richtigen Aufwands- bzw. Kostenverteilung – etwa im Hinblick auf die den Kostenrechnungen der einzelnen Unternehmen zuzuordnenden Beträge – kann auch die Aufteilung des gesamten Gewerbesteueraufwands in der Weise sinnvoll sein, dass jedem Unternehmen der Gewerbesteueraufwand zugeordnet wird, der entstanden wäre, wenn keine Organschaft bestünde (sog. **Stand-alone-Fiktion**).

Entsprechend der getroffenen Aufteilung hat die KG der GmbH deren Gewerbesteueranteil zu belasten, ihre eigene Rückstellung vermindert sich um diesen Betrag. Vereinfachend wird für die Lösung dieser Aufgabe als Maßstab die Gewerbesteuerzerlegung gem. Veranlagung zugrunde gelegt.

b) Verteilung des Gewerbesteueraufwands

Der Gewerbesteueraufwand verteilt sich folgendermaßen auf die Gesellschaften:

	KG	GmbH	Summe
Arbeitslöhne	18 500 000 €	6 500 000 €	25 000 000 €
Arbeitslöhne in %	74 %	26 %	100 %
Anteil am Steuermessbetrag	67 516 €	23 722 €	91 238 €
Hebesatz	380 %	333,84 %	
Gewerbesteuerschuld	256 561 €	79 193 €	335 754 €

Der Hebesatz für die GmbH ergibt sich, indem die Hebesätze der Gemeinden mit den jeweiligen Arbeitslöhnen gewichtet werden:

(380 % × 1,5 Mio. + 320 % × 5 Mio.) : 6,5 Mio. = 333,84 %

Gewerbesteuerrückstellung/-erstattungsbetrag einer Personenhandelsgesellschaft

Sachverhalt:

Die Metallica KG hat ihren Sitz in Mannheim und produziert dort Spezialwerkzeuge für die Automobilzuliefererindustrie. Das Wirtschaftsjahr entspricht dem Kalenderjahr. Der Hebesatz der Stadt Mannheim betrage 440 %. Der vorläufige handelsrechtliche Jahresüberschuss der Metallica KG beträgt 330 000 €. Gewerbesteuervorauszahlungen i. H.v. insgesamt 75 000 € wurden gewinnmindernd verbucht. An der Metallica KG sind ausschließlich natürliche Personen als Gesellschafter beteiligt.

1. Herr Stahl, der Komplementär der Metallica KG, führt die Geschäfte der KG und erhielt dafür in 01 eine Vergütung i. H.v. 90 000 €. Die Vergütung wurde von der KG als Personalaufwand verbucht.

2. Die Metallica KG hielt seit Jahren einen 10 %igen Kommanditanteil an der Iron KG (Stuttgart). Im Mai 01 wurde der Kommanditanteil verkauft. Der Veräußerungsgewinn i. H.v. 15 000 € wurde von der Metallica KG gewinnerhöhend verbucht.

3. Vor Jahren hatte die Metallica KG eine 10 %ige Beteiligung an der nicht aktiv i. S. d. AStG tätigen Steel közkereseti társaság (Budapest) erworben. In 01 erhielt die KG aufgrund dieser Beteiligung eine Dividende i. H.v. 16 000 €, die gewinnerhöhend verbucht wurde.

4. Eine weitere Dividende i. H.v. 20 000 € (brutto) vereinnahmte die Metallica KG von der inländischen Heavy Metal AG, an deren Grundkapital sie seit Jahren zu 10 % beteiligt ist. Ebenfalls seit Jahren hält Herr Stahl in seinem Sonder-Betriebsvermögen 5 % der Aktien der Heavy Metal AG, wofür ihm eine Dividende i. H.v. 10 000 € (brutto) ausgezahlt wurde. Die an die KG gezahlte Dividende wurde als Beteiligungsertrag verbucht, die an Herrn Stahl gezahlte Dividende wurde dagegen seinem privaten Bankkonto gutgeschrieben und nicht in der Buchhaltung der KG erfasst.

5. Die Metallica KG zahlte in 01 für ihr Girokonto bei der Sparkasse Starkenburg Zinsen i. H.v. insgesamt 49 000 €. Außerdem zahlte sie Zinsen i. H.v. insgesamt 84 000 € für verschiedene langfristige Darlehen.

6. Die Metallica KG hat mehrere Fahrzeuge von der in Mannheim ansässigen Leasing AG geleast und hierfür in 01 Leasingraten i. H.v. insgesamt 36 000 € gezahlt. Die Leasingraten wurden gewinnmindernd verbucht, da die KG bei keinem Fahrzeug wirtschaftliche Eigentümerin geworden ist.

7. Im Betriebsvermögen der Metallica KG befinden sich seit Jahren mehrere Geschäftsgrundstücke (Einheitswert insgesamt 800 000 €). Im März 01 kaufte die KG ein weiteres Grundstück (Einheitswert: 80 000 €, in den o. a. 800 000 € nicht enthalten).

8. Ein weiteres bebautes Grundstück hat die Metallica KG von der Immobilien GmbH angemietet. Die Miete i. H.v. 18 000 € und die Betriebskosten (für Heizung, Wasser etc.) i. H.v. 6 000 € (beides für das erste Halbjahr 01) wurden von der KG gewinnmindernd verbucht. Zum

1. 7. 01 (= Übergang der Nutzen und Lasten) erwarb Herr Stahl das Grundstück und vermietet es seitdem an die KG weiterhin für eine mtl. Miete i. H. v. 3 000 €, die von der KG weiterhin als Mietaufwand verbucht wurde. Auch die Betriebskosten (6 000 €) wurden weiterhin von der KG an Herrn Stahl gezahlt und von der KG gewinnmindernd erfasst; sie entsprachen den tatsächlich angefallenen Aufwendungen und wurden von Herrn Stahl entsprechend weitergeleitet. Die AfA und die übrigen laufenden Grundstücksaufwendungen für das zweite Halbjahr betrugen insgesamt 12 000 €. Für den Kauf des Grundstücks nahm Herr Stahl ein Darlehen auf, für welches er in 01 Zinsen i. H. v. 5 000 € bezahlte. Da alle Zahlungen inklusive der Mieteinnahmen über Herrn Stahls privates Bankkonto abgewickelt wurden, wurde hierzu in der Buchhaltung der KG nichts erfasst. Der Einheitswert des Grundstücks beträgt 180 000 €.

AUFGABE

Ermitteln Sie die Gewerbesteuerrückstellung bzw. den -erstattungsbetrag des Jahres 01 für die Metallica KG. Auf Fragen der Gewerbesteuerpflicht etc. ist nicht einzugehen.

LÖSUNG

Die **Gewerbesteuer** ist gem. § 4 Abs. 5b EStG **nicht** als Betriebsausgabe **abziehbar**. Daher müssen die Vorauszahlungen zum vorläufigen Gewinn addiert werden.

→ Erhöhung des Gewinns aus Gewerbebetrieb: 75 000 €

1. Die **Vergütung**, die der **Gesellschafter** Stahl für seine **Tätigkeit im Dienste der Gesellschaft** erhält, darf gem. § 15 Abs. 1 Satz 1 Nr. 2 EStG den steuerlichen Gewinn der KG nicht vermindern. Dies gilt auch für den Gewinn aus Gewerbebetrieb i. S. v. § 7 GewStG (vgl. H 7.1 Abs. 3 „Ermittlung des Gewerbeertrags bei Mitunternehmerschaften" GewStH).

   → Erhöhung des Gewinns aus Gewerbebetrieb: 90 000 €

2. Der Gewinn aus der Veräußerung des Mitunternehmeranteils unterliegt gem. § 7 Satz 2 Nr. 2 GewStG der Gewerbesteuer, da er nicht auf eine natürliche Person als unmittelbar beteiligten Mitunternehmer entfällt, sondern auf die Metallica KG. Dass alle Gesellschafter der Metallica KG natürliche Personen sind, spielt keine Rolle.

   Allerdings ist der **Gewinn** nicht bei der veräußernden Metallica KG, sondern bei der **Personengesellschaft, deren Anteil veräußert wird** – hier also bei der Iron KG – **gewerbesteuerlich zu erfassen**, da diese Steuerschuldnerin i. S. v. § 5 Abs. 1 Satz 3 GewStG ist. Zur Vermeidung einer Doppelerfassung ist der Gewinn daher aus dem Ergebnis der Metallica KG herauszurechnen. Eine **Kürzung** gem. § 9 Nr. 2 GewStG kommt nicht in Betracht, da diese Vorschrift nach überwiegender Meinung im Schrifttum **nur für laufende Gewinnanteile** anwendbar ist.

   → Verminderung des Gewinns aus Gewerbebetrieb: 15 000 €

   (Alternativ nach Minderheitenmeinung: Kürzung gem. § 9 Nr. 2 GewStG)

3. Da alle Mitunternehmer der Metallica KG natürliche Personen sind, ist die **Dividende** der Steel közkereseti társaság gem. § 3 Nr. 40 Buchst. d EStG zu 40 % von der Einkommensteuer

befreit (**Teileinkünfteverfahren**) und damit gem. § 7 Satz 4 GewStG nur zu 60 % im Gewinn aus Gewerbebetrieb auszuweisen. Für den noch im Gewinn enthaltenen Teil der Dividende ist § 9 Nr. 7 GewStG zu prüfen:

Nach der ab dem EZ 2020 gültigen Fassung kommt eine Kürzung der Dividende gem. § 9 Nr. 7 GewStG nicht in Betracht, da die Mindestbeteiligungsquote i. H. v. 15 % nicht erreicht wird. Daher muss gem. § 8 Nr. 5 GewStG der nach dem Teileinkünfteverfahren steuerfreie Teil der Dividende hinzugerechnet werden.

Bis inklusive EZ 2019 gilt folgende Lösung:

*Der erste Halbsatz des Satzes 1 von § 9 Nr. 7 GewStG-2019 ist nicht anwendbar, weil die **ausländische Gesellschaft nicht aktiv tätig** ist und die Mindestbeteiligungsquote i. H. v. **15 % nicht erreicht** wird. Allerdings ist die közkereseti társaság in der Anlage 2 zu § 43b EStG (Nr. 1 Buchst. r) genannt und erfüllt damit die Voraussetzungen der sog. **Mutter-Tochter-Richtlinie der EU**.*

*Gemäß § 9 Nr. 7 Satz 1 zweiter Halbsatz GewStG-2019 (dieser beginnt nach dem Semikolon unter Nr. 2) genügt bei ausländischen Gesellschaften, die die Voraussetzungen der Mutter-Tochter-Richtlinie erfüllen, eine 10 %ige Beteiligung zu Beginn des Erhebungszeitraums. Da diese hier vorliegt, sind alle Voraussetzungen für die Anwendung des **Schachtelprivilegs** erfüllt und der noch im Gewinn enthaltene Teil der Dividende wird gekürzt. Da die Voraussetzungen i. S. d. § 9 Nr. 7 GewStG-2019 erfüllt sind, erfolgt keine Hinzurechnung gem. § 8 Nr. 5 GewStG. Dieses Privileg für EU-Gesellschaften ist in der ab 2020 gültigen Fassung von § 9 Nr. 7 GewStG nicht mehr vorgesehen.*

→ Verminderung des Gewinns aus Gewerbebetrieb (40 % von 16 000 €):   6 400 €

→ Hinzurechnung gem. § 8 Nr. 5 GewStG: 6 400 €

4. Gemäß § 15 Abs. 1 Satz 1 Nr. 2 EStG i. V. m. § 7 Satz 1 GewStG und H 7.1 Abs. 3 „Ermittlung des Gewebeertrags bei Mitunternehmerschaften" GewStH sind alle Ergebnisse aus dem Sonderbereich von Personengesellschaften (sowohl aus Sonderbetriebsvermögen I als auch II) im Gewerbeertrag zu erfassen. Die von Herrn Stahl im Sonderbetriebsvermögen vereinnahmte Dividende ist somit, da auch hier das Teileinkünfteverfahren (§ 3 Nr. 40 Buchst. d EStG) greift, i. H. v. 60 % (= 6 000 €) der erhaltenen Bruttodividende zu berücksichtigen. Die von der KG als Beteiligungsertrag erfasste Dividende ist gem. Teileinkünfteverfahren zu 40 % (= 8 000 €) steuerfrei.

→ Verminderung des Gewinns aus Gewerbebetrieb (6 000 € - 8 000 €):   2 000 €

Der Gewinn aus Gewerbebetrieb enthält damit noch 60 % der insgesamt an die KG und Herrn Stahl ausgezahlten Dividende, also 18 000 €. Zu prüfen ist, ob hierfür die Kürzung gem. § 9 Nr. 2a GewStG zur Anwendung kommt. Zwar erreichen weder die KG noch Herr Stahl allein zu Beginn des Erhebungszeitraumes die geforderte Mindestbeteiligungsquote i. H. v. 15 %, aber R 9.3 Satz 4 GewStR stellt klar, dass für diese Frage die im Gesamthands- und Sonderbetriebsvermögen gehaltenen Anteile zusammenzurechnen sind. Damit ergibt sich eine Beteiligung i. H. v. insgesamt 15 % zu Beginn des Erhebungszeitraumes. Da auch die übrigen in § 9 Nr. 2a GewStG geforderten Voraussetzungen (nicht steuerbefreite inländische Kapitalgesellschaft) erfüllt sind, werden die noch im Gewinn enthaltenen 18 000 € gekürzt.

→ Kürzung gem. § 9 Nr. 2a GewStG: 18 000 €

5. Die **Zinsen** für die lang- und kurzfristige Kapitalüberlassung sind **Entgelte** i. S. v. § 8 Nr. 1 Buchst. a GewStG.

→ Entgelte gem. § 8 Nr. 1 Buchst. a GewStG: 133 000 €

6. Die **Leasingraten** werden für die Überlassung von beweglichen Anlagegütern gezahlt und sind damit zu $^1/_5$ gem. § 8 Nr. 1 Buchst. d GewStG zu erfassen: $^1/_5$ von 36 000 € = 7 200 €.

→ Entgelte gem. § 8 Nr. 1 Buchst. d GewStG: 7 200 €

7. Für die Betriebsgrundstücke erfolgt die **Kürzung** gem. § 9 Nr. 1 Satz 1 GewStG. Gekürzt wird um 1,2 % des gem. § 121a BewG um 40 % erhöhten Einheitswertes. Das **im Laufe des Erhebungszeitraums erworbene Grundstück** wird **nicht berücksichtigt**, da gem. § 20 Abs. 1 Satz 2 GewStDV der Stand zu Jahresbeginn entscheidend ist. 1,2 % von 140 % von 800 000 € = 13 440 €.

→ Kürzung Betriebsgrundstücke: 13 440 €

8. Die gezahlte Grundstücksmiete ist zu 50 % gem. § 8 Nr. 1 Buchst. e GewStG zu erfassen: 50 % von 18 000 € = 9 000 €. Die Betriebskosten werden nicht für die Grundstücksüberlassung gezahlt und sind daher keine Entgelte i. S. v. § 8 Nr. 1 Buchst. e GewStG.

→ Entgelte gem. § 8 Nr. 1 Buchst. e GewStG: 9 000 €

Da der Gesellschafter Stahl das Grundstück ab dem Erwerb zum 1. 7. 01 an die KG vermietet, befindet es sich von Anfang an in seinem Sonderbetriebsvermögen I bei der KG. Die Vergütung, die er dafür von der KG erhält, darf gem. § 15 Abs. 1 Satz 1 Nr. 2 EStG i. V. m. § 7 Satz 1 GewStG und H 7.1 Abs. 3 „Ermittlung des Gewerbeertrags bei Mitunternehmerschaften" GewStH den Gewinn aus Gewerbebetrieb nicht vermindern, sondern ist als Sonderbetriebseinnahme zu erfassen. Daher liegen im zweiten Halbjahr keine Entgelte i. S. v. § 8 Nr. 1 Buchst. e GewStG mehr vor. Die von Herrn Stahl getragenen Aufwendungen sind entsprechend als Sonderbetriebsausgaben abzuziehen:

Sonderbetriebseinnahmen Miete 3 000 € für 6 Monate	18 000 €
Vereinnahmte Betriebskosten	+ 6 000 €
Verausgabte Betriebskosten	- 6 000 €
AfA + laufende Grundstücksaufwendungen	- 12 000 €
Gezahlte Zinsen	- 5 000 €
Gewinn Sonderbetriebsvermögen (Grundstück)	1 000 €
→ Erhöhung des Gewinns aus Gewerbebetrieb	1 000 €

Die Zinsen stellen – auch wenn sie im Sonderbetriebsvermögen anfallen – Entgelte für Schulden dar und sind daher gem. § 8 Nr. 1 Buchst. a GewStG zu erfassen:

→ Entgelte gem. § 8 Nr. 1 Buchst. a GewStG: 5 000 €

In 01 kommt für dieses erst im Laufe des Jahres erworbene Betriebsgrundstück noch keine Kürzung gem. § 9 Nr. 1 Satz 1 GewStG in Betracht, da gem. § 20 Abs. 1 Satz 2 GewStDV nur Grundstücke begünstigt sind, die bereits zu Beginn des Kalenderjahres zum Betriebsvermögen gehört haben.

Ermittlung der Gewerbesteuerrückstellung/des Gewerbesteuererstattungsanspruchs (Rechtslage ab EZ 2020):

	Vorläufiger Gewinn lt. Aufgabenstellung	330 000 €
+	Gewerbesteuervorauszahlungen	+75 000 €
+	Geschäftsführergehalt (Nr. 1)	+90 000 €
-	Veräußerungsgewinn (Nr. 2)	-15 000 €
-	steuerfreier Teil der Dividende (Nr. 3)	-6 400 €
-	Verminderung des Gewinns wegen Dividende (Nr. 4)	-2 000 €
+	Gewinn aus Grundstück im Sonderbetriebsvermögen	+1 000 €
=	Gewinn aus Gewerbebetrieb	472 600 €

Hinzurechnungen:

	Entgelte gem. § 8 Nr. 1 Buchst. a GewStG (133 000 € + 5 000 €)	138 000 €	
	Entgelte gem. § 8 Nr. 1 Buchst. d GewStG	7 200 €	
	Entgelte gem. § 8 Nr. 1 Buchst. e GewStG	9 000 €	
=	Summe der Entgelte i. S. v. § 7 GewStG	154 200 €	
-	Freibetrag gem. § 8 Nr. 1 GewStG	100 000 €	
=	verbleiben	54 200 €	
	davon ¼ = Hinzurechnung gem. § 8 Nr. 1 GewStG		+13 550 €
+	Hinzurechnung gem. § 8 Nr. 5 GewStG (Nr. 3)		+6 400 €
=	Summe aus Gewinn und Hinzurechnungen		492 550 €

Kürzungen:

	Kürzung inländische Schachteldividende (Nr. 4)	-18 000 €
	Kürzung Betriebsgrundstücke (Nr. 7)	-13 440 €
=	Gewerbeertrag vor Abrundung und Freibetrag	461 110 €
	Abrundung auf volle 100 €, § 11 Abs. 1 Satz 3 GewStG	461 100 €
-	Freibetrag, da Personengesellschaft, § 11 Abs. 1 Satz 3 Nr. 1 GewStG	-24 500 €
=	Gewerbeertrag	436 600 €
	Gewerbeertrag × Steuermesszahl 3,5 % (§ 11 Abs. 2 GewStG)	
=	Gewerbesteuermessbetrag	15 281 €
	Gewerbesteuermessbetrag × Hebesatz 440 %	
=	Gewerbesteuerschuld	67 236 €
-	Gewerbesteuervorauszahlungen	-75 000 €
=	Gewerbesteuer-Erstattungsforderung	7 764 €

ANMERKUNG: ➤ Nach der Rechtslage bis inklusive EZ 2019 würde sich ein um 16 000 € niedrigerer Gewerbeertrag ergeben, da die Dividende (Nr. 3) bis 2019 durch das sog. EU-Schachtelprivileg gem. § 9 Nr. 7 zweiter Halbsatz GewStG-2019 begünstigt ist, s. o. unter Nr. 3. Die Erstattungsforderung würde sich dadurch auf 10 228 € erhöhen.

FALL 88

Gewerbeverlustvortrag bei einer Mitunternehmerschaft

Sachverhalt I: Tic, Tric und Trac waren seit Jahren Gesellschafter einer OHG mit Sitz in Hirschhorn. Sie waren zu je $^1/_3$ am Gewinn/Verlust beteiligt. In 01 erzielte die OHG einen Gewerbeverlust i. H. v. 120 000 €. Tic ist zum 31. 12. 01 aus der OHG ausgeschieden.

Tric und Trac führten die OHG zunächst zu zweit weiter (Gewinnbeteiligung jeweils 50 %) und nahmen zum 1. 1. 03 Donald als zusätzlichen Gesellschafter auf. Ab diesem Zeitpunkt sind Tric, Trac und Donald zu je $^1/_3$ am Gewinn/Verlust beteiligt.

Der Gewerbeertrag für 02 betrug 20 000 €; der Gewerbeertrag für 03 betrug 54 000 €.

Sachverhalt II: Tic, Tric und Trac waren seit Jahren Gesellschafter einer OHG mit Sitz in Hirschhorn. Sie waren zu je $^1/_3$ am Gewinn/Verlust beteiligt. In 01 erzielte die OHG einen Gewerbeverlust i. H. v. 120 000 €. Tic hat zum 31. 12. 01 die Hälfte seines Mitunternehmeranteils unentgeltlich auf seinen Sohn Donald übertragen. Ab diesem Zeitpunkt sind Tric und Trac zu je $^1/_3$ und Tic und Donald zu je $^1/_6$ am Gewinn/Verlust beteiligt.

Der Gewerbeertrag für 02 betrug 60 000 €.

AUFGABE

Nehmen Sie jeweils den Gewerbeverlustvortrag vor. Erläutern Sie Ihre Maßnahmen unter Angabe der rechtlichen Grundlagen.

LÖSUNG

Zu Sachverhalt I

Es liegt **kein Übergang eines Gewerbebetriebs** i. S. v. § 2 Abs. 5 GewStG vor, da nicht alle Gesellschafter wechseln (R 2.7 Abs. 2 GewStR). Anhaltspunkte für den Verlust der **Unternehmensidentität** i. S. v. R 10a.2 GewStR finden sich im Sachverhalt nicht.

Bei Personengesellschaften sind die einzelnen Mitunternehmer Träger des Rechtes auf den Verlustabzug gem. § 10a GewStG, vgl. § 10a Satz 4 bis 6 i. V. m. R 10a.3 Abs. 3 Satz 1 GewStR. Die in R 10a.3 GewStR geforderte **Unternehmeridentität** liegt daher nur insoweit vor, als die Gesellschafter nicht wechseln.

Mit Ausscheiden des Gesellschafters Tic **entfällt** dessen **anteiliger Verlustvortrag** (R 10a.3 Abs. 3 Satz 9 Nr. 1 GewStR). Gemäß § 10a GewStG kann demnach ein Gewerbeverlust i. H. v. 80 000 € ins Jahr 02 vorgetragen werden. Nach dem Eintritt des neuen Gesellschafters Donald greift

R 10a.3 Abs. 3 Satz 9 Nr. 2 GewStR, d. h. der **Verlustvortrag** kann nur mit dem auf **die Altgesellschafter entfallenden Gewerbeertrag** ausgeglichen werden.

Der Verlustabzug muss vor Abzug des Freibetrags erfolgen (R 10a.1 Abs. 3 Satz 2 GewStR).

	Verlust **01**	120 000 €
-	Anteil von Tic (nicht vortragsfähig, s. o.)	40 000 €
=	vortragsfähig nach 02	80 000 €
-	Gewerbeertrag **02**	20 000 €
=	verbleibender Verlustvortrag für 03	60 000 €

ausgleichsfähig nur mit Gewerbeertrag, der auf die Altgesellschafter entfällt,

s. o.: $^2/_3$ von 54 000 € =	36 000 €
verbleibender Verlustvortrag für 04	24 000 €

Für **03** ist ein Gewerbeertrag i. H. v. 54 000 € - 36 000 € = 18 000 € zu erfassen. Auch in **04** kann der Verlustvortrag nur von dem auf die Altgesellschafter entfallenden Gewerbeertrag abgezogen werden.

> ■ ANMERKUNG: ▶ Im konkreten Fall ist die Verlustabzugsbeschränkung für 03 sogar vorteilhaft für die Steuerpflichtige: Der zu erfassende Gewerbeertrag liegt mit 18 000 € unter dem Freibetrag i. H. v. 24 500 €, sodass keine Gewerbesteuer entsteht. Wäre – ohne die Abzugsbeschränkung – der Gewerbeertrag vollständig mit dem Verlust ausgeglichen worden, so würden 18 000 € weniger als Gewerbeverlustvortrag für die Folgejahre zur Verfügung stehen.

Zu Sachverhalt II

Auch hier liegt **kein Übergang eines Gewerbebetriebs** i. S. v. § 2 Abs. 5 GewStG vor; Anhaltspunkte für den Verlust der **Unternehmensidentität** i. S. v. R 10a.2 GewStR finden sich im Sachverhalt nicht.

Da keiner der Gesellschafter ausgeschieden ist, bleibt der gesamte Verlustvortrag erhalten; der Verlust kann jedoch gem. § 10a Satz 5 GewStG nur von den Anteilen am Gewerbeertrag abgezogen werden, die auf die im Verlustentstehungsjahr beteiligten Gesellschafter entfallen, vgl. R 10a.3 Abs. 3 Satz 8 GewStR. Gemäß § 10a GewStG kann demnach ein Gewerbeverlust i. H. v. 120 000 € ins Jahr 02 vorgetragen werden. Nach dem Eintritt des neuen Gesellschafters Donald greift R 10a.3 Abs. 3 Satz 9 Nr. 2 GewStR, d. h. der **Verlustvortrag** kann nur mit dem auf **die Altgesellschafter entfallenden Gewerbeertrag** ausgeglichen werden.

Der Verlustabzug muss vor Abzug des Freibetrags erfolgen (R 10a.1 Abs. 3 Satz 2 GewStR).

Verlust 01 = voll vortragsfähig nach 02 (entfällt mit je 40 000 € auf die drei Altgesellschafter)	120 000 €
Ausgleichsfähig nur mit Gewerbeertrag 02, soweit dieser auf die Altgesellschafter entfällt: $^5/_6$ von 60 000 € =	50 000 €
Verbleibender Verlustvortrag für 03	70 000 €

Der verbleibende Verlustvortrag entfällt i. H. v. je 20 000 € auf Tric und Trac und mit 30 000 € auf Tic, weil Tric und Trac je 20 000 € „verbraucht" haben, während Tic aufgrund seiner im Abzugsjahr halbierten Gewinnbeteiligungsquote nur 10 000 € „verbraucht" hat.

Für **02** ist ein Gewerbeertrag i. H. v. 60 000 € - 50 000 € = 10 000 € zu erfassen; dies entspricht dem Anteil des neuen Gesellschafters Donald am Gewerbeertrag. Auch in den Folgejahren kann der Verlustvortrag nur von dem auf die Altgesellschafter entfallenden Gewerbeertrag abgezogen werden.

FALL 89

Gewerbeverlustvortrag bei Organschaft

Sachverhalt:

Seit dem 1. 1. 02 besteht eine gewerbesteuerliche Organschaft zwischen der Frankenstein GmbH (Karlsruhe) als Organträgerin und der Godzilla GmbH (Heidelberg) als Organgesellschaft. Für beide Gesellschaften waren zum 31. 12. 01 gewerbesteuerliche Verlustvorträge festgestellt worden, und zwar für die Frankenstein GmbH i. H. v. 5 Mio. € und für die Godzilla GmbH i. H. v. 450 000 €. Für 02 und 03 wurden die Gewerbeerträge der beiden Gesellschaften bereits separat und zutreffend ermittelt (vgl. R 7.1 Abs. 5 Satz 2 GewStR). Demnach betrug in 02 der Gewerbeertrag der Frankenstein GmbH 2,5 Mio. € und der der Godzilla GmbH 170 000 €. In 03 erwirtschaftete die Frankenstein GmbH einen Gewerbeertrag i. H. v. 1,2 Mio. €, während sich für die Godzilla GmbH ein Gewerbeverlust i. H. v. 75 000 € ergab.

AUFGABE

Nehmen Sie den Gewerbeverlustvortrag vor. Erläutern Sie Ihre Maßnahmen unter Angabe der rechtlichen Grundlagen.

LÖSUNG

Die Verluste, die sich bei der Organgesellschaft vor dem rechtswirksamen Abschluss des Gewinnabführungsvertrags ergeben haben, können gem. § 10a Satz 3 GewStG während der Dauer der Organschaft nicht genutzt werden, auch nicht soweit die Organgesellschaft selbst positive Gewerbeerträge erzielt. Der für die Godzilla GmbH festgestellte vororganschaftliche Verlustvortrag i. H. v. 450 000 € wird daher sozusagen „eingefroren" und kann erst nach einer eventuellen Beendigung der Organschaft von der Godzilla GmbH genutzt werden. Für den vororganschaftlichen Verlust der Organträgerin – der Frankenstein GmbH – gibt es keine besonderen Einschränkungen aufgrund der Organschaft, er kann in den Grenzen von § 10a Satz 1 und 2 GewStG genutzt werden. Zuvor ist aber für den jeweiligen Erhebungszeitraum der Gewerbeertrag der Organgesellschaft dem Organträger zuzurechnen. Analoges gilt für den in 03 von der Organgesellschaft erlittenen Gewerbeverlust.

Zu beachten ist die sog. Mindestbesteuerung: Gemäß § 10a Satz 1 GewStG kann ein vortragsfähiger Gewerbeverlust bis zu 1 Mio. € stets abgezogen werden (= sog. Sockelbetrag). Soweit der Gewerbeertrag des Abzugsjahres 1 Mio. € übersteigt, kann er nur zu 60 % durch den Verlustabzug gemindert werden (§ 10a Satz 2 GewStG).

	Godzilla GmbH (Organgesellschaft)	Frankenstein GmbH (Organträgerin)	Summe (der Organträgerin zuzurechnen)	Entwicklung des verbleibenden Verlustvortrags
Verlustvortrag Ende 01	450 000 € (Kann aber während der Organschaft nicht genutzt werden)	5 000 000 €		5 000 000 € (Während der Organschaft nutzbarer Verlustvortrag)
Gewerbeertrag 02	170 000 €	2 500 000 €	2 670 000 €	
Verlustabzug Sockelbetrag			1 000 000 €	1 000 000 €
Verlustabzug 60 % des 1 Mio. € übersteigenden Gewerbeertrags (60 % von 1 670 000 €)			1 002 000 €	1 002 000 €
In 02 von der Frankenstein GmbH zu versteuernder Gewerbeertrag			668 000 €	
Zum 31.12.02 verbleibender Verlustvortrag				2 998 000 €
Gewerbeertrag 03	- 75 000 €	1 200 000 €	1 125 000 €	
Verlustabzug Sockelbetrag			1 000 000 €	1 000 000 €
Verlustabzug 60 % des 1 Mio. € übersteigenden Gewerbeertrags (60 % von 125 000 €)			75 000 €	75 000 €
In 03 von der Frankenstein GmbH zu versteuernder Gewerbeertrag			50 000 €	
Zum 31.12.03 verbleibender Verlustvortrag	450 000 € (Kann aber während der Organschaft nicht genutzt werden)			1 923 000 €

FALL 90

Gewerbesteuerrückstellung/-erstattungsforderung einer Kapitalgesellschaft

Sachverhalt:

Die Schräuble GmbH hat ihren Sitz in Hirschhorn und betreibt dort einen Eisenwarengroßhandel. Das Wirtschaftsjahr (= Geschäftsjahr) umfasst den Zeitraum vom 1.7. bis 30.6. Der Hebesatz der Stadt Hirschhorn betrage 350 %. Der vorläufige handelsrechtliche Jahresüberschuss der Schräuble GmbH für das Wirtschaftsjahr 01/02 beträgt 90 000 €. Gewerbesteuervorauszahlungen i. H. v. insgesamt 18 000 € wurden gewinnmindernd verbucht.

1. Herr Nagel ist Gesellschafter-Geschäftsführer der Schräuble GmbH. Er erhielt dafür in 01/02 ein Gehalt i.H.v. 120 000 €. An einen Fremdgeschäftsführer wären nur 90 000 € gezahlt worden. Das Gehalt wurde von der GmbH als Personalaufwand verbucht.

2. Die Schräuble GmbH zahlte für ihr Girokonto bei der Volksbank Neckartal Zinsen i.H.v. insgesamt 70 000 €. Außerdem zahlte sie Zinsen i.H.v. insgesamt 80 000 € für verschiedene langfristige Darlehen.

3. Die Schräuble GmbH hat mehrere Fahrzeuge von der in Mannheim ansässigen Leasing AG geleast und hierfür in 01/02 Leasingraten i.H.v. insgesamt 42 000 € gezahlt. Die Leasing-raten wurden gewinnmindernd verbucht, da die GmbH bei keinem Fahrzeug wirtschaftliche Eigentümerin geworden ist.

4. Von der Immobilien GmbH & Co. KG hat die Schräuble GmbH ein bebautes Grundstück ange-mietet. Die Miete i.H.v. 48 000 € sowie die Nebenkosten für Heizung, Wasser etc. i.H.v. 12 000 € wurden von der GmbH als Aufwand verbucht.

5. Im Betriebsvermögen der Schräuble GmbH befinden sich seit Jahren mehrere Geschäfts-grundstücke (Einheitswert insgesamt 550 000 €). Im Oktober 01 kaufte die GmbH ein Grundstück (Einheitswert: 50 000 €, in den o. a. 550 000 € nicht enthalten).

6. Im November 01 erwarb die Schräuble GmbH eine 10%ige Beteiligung an der Steel Ltd. (Glasgow). Im Mai 02 erhielt die GmbH aufgrund dieser Beteiligung eine Dividende i.H.v. 60 000 €, die als Beteiligungsertrag verbucht wurde.

AUFGABE

Ermitteln Sie die Gewerbesteuerrückstellung bzw. -erstattungsforderung der Schräuble GmbH (Auf Fragen der Steuerpflicht etc. ist nicht einzugehen.). Berücksichtigen Sie dabei die o. a. Sach-verhalte und nehmen Sie zu diesen jeweils unter Angabe der rechtlichen Grundlagen Stellung.

LÖSUNG

Der Gewerbesteuermessbetrag ist für den Erhebungszeitraum festzusetzen, in dem der Gewer-beertrag bezogen wird; Erhebungszeitraum ist – auch bei abweichendem Wirtschaftsjahr – das Kalenderjahr, § 14 Satz 1 und 2 GewStG i.V.m. § 10 Abs. 1 GewStG. Bei abweichendem Wirt-schaftsjahr gilt der Gewerbeertrag gem. § 10 Abs. 2 GewStG als in dem Erhebungszeitraum be-zogen, in dem das Wirtschaftsjahr endet. Im Beispielsfall ist demnach Ermittlungszeitraum für den Gewerbeertrag das abweichende Wirtschaftsjahr (1.7.01 bis 30.6.02); der für diesen Zeit-raum ermittelte Gewerbeertrag gilt als im Erhebungszeitraum 02 bezogen und ist für diesen zu versteuern.

Die Gewerbesteuer ist gem. § 4 Abs. 5b EStG nicht als Betriebsausgabe abziehbar. Daher müssen die Vorauszahlungen zum vorläufigen Gewinn addiert werden.

→ Erhöhung des Gewinns aus Gewerbebetrieb: 18 000 €

1. Die Vergütung, die der Gesellschafter Nagel für seine **Tätigkeit im Dienste der Gesellschaft** erhält, ist aufgrund des für Kapitalgesellschaften geltenden Trennungsprinzips grundsätzlich

als Betriebsausgabe abziehbar, allerdings nur, soweit sie dem **Fremdvergleich** standhält. Soweit sie der Höhe nach unangemessen ist, liegt eine **verdeckte Gewinnausschüttung** i. S. v. § 8 Abs. 3 Satz 2 KStG i. V. m. R 8.5 Abs. 1 KStR vor, die weder das körperschaftsteuerliche Einkommen noch den Gewinn aus Gewerbebetrieb vermindern darf.

→ Erhöhung des Gewinns aus Gewerbebetrieb: 30 000 €

2. Die **Zinsen** für die lang- und kurzfristige Kapitalüberlassung sind **Entgelte** i. S. v. § 8 Nr. 1 Buchst. a GewStG.

→ Entgelte gem. § 8 Nr. 1 Buchst. a GewStG: 150 000 €

3. Die **Leasingraten** werden für die Überlassung von beweglichen Anlagegütern gezahlt und sind damit zu $^1/_5$ gem. § 8 Nr. 1 Buchst. d GewStG zu erfassen: $^1/_5$ von 42 000 € = 8 400 €.

→ Entgelte gem. § 8 Nr. 1 Buchst. d GewStG: 8 400 €

4. Die **Grundstücksmiete** wird für die Überlassung von unbeweglichem Anlagevermögen gezahlt und ist daher zu 50 % gem. § 8 Nr. 1 Buchst. e GewStG zu erfassen: 50 % von 48 000 € = 24 000 €). Für die Nebenkosten kommt keine Hinzurechnung in Betracht, da sie nicht für die Überlassung des Grundstücks anfallen.

→ Entgelte gem. § 8 Nr. 1 Buchst. e GewStG: 24 000 €

5. Für die **Betriebsgrundstücke** erfolgt die Kürzung gem. § 9 Nr. 1 Satz 1 GewStG. Gekürzt wird um 1,2 % des gem. § 121a BewG um 40 % erhöhten Einheitswertes. Maßgebend ist — auch bei abweichendem Wirtschaftsjahr — gem. § 20 Abs. 1 Satz 2 GewStDV der Stand zu Beginn des **Kalender**jahres, hier also zum 1.1.02. Das im Oktober 01 erworbene Grundstück wird daher mit berücksichtigt: 1,2 % von 140 % von 600 000 € = 10 080 €.

→ Kürzung Betriebsgrundstücke: 10 080 €

6. Die **Dividende** ist gem. § 8b Abs. 1 KStG bei der Ermittlung des Einkommens außer Ansatz zu lassen; bei der hier vorliegenden Beteiligungsquote i. H. v. genau 10 % kommt § 8b Abs. 4 KStG nicht zur Anwendung. Allerdings müssen 5 % der Dividende als nicht abziehbare Betriebsausgaben behandelt werden, § 8b Abs. 5 KStG. Per Saldo vermindert sich der Gewinn aus Gewerbebetrieb um (95 % von 60 000 € =) 57 000 €.

Nach der ab dem EZ 2020 gültigen Fassung von § 9 Nr. 7 GewStG erfüllt die Dividende nicht die Voraussetzungen dieser Kürzungsvorschrift, da die Mindestbeteiligung i. H. v. 15 % zu Beginn des EZ nicht erfüllt ist. Daher ist der i. S. d. § 8b KStG steuerfreie Betrag gem. § 8 Nr. 5 GewStG wieder hinzuzurechnen.

→ Verminderung des Gewinns aus Gewerbebetrieb: 57 000 €

→ Hinzurechnung gem. § 8 Nr. 5 GewStG: 57 000 €

Lösung bis inklusive EZ 2019:

*Die Steel Ltd. hat ihren Sitz in Glasgow, also in der EU. Daher fällt sie bis inklusive 2019 unter den Anwendungsbereich der in § 9 Nr. 7 Satz 1 zweiter Halbsatz GewStG-2019 zitierten sog. **Mutter-Tochter-Richtlinie**, vgl. auch Anlage 2 (zu § 43b EStG) Nr. 1 Buchst. cc. Nach der genannten Vorschrift genügt in diesem Fall für die Kürzung gem. § 9 Nr. 7 GewStG-2019 eine Betei-*

*ligung i. H. v. mindestens 10 % zu Beginn des Erhebungszeitraums. Bei abweichendem Wirtschaftsjahr wird also nicht auf den Beginn des Ermittlungs-, sondern auf den des **Erhebungszeitraums** abgestellt. Da die Beteiligung vor dem 1. 1. 02 erworben wurde, ist diese Voraussetzung hier erfüllt, sodass keine Hinzurechnung des körperschaftsteuerfreien Teils der Dividende gem. § 8 Nr. 5 GewStG erfolgt. Allerdings dürfen die im Gewinn noch enthaltenen (5 % =) 3 000 € gem. § 9 Nr. 7 Satz 3 i. V. m. § 9 Nr. 2a Satz 4 GewStG-2019 nicht gekürzt werden.*

ANMERKUNG: Bei Beteiligungen an ausländischen Kapitalgesellschaften kommen grundsätzlich § 9 Nr. 7 GewStG und außerdem die Kürzung gem. § 9 Nr. 8 GewStG sowie die Befreiung unmittelbar aufgrund eines DBA in Betracht. Gemäß R 9.5 Satz 7 GewStR ist die für den Steuerpflichtigen günstigste Regelung anzuwenden. Das heißt es genügt, wenn die Voraussetzungen einer der genannten Kürzungs- bzw. Befreiungsvorschriften erfüllt sind. Da der Sachverhalt keine Angaben zu einer eventuellen niedrigeren Mindestbeteiligungsquote lt. DBA enthält, kommt § 9 Nr. 8 GewStG hier nicht in Betracht.

Ermittlung der Gewerbesteuerrückstellung/des Gewerbesteuererstattungsanspruchs (Rechtslage ab EZ 2020):

	Vorläufiger Gewinn lt. Aufgabenstellung	90 000 €
+	Gewerbesteuervorauszahlungen	18 000 €
+	verdeckte Gewinnausschüttung (Nr. 1)	30 000 €
-	steuerfreier Teil der Dividende (Nr. 6)	57 000 €
=	Gewinn aus Gewerbebetrieb i. S. v. § 7 GewStG	81 000 €

Hinzurechnungen:

	Entgelte gem. § 8 Nr. 1 Buchst. a GewStG	150 000 €	
	Entgelte gem. § 8 Nr. 1 Buchst. d GewStG	8 400 €	
	Entgelte gem. § 8 Nr. 1 Buchst. e GewStG	24 000 €	
=	Summe der Entgelte i. S. v. § 7 GewStG	182 400 €	
-	Freibetrag gem. § 8 Nr. 1 GewStG	100 000 €	
=	verbleiben	82 400 €	
	Hinzurechnung gem. § 8 Nr. 1 GewStG: $1/4$ von 82 400 € =		20 600 €
+	Hinzurechnung gem. § 8 Nr. 5 GewStG (Nr. 6)		57 000 €
=	Summe aus Gewinn und Hinzurechnungen (= 81 000 € + 20 600 € + 57 000 €)		158 600 €

Kürzungen:

	Kürzung Betriebsgrundstücke (Nr. 6)	10 080 €
=	Gewerbeertrag vor Abrundung und Freibetrag	148 520 €
	Abrundung auf volle 100 €, § 11 Abs. 1 Satz 3 GewStG	
	kein Freibetrag, da Kapitalgesellschaft, § 11 Abs. 1 Satz 3 Nr. 1 GewStG	148 500 €
=	maßgebender Gewerbeertrag	148 500 €

	maßgebender Gewerbeertrag × Steuermesszahl 3,5 % (§ 11 Abs. 2 GewStG)	
=	Gewerbesteuermessbetrag	5 197 €
	Gewerbesteuermessbetrag × Hebesatz 350 %	
=	Gewerbesteuerschuld	18 189 €
-	Gewerbesteuervorauszahlungen	18 000 €
=	Gewerbesteuer-Rückstellung	189 €

ANMERKUNG: Nach der Rechtslage bis inklusive EZ 2019 würde sich ein Gewerbeertrag vor Abrundung i. H. v. 91 520 € ergeben, da die Dividende i. H. v. 57 000 € (Nr. 6) die Voraussetzungen i. S. d. § 9 Nr. 7 zweiter Halbsatz GewStG-2019 erfüllt und daher nicht gem. § 8 Nr. 5 GewStG hinzugerechnet wird. Der Messbetrag ergibt sich dann i. H. v. 3 202 €, sodass eine Gewerbesteuererstattungsforderung i. H. v. 6 793 € entsteht.

FALL 91

Gewerbesteuerrückstellung/-erstattungsforderung einer GmbH & Co. KG

Sachverhalt:

Die Pet Shop GmbH & Co. KG hat ihren Sitz in Hirschhorn und betreibt dort eine Tierfuttermittelfabrik. Das Wirtschaftsjahr entspricht dem Kalenderjahr. Am Vermögen der KG sind natürliche Personen als Kommanditisten zu insgesamt 80 % und die Komplementär-GmbH zu 20 % beteiligt. Die Komplementär-GmbH hat keinen eigenen Geschäftsbetrieb.

Der Hebesatz der Stadt Hirschhorn betrage 360 %. Der vorläufige handelsrechtliche Jahresüberschuss der Pet Shop GmbH & Co. KG für 01 beträgt 122 000 €. Gewerbesteuervorauszahlungen für 01 i. H. v. insgesamt 20 000 € wurden gewinnmindernd verbucht.

1. Herr Katz ist Kommanditist der Pet Shop GmbH & Co. KG und führt deren Geschäfte. Er ist bei der Komplementär-GmbH angestellt und bezieht von dieser sein Gehalt i. H. v. 80 000 € pro Jahr. Die KG erstattete der Komplementär-GmbH diesen Personalaufwand und verbuchte die 80 000 € gewinnmindernd. Außerdem zahlte die KG an die Komplementär-GmbH eine Haftungsvergütung i. H. v. 1 500 €, die ebenfalls als Aufwand erfasst wurde.

2. Die Pet Shop GmbH & Co. KG zahlte in 01 Zinsen i. H. v. insgesamt 240 000 €. Herr Katz hatte den Erwerb seines Kommanditanteils vor Jahren mit einem Darlehen finanziert, für welches in 01 Zinsen i. H. v. 15 000 € anfielen. Diese zahlte Herr Katz von seinem privaten Bankkonto, sodass in der Buchhaltung der KG nichts erfasst wurde.

3. In der Bilanz der Pet Shop GmbH & Co. KG sind mehrere langfristige Rückstellungen passiviert. In 01 wurde hierfür ein Aufzinsungsaufwand i. H. v. 3 300 € verbucht.

4. In 01 erwarb die Pet Shop GmbH & Co. KG vom Forschungsinstitut Dr. Hai für zehn Jahre die Rechte zur Nutzung einer revolutionären neuen Rezeptur für das Fischfutter „Piranha". Die Lizenzgebühr für 01 i. H. v. 24 000 € wurde von der Buchhalterin der Pet Shop GmbH & Co. KG, Frau Maus, gewinnmindernd verbucht.

5. Im Betriebsvermögen der Pet Shop GmbH & Co. KG befindet sich seit Jahren ein Kommandit-anteil an der in Eberbach ansässigen Wolf KG. Der Gewinnanteil für 01 i. H.v. 15 000 € wurde von Frau Maus gewinnerhöhend erfasst. Vor Jahren hatte die Pet Shop GmbH & Co. KG der Wolf KG ein Darlehen gewährt. Hierfür erhielt die Pet Shop GmbH & Co. KG von der Wolf KG Zinsen i. H.v. 12 000 €, die ebenfalls gewinnerhöhend verbucht wurden.

6. Im Betriebsvermögen der Pet Shop GmbH & Co. KG befindet sich seit Jahren eine 50 %ige Be-teiligung an der Piggy GmbH (Schweinfurt). Die Pet Shop GmbH & Co. KG vermietet an die Piggy GmbH eine Lagerhalle und erhielt hierfür in 01 Mieterträge i. H.v. 36 000 €, die ge-winnerhöhend verbucht wurden. Angemessen wäre eine Miete i. H.v. 20 000 € gewesen.

7. Herr Katz hält seit Jahren 50 % der Anteile der Komplementär-GmbH und erhielt in 01 hierfür eine Dividende (brutto) i.H.v. 10 000 €. Da die Zahlung auf sein privates Bankkonto erfolgte, wurde sie nicht in der Buchführung der KG erfasst.

AUFGABE

Ermitteln Sie die Gewerbesteuerrückstellung bzw. -erstattungsforderung der Pet Shop GmbH & Co. KG für 01 (Auf Fragen der Steuerpflicht etc. ist nicht einzugehen.). Berücksichtigen Sie dabei die o. a. Sachverhalte und nehmen Sie zu diesen jeweils unter Angabe der rechtlichen Grundlagen Stellung.

LÖSUNG

Die **Gewerbesteuer** ist gem. § 4 Abs. 5b EStG **nicht** als Betriebsausgabe **abziehbar**. Daher müs-sen die Vorauszahlungen zum vorläufigen Gewinn addiert werden.

→ Erhöhung des Gewinns aus Gewerbebetrieb: 20 000 €

1. Da Herr Katz Kommanditist und damit Mitunternehmer der Pet Shop GmbH & Co. KG (im Folgenden: „KG") ist, handelt es sich bei seinem Geschäftsführergehalt um eine Vergütung für seine **Tätigkeit im Dienst der Gesellschaft** i. S.v. § 15 Abs. 1 Satz 1 Nr. 2 EStG, die mit zum Gesamtgewinn der GmbH & Co. KG gehört. Dass Herr Katz bei der Komplementär-GmbH an-gestellt ist, ändert hieran nichts (vgl. H 7.1 Abs. 3 „Ermittlung des Gewerbeertrags bei Mit-unternehmerschaften" GewStH). Die GmbH ist Mitunternehmerin der KG, sodass auch die Haftungsvergütung unter § 15 Abs. 1 Satz 1 Nr. 2 EStG fällt und im Gewinn aus Gewerbe-betrieb der KG zu erfassen ist.

    → Erhöhung des Gewinns aus Gewerbebetrieb (80 000 € + 1 500 €):   81 500 €

2. Die von der KG gezahlten **Zinsen** sind **Entgelte** i. S.v. § 8 Nr. 1 Buchst. a GewStG. Das zum Er-werb des Kommanditanteils aufgenommene Darlehen diente zur Begründung der Betei-ligung des Mitunternehmers und gehört deshalb zum notwendigen Sonderbetriebsvermö-gen II von Herrn Katz bei der KG. Die von ihm gezahlten Zinsen stellen daher Sonderbetriebs-ausgaben dar, die den Gewinn aus Gewerbebetrieb der KG mindern.

    → Minderung des Gewinns aus Gewerbebetrieb: 15 000 €

Gleichzeitig sind die Zinsen als Entgelte gem. § 8 Nr. 1 Buchst. a GewStG zu erfassen.

→ Entgelt gem. § 8 Nr. 1 Buchst. a GewStG (240 000 € + 15 000 €):   255 000 €

3. Der **Aufwand aus der Aufzinsung** gehört nicht zu den **Entgelten** i. S. v. § 8 Nr. 1 Buchst. a GewStG (vgl. H 8.1 Abs. 1 „Aufzinsungsbeträge" GewStH).

→ Entgelt gem. § 8 Nr. 1 GewStG: –

4. Hier liegt eine **zeitlich begrenzte Überlassung eines Rechts** vor, die gem. § 8 Nr. 1 Buchst. f GewStG zu 25 % als Entgelt zu erfassen ist.

→ Entgelt gem. § 8 Nr. 1 Buchst. f GewStG: 25 % von 24 000 € =   6 000 €

5. Als Kommanditistin ist die Pet Shop GmbH & Co. KG Mitunternehmerin der Wolf KG. Der Gewinnanteil wird daher gem. § 9 Nr. 2 GewStG gekürzt. Die Zinsen stellen keinen Anteil am Gewinn, sondern eine Leistungsvergütung i. S. v. § 15 Abs. 1 Satz 1 Nr. 2 zweiter Halbsatz GewStG dar. Im Wortlaut von § 9 Nr. 2 GewStG ist zwar nur die Rede von „Gewinnanteilen"; der Sinn und Zweck der Vorschrift – die Verhinderung einer Doppelbelastung mit Gewerbesteuer – wird jedoch nur erreicht, wenn in die Kürzung auch die gewinnerhöhend erfassten Leistungs- und andere Sondervergütungen einbezogen werden (Analoges gilt für Gewinne aus Ergänzungsbilanzen). Daher werden auch die Zinsen gem. § 9 Nr. 2 GewStG gekürzt.

→ Kürzung Gewinnanteil und Sondervergütung: 27 000 €

6. Soweit die Miete nicht dem **Fremdvergleich** standhält – also i. H. v. 16 000 € –, liegt gem. § 8 Abs. 3 Satz 2 KStG i. V. m. R 8.5 Abs. 1 KStR eine **verdeckte Gewinnausschüttung** vor, die das Einkommen der Piggy GmbH nicht vermindern darf. Bei der Pet Shop GmbH & Co. KG (= der Empfängerin der verdeckten Gewinnausschüttung) stellt die verdeckte Gewinnausschüttung sonstige Bezüge i. S. v. § 20 Abs. 1 Nr. 1 Satz 2 EStG dar, die grundsätzlich je nach Rechtsform gem. § 3 Nr. 40 Buchst. d EStG oder gem. § 8b Abs. 1 KStG begünstigt sind, allerdings jeweils nur unter der Voraussetzung, dass diese Bezüge das Einkommen der leistenden Körperschaft (= der Piggy GmbH) nicht gemindert haben. Im Folgenden wird davon ausgegangen, dass das Einkommen der Piggy GmbH korrigiert wurde und somit nicht um die verdeckte Gewinnausschüttung gemindert ist. Die gewerbesteuerliche Behandlung bei der Pet Shop GmbH & Co. KG richtet sich dann gem. § 7 Satz 4 GewStG nach der Gesellschafterstruktur: Demnach fallen 80 % (entspricht dem Anteil der natürlichen Personen) unter § 3 Nr. 40 Buchst. d EStG i. V. m. § 3c Abs. 2 EStG; auf die übrigen 20 % (entspricht dem Anteil der GmbH) ist § 8b Abs. 1 und 5 KStG anzuwenden.

Somit sind 80 % von 16 000 € (= 12 800 €) zu 40 % steuerfrei	5 120 €
20 % von 16 000 € (= 3 200 €) sind effektiv zu 95 % steuerfrei	3 040 €
Insgesamt steuerfrei	8 160 €
→ Verminderung des Gewinns aus Gewerbebetrieb:	8 160 €

Mit der Beteiligungsquote i. H. v. 50 % zu Beginn des Erhebungszeitraums handelt es sich um eine **inländische Schachtelbeteiligung** i. S. v. § 9 Nr. 2a GewStG. Daher wird der noch im Gewinn enthaltene Teil der verdeckten Gewinnausschüttung (60 % von 80 % von 16 000 € =) 7 680 € gekürzt und es erfolgt keine Hinzurechnung gem. § 8 Nr. 5 GewStG. Die ebenfalls noch im Gewinn enthaltene 5 %ige Betriebsausgabenpauschale (§ 8b Abs. 5 KStG) darf gem. § 9 Nr. 2a Satz 4 GewStG nicht gekürzt werden.

→ Kürzung gem. § 9 Nr. 2a GewStG: 7 680 €

7. Die Beteiligung des Kommanditisten einer GmbH & Co. KG an der Komplementär-GmbH dient der Stärkung seiner Mitunternehmerstellung und gehört daher zu seinem notwendigen Sonderbetriebsvermögen II, vgl. auch H 4.2 Abs. 2 „Anteile an Kapitalgesellschaften" EStH. Deshalb stellt die an Herrn Katz gezahlte Dividende eine Sonderbetriebseinnahme dar, die unter Anwendung des Teileinkünfteverfahrens (§ 3 Nr. 40 Buchst. d EStG) zu 60 % im Gewinn aus Gewerbebetrieb der KG zu erfassen ist.

→ Erhöhung des Gewinns aus Gewerbebetrieb (60 % von 10 000 €): 6 000 €

Die Dividende stellt einen Gewinn aus einem Anteil an einer nicht steuerbefreiten inländischen Kapitalgesellschaft dar; die Beteiligung beträgt zu Beginn des Erhebungszeitraums mindestens 15 %, sodass sämtliche Voraussetzungen für die Kürzung des noch im Gewinn enthaltenen Teils der Dividende gem. § 9 Nr. 2a GewStG erfüllt sind:

→ Kürzung gem. § 9 Nr. 2a GewStG: 6 000 €

Ermittlung der Gewerbesteuerrückstellung/des Gewerbesteuererstattungsanspruchs:

	Vorläufiger Gewinn lt. Aufgabenstellung	122 000 €
+	Gewerbesteuervorauszahlungen	20 000 €
+	Geschäftsführergehalt + Haftungsvergütung	81 500 €
-	Sonderbetriebsausgaben (Zinsen, Nr. 2)	15 000 €
-	steuerfreier Teil der verdeckten Gewinnausschüttung (Nr. 6)	8 160 €
+	Sonderbetriebseinnahme (Dividende, Nr. 7)	6 000 €
=	Gewinn aus Gewerbebetrieb	206 340 €

Hinzurechnungen:

	Entgelte gem. § 8 Nr. 1 Buchst. a GewStG (240 000 € + 15 000 €)	255 000 €	
	Entgelt gem. § 8 Nr. 1 Buchst. f GewStG	6 000 €	
=	Summe der Entgelte i. S. v. § 8 GewStG	261 000 €	
-	Freibetrag gem. § 8 Nr. 1 GewStG	100 000 €	
=	verbleiben	161 000 €	
	Hinzurechnung gem. § 8 Nr. 1 GewStG: ¼ von 161 000 €		40 250 €
=	Summe aus Gewinn und Hinzurechnungen (= 206 340 € + 40 250 €)		246 590 €

Kürzungen:

	Kürzung gem. § 9 Nr. 2 GewStG (Gewinnanteil + Sondervergütung, Nr. 5)	- 27 000 €
	Kürzung gem. § 9 Nr. 2a GewStG (verdeckte Gewinnausschüttung, Nr. 6, und Dividende, Nr. 7)	- 13 680 €
=	Gewerbeertrag vor Abrundung und Freibetrag	205 910 €
	Abrundung auf volle 100 €, § 11 Abs. 1 Satz 3 GewStG	205 900 €
-	Freibetrag, da Personengesellschaft, § 11 Abs. 1 Satz 3 Nr. 1 GewStG	24 500 €
=	maßgebender Gewerbeertrag	181 400 €
	maßgebender Gewerbeertrag × Steuermesszahl 3,5 % (§ 11 Abs. 2 GewStG)	
=	Gewerbesteuermessbetrag	6 349 €
	Gewerbesteuermessbetrag × Hebesatz 360 %	
=	Gewerbesteuerschuld	22 856 €
-	Gewerbesteuervorauszahlungen	20 000 €
=	Gewerbesteuer-Rückstellung	2 856 €

FALL 92

Gewerbesteuermessbetrag bei Organschaft

Sachverhalt:

Die Tisch & Bett GmbH betreibt ein Möbelhaus in Mannheim. Sie ist alleinige Gesellschafterin der Nimm-Mit GmbH, die im Rhein-Neckar-Raum mehrere Möbel-Mitnahmemärkte betreibt. Außerdem hält die Tisch & Bett GmbH 80 % der Anteile an der Immo GmbH. Die einzige Tätigkeit der Immo GmbH ist die Vermietung eigener Immobilien an die Nimm-Mit GmbH. Der Einheitswert der Grundstücke beträgt 900 000 €.

Zwischen der Tisch & Bett GmbH und den beiden anderen Gesellschaften wurden bereits vor Jahren Gewinnabführungsverträge abgeschlossen.

Verkürzte GuV der Immo GmbH:

Mieterträge (von Nimm-Mit GmbH)	220 000 €
Diverse Aufwendungen	40 000 €
Ausgleichszahlungen an außenstehende Anteilseigner	36 000 €
Gewinnabführung an die Tisch & Bett GmbH	144 000 €
Jahresüberschuss	0 €

Verkürzte GuV der Nimm-Mit GmbH:

Umsatzerlöse	3 000 000 €
Beteiligungserträge	150 000 €
Mietaufwendungen für Ladenlokale (gezahlt an Immo GmbH)	220 000 €
Zinsaufwendungen (davon 130 000 € an Tisch & Bett GmbH)	500 000 €

Diverse Aufwendungen	2 500 000 €
Verlustübernahme durch Tisch & Bett GmbH	70 000 €
Jahresüberschuss	0 €

Die Beteiligungserträge setzen sich zusammen aus der von der Design AG (Heidelberg), an der die Nimm-Mit GmbH zu 20 % beteiligt ist, gezahlten Dividende i.H.v. 100 000 € und diversen Streubesitzdividenden von inländischen Kapitalgesellschaften, an denen die Nimm-Mit GmbH jeweils zu weniger als 10 % beteiligt ist.

Verkürzte GuV der Tisch & Bett GmbH:

Umsatzerlöse	1 600 000 €
Gewinnabführung Immo GmbH	144 000 €
Verlustübernahme Nimm-Mit GmbH	70 000 €
Zinserträge (von Nimm-Mit GmbH)	130 000 €
Zinsaufwendungen	80 000 €
Diverse Aufwendungen	1 500 000 €
Jahresüberschuss	224 000 €

AUFGABE

Ermitteln Sie den für die Tisch & Bett GmbH festzusetzenden Gewerbesteuermessbetrag. Begründen Sie Ihre Maßnahmen unter Angabe der rechtlichen Grundlagen.

LÖSUNG

Mit der finanziellen Eingliederung der Nimm-Mit GmbH und der Immo GmbH in die Tisch & Bett GmbH und den abgeschlossenen Gewinnabführungsverträgen sind die Voraussetzungen i.S.d. § 14 Abs. 1 KStG i.V.m. § 17 KStG für eine körperschaftsteuerliche Organschaft der drei genannten Gesellschaften erfüllt. Die Tisch & Bett GmbH ist Organträgerin, die Nimm-Mit GmbH und die Immo GmbH sind Organgesellschaften.

Gemäß § 2 Abs. 2 Satz 2 GewStG liegt im Fall einer körperschaftsteuerlichen Organschaft stets auch eine gewerbesteuerliche Organschaft vor; die Organgesellschaften (Immo GmbH und Nimm-Mit GmbH) gelten als Betriebsstätten der Organträgerin Tisch & Bett GmbH. Dennoch sind die Gewerbeerträge der drei Gesellschaften jeweils separat zu ermitteln; Hinzurechnungen unterbleiben allerdings, soweit sie zu Doppelerfassungen im Organkreis führen würden (R 7.1 Abs. 5 Satz 2 und 3 GewStR). Es ist jeweils der volle Gewerbeertrag vor Berücksichtigung der Gewinnabführungen und Ausgleichszahlungen zu ermitteln (R 7.1 Abs. 5 Satz 10 GewStR).

1. Immo GmbH

Vor Berücksichtigung der Ausgleichszahlungen und der Gewinnabführung ermittelt sich der Gewinn aus Gewerbebetrieb der Immo GmbH wie folgt:

Mieterträge (von Nimm-Mit GmbH)	220 000 €
Diverse Aufwendungen	40 000 €
Gewinn aus Gewerbebetrieb (§ 7 Satz 1 GewStG)	180 000 €

Da die Immo GmbH nur eigenen Grundbesitz vermietet, ist zu prüfen, ob ihr die erweiterte Grundstückskürzung gem. § 9 Nr. 1 Satz 2 ff. GewStG gewährt werden kann. Die Voraussetzung der Ausschließlichkeit gem. § 9 Nr. 1 Satz 2 GewStG ist erfüllt. Allerdings kann die erweiterte Kürzung gem. § 9 Nr. 1 Satz 5 Nr. 1 GewStG dennoch nicht in Anspruch genommen werden, wenn der Grundbesitz ganz oder zum Teil dem Gewerbebetrieb eines Gesellschafters dient. Im vorliegenden Fall hat die Immo GmbH zwar nicht an die Gesellschafterin Tisch & Bett GmbH vermietet, aber sie vermietet ausschließlich an die im selben Organkreis befindliche gewerblich tätige Schwestergesellschaft Nimm-Mit GmbH, deren Gewerbeertrag der Tisch & Bett GmbH zuzurechnen ist. Gemäß H 9.2 Abs. 2 „Organschaft" GewStH sind die Voraussetzungen für die erweiterte Kürzung für jedes zum Organkreis gehörende Unternehmen getrennt zu prüfen, d. h. die Eigenschaft der Organgesellschaft ist nicht grundsätzlich schädlich für die erweiterte Kürzung. Allerdings entschied der BFH mit Urteil vom 18. 5. 2011 (X R 4/10, BStBl 2011 II S. 887), dass ein Grundstücksunternehmen, das alle seine Grundstücke an andere Organgesellschaften desselben Organkreises vermietet, nicht zur erweiterten Kürzung berechtigt ist (dies erscheint auch zutreffend, da die Gewerbeerträge aller Organgesellschaften der Organträgerin zugerechnet werden und die Vermietung an andere Organgesellschaften daher analoge Folgen hat wie die Vermietung an die Organträgerin, d. h. die Gesellschafterin, selbst). Somit kann die Immo GmbH die erweiterte Kürzung nicht in Anspruch nehmen und kürzt stattdessen gem. § 9 Nr. 1 Satz 1 GewStG. Die Kürzung beträgt 1,2 % des gem. § 121a BewG um 40 % erhöhten Einheitswert der Grundstücke: 1,2 % von 140 % von 900 000 € = 15 120 €.

Ermittlung des Gewerbeertrags der Immo GmbH:

	Gewinn aus Gewerbebetrieb (s. o.)	180 000 €
-	Kürzung gem. § 9 Nr. 1 Satz 1 GewStG	15 120 €
=	Gewerbeertrag der Immo GmbH	164 880 €

2. Nimm-Mit GmbH

Die Dividende aus der 20 %igen Beteiligung an der Design AG würde „normalerweise" gem. § 8b Abs. 1 KStG beim steuerlichen Gewinn der empfangenden Nimm-Mit GmbH außer Ansatz bleiben, nicht dagegen die Dividenden aus den Streubesitzbeteiligungen, vgl. § 8b Abs. 4 KStG. Gemäß § 15 Satz 1 Nr. 2 Satz 1 KStG ist aber § 8b Abs. 1 KStG bei der Organgesellschaft nicht anzuwenden, sondern das Einkommen der Organgesellschaft ist einschließlich aller Dividenden zum Organträger „hochzureichen" und die Dividenden sind auf Ebene des Organträgers entsprechend der für ihn geltenden Vorschriften zu behandeln. Da diese sog. Bruttomethode über den Verweis in § 7 Satz 1 GewStG auch gewerbesteuerlich anzuwenden ist, enthält der gewerbesteuerliche Gewinn der Nimm-Mit GmbH noch sämtliche Dividenden.

Ermittlung des Gewinns aus Gewerbebetrieb (= vor Verlustübernahme, s. o.):

	Umsatzerlöse	3 000 000 €
+	Beteiligungserträge	150 000 €
-	Mietaufwendungen für Ladenlokale (gezahlt an Immo GmbH)	220 000 €
-	Zinsaufwendungen (davon 130 000 € an Tisch & Bett GmbH)	500 000 €
-	diverse Aufwendungen	2 500 000 €
=	Gewinn aus Gewerbebetrieb i. S. v. § 7 GewStG	- 70 000 €

Für die Mietaufwendungen kommt grundsätzlich die 50 %ige Erfassung als hinzurechnungs-pflichtige Entgelte i. S. v. § 8 Nr. 1 Buchst. e GewStG in Betracht. Allerdings werden sämtliche Mietaufwendungen an die Immo GmbH und damit an ein anderes Mitglied des Organkreises gezahlt und bei diesem als Ertrag erfasst. Eine Hinzurechnung würde somit zu einer gewer-besteuerlichen Doppelerfassung führen und unterbleibt daher gem. R 7.1 Abs. 5 Satz 3 und 4 GewStR.

Für die Zinsaufwendungen gilt Analoges: Soweit sie an die Tisch & Bett GmbH gezahlt werden, unterbleibt eine Erfassung als Entgelte i. S. v. § 8 Nr. 1 Buchst. a GewStG aus dem o. g. Grund. Entgelte i. S. d. genannten Vorschrift sind somit nur die an andere Kreditgeber gezahlten Zinsen i. H. v. (500 000 € - 130 000 € =) 370 000 €.

Der Gewerbeertrag der Organgesellschaft ist zwar separat zu ermitteln, aufgrund des mit Wir-kung ab dem 1. 1. 2017 eingefügten § 7a GewStG können hierbei aber die Kürzungsvorschriften i. S. d. § 9 Nr. 2a, 7 und 8 GewStG ausdrücklich nicht angewendet werden. Stattdessen werden die entsprechenden Erträge gem. § 7a Abs. 2 GewStG zur Organträgerin „hochgereicht" und bei dieser entsprechend ihrer Rechtsform gewerbesteuerlich erfasst.

Die Streubesitzdividenden bleiben nach alter wie nach neuer Rechtslage in voller Höhe im Ge-werbeertrag der Organgesellschaft enthalten; ihr gewerbesteuerliches Schicksal entscheidet sich erst auf der Ebene der Organträgerin.

Ermittlung des Gewerbeertrags der Nimm-Mit GmbH:

Gewinn aus Gewerbebetrieb (s. o.)		- 70 000 €
Hinzurechnung gem. § 8 Nr. 1 Buchst. a GewStG:		
Entgelte	370 000 €	
- Hinzurechnungsfreibetrag	100 000 €	
= verbleibende Entgelte	270 000 €	
Hinzurechnung = ¼ von 270 000 € =		67 500 €
= Summe aus Gewinn und Hinzurechnungen		- 2 500 €
Kürzung gem. § 9 Nr. 2a GewStG		0 €
= Gewerbeertrag der Nimm-Mit GmbH		- 2 500 €

ANMERKUNG: Vor der Einfügung von § 7a GewStG, also bis inklusive EZ 2016, kam die Kürzungsvorschrift i. S. d. § 9 Nr. 2a GewStG bereits auf der Ebene der Organgesellschaft zur Anwendung, allerdings nur für die Dividende der Design AG, da nur diese die 15 %ige Mindestbeteiligungsquote zu Beginn des Erhe-bungszeitraums erfüllt. Da § 8b Abs. 1 KStG nicht angewendet wurde, konnte auch die sog. Schachtelstrafe i. S. d. § 8b Abs. 5 KStG – das pauschale 5 %ige Betriebsausgabenabzugsverbot – nicht zur Anwendung kommen (bestätigt durch BFH-Urteil vom 17.12.2014 – I R 39/14). Als Reaktion auf dieses BFH-Urteil fügte der Gesetzgeber den neuen § 7a ins GewStG ein, um sicherzustellen, dass sich auch in Organschaftsfällen die sog. Schachtelstrafe nicht vermeiden lässt.

Lösung bis inklusive EZ 2016:

Gewinn aus Gewerbebetrieb (s. o.)		*- 70 000 €*
Hinzurechnung gem. § 8 Nr. 1 Buchst. a GewStG:		
Entgelte	*370 000 €*	
- Hinzurechnungsfreibetrag	*100 000 €*	
= verbleibende Entgelte	*270 000 €*	
Hinzurechnung = ¹/₄ von 270 000 € =		*67 500 €*
= Summe aus Gewinn und Hinzurechnungen		*- 2 500 €*
Kürzung gem. § 9 Nr. 2a GewStG		*100 000 €*
= Gewerbeertrag der Nimm-Mit GmbH		*- 102 500 €*

ANMERKUNG: ▶ Diese Lösung gilt nur noch für bis inklusive 31.12.2016 zugeflossene Beteiligungserträge. Als Reaktion auf das o. a. BFH-Urteil vom 17.12.2014 fügte der Gesetzgeber den neuen § 7a in das GewStG ein. Demnach gilt für ab dem 1.1.2017 zufließende Beteiligungserträge auch im Organschaftsfall die 5 %ige sog. Schachtelstrafe. Dies wird dadurch erreicht, dass gem. § 7a Abs. 1 Satz 1 GewStG-2017 die Anwendung der Kürzungsvorschriften von § 9 Nr. 2a, 7 und 8 GewStG bei der Ermittlung des Gewerbeertrages der Organgesellschaft ausdrücklich verboten ist.

3. Tisch & Bett GmbH

Auch bei der Tisch & Bett GmbH bleiben die Gewinnabführung und die Verlustübernahme außer Ansatz.

Ermittlung des Gewinns aus Gewerbebetrieb:

Umsatzerlöse	1 600 000 €
Zinserträge (von Nimm-Mit GmbH)	130 000 €
Zinsaufwendungen	80 000 €
Diverse Aufwendungen	1 500 000 €
Gewinn aus Gewerbebetrieb	150 000 €

Da jedes Mitglied des Organkreises seinen Gewerbeertrag separat ermittelt, steht hierbei jedem ein eigenständiger Hinzurechnungsfreibetrag zu. Obwohl die Nimm-Mit GmbH ihren Freibetrag voll ausgeschöpft hatte, kann die Tisch & Bett GmbH ihrerseits den Hinzurechnungsfreibetrag nutzen, sodass bei ihr keine Hinzurechnung gem. § 8 Nr. 1 GewStG erfolgt.

Ermittlung des Gewerbeertrags der Tisch & Bett GmbH:

Gewinn aus Gewerbebetrieb (s. o.)		150 000 €
Hinzurechnung gem. § 8 Nr. 1 Buchst. a GewStG:		
Entgelte	80 000 €	
- Hinzurechnungsfreibetrag	80 000 €	
= verbleibende Entgelte	0 €	
Hinzurechnung = ¼ von 0 € = 0 €	0 €	
= Gewerbeertrag der Tisch & Bett GmbH		150 000 €

Zusammenfassung der Gewerbeerträge und Ermittlung des bei der Organträgerin zu berücksichtigenden Steuermessbetrags:

Aktuelle Rechtslage (ab EZ 2017):

Gewerbeertrag der Tisch & Bett GmbH	150 000 €
Gewerbeertrag der Nimm-Mit GmbH	- 2 500 €
Gewerbeertrag der Immo GmbH	164 880 €
Der Organträgerin zuzurechnender Gewerbeertrag des Organkreises	312 380 €
„Nachholung" der Steuerfreiheit gem. § 8b Abs. 1 KStG i. V. m. § 8b Abs. 5 KStG	- 95 000 €
Verbleibender Gewerbeertrag	217 380 €
Abrundung gem. § 11 Abs. 1 Satz 3 GewStG	217 300 €
Kein Freibetrag gem. § 11 Abs. 1 Satz 3 Nr. 1 GewStG, da die Organträgerin eine Kapitalgesellschaft ist	
x Steuermesszahl 3,5 % (§ 11 Abs. 2 GewStG) ergibt den Steuermessbetrag (auf volle € abgerundet)	7 605 €

Da die Beteiligungsquote an der Design GmbH zu Beginn des EZ mit 20 % über der in § 9 Nr. 2a GewStG geforderten Mindestbeteiligung i. H. v. 15 % liegt, sind die Voraussetzungen i. S. d. § 9 Nr. 2a GewStG erfüllt und es erfolgt keine Hinzurechnung gem. § 8 Nr. 5 GewStG. Die gem. § 8b Abs. 5 KStG nicht abziehbaren 5 % (sog. „Schachtelstrafe") dürfen gem. § 9 Nr. 2a Satz 4 GewStG nicht gekürzt werden, sodass sich nach aktueller Rechtslage ein gegenüber der Rechtslage bis inklusive EZ 2016 (s. u.) um 5 000 € höherer Gewerbeertrag ergibt.

Die im Gewerbeertrag der Nimm-Mit GmbH noch enthaltenen Streubesitzdividenden können gem. § 8b Abs. 4 KStG auch auf Ebene der Organträgerin nicht außer Ansatz bleiben; auch eine Kürzung gem. § 9 Nr. 2a GewStG kann nicht erfolgen, da die dort geforderte Mindestbeteiligungsquote i. H. v. 15 % nicht erreicht wird.

Lösung nach Rechtslage bis inklusive EZ 2016:

Gewerbeertrag der Tisch & Bett GmbH	*150 000 €*
Gewerbeertrag der Nimm-Mit GmbH	*- 102 500 €*
Gewerbeertrag der Immo GmbH	*164 880 €*
Der Organträgerin zuzurechnender Gewerbeertrag des Organkreises	*212 380 €*

Abrundung gem. § 11 Abs. 1 Satz 3 GewStG	*212 300 €*

*Kein Freibetrag gem. § 11 Abs. 1 Satz 3 Nr. 1 GewStG,
da die Organträgerin eine Kapitalgesellschaft ist*

x Steuermesszahl 3,5 % (§ 11 Abs. 2 GewStG) ergibt den Steuermessbetrag	*7 430 €*

(auf volle € abgerundet)

ANMERKUNG: ▸ Anders wäre die Lösung, falls der Organträger eine natürliche Person oder eine Personengesellschaft mit natürlichen Personen als Gesellschaftern wäre. In diesem Fall würden die Streubesitzdividenden auf Ebene des Organträgers unter das Teileinkünfteverfahren fallen und wären gem. § 3 Nr. 40 Buchst. d EStG zu 40 % steuerfrei. Da der steuerfreie Teil mangels Erfüllung der Voraussetzungen i. S. d. § 9 Nr. 2a oder 7 GewStG aber anschließend gem. § 8 Nr. 5 GewStG wieder hinzugerechnet werden müsste, würden sie letztlich auch in diesem Fall voll der Gewerbesteuer unterliegen. Dennoch ist es wichtig, die beschriebene Systematik einzuhalten, weil sich für in wirtschaftlichem Zusammenhang mit den Dividenden stehende Betriebsausgaben je nach Rechtsform des Organträgers unterschiedliche Lösungen ergeben. Für die unter das gewerbesteuerliche Schachtelprivileg fallenden Beteiligungserträge käme die sog. Schachtelstrafe nicht zur Anwendung, da § 8b Abs. 5 KStG auf natürliche Personen als Organträger keine Anwendung findet.

Kapitel 5: Klausurfall

FALL 93

Gewerbesteuerpflicht und Gewerbesteuermessbetrag einer Immobiliengesellschaft

Sachverhalt:

Geschäftszweck der Immo GmbH & Co. KG mit Sitz in Mosbach ist die Verwaltung und Vermietung von Eigentumswohnungen. Am Vermögen und Gewinn der Immo GmbH & Co. KG sind als Kommanditisten Herr Hai und Frau Piranha zu je 50 % beteiligt. Als Komplementärin fungiert die Immo GmbH Mosbach, die über ein Stammkapital i.H.v. 25 000 € verfügt. Die Stammeinlagen werden je zur Hälfte von Herrn Hai und von Frau Piranha gehalten. Die Immo GmbH führt die Geschäfte der Immo GmbH & Co. KG (im Folgenden: „KG") und ist nicht am Vermögen oder Gewinn der KG beteiligt. Frau Piranha ist Geschäftsführerin der Immo GmbH und führt in dieser Funktion auch die Geschäfte der KG. Sie erhält dafür direkt von der KG ein angemessenes Geschäftsführergehalt i.H.v. mtl. 5 000 €, welches die KG gewinnmindernd verbucht. Zur Finanzierung der Immobilien hatte die KG bei der Sparkasse Starkenburg verschiedene langfristige Kredite aufgenommen, für die in 01 und in 02 Zinsaufwendungen i.H.v. jeweils 120 000 € angefallen sind. Die Einheitswerte der vermieteten Wohnungen betragen insgesamt 800 000 €.

In 01 und 02 fielen aus der Wohnungsvermietung jeweils folgende Einnahmen und Ausgaben bzw. Aufwendungen an:

Mieteinnahmen	300 000 €
Zinsen aus der Anlage vorübergehender Überschüsse	4 000 €
Gehalt Frau Piranha (s. o.)	- 60 000 €
AfA und sonstige Ausgaben	- 80 000 €
Zinsen für Kredite (s. o.)	- 120 000 €
Überschuss	44 000 €

Zum 1.7.02 kaufte die KG zu Anschaffungskosten i.H.v. 400 000 € ein weiteres bebautes Grundstück in Eberbach (Baujahr 1999; Einheitswert: 75 000 €), das seitdem an die Piranha GmbH Eberbach vermietet wird. Der Kaufpreis entfällt zu ¹/₄ auf den GruBo und zu ³/₄ auf das Gebäude. Gesellschafter der Piranha GmbH sind Frau Piranha zu 75 % und Herr Hai zu 25 %. Die Piranha GmbH betreibt auf diesem Grundstück ein Einzelhandelsgeschäft für Tierfutter und anderen Heimtierbedarf. Sie zahlt eine (angemessene) mtl. Miete i.H.v. 4 000 € an die KG. Diese hatte für den Kauf einen weiteren Kredit aufgenommen, für den in 02 insgesamt 12 000 € Zinsen anfielen. In 02 entstanden der KG für das Grundstück Reparatur- und sonstige Aufwendungen i.H.v. 10 000 €. Für die übrigen vermieteten Grundstücke ergaben sich in 02 dieselben Einnahmen und Ausgaben wie in 01 (s. o.).

1. Prüfen Sie, ob und falls ja nach welchen Vorschriften für die Immo GmbH & Co. KG in den Jahren 01 und 02 Gewerbesteuerpflicht besteht.

2. Ermitteln Sie ggf. die Gewerbesteuermessbeträge für 01 und/oder 02.

LÖSUNG

Zu 1

In 01 **verwaltet** die Immo GmbH & Co. KG ausschließlich ihr **eigenes Vermögen** (Grundstücke und Kapitalanlagen). Aufgrund ihrer mangelnden Beteiligung am wirtschaftlichen Verkehr hat sie somit **keinen Gewerbebetrieb** i. S. v. § 15 Abs. 2 EStG.

Wegen ihrer Rechtsform ist allerdings § 15 Abs. 3 Nr. 2 EStG zu prüfen. Die KG ist eine Personengesellschaft, die keine eigene gewerbliche Tätigkeit ausübt. Als persönlich haftende Gesellschafterin der KG tritt ausschließlich die Immo GmbH (= Kapitalgesellschaft) auf und nur diese ist zur Geschäftsführung befugt. Somit sind alle Voraussetzungen i. S. d. § 15 Abs. 3 Nr. 2 EStG erfüllt und die Immo GmbH & Co. KG ist **gewerblich geprägt** und erzielt in 01 in vollem Umfang Einkünfte aus Gewerbebetrieb, die gem. § 2 Abs. 1 GewStG auch der Gewerbesteuer unterliegen.

Dies gilt auch für die erste Hälfte des Jahres 02. Zu prüfen ist, ob die Immo GmbH & Co. KG auch ab dem 1. 7. 02 weiterhin ausschließlich vermögensverwaltend tätig ist oder ob eine **Betriebsaufspaltung** mit der Piranha GmbH vorliegt. Hierfür sind die Voraussetzungen der **personellen** und der **sachlichen Verflechtung** zu untersuchen (vgl. H 15.7 Abs. 4 „Allgemeines" EStH). Die Anteile an der Piranha GmbH werden von Herrn Hai und Frau Piranha gehalten. Beide sind auch an der KG beteiligt und bilden damit eine **Personengruppe** i. S. v. H 15.7 Abs. 6 „Personengruppentheorie" EStH. Diese Personengruppe **beherrscht** sowohl die Immo GmbH & Co. KG als auch die Piranha GmbH. Dass die Beteiligungs- und damit auch die Stimmrechtsquoten abweichen, spielt keine Rolle. Somit liegt zwischen den genannten Gesellschaften eine **personelle Verflechtung** vor.

Die Piranha GmbH mietet von der Immo GmbH & Co. KG das Ladenlokal, in dem sie ihr Geschäft betreibt. Dieses ist für die GmbH unstrittig eine **wesentliche Betriebsgrundlage**. Damit ist auch die zweite der o. g. Voraussetzungen – die sachliche Verflechtung – erfüllt, und es liegt eine Betriebsaufspaltung mit der Immo GmbH & Co. KG als **Besitzunternehmen** und der Piranha GmbH als Betriebsgesellschaft vor. Die Immo GmbH & Co. KG ist als Besitzunternehmen der Betriebsaufspaltung nun **nicht mehr vermögensverwaltend** tätig, sondern beteiligt sich über die Betriebskapitalgesellschaft mittelbar am allgemeinen wirtschaftlichen Verkehr. Sie erzielt – da sie **auch** eine gewerbliche Tätigkeit ausübt – ab dem 1. 7. 02 in vollem Umfang **Einkünfte aus Gewerbebetrieb** gem. § 15 Abs. 3 Nr. 1 EStG, die gem. § 2 Abs. 1 GewStG auch der Gewerbesteuer unterliegen.

Zu 2

Der Gewinn i. S. v. § 7 GewStG der Immo GmbH & Co. KG darf gem. § 15 Abs. 1 Nr. 2 EStG nicht um die Vergütung gemindert werden, die die Gesellschafterin Frau Piranha für ihre Tätigkeit im

Dienste der Gesellschaft erhalten hat. Dass Frau Piranha formal bei der Komplementär-GmbH angestellt ist, spielt keine Rolle, da sie als Kommanditistin **Mitunternehmerin** der Immo GmbH & Co. KG ist, vgl. H 7.1 Abs. 3 „Ermittlung des Gewerbeertrags bei Mitunternehmerschaften" GewStH.

Die Zinsaufwendungen sind Entgelte i. S. v. § 8 Nr. 1 Buchst. a GewStG und daher unter Berücksichtigung des Hinzurechnungsfreibetrages i. H. v. 100 000 € zu ¼ hinzuzurechnen.

Jahr 01

Da die Immo GmbH & Co. KG nur eigenen Grundbesitz und eigenes Kapitalvermögen verwaltet, kann sie beantragen, dass an Stelle der Kürzung gem. § 9 Nr. 1 Satz 1 GewStG die **erweiterte Kürzung für Grundstücksunternehmen** gem. § 9 Nr. 1 Satz 2 bis 5 GewStG vorgenommen wird. Demnach wird um den Teil des Gewerbeertrags gekürzt, der auf die Verwaltung und Nutzung des eigenen Grundbesitzes entfällt. Für die Kapitalerträge kommt somit keine Kürzung in Betracht (siehe auch H 9.2 Abs. 3 „Kapitalerträge" GewStH). Gemäß § 9 Nr. 1 Satz 5 Nr. 1a GewStG ebenfalls ausgeschlossen ist die Kürzung, soweit der Gewerbeertrag Vergütungen i. S. d. § 15 Abs. 1 Satz 1 Nr. 2 EStG enthält, d. h. das Geschäftsführergehalt von Frau Piranha ist nicht begünstigt.

	Überschuss lt. Aufgabenstellung		44 000 €
+	Sondervergütung Gehalt Frau Piranha		60 000 €
=	Gewinn i. S. v. § 7 GewStG		104 000 €
	Entgelte gem. § 8 Nr. 1 Buchst. a GewStG	120 000 €	
-	Hinzurechnungsfreibetrag (§ 8 Nr. 1 GewStG)	100 000 €	
=	verbleiben	20 000 €	
	Hinzurechnung: ¼ von 20 000 €		5 000 €
=	Summe aus Gewinn und Hinzurechnungen		109 000 €
	Kürzung gem. § 9 Nr. 1 Satz 2 GewStG:		
	Gewinn	104 000 €	
-	Sondervergütung	60 000 €	
-	Zinserträge	4 000 €	
=	Kürzung	40 000 €	40 000 €
=	Gewerbeertrag		69 000 €
-	Freibetrag (§ 11 Abs. 1 Satz 3 Nr. 1 GewStG)		24 500 €
=	maßgebender Gewerbeertrag (Abrundung entfällt, da bereits durch 100 teilbar)		44 500 €
	Steuermessbetrag 01 (§ 11 Abs. 2 GewStG): 3,5 % von 44 500 €		1 557 €

Alternativ könnte gem. § 9 Nr. 1 Satz 1 GewStG i. V. m. § 121a BewG um den um 40 % erhöhten Einheitswert der Betriebsgrundstücke gekürzt werden:

1,2 % von 140 % von 800 000 € = 13 440 €. Da die erweiterte Kürzung i. H. v. 40 000 € günstiger ist, wird diese beantragt.

Jahr 02

Die erweiterte Kürzung gem. § 9 Nr. 1 Satz 2 ff. GewStG kann gem. R 9.2 Abs. 1 Satz 3 GewStR nur in Anspruch genommen werden, wenn die Voraussetzungen während des **gesamten** Erhebungszeitraums erfüllt werden. Ab dem 1. 7. 02 erfüllt die Immo GmbH & Co. KG aufgrund der Betriebsaufspaltung diese Voraussetzungen nicht mehr, da sie ab diesem Zeitpunkt nicht mehr vermögensverwaltend, sondern gewerblich tätig ist (siehe auch H 9.2 Abs. 2 „Betriebsaufspaltung" GewStH). Somit ist für 02 die erweiterte Kürzung nicht mehr zulässig.

Für das in 02 erworbene Grundstück kann in 02 die „normale" Kürzung gem. § 9 Nr. 1 Satz 1 GewStG noch nicht in Anspruch genommen werden, weil für diese gem. § 20 Abs. 1 Satz 2 GewStDV der **Stand zu Beginn des Kalenderjahres** entscheidend ist. Gekürzt wird somit nur für die im Betriebsvermögen befindlichen Eigentumswohnungen um (1,2 % von 140 % von 800 000 € =) 13 440 €.

Die AfA für das in 02 erworbene Gebäude ergibt sich gem. § 7 Abs. 4 Satz 1 Nr. 1 EStG i. H. v. 3 % auf den Gebäudeanteil von 300 000 € ($^3/_4$ von 400 000 €) für 6 Monate: $^6/_{12} \times 3\% \times 300\,000\,€$ = 4 500 €. Zusammen mit den sonstigen Aufwendungen (10 000 €) ergeben sich 14 500 €.

	01	Zusätzliches Grundstück	02
Mieteinnahmen	300 000 €	24 000 €	324 000 €
Zinserträge	4 000 €		4 000 €
Gehalt Frau Piranha	- 60 000 €		- 60 000 €
AfA und sonstige Ausgaben	- 80 000 €	- 14 500 €	- 94 500 €
Zinsen für Kredite	- 120 000 €	- 12 000 €	- 132 000 €
Überschuss	44 000 €	- 2 500 €	41 500 €

	Überschuss (s. o.)		41 500 €
+	Sondervergütung Gehalt Frau Piranha		60 000 €
=	Gewinn i. S. v. § 7 GewStG		101 500 €
	Entgelte gem. § 8 Nr. 1 Buchst. a GewStG	132 000 €	
-	Hinzurechnungsfreibetrag (§ 8 Nr. 1 GewStG)	100 000 €	
=	verbleiben	32 000 €	
	Hinzurechnung: $^1/_4$ von 32 000 €		8 000 €
=	Summe aus Gewinn und Hinzurechnungen		109 500 €

	Kürzung gem. § 9 Nr. 1 Satz 1 GewStG i.V. m. § 121a BewG: 1,2 % × 140 % × 800 000 €		13 440 €
=	Gewerbeertrag		96 060 €
-	Freibetrag (§ 11 Abs. 1 Satz 3 Nr. 1 GewStG)		24 500 €
=	maßgebender Gewerbeertrag		71 560 €
	Abrundung (§ 11 Abs. 1 Satz 3 GewStG)		71 500 €
	Steuermessbetrag 02 (§ 11 Abs. 2 GewStG)	3,5 % von 71 500 €	2 502 €

STICHWORTVERZEICHNIS

Die Ziffern verweisen auf die Fälle.